KRÖNERS TASCHENAUSGABE BAND 71

FRIEDRICH NIETZSCHE

UNZEITGEMÄSSE BETRACHTUNGEN

MIT EINEM NACHWORT VON
ALFRED BAEUMLER

ALFRED KRÖNER VERLAG STUTTGART

CIP-Kurztitelaufnahme der Deutschen Bibliothek

Nietzsche , Friedrich
Unzeitgemäße Betrachtungen. — 6. Aufl. —
Stuttgart : Kröner, 1976.
(Kröners Taschenausgabe ; Bd. 71)
ISBN 3-520-07106-1

Gesamtherstellung: Sellier GmbH Freising

INHALT

ERSTES STÜCK

DAVID STRAUSS
DER BEKENNER UND DER SCHRIFTSTELLER

1

DIE öffentliche Meinung in Deutschland scheint es fast zu verbieten, von den schlimmen und gefährlichen Folgen des Krieges, zumal eines siegreich beendeten Krieges zu reden: um so williger werden aber diejenigen Schriftsteller angehört, welche keine wichtigere Meinung als jene öffentliche kennen und deshalb wetteifernd beflissen sind, den Krieg zu preisen und den mächtigen Phänomenen seiner Einwirkung auf Sittlichkeit, Kultur und Kunst jubilierend nachzugehen. Trotzdem sei es gesagt: ein großer Sieg ist eine große Gefahr. Die menschliche Natur erträgt ihn schwerer als eine Niederlage; ja es scheint selbst leichter zu sein, einen solchen Sieg zu erringen, als ihn so zu ertragen, daß daraus keine schwerere Niederlage entsteht. Von allen schlimmen Folgen aber, die der letzte mit Frankreich geführte Krieg hinter sich drein zieht, ist vielleicht die schlimmste ein weitverbreiteter, ja allgemeiner Irrtum: der Irrtum der öffentlichen Meinung und aller öffentlich Meinenden, daß auch die deutsche Kultur in jenem Kampfe gesiegt habe und deshalb jetzt mit den Kränzen geschmückt werden müsse, die so außerordentlichen Begebnissen und Erfolgen gemäß seien. Dieser Wahn ist höchst verderblich: nicht etwa weil er ein Wahn ist – denn es gibt die heilsamsten und segensreichsten Irrtümer – sondern weil er imstande ist, unseren Sieg in eine völlige Niederlage zu verwandeln: in die Niederlage, ja Exstirpation des deutschen Geistes zugunsten des „deutschen Reiches“.

Einmal bliebe immer, selbst angenommen, daß zwei

Kulturen miteinander gekämpft hätten, der Maßstab für den Wert der siegenden ein sehr relativer und würde unter Verhältnissen durchaus nicht zu einem Siegesjubel oder zu einer Selbstglorifikation berechtigen. Denn es käme darauf an, zu wissen, was jene unterjochte Kultur wert gewesen wäre: vielleicht sehr wenig: in welchem Falle auch der Sieg, selbst bei pomphaftestem Waffenerfolge, für die siegende Kultur keine Aufforderung zum Triumphe enthielte. Andererseits kann, in unserem Falle, von einem Siege der deutschen Kultur aus den einfachsten Gründen nicht die Rede sein: weil die französische Kultur fortbesteht wie vorher, und wir von ihr abhängen wie vorher. Nicht einmal an dem Waffenerfolge hat sie mitgeholfen. Strenge Kriegszucht, natürliche Tapferkeit und Ausdauer, Überlegenheit der Führer, Einheit und Gehorsam unter den Geführten, kurz Elemente, die nichts mit der Kultur zu tun haben, verhalfen uns zum Siege über Gegner, denen die wichtigsten dieser Elemente fehlten: nur darüber kann man sich wundern, daß das, was sich jetzt in Deutschland „Kultur“ nennt, so wenig hemmend zwischen diese militärischen Erfordernisse zu einem großen Erfolge getreten ist, vielleicht nur, weil dieses Kultur sich nennende Etwas es für sich vorteilhafter erachtete, sich diesmal dienstfertig zu erweisen. Läßt man es heranwachsen und fortwuchern, verwöhnt man es durch den schmeichelnden Wahn, daß es siegreich gewesen sei, so hat es die Kraft, den deutschen Geist, wie ich sagte, zu exstirpieren – und wer weiß, ob dann noch etwas mit dem übrigbleibenden deutschen Körper anzufangen ist!

Sollte es möglich sein, jene gleichmütige und zähe Tapferkeit, welche der Deutsche dem pathetischen und plötzlichen Ungestüm des Franzosen entgegenstellte, gegen den inneren Feind, gegen jene höchst zweideutige und jedenfalls unnationale „Gebildetheit“ wachzurufen, die jetzt in Deutschland, mit gefährlichem Mißverstande, Kultur genannt wird: so ist nicht alle Hoffnung auf eine wirkliche echte deutsche Bildung, den Gegensatz jener Gebildetheit, verloren: denn an den einsichtigsten und kühnsten Führern und Feldherrn hat es den Deutschen nie gemangelt – nur daß diesen oftmals die Deutschen fehlten. Aber ob es möglich ist, der deutschen Tapferkeit jene neue Richtung zu geben, wird mir immer zweifelhafter und, nach dem Kriege, täglich unwahrscheinlicher; denn ich sehe, wie jedermann überzeugt ist, daß es eines Kampfes und einer solchen Tapferkeit gar nicht mehr bedürfe, daß vielmehr das meiste so schön wie möglich geordnet und jedenfalls alles, was not tut, längst gefunden und getan sei, kurz, daß die beste Saat der Kultur überall teils ausgesät sei, teils in frischem Grün und hier und da sogar in üppiger Blüte stehe. Auf diesem Gebiete gibt es nicht nur Zufriedenheit; hier gibt es Glück und Taumel. Ich empfinde diesen Taumel und dieses Glück in dem unvergleichlich zuversichtlichen Benehmen der deutschen Zeitungsschreiber und Roman-, Tragödien-, Lied- und Historienfabrikanten: denn dies ist doch ersichtlich eine zusammengehörige Gesellschaft, die sich verschworen zu haben scheint, sich der Muße- und Verdauungsstunden des modernen Menschen, das heißt seiner „Kulturmomente“ zu bemächtigen und ihn in diesen durch bedrucktes Papier zu betäuben. An dieser Gesellschaft ist jetzt, seit dem Kriege, alles Glück, Würde und Selbstbewußtsein: sie fühlt sich, nach solchen „Erfolgen der deutschen Kultur“, nicht nur bestätigt und sanktioniert, sondern beinahe sakrosankt, spricht deshalb feierlicher, liebt die Anrede an das deutsche Volk, gibt nach Klassiker-Art gesammelte Werke heraus und proklamiert auch wirklich in den ihr zu Diensten stehenden Weltblättern einzelne aus ihrer Mitte als die neuen deutschen Klassiker und Musterschriftsteller. Man sollte vielleicht erwarten, daß die Gefahren eines derartigen Mißbrauchs des Erfolges von dem besonneneren und belehrteren Teile der deutschen Gebildeten erkannt, oder daß mindestens das Peinliche des gegebenen Schauspieles gefühlt werden müßte: denn was kann peinlicher sein, als zu sehen, daß der Mißgestaltete gespreizt wie ein Hahn vor dem Spiegel steht und mit seinem Bilde bewundernde Blicke austauscht. Aber die gelehrten Stände lassen gern geschehn, was geschieht, und haben selbst genug mit sich zu tun, als daß sie die Sorge für den deutschen Geist noch auf sich nehmen könnten. Dazu sind ihre Mitglieder mit dem höchsten Grade von Sicherheit überzeugt, daß ihre eigene Bildung die reifste und schönste Frucht der Zeit, ja aller Zeiten sei, und verstehn eine Sorge um die allgemeine deutsche Bildung deshalb gar nicht, weil sie bei sich selbst und den zahllosen Ihresgleichen über alle Sorgen dieser Art weit hinaus sind. Dem sorgsameren Betrachter, zumal wenn er Ausländer ist, kann es übrigens nicht entgehen, daß zwischen dem, was jetzt der deutsche Gelehrte seine Bildung nennt, und jener triumphierenden Bildung der neuen deutschen Klassiker ein Gegensatz nur in Hinsicht auf das Quantum des Wissens besteht: überall wo nicht das Wissen, sondern das Können, wo nicht die Kunde, sondern die Kunst in Frage kommt, also überall, wo das Leben von der Art der Bildung Zeugnis ablegen soll, gibt es jetzt nur Eine deutsche Bildung – und diese sollte über Frankreich gesiegt haben?

Diese Behauptung erscheint so völlig unbegreiflich: gerade in dem umfassenderen Wissen der deutschen Offiziere, in der größeren Belehrtheit der deutschen Mannschaften, in der wissenschaftlicheren Kriegführung ist von allen unbefangenen Richtern und schließlich von den Franzosen selbst der entscheidende Vorzug erkannt worden. In welchem Sinne kann aber noch die deutsche Bildung gesiegt haben wollen, wenn man von ihr die deutsche Belehrtheit sondern wollte? In keinem: denn die moralischen Qualitäten der strengeren Zucht, des ruhigeren Gehorsams haben mit der Bildung nichts zu tun und zeichneten zum Beispiel die mazedonischen Heere den unvergleichlich gebildeteren Griechenheeren gegenüber aus. Es kann nur eine Verwechslung sein, wenn man von dem Siege der deutschen Bildung und Kultur spricht, eine Verwechslung, die darauf beruht, daß in Deutschland der reine Begriff der Kultur verlorengegangen ist.

Kultur ist vor allem Einheit des künstlerischen Stiles in allen Lebensäußerungen eines Volkes. Vieles Wissen und Gelernthaben ist aber weder ein notwendiges Mittel der Kultur, noch ein Zeichen derselben und verträgt sich nötigenfalls auf das beste mit dem Gegensatze der Kultur, der Barbarei, das heißt: der Stillosigkeit oder dem chaotischen Durcheinander aller Stile.

In diesem chaotischen Durcheinander aller Stile lebt aber der Deutsche unserer Tage: und es bleibt ein ernstes Problem, wie es ihm doch möglich sein kann, dies bei aller seiner Belehrtheit nicht zu merken und sich noch dazu seiner gegenwärtigen „Bildung“ recht von Herzen zu freuen. Alles sollte ihn doch belehren: ein jeder Blick auf seine Kleidung, seine Zimmer, sein Haus, ein jeder Gang durch die Straßen seiner Städte, eine jede Einkehr in den Magazinen der Kunstmodehändler; inmitten des geselligen Verkehrs sollte er sich des Ursprunges seiner Manieren und Bewegungen, inmitten unserer Kunstanstalten, Konzert-, Theater- und Musenfreuden sich des grotesken Neben- und Übereinander aller möglichen Stile bewußt werden. Die Formen, Farben, Produkte und Kuriositäten aller Zeiten und aller Zonen häuft der Deutsche um sich auf und bringt dadurch jene moderne Jahrmarkts-Buntheit hervor, die seine Gelehrten nun wiederum als das „Moderne an sich“ zu betrachten und zu formulieren haben; er selbst bleibt ruhig in diesem Tumult aller Stile sitzen. Mit dieser Art von „Kultur“, die doch nur eine phlegmatische Gefühllosigkeit für die Kultur ist, kann man aber keine Feinde bezwingen, am wenigsten solche, die, wie die Franzosen, eine wirkliche, produktive Kultur, gleichviel von welchem Werte, haben, und denen wir bisher alles, meistens noch dazu ohne Geschick, nachgemacht haben.

Hätten wir wirklich aufgehört, sie nachzuahmen, so würden wir damit noch nicht über sie gesiegt, sondern uns nur von ihnen befreit haben: erst dann, wenn wir ihnen eine originale deutsche Kultur aufgezwungen hätten, dürfte auch von einem Triumphe der deutschen Kultur die Rede sein. Inzwischen beachten wir, daß wir von Paris nach wie vor in allen Angelegenheiten der Form abhängen – und abhängen müssen: denn bis jetzt gibt es keine deutsche originale Kultur.

Dies sollten wir alle von uns selbst wissen: zudem hat es einer von den wenigen, die ein Recht hatten, es im Tone des Vorwurfs den Deutschen zu sagen, auch öffentlich verraten. „Wir Deutsche sind von gestern, sagte Goethe einmal zu Eckermann; wir haben zwar seit einem Jahrhundert ganz tüchtig kultiviert, allein es können noch ein paar Jahrhunderte hingehen, ehe bei unseren Landsleuten so viel Geist und höhere Kultur eindringe und allgemein werde, daß man von ihnen wird sagen können, es sei lange her, daß sie Barbaren gewesen.“

2

Wenn aber unser öffentliches und privates Leben so ersichtlich nicht mit dem Gepräge einer produktiven und stilvollen Kultur bezeichnet ist, wenn noch dazu unsere großen Künstler diese ungeheure und für ein begabtes Volk tief beschämende Tatsache mit dem ernstesten Nachdruck und mit der Ehrlichkeit, die der Größe zu eigen ist, eingestanden haben und eingestehen, wie ist es dann doch möglich, daß unter den deutschen Gebildeten trotzdem die größte Zufriedenheit herrscht: eine Zufriedenheit, die, seit dem letzten Kriege, sogar fortwährend sich bereit zeigt, in übermütiges Jauchzen auszubrechen und zum Triumphe zu werden. Man lebt jedenfalls in dem Glauben, eine echte Kultur zu haben: der ungeheure Kontrast dieses zufriedenen, ja triumphierenden Glaubens und eines offenkundigen Defektes scheint nur noch den Wenigsten und Seltensten überhaupt bemerkbar zu sein. Denn alles, was mit der öffentlichen Meinung meint, hat sich die Augen verbunden und die Ohren verstopft – jener Kontrast soll nun einmal nicht da sein. Wie ist dies möglich? Welche Kraft ist so mächtig, ein solches „soll nicht" vorzuschreiben? Welche Gattung von Menschen muß in Deutschland zur Herrschaft gekommen sein, um so starke und einfache Gefühle verbieten oder doch ihren Ausdruck verhindern zu können? Diese Macht, diese Gattung von Menschen will ich bei Namen nennen – es sind die Bildungsphilister.

Das Wort Philister ist bekanntlich dem Studentenleben entnommen und bezeichnet in seinem weiteren, doch ganz populären Sinne den Gegensatz des Musensohnes, des Künstlers, des echten Kulturmenschen. Der Bildungsphilister aber – dessen Typus zu studieren, dessen Bekenntnisse, wenn er sie macht, anzuhören jetzt zur leidigen Pflicht wird – unterscheidet sich von der allgemeinen Idee der Gattung „Philister" durch Einen Aberglauben: er wähnt selber Musensohn und Kulturmensch zu sein; ein unbegreiflicher Wahn, aus dem hervorgeht, daß er gar nicht weiß, was der Philister und was sein Gegensatz ist: weshalb wir uns nicht wundern werden, wenn er meistens es feierlich verschwört, Philister zu sein. Er fühlt sich, bei diesem Mangel jeder Selbsterkenntnis, fest überzeugt, daß seine „Bildung" gerade der satte Ausdruck der rechten deutschen Kultur sei: und da er überall Gebildete seiner Art vorfindet und alle öffentlichen Institutionen, Schul-, Bildungs- und Kunstanstalten gemäß seiner Gebildetheit und nach seinen Bedürfnissen eingerichtet sind, so trägt er auch überallhin das siegreiche Gefühl mit sich herum, der würdige Vertreter der jetzigen deutschen Kultur zu sein, und macht dementsprechend seine Forderungen und Ansprüche. Wenn nun die wahre Kultur jedenfalls Einheit des Stiles voraussetzt, und selbst eine schlechte und entartete Kultur nicht ohne die zur Harmonie Eines Stiles zusammenlaufende Mannigfaltigkeit gedacht werden darf, so mag wohl die Verwechslung in jenem Wahne des Bildungsphilisters daher rühren, daß er überall das gleichförmige Gepräge seiner selbst wiederfindet und nun aus diesem gleichförmigen Gepräge aller „Gebildeten" auf eine Stileinheit der deutschen Bildung, kurz auf eine Kultur schließt. Er nimmt um sich herum lauter gleiche Bedürfnisse und ähnliche Ansichten wahr; wohin er tritt, umfängt ihn auch sofort das Band einer stillschweigenden Konvention über viele Dinge, besonders in betreff der Religions- und der Kunstangelegenheiten: diese imponierende Gleichartigkeit, dieses nicht befohlene und doch sofort losbrechende tutti unisono verführt ihn zu dem Glauben, daß hier eine Kultur walten möge. Aber die systematische und zur Herrschaft gebrachte Philisterei ist deshalb, weil sie System hat, noch nicht Kultur und nicht einmal schlechte Kultur, sondern immer nur das Gegenstück derselben, nämlich dauerhaft begründete Barbarei. Denn alle jene Einheit des Gepräges, die uns bei jedem Gebildeten der deutschen Gegenwart so gleichmäßig in die Augen fällt, wird Einheit nur durch das bewußte oder unbewußte Ausschließen und Negieren aller künstlerisch produktiven Formen und Forderungen eines wahren Stils. Eine unglückliche Verdrehung muß im Gehirne des gebildeten Philisters vor sich gegangen sein: er hält gerade das, was die Kultur verneint, für die Kultur, und da er konsequent verfährt, so bekommt er endlich eine zusammenhängende Gruppe von solchen Verneinungen, ein System der Nicht-Kultur, der man selbst eine gewisse „Einheit des Stils" zugestehen dürfte, falls es nämlich noch einen Sinn hat, von einer stilisierten Barbarei zu reden. Ist ihm die Entscheidung freigegeben zwischen einer stilgemäßen Handlung und einer entgegengesetzten, so greift er immer nach der letzteren, und weil er immer nach ihr greift, so ist allen seinen Handlungen ein negativ gleichartiges Gepräge aufgedrückt. An diesem gerade erkennt er den Charakter der von ihm patentierten „deutschen Kultur": an der Nichtübereinstimmung mit diesem Gepräge mißt er das ihm Feindselige und Widerstrebende. Der Bildungsphilister wehrt in solchem Falle nur ab, verneint, sekretiert, verstopft sich die Ohren, sieht nicht hin, er ist ein negatives Wesen, auch in seinem Hasse und seiner Feindschaft. Er haßt aber keinen mehr als den, der ihn als Philister behandelt und ihm sagt, was er ist: das Hindernis aller Kräftigen und Schaffenden, das Labyrinth aller Zweifelnden und Verirrten, der Morast aller Ermatteten, die Fußfessel aller nach hohen Zielen Laufenden, der giftige Nebel aller frischen Keime, die ausdorrende Sandwüste des suchenden und nach neuem Leben lechzenden deutschen Geistes. Denn er *sucht*, dieser deutsche Geist! und ihr haßt ihn deshalb, weil er sucht, und weil er euch nicht glauben will, daß ihr schon gefunden habt, wonach er sucht. Wie ist es nur möglich, daß ein solcher Typus, wie der des Bildungsphilisters, entstehen und, falls er entstand, zu der Macht eines obersten Richters über alle deutschen Kulturprobleme heranwachsen konnte; wie ist dies möglich, nachdem an uns eine Reihe von großen heroischen Gestalten vorübergegangen ist, die in allen ihren Bewegungen, ihrem ganzen

Gesichtsausdrucke, ihrer fragenden Stimme, ihrem flammenden Auge nur Eins verrieten: daß sie Suchende waren, und daß sie eben das inbrünstig und mit ernster Beharrlichkeit suchten, was der Bildungsphilister zu besitzen wähnt: die echte ursprüngliche deutsche Kultur. Gibt es einen Boden, schienen sie zu fragen, der so rein, so unberührt, von so jungfräulicher Heiligkeit ist, daß auf ihm und auf keinem anderen der deutsche Geist sein Haus baue? So fragend zogen sie durch die Wildnis und das Gestrüpp elender Zeiten und enger Zustände, und als Suchende entschwanden sie unseren Blicken: so daß einer von ihnen, für alle, im hohen Alter sagen konnte: „ich habe es mir ein halbes Jahrhundert lang sauer genug werden lassen und mir keine Erholung gegönnt, sondern immer gestrebt, und geforscht, und getan, so gut und so viel ich konnte".

Was urteilt aber unsere Philisterbildung über diese Suchenden? Sie nimmt sie einfach als Findende und scheint zu vergessen, daß jene selbst sich nur als Suchende fühlten. Wir haben ja unsere Kultur, heißt es dann, denn wir haben ja unsere „Klassiker", das Fundament ist nicht nur da, nein auch der Bau steht schon auf ihm gegründet – wir selbst sind dieser Bau. Dabei greift der Philister an die eigene Stirn.

Um aber unsere Klassiker so falsch beurteilen und so beschimpfend ehren zu können, muß man sie gar nicht mehr kennen: und dies ist die allgemeine Tatsache. Denn sonst müßte man wissen, daß es nur Eine Art gibt, sie zu ehren, nämlich dadurch, daß man fortfährt, in ihrem Geiste und mit ihrem Mute zu suchen, und dabei nicht müde wird. Dagegen ihnen das so nachdenkliche Wort „Klassiker" anzuhängen und sich von Zeit zu Zeit einmal an ihren Werken zu „erbauen", das heißt, sich jenen matten und egoistischen Regungen überlassen, die unsere Konzertsäle und Theaterräume jedem Bezahlenden versprechen; auch wohl Bildsäulen stiften und mit ihrem Namen Feste und Vereine bezeichnen – das alles sind nur klingende Abzahlungen, durch die der Bildungsphilister sich mit ihnen auseinandersetzt, um im übrigen sie nicht mehr zu kennen, und um vor allem nicht nachfolgen und weiter suchen zu müssen. Denn: es darf nicht mehr gesucht werden; das ist die Philisterlosung.

Diese Losung hatte einst einen gewissen Sinn: damals, als in dem ersten Jahrzehnt dieses Jahrhunderts in Deutschland ein so mannigfaches und verwirrendes Suchen, Experimentieren, Zerstören, Verheißen, Ahnen, Hoffen begann und durcheinanderwogte, daß dem geistigen Mittelstande mit Recht bange um sich selbst werden mußte. Mit Recht lehnte er damals das Gebräu phantastischer und sprachverrenkender Philosophien und schwärmerisch-zweckbewußter Geschichtsbetrachtung, den Karneval aller Götter und Mythen, den die Romantiker zusammenbrachten, und die im Rausch ersonnenen dichterischen Moden und Tollheiten achselzuckend ab, mit Recht, weil der Philister nicht einmal zu einer Ausschweifung das Recht hat. Er benutzte aber die Gelegenheit, mit jener Verschmitztheit geringerer Naturen, das Suchen überhaupt zu verdächtigen und zum bequemen Finden aufzufordern. Sein Auge erschloß sich für das Philisterglück: aus alle dem wilden Experimentieren rettete er sich ins Idyllische und setzte dem unruhig schaffenden Trieb des Künstlers ein gewisses Behagen entgegen, ein Behagen an der eigenen Enge, der eigenen Ungestörtheit, ja an der eigenen Beschränktheit. Sein langgestreckter Finger wies, ohne jede unnütze Verschämtheit, auf alle verborgenen und heimlichen Winkel seines Lebens, auf die vielen rührenden und naiven Freuden, welche in der kümmerlichsten Tiefe der unkultivierten Existenz und gleichsam auf dem Moorgrunde des Philisterdaseins als bescheidene Blumen aufwuchsen.

Es fanden sich eigene darstellende Talente, welche das Glück, die Heimlichkeit, die Alltäglichkeit, die bäuerische Gesundheit und alles Behagen, welches über Kinder-, Gelehrten- und Bauernstuben ausgebreitet ist, mit zierlichem Pinsel nachmalten. Mit solchen Bilderbüchern der Wirklichkeit in den Händen suchten die Behaglichen nun auch ein für allemal ein Abkommen mit den bedenklichen Klassikern und den von ihnen ausgehenden Aufforderungen zum Weitersuchen zu finden; sie erdachten den Begriff des Epigonen-Zeitalters, nur um Ruhe zu haben und bei allem unbequemen Neueren sofort mit dem ablehnenden Verdikt „Epigonenwerk" bereit sein zu können. Eben diese Behaglichen bemächtigten sich zu demselben Zwecke, um ihre Ruhe zu garantieren, der Geschichte und suchten alle Wissenschaften, von denen etwa noch Störungen der Behaglichkeit zu erwarten waren, in historische Disziplinen umzuwandeln, zumal die Philosophie und die klassische Philologie. Durch das historische Bewußtsein retteten sie sich vor dem Enthusiasmus, – denn nicht mehr diesen sollte die Geschichte erzeugen, wie doch Goethe vermeinen durfte: sondern gerade die Abstumpfung ist jetzt das Ziel dieser unphilosophischen Bewunderer des nil admirari, wenn sie alles historisch zu begreifen suchen. Während man vorgab, den Fanatismus und die Intoleranz in jeder Form zu hassen, haßte man im Grunde den dominierenden Genius und die Tyrannis wirklicher Kulturforderungen; und deshalb wandte man alle Kräfte darauf hin, überall dort zu lähmen, abzustumpfen oder aufzulösen, wo etwa frische und mächtige Bewegungen zu erwarten standen. Eine Philosophie, die unter krausen Schnörkeln das Philisterbekenntnis ihres Urhebers koïsch verhüllte, erfand noch dazu eine Formel für die Vergötterung der Alltäglichkeit: sie sprach von der Vernünftigkeit alles Wirklichen und schmeichelte sich damit bei dem Bildungsphilister ein, der auch krause Schnörkeleien liebt, vor allem aber sich allein als wirklich begreift und seine Wirklichkeit als das Maß der Vernunft in der Welt behandelt. Er erlaubte jetzt jedem und sich selbst, etwas nachzudenken, zu forschen, zu ästhetisieren, vor allem zu dichten und zu musizieren, auch Bilder zu machen, sowie ganze Philosophien: nur mußte um Gottes willen bei uns alles beim alten bleiben, nur durfte um keinen Preis an dem „Vernünftigen“ und an dem „Wirklichen“, das heißt an dem Philister gerüttelt werden. Dieser hat es zwar ganz gern, von Zeit zu Zeit sich den anmutigen und verwegenen Ausschreitungen der Kunst und einer skeptischen Historiographie zu überlassen, und schätzt den Reiz solcher Zerstreuungs- und Unterhaltungsobjekte nicht gering; aber er trennt streng den „Ernst des Lebens“, soll heißen den Beruf, das Geschäft, samt Weib und Kind, ab von dem Spaß: und zu letzterem gehört ungefähr alles, was die Kultur betrifft. Daher wehe einer Kunst, die selbst Ernst zu machen anfängt und Forderungen stellt, die seinen Erwerb, sein Geschäft und seine Gewohnheiten, das heißt also seinen Philisterernst antasten – von einer solchen Kunst wendet er die Augen ab, als ob er etwas Unzüchtiges sähe, und warnt mit der Miene eines Keuschheitswächters jede schutzbedürftige Tugend, nur ja nicht hinzusehen.

Zeigt er sich so beredt im Abraten, so ist er dankbar gegen den Künstler, der auf ihn hört und sich abraten läßt; ihm gibt er zu verstehen, daß man es mit ihm leichter und lässiger nehmen wolle, und daß man von ihm, dem bewährten Gesinnungsfreunde, gar keine sublimen Meisterwerke fordere, sondern nur zweierlei: entweder Nachahmung der Wirklichkeit bis zum Äffischen, in Idyllen oder sanftmütigen humoristischen Satiren, oder freie Kopien der anerkanntesten und berühmtesten Werke der Klassiker, doch mit verschämten Indulgenzen an den Zeitgeschmack. Wenn er nämlich nur die epigonenhafte Nachahmung oder die ikonische Porträttreue des Gegenwärtigen schätzt, so weiß er, daß die letztere ihn selbst verherrlicht und das Behagen am „Wirklichen" mehrt, die erstere ihm nicht schadet, sogar seinem Ruf als dem eines klassischen Geschmacksrichters förderlich ist, und im übrigen keine neue Mühe macht, weil er sich bereits mit den Klassikern selbst ein für allemal abgefunden hat. Zuletzt erfindet er noch für seine Gewöhnungen, Betrachtungsarten, Ablehnungen und Begünstigungen die allgemein wirksame Formel „Gesundheit" und beseitigt mit der Verdächtigung, krank und überspannt zu sein, jeden unbequemen Störenfried. So redet David Strauß, ein rechter satisfait unsrer Bildungszustände und typischer Philister, einmal mit charakteristischer Redewendung von „Arthur Schopenhauers zwar durchweg geistvollem, doch vielfach ungesundem und unersprießlichem Philosophieren". Es ist nämlich eine fatale Tatsache, daß sich „der Geist" mit besonderer Sympathie auf die „Ungesunden und Unersprießlichen" niederzulassen pflegt, und daß selbst der Philister, wenn er einmal ehrlich gegen sich ist, bei den Philosophemen, die seinesgleichen zur Welt und zu Markte bringt, so etwas empfindet von vielfach geistlosem, doch durchweg gesundem und ersprießlichem Philosophieren.

Hier und da werden nämlich die Philister, vorausgesetzt, daß sie unter sich sind, des Weines pflegen und der großen Kriegstaten gedenken, ehrlich, redselig und naiv; dann kommt mancherlei ans Licht, was sonst ängstlich verborgen wird, und gelegentlich plaudert selbst einer die Grundgeheimnisse der ganzen Brüderschaft aus. Einen solchen Moment hat ganz neuerdings einmal ein namhafter Ästhetiker aus der Hegelschen Vernünftigkeits-Schule gehabt. Der Anlaß war freilich ungewöhnlich genug: man feierte im lauten Philisterkreise das Andenken eines wahren und echten Nicht-Philisters, noch dazu eines solchen, der im allerstrengsten Sinne des Wortes an den Philistern zugrunde gegangen ist: das Andenken des herrlichen Hölderlin, und der bekannte Ästhetiker hatte deshalb ein Recht, bei dieser Gelegenheit von den tragischen Seelen zu reden, die an der „Wirklichkeit“ zugrunde gehen, das Wort Wirklichkeit nämlich in jenem erwähnten Sinne als Philister-Vernunft verstanden. Aber die „Wirklichkeit“ ist eine andere geworden: die Frage mag gestellt werden, ob sich Hölderlin wohl in der gegenwärtigen großen Zeit zurechtfinden würde. „Ich weiß nicht, sagt Fr. Vischer, ob seine weiche Seele so viel Rauhes, das an jedem Kriege ist, ob sie soviel des Verdorbenen ausgehalten hätte, das wir nach dem Kriege auf den verschiedensten Gebieten fortschreiten sehen. Vielleicht wäre er wieder in die Trostlosigkeit zurückgesunken. Er war eine der unbewaffneten Seelen, er war der Werther Griechenlands, ein hoffnungslos Verliebter; es war ein Leben voll Weichheit und Sehnsucht, aber auch Kraft und Inhalt war in seinem Willen, und Größe, Fülle und Leben in seinem Stil, der da und dort sogar an Äschylus gemahnt. Nur hatte sein Geist zu wenig vom Harten; es fehlte ihm als Waffe der Humor; er *konnte es nicht ertragen, daß man noch kein Barbar ist, wenn man ein Philister ist.*“ Dieses letzte Bekenntnis, nicht die süßliche Beileidsbezeigung des Tischredners geht uns etwas an. Ja, man gibt zu, Philister zu sein, – aber Barbar! Um keinen Preis. Der arme Hölderlin hat leider nicht so fein unterscheiden können. Wenn man freilich bei dem Worte Barbarei an den Gegensatz der Zivilisation und vielleicht gar an Seeräuberei und Menschenfresser denkt, so ist jene Unterscheidung mit Recht gemacht; aber ersichtlich will der Ästhetiker uns sagen: man kann Philister sein und doch Kulturmensch – darin liegt der Humor, der dem armen Hölderlin fehlte, an dessen Mangel er zugrunde ging.

Bei dieser Gelegenheit entfiel dem Redner noch ein zweites Geständnis: „Es ist nicht immer Willenskraft, sondern Schwachheit, was uns über die von den tragischen Seelen so tief gefühlte Begierde zum Schönen hinüberbringt" – so ungefähr lautete das Bekenntnis, abgelegt im Namen der versammelten „Wir", das heißt der „Hinübergebrachten", der „durch Schwachheit Hinübergebrachten"! Begnügen wir uns mit diesen Geständnissen! Jetzt wissen wir ja zweierlei durch den Mund eines Eingeweihten: einmal, daß diese „Wir" über die Sehnsucht zum Schönen wirklich hinweg-, ja sogar hinübergebracht sind, und zweitens: durch Schwachheit! Eben diese Schwachheit hatte sonst in weniger indiskreten Momenten einen schöneren Namen: es war die berühmte „Gesundheit" der Bildungsphilister. Nach dieser allerneuesten Belehrung möchte es sich aber empfehlen, nicht mehr von ihnen als den „Gesunden" zu reden, sondern von den Schwächlichen oder, mit Steigerung, von den Schwachen. Wenn diese Schwachen nur nicht die Macht hätten! Was kann es sie angehen, wie man sie nennt! Denn sie sind die Herrschenden, und das ist kein rechter Herrscher, der nicht einen Spottnamen vertragen kann. Ja wenn man nur die Macht hat, lernt man wohl gar über sich selbst zu spotten. Es kam dann nicht viel darauf an, ob man sich eine Blöße gibt: denn was bedeckt nicht der Purpur! was nicht der Triumphmantel! Die Stärke des Bildungsphilisters kommt ans Licht, wenn er seine Schwachheit eingesteht: und je mehr und je zynischer er eingesteht, um so deutlicher verrät sich, wie wichtig er sich nimmt und wie überlegen er sich fühlt. Es ist die Periode der zynischen Philisterbekenntnisse. Wie Friedrich Vischer mit einem Worte, so hat David Strauß mit einem Buche Bekenntnisse gemacht: und zynisch ist jenes Wort und dieses Bekenntnisbuch.

3

Auf doppelte Weise macht David Strauß über jene Philister-Bildung Bekenntnisse, durch das Wort und durch die Tat, nämlich durch das Wort des Bekenners und die Tat des Schriftstellers. Sein Buch mit dem Titel „der alte und der neue Glaube" ist einmal durch seinen Inhalt und sodann als Buch und schriftstellerisches Produkt eine ununterbrochene Konfession; und schon darin, daß er sich erlaubt, öffentlich Konfessionen über seinen Glauben zu machen, liegt eine Konfession. — Das Recht, nach seinem vierzigsten Jahre seine Biographie zu schreiben, mag jeder haben, denn auch der Geringste kann etwas erlebt und in größerer Nähe gesehen haben, was dem Denker wertvoll und beachtenswert ist. Aber ein Bekenntnis über seinen Glauben abzulegen, muß als unvergleichlich anspruchsvoller gelten: weil es voraussetzt, daß der Bekennende nicht nur auf das, was er während seines Daseins erlebt oder erforscht oder gesehen hat, Wert legt, sondern sogar auf das, was er geglaubt hat. Nun wird der eigentliche Denker zu allerletzt zu wissen wünschen, was alles solche Straußennaturen als ihren Glauben vertragen, und was sie über Dinge in sich „halbträumerisch zusammengedacht haben" (S. 10), über die nur der zu reden ein Recht hat, der von ihnen aus erster Hand weiß. Wer hätte ein Bedürfnis nach dem Glaubensbekenntnisse eines Ranke oder Mommsen, die übrigens noch ganz andere Gelehrte und Historiker sind, als David Strauß es war: die aber doch, sobald sie uns von ihrem Glauben und nicht von ihren wissenschaftlichen Erkenntnissen unterhalten wollten, in ärgerlicher Weise ihre Schranken überschreiten würden. Dies aber tut Strauß, wenn er von seinem Glauben erzählt. Niemand hat ein Verlangen, darüber etwas zu wissen, als vielleicht einige bornierte Widersacher der

Straußischen Erkenntnisse, die hinter denselben wahrhaft satanische Glaubenssätze wittern und es wünschen müssen, daß Strauß durch Kundgebung solcher satanischer Hintergedanken seine gelehrten Behauptungen kompromittiere. Vielleicht haben diese groben Burschen sogar bei dem neuen Buche ihre Rechnung gefunden; wir anderen, die wir solche satanische Hintergedanken zu wittern keinen Anlaß hatten, haben auch nichts der Art gefunden und würden sogar, wenn es ein wenig satanischer zuginge, keineswegs unzufrieden sein. Denn so wie Strauß von seinem neuen Glauben redet, redet gewiß kein böser Geist: aber überhaupt kein Geist, am wenigsten ein wirklicher Genius. Sondern so reden allein jene Menschen, welche Strauß als seine „Wir“ uns vorstellt, und die uns, wenn sie uns ihren Glauben erzählen, noch mehr langweilen, als wenn sie uns ihre Träume erzählen, mögen sie nun „Gelehrte oder Künstler, Beamte oder Militärs, Gewerbetreibende oder Gutsbesitzer sein und zu Tausenden, und nicht als die Schlechtesten im Lande leben“. Wenn sie nicht die Stillen von der Stadt und vom Lande bleiben wollen, sondern mit Bekenntnissen laut werden, so vermöchte auch der Lärm ihres Unisono nicht über die Armut und Gemeinheit der Melodie, die sie absingen, zu täuschen. Wie kann es uns günstiger stimmen, zu hören, daß ein Bekenntnis von vielen geteilt wird, wenn es der Art ist, daß wir jeden einzelnen dieser vielen, der sich anschickte, uns dasselbe zu erzählen, nicht ausreden lassen, sondern gähnend unterbrechen würden. Hast du einen solchen Glauben, müßten wir ihn bescheiden, so verrate um Gottes willen nichts davon. Vielleicht haben früher einige Harmlose in David Strauß einen Denker gesucht: jetzt haben sie den Gläubigen gefunden und sind enttäuscht. Hätte er geschwiegen, so wäre er, für diese wenigstens, der Philosoph geblieben, während er es jetzt für keinen ist. Aber es gelüstet ihn auch nicht mehr nach der Ehre des Denkers; er will nur ein neuer Gläubiger sein und ist stolz auf seinen „neuen Glauben". Ihn schriftlich bekennend vermeint er, den Katechismus „der modernen Ideen" zu schreiben und die breite „Weltstraße der Zukunft" zu bauen. In der Tat, verzagt und verschämt sind unsere Philister nicht mehr, wohl aber zuversichtlich bis zum Zynismus. Es gab eine Zeit, und sie ist freilich fern, in welcher der Philister eben geduldet wurde als etwas, das nicht sprach, und über das man nicht sprach: es gab wieder eine Zeit, in der man ihm die Runzeln streichelte, ihn drollig fand und von ihm sprach. Dadurch wurde er allmählich zum Gecken und begann sich seiner Runzeln und seiner querköpfig-biederen Eigentümlichkeiten recht von Herzen zu erfreuen: nun redete er selbst, etwa in Riehlscher Hausmusik-Manier. „Aber was muß ich sehen! Ist es Schatten? ist's Wirklichkeit? Wie wird mein Pudel lang und breit!" Denn jetzt wälzt er sich bereits wie ein Nilpferd auf der „Weltstraße der Zukunft" hin, und aus dem Knurren und Bellen ist ein stolzer Religionsstifter-Ton geworden. Beliebt Ihnen vielleicht, Herr Magister, die Religion der Zukunft zu gründen? „Die Zeit scheint mir noch nicht gekommen (S. 8). Es fällt mir nicht einmal ein, irgend eine Kirche zerstören zu wollen." — Aber warum nicht, Herr Magister? Es kommt nur darauf an, daß man's kann. Übrigens, ehrlich gesprochen, Sie glauben selbst daran, daß Sie es können: sehen Sie nur Ihre letzte Seite an. Dort wissen Sie ja, daß Ihre neue Straße „einzig die Weltstraße der Zukunft ist, die nur stellenweise vollends fertig gemacht und hauptsächlich allgemeiner befahren zu werden braucht, um auch bequem und angenehm zu werden". Leugnen Sie nun nicht länger: der Religionsstifter ist erkannt, die neue, bequeme und angenehme Fahrstraße zum Straußischen Paradies gebaut. Nur mit dem Wagen, in dem Sie uns kutschieren wollen, Sie bescheidener Mann, sind Sie nicht recht zufrieden; Sie sagen uns schließlich: „daß der Wagen, dem sich meine werten Leser mit mir haben anvertrauen müssen, allen Anforderungen entspräche, will ich nicht behaupten“ (S. 367): „durchaus fühlt man sich übel zerstoßen“. Ach, Sie wollen etwas Verbindliches hören, Sie galanter Religionsstifter. Aber wir wollen Ihnen etwas Aufrichtiges sagen. Wenn Ihr Leser die 368 Seiten Ihres Religionskatechismus nur so sich verordnet, daß er jeden Tag des Jahres eine Seite liest, also in allerkleinsten Dosen, so glauben wir selbst, daß er sich zuletzt übel befindet: aus Ärger nämlich, daß die Wirkung ausbleibt. Vielmehr herzhaft geschluckt! möglichst viel auf einmal! wie das Rezept bei allen zeitgemäßen Büchern lautet. Dann kann der Trank nichts schaden, dann fühlt sich der Trinker hinterdrein keineswegs übel und ärgerlich, sondern lustig und gut gelaunt, als ob nichts geschehen, keine Religion zerstört, keine Weltstraße gebaut, kein Bekenntnis gemacht wäre – das nenne ich doch eine Wirkung! Arzt und Arzenei und Krankheit, alles vergessen! Und das fröhliche Lachen! Der fortwährende Kitzel zum Lachen! Sie sind zu beneiden, mein Herr, denn Sie haben die angenehmste Religion gegründet, die nämlich, deren Stifter fortwährend dadurch geehrt wird, daß man ihn auslacht.

4

Der Philister als der Stifter der Religion der Zukunft – das ist der neue Glaube in seiner eindrucksvollsten Gestalt; der zum Schwärmer gewordene Philister – das ist das unerhörte Phänomen, das unsere deutsche Gegenwart auszeichnet. Bewahren wir uns aber vorläufig auch in Hinsicht auf diese Schwärmerei einen Grad von Vorsicht: hat doch kein anderer als David Strauß uns eine solche Vorsicht in folgenden weisen Sätzen angeraten, bei denen wir freilich zunächst nicht an Strauß, sondern an den Stifter des Christentums denken sollen, (S. 80) „wir wissen: es hat edle, hat geistvolle Schwärmer gegeben, ein Schwärmer kann anregen, erheben, kann auch historisch sehr nachhaltig wirken; aber zum Lebensführer werden wir ihn nicht wählen wollen. Er wird uns auf Abwege führen, wenn wir seinen Einfluß nicht unter die Kontrolle der Vernunft stellen." Wir wissen noch mehr, es kann auch geistlose Schwärmer geben, Schwärmer, die nicht anregen, nicht erheben und die sich doch Aussicht machen, als Lebensführer historisch sehr nachhaltig zu wirken und die Zukunft zu beherrschen: um wieviel mehr sind wir aufgefordert, ihre Schwärmerei unter die Kontrolle der Vernunft zu stellen. Lichtenberg meint sogar: „es gibt Schwärmer ohne Fähigkeit, und dann sind sie wirklich gefährliche Leute". Einstweilen begehren wir, dieser Vernunft-Kontrolle halber, nur eine ehrliche Antwort auf drei Fragen. Erstens: wie denkt sich der Neugläubige seinen Himmel? Zweitens: wie weit reicht der Mut, den ihm der neue Glaube verleiht? und drittens: wie schreibt er seine Bücher? Strauß, der Bekenner, soll uns die erste und zweite Frage, Strauß, der Schriftsteller, die dritte beantworten.

Der Himmel des Neugläubigen muß natürlich ein Himmel auf Erden sein: denn der christliche „Ausblick auf ein unsterbliches, himmlisches Leben" ist, samt den anderen Tröstungen für den, der „nur mit einem Fuße" auf dem Straußischen Standpunkt steht, „unrettbar dahingefallen" (S. 364). Es will etwas besagen, wenn sich eine Religion ihren Himmel so oder so ausmalt: und sollte es wahr sein, daß das Christentum keine andere himmlische Beschäftigung kennt als Musizieren und Singen, so mag dies freilich für den Straußischen Philister keine tröstliche Aussicht sein. Es gibt aber in dem Bekenntnisbuche eine paradiesische Seite, die Seite 294: dieses Pergamen laß dir vor allem entrollen, beglücktester Philister! Da steigt der ganze Himmel zu dir nieder. „Wir wollen nur noch andeuten, wie wir es treiben, sagt Strauß, schon lange Jahre her getrieben haben. Neben unserem Berufe – denn wir gehören den verschiedensten Berufsarten an, sind keineswegs bloß Gelehrte oder Künstler, sondern Beamte und Militärs, Gewerbetreibende und Gutsbesitzer, und noch einmal, wie schon gesagt, wir sind unserer nicht wenige, sondern viele Tausende und nicht die Schlechtesten in allen Landen – neben unserem Berufe, sage ich, suchen wir uns den Sinn möglichst offen zu erhalten für alle höheren Interessen der Menschheit: wir haben während der letzten Jahre lebendigen Anteil genommen an dem großen nationalen Krieg und der Aufrichtung des deutschen Staates, und wir finden uns durch diese so unerwartete als herrliche Wendung der Geschicke unsrer vielgeprüften Nation im Innersten erhoben. Dem Verständnis dieser Dinge helfen wir durch geschichtliche Studien nach, die jetzt mittels einer Reihe anziehend und volkstümlich geschriebener Geschichtswerke auch dem Nichtgelehrten leicht gemacht sind; dabei suchen wir unsere Naturkenntnisse zu erweitern, wozu es an gemeinverständlichen Hilfsmitteln gleichfalls nicht fehlt; und endlich finden wir in den Schriften unsrer großen Dichter, bei den Aufführungen der Werke unsrer großen Musiker eine Anregung für Geist und Gemüt, für Phantasie und Humor, die nichts zu wünschen übrig läßt. So leben wir, so wandeln wir beglückt."

Das ist unser Mann, jauchzt der Philister, der dies liest: denn so leben wir wirklich, so leben wir alle Tage. Und wie schön er die Dinge zu umschreiben weiß! Was kann er zum Beispiel unter den geschichtlichen Studien, mit denen wir dem Verständnisse der politischen Lage nachhelfen, mehr verstehen, als die Zeitungslektüre, was unter dem lebendigen Anteil an der Aufrichtung des deutschen Staates, als unsere täglichen Besuche im Bierhaus? und sollte nicht ein Spaziergang im zoologischen Garten das gemeinte „gemeinverständliche Hilfsmittel" sein, durch das wir unsere Naturkenntnis erweitern? Und zum Schluß – Theater und Konzert, von denen wir „Anregungen für Phantasie und Humor" mit nach Hause bringen, die „nichts zu wünschen übrig lassen" – wie würdig und witzig er das Bedenkliche sagt! Das ist unser Mann; denn sein Himmel ist unser Himmel!

So jauchzt der Philister: und wenn wir nicht so zufrieden sind wie er, so liegt es daran, daß wir noch mehr zu wissen wünschten. Scaliger pflegte zu sagen: „was geht es uns an, ob Montaigne roten oder weißen Wein getrunken hat!" Aber wie würden wir in diesem wichtigeren Falle eine solche ausdrückliche Erklärung schätzen! Wie, wenn wir auch noch erführen, wieviel Pfeifen der Philister täglich nach der Ordnung des neuen Glaubens raucht, und ob ihm die Spenersche oder die National-Zeitung sympathischer bei dem Kaffee ist. Ungestilltes Verlangen unserer Wißbegierde! Nur in einem Punkte werden wir näher unterrichtet, und glücklicherweise betrifft dieser Unterricht den Himmel im Himmel, nämlich jene kleinen ästhetischen Privatzimmerchen, die den großen Dichtern und Musikern geweiht sind, und in denen der Philister sich „erbaut", in denen sogar, nach seinem Geständnis, „alle seine Flecken hinweggetilgt und abgewaschen werden" (S. 363); so daß wir jene Privatzimmerchen als kleine Lustrations-Badeanstalten zu betrachten hätten. „Doch das ist nur für flüchtige Augenblicke, es geschieht und gilt nur im Reiche der Phantasie; sobald wir in die rauhe Wirklichkeit und das enge Leben zurückkehren, fällt auch die alte Not von allen Seiten uns wieder an" – so seufzt unser Magister. Benutzen wir aber die flüchtigen Augenblicke, die wir in jenen Zimmerchen weilen dürfen; die Zeit reicht gerade aus, das Idealbild des Philisters, das heißt den Philister, dem alle Flecken abgewaschen sind und der jetzt ganz und gar reiner Philistertypus ist, von allen Seiten in Augenschein zu nehmen. In allem Ernste, lehrreich ist das, was sich hier bietet: möge keiner, der überhaupt dem Bekenntnisbuche zum Opfer gefallen ist, diese beiden Zugaben mit den Überschriften „von unseren großen Dichtern" und „von unseren großen Musikern" ungelesen aus den Händen fallen lassen. Hier spannt sich der Regenbogen des neuen Bundes aus, und wer an ihm nicht seine Freude hat, „dem ist überhaupt nicht zu helfen, der ist – wie Strauß bei einer anderen Gelegenheit sagt, aber auch hier sagen könnte – für unseren Standpunkt noch nicht reif". Wir sind eben im Himmel des Himmels. Der begeisterte Perieget schickt sich an, uns herumzuführen und entschuldigt sich, wenn er aus allzu großem Vergnügen an alle dem Herrlichen wohl etwas zu viel reden werde. „Sollte ich vielleicht, sagt er uns, redseliger werden, als bei dieser Gelegenheit passend gefunden wird, so möge der Leser es mir zugute halten; wessen das Herz voll ist, davon geht der Mund über. Nur dessen sei er vorher noch versichert, daß, was er demnächst lesen wird, nicht etwa aus älteren Aufzeichnungen besteht, die ich hier einschalte, sondern daß es für den gegenwärtigen Zweck und für diese Stelle geschrieben ist" (S. 296). Dies Bekenntnis setzt uns einen Augenblick in Erstaunen. Was kann es uns angehen, ob die schönen Kapitelchen neu geschrieben sind! Ja, wenn es aufs Schreiben ankäme! Im Vertrauen, ich wollte, sie wären ein Vierteljahrhundert früher geschrieben, dann wüßte ich doch, warum mir die Gedanken so verblichen vorkommen und warum sie den Geruch modernder Altertümer an sich haben. Aber, daß etwas im Jahre 1872 geschrieben wird und im Jahre 1872 auch schon moderig riecht, bleibt mir bedenklich. Nehmen wir einmal an, daß jemand bei diesen

Kapiteln und ihrem Geruche einschliefe – wovon würde er wohl träumen? Ein Freund hat mir's verraten, 'enn er hat es erlebt. Er träumte von einem Wachsfigurenkabinett: die Klassiker standen da, aus Wachs und Perlen zierlich nachgemacht. Sie bewegten Arme und Augen, und eine Schraube im Innern knarrte dazu. Etwas Unheimliches sah er da, eine mit Bändchen und vergilbtem Papier behängte unförmliche Figur, der ein Zettel aus dem Munde hing, auf welchem „Lessing" stand; der Freund will näher hinzutreten und gewahrt das Schrecklichste: es ist die homerische Chimära, von vorn Strauß, von hinten Gervinus, in der Mitte Chimära – in summa Lessing. Diese Entdeckung erpreßte ihm einen Angstschrei, er erwachte und las nicht weiter. Warum haben Sie doch, Herr Magister, so moderige Kapitelchen geschrieben!

Einiges Neue lernen wir zwar aus ihnen, zum Beispiel, daß man durch Gervinus wisse, wie und warum Goethe kein dramatisches Talent gewesen sei, daß Goethe im zweiten Teile des Faust nur ein allegorisch-schemenhaftes Produkt hervorgebracht habe, daß der Wallenstein ein Macbeth sei, der zugleich Hamlet ist, daß der Straußische Leser aus den Wanderjahren die Novellen herausklaubt, wie ungezogene Kinder die Rosinen und Mandeln aus einem zähen Kuchenteig, daß ohne das Drastische und Packende auf der Bühne keine volle Wirkung erreicht werde, und daß Schiller aus Kant wie aus einer Kaltwasseranstalt herausgetreten sei. Das ist freilich alles neu und auffallend, aber es gefällt uns nicht, ob es gleich auffällt; und so gewiß es neu ist, so gewiß wird es nie alt werden, weil es nie jung war, sondern als Großonkel-Einfall aus dem Mutterleibe kam. Auf was für Gedanken kommen doch die Seligen neuen Stils in ihrem ästhetischen Himmelreich! Und warum haben sie nicht wenigstens einiges vergessen, wenn es nun einmal so unästhetisch, so irdisch vergänglich ist und noch dazu den Stempel des Albernen so sichtlich trägt, wie zum Beispiel einige Lehrmeinungen des Gervinus! Fast scheint es aber, als ob die bescheidene Größe eines Strauß und die unbescheidene Minimität des Gervinus nur zu gut sich miteinander vertragen wollten: und Heil dann allen jenen Seligen, Heil auch uns Unseligen, wenn dieser unbezweifelte Kunstrichter seinen angelernten Enthusiasmus und seinen Mietpferde-Galopp, von dem mit geziemender Deutlichkeit der ehrliche Grillparzer geredet hat, nun auch wieder weiter lehrt, und bald der ganze Himmel unter dem Hufschlag jenes galoppierenden Enthusiasmus wiederklingt! Dann wird es doch wenigstens etwas lebhafter und lauter zugehen als jetzt, wo uns die schleichende Filzsocken-Begeisterung unseres himmlischen Führers und die laulichte Beredsamkeit seines Mundes auf die Dauer müde und ekel machen. Ich möchte wissen, wie ein Halleluja aus Straußens Munde klänge: ich glaube, man muß genau hinhören, sonst kann man glauben, eine höfliche Entschuldigung oder eine geflüsterte Galanterie zu hören. Ich weiß davon ein belehrendes und abschreckendes Beispiel zu erzählen. Strauß hat es einem seiner Widersacher schwer übelgenommen, daß er von seinen Reverenzen vor Lessing redet — der Unglückliche hatte sich eben verhört —; Strauß freilich behauptet, das müsse ein Stumpfsinniger sein, der seinen einfachen Worten über Lessing in Nr. 90 nicht anfühle, daß sie warm aus dem Herzen kommen. Ich zweifle nun an dieser Wärme durchaus nicht; im Gegenteil hat diese Wärme für Lessing bei Strauß mir immer etwas Verdächtiges gehabt; dieselbe verdächtige Wärme für Lessing finde ich, bis zur Erhitzung gesteigert, bei Gervinus, ja im ganzen ist keiner der großen deutschen Schriftsteller bei den kleinen deutschen Schriftstellern so populär wie Lessing; und doch sollen sie keinen Dank dafür haben: denn was loben sie eigentlich an Lessing? Einmal seine Universalität: er ist Kritiker und Dichter, Archäolog und Philosoph, Dramaturg und Theolog. Sodann „diese Einheit des Schriftstellers und des Menschen, des Kopfes und des Herzens“. Das letztere zeichnet jeden großen Schriftsteller, mitunter selbst einen kleinen aus, im Grunde verträgt sich sogar der enge Kopf zum Erschrecken gut mit einem engen Herzen. Und das erstere, jene Universalität, ist an sich gar keine Auszeichnung, zumal sie in dem Falle Lessings nur eine Not war. Vielmehr ist gerade dies das Wunderbare an jenen Lessing-Enthusiasten, daß sie eben für jene verzehrende Not, die ihn durch das Leben und zu dieser „Universalität“ trieb, keinen Blick haben, kein Gefühl, daß ein solcher Mensch wie eine Flamme zu geschwind abbrannte, keine Entrüstung dafür, daß die gemeinste Enge und Armseligkeit aller seiner Umgebungen und namentlich seiner gelehrten Zeitgenossen so ein zart erglühendes Wesen trübte, quälte, erstickte, ja daß eben jene gelobte Universalität ein tiefes Mitleid erzeugen sollte. „Bedauert doch, ruft uns Goethe zu, den außerordentlichen Menschen, daß er in einer so erbärmlichen Zeit leben, daß er immerfort polemisch wirken mußte.“ Wie, ihr, meine guten Philister, dürftet ohne Scham an diesen Lessing denken, der gerade an eurer Stumpfheit, im Kampf mit euren lächerlichen Klötzen und Götzen, unter dem Mißstande eurer Theater, eurer Gelehrten, eurer Theologen zugrunde ging, ohne ein einziges Mal jenen ewigen Flug wagen zu dürfen, zu dem er in die Welt gekommen war? Und was empfindet ihr bei Winckelmanns Angedenken, der, um seinen Blick von euren grotesken Albernheiten zu befreien, bei den Jesuiten um Hilfe betteln ging und dessen schmählicher Übertritt nicht ihn, sondern euch geschändet hat? Ihr dürftet gar Schillers Namen nennen, ohne zu erröten? Seht sein Bild euch an! Das funkelnde

Auge, das verächtlich über euch hinwegfliegt, diese tödlich gerötete Wange, das sagt euch nichts? Da hattet ihr so ein herrliches, göttliches Spielzeug, das durch euch zerbrochen wurde. Und nehmt noch Goethes Freundschaft aus diesem verkümmerten, zu Tode gehetzten Leben heraus, an euch hätte es dann gelegen, es noch schneller erlöschen zu machen! Bei keinem Lebenswerk eurer großen Genien habt ihr mitgeholfen, und jetzt wollt ihr ein Dogma daraus machen, daß keinem mehr geholfen werde? Aber bei jedem wart ihr jener „Widerstand der stumpfen Welt", den Goethe in seinem Epilog zur Glocke bei Namen nennt, für jeden wart ihr die verdrossenen Stumpfsinnigen oder die neidischen Engherzigen oder die boshaften Selbstsüchtigen: trotz euch schufen jene ihre Werke, gegen euch wandten sie ihre Angriffe, und dank euch sanken sie zu früh, in unvollendeter Tagesarbeit, unter Kämpfen gebrochen oder betäubt, dahin. Und euch sollte es jetzt, tamquam re bene gesta, erlaubt sein, solche Männer zu loben! und dazu mit Worten, aus denen ersichtlich ist, an wen ihr im Grunde bei diesem Lobe denkt, und die deshalb „so warm aus dem Herzen dringen", daß einer freilich stumpfsinnig sein muß, um nicht zu merken, wem die Reverenzen eigentlich erwiesen werden. Wahrhaftig, wir brauchen einen Lessing, rief schon Goethe, und wehe allen eitlen Magistern und dem ganzen ästhetischen Himmelreich, wenn erst der junge Tiger, dessen unruhige Kraft überall in schwellenden Muskeln und im Blick des Auges sichtbar wird, auf Raub ausgeht!

5

Wie klug war mein Freund, daß er, durch jene chimärische Spuk-Gestalt über den Straußischen Lessing und über Strauß aufgeklärt, nicht mehr weiterlesen mochte. Wir selbst aber haben weitergelesen und auch bei dem neugläubigen Türhüter des musikalischen Heiligtums

Einlaß begehrt. Der Magister öffnet, geht nebenher, erklärt, nennt Namen – endlich bleiben wir mißtrauisch stehen und sehen ihn an: sollte es uns nicht ergangen sein, wie es dem armen Freunde im Traume ergangen ist? Die Musiker, von denen Strauß spricht, scheinen uns, solange er davon spricht, falsch benannt zu sein, und wir glauben, daß von anderen, wenn nicht gar von neckischen Phantomen die Rede sei. Wenn er zum Beispiel mit jener Wärme, die uns bei seinem Lobe Lessings verdächtig war, den Namen Haydn in den Mund nimmt und sich als Epopt und Priester eines Haydnischen Mysterienkultus gebärdet, dabei aber Haydn mit einer „ehrlichen Suppe“, Beethoven mit „Konfekt“ (und zwar in Hinblick auf die Quartettmusik) vergleicht (S. 362), so steht für uns nur Eins fest: sein Konfekt-Beethoven ist nicht unser Beethoven, und sein Suppen-Haydn ist nicht unser Haydn. Übrigens findet der Magister unsere Orchester zu gut für den Vortrag seines Haydn und hält dafür, daß nur die bescheidensten Dilettanten jener Musik gerecht werden könnten – wiederum ein Beweis, daß er von einem anderen Künstler und von anderen Kunstwerken, vielleicht von Riehlscher Hausmusik, redet.

Wer mag aber nur jener Straußische Konfekt-Beethoven sein? Er soll neun Symphonien gemacht haben, von denen die Pastorale „die wenigst geistreiche“ sei; jedesmal bei der dritten, wie wir erfahren, drängte es ihn, „über den Strang zu schlagen und ein Abenteuer zu suchen“, woraus wir fast auf ein Doppelwesen, halb Pferd, halb Ritter, raten dürften. In betreff einer gewissen „Eroika“ wird jenem Zentauren ernstlich zugesetzt, daß es ihm nicht gelungen sei auszudrücken, „ob es sich von Kämpfen auf offenem Felde oder in den Tiefen der Menschenbrust handele“. In der Pastorale gebe es einen „trefflich wütenden Sturm“, für den es doch „gar zu unbedeutend“ sei, daß er einen Bauerntanz unterbräche; und so sei durch das „willkürliche Festbinden an dem untergelegten trivialen Anlaß“, wie die ebenso gewandte als korrekte Wendung lautet, diese Symphonie „die wenigst geistreiche“ – es scheint dem klassischen Magister sogar ein derberes Wort vorgeschwebt zu haben, aber er zieht vor, sich hier „mit gebührender Bescheidenheit“, wie er sagt, auszudrücken. Aber nein, damit hat er einmal Unrecht, unser Magister, er ist hier wirklich zu bescheiden. Wer soll uns denn noch über den Konfekt-Beethoven belehren, wenn nicht Strauß selbst, der einzige, der ihn zu kennen scheint? Überdies kommt jetzt sofort ein kräftiges und mit der gebührenden Unbescheidenheit gesprochenes Urteil, und zwar gerade über die neunte Symphonie: diese nämlich soll nur bei denen beliebt sein, welchen „das Barocke als das Geniale, das Formlose als das Erhabene gilt“ (S. 359). Freilich habe sie ein so strenger Kritikus wie Gervinus willkommen geheißen, nämlich als Bestätigung einer Gervinusschen Doktrin: er, Strauß, sei weit entfernt, in so „problematischen Produkten“ seines Beethovens Verdienst zu suchen. „Es ist ein Elend, ruft unser Magister mit zärtlichen Seufzern aus, daß man sich bei Beethoven den Genuß und die gern gezollte Bewunderung durch solcherlei Einschränkungen verkümmern muß.“ Unser Magister ist nämlich ein Liebling der Grazien; und diese haben ihm erzählt, daß sie nur eine Strecke weit mit Beethoven gingen, und daß er sie dann wieder aus dem Gesicht verliere. „Dies ist ein Mangel, ruft er aus; aber sollte man glauben, daß es wohl auch als ein Vorzug erscheint?“ „Wer die musikalische Idee mühsam und außer Atem daherwälzt, wird die schwerere zu bewegen und der Stärkere zu sein scheinen“ (S. 355, 356). Dies ist ein Bekenntnis, und zwar nicht nur über Beethoven, sondern ein Bekenntnis des „klassischen Prosaschreibers“ über sich selbst: ihn, den berühmten Autor, lassen die Grazien nicht von der Hand: von dem Spiele leichter Scherze – nämlich Straußischer Scherze – bis zu den Höhen des Ernstes – nämlich des Straußischen Ernstes – bleiben sie unbeirrt ihm zur Seite. Er, der klassische Schreibekünstler, schiebt seine Last leicht und spielend, während sie Beethoven außer Atem einherwälzt. Er scheint mit seinem Gewichte nur zu tändeln: dies ist ein Vorzug; aber sollte man glauben, daß es wohl auch als Mangel erscheinen könnte? – Doch höchstens nur bei denen, welchen das Barocke als das Geniale, das Formlose als das Erhabene gilt – nicht wahr, Sie tändelnder Liebling der Grazien?

Wir beneiden niemanden um die Erbauungen, die er sich in der Stille seines Kämmerleins oder in einem zurechtgemachten neuen Himmelreich verschafft; aber von allen möglichen ist doch die Straußische eine der wunderbarsten: denn er erbaut sich an einem kleinen Opferfeuer, in das er die erhabensten Werke der deutschen Nation gelassen hineinwirft, um mit ihrem Dampfe seine Götzen zu beräuchern. Dächten wir uns einen Augenblick, daß durch einen Zufall die Eroika, die Pastorale und die Neunte in den Besitz unseres Priesters der Grazien geraten wären, und daß es von ihm nun abgehangen hätte, durch Beseitigung so „problematischer Produkte" das Bild des Meisters rein zu halten – wer zweifelt, daß er sie verbrannt hätte? Und so verfahren die Strauße unserer Tage tatsächlich: sie wollen von einem Künstler nur so weit wissen, als er sich für ihren Kammerdienst eignet, und kennen nur den Gegensatz von Beräuchern und Verbrennen. Das sollte ihnen immerhin freistehen: das Wunderliche liegt nur darin, daß die ästhetische öffentliche Meinung so matt, unsicher und verführbar ist, daß sie sich ohne Einspruch ein solches Zur-Schau-stellen der dürftigsten Philisterei gefallen läßt, ja daß sie gar kein Gefühl für die Komik einer Szene besitzt, in der ein unästhetisches Magisterlein über Beethoven zu Gerichte sitzt. Und was Mozart betrifft, so sollte doch wahrhaftig hier gelten, was Aristoteles von Plato sagt: „ihn auch nur zu loben, ist den Schlechten nicht erlaubt“. Hier ist aber jede Scham verlorengegangen, bei dem Publikum sowohl als bei dem Magister; man erlaubt ihm nicht nur, sich öffentlich vor den größten und reinsten Erzeugnissen des germanischen Genius zu bekreuzigen, als ob er etwas Unzüchtiges und Gottloses gesehen hätte, man freut sich auch seiner unumwundenen Konfessionen und Sündenbekenntnisse, besonders da er nicht Sünden bekennt, die er begangen, sondern die große Geister begangen haben sollen. Ach, wenn nur wirklich unser Magister immer recht hat! denken seine verehrenden Leser doch mitunter in einer Anwandlung zweifelnder Empfindungen; er selbst aber steht da, lächelnd und überzeugt, perorierend, verdammend und segnend, vor sich selber den Hut schwenkend, und wäre jeden Augenblick imstande zu sagen, was die Herzogin von Delaforte zu Madame de Staël sagte: „ich muß es gestehen, meine liebe Freundin, ich finde niemanden, der beständig recht hätte, als mich“.

6

Ein Leichnam ist für den Wurm ein schöner Gedanke, und der Wurm ein schrecklicher für jedes Lebendige. Würmer träumen sich ihr Himmelreich in einem fetten Körper, Philsophieprofessoren im Zerwühlen Schopenhauerischer Eingeweide, und so lange es Nagetiere gibt, gab es auch einen Nagetierhimmel. Damit ist unsere erste Frage: Wie denkt sich der neue Gläubige seinen Himmel? beantwortet. Der Straußische Philister haust in den Werken unserer großen Dichter und Musiker wie ein Gewürm, welches lebt, indem es zerstört, bewundert, indem es frißt, anbetet, indem es verdaut.

Nun lautet aber unsere zweite Frage: Wie weit reicht

der Mut, den die neue Religion ihren Gläubigen verleiht? Auch sie würde bereits beantwortet sein, wenn Mut und Unbescheidenheit eins wären: denn dann würde es Strauß in nichts an einem wahren und gerechten Mamelucken-Mute gebrechen, wenigstens ist die gebührende Bescheidenheit, von der Strauß in jener eben erwähnten Stelle in bezug auf Beethoven spricht, nur eine stilistische, keine moralische Wendung. Strauß partizipiert hinreichend an der Keckheit, zu der jeder siegreiche Held sich berechtigt glaubt; alle Blumen sind nur für ihn, den Sieger, gewachsen, und er lobt die Sonne, daß sie zur rechten Zeit gerade seine Fenster bescheint. Selbst das alte und ehrwürdige Universum läßt er mit seinem Lobe nicht unangetastet, als ob es erst durch dieses Lob geweiht werden müßte und sich von jetzt ab allein um die Zentralmonade Strauß schwingen dürfte. Das Universum, weiß er uns zu belehren, sei zwar eine Maschine mit eisernen, gezahnten Rädern, mit schweren Hämmern und Stampfen, aber „es bewegen sich in ihr nicht bloß unbarmherzige Räder, es ergießt sich auch linderndes Öl" (S. 365). Das Universum wird dem bilderwütigen Magister nicht gerade Dank wissen, daß er kein besseres Gleichnis zu seinem Lobe erfinden konnte, wenn es sich auch einmal gefallen lassen sollte, von Strauß gelobt zu werden. Wie nennt man doch das Öl, das an den Hämmern und Stampfen einer Maschine niederträufelt? Und was würde es den Arbeiter trösten, zu wissen, daß dieses Öl sich auf ihn ergießt, während die Maschine seine Glieder faßt? Nehmen wir einmal an, das Bild sei verunglückt, so zieht eine andere Prozedur unsere Aufmerksamkeit auf sich, durch die Strauß zu ermitteln sucht, wie er eigentlich gegen das Universum gestimmt sei, und bei der ihm die Frage Gretchens auf den Lippen schwebt: „Er liebt mich – liebt mich nicht – liebt mich?" Wenn nun Strauß auch nicht Blumen zerpflückt oder Rockknöpfe abzählt, so ist doch das, was er tut, nicht weniger harmlos, obwohl vielleicht etwas mehr Mut dazu gehört. Strauß will in Erfahrung ziehen, ob sein Gefühl für das „All" gelähmt und abgestorben sei oder nicht, und sticht sich: denn er weiß, daß man ein Glied ohne Schmerz mit der Nadel stechen kann, falls es abgestorben oder gelähmt ist. Eigentlich freilich sticht er sich nicht, sondern wählt eine noch gewalttätigere Prozedur, die er also beschreibt: „Wir schlagen Schopenhauer auf, der dieser unsrer Idee bei jeder Gelegenheit ins Gesicht schlägt" (S. 143). Da nun eine Idee, selbst die schönste Straußen-Idee vom Universum, kein Gesicht hat, sondern nur der, welcher die Idee hat, so besteht die Prozedur aus folgenden einzelnen Aktionen: Strauß schlägt Schopenhauer – allerdings sogar a u f: worauf Schopenhauer bei dieser Gelegenheit Strauß ins Gesicht schlägt. Jetzt „reagiert" Strauß „religiös", das heißt, er schlägt wieder auf Schopenhauer los, schimpft, redet von Absurditäten, Blasphemien, Ruchlosigkeiten, urteilt sogar, daß Schopenhauer nicht bei Troste gewesen sei. Resultat der Prügelei: „wir fordern für unser Universum dieselbe Pietät, wie der Fromme alten Stils für seinen Gott" – oder kürzer: „er liebt mich!" Er macht sich das Leben schwer, unser Liebling der Grazien, aber er ist mutig wie ein Mameluck und fürchtet weder den Teufel noch Schopenhauer. Wieviel „linderndes Öl" verbraucht er, wenn solche Prozeduren häufig sein sollten!

Andererseits verstehen wir, welchen Dank Strauß dem kitzelnden, stechenden und schlagenden Schopenhauer schuldet; deshalb sind wir auch durch folgende ausdrückliche Gunstbezeigung gegen ihn nicht weiter überrascht: „in Arthur Schopenhauers Schriften braucht man nur zu blättern, obwohl man übrigens gut tut, nicht bloß darin zu blättern, sondern sie zu studieren", usw. (S. 141). Wem sagt dies eigentlich der Philisterhäuptling? Er, dem man gerade nachweisen kann, daß er Schopenhauer nie studiert hat, er, von dem Schopenhauer umgekehrt sagen müßte: „das ist ein Autor, der nicht durchblättert, geschweige studiert zu werden verdient". Offenbar ist ihm Schopenhauer in die unrechte Kehle gekommen: indem er sich über ihn räuspert, sucht er ihn loszuwerden. Damit aber das Maß naiver Lobreden voll werde, erlaubt sich Strauß noch eine Anempfehlung des alten Kant: er nennt dessen Allgemeine Geschichte und Theorie des Himmels vom Jahre 1755 „eine Schrift, die mir immer nicht weniger bedeutend erschienen ist als seine spätere Vernunftkritik. Ist hier die Tiefe des Einblicks, so ist dort die Weite des Umblicks zu bewundern; haben wir hier den Greis, dem es vor allem um die Sicherheit eines wenn auch beschränkten Erkenntnisbesitzes zu tun ist, so tritt uns dort der Mann mit dem vollen Mute des geistigen Entdeckers und Eroberers entgegen". Dieses Urteil Straußens über Kant ist mir immer nicht mehr bescheiden als jenes über Schopenhauer erschienen: haben wir hier den Häuptling, dem es vor allem um die Sicherheit im Aussprechen eines wenn auch noch so beschränkten Urteils zu tun ist, so tritt uns dort der berühmte Prosaschreiber entgegen, der mit dem vollen Mute der Ignoranz selbst über Kant seine Lob-Essenzen ausgießt. Gerade die rein unglaubliche Tatsache, daß Strauß von der Kantischen Vernunftkritik für sein Testament der modernen Ideen gar nichts zu gewinnen wußte, und daß er überall nur dem gröblichsten Realismus zu Gefallen redet, gehört mit zu den auffallenden Charakterzügen dieses neuen Evangeliums, das sich übrigens auch nur als das mühsam errungene Resultat fortgesetzter Geschichts- und Natur-Forschung bezeichnet und somit selbst das philosophische Element ableugnet. Für den Philisterhäuptling und seine „Wir" gibt es keine Kantische Philosophie. Er ahnt nichts von der fundamentalen

Antimonie des Idealismus und von dem höchst relativen Sinne aller Wissenschaft und Vernunft. Oder: gerade die Vernunft sollte ihm sagen, wie wenig durch die Vernunft über das An-sich der Dinge auszumachen ist. Es ist aber wahr, daß es Leuten in gewissen Lebensaltern unmöglich ist, Kant zu verstehen, besonders wenn man in der Jugend, wie Strauß, den „Riesengeist" Hegel verstanden hat oder verstanden zu haben wähnt, ja daneben sich mit Schleiermacher, „der des Scharfsinns fast allzuviel besaß", wie Strauß sagt, befassen mußte. Es wird Strauß seltsam klingen, wenn ich ihm sage, daß er auch jetzt noch zu Hegel und Schleiermacher in „schlechthiniger Abhängigkeit" steht, und daß seine Lehre vom Universum, die Betrachtungsart der Dinge sub specie biennii und seine Rückenkrümmungen vor den deutschen Zuständen, vor allem aber sein schamloser Philister-Optimismus aus gewissen früheren Jugendeindrücken, Gewohnheiten und Krankheits-Phänomenen zu erklären sei. Wer einmal an der Hegelei und Schleiermacherei erkrankte, wird nie wieder ganz kuriert.

Es gibt eine Stelle in dem Bekenntnisbuche, in der sich jener inkurable Optimismus mit einem wahrhaft feiertagsmäßigen Behagen daherwälzt (S. 142, 143). „Wenn die Welt ein Ding ist, sagt Strauß, das besser nicht wäre, ei so ist ja auch das Denken des Philosophen, das ein Stück dieser Welt bildet, ein Denken, das besser nicht dächte. Der pessimistische Philosoph bemerkt nicht, wie er vor allem auch sein eigenes, die Welt für schlecht erklärendes Denken für schlecht erklärt; ist aber ein Denken, das die Welt für schlecht erklärt, ein schlechtes Denken, so ist ja die Welt vielmehr gut. Der Optimismus mag sich in der Regel sein Geschäft zu leicht machen, dagegen sind Schopenhauers Nachweisungen der gewaltigen Rollen, die Schmerz und Übel in der Welt spielen, ganz am Platze; aber jede wahre Philosophie ist notwendig optimistisch, weil sie sonst sich selbst das Recht der Existenz abspricht.“ Wenn diese Widerlegung Schopenhauers nicht eben das ist, was Strauß einmal an einer anderen Stelle eine „Widerlegung unter dem lauten Jubel der höheren Räume“ nennt, so verstehe ich diese theatralische Wendung, deren er sich einmal gegen einen Widersacher bedient, gar nicht. Der Optimismus hat sich hier einmal mit Absicht sein Geschäft leicht gemacht. Aber gerade das war das Kunststück, so zu tun, als ob es gar nichts wäre, Schopenhauer zu widerlegen, und die Last so spielend fortzuschieben, daß die drei Grazien an dem tändelnden Optimisten jeden Augenblick ihre Freude haben. Eben dies soll durch die Tat gezeigt werden, daß es gar nicht nötig ist, mit einem Pessimisten es ernst zu nehmen: die haltlosesten Sophismen sind gerade recht, um kund zu tun, daß man an eine so „ungesunde und unersprießliche“ Philsophie wie die Schopenhauerische keine Gründe, sondern höchstens nur Worte und Scherze verschwenden dürfe. An solchen Stellen begreift man Schopenhauers feierliche Erklärung, daß ihm der Optimismus, wo er nicht etwa das gedankenlose Reden solcher ist, unter deren platten Stirnen nichts als Worte herbergen, nicht bloß als eine absurde, sondern auch als eine wahrhaft ruchlose Denkungsart erscheint, als ein bitterer Hohn über die namenlosen Leiden der Menschheit. Wenn der Philister es zum System bringt, wie Strauß, so bringt er es auch zur ruchlosen Denkungsart, das heißt zu einer stumpfsinnigsten Behäbigkeitslehre des „Ich“ oder des „Wir“ und erregt Indignation.

Wer vermöchte zum Beispiel folgende psychologische Erklärung ohne Entrüstung zu lesen, weil sie recht ersichtlich nur am Stamme jener ruchlosen Behäbigkeitstheorie gewachsen sein kann: „niemals, äußerte Beethoven, wäre er imstande gewesen, einen Text wie Figaro oder Don Juan zu komponieren. So hatte ihm das

Leben nicht gelächelt, daß er es so heiter hätte ansehen, es mit den Schwächen der Menschen so leicht nehmen können" (S. 360). Um aber das stärkste Beispiel jener ruchlosen Vulgarität der Gesinnung anzuführen: so genüge hier die Andeutung, daß Strauß den ganzen furchtbar ernsten Trieb der Verneinung und die Richtung auf asketische Heiligung in den ersten Jahrhunderten des Christentums sich nicht anders zu erklären weiß, als aus einer vorangegangenen Übersättigung in geschlechtlichen Genüssen aller Art und dadurch erzeugtem Ekel und Übelbefinden:

„Perser nennens bidamag buden,
Deutsche sagen Katzenjammer."

So zitiert Strauß selbst und schämt sich nicht. Wir aber wenden uns einen Augenblick ab, um unseren Ekel zu überwinden.

7

In der Tat, unser Philisterhäuptling ist tapfer, ja tollkühn in Worten, überall wo er durch eine solche Tapferkeit seine edlen „Wir" zu ergötzen glauben darf. Also die Askese und Selbstverleugnung der alten Einsiedler und Heiligen soll einmal als eine Form des Katzenjammers gelten, Jesus mag als Schwärmer beschrieben werden, der in unserer Zeit kaum dem Irrenhause entgehen würde, die Geschichte von der Auferstehung Jesu mag ein „welthistorischer Humbug" genannt werden – alles das wollen wir uns einmal gefallen lassen, um daran die eigentümliche Art des Mutes zu studieren, dessen Strauß, unser „klassischer Philister", fähig ist.

Hören wir zunächst sein Bekenntnis: „Es ist freilich ein mißliebiges und undankbares Amt, der Welt gerade das zu sagen, was sie am wenigsten hören mag. Sie wirtschaftet gern aus dem Vollen, wie große Herren, nimmt ein und gibt aus, solange sie etwas auszugeben hat: aber wenn nun einer die Posten zusammenrechnet und ihr sogleich die Bilanz vorlegt, so betrachtet sie den als einen Störenfried. Und eben dazu hat mich von jeher meine Gemüts- und Geistesart getrieben." Eine solche Gemüts- und Geistesart mag man immerhin mutig nennen, doch bleibt es zweifelhaft, ob dieser Mut ein natürlicher und ursprünglicher oder nicht vielmehr ein angelernter und künstlicher ist; vielleicht hat sich Strauß nur beizeiten daran gewöhnt, der Störenfried von Beruf zu sein, bis er sich so allmählich einen Mut von Beruf anerzogen hat. Damit verträgt sich ganz vortrefflich natürliche Feigheit, wie sie dem Philister zu eigen ist: diese zeigt sich ganz besonders in der Konsequenzlosigkeit jener Sätze, welche auszusprechen Mut kostet; es klingt wie Donner, und die Atmosphäre wird doch nicht gereinigt. Er bringt es nicht zu einer aggressiven Tat, sondern nur zu aggressiven Worten, wählt aber diese so beleidigend als möglich und verbraucht in derben und polternden Ausdrücken alles das, was an Energie und Kraft in ihm sich aufgesammelt hat: nachdem das Wort verklungen ist, ist er feiger als der, welcher nie gesprochen hat. Ja selbst das Schattenbild der Taten, die Ethik, zeigt, daß er ein Held der Worte ist, und daß er jede Gelegenheit vermeidet, bei der es nötig ist, von den Worten zum grimmigen Ernste weiterzugehen. Er verkündet mit bewunderungswürdiger Offenheit, daß er kein Christ mehr ist, will aber keine Zufriedenheit irgend welcher Art stören; ihm scheint es widersprechend, einen Verein zu stiften, um einen Verein zu stürzen – was gar nicht so widersprechend ist. Mit einem gewissen rauhen Wohlbehagen hüllt er sich in das zottige Gewand unserer Affengenealogen und preist Darwin als einen der größten Wohltäter der Menschheit, – aber mit Beschämung sehen wir, daß seine Ethik ganz losgelöst von der Frage: „wie begreifen wir die Welt?" sich aufbaut. Hier war eine

Gelegenheit, natürlichen Mut zu zeigen: denn hier hätte er seinen „Wir“ den Rücken kehren müssen und kühnlich aus dem bellum omnium contra omnes und dem Vorrechte des Stärkeren Moralvorschriften für das Leben ableiten können, die freilich nur in einem innerlich unerschrockenen Sinne, wie in dem des Hobbes, und in einer ganz anderen großartigen Wahrheitsliebe ihren Ursprung haben müßten, als in einer solchen, die immer nur in kräftigen Ausfällen gegen die Pfaffen, das Wunder und den „welthistorischen Humbug“ der Auferstehung explodiert. Denn mit einer echten und ernst durchgeführten darwinistischen Ethik hätte man den Philister gegen sich, den man bei allen solchen Ausfällen für sich hat.

„Alles sittliche Handeln, sagt Strauß, ist ein Sichbestimmen des einzelnen nach der Idee der Gattung“ (S. 236). Ins Deutsche und Greifbare übertragen heißt das nur: Lebe als Mensch, und nicht als Affe oder Seehund! Dieser Imperativ ist leider nur durchaus unbrauchbar und kraftlos, weil unter dem Begriff Mensch das Mannigfaltigste zusammen im Joche geht, zum Beispiel der Patagonier und der Magister Strauß, und weil niemand wagen wird, mit gleichem Rechte zu sagen: lebe als Patagonier! und: lebe als Magister Strauß! Wollte aber gar jemand sich die Forderung stellen: lebe als Genie, das heißt eben als idealer Ausdruck der Gattung Mensch, und wäre doch zufällig entweder Patagonier oder Magister Strauß, was würden wir dann erst von den Zudringlichkeiten geniesüchtiger Original-Narren zu leiden haben, über deren pilzartiges Aufwachsen in Deutschland schon Lichtenberg klagte, und die mit wildem Geschrei von uns fordern, daß wir die Bekenntnisse ihres allerneuesten Glaubens anhören. Strauß hat noch nicht einmal gelernt, daß nie ein Begriff die Menschen sittlicher und besser machen kann, und daß Moral predigen eben so leicht als Moral begründen schwer ist;

seine Aufgabe wäre vielmehr gewesen, die Phänomene menschlicher Güte, Barmherzigkeit, Liebe und Selbstverneinung, die nun einmal tatsächlich vorhanden sind, aus seinen darwinistischen Voraussetzungen ernsthaft zu erklären und abzuleiten: während er es vorzog, durch einen Sprung ins Imperativische sich vor der Aufgabe der Erklärung zu flüchten. Bei diesem Sprunge begegnet es ihm sogar, auch über den Fundamentalsatz Darwins leichten Sinnes hinwegzuhüpfen. „Vergiß, sagt Strauß, in keinem Augenblicke, daß du Mensch und kein bloßes Naturwesen bist; in keinem Augenblicke, daß alle anderen gleichfalls Menschen, das heißt bei aller individuellen Verschiedenheit dasselbe wie du, mit den gleichen Bedürfnissen und Ansprüchen wie du, sind — das ist der Inbegriff aller Moral" (S. 238). Aber woher erschallt dieser Imperativ? Wie kann ihn der Mensch in sich selbst haben, da er doch, nach Darwin, eben durchaus ein Naturwesen ist und nach ganz anderen Gesetzen sich bis zur Höhe des Menschen entwickelt hat, gerade dadurch, daß er in jedem Augenblick vergaß, daß die anderen gleichartigen Wesen ebenso berechtigt seien, gerade dadurch, daß er sich dabei als den Kräftigeren fühlte und den Untergang der anderen schwächer gearteten Exemplare allmählich herbeiführte. Während Strauß doch annehmen muß, daß nie zwei Wesen völlig gleich waren, und daß an dem Gesetz der individuellen Verschiedenheit die ganze Entwicklung des Menschen von der Tierstufe bis hinauf zur Höhe des Kulturphilisters hängt, so kostet es ihm doch keine Mühe, auch einmal das Umgekehrte zu verkündigen: „benimm dich so, als ob es keine individuellen Verschiedenheiten gebe!" Wo ist da die Morallehre Strauß-Darwin, wo überhaupt der Mut geblieben!

Sofort bekommen wir einen neuen Beleg, an welchen Grenzen jener Mut in sein Gegenteil umschlägt. Denn

Strauß fährt fort: „Vergiß in keinem Augenblick, daß du und alles, was du in dir und um dich her wahrnimmst, kein zusammenhangloses Bruchstück, kein wildes Chaos von Atomen und Zufälligkeiten ist, sondern daß alles nach ewigen Gesetzen aus dem Einen Urquell alles Lebens, aller Vernunft und alles Guten hervorgeht – das ist der Inbegriff der Religion" (S. 239). Aus jenem „einen Urquell" fließt aber zugleich aller Untergang, alle Unvernunft, alles Böse, und sein Name heißt bei Strauß das Universum. Wie sollte dies, bei einem solchen widersprechenden und sich selbst aufhebenden Charakter, einer religiösen Verehrung würdig sein und mit dem Namen „Gott" angeredet werden dürfen, wie es eben Strauß S. 365 tut: „unser Gott nimmt uns nicht von außen in seinen Arm (man erwartet hier als Gegensatz ein allerdings sehr wunderliches „Von innen" in den Arm nehmen!), aber er eröffnet uns Quellen des Trostes in unserem Innern. Er zeigt uns, daß zwar der Zufall ein unvernünftiger Weltbeherrscher wäre, daß aber die Notwendigkeit, d. h. die Verkettung von Ursachen in der Welt, die Vernunft selber ist" (eine Erschleichung, die nur die „Wir" nicht merken, weil sie in dieser Hegelischen Anbetung des Wirklichen als des Vernünftigen, das heißt in der Vergötterung des Erfolges, groß gezogen sind). „Er lehrt uns erkennen, daß eine Ausnahme von dem Vollzug eines einzigen Naturgesetzes verlangen, die Zertrümmerung des All verlangen hieße." Im Gegenteil, Herr Magister: ein ehrlicher Naturforscher glaubt an die unbedingte Gesetzmäßigkeit der Welt, ohne aber das Geringste über den ethischen oder intellektuellen Wert dieser Gesetze selbst auszusagen: in derartigen Aussagen würde er das höchst anthropomorphische Gebaren einer nicht in den Schranken des Erlaubten sich haltenden Vernunft erkennen. An eben dem Punkte aber, an welchem der ehrliche Naturforscher resigniert, „reagiert"

Strauß, um uns mit seinen Federn zu schmücken, „religiös“ und verfährt naturwissenschaftlich und wissentlich unehrlich; er nimmt ohne weiteres an, daß alles Geschehene den höchsten intellektuellen Wert habe, also absolut vernünftig und zweckvoll geordnet sei, und sodann, daß es eine Offenbarung der ewigen Güte selbst enthalte. Er bedarf also einer vollständigen Kosmodizee und steht jetzt im Nachteil gegen den, dem es nur um eine Theodizee zu tun ist, und der zum Beispiel das ganze Dasein des Menschen als einen Strafakt oder Läuterungs-Zustand auffassen darf. An diesem Punkte und in dieser Verlegenheit macht Strauß sogar einmal eine metaphysische Hypothese, die dürrste und gichtbrüchigste, die es gibt, und im Grunde nur die unfreiwillige Parodie eines Lessingischen Wortes. „Jenes andre Wort Lessings (so heißt es S. 219): wenn Gott in seiner Rechten alle Wahrheit, und in seiner Linken den einzigen immer regen Trieb danach, obschon unter der Bedingung beständigen Irrens, ihm zur Wahl vorhielte, würde er demütig Gott in seine Linke fallen und sich deren Inhalt für sich erbitten – dieses Lessingische Wort hat man von jeher zu den herrlichsten gerechnet, die er uns hinterlassen hat. Man hat darin den genialen Ausdruck seiner rastlosen Forschungs- und Tätigkeitslust gefunden. Auf mich hat das Wort immer deswegen einen so ganz besonderen Eindruck gemacht, weil ich hinter seiner subjektiven Bedeutung noch eine objektive von unendlicher Tragweite anklingen hörte. Denn liegt darin nicht die beste Antwort auf die grobe Schopenhauersche Rede von dem übelberatenen Gott, der nichts Besseres zu tun gewußt, als in diese elende Welt einzugehen? Wenn nämlich der Schöpfer selbst auch der Meinung Lessings gewesen wäre, das Ringen dem ruhigen Besitze vorzuziehen?“ Also wahrhaftig ein Gott, der sich das beständige Irren, aber mit dem Streben nach Wahrheit, vorbehält und vielleicht sogar Strauß demütig in die Linke fällt, um ihm zu sagen: nimm du die ganze Wahrheit. Wenn je ein Gott und ein Mensch übelberaten waren, so ist es doch dieser Straußische Gott, der die Liebhaberei zu irren und zu fehlen hat, und der Straußische Mensch, der diese Liebhaberei büßen muß – da hört man freilich „eine Bedeutung von unendlicher Tragweite anklingen", da fließt das lindernde Universal-Öl Straußens, da ahnt man die Vernünftigkeit alles Werdens und aller Naturgesetze! Wirklich? Wäre dann nicht vielmehr unsere Welt, wie das Lichtenberg einmal ausgedrückt hat, das Werk eines untergeordneten Wesens, das die Sache noch nicht recht verstand, also ein Versuch? ein Probestück, an dem noch gearbeitet wird? Strauß selber müßte sich dann doch zugeben, daß unsere Welt eben nicht der Schauplatz der Vernunft, sondern des Irrens sei, und daß alle Gesetzmäßigkeit nichts Tröstliches enthalte, weil alle Gesetze von einem irrenden, und zwar aus Vergnügen irrenden Gott gegeben sind. Es ist wahrhaftig ein ergötzliches Schauspiel, Strauß als metaphysischen Baumeister einmal in die Wolken hineinbauen zu sehen. Aber für wen wird dies Schauspiel aufgeführt? Für die edlen und behäbigen „Wir", damit ihnen nur ja der Humor nicht verdorben werde: vielleicht sind sie inmitten des starren und erbarmungslosen Räderwerks der Weltmaschine in Angst geraten und bitten zitternd ihren Führer um Hilfe. Deshalb läßt Strauß „linderndes Öl" fließen, deshalb führt er einen aus Passion irrenden Gott am Seile herbei, deshalb spielt er einmal die gänzlich befremdende Rolle eines metaphysischen Architekten. Alles dieses tut er, weil jene sich fürchten und er selber sich fürchtet, – und hier gerade ist die Grenze seines Mutes, selbst seinen „Wir" gegenüber. Er wagt es nämlich nicht, ihnen ehrlich zu sagen: von einem helfenden und sich erbarmenden Gott habe ich euch befreit, das „Universum" ist nur ein starres Räderwerk, seht zu, daß seine Räder euch nicht zermalmen! Er wagt es nicht: so muß denn doch die Hexe dran, nämlich die Metaphysik. Dem Philister aber ist selbst eine Straußische Metaphysik lieber als die christliche, und die Vorstellung eines irrenden Gottes sympathischer als die eines wundertätigen. Denn er selbst, der Philister, irrt, aber hat noch nie ein Wunder getan.

Aus eben diesem Grunde ist dem Philister das Genie verhaßt: denn gerade dieses steht mit Recht im Rufe, Wunder zu tun; und höchst belehrend ist es deshalb, zu erkennen, weshalb an einer einzigen Stelle Strauß einmal sich zum kecken Verteidiger des Genies und überhaupt der aristokratischen Natur des Geistes aufwirft. Weshalb doch? Aus Furcht, und zwar vor den Sozial-Demokraten. Er verweist auf die Bismarck, Moltke, „deren Größe um so weniger zu verleugnen steht, als sie auf dem Gebiete der handgreiflichen äußeren Tatsachen hervortritt. Da müssen nun doch auch die steifnackigsten und borstigsten unter jenen Gesellen sich bequemen, ein wenig aufwärts zu blicken, um die erhabenen Gestalten wenigstens bis zum Knie in Sicht zu bekommen" (S. 280). Wollen Sie, Herr Magister, vielleicht den Sozial-Demokraten eine Anleitung geben, Fußtritte zu empfangen? Der gute Wille, solche zu erteilen, ist ja überall vorhanden, und daß die Getretenen bei dieser Prozedur die erhabenen Gestalten „bis zum Knie" zu sehen bekommen, dürfen Sie schon verbürgen. „Auch auf dem Gebiete der Kunst und Wissenschaft, fährt Strauß fort, wird es nie an bauenden Königen fehlen, die einer Masse von Kärrnern zu tun geben." Gut – aber wenn nun einmal die Kärrner bauen? Es kommt vor, Herr Metaphysikus, Sie wissen es – dann haben die Könige zu lachen.

In der Tat, diese Vereinigung von Dreistigkeit und Schwäche, tollkühnen Worten und feigem Sich-Anbequemen, dieses feine Abwägen, wie und mit welchen Sätzen man einmal dem Philister imponieren, mit welchen man ihn streicheln kann, dieser Mangel an Charakter und Kraft bei dem Anschein von Kraft und Charakter, dieser Defekt an Weisheit bei aller Affektation der Überlegenheit und Reife der Erfahrung – das alles ist es, was ich an diesem Buche hasse. Wenn ich mir denke, daß junge Männer ein solches Buch ertragen, ja wertschätzen könnten, so würde ich mit Betrübnis meinen Hoffnungen für ihre Zukunft entsagen. Dieses Bekenntnis einer ärmlichen, hoffnungslosen und wahrhaft verächtlichen Philisterei sollte der Ausdruck jener vielen Tausende von „Wir" sein, von denen Strauß redet, und diese „Wir" wären wiederum die Väter der nachfolgenden Generation! Es sind grauenhafte Voraussetzungen für jeden, der dem kommenden Geschlechte zu dem verhelfen möchte, was die Gegenwart nicht hat – zu einer wahrhaft deutschen Kultur. Einem solchen scheint der Boden mit Asche überdeckt, alle Gestirne verdunkelt; jeder abgestorbene Baum, jedes verwüstete Feld ruft ihm zu: Unfruchtbar! Verloren! Hier gibt es keinen Frühling wieder! Ihm muß zumute werden, wie dem jungen Goethe zumute war, als er in die triste atheistische Halbnacht des Système de la nature hineinblickte: ihm kam das Buch so grau, so kimmerisch, so totenhaft vor, daß er Mühe hatte, seine Gegenwart auszuhalten, daß er davor wie vor einem Gespenste schauderte.

8

Wir sind über den Himmel und den Mut des neuen Gläubigen hinlänglich belehrt, um uns nun auch die letzte Frage stellen zu können: Wie schreibt er seine Bücher? und welcher Art sind seine Religions-Urkunden?

Wer sich diese Frage streng und ohne Vorurteil beantworten kann, für den wird die Tatsache, daß das Straußische Hand-Orakel des deutschen Philisters in sechs

Auflagen begehrt worden ist, zum nachdenklichsten Probleme, besonders wenn er gar noch hört, daß es auch in den gelehrten Kreisen und selbst an den deutschen Universitäten als ein solches Hand-Orakel willkommen geheißen worden ist. Studenten sollen es wie einen Kanon für starke Geister begrüßt, und Professoren sollen nicht widersprochen haben: hier und da hat man darin wirklich ein Religionsbuch für den Gelehrten finden wollen. Strauß selbst gibt zu verstehen, daß das Bekenntnisbuch nicht nur eine Auskunft für den Gelehrten und Gebildeten abgeben möge; aber wir halten uns hier daran, daß es sich zunächst an diese, und zwar vornehmlich an die Gelehrten wendet, um ihnen den Spiegel eines Lebens vorzuhalten, wie sie es selbst leben. Denn dies ist das Kunststück: der Magister stellt sich, als ob er das Ideal einer neuen Weltbetrachtung entwerfe, und nun kommt ihm sein Lob aus jedem Munde zurück, weil jeder meinen kann, gerade er betrachte Welt und Leben so, und gerade an ihm habe Strauß schon erfüllt sehen können, was er erst von der Zukunft fordere. Daraus erklärt sich auch zum Teil der außerordentliche Erfolg jenes Buches: so, wie im Buche steht, leben wir, so wandeln wir beglückt! ruft der Gelehrte ihm entgegen und freut sich, daß andere sich daran freuen. Ob er über einzelne Dinge, zum Beispiel über Darwin oder die Todesstrafe, zufällig anders denkt als der Magister, hält er selbst für ziemlich gleichgültig, weil er so sicher fühlt, im ganzen seine eigene Luft zu atmen und den Widerklang seiner Stimme und seiner Bedürfnisse zu hören. So peinlich diese Einmütigkeit jeden wahren Freund deutscher Kultur berühren mag, so unerbittlich streng muß er sich eine solche Tatsache erklären und selbst davor nicht zurückschrecken, seine Erklärung öffentlich abzugeben.

Wir kennen ja alle die unserem Zeitalter eigentümliche Art, die Wissenschaften zu betreiben, wir kennen sie, weil wir sie leben: und eben deshalb stellt sich fast niemand die Frage, was wohl bei einer solchen Beschäftigung mit den Wissenschaften für die Kultur herauskommen könne, selbst vorausgesetzt, daß überall die beste Befähigung und der ehrlichste Wille, für die Kultur zu wirken, vorhanden sei. Es liegt ja im Wesen des wissenschaftlichen Menschen (ganz abgesehen von seiner gegenwärtigen Gestalt) ein rechtes Paradoxon: er benimmt sich wie der stolzeste Müßiggänger des Glücks: als ob das Dasein nicht eine heillose und bedenkliche Sache sei, sondern ein fester, für ewige Dauer garantierter Besitz. Ihm scheint es erlaubt, ein Leben auf Fragen zu verschwenden, deren Beantwortung im Grunde nur dem, der einer Ewigkeit versichert wäre, wichtig sein könnte. Rings umstarren ihn, den Erben weniger Stunden, die schrecklichsten Abstürze, jeder Tritt sollte ihn erinnern: Wozu? Wohin? Woher? Aber seine Seele erglüht bei der Aufgabe, die Staubfäden einer Blume zu zählen oder die Gesteine am Wege zu zerklopfen, und er versenkt in diese Arbeit das ganze, volle Gewicht seiner Teilnahme, Lust, Kraft und Begierde. Dieses Paradoxon, der wissenschaftliche Mensch, ist nun neuerdings in Deutschland in eine Hast geraten, als ob die Wissenschaft eine Fabrik sei, und jede Minuten-Versäumnis eine Strafe nach sich ziehe. Jetzt arbeitet er, so hart wie der vierte Stand, der Sklavenstand, arbeitet, sein Studium ist nicht mehr eine Beschäftigung, sondern eine Not, er sieht weder rechts noch links und geht durch alle Geschäfte und ebenso durch alle Bedenklichkeiten, die das Leben im Schoße trägt, mit jener halben Aufmerksamkeit oder mit jenem widrigen Erholungs-Bedürfnisse hindurch, welches dem erschöpften Arbeiter zu eigen ist.

So steht er nun auch zur Kultur. Er benimmt sich, als ob das Leben für ihn nur otium sei, aber sine dignitate: und selbst im Traume wirft er sein Joch nicht ab, wie ein Sklave, der selbst in der Freiheit von seiner Not, seiner Hast und seinen Prügeln träumt. Unsere Gelehrten unterscheiden sich kaum und jedenfalls nicht zu ihren Gunsten von den Ackerbauern, die einen kleinen ererbten Besitz mehren wollen und emsig vom Tag bis in die Nacht hinein bemüht sind, den Acker zu bestellen, den Pflug zu führen und den Ochsen zuzurufen. Nun meint Pascal überhaupt, daß die Menschen so angelegentlich ihre Geschäfte und ihre Wissenschaften betrieben, um nur damit den wichtigsten Fragen zu entfliehen, die jede Einsamkeit, jede wirkliche Muße ihnen aufdringen würde, eben jenen Fragen nach dem Warum, Woher, Wohin. Unseren Gelehrten fällt sogar, wunderlicherweise, die allernächste Frage nicht ein: wozu ihre Arbeit, ihre Hast, ihr schmerzlicher Taumel nütze sei. Doch nicht etwa, um Brot zu verdienen oder Ehrenstellen zu erjagen? Nein, wahrhaftig nicht. Aber doch mühet ihr euch in der Art der Darbenden und Brotbedürftigen, ja ihr reißt die Speisen mit einer Gier und ohne alle Wahl vom Tische der Wissenschaft, als ob ihr am Verhungern wäret. Wenn ihr aber, als wissenschaftliche Menschen, mit der Wissenschaft verfahrt, wie die Arbeiter mit den Aufgaben, die ihnen ihre Bedürftigkeit und Lebensnot stellt, was soll da aus einer Kultur werden, die verurteilt ist, gerade angesichts einer solchen aufgeregten, atemlosen, hin- und herrennenden, ja zappelnden Wissenchaftlichkeit auf die Stunde ihrer Geburt und Erlösung zu warten? Für sie hat ja niemand Zeit – und doch, was soll *überhaupt* die Wissenschaft, wenn sie nicht für die Kultur Zeit hat? So antwortet uns doch wenigstens hier: woher, wohin, wozu alle Wissenschaft, wenn sie nicht zur Kultur führen soll? Nun, dann vielleicht zur Barbarei! Und in dieser Richtung sehen wir den Gelehrtenstand schon erschreckend vorgeschritten, wenn wir uns denken dürften, daß so oberflächliche Bücher, wie das Straußische, seinem jetzigen Kulturgrade genug täten. Denn gerade in ihm finden wir jenes widrige Erholungs-Bedürfnis und jenes beiläufige, mit halber Aufmerksamkeit hinhörende Sich-Abfinden mit der Philosophie und Kultur und überhaupt mit allem Ernste des Daseins. Man wird an die Gesellschaft der gelehrten Stände erinnert, die auch, wenn das Fachgespräch schweigt, nur von Ermüdung, von Zerstreuungslust um jeden Preis, von einem zerpflückten Gedächtnis und unzusammenhängender Lebenserfahrung Zeugnis ablegt. Wenn man Strauß über die Lebensfragen reden hört, sei es nun über die Probleme der Ehe oder über den Krieg oder die Todesstrafe, so erschreckt er uns durch den Mangel aller wirklichen Erfahrung, alles ursprünglichen Hineinsehens in die Menschen: alles Urteilen ist so büchermäßig uniform, ja im Grunde sogar nur zeitungsgemäß; literarische Reminiszenzen vertreten die Stelle von wirklichen Einfällen und Einsichten, eine affektierte Mäßigung und Altklugheit in der Ausdrucksweise soll uns für den Mangel an Weisheit und an Gereiftheit des Denkens schadlos halten. Wie genau entspricht dies alles dem Geiste der umlärmten Hochsitze deutscher Wissenschaft in den großen Städten! Wie sympathisch muß dieser Geist zu jenem Geiste reden: denn gerade an jenen Stätten ist die Kultur am meisten abhanden gekommen, gerade an ihnen ist selbst das Aufkeimen einer neuen unmöglich gemacht; so lärmend sind die Zurüstungen der hier betriebenen Wissenschaften, so herdenartig werden dort die beliebtesten Disziplinen auf Unkosten der wichtigsten überfallen. Mit welcher Laterne würde man hier nach Menschen suchen müssen, die eines innigen Sich-Versenkens und einer reinen Hingabe an den Genius fähig wären, und die Mut und Kraft genug hätten, Dämonen zu zitieren, die aus unserer Zeit geflohen sind! Äußerlich betrachtet, findet man freilich an jenen Stätten den ganzen Pomp der Kultur, sie gleichen mit ihren imponierenden Apparaten den Zeughäusern mit ihren ungeheuren Geschützen und Kriegswerkzeugen: wir sehen Zurüstungen und eine emsige Betriebsamkeit, als ob der Himmel gestürmt und die Wahrheit aus dem tiefsten Brunnen heraufgeholt werden sollte, und doch kann man im Kriege die größten Maschinen am schlechtesten gebrauchen. Und ebenso läßt die wirkliche Kultur bei ihrem Kampfe jene Stätten beiseite liegen und fühlt mit dem besten Instinkte heraus, daß dort für sie nichts zu hoffen und viel zu fürchten ist. Denn die einzige Form der Kultur, mit der sich das entzündete Auge und das abgestumpfte Denk-Organ des gelehrten Arbeiterstandes abgeben mag, ist eben jene Philister-Kultur, deren Evangelium Strauß verkündet hat.

Betrachten wir einen Augenblick die hauptsächlichen Gründe jener Sympathie, die den gelehrten Arbeiterstand und die Philister-Kultur verknüpfen, so finden wir auch den Weg, der uns zu dem als klassisch anerkannten Schriftsteller Strauß und damit zu unserem letzten Hauptthema führt.

Jene Kultur hat erstens den Ausdruck der Zufriedenheit im Gesicht und will nichts Wesentliches an dem gegenwärtigen Stande der deutschen Gebildetheit geändert haben; vor allem ist sie ernstlich von der Singularität aller deutschen Erziehungs-Institutionen, namentlich der Gymnasien und Universitäten, überzeugt, hört nicht auf, diese dem Auslande anzuempfehlen, und zweifelt keinen Augenblick daran, daß man durch dieselben das gebildetste und urteilsfähigste Volk der Welt geworden sei. Die Philister-Kultur glaubt an sich und darum auch an die ihr zu Gebote stehenden Methoden und Mittel. Zweitens aber legt sie das höchste Urteil über alle Kultur- und Geschmacks-Fragen in die Hand des Gelehrten und betrachtet sich selbst als das immer anwachsende Kompendium gelehrter Meinungen über Kunst, Literatur und Philosophie; ihre Sorge ist, den Gelehrten zum Aussprechen seiner Meinungen zu nötigen und diese dann vermischt, diluiert oder systematisiert dem deutschen Volke als Heiltrank einzugeben. Was außerhalb dieser Kreise heranwächst, wird so lange mit zweifelnder Halbheit angehört oder nicht angehört, bemerkt, oder nicht bemerkt, bis endlich einmal eine Stimme, gleichgültig von wem, wenn er nur recht streng den Gattungs-Charakter des Gelehrten an sich trägt, laut wird, heraus aus jenen Tempelräumen, in denen die traditionelle Geschmacks-Unfehlbarkeit herbergen soll: und von jetzt ab hat die öffentliche Meinung eine Meinung mehr und wiederholt mit hundertfachem Echo die Stimme jenes einzelnen. In Wirklichkeit aber steht es um die ästhetische Unfehlbarkeit, die in diesen Räumen und bei jenen einzelnen herbergen soll, sehr bedenklich, und zwar so bedenklich, daß man so lange von dem Ungeschmack, der Gedankenlosigkeit und ästhetischen Rohheit eines Gelehrten überzeugt sein kann, als er nicht das Gegenteil erwiesen hat. Und nur wenige werden das Gegenteil beweisen können. Denn wie viele werden sich, nachdem sie sich an dem keuchenden und gehetzten Wettlauf der gegenwärtigen Wissenschaft beteiligt haben, überhaupt nur jenen mutigen und ruhenden Blick des kämpfenden Kultur-Menschen erhalten können, wenn sie ihn je besessen haben sollten, jenen Blick, der dieses Wettlaufen selbst als ein barbarisierendes Element verurteilt? Deshalb müssen diese wenigen fürderhin in einem Widerspruche leben: was vermöchten sie also gegen einen uniformen Glauben Unzähliger auszurichten, die allesamt die öffentliche Meinung zu ihrer Schutzpatronin gemacht haben und in diesem Glauben sich gegenseitig stützen und tragen? Was hilft es nun, wenn so ein einzelner sich gegen Strauß erklärt, da doch die vielen sich für ihn entschieden haben und die von ihnen angeführte Masse sechsmal hintereinander nach dem philiströsen Schlaftrunk des Magisters begehren gelernt hat.

Wenn wir hiermit ohne weiteres angenommen haben, daß das Straußische Bekenntnisbuch bei der öffentlichen Meinung gesiegt habe und als Sieger willkommen geheißen sei, so würde sein Verfasser uns vielleicht aufmerksam machen, daß die mannigfachen Beurteilungen seines Buches in öffentlichen Blättern einen durchaus nicht einmütigen und am wenigsten einen unbedingt günstigen Charakter tragen, und daß er selbst gegen den bisweilen äußerst feindseligen Ton und die gar zu freche und herausfordernde Manier einiger dieser Zeitungskämpen in einem Nachwort sich habe verwahren müssen. Wie kann es, wird er uns zurufen, eine öffentliche Meinung über mein Buch geben, wenn trotzdem jeder Journalist mich als vogelfrei betrachten und nach Herzenslust schlecht behandeln darf! Dieser Widerspruch ist leicht zu heben, sobald man an dem Straußischen Buche zwei Seiten unterscheidet, eine theologische und eine schriftstellerische: nur mit der letzteren berührt jenes Buch die deutsche Kultur. Durch seine theologische Färbung steht es außerhalb unserer deutschen Kultur und erweckt die Antipathien der verschiedenen theologischen Parteien, ja im Grunde jedes einzelnen Deutschen, insofern dieser ein theologischer Sektierer von Natur ist und seinen kuriosen Privatglauben nur deshalb erfindet, um mit jedem anderen Glauben dissentieren zu können. Aber hört nur einmal alle diese theologischen Sektierer über Strauß reden, sobald von dem Schriftsteller Strauß gesprochen werden muß; sofort verklingt der theologische Dissonanzen-Lärm, und in reinem Einklang ertönt es wie aus dem Munde Einer Gemeinde: ein klassischer Schriftsteller bleibt er doch! Jeder, auch der verbissenste Orthodoxe, sagt dem Schriftsteller das Günstigste ins Gesicht, und sei es auch nur ein Wort über seine fast Lessingische Dialektik oder über die Feinheit, Schönheit und Gütigkeit seiner ästhetischen Ansichten. Als Buch, so scheint es, entspricht das Straußische Produkt geradezu dem Ideal eines Buches. Die theologischen Widersacher sind, obwohl sie am lautesten geredet haben, in diesem Falle nur ein kleiner Bruchteil des großen Publikums: und selbst ihnen gegenüber wird Strauß recht haben, wenn er sagt: „Gegen die Tausende meiner Leser sind die paar Dutzende meiner öffentlichen Tadler eine verschwindende Minderheit, und sie werden schwerlich beweisen können, daß sie durchaus die treuen Dolmetscher der ersteren sind. Wenn in einer Sache, wie diese, meistens die Nicht-Einverstandenen das Wort genommen, die Einverstandenen sich mit stiller Zustimmung begnügt haben, so liegt das in der Natur der Verhältnisse, die wir ja alle kennen." Also abgesehen von dem Ärgernis des theologischen Bekenntnisses, das Strauß hier und da erregt haben mag, über den Schriftsteller Strauß herrscht, selbst bei den fanatischen Widersachern, denen seine Stimme wie die Stimme des Tieres aus dem Abgrunde klingt, Einmütigkeit. Und deshalb beweist die Behandlung, die Strauß durch die literarischen Lohndiener der theologischen Parteien erfahren hat, nichts gegen unseren Satz, daß die Philister-Kultur in diesem Buche einen Triumph gefeiert hat.

Es ist zuzugeben, daß der gebildete Philister im Durchschnitt um einen Grad weniger freimütig ist als Strauß, oder wenigstens bei öffentlichen Kundgebungen sich mehr zurückhält: um so erbaulicher ist ihm aber dieser Freimut bei einem anderen; zu Hause und unter seinesgleichen klatscht er sogar lärmend Beifall und nur gerade schriftlich mag er nicht bekennen, wie sehr ihm das alles von Strauß nach dem Herzen gesagt ist. Denn etwas feige ist nun einmal, wie wir bereits wissen, unser Bildungs-Philister, selbst bei den stärksten Sympathien: und gerade, daß Strauß um einen Grad weniger feige ist, das macht ihn zum Führer, während es andererseits auch für seinen Mut eine sehr bestimmte Grenzlinie gibt. Wenn er diese überschritte, wie dies zum Beispiel Schopenhauer fast in jedem Satze tut, dann würde er nicht mehr wie ein Häuptling vor den Philistern herziehen, und man liefe ebenso hurtig davon, als man jetzt hinter ihm drein läuft. Wer dieses, wenn nicht weise, so doch jedenfalls kluge Maßhalten und diese mediocritas des Mutes eine aristotelische Tugend nennen wollte, würde freilich im Irrtum sein: denn jener Mut ist nicht die Mitte zwischen zwei Fehlern, sondern zwischen einer Tugend und einem Fehler – und in dieser Mitte, zwischen Tugend und Fehler, liegen alle Eigenschaften des Philisters.

9

„Aber ein klassischer Schriftsteller bleibt er doch!" Nun wir werden sehen.

Es wäre jetzt vielleicht erlaubt, sofort von dem Stilisten und Sprachkünstler Strauß zu reden, aber zuvor laßt uns doch einmal in Erwägung ziehen, ob er imstande ist, sein Haus als Schriftsteller zu bauen, und ob er wirklich die Architektur des Buches versteht. Daraus wird sich bestimmen, ob er ein ordentlicher, besonnener und geübter Buchmacher ist; und sollten wir mit Nein antworten müssen, so bliebe ihm immer noch als letztes Refugium seines Ruhmes der Anspruch, ein „klassischer Prosaschreiber" zu sein. Die letzte Fähigkeit ohne die erste würde freilich nicht ausreichen, ihn zum Rang der klassischen Schriftsteller zu erheben: sondern höchstens zu dem der klassischen Improvisatoren oder der Virtuosen des Stils, die aber, bei allem Geschick des Ausdruckes, im ganzen und bei dem eigentlichen Hinstellen des Baues, die unbeholfene Hand und das befangene Auge des Stümpers zeigen. Wir fragen also, ob Strauß die künstlerische Kraft hat, ein Ganzes hinzusetzen, totum ponere.

Gewöhnlich läßt sich schon nach dem ersten schriftlichen Entwurf erkennen, ob der Verfasser ein Ganzes geschaut und diesem Geschauten gemäß den allgemeinen Gang und die richtigen Maße gefunden hat. Ist diese wichtigste Aufgabe gelöst und das Gebäude selbst in glücklichen Proportionen aufgerichtet, so bleibt doch noch genug zu tun übrig: wie viel kleinere Fehler sind zu berichtigen, wie viel Lücken auszufüllen, hier und da mußte bisher ein vorläufiger Bretterverschlag oder ein Fehlboden genügen, überall liegt Staub und Schutt, und wohin du blickst, gewahrst du die Spuren der Not und Arbeit; das Haus ist immer noch als Ganzes unwohnlich und unheimlich: alle Wände sind nackt und der Wind saust durch die offenen Fenster. Ob nun die jetzt noch nötige, große und mühsame Arbeit von Strauß getan ist, geht uns so lange nichts an, als wir fragen, ob er das Gebäude selbst in guten Proportionen und überall als Ganzes hingestellt hat. Das Gegenteil hiervon ist bekanntlich, ein Buch aus Stücken zusammenzusetzen, wie dies die Art der Gelehrten ist. Sie vertrauen darauf, daß diese Stücke einen Zusammenhang unter sich haben, und verwechseln hierbei den logischen Zusammenhang und den künstlerischen. Logisch ist nun jedenfalls das Verhältnis der vier Hauptfragen, welche die Abschnitte des Straußischen Buches bezeichnen, nicht: „Sind wir noch Christen? Haben wir noch Religion? Wie begreifen wir die Welt? Wie ordnen wir unser Leben?“ und zwar deshalb nicht, weil die dritte Frage nichts mit der zweiten, die vierte nichts mit der dritten und alle drei nichts mit der ersten zu tun haben. Der Naturforscher zum Beispiel, der die dritte Frage aufwirft, zeigt gerade darin seinen unbefleckten Wahrheitssinn, daß er an der zweiten stillschweigend vorübergeht; und daß die Themata des vierten Abschnittes: Ehe, Republik, Todesstrafe durch die Einmischung darwinistischer Theorien aus dem dritten Abschnitte nur verwirrt und verdunkelt werden würden, scheint Strauß selbst zu begreifen, wenn er tatsächlich auf diese Theorien keine weitere Rücksicht nimmt. Die Frage aber: sind wir noch Christen? verdirbt sofort die Freiheit der philosophischen Betrachtung und färbt sie in unangenehmer Weise theologisch; überdies hat er dabei ganz vergessen, daß der größere Teil der Menschheit auch heute noch buddhaistisch und nicht christlich ist. Wie darf man bei dem Worte „alter Glaube" ohne weiteres allein an das Christentum denken! Zeigt sich hierin, daß Strauß nie aufgehört hat, christlicher Theologe zu sein, und deshalb nie gelernt hat, Philosoph zu werden, so überrascht er uns wieder dadurch, daß er nicht zwischen Glauben und Wissen zu unterscheiden vermag und fortwährend seinen sogenannten „neuen Glauben" und die neuere Wissenschaft in Einem Atem nennt. Oder sollte neuer Glaube nur eine ironische Akkommodation an den Sprachgebrauch sein? So scheint es fast, wenn wir sehen, daß er hier und da neuen Glauben und neuere Wissenschaft harmlos sich einander vertreten läßt zum Beispiel auf S. 11, wo er fragt, auf welcher Seite, ob auf der des alten Glaubens oder der neueren Wissenschaft, „der in menschlichen Dingen nicht zu vermeidenden Dunkelheiten und Unzulänglichkeiten mehrere sind". Zudem will er nach dem Schema der Einleitung die Beweise angeben, auf welche die moderne Weltbetrachtung sich stützt: alle diese Beweise entlehnt er aber aus der Wissenschaft und gebärdet sich auch hier durchaus als ein Wissender, nicht als ein Gläubiger.

Im Grunde ist also die neue Religion nicht ein neuer Glaube, sondern fällt mit der modernen Wissenschaft zusammen, ist also als solche gar nicht Religion. Behauptet nun Strauß, dennoch Religion zu haben, so liegen die Gründe dafür abseits von der neueren Wissenschaft. Nur der kleinste Teil des Straußischen Buches, das heißt wenige zerstreute Seiten überhaupt, betreffen das, was Strauß mit Recht einen Glauben nennen dürfte: nämlich jene Empfindung für das All, für welches Strauß dieselbe Pietät fordert, die der Fromme alten Stils für seinen Gott hat. Auf diesen Seiten geht es wenigstens durchaus nicht wissenschaftlich zu; wenn es aber nur ein wenig kräftiger, natürlicher und derber und überhaupt gläubiger zuginge! Gerade das ist höchst auffallend, durch was für künstliche Prozeduren unser Autor erst zum Gefühl kommt, daß er überhaupt noch einen Glauben und eine Religion hat: durch Stechen und Schlagen, wie wir gesehen haben. Er zieht arm und schwächlich daher, dieser exstimulierte Glaube: uns fröstelt, ihn anzusehen.

Wenn Strauß in dem Schema der Einleitung versprochen hat, eine Vergleichung anzustellen, ob dieser neue Glaube auch dieselben Dienste leiste, wie der Glaube alten Stils den Alt-Gläubigen, so fühlt er zuletzt selbst, daß er zu viel versprochen habe. Denn die letzte Frage, nach dem gleichen Dienste und dem Besser und Schlechter, wird von ihm schließlich ganz nebenbei und mit scheuer Eile auf ein paar Seiten (S. 366 ff.) abgetan, sogar einmal mit dem Verlegenheitstrumpfe: „wer hier sich nicht selbst zu helfen weiß, dem ist überhaupt nicht zu helfen, der ist für unseren Standpunkt noch nicht reif" (S. 366). Mit welcher Wucht der Überzeugung glaubte dagegen der antike Stoiker an das All und an die Vernünftigkeit des Alls! Und in welchem Lichte, so betrachtet, erscheint gar der Anspruch auf Originalität seines Glaubens, den Strauß macht? Aber, wie gesagt, ob neu oder alt, original oder nachgemacht, das möchte gleichgültig sein, wenn es nur kräftig, gesund und natürlich zuginge. Strauß selbst läßt diesen herausdestillierten Notglauben, so oft es geht, im Stich, um uns und sich mit seinem Wissen schadlos zu halten, und um seine neu erlernten naturwissenschaftlichen Kenntnisse mit ruhigerem Gewissen seinen „Wir" zu präsentieren. So scheu er ist, wenn er vom Glauben redet, so rund und voll wird sein Mund, wenn der größte Wohltäter der allerneuesten Menschheit, Darwin, zitiert wird: dann verlangt er nicht nur Glauben für den neuen Messias, sondern auch für sich, den neuen Apostel; zum Beispiel, wenn er einmal bei dem intrikatesten Thema der Naturwissenschaft mit wahrhaft antikem Stolze verkündet: „man wird mir sagen, ich rede da von Dingen, die ich nicht verstehe. Gut; aber es werden andere kommen, die sie verstehen und die auch mich verstanden haben" (S. 207). Hiernach scheint es fast, als ob die berühmten „Wir" nicht nur auf den Glauben an das All, sondern auch auf den Glauben an den Naturforscher Strauß verpflichtet werden sollen; in diesem Falle würden wir nur wünschen, daß, um diesen letzteren Glauben sich zum Gefühl zu bringen, nicht eben so peinliche und grausame Prozeduren nötig sind wie in betreff des ersteren. Oder genügt es vielleicht gar, daß hier einmal der Gegenstand des Glaubens und nicht der Gläubige gezwickt und gestochen wird, um die Gläubigen zu jener „religiösen Reaktion" zu bringen, die das Merkmal des „neuen Glaubens" ist? Welches Verdienst würden wir uns dann um die Religiosität jener „Wir" erwerben!

Es ist nämlich sonst fast zu fürchten, daß die modernen Menschen fortkommen werden, ohne sich sonderlich um die religiöse Glaubens-Zutat des Apostels zu kümmern: wie sie tatsächlich ohne den Satz von der Vernünftigkeit des Alls bisher fortgekommen sind. Die ganze moderne Natur- und Geschichts-Forschung hat mit dem Straußischen Glauben an das All nichts zu tun, und daß der moderne Philister diesen Glauben nicht braucht, zeigt gerade die Schilderung seines Lebens, die Strauß in dem Abschnitte „wie ordnen wir unser Leben?" macht. Er ist also im Rechte zu zweifeln, ob der „Wagen", dem sich seine „werten Leser anvertrauen mußten, allen Anforderungen entspräche". Er entspricht ihnen gewiß nicht: denn der moderne Mensch kommt schneller vorwärts, wenn er sich nicht in diesen Straußen-Wagen setzt – oder richtiger: er kam schneller vorwärts, längst bevor dieser Straußen-Wagen existierte. Wenn es nun wahr wäre, daß die berühmte „nicht zu übersehende Minderheit", von der und in deren Namen Strauß spricht, „große Stücke auf Konsequenz hält", so müßte sie doch mit dem Wagenbauer Strauß ebensowenig zufrieden sein als wir mit dem Logiker.

Aber geben wir immerhin den Logiker preis: vielleicht hat das ganze Buch, künstlerisch betrachtet, eine gut erfundene Form und entspricht den Gesetzen der Schönheit, wenn es auch einem gut gearbeiteten Gedankenschema nicht entspricht. Und hier erst kommen wir zu der Frage, ob Strauß ein guter Schriftsteller sei, nachdem wir erkannt haben, daß er sich nicht als wissenschaftlicher, streng ordnender und systematisierender Gelehrter benommen hat.

Vielleicht hat er sich nur dies zur Aufgabe gestellt, nicht sowohl von dem „alten Glauben" fortzuscheuchen, als durch ein anmutiges und farbenreiches Gemälde eines in der neuen Weltbetrachtung heimischen Lebens anzulocken. Gerade wenn er an Gelehrte und Gebildete als an seine nächsten Leser dachte, so mußte er wohl aus Erfahrung wissen, daß man diese durch das schwere Geschütz wissenschaftlicher Beweise zwar niederschießen, nie aber zur Übergabe nötigen kann, daß aber eben dieselben um so schneller leichtgeschürzten Verführungs-Künsten erliegen. „Leicht geschürzt", und zwar „mit Absicht", nennt aber Strauß sein Buch selbst; als „leicht geschürzt" empfinden und schildern es seine öffentlichen Lobredner, von denen zum Beispiel einer, und zwar ein recht beliebiger, diese Empfindungen folgendermaßen umschreibt: „In anmutigem Ebenmaße schreitet die Rede fort, und gleichsam spielend handhabt sie die Kunst der Beweisführung, wo sie kritisch gegen das Alte sich wendet, wie nicht minder da, wo sie das Neue, das sie bringt, verführerisch zubereitet und anspruchslosem wie verwöhntem Geschmacke präsentiert. Fein erdacht ist die Anordnung eines so mannigfaltigen, ungleichartigen Stoffes, wo alles zu berühren und doch nichts in die Breite zu führen war; zumal die Übergänge, die von der einen Materie zur anderen überleiten, sind kunstreich gefügt, wenn man nicht etwa noch mehr die Geschicklichkeit bewundern will, mit der unbequeme Dinge beiseite geschoben oder verschwiegen sind." Die Sinne solcher Lobredner sind, wie sich auch hier ergibt, nicht gerade fein hinsichtlich dessen, was einer als Autor *kann*, aber um so feiner für das, was einer *will*. Was aber Strauß will, verrät uns am deutlichsten seine emphatische und nicht ganz harmlose Anempfehlung Voltairescher Grazien, in deren Dienst er gerade jene „leichtgeschürzten" Künste, von denen sein Lobredner spricht, lernen konnte – falls nämlich die Tugend lehrbar ist und ein Magister je ein Tänzer werden kann.

Wer hat nicht hierüber seine Nebengedanken, wenn er zum Beispiel folgendes Wort Straußens über Voltaire liest (S. 219, Voltaire): „Originell ist Voltaire als Philosoph allerdings nicht, sondern in der Hauptsache Verarbeiter englischer Forschungen: dabei erweist er sich aber durchaus als freier Meister des Stoffes, den er mit unvergleichlicher Gewandtheit von allen Seiten zu zeigen, in alle möglichen Beleuchtungen zu stellen versteht und dadurch, ohne streng methodisch zu sein, auch den Forderungen der Gründlichkeit zu genügen weiß." Alle negativen Züge treffen zu: niemand wird behaupten, daß Strauß als Philosoph originell, oder daß er streng methodisch sei, aber die Frage wäre, ob wir ihn auch als „freien Meister des Stoffes" gelten lassen und ihm die „unvergleichliche Gewandtheit" zugeben. Das Bekenntnis, daß die Schrift „mit Absicht leicht geschürzt" sei, läßt erraten, daß es auf eine unvergleichliche Gewandtheit mindestens abgesehen war.

Nicht einen Tempel, nicht ein Wohnhaus, sondern ein Gartenhaus inmitten aller Gartenkünste hinzustellen, war der Traum unseres Architekten. Ja es scheint fast, daß selbst jene mysteriöse Empfindung für das All hauptsächlich als ästhetisches Effektmaterial berechnet war, gleichsam als ein Ausblick auf ein irrationales Element, etwa das Meer, mitten heraus aus dem zierlichsten und rationellsten Terrassenwerk. Der Gang durch die ersten Abschnitte, nämlich durch die theologischen Katakomben mit ihrem Dunkel und ihrer krausen und barocken Ornamentik, war wiederum nur ein ästhetisches Mittel, die Reinlichkeit, Helle und Vernünftigkeit des Abschnittes mit der Überschrift: „wie begreifen wir die Welt?" durch Kontrast zu heben: denn sofort nach jenem Gang im Düsteren und dem Blick in die irrationale Weite treten wir in eine Halle mit Oberlicht; nüchtern und hell empfängt sie uns, mit Himmelskarten und mathematischen Figuren an den Wänden, gefüllt mit wissenschaftlichen Geräten, in den Schränken Skelette, ausgestopfte Affen und anatomische Präparate. Von hier aus aber wandeln wir, erst recht beglückt, mitten hinein in die volle Gemächlichkeit unserer Gartenhaus-Bewohner; wir finden sie bei ihren Frauen und Kindern unter ihren Zeitungen und politischen Alltagsgesprächen, wir hören sie eine Zeitlang reden über Ehe und allgemeines Stimmrecht, Todesstrafe und Arbeiterstreiks, und es scheint uns nicht möglich, den Rosenkranz öffentlicher Meinungen schneller abzubeten. Endlich sollen wir auch noch von dem klassischen Geschmacke der hier Hausenden überzeugt werden: ein kurzer Aufenthalt in der Bibliothek und im Musik-Zimmer gibt uns den erwarteten Aufschluß, daß die besten Bücher auf den Regalen und die berühmtesten Musikstücke auf den Notenpulten liegen; man spielt uns sogar etwas vor, und wenn es Haydnsche Musik sein sollte, so war Haydn jedenfalls nicht schuld daran, daß es wie Riehlsche Hausmusik klang. Der Hausherr hat inzwischen Gelegenheit gehabt, sich mit Lessing ganz einverstanden zu erklären, mit Goethe auch, jedoch nur bis auf den zweiten Teil des Faust. Zuletzt preist sich unser Gartenhaus-Besitzer selbst und meint, wem es bei ihm nicht gefiele, dem sei nicht zu helfen, der sei für seinen Standpunkt nicht reif, worauf er uns noch seinen Wagen anbietet, jedoch mit der artigen Einschränkung, er wolle nicht behaupten, daß derselbe allen Anforderungen entspräche; auch seien die Steine auf seinen Wegen frisch aufgeschüttet, und wir würden übel zerstoßen werden. Darauf empfiehlt sich unser epikureischer Garten-Gott mit der unvergleichlichen Gewandtheit, die er an Voltaire zu rühmen wußte.

Wer könnte auch jetzt noch an dieser unvergleichlichen Gewandtheit zweifeln? Der freie Meister des Stoffs ist erkannt, der leicht geschürzte Gartenkünstler entpuppt; und immer hören wir die Stimme des Klassikers: als Schriftsteller will ich nun einmal kein Philister sein, will nicht! will nicht! Sondern durchaus Voltaire, der deutsche Voltaire! und höchstens noch der französische Lessing!

Wir verraten ein Geheimnis: unser Magister weiß nicht immer, was er lieber sein will, Voltaire oder Lessing, aber um keinen Preis ein Philister, womöglich beides, Lessing und Voltaire – auf daß erfüllet werde, was da geschrieben stehet: „er hatte gar keinen Charakter, sondern wenn er einen haben wollte, so mußte er immer erst einen annehmen."

10

Wenn wir Strauß, den Bekenner, recht verstanden haben, so ist er selbst ein wirklicher Philister mit eingeengter, trockener Seele und mit gelehrten und nüchternen Bedürfnissen; und trotzdem würde niemand mehr erzürnt sein, ein Philister genannt zu werden, als David Strauß, der Schriftsteller. Es würde ihm recht sein, wenn man ihn mutwillig, verwegen, boshaft, tollkühn nennte; sein höchstes Glück wäre aber, mit Lessing oder Voltaire verglichen zu werden, weil diese gewiß keine Philister waren. In der Sucht nach diesem Glück schwankt er öfter, ob er es dem tapferen dialektischen Ungestüm Lessings gleichtun solle, oder ob es ihm besser anstehe, sich als faunischen, freigeisterischen Alten in der Art Voltaires zu gebärden. Beständig macht er, wenn er sich zum Schreiben niedersetzt, ein Gesicht, wie wenn er sich malen lassen wollte, und zwar bald ein Lessingisches, bald ein Voltairesches Gesicht. Wenn wir sein Lob der Voltaireschen Darstellung lesen (S. 217, Voltaire), so scheint er der Gegenwart nachdrücklich ins Gewissen zu reden, weshalb sie nicht längst wisse, was sie an dem modernen Voltaire habe: „auch sind die Vorzüge, sagt er, überall dieselben: einfache Natürlichkeit, durchsichtige Klarheit, lebendige Beweglichkeit, gefällige Anmut. Wärme und Nachdruck fehlen, wo sie hingehören, nicht; gegen Schwulst und Affektation kam der Widerwille aus Voltaires innerster Natur; wie andererseits, wenn zuweilen Mutwille oder Leidenschaften seinen Ausdruck ins Gemeine herabzogen, die Schuld nicht am Stilisten, sondern am Menschen in ihm lag." Strauß scheint demnach recht wohl zu wissen, was es mit der Simplizität des Stiles auf sich hat: sie ist immer das Merkmal des Genies gewesen, als welches allein das Vorrecht hat, sich einfach, natürlich und mit Naivität auszusprechen. Es verrät sich also nicht der gemeinste Ehrgeiz, wenn ein Autor eine simple Manier wählt: denn obgleich mancher merkt, für was ein solcher Autor gehalten werden möchte, so ist doch mancher auch so gefällig, ihn ebendafür zu halten. Der geniale Autor verrät sich aber nicht nur in der Schlichtheit und Bestimmtheit des Ausdruckes: seine übergroße Kraft spielt mit dem Stoffe, selbst wenn er gefährlich und schwierig ist. Niemand geht mit steifem Schritte auf unbekanntem und von tausend Abgründen unterbrochenem Wege: aber das Genie läuft behend und mit verwegenen oder zierlichen Sprüngen auf einem solchen Pfade und verhöhnt das sorgfältige und furchtsame Abmessen der Schritte.

Daß die Probleme, an denen Strauß vorüberläuft, ernst und schrecklich sind und als solche von den Weisen aller Jahrtausende behandelt wurden, weiß Strauß selbst, und trotzdem nennt er sein Buch l e i c h t g e s c h ü r z t. Von allen diesen Schrecken, von dem finsteren Ernste des Nachdenkens, in den man sonst bei den Fragen über den Wert des Daseins und die Pflichten des Menschen von selbst verfällt, ahnt man nichts mehr, wenn der genialische Magister an uns vorübergaukelt, „leicht geschürzt und mit Absicht“, ja leichter geschürzt als sein Rousseau, von dem er uns zu erzählen weiß, daß er sich von unten entblößte und nach oben zu drapierte, während Goethe sich unten drapiert und oben entblößt haben soll. Ganz naive Genies, scheint es, drapieren sich gar nicht, und vielleicht ist das Wort „leicht geschürzt“ überhaupt nur ein Euphemismus für nackt. Von der Göttin Wahrheit behaupten ja die Wenigen, die sie gesehen haben, daß sie nackt gewesen sei: und vielleicht ist im Auge solcher, die sie nicht gesehen haben, aber jenen Wenigen glauben, Nacktheit oder Leicht-Geschürztheit schon ein Beweis, mindestens ein Indizium der Wahrheit. Schon der Verdacht ist hier von Vorteil für den Ehrgeiz des Autors: jemand sieht etwas Nacktes – „wie, wenn es die Wahrheit wäre!“ sagt er sich und nimmt eine feierlichere Miene an, als ihm sonst gewöhnlich ist. Damit hat aber der Autor schon viel gewonnen, wenn er seine Leser zwingt, ihn feierlicher anzusehen als einen beliebigen fester geschürzten Autor. Es ist der Weg dazu, einmal ein „Klassiker“ zu werden: und Strauß erzählt uns selbst, „daß man ihm die ungesuchte Ehre erwiesen habe, ihn als eine Art von klassischem Prosaschreiber anzusehen“, daß er also am Ziele seines Weges angekommen sei. Das Genie Strauß läuft in der Kleidung leicht geschürzter Göttinnen als „Klassiker“ auf den Straßen herum, und der Philister Strauß soll durchaus, um uns einer Originalwendung dieses Genies zu bedienen, „in Abgang dekretiert“ oder „auf Nimmerwiederkehr hinausgeworfen werden“.

Ach, der Philister kehrt aber trotz aller Abgangs-Dekrete und alles Hinauswerfens doch wieder und oft wieder! Ach das Gesicht, in Voltairesche und Lessingische Falten gezwängt, schnellt doch von Zeit zu Zeit in seine alten ehrlichen originalen Formen zurück! Ach die Genielarve fällt zu oft herab, und nie war der Blick des Magisters verdrossener, nie waren seine Bewegungen steifer, als wenn er eben den Sprung des Genies nachzuspringen und mit dem Feuerblick des Genies zu blicken versucht hatte. Gerade dadurch, daß er sich in unserer kalten Zone so leicht schürzt, setzt er sich der Gefahr aus, sich öfter und schwerer zu erkälten als ein anderer; daß dies alles dann auch die anderen merken, mag recht peinlich sein, aber es muß ihm, wenn er je Heilung finden will, auch öffentlich folgende Diagnose gestellt werden: Es gab einen Strauß, einen wackeren, strengen und straffgeschürzten Gelehrten, der uns ebenso sympathisch war wie jeder, der in Deutschland mit Ernst und Nachdruck der Wahrheit dient und innerhalb seiner Grenzen zu herrschen versteht; der, welcher jetzt in der öffentlichen Meinung als David Strauß berühmt ist, ist ein anderer geworden: die Theologen mögen es verschuldet haben, daß er dieser andere geworden ist; genug, sein jetziges Spiel mit der Genie-Maske ist uns ebenso verhaßt oder lächerlich, als uns sein früherer Ernst zum Ernste und zur Sympathie zwang. Wenn er uns neuerdings erklärt: „es wäre auch Undank gegen meinen Genius, wollte ich mich nicht freuen, daß mir neben der Gabe der schonungslos zersetzenden Kritik zugleich die harmlose Freude am künstlerischen Gestalten verliehen ward“, so mag es ihn überraschen, daß es trotz diesem Selbstzeugnis Menschen gibt, welche das Umgekehrte behaupten; einmal, daß er die Gabe künstlerischen Gestaltens nie gehabt habe, und sodann, daß die von ihm „harmlos“ genannte Freude nichts weniger als harmlos sei, sofern sie eine im Grunde kräftig und tief angelegte Gelehrten- und Kritiker-Natur, das heißt den eigentlichen Straußischen Genius allmählich untergraben und zuletzt zerstört hat. In einer Anwandlung von unbegrenzter Ehrlichkeit fügt zwar Strauß selbst hinzu, er habe immer „den Merck in sich getragen, der ihm zurief: solchen Quark mußt du nicht mehr machen, das können die anderen auch“! Das war die Stimme des echten Straußischen Genius: diese selbst sagt ihm auch, wie viel oder wie wenig sein neuestes, harmlos leicht geschürztes Testament des modernen Philisters wert sei. Das können die anderen auch! Und viele könnten es besser! Und die es am besten könnten, begabtere und reichere Geister als Strauß, würden immer nur – Quark gemacht haben.

Ich glaube, daß man wohl verstanden hat, wie sehr ich den Schriftsteller Strauß schätze: nämlich wie einen Schauspieler, der das naive Genie und den Klassiker spielt. Wenn Lichtenberg einmal sagt: „Die simple Schreibart ist schon deshalb zu empfehlen, weil kein rechtschaffener Mann an seinen Ausdrücken künstelt und klügelt“, so ist deshalb die simple Manier doch noch lange nicht ein Beweis für schriftstellerische Rechtschaffenheit. Ich wünschte, der Schriftsteller Strauß wäre ehrlicher, dann würde er besser schreiben und weniger berühmt sein. Oder – wenn er durchaus Schauspieler sein will – so wünschte ich, er wäre ein guter Schauspieler und machte es dem naiven Genie und dem Klassiker besser nach, wie man klassisch und genial schreibt. Es bleibt nämlich übrig zu sagen, daß Strauß ein schlechter Schauspieler und sogar ein ganz nichtswürdiger Stilist ist.

11

Der Tadel, ein sehr schlechter Schriftsteller zu sein, schwächt sich freilich dadurch ab, daß es in Deutschland sehr schwer ist, ein mäßiger und leidlicher, und ganz erstaunlich unwahrscheinlich, ein guter Schriftsteller zu werden. Es fehlt hier an einem natürlichen Boden, an der künstlerischen Wertschätzung, Behandlung und Ausbildung der mündlichen Rede. Da diese es in allen öffentlichen Äußerungen, wie schon die Worte Salon-Unterhaltung, Predigt, Parlaments-Rede ausdrücken, noch nicht zu einem nationalen Stile, ja noch nicht einmal zum Bedürfnis eines Stils überhaupt gebracht hat, und alles, was spricht, in Deutschland aus dem naivsten Experimentieren mit der Sprache nicht herausgekommen ist, so hat der Schriftsteller keine einheitliche Norm und hat ein gewisses Recht, es auf eigene Faust einmal mit der Sprache aufzunehmen: was dann, in seinen Folgen, jene grenzenlose Dilapidation der deutschen Sprache der „Jetztzeit“ hervorbringen muß, die am nachdrücklichsten Schopenhauer geschildert hat. „Wenn dies so fortgeht“, sagt er einmal, „so wird man anno 1900 die deutschen

Klassiker nicht mehr recht verstehen, indem man keine andere Sprache mehr kennen wird, als den Lumpen-Jargon der noblen ‚Jetztzeit' – deren Grundcharakter Impotenz ist." Wirklich lassen sich bereits jetzt deutsche Sprachrichter und Grammatiker in den allerneuesten Zeitschriften dahin vernehmen, daß für unseren Stil unsere Klassiker nicht mehr mustergültig sein könnten, weil sie eine große Menge von Worten, Wendungen und syntaktischen Fügungen haben, die uns abhanden gekommen sind: weshalb es sich geziemen möchte, die sprachlichen Kunststücke im Wort- und Satzgebrauch bei den gegenwärtigen Schrift-Berühmtheiten zu sammeln und zur Nachahmung hinzustellen, wie dies zum Beispiel auch wirklich in dem kurz gefaßten Hand- und Schand-Wörterbuch von Sanders geschehen ist. Hier erscheint das widrige Stil-Monstrum Gutzkow als Klassiker: und überhaupt müssen wir uns, wie es scheint, an eine ganz neue und überraschende Schar von „Klassikern" gewöhnen, unter denen der erste oder mindestens einer der ersten, David Strauß ist, derselbe, welchen wir nicht anders bezeichnen können, als wir ihn bezeichnet haben: nämlich als einen nichtswürdigen Stilisten.

Es ist nun höchst bezeichnend für jene Pseudo-Kultur des Bildungs-Philisters, wie er sich gar noch den Begriff des Klassikers und Musterschriftstellers gewinnt – er, der nur im Abwehren eines eigentlich künstlerisch strengen Kulturstils seine Kraft zeigt und durch die Beharrlichkeit im Abwehren zu einer Gleichartigkeit der Äußerungen kommt, die fast wieder wie eine Einheit des Stiles aussieht. Wie ist es nur möglich, daß bei dem unbeschränkten Experimentieren, das man mit der Sprache jedermann gestattet, doch einzelne Autoren einen allgemein ansprechenden Ton finden? Was spricht hier eigentlich so allgemein an? Vor allem eine negative Eigenschaft: der Mangel alles Anstößigen, – anstößig aber ist alles wahrhaft Produktive. – Das Übergewicht nämlich bei dem, was der Deutsche jetzt jeden Tag liest, liegt ohne Zweifel auf Seiten der Zeitungen nebst dazu gehörigen Zeitschriften: deren Deutsch prägt sich, in dem unaufhörlichen Tropfenfall gleicher Wendungen und gleicher Wörter, seinem Ohre ein, und da er meistens Stunden zu dieser Leserei benutzt, in denen sein ermüdeter Geist ohnehin zum Widerstehen nicht aufgelegt ist, so wird allmählich sein Sprachgehör in diesem Alltags-Deutsch heimisch und vermißt seine Abwesenheit nötigenfalls mit Schmerz. Die Fabrikanten jener Zeitungen sind aber, ihrer ganzen Beschäftigung gemäß, am allerstärksten an den Schleim dieser Zeitungs-Sprache gewöhnt: sie haben im eigentlichsten Sinne allen Geschmack verloren, und ihre Zunge empfindet höchstens das ganz und gar Korrupte und Willkürliche mit einer Art von Vergnügen. Daraus erklärt sich das tutti unisono, mit welchem, trotz jener allgemeinen Erschlaffung und Erkrankung, in jeden neu erfundenen Sprachschnitzer sofort eingestimmt wird: man rächt sich mit solchen frechen Korruptionen an der Sprache wegen der unglaublichen Langeweile, die sie allmählich ihren Lohnarbeitern verursacht. Ich erinnere mich, einen Aufruf von Berthold Auerbach „an das deutsche Volk“ gelesen zu haben, in dem jede Wendung undeutsch verschroben und erlogen war, und der als Ganzes einem seelenlosen Wörtermosaik mit internationaler Syntax glich; um von dem schamlosen Sudeldeutsch zu schweigen, mit dem Eduard Devrient das Andenken Mendelssohns feierte. Der Sprachfehler also – das ist das Merkwürdige – gilt unserem Philister nicht als anstößig, sondern als reizvolle Erquickung in der gras- und baumlosen Wüste des Alltags-Deutsches. Aber anstößig bleibt ihm das wahrhaft Produktive. Dem allermodernsten Muster-Schriftsteller wird seine gänzlich verdrehte, verstiegene oder zerfaserte Syntax, sein lächerlicher Neologismus nicht etwa nachgesehen, sondern als Verdienst, als Pikanterie angerechnet: aber wehe dem charaktervollen Stilisten, welcher der Alltags-Wendung ebenso ernst und beharrlich aus dem Wege geht als den „in letzter Nacht ausgeheckten Monstra der Jetztzeit-Schreiberei", wie Schopenhauer sagt. Wenn das Platte, Ausgenutzte, Kraftlose, Gemeine als Regel, das Schlechte und Korrupte als reizvolle Ausnahme hingenommen wird, dann ist das Kräftige, Ungemeine und Schöne in Verruf: so daß sich in Deutschland fortwährend die Geschichte jenes wohlgebildeten Reisenden wiederholt, der ins Land der Bucklichten kommt, dort überall wegen seiner angeblichen Ungestalt und seines Defektes an Rundung auf das Schmählichste verhöhnt wird, bis endlich ein Priester sich seiner annimmt und dem Volke also zuredet: beklagt doch lieber den armen Fremden und bringt dankbaren Sinnes den Göttern ein Opfer, daß sie euch mit diesem stattlichen Fleischberg geschmückt haben.

Wenn jetzt jemand eine positive Sprachlehre des heutigen deutschen Allerweltsstils machen wollte und den Regeln nachspürte, die, als ungeschriebene, ungesprochene und doch befolgte Imperative, auf dem Schreibepulte jedermanns ihre Herrschaft ausüben, so würde er wunderliche Vorstellungen über Stil und Rhetorik antreffen, die vielleicht noch aus einigen Schul-Reminiszenzen und der einstmaligen Nötigung zu lateinischen Stilübungen, vielleicht aus der Lektüre französischer Schriftsteller, entnommen sind, und über deren unglaubliche Rohheit jeder regelmäßig erzogene Franzose zu spotten ein Recht hat. Über diese wunderlichen Vorstellungen, unter deren Regiment so ziemlich jeder Deutsche lebt und schreibt, hat, wie es scheint, noch keiner der gründlichen Deutschen nachgedacht.

Da finden wir die Forderung, daß von Zeit zu Zeit

ein Bild oder ein Gleichnis kommen, daß das Gleichnis aber neu sein müsse: neu und modern ist aber für das dürftige Schreiber-Gehirn identisch, und nun quält es sich, von der Eisenbahn, dem Telegraphen, der Dampfmaschine, der Börse seine Gleichnisse abzuziehen, und fühlt sich stolz darin, daß diese Bilder neu sein müssen, weil sie modern sind. In dem Bekenntnisbuche Straußens finden wir auch den Tribut an das moderne Gleichnis ehrlich ausgezahlt: er entläßt uns mit dem anderthalb Seiten langen Bilde einer modernen Straßen-Korrektion, er vergleicht die Welt ein paar Seiten früher mit der Maschine, ihren Rädern, Stampfen, Hämmern und ihrem „lindernden Öl". – (S. 362): Eine Mahlzeit, die mit Champagner beginnt. – (S. 325): Kant als Kaltwasseranstalt. – (S. 265): „Die schweizerische Bundesverfassung verhält sich zur englischen wie eine Bachmühle zu einer Dampfmaschine, wie ein Walzer oder ein Lied zu einer Fuge oder Symphonie." – (S. 258): „Bei jeder Appellation muß der Instanzenzug eingehalten werden. Die mittlere Instanz zwischen dem Einzelnen und der Menschheit aber ist die Nation." – (S. 141): „Wenn wir zu erfahren wünschen, ob in einem Organismus, der uns erstorben scheint, noch Leben sei, pflegen wir es durch einen starken, wohl auch schmerzlichen Reiz, etwa einen Stich, zu versuchen." – (S. 138): „Das religiöse Gebiet in der menschlichen Seele gleicht dem Gebiet der Rothäute in Amerika." (S. 137): „Virtuosen der Frömmigkeit in den Klöstern." – (S. 90): „Das Fazit aus allem Bisherigen mit vollen Ziffern unter die Rechnung setzen." – (S. 176): „Die Darwinische Theorie gleicht einer nur erst abgesteckten Eisenbahn – – – – wo die Fähnlein lustig im Winde flattern." Auf diese Weise, nämlich hoch modern, hat sich Strauß mit der Philister-Forderung abgefunden, daß von Zeit zu Zeit ein neues Gleichnis auftreten müsse.

Sehr verbreitet ist auch eine zweite rhetorische Forderung, daß das Didaktische sich in langen Sätzen, dazu in weiten Abstraktionen ausbreiten müsse, daß dagegen das Überredende kurze Sätzchen und hintereinander herhüpfende Kontraste des Ausdrucks liebe. Ein Mustersatz für das Didaktische und Gelehrtenhafte, zu voller Schleiermacherischer Zerblasenheit auseinander gezogen und in wahrer Schildkröten-Behendigkeit daherschleichend, steht bei Strauß S. 132: „Daß auf den früheren Stufen der Religion statt eines solchen Woher mehrere, statt Eines Gottes eine Vielheit von Göttern erscheint, kommt nach dieser Ableitung der Religion daher, daß die verschiedenen Naturkräfte oder Lebensbeziehungen, welche im Menschen das Gefühl schlechthiniger Abhängigkeit erregen, anfangs noch in ihrer ganzen Verschiedenartigkeit auf ihn wirken, er sich noch nicht bewußt geworden ist, wie in betreff der schlechthinigen Abhängigkeit zwischen denselben kein Unterschied, mithin auch das Woher dieser Abhängigkeit oder das Wesen, worauf sie in letzten Beziehung zurückgeht, nur eines sein kann." Ein entgegengesetztes Beispiel für die kurzen Sätzchen und die affektierte Lebendigkeit, welche einige Leser so aufgeregt hat, daß sie Strauß nur noch mit Lessing zusammen nennen, findet sich S. 8: „Was ich im folgenden auszuführen gedenke, davon bin ich mir wohl bewußt, daß es unzählige ebenso gut, manche sogar viel besser wissen. Einige haben auch bereits gesprochen. Soll ich darum schweigen? Ich glaube nicht. Wir ergänzen uns ja alle gegenseitig. Weiß ein anderer vieles besser, so ich doch vielleicht einiges; und manches weiß ich anders, sehe ich anders an als die übrigen. Also frischweg gesprochen, heraus mit der Farbe, damit man erkenne, ob sie eine echte sei." Zwischen diesem burschikosen Geschwindmarsch und jener Leichenträger-Saumseligkeit hält allerdings für gewöhnlich der Straußische Stil die

Mitte; aber zwischen zwei Lastern wohnt nicht immer die Tugend, sondern zu oft nur die Schwäche, die lahme Ohnmacht, die Impotenz. In der Tat, ich bin sehr enttäuscht worden, als ich das Straußische Buch nach feineren und geistvolleren Zügen und Wendungen durchsuchte und mir eigens eine Rubrik gemacht hatte, um wenigstens an dem Schriftsteller Strauß hier und da etwas loben zu können, da ich an dem Bekenner nichts Lobenswertes fand. Ich suchte und suchte, und meine Rubrik blieb leer. Dagegen füllte sich eine andere, mit der Aufschrift: Sprachfehler, verwirrte Bilder, unklare Verkürzungen, Geschmacklosigkeiten und Geschraubtheiten, derart, daß ich es nachher nur wagen kann, eine bescheidene Auswahl aus meiner übergroßen Sammlung von Probestücken mitzuteilen. Vielleicht gelingt es mir, unter dieser Rubrik gerade das zusammenzustellen, was bei den gegenwärtigen Deutschen den Glauben an den großen und reizvollen Stilisten Strauß hervorbringt: es sind Kuriositäten des Ausdrucks, die in der austrocknenden Öde und Verstaubtheit des gesamten Buches, wenn nicht angenehm, so doch schmerzlich reizvoll überraschen: wir merken, um uns Straußischer Gleichnisse zu bedienen, an solchen Stellen doch wenigstens, daß wir noch nicht abgestorben sind, und reagieren noch auf solche Stiche. Denn alles übrige zeigt jenen Mangel alles Anstößigen, soll heißen alles Produktiven, der jetzt dem klassischen Prosaschreiber als positive Eigenschaft angerechnet wird. Die äußerste Nüchternheit und Trockenheit, eine wahrhaft angehungerte Nüchternheit erweckt jetzt bei der gebildeten Masse die unnatürliche Empfindung, als ob eben diese das Zeichen der Gesundheit wäre, so daß hier gerade gilt, was der Autor des dialogus de oratoribus sagt: „illam ipsam quam iactant sanitatem non firmitate sed ieiunio consequuntur". Darum hassen sie mit instinktiver Einmütigkeit alle firmitas, weil sie von einer ganz anderen Gesundheit Zeugnis ablegt, als die ihrige ist, und suchen die firmitas, die straffe Gedrungenheit, die feurige Kraft der Bewegungen, die Fülle und Zartheit des Muskelspiels zu verdächtigen. Sie haben sich verabredet, Natur und Namen der Dinge umzukehren und fürderhin von Gesundheit zu sprechen, wo wir Schwäche sehen, von Krankheit und Überspanntheit, wo uns wirkliche Gesundheit entgegentritt. So gilt denn nun auch David Strauß als „Klassiker".

Wäre nur diese Nüchternheit wenigstens eine streng logische Nüchternheit: aber gerade Einfachheit und Straffheit im Denken ist diesen „Schwachen" abhanden gekommen, und unter ihren Händen ist die Sprache selbst unlogisch zerfasert. Man versuche nur, diesen Straußen-Stil ins Lateinische zu übersetzen: was doch selbst bei Kant angeht und bei Schopenhauer bequem und reizvoll ist. Die Ursache, daß es mit dem Straußischen Deutsch durchaus nicht gehen will, liegt wahrscheinlich nicht daran, daß dies Deutsch deutscher ist als bei jenen, sondern daß es bei ihm verworren und unlogisch, bei jenen voll Einfachheit und Größe ist. Wer dagegen weiß, wie die Alten sich mühten, um sprechen und schreiben zu lernen, und wie die Neueren sich nicht mühen, der fühlt, wie dies Schopenhauer einmal gesagt hat, eine wahre Erleichterung, wenn er so ein deutsches Buch notgedrungen abgetan hat, um sich nun wieder zu den anderen, alten wie neuen Sprachen wenden zu können: „denn bei diesen", sagt er, „habe ich doch eine regelrecht fixierte Sprache mit durchweg festgestellter und treulich beobachteter Grammatik und Orthographie vor mir und bin ganz dem Gedanken hingegeben; während ich im Deutschen jeden Augenblick gestört werde durch die Naseweisheit des Schreibers, der seine grammatischen und orthographischen Grillen und knolligen Einfälle durchsetzen will; wobei die sich frech spreizende Narrheit mich anwidert.

Es ist wahrlich eine rechte Pein, eine schöne, alte, klassische Schriften besitzende Sprache von Ignoranten und Eseln mißhandeln zu sehen."

Das ruft euch der heilige Zorn Schopenhauers zu, und ihr dürft nicht sagen, daß ihr ungewarnt geblieben wärt. Wer aber durchaus auf keine Warnung hören und sich den Glauben an den Klassiker Strauß schlechterdings nicht verkümmern lassen will, dem sei als letztes Rezept anempfohlen, ihn nachzuahmen. Versucht es immerhin auf eigene Gefahr: ihr werdet es zu büßen haben, mit eurem Stile sowohl als zuletzt selbst mit eurem eigenen Kopfe, auf daß das Wort indischer Weisheit auch an euch in Erfüllung gehe: „An einem Kuhhorn zu nagen, ist unnütz und verkürzt das Leben: man reibt die Zähne ab und erhält doch keinen Saft."

12

Zum Schluß wollen wir doch unserem klassischen Prosaschreiber die versprochene Sammlung von Stilproben vorlegen; vielleicht würde sie Schopenhauer ganz allgemein betiteln: „Neue Belege für den Lumpen-Jargon der Jetztzeit"; denn das mag David Strauß zum Troste gesagt werden, wenn es ihm ein Trost sein kann, daß jetzt alle Welt so schreibt wie er, zum Teil noch miserabler, und daß unter den Blinden jeder Einäugige König ist. Wahrlich, wir gestehen ihm viel zu, wenn wir ihm Ein Auge zugestehen; dies aber tun wir, weil Strauß nicht so schreibt wie die verruchtesten aller Deutsch-Verderber, die Hegelianer, und ihr verkrüppelter Nachwuchs. Strauß will wenigstens aus diesem Sumpfe wieder heraus und ist zum Teil wieder heraus, doch noch lange nicht auf festem Lande; man merkt es ihm noch an, daß er einmal in seiner Jugend Hegelisch gestottert hat: damals hat sich etwas in ihm ausgerenkt, irgend ein Muskel hat sich gedehnt; damals ist sein Ohr, wie das

Ohr eines unter Trommeln aufgewachsenen Knaben, abgestumpft worden, um nie wieder jene künstlerisch zarten und kräftigen Gesetze des Klanges nachzufühlen, unter deren Herrschaft der an guten Mustern und in strenger Zucht herangebildete Schriftsteller lebt. Damit hat er als Stilist sein bestes Hab und Gut verloren und ist verurteilt, Zeitlebens auf dem unfruchtbaren und gefährlichen Triebsande des Zeitungsstiles sitzen zu bleiben – wenn er nicht in den Hegelschen Schlamm wieder hinunter will. Trotzdem hat er es für ein paar Stunden der Gegenwart zur Berühmtheit gebracht und vielleicht weiß man noch ein paar spätere Stunden, daß er eine Berühmtheit war; dann aber kommt die Nacht und mit ihr die Vergessenheit: und schon mit diesem Augenblicke, in dem wir seine stilistischen Sünden ins schwarze Buch schreiben, beginnt die Dämmerung seines Ruhmes. Denn wer sich an der deutschen Sprache versündigt hat, der hat das Mysterium aller unserer Deutschheit entweiht: sie allein hat durch alle die Mischung und den Wechsel von Nationalitäten und Sitten hindurch sich selbst, und damit den deutschen Geist, wie durch einen metaphysischen Zauber gerettet. Sie allein verbürgt auch diesen Geist für die Zukunft, falls sie nicht selbst unter den ruchlosen Händen der Gegenwart zugrunde geht! „Aber Di meliora! Fort, Pachydermata, fort! Dies ist die deutsche Sprache, in der Menschen sich ausgedrückt, ja, in der große Dichter gesungen und große Denker geschrieben haben. Zurück mit den Tatzen!" –

Nehmen wir zum Beispiel gleich einen Satz der ersten Seite des Straußischen Buches: „Schon in dem Machtzuwachse – – – hat der römische Katholizismus eine Aufforderung erkannt, seine ganze geistliche und weltliche Macht in der Hand des für unfehlbar erklärten Papstes diktatorisch zusammenzufassen." Unter diesem schlotterichten Gewande sind verschiedene Sätze, die durchaus nicht zusammenpassen und nicht zu gleicher Zeit möglich sind, versteckt; jemand kann irgendwie eine Aufforderung erkennen, seine Macht zusammenzufassen oder sie in die Hände eines Diktators zu legen, aber er kann sie nicht in der Hand eines anderen diktatorisch zusammenfassen. Wird vom Katholizismus gesagt, daß er seine Macht diktatorisch zusammenfaßt, so ist er selbst mit einem Diktator verglichen: offenbar soll aber hier der unfehlbare Papst mit dem Diktator verglichen werden, und nur durch unklares Denken und Mangel an Sprachgefühl kommt das Adverbium an die unrechte Stelle. Um aber das Ungereimte der anderen Wendung nachzufühlen, so empfehle ich, dieselbe in folgender Simplifikation sich vorzusagen: der Herr faßt die Zügel in der Hand seines Kutschers zusammen. – (S. 4): „Dem Gegensatze zwischen dem alten Konsistorialregiment und den auf eine Synodalverfassung gerichteten Bestrebungen liegt hinter dem hierarchischen Zuge auf der einen, dem demokratischen auf der andern Seite doch eine dogmatisch-religiöse Differenz zugrunde." Man kann sich nicht ungeschickter ausdrücken: erstens bekommen wir einen Gegensatz zwischen einem Regiment und gewissen Bestrebungen, diesem Gegensatz liegt sodann eine dogmatisch-religiöse Differenz zugrunde, und diese zugrunde liegende Differenz befindet sich hinter einem hierarchischen Zuge auf der einen und einem demokratischen auf der anderen Seite. Rätsel: welches Ding liegt hinter zwei Dingen einem dritten Dinge zugrunde? – (S. 18): „und die Tage, obwohl von dem Erzähler unmißverstehbar zwischen Abend und Morgen eingerahmt" usw. Ich beschwöre Sie, das ins Lateinische zu übersetzen, um zu erkennen, welchen schamlosen Mißbrauch Sie mit der Sprache treiben. Tage, die eingerahmt werden! Von einem Erzähler! Unmißverstehbar! Und eingerahmt zwischen etwas! – (S. 19): „Von irrigen und widersprechenden Berichten, von falschen Meinungen und Urteilen kann in der Bibel keine Rede sein." Höchst liederlich ausgedrückt! Sie verwechseln „in der Bibel" und „bei der Bibel": das erstere hätte seine Stelle vor „kann" haben müssen, das zweite nach „kann". Ich meine, Sie haben sagen wollen: von irrigen und widersprechenden Berichten, von falschen Meinungen und Urteilen in der Bibel kann keine Rede sein; warum nicht? Weil sie gerade die Bibel ist – also: „kann bei der Bibel nicht die Rede sein". Um nun nicht „in der Bibel" und „bei der Bibel" hintereinander folgen zu lassen, haben Sie sich entschlossen, Lumpen-Jargon zu schreiben und die Präpositionen zu verwechseln. Dasselbe Verbrechen begehen Sie auf S. 20: „Kompilationen, in die ältere Stücke zusammengearbeitet sind." – Sie meinen, „in die ältere Stücke hineingearbeitet oder in denen ältere Stücke zusammengearbeitet sind." – Auf derselben Seite reden Sie mit studentischer Wendung von einem „Lehrgedicht, das in die unangenehme Lage versetzt wird, zunächst vielfach mißdeutet" (besser: mißgedeutet), dann angefeindet und bestritten zu werden", S. 24 sogar von „Spitzfindigkeiten, durch die man ihre Härte zu mildern suchte"! Ich bin in der unangenehmen Lage, etwas Hartes, dessen Härte man durch etwas Spitzes mildert, nicht zu kennen; Strauß freilich erzählt (S. 367) sogar von einer „durch Zusammenrütteln gemilderten Schärfe". – (S. 35): „einem Voltaire dort stand hier ein Samuel Hermann Reimarus durchaus typisch für beide Nationen gegenüber." Ein Mann kann immer nur typisch für Eine Nation, aber nicht einem anderen typisch für beide Nationen gegenüber stehen. Eine schändliche Gewalttätigkeit, an der Sprache begangen, um einen Satz zu sparen oder zu eskrokieren. – (S. 46): „Nun stand es aber nur wenige Jahre an nach Schleiermachers Tode, daß – –". Solchem Sudler-Gesindel macht freilich die Stellung der Worte keine Umstände; daß hier die Worte: „nach Schleiermachers Tode" falsch stehen, nämlich nach „an", während sie vor „an" stehen sollten, ist ihren Trommelschlag-Ohren gerade so gleichgültig, als nachher „daß" zu sagen, wo es „bis" heißen muß. – (S. 13): „auch von allen den verschiedenen Schattierungen, in denen das heutige Christentum schillert, kann es sich bei uns nur etwa um die äußerste, abgeklärteste handeln, ob wir uns zu ihr noch zu bekennen vermögen." Die Frage, worum handelt es sich? kann einmal beantwortet werden: „um das und das", oder zweitens durch einen Satz mit: „ob wir uns" usw.; beide Konstruktionen durcheinander zu werfen, zeigt den liederlichen Gesellen. Er wollte vielmehr sagen: „kann es sich bei uns etwa nur bei der äußersten darum handeln, ob wir uns noch zu ihr bekennen"; aber die Präpositionen der deutschen Sprache sind, wie es scheint, nur noch da, um jede gerade so anzuwenden, daß die Anwendung überrascht. S. 358 z. B. verwechselt der „Klassiker", um uns diese Überraschung zu machen, die Wendungen „ein Buch handelt von etwas" und: „es handelt sich um etwas", und nun müssen wir einen Satz anhören, wie diesen: „dabei wird es unbestimmt bleiben, ob es sich von äußerem oder innerem Heldentum, vom Kämpfen auf offenem Felde oder in den Tiefen der Menschenbrust handelt." – (S. 343): „für unsre nervös überreizte Zeit, die namentlich in ihren musikalischen Neigungen diese Krankheit zutage legt." Schmähliche Verwechselung von „zutage liegen" und „an den Tag legen". Solche Sprachverbesserer sollten doch ohne Unterschied der Person gezüchtigt werden wie die Schuljungen. – (S. 70): „wir sehen hier einen der Gedankengänge, wodurch sich die Jünger zur Produktion der Vorstellung der Wiederbelebung ihres getöteten Meisters emporgearbeitet haben." Welches Bild! Eine wahre Essenkehrer-Phantasie! Man arbeitet sich durch einen Gang zu einer Produktion empor! – Wenn S. 72 dieser große Held in Worten, Strauß, die Geschichte von der Auferstehung Jesu als „welthistorischen Humbug" bezeichnet, so wollen wir hier, unter dem Gesichtspunkte des Grammatikers, ihn nur fragen, wen er eigentlich bezichtigt, diesen „welthistorischen Humbug", das heißt einen auf Betrug anderer und auf persönlichen Gewinn abzielenden Schwindel auf dem Gewissen zu haben. Wer schwindelt, wer betrügt? Denn einen „Humbug" vermögen wir uns gar nicht ohne ein Subjekt vorzustellen, das seinen Vorteil dabei sucht. Da uns auf diese Frage Strauß gar keine Antwort geben kann – falls er sich scheuen sollte, seinen Gott, das heißt den aus nobler Passion irrenden Gott als diesen Schwindler zu prostituieren –, so bleiben wir zunächst dabei, den Ausdruck für ebenso ungereimt als geschmacklos zu halten. – Auf derselben Seite heißt es: „seine Lehren würden wie einzelne Blätter im Winde verweht und zerstreut worden sein, wären diese Blätter nicht von dem Wahnglauben an seine Auferstehung als von einem derben handfesten Einbande zusammengefaßt und dadurch erhalten worden." Wer von Blättern im Winde redet, führt die Phantasie des Lesers irre, sofern er nachher darunter Papierblätter versteht, die durch Buchbinderarbeit zusammengefaßt werden können. Der sorgsame Schriftsteller wird nichts mehr scheuen, als bei einem Bilde den Leser zweifelhaft zu lassen oder irre zu führen: denn das Bild soll etwas deutlicher machen; wenn aber das Bild selbst undeutlich ausgedrückt ist und irre führt, so macht es die Sache dunkler, als sie ohne Bild war. Aber freilich, sorgsam ist unser „Klassiker" nicht: er redet mutig von der „Hand unserer Quellen" (S. 76), von dem „Mangel jeder Handhabe in den Quellen" (S. 77) und von der „Hand eines Bedürfnisses" (S. 215). – (S. 73): Der Glaube an seine Auferstehung kommt auf Rechnung Jesu selbst." Wer sich so gemein merkantilisch bei so wenig gemeinen Dingen auszudrücken liebt, gibt zu verstehen, daß er sein lebelang recht schlechte Bücher gelesen hat. Von schlechter Lektüre zeugt der Straußische Stil überall. Vielleicht hat er zuviel die Schriften seiner theologischen Gegner gelesen. Woher aber lernt man es, den alten Juden- und Christengott mit so kleinbürgerlichen Bildern zu behelligen, wie sie Strauß zum Beispiel S. 105 zum besten gibt, wo eben jenem „alten Juden- und Christengott der Stuhl unter dem Leibe weggezogen wird", oder S. 105, wo „an den alten persönlichen Gott gleichsam die Wohnungsnot herantritt", oder S. 115, wo ebenderselbe in ein „Ausdingstübchen" versetzt wird, „worin er übrigens noch anständig untergebracht und beschäftigt werden soll". – (S. 111): „mit dem erhörlichen Gebet ist abermals ein wesentliches Attribut des persönlichen Gottes dahingefallen." Denkt doch erst, ihr Tintenklexer, ehe ihr klext! Ich sollte meinen, die Tinte müßte erröten, wenn mit ihr etwas über ein Gebet, das ein „Attribut" sein soll, noch dazu ein „dahingefallenes Attribut", hingeschmiert wird. – Aber was steht auf S. 134! „Manches von den Wunschattributen, die der Mensch früherer Zeitalter seinen Göttern beilegte – ich will nur das Vermögen schnellster Raumdurchmessung als Beispiel anführen – hat er jetzt, infolge rationeller Naturbeherrschung, selbst an sich genommen." Wer wickelt uns diesen Knäuel auf? Gut, der Mensch früherer Zeiten legt den Göttern Attribute bei; „Wunschattribute" ist bereits recht bedenklich! Strauß meint ungefähr, der Mensch habe angenommen, daß die Götter alles Das, was er zu haben wünscht, aber nicht hat, wirklich besitzen, und so hat ein Gott Attribute, die den Wünschen der Menschen entsprechen, also ungefähr „Wunschattribute". Aber nun nimmt, nach Straußens Belehrung, der Mensch manches von diesen „Wunschattributen" an sich – ein dunkler Vorgang, ebenso dunkel wie der auf S. 135 geschilderte: „der Wunsch muß hinzutreten, dieser Abhängigkeit auf dem kürzesten Wege eine für den Menschen vorteilhafte Wendung zu geben." Abhängigkeit – Wendung – kürzester Weg – ein Wunsch, der hinzutritt, – wehe jedem, der einen solchen Vorgang wirklich sehen wollte! Es ist eine Szene aus dem Bilderbuch für Blinde. Man muß tasten. – Ein neues Beispiel (S. 222): „Die aufsteigende und mit ihrem Aufsteigen selbst über den einzelnen Niedergang übergreifende Richtung dieser Bewegung", ein noch stärkeres (S. 120): „Die letzte Kantische Wendung sah sich, wie wir fanden, um ans Ziel zu kommen, genötigt, ihren Weg eine Strecke weit über das Feld eines zukünftigen Lebens zu nehmen." Wer kein Maultier ist, findet in diesen Nebeln keinen Weg. Wendungen, die sich genötigt sehen! Über den Niedergang übergreifende Richtungen! Wendungen, die auf dem kürzesten Wege vorteilhaft sind, Wendungen, die ihren Weg eine Strecke weit über ein Feld nehmen! Über welches Feld? Über das Feld des zukünftigen Lebens! Zum Teufel alle Topographie! Lichter! Lichter! Wo ist der Faden der Ariadne in diesem Labyrinthe? Nein, so darf niemand sich erlauben zu schreiben, und wenn es der berühmteste Prosaschreiber wäre, noch weniger aber ein Mensch, mit „vollkommen ausgewachsener religiöser und sittlicher Anlage" (S. 50). Ich meine, ein älterer Mann müßte doch wissen, daß die Sprache ein von den Vorfahren überkommenes und den Nachkommen zu hinterlassendes Erbstück ist, vor dem man Ehrfurcht haben soll als vor etwas Heiligem und Unschätzbarem und Unverletzlichem. Sind eure Ohren stumpf geworden, nun so fragt, schlagt Wörterbücher nach, gebraucht gute Grammatiken, aber wagt es nicht, so in den Tag hinein fortzusündigen! Strauß sagt zum Beispiel (S. 136): „ein Wahn, den sich und der Menschheit abzutun, das Bestreben jedes zur Einsicht Gekommenen sein müßte." Diese Konstruktion ist falsch, und wenn das ausgewachsene Ohr des Skriblers dies nicht merkt, so will ich es ihm ins Ohr schreien: man „tut entweder etwas von jemandem ab" oder „man tut jemanden einer Sache ab"; Strauß hätte also sagen müssen: „ein Wahn, dessen sich und die Menschheit abzutun" oder „den von sich und der Menschheit abzutun". Was er aber geschrieben hat, ist Lumpen-Jargon. Wie muß es uns nun vorkommen, wenn ein solches stilistisches Pachyderma gar noch in neu gebildeten oder umgeformten alten Worten sich umherwälzt, wenn es von dem „einebnenden Sinne der Sozialdemokratie" (S. 279) redet, als ob es Sebastian Frank wäre, oder wenn es eine Wendung des Hans Sachs nachmacht (S. 259): „die Völker sind die gottgewollten, das heißt die naturgemäßen Formen, in denen die Menschheit sich zum Dasein bringt, von denen kein Verständiger absehen, kein Braver sich abziehen darf." – (S. 252): „Nach einem Gesetze besondert sich die menschliche Gattung in Rassen"; (S. 282): „Widerstand zu befahren". Strauß merkt nicht, warum so ein altertümliches Läppchen mitten in der modernen Fadenscheinigkeit seines Ausdrucks so auffällt. Jedermann nämlich merkt solchen Wendungen und solchen Läppchen an, daß sie gestohlen sind. Aber hier und da ist unser Flickschneider auch schöpferisch und macht sich ein neues Wort zurecht: S. 221 redet er von einem „sich entwickelnden aus- und emporringenden Leben“: aber „ausringen“ wird entweder von der Wäscherin gesagt oder vom Helden, der den Kampf vollendet hat und stirbt; „ausringen“ im Sinne von „sich entwickeln“ ist Straußendeutsch, ebenso wie (S. 223) „alle Stufen und Stadien der Ein- und Auswikkelung“ Wickelkinderdeutsch! – (S. 252): „in Anschließung“ für „im Anschluß“. – (S. 137): „im täglichen Treiben des mittelalterlichen Christen kam das religiöse Element viel häufiger und ununterbrochener zur Ansprache.“ „Viel ununterbrochener“, ein musterhafter Komparativ, wenn nämlich Strauß ein prosaischer Musterschreiber ist: freilich gebraucht er auch das unmögliche „vollkommener“ (S. 223 und 214). Aber „zur Ansprache kommen“! Woher in aller Welt stammt dies, Sie verwegener Sprachkünstler? – denn hier vermag ich mir gar nicht zu helfen, keine Analogie fällt mir ein, die Gebrüder Grimm bleiben, auf diese Art von „Ansprache“ angesprochen, stumm wie das Grab. Sie meinen doch wohl nur dies: „das religiöse Element spricht sich häufiger aus“, das heißt Sie verwechseln wieder einmal aus haarsträubender Ignoranz die Präpositionen; aussprechen mit ansprechen zu verwechseln, trägt den Stempel der Gemeinheit an sich, wenn es Sie gleich nicht ansprechen sollte, daß ich das öffentlich ausspreche. – (S. 220): „weil ich hinter seiner subjektiven Bedeutung noch eine objektive von unendlicher Tragweite anklingen hörte“. Es steht, wie gesagt, schlecht oder seltsam mit Ihrem Gehör: Sie hören „Bedeutungen anklingen“, und gar „hinter“ anderen Bedeutungen anklingen, und solche gehörte Bedeutungen sollen „von unendlicher Tragweite“ sein! Das ist entweder Unsinn oder ein fachmännisches Kanonier-Gleichnis. – (S. 183): „die äußeren Umrisse der Theorie sind hiermit bereits gegeben; auch von den Springfedern, welche die Bewegung innerhalb derselben bestimmen, bereits etliche eingesetzt.“ Das ist wiederum entweder Unsinn oder ein fachmännisches, uns unzugängliches Posamentierer-Gleichnis. Was wäre aber eine Matratze, die aus Umrissen und eingesetzten Springfedern bestände, wert? Und was sind das für Springfedern, welche die Bewegung innerhalb der Matratze bestimmen! Wir zweifeln an der Straußischen Theorie, wenn er sie uns in der Gestalt vorlegt, und würden von ihr sagen müssen, was Strauß selbst so schön sagt (S. 175): „es fehlen ihr zur rechten Lebensfähigkeit noch wesentliche Mittelglieder.“ Also heran mit den Mittelgliedern! Umrisse und Springfedern sind da, Haut und Muskeln sind präpariert; so lange man freilich nur diese hat, fehlt noch viel zur rechten Lebensfähigkeit oder, um uns „unvorgreiflicher“ mit Strauß auszudrücken: „wenn man zwei so wertverschiedene Gebilde mit Nichtbeachtung der Zwischenstufen und Mittelzustände unmittelbar wider einander stößt“ (S. 174). – (S. 5): „aber man kann ohne Stellung sein und doch nicht am Boden liegen.“ Wir verstehen Sie wohl, Sie leicht geschürzter Magister! Denn wer nicht steht und auch nicht liegt, der fliegt, schwebt vielleicht, gaukelt oder flattert. Lag es Ihnen aber daran, etwas anderes als Ihre Flatterhaftigkeit auszudrücken, wie der Zusammenhang fast erraten läßt, so würde ich an Ihrer Stelle ein anderes Gleichnis gewählt haben; das drückt dann auch etwas anderes aus. – (S. 5): „die notorisch dürr gewordenen Zweige des alten Baumes“; welcher notorisch dürr gewordene Stil! – (S. 6): „der könne auch einem unfehlbaren Papste, als von jenem Bedürfnis gefordert, seine Anerkennung nicht versagen." Man soll den Dativ um keinen Preis mit dem Akkusativ verwechseln: das gibt sonst bei Knaben einen Schnitzer, bei prosaischen Musterschreibern ein Verbrechen. – (S. 8.) finden wir „Neubildung einer neuen Organisierung der idealen Elemente im Völkerleben." Nehmen wir an, daß ein solcher tautologischer Unsinn sich wirklich einmal aus dem Tintenfaß auf das Papier geschlichen hat, muß man ihn dann auch drucken lassen? Ist es erlaubt, so etwas bei der Korrektur nicht zu sehen? Bei der Korrektur von sechs Auflagen! Beiläufig zu S. 9: wenn man einmal Schillersche Worte zitiert, dann etwas genauer und nicht nur so beinahe! Das gebietet der schuldige Respekt. Also muß es heißen: „ohne jemandes Abgunst zu fürchten." – (S. 16): „denn da wird sie alsbald zum Riegel, zur hemmenden Mauer, gegen die sich nun der ganze Andrang der fortschreitenden Vernunft, alle Mauerbrecher der Kritik, mit leidenschaftlichem Widerwillen richten." Hier sollen wir uns etwas denken, das erst zum Riegel, dann zur Mauer wird, wogegen endlich „sich Mauerbrecher mit leidenschaftlichem Widerwillen" oder gar ein „Andrang" mit leidenschaftlichem Widerwillen richtet. Herr, reden Sie doch wie ein Mensch aus dieser Welt! Mauerbrecher werden von jemandem gerichtet und richten sich nicht selbst, und nur der, welcher sie richtet, nicht der Mauerbrecher selbst, kann leidenschaftlichen Widerwillen haben, obwohl selten einmal jemand gerade gegen eine Mauer einen solchen Widerwillen haben wird, wie Sie uns vorreden. – (S. 266): „weswegen derlei Redensarten auch jederzeit den beliebten Tummelplatz demokratischer Plattheiten gebildet haben." Unklar gedacht! Redensarten können keinen Tummelplatz bilden!

sondern sich nur selbst auf einem solchen tummeln. Strauß wollte vielleicht sagen: „weshalb derlei Gesichtspunkte auch jederzeit den beliebten Tummelplatz demokratischer Redensarten und Plattheiten gebildet haben." – (S. 320): „das Innere eines zart- und reichbesaiteten Dichtergmüts, dem bei seiner weitausgreifenden Tätigkeit auf den Gebieten der Poesie und Naturforschung, der Geselligkeit und Staatsgeschäfte, die Rückkehr zu dem milden Herdfeuer einer edlen Liebe stetiges Bedürfnis blieb." Ich bemühe mich, ein Gemüt zu imaginieren, das harfenartig mit Saiten bezogen ist, und welches sodann eine „weitausgreifende Tätigkeit" hat, das heißt ein galoppierendes Gemüt, welches wie ein Rappe weitausgreift, und das endlich wieder zum stillen Herdfeuer zurückkehrt. Habe ich nicht recht, wenn ich diese galoppierende und zum Herdfeuer zurückkehrende, überhaupt auch mit Politik sich abgebende Gemütsharfe recht originell finde, so wenig originell, so abgebraucht, ja so unerlaubt „das zartbesaitete Dichtergemüt" selbst ist? An solchen geistreichen Neubildungen des Gemeinen oder Absurden erkennt man den „klassischen Prosaschreiber". – (S. 74): „wenn wir die Augen auftun und den Erfund dieses Augenauftuns uns ehrlich eingestehen wollten". In dieser prächtigen und feierlich nichtssagenden Wendung imponiert nichts mehr als die Zusammenstellung des „Erfundes" mit dem Worte „ehrlich": wer etwas findet und nicht herausgibt, den „Erfund" nicht eingesteht, ist unehrlich. Strauß tut das Gegenteil und hält es für nötig, dies öffentlich zu loben und zu bekennen. Aber wer hat ihn denn getadelt? fragte ein Spartaner. – (S. 43): „nur in Einem Glaubensartikel zog er die Fäden kräftiger an, der allerdings auch der Mittelpunkt der christlichen Dogmatik ist." Es bleibt dunkel, was er eigentlich gemacht hat: wann zieht man denn Fäden an? Sollten diese Fäden vielleicht Zügel und der kräftiger Anziehende ein Kutscher gewesen sein? Nur mit dieser Korrektur verstehe ich das Gleichnis. – (S. 226): „In den Pelzröcken liegt eine richtigere Ahnung." Unzweifelhaft! So weit war „der vom Uraffen abgezweigte Urmensch noch lange nicht" (S. 226), zu wissen, daß er es einmal bis zur Straußischen Theorie bringen werde. Aber jetzt wissen wir es: „dahin wird und muß es gehen, wo die Fähnlein lustig im Winde flattern. Ja lustig, und zwar im Sinne der reinsten, erhabensten Geistesfreude" (S. 176). Strauß ist so kindlich über seine Theorie vergnügt, daß sogar die „Fähnlein" lustig werden, sonderbarerweise sogar lustig „im Sinne der reinsten und erhabensten Geistesfreude". Und nun wird es auch immer lustiger! Plötzlich sehen wir „drei Meister, davon jeder folgende sich auf des Vorgängers Schultern stellt" (S. 361), ein rechtes Kunstreiterstückchen, das uns Haydn, Mozart und Beethoven zum besten geben; wir sehen Beethoven wie ein Pferd (S. 356) „über den Strang schlagen"; eine „frisch beschlagene Straße" (S. 367) präsentiert sich uns, (während wir bisher nur von frisch beschlagenen Pferden wußten), ebenfalls „ein üppiges Mistbeet für den Raubmord" (S. 287); trotz diesen so ersichtlichen Wundern wird „das Wunder in Abgang dekretiert" (S. 176). Plötzlich erscheinen die Kometen (S. 164); aber Strauß beruhigt uns, „bei dem lockeren Völkchen der Kometen kann von Bewohnern nicht die Rede sein": wahre Trostworte, da man sonst bei einem lockeren Völkchen, auch in Hinsicht auf Bewohner, nichts verschwören sollte. Inzwischen ein neues Schauspiel: Strauß selber „rankt sich" an einem „Nationalgefühl zum Menschheitsgefühle empor" (S. 258), während ein anderer „zu immer roherer Demokratie heruntergleitet" (S. 264). Herunter! Ja nicht hinunter! gebietet unser Sprachmeister, der (S. 269) recht nachdrücklich falsch sagt, „in den organischen Bau gehört ein tüchtiger Adel herein". In einer höheren Sphäre bewegen sich, unfaßbar hoch über uns, bedenkliche Phänomene, zum Beispiel „das Aufgeben der spiritualistischen Herausnahme des Menschen aus der Natur" (S. 201), oder (S. 210) „die Widerlegung des Sprödetuns"; ein gefährliches Schauspiel auf S. 241, wo „der Kampf ums Dasein im Tierreich sattsam losgelassen wird". – S. 359 „springt" sogar wunderbarerweise „eine menschliche Stimme der Instrumentalmusik bei", aber eine Tür wird aufgemacht, durch welche das Wunder (S. 177) „auf Nimmerwiederkehr hinausgeworfen wird". – S. 123 „sieht der Augenschein im Tode den ganzen Menschen, wie er war, zugrunde gehen"; noch nie bis auf den Sprachbändiger Strauß hat der „Augenschein gesehen": nun haben wir es in seinem Sprach-Guckkasten erlebt und wollen ihn preisen. Auch das haben wir von ihm zuerst gelernt, was es heißt: „unser Gefühl für das All reagiert, wenn es verletzt wird, religiös", und erinnern uns der dazu gehörigen Prozedur. Wir wissen bereits, welcher Reiz darin liegt (S. 280), „erhabene Gestalten wenigstens bis zum Knie in Sicht zu bekommen", und schätzen uns darum glücklich, den „klassischen Prosaschreiber", zwar mit dieser Beschränkung der Aussicht, aber doch immerhin wahrgenommen zu haben. Ehrlich gesagt: was wir gesehen haben, waren tönerne Beine, und was wie gesunde Fleischfarbe erschien, war nur aufgemalte Tünche. Freilich wird die Philister-Kultur in Deutschland entrüstet sein, wenn man von bemalten Götzenbildern spricht, wo sie einen lebendigen Gott sieht. Wer es aber wagt, ihre Bilder umzuwerfen, der wird sich schwerlich scheuen, ihr, aller Entrüstung zum Trotz, ins Gesicht zu sagen, daß sie selbst verlernt habe, zwischen lebendig und tod, echt und unecht, original und nachgemacht, Gott und Götze zu unterscheiden, und daß ihr der gesunde, männliche Instinkt für das Wirkliche und Rechte verloren gegangen sei. Sie selbst verdient den Untergang: und jetzt bereits sinken die Zeichen ihrer Herrschaft, jetzt bereits fällt ihr Purpur; wenn aber der Purpur fällt, muß auch der Herzog nach. –

Damit habe ich mein Bekenntnis abgelegt. Es ist das Bekenntnis eines einzelnen; und was vermöchte so ein einzelner gegen alle Welt, selbst wenn seine Stimme überall gehört würde! Sein Urteil würde doch nur, um euch zu guter Letzt mit einer echten und kostbaren Straußenfeder zu schmücken, „von ebensoviel subjektiver Wahrheit als ohne jede objektive Beweiskraft sein" – nicht wahr meine Guten? Seid deshalb immerhin getrosten Mutes! Einstweilen wenigstens wird es bei eurem „von ebensoviel – als ohne" sein Bewenden haben. Einstweilen! So lange nämlich das noch als unzeitgemäß gilt, was immer an der Zeit war und jetzt mehr als je an der Zeit ist und not tut – die Wahrheit zu sagen.

ZWEITES STÜCK

VOM NUTZEN UND NACHTEIL DER HISTORIE FÜR DAS LEBEN

VORWORT

„ÜBRIGENS ist mir alles verhaßt, was mich bloß belehrt, ohne meine Tätigkeit zu vermehren oder unmittelbar zu beleben." Dies sind Worte Goethes, mit denen, als mit einem herzhaft ausgedrückten Ceterum censeo, unsere Betrachtung über den Wert und den Unwert der Historie beginnen mag. In derselben soll nämlich dargestellt werden, warum Belehrung ohne Belebung, warum Wissen, bei dem die Tätigkeit erschlafft, warum Historie als kostbarer Erkenntnis-Überfluß und Luxus uns ernstlich, nach Goethes Wort, verhaßt sein muß – deshalb, weil es uns noch am Notwendigsten fehlt, und weil das Überflüssige der Feind des Notwendigen ist. Gewiß, wir brauchen Historie, aber wir brauchen sie anders, als sie der verwöhnte Müßiggänger im Garten des Wissens braucht, mag derselbe auch vornehm auf unsere derben und anmutlosen Bedürfnisse und Nöte herabsehen. Das heißt, wir brauchen sie zum Leben und zur Tat, nicht zur bequemen Abkehr vom Leben und von der Tat, oder gar zur Beschönigung des selbstsüchtigen Lebens und der feigen und schlechten Tat. Nur soweit die Historie dem Leben dient, wollen wir ihr dienen: aber es gibt einen Grad, Historie zu treiben, und eine Schätzung derselben, bei der das Leben verkümmert und entartet: ein Phänomen, welches an merkwürdigen Symptomen unserer Zeit sich zur Erfahrung zu bringen jetzt eben so notwendig ist, als es schmerzlich sein mag.

Ich habe mich bestrebt, eine Empfindung zu schildern, die mich oft genug gequält hat; ich räche mich an ihr, indem ich sie der Öffentlichkeit preisgebe. Vielleicht wird irgend jemand durch eine solche Schilderung veranlaßt, mir zu erklären, daß er diese Empfindung zwar auch kenne, aber daß ich sie nicht rein und ursprünglich genug empfunden und durchaus nicht mit der gebührenden Sicherheit und Reife der Erfahrung ausgesprochen habe. So vielleicht der eine oder der andere; die meisten aber werden mir sagen, daß es eine ganz verkehrte, unnatürliche, abscheuliche und schlechterdings unerlaubte Empfindung sei, ja, daß ich mich mit derselben der so mächtigen historischen Zeitrichtung unwürdig gezeigt habe, wie sie bekanntlich seit zwei Menschenaltern unter den Deutschen namentlich zu bemerken ist. Nun wird jedenfalls dadurch, daß ich mich mit der Naturbeschreibung meiner Empfindung hervorwage, die allgemeine Wohlanständigkeit eher gefördert als beschädigt, dadurch, daß ich vielen Gelegenheit gebe, einer solchen Zeitrichtung, wie der eben erwähnten, Artigkeiten zu sagen. Für mich aber gewinne ich etwas, was mir noch mehr wert ist als die Wohlanständigkeit – öffentlich über unsere Zeit belehrt und zurecht gewiesen zu werden.

Unzeitgemäß ist auch diese Betrachtung, weil ich etwas, worauf die Zeit mit Recht stolz ist, ihre historische Bildung, hier einmal als Schaden, Gebreste und Mangel der Zeit zu verstehen versuche, weil ich sogar glaube, daß wir alle an einem verzehrenden historischen Fieber leiden und mindestens erkennen sollten, daß wir daran leiden. Wenn aber Goethe mit gutem Rechte gesagt hat, daß wir mit unseren Tugenden zugleich auch unsere Fehler anbauen, und wenn, wie jedermann weiß, eine hypertrophische Tugend – wie sie mir der historische Sinn unserer Zeit zu sein scheint – so gut zum Verderben eines Volkes werden kann wie ein hypertrophisches Laster: so mag man mich nur einmal gewähren lassen. Auch soll zu meiner Entlastung nicht verschwiegen werden, daß ich die Erfahrungen, die mir jene quälenden Empfindungen erregten, meistens aus mir selbst und nur zur Vergleichung aus anderen entnommen habe, und daß ich nur, sofern ich Zögling älterer Zeiten, zumal der griechischen, bin, über mich als ein Kind dieser jetzigen Zeit zu so unzeitgemäßen Erfahrungen komme. Soviel muß ich mir aber selbst von Berufs wegen als klassischer Philologe zugestehen dürfen: denn ich wüßte nicht, was die klassische Philologie in unserer Zeit für einen Sinn hätte, wenn nicht den, in ihr unzeitgemäß – das heißt gegen die Zeit und dadurch auf die Zeit und hoffentlich zugunsten einer kommenden Zeit – zu wirken.

1

BETRACHTE die Herde, die an dir vorüberweidet: sie weiß nicht, was Gestern, was Heute ist, springt umher, frißt, ruht, verdaut, springt wieder, und so vom Morgen bis zur Nacht und von Tage zu Tage, kurz angebunden mit ihrer Lust und Unlust, nämlich an den Pflock des Augenblicks und deshalb weder schwermütig noch überdrüssig. Dies zu sehen geht dem Menschen hart ein, weil er seines Menschentums sich vor dem Tiere brüstet und doch nach seinem Glücke eifersüchtig hinblickt – denn das will er allein, gleich dem Tiere weder überdrüssig noch unter Schmerzen leben, und will es doch vergebens, weil er es nicht will wie das Tier. Der Mensch fragt wohl einmal das Tier: warum redest du mir nicht von deinem Glücke und siehst mich nur an? Das Tier will auch antworten und sagen: das kommt daher, daß ich immer gleich vergesse, was ich sagen wollte – da vergaß es aber auch schon diese Antwort und schwieg: so daß der Mensch sich darob verwunderte.

Er wundert sich aber auch über sich selbst, das Vergessen nicht lernen zu können und immerfort am Vergangnen zu hängen: mag er noch so weit, noch so schnell laufen, die Kette läuft mit. Es ist ein Wunder: der Augenblick, im Husch da, im Husch vorüber, vorher ein Nichts, nachher ein Nichts, kommt doch noch als Gespenst wieder und stört die Ruhe eines späteren Augenblicks. Fortwährend löst sich ein Blatt aus der Rolle der Zeit, fällt heraus, flattert fort – und flattert plötzlich wieder zurück, dem Menschen in den Schoß. Dann sagt der Mensch „ich erinnere mich“ und beneidet das

Tier, welches sofort vergißt und jeden Augenblick wirklich sterben, in Nebel und Nacht zurücksinken und auf immer verlöschen sieht. So lebt das Tier unhistorisch: denn es geht auf in der Gegenwart wie eine Zahl, ohne daß ein wunderlicher Bruch übrig bleibt, es weiß sich nicht zu verstellen, verbirgt nichts und erscheint in jedem Momente ganz und gar als das, was es ist, kann also gar nicht anders sein als ehrlich. Der Mensch hingegen stemmt sich gegen die große und immer größere Last des Vergangnen: diese drückt ihn nieder oder beugt ihn seitwärts, diese beschwert seinen Gang als eine unsichtbare und dunkle Bürde, welche er zum Scheine einmal verleugnen kann, und welche er im Umgange mit seinesgleichen gar zu gern verleugnet: um ihren Neid zu wecken. Deshalb ergreift es ihn, als ob er eines verlornen Paradieses gedächte, die weidende Herde oder, in vertrauterer Nähe, das Kind zu sehen, das noch nichts Vergangnes zu verleugnen hat und zwischen den Zäunen der Vergangenheit und der Zukunft in überseliger Blindheit spielt. Und doch muß ihm sein Spiel gestört werden: nur zu zeitig wird es aus der Vergessenheit heraufgerufen. Dann lernt es das Wort „es war“ zu verstehen, jenes Losungswort, mit dem Kampf, Leiden und Überdruß an den Menschen herankommen, ihn zu erinnern, was sein Dasein im Grunde ist – ein nie zu vollendendes Imperfektum. Bringt endlich der Tod das ersehnte Vergessen, so unterschlägt er doch zugleich dabei die Gegenwart und das Dasein und drückt damit das Siegel auf jene Erkenntnis – daß Dasein nur ein ununterbrochenes Gewesensein ist, ein Ding, das davon lebt, sich selbst zu verneinen und zu verzehren, sich selbst zu widersprechen.

Wenn ein Glück, wenn ein Haschen nach neuem Glück in irgend einem Sinne das ist, was den Lebenden im Leben festhält und zum Leben fortdrängt, so hat vielleicht kein Philosoph mehr Recht als der Zyniker: denn das Glück des Tieres, als des vollendeten Zynikers, ist der lebendige Beweis für das Recht des Zynismus. Das kleinste Glück, wenn es nur ununterbrochen da ist und glücklich macht, ist ohne Vergleich mehr Glück als das größte, das nur als Episode, gleichsam als Laune, als toller Einfall, zwischen lauter Unlust, Begierde und Entbehrung kommt. Bei dem kleinsten aber und bei dem größten Glücke ist es immer eins, wodurch Glück zum Glücke wird: das Vergessen-können oder, gelehrter ausgedrückt, das Vermögen, während seiner Dauer unhistorisch zu empfinden. Wer sich nicht auf der Schwelle des Augenblicks, alle Vergangenheiten vergessend, niederlassen kann, wer nicht auf einem Punkte wie eine Siegesgöttin ohne Schwindel und Furcht zu stehen vermag, der wird nie wissen, was Glück ist, und noch schlimmer: er wird nie etwas tun, was andre glücklich macht. Denkt euch das äußerste Beispiel, einen Menschen, der die Kraft zu vergessen gar nicht besäße, der verurteilt wäre, überall ein Werden zu sehen: ein solcher glaubt nicht mehr an sein eigenes Sein, glaubt nicht mehr an sich, sieht alles in bewegte Punkte auseinanderfließen und verliert sich in diesem Strome des Werdens: er wird wie der rechte Schüler Heraklits zuletzt kaum mehr wagen, den Finger zu heben. Zu allem Handeln gehört Vergessen: wie zum Leben alles Organischen nicht nur Licht, sondern auch Dunkel gehört. Ein Mensch, der durch und durch nur historisch empfinden wollte, wäre dem ähnlich, der sich des Schlafens zu enthalten gezwungen würde, oder dem Tiere, das nur vom Wiederkäuen und immer wiederholten Wiederkäuen fortleben sollte. Also: es ist möglich, fast ohne Erinnerung zu leben, ja glücklich zu leben, wie das Tier zeigt; es ist aber ganz und gar unmöglich, ohne Vergessen überhaupt zu leben. Oder, um mich noch einfacher über mein Thema zu erklären: es gibt einen Grad von Schlaflosigkeit, von Wiederkäuen, von historischem Sinne, bei dem das Lebendige zu Schaden kommt und zuletzt zugrunde geht, sei es nun ein Mensch oder ein Volk oder eine Kultur.

Um diesen Grad und durch ihn dann die Grenze zu bestimmen, an der das Vergangne vergessen werden muß, wenn es nicht zum Totengräber des Gegenwärtigen werden soll, müßte man genau wissen, wie groß die plastische Kraft eines Menschen, eines Volkes, einer Kultur ist; ich meine jene Kraft, aus sich heraus eigenartig zu wachsen, Vergangnes und Fremdes umzubilden und einzuverleiben, Wunden auszuheilen, Verlornes zu ersetzen, zerbrochne Formen aus sich nachzuformen. Es gibt Menschen, die diese Kraft so wenig besitzen, daß sie an einem einzigen Erlebnis, an einem einzigen Schmerz, oft zumal an einem einzigen zarten Unrecht wie an einem ganz kleinen blutigen Risse unheilbar verbluten; es gibt auf der anderen Seite solche, denen die wildesten und schauerlichsten Lebensunfälle und selbst Taten der eignen Bosheit so wenig anhaben, daß sie es mitten darin oder kurz darauf zu einem leidlichen Wohlbefinden und zu einer Art ruhigen Gewissens bringen. Je stärkere Wurzeln die innerste Natur eines Menschen hat, um so mehr wird er auch von der Vergangenheit sich aneignen oder anzwingen; und dächte man sich die mächtigste und ungeheuerste Natur, so wäre sie daran zu erkennen, daß es für sie gar keine Grenze des historischen Sinnes geben würde, an der er überwuchernd und schädlich zu wirken vermöchte; alles Vergangne, eignes und fremdestes, würde sie an sich heran-, in sich hineinziehen und gleichsam zu Blut umschaffen. Das, was eine solche Natur nicht bezwingt, weiß sie zu vergessen; es ist nicht mehr da, der Horizont ist geschlossen und ganz, und nichts vermag daran zu erinnern, daß es noch jenseits desselben Menschen, Leidenschaften, Lehren, Zwecke gibt. Und dies ist ein allgemeines Gesetz; jedes Lebendige kann nur innerhalb eines Horizontes gesund, stark und fruchtbar werden; ist es unvermögend, einen Horizont um sich zu ziehn, und zu selbstisch wiederum, innerhalb eines fremden den eignen Blick einzuschließen, so siecht es matt oder überhastig zu zeitigem Untergange dahin. Die Heiterkeit, das gute Gewissen, die frohe Tat, das Vertrauen auf das Kommende – alles das hängt, bei dem einzelnen wie bei dem Volke, davon ab, daß es eine Linie gibt, die das Übersehbare, Helle von dem Unaufhellbaren und Dunkeln scheidet; davon, daß man ebensogut zur rechten Zeit zu vergessen weiß, als man sich zur rechten Zeit erinnert; davon, daß man mit kräftigem Instinkte herausfühlt, wann es nötig ist, historisch, wann unhistorisch zu empfinden. Dies gerade ist der Satz, zu dessen Betrachtung der Leser eingeladen ist: das Unhistorische und das Historische ist gleichermaßen für die Gesundheit eines einzelnen, eines Volkes und einer Kultur nötig.

Hier bringt nun jeder zunächst eine Beobachtung mit: das historische Wissen und Empfinden eines Menschen kann sehr beschränkt, sein Horizont eingeengt wie der eines Alpental-Bewohners sein, in jedes Urteil mag er eine Ungerechtigkeit, in jede Erfahrung den Irrtum legen, mit ihr der erste zu sein – und trotz aller Ungerechtigkeit und allem Irrtum steht er doch in unüberwindlicher Gesundheit und Rüstigkeit da und erfreut jedes Auge; während dicht neben ihm der bei weitem Gerechtere und Belehrtere kränkelt und zusammenfällt, weil die Linien seines Horizontes immer von neuem unruhig sich verschieben, weil er sich aus dem viel zarteren Netze seiner Gerechtigkeiten und Wahrheiten nicht wieder zum derben Wollen und Begehren herauswinden kann. Wir sahen dagegen das Tier, das ganz unhistorisch ist und beinahe innerhalb eines punktartigen Horizontes wohnt und doch in einem gewissen Glücke, wenigstens ohne Überdruß und Verstellung lebt; wir werden also die Fähigkeit, in einem bestimmten Grade unhistorisch empfinden zu können, für die wichtigere und ursprünglichere halten müssen, insofern in ihr das Fundament liegt, auf dem überhaupt erst etwas Rechtes, Gesundes und Großes, etwas wahrhaft Menschliches wachsen kann. Das Unhistorische ist einer umhüllenden Atmosphäre ähnlich, in der sich Leben allein erzeugt, um mit der Vernichtung dieser Atmosphäre wieder zu verschwinden. Es ist wahr: erst dadurch, daß der Mensch denkend, überdenkend, vergleichend, trennend, zusammenschließend jenes unhistorische Element einschränkt, erst dadurch, daß innerhalb jener umschließenden Dunstwolke ein heller blitzender Lichtschein entsteht, – also erst durch die Kraft, das Vergangene zum Leben zu gebrauchen und aus dem Geschehenen wieder Geschichte zu machen, wird der Mensch zum Menschen: aber in einem Übermaße von Historie hört der Mensch wieder auf, und ohne jene Hülle des Unhistorischen würde er nie angefangen haben und anzufangen wagen. Wo finden sich Taten, die der Mensch zu tun vermöchte, ohne vorher in jene Dunstschicht des Unhistorischen eingegangen zu sein? Oder um die Bilder beiseite zu lassen und zur Illustration durch das Beispiel zu greifen: man vergegenwärtige sich doch einen Mann, den eine heftige Leidenschaft, für ein Weib oder für einen großen Gedanken, herumwirft und fortzieht: wie verändert sich ihm seine Welt! Rückwärts blickend fühlt er sich blind, seitwärts hörend vernimmt er das Fremde wie einen dumpfen bedeutungsleeren Schall; was er überhaupt wahrnimmt, das nahm er noch nie so wahr, so fühlbar nah, gefärbt, durchtönt, erleuchtet, als ob er es mit allen Sinnen zugleich ergriffe. Alle Wertschätzungen sind verändert und entwertet; so vieles vermag er nicht mehr zu schätzen, weil er es kaum mehr fühlen kann: er fragt sich, ob er so lange der Narr fremder Worte, fremder Meinungen gewesen sei; er wundert sich, daß sein Gedächtnis sich unermüdlich in Einem Kreise dreht und doch zu schwach und müde ist, um nur einen einzigen Sprung aus diesem Kreise heraus zu machen. Es ist der ungerechteste Zustand von der Welt, eng, undankbar gegen das Vergangne, blind gegen Gefahren, taub gegen Warnungen, ein kleiner lebendiger Wirbel in einem toten Meere von Nacht und Vergessen: und doch ist dieser Zustand – unhistorisch, widerhistorisch durch und durch – der Geburtsschoß nicht nur einer ungerechten, sondern vielmehr jeder rechten Tat; und kein Künstler wird sein Bild, kein Feldherr seinen Sieg, kein Volk seine Freiheit erreichen, ohne sie in einem derartig unhistorischen Zustande vorher begehrt und erstrebt zu haben. Wie der Handelnde, nach Goethes Ausdruck, immer gewissenlos ist, so ist er auch immer wissenlos; er vergißt das meiste, um eins zu tun, er ist ungerecht gegen das, was hinter ihm liegt, und kennt nur Ein Recht, das Recht dessen, was jetzt werden soll. So liebt jeder Handelnde seine Tat unendlich mehr, als sie geliebt zu werden verdient: und die besten Taten geschehen in einem solchen Überschwange der Liebe, daß sie jedenfalls dieser Liebe unwert sein müssen, wenn ihr Wert auch sonst unberechenbar groß wäre.

Sollte einer imstande sein, diese unhistorische Atmosphäre, in der jedes große geschichtliche Ereignis entstanden ist, in zahlreichen Fällen auszuwittern und nachzuatmen, so vermöchte ein solcher vielleicht, als erkennendes Wesen, sich auf einen überhistorischen Standpunkt zu erheben, wie ihn einmal Niebuhr als mögliches Resultat historischer Betrachtungen geschildert hat. „Zu einer Sache wenigstens", sagt er, „ist die Geschichte, klar und ausführlich begriffen, nutz: daß man weiß, wie auch die größten und höchsten Geister unsres menschlichen Geschlechts nicht wissen, wie zufällig ihr Auge

die Form angenommen hat, wodurch sie sehen und wodurch zu sehen sie von jedermann gewaltsam fordern, gewaltsam nämlich, weil die Intensität ihres Bewußtseins ausnehmend groß ist. Wer dies nicht ganz bestimmt und in vielen Fällen weiß und begriffen hat, den unterjocht die Erscheinung eines mächtigen Geistes, der in eine gegebne Form die höchste Leidenschaftlichkeit bringt."
Überhistorisch wäre ein solcher Standpunkt zu nennen, weil einer, der auf ihm steht, gar keine Verführung mehr zum Weiterleben und zur Mitarbeit an der Geschichte verspüren könnte dadurch, daß er die Eine Bedingung alles Geschehens, jene Blindheit und Ungerechtigkeit in der Seele des Handelnden, erkannt hätte; er wäre selbst davon geheilt, die Historie von nun an noch übermäßig ernst zu nehmen: hätte er doch gelernt, an jedem Menschen, an jedem Erlebnis, unter Griechen oder Türken, aus einer Stunde des ersten oder des neunzehnten Jahrhunderts, die Frage sich zu beantworten, wie und wozu gelebt werde. Wer seine Bekannten fragt, ob sie die letzten zehn oder zwanzig Jahre noch einmal zu durchleben wünschten, wird leicht wahrnehmen, wer von ihnen für jenen überhistorischen Standpunkt vorgebildet ist: zwar werden sie wohl alle Nein! antworten, aber sie werden jenes Nein! verschieden begründen. Die einen vielleicht damit, daß sie sich getrösten: „aber die nächsten Zwanzig werden besser sein"; es sind die, von denen David Hume spöttisch sagt:

And from the dregs of life hope to receive,
What the first sprightly running could not give.

Wir wollen sie die historischen Menschen nennen; der Blick in die Vergangenheit drängt sie zur Zukunft hin, feuert ihren Mut an, es noch länger mit dem Leben aufzunehmen, entzündet die Hoffnung, daß das Rechte noch komme, daß das Glück hinter dem Berg sitze, auf den sie zuschreiten. Diese historischen Menschen glauben, daß der Sinn des Daseins im Verlaufe seines Prozesses immer mehr ans Licht kommen werde, sie schauen nur deshalb rückwärts, um an der Betrachtung des bisherigen Prozesses die Gegenwart zu verstehen und die Zukunft heftiger begehren zu lernen; sie wissen gar nicht, wie unhistorisch sie trotz aller ihrer Historie denken und handeln, und wie auch ihre Beschäftigung mit der Geschichte nicht im Dienste der reinen Erkenntnis, sondern des Lebens steht.

Aber jene Frage, deren erste Beantwortung wir gehört haben, kann auch einmal anders beantwortet werden. Zwar wiederum mit einem Nein! – aber mit einem anders begründeten Nein. Mit dem Nein des überhistorischen Menschen, der nicht im Prozesse das Heil sieht, für den vielmehr die Welt in jedem einzelnen Augenblicke fertig ist und ihr Ende erreicht. Was könnten zehn neue Jahre lehren, was die vergangnen zehn zu lehren nicht vermochten!

Ob nun der Sinn der Lehre Glück oder Resignation oder Tugend oder Buße ist, darin sind die überhistorischen Menschen miteinander nie einig gewesen; aber, allen historischen Betrachtungsarten des Vergangnen entgegen, kommen sie zur vollen Einmütigkeit des Satzes: das Vergangne und das Gegenwärtige ist ein und dasselbe, nämlich in aller Mannigfaltigkeit typisch gleich und als Allgegenwart unvergänglicher Typen ein stillstehendes Gebilde von unverändertem Werte und ewig gleicher Bedeutung. Wie die Hunderte verschiedner Sprachen denselben typisch festen Bedürfnissen der Menschen entsprechen, so daß einer, der diese Bedürfnisse verstände, aus allen Sprachen nichts Neues zu lernen vermöchte: so erleuchtet sich der überhistorische Denker alle Geschichte der Völker und der einzelnen von innen heraus, hellseherisch den Ursinn der verschiednen Hieroglyphen erratend und allmählich sogar der immer neu hinzuströmenden Zeichenschrift ermüdet ausweichend: denn wie sollte er es, im unendlichen Überflusse des Geschehenden, nicht zur Sättigung, zur Übersättigung, ja zum Ekel bringen! So daß der Verwegenste zuletzt vielleicht bereit ist, mit Giacomo Leopardi zu seinem Herzen zu sagen:

„Nichts lebt, das würdig
Wär' deiner Regungen, und keinen Seufzer verdient die Erde.
Schmerz und Langeweile ist unser Sein und Kot die Welt – nichts andres.
Beruhige dich."

Doch lassen wir den überhistorischen Menschen ihren Ekel und ihre Weisheit: heute wollen wir vielmehr einmal unsrer Unweisheit von Herzen froh werden und uns als den Tätigen und Fortschreitenden, als den Verehrern des Prozesses, einen guten Tag machen. Mag unsre Schätzung des Historischen nur ein okzidentalisches Vorurteil sein; wenn wir nur wenigstens innerhalb dieser Vorurteile fortschreiten und nicht stillestehn! Wenn wir nur dies gerade immer besser lernen, Historie zum Zwecke des L e b e n s zu treiben! Dann wollen wir den Überhistorischen gerne zugestehen, daß sie mehr Weisheit besitzen als wir; falls wir nämlich nur sicher sein dürfen, mehr Leben als sie zu besitzen: denn so wird jedenfalls unsre Unweisheit mehr Zukunft haben als ihre Weisheit. Und damit gar kein Zweifel über den Sinn dieses Gegensatzes von Leben und Weisheit bestehen bleibe, will ich mir durch ein von alters her wohlbewährtes Verfahren zu Hilfe kommen und geradeswegs einige Thesen aufstellen.

Ein historisches Phänomen, rein und vollständig erkannt und in ein Erkenntnisphänomen aufgelöst, ist für den, der es erkannt hat, tot: denn er hat in ihm den Wahn, die Ungerechtigkeit, die blinde Leidenschaft, und überhaupt den ganzen irdisch umdunkelten Horizont jenes Phänomens und zugleich eben darin seine geschichtliche Macht erkannt. Diese Macht ist jetzt für ihn, den Wissenden, machtlos geworden: vielleicht noch nicht für ihn, den Lebenden.

Die Geschichte als reine Wissenschaft gedacht und souverän geworden, wäre eine Art von Lebens-Abschluß und Abrechnung für die Menschheit. Die historische Bildung ist vielmehr nur im Gefolge einer mächtigen neuen Lebensströmung, einer werdenden Kultur zum Beispiel, etwas Heilsames und Zukunft-Verheißendes, also nur dann, wenn sie von einer höheren Kraft beherrscht und geführt wird und nicht selber herrscht und führt.

Die Historie, sofern sie im Dienste des Lebens steht, steht im Dienste einer unhistorischen Macht und wird deshalb nie, in dieser Unterordnung, reine Wissenschaft, etwa wie die Mathematik es ist, werden können und sollen. Die Frage aber, bis zu welchem Grade das Leben den Dienst der Historie überhaupt brauche, ist eine der höchsten Fragen und Sorgen in betreff der Gesundheit eines Menschen, eines Volkes, einer Kultur. Denn bei einem gewissen Übermaß derselben zerbröckelt und entartet das Leben, und zuletzt auch wieder, durch diese Entartung, selbst die Historie.

2

Daß das Leben aber den Dienst der Historie brauche, muß ebenso deutlich begriffen werden als der Satz, der später zu beweisen sein wird – daß ein Übermaß der Historie dem Lebendigen schade. In dreierlei Hinsicht gehört die Historie dem Lebendigen: sie gehört ihm als dem Tätigen und Strebenden, ihm als dem Bewahrenden und Verehrenden, ihm als dem Leidenden und der Befreiung Bedürftigen. Dieser Dreiheit von Beziehungen entspricht eine Dreiheit von Arten der Historie: sofern es erlaubt ist, eine monumentalische, eine antiquarische und eine kritische Art der Historie zu unterscheiden.

Die Geschichte gehört vor allem dem Tätigen und Mächtigen, dem, der einen großen Kampf kämpft, der Vorbilder, Lehrer, Tröster braucht und sie unter seinen Genossen und in der Gegenwart nicht zu finden vermag. So gehörte sie Schillern: denn unsre Zeit ist so schlecht, sagte Goethe, daß dem Dichter im umgebenden menschlichen Leben keine brauchbare Natur mehr begegnet. Mit der Rücksicht auf den Tätigen nennt zum Beispiel Polybius die politische Historie die rechte Vorbereitung zur Regierung eines Staates und die vorzüglichste Lehrmeisterin, als welche durch die Erinnerung an die Unfälle anderer uns ermahne, die Abwechslungen des Glücks standhaft zu ertragen. Wer hierin den Sinn der Historie zu erkennen gelernt hat, den muß es verdrießen, neugierige Reisende oder peinliche Mikrologen auf den Pyramiden großer Vergangenheiten herumklettern zu sehen; dort, wo er die Anreizungen zum Nachahmen und Bessermachen findet, wünscht er nicht dem Müßiggänger zu begegnen, der, begierig nach Zerstreuung oder Sensation, wie unter den gehäuften Bilderschätzen einer Galerie herumstreicht. Daß der Tätige mitten unter den schwächlichen und hoffnungslosen Müßiggängern, mitten unter den scheinbar tätigen, in Wahrheit nur aufgeregten und zappelnden Genossen, nicht verzage und Ekel empfinde, blickt er hinter sich und unterbricht den Lauf zu seinem Ziele, um einmal aufzuatmen. Sein Ziel aber ist irgend ein Glück, vielleicht nicht sein eignes, oft das eines Volkes oder das der Menschheit insgesamt; er flieht vor der Resignation zurück und gebraucht die Geschichte als Mittel gegen die Resignation. Zumeist winkt ihm kein Lohn, wenn nicht der Ruhm, das heißt die Anwartschaft auf einen Ehrenplatz im Tempel der Historie, wo er selbst wieder den Späterkommenden Lehrer, Tröster und Warner sein kann. Denn sein Gebot lautet: das, was einmal vermochte, den Begriff „Mensch" weiter auszuspannen und schöner zu erfüllen, das muß auch ewig vorhanden sein, um dies ewig zu vermögen. Daß die großen Momente im Kampfe der einzelnen eine Kette bilden, daß in ihnen ein Höhenzug der Menschheit durch Jahrtausende hin sich verbinde, daß für mich das Höchste eines solchen längstvergangnen Momentes noch lebendig, hell und groß sei – das ist der Grundgedanke im Glauben an die Humanität, der sich in der Forderung einer monumentalischen Historie ausspricht. Gerade aber an dieser Forderung, daß das Große ewig sein solle, entzündet sich der furchtbarste Kampf. Denn alles andere, was noch lebt, ruft nein. Das Monumentale soll nicht entstehn – das ist die Gegenlosung. Die dumpfe Gewöhnung, das Kleine und Niedrige, alle Winkel der Welt erfüllend, als schwere Erdenluft um alles Große qualmend, wirft sich hemmend, täuschend, dämpfend, erstickend in den Weg, den das Große zur Unsterblichkeit zu gehen hat. Dieser Weg aber führt durch menschliche Gehirne! Durch die Gehirne geängstigter und kurzlebender Tiere, die immer wieder zu denselben Nöten auftauchen und mit Mühe eine geringe Zeit das Verderben von sich abwehren. Denn sie wollen zunächst nur eines: leben um jeden Preis. Wer möchte bei ihnen jenen schwierigen Fackel-Wettlauf der monumentalen Historie vermuten, durch den allein das Große weiterlebt! Und doch erwachen immer wieder einige, die sich, im Hinblick auf das vergangne Große und gestärkt durch seine Betrachtung, so beseligt fühlen, als ob das Menschenleben eine herrliche Sache sei, und als ob es gar die schönste Frucht dieses bitteren Gewächses sei, zu wissen, daß früher einmal einer stolz und stark durch dieses Dasein gegangen ist, ein andrer mit Tiefsinn, ein Dritter mit Erbarmen und hilfreich – alle aber Eine Lehre hinterlassend, daß der am schönsten lebt, der das Dasein nicht achtet. Wenn der gemeine Mensch diese Spanne Zeit so trübsinnig ernst und begehrlich nimmt, wußten jene, auf ihrem Wege zur Unsterblichkeit und zur monumentalen Historie, es zu einem olympischen Lachen oder mindestens zu einem erhabenen Hohne zu bringen; oft stiegen sie mit Ironie in ihr Grab – denn was war an ihnen zu begraben! Doch nur das, was sie als Schlacke, Unrat, Eitelkeit, Tierheit immer bedrückt hatte und was jetzt der Vergessenheit anheim fällt, nachdem es längst ihrer Verachtung preisgegeben war. Aber eines wird leben, das Monogramm ihres eigensten Wesens, ein Werk, eine Tat, eine seltne Erleuchtung, eine Schöpfung: es wird leben, weil keine Nachwelt es entbehren kann. In dieser verklärtesten Form ist der Ruhm doch etwas mehr als der köstlichste Bissen unserer Eigenliebe, wie ihn Schopenhauer genannt hat, es ist der Glaube an die Zusammengehörigkeit und Kontinuität des Großen aller Zeiten, es ist ein Protest gegen den Wechsel der Geschlechter und die Vergänglichkeit.

Wodurch also nützt dem Gegenwärtigen die monumentalische Betrachtung der Vergangenheit, die Beschäftigung mit dem Klassischen und Seltnen früherer Zeiten? Er entnimmt daraus, daß das Große, das einmal da war, jedenfalls einmal *möglich* war und deshalb auch wohl wieder einmal möglich sein wird; er geht mutiger seinen Gang, denn jetzt ist der Zweifel, der ihn in schwächeren Stunden anfällt, ob er nicht vielleicht das Unmögliche wolle, aus dem Felde geschlagen: Nehme man an, daß jemand glaube, es gehörten nicht mehr als hundert produktive, in einem neuen Geiste erzogene und wirkende Menschen dazu, um der in Deutschland gerade jetzt modisch gewordenen Gebildetheit den Garaus zu machen, wie müßte es ihn bestärken wahrzunehmen, daß die Kultur der Renaissance sich auf den Schultern einer solchen Hundert-Männer-Schar heraushob.

Und doch – um an dem gleichen Beispiel sofort noch etwas Neues zu lernen – wie fließend und schwebend, wie ungenau wäre jene Vergleichung! Wie viel des Verschiednen muß, wenn sie jene kräftigende Wirkung tun soll, dabei übersehen, wie gewaltsam muß die Individualität des Vergangnen in eine allgemeine Form hineingezwängt und an allen scharfen Ecken und Linien zugunsten der Übereinstimmung zerbrochen werden! Im Grunde ja könnte das, was einmal möglich war, sich nur dann zum zweiten Male als möglich einstellen, wenn die Pythagoreer recht hätten zu glauben, daß bei gleicher Konstellation der himmlischen Körper auch auf Erden das gleiche, und zwar bis aufs einzelne und kleine, sich wiederholen müsse: so daß immer wieder, wenn die Sterne eine gewisse Stellung zueinander haben, ein Stoiker sich mit einem Epikureer verbinden und Cäsar ermorden und immer wieder bei einem anderen Stande Kolumbus Amerika entdecken wird. Nur wenn die Erde ihr Theaterstück jedesmal nach dem fünften Akt von neuem anfinge, wenn es feststünde, daß dieselbe Verknotung von Motiven, derselbe deus ex machina, dieselbe Katastrophe in bestimmten Zwischenräumen wiederkehrten, dürfte der Mächtige die monumentale Historie in voller ikonischer Wahrhaftigkeit, das heißt jedes Faktum in seiner genau geschilderten Eigentümlichkeit und Einzigkeit begehren: wahrscheinlich also nicht eher, als bis die Astronomen wieder zu Astrologen geworden sind. Bis dahin wird die monumentale Historie jene volle Wahrhaftigkeit nicht brauchen können: immer wird sie das Ungleiche annähern, verallgemeinern und endlich gleichsetzen; immer wird sie die Verschiedenheit der Motive und Anlässe abschwächen, um auf Kosten der causae die effectus monumental, nämlich vorbildlich und nachahmungswürdig, hinzustellen: so daß man sie, weil sie möglichst von den Ursachen absieht, mit geringer Übertreibung eine Sammlung der „Effekte an sich" nennen könnte, als von Ereignissen, die zu allen Zeiten Effekt machen werden. Das, was bei Volksfesten, bei religiösen oder kriegerischen Gedenktagen gefeiert wird, ist eigentlich ein solcher „Effekt an sich": er ist es, der die Ehrgeizigen nicht schlafen läßt, der den Unternehmenden wie ein Amulett am Herzen liegt, nicht aber der wahrhaft geschichtliche Connexus von Ursachen und Wirkungen, der, vollständig erkannt, nur beweisen würde, daß nie wieder etwas durchaus gleiches bei dem Würfelspiele der Zukunft und des Zufalls herauskommen könne.

So lange die Seele der Geschichtsschreibung in den großen Antrieben liegt, die ein Mächtiger aus ihr entnimmt, so lange die Vergangenheit als nachahmungswürdig, als nachahmbar und zum zweiten Male möglich beschrieben werden muß, ist sie jedenfalls in der Gefahr, etwas verschoben, ins Schönere umgedeutet und damit der freien Erdichtung angenähert zu werden; ja es gibt Zeiten, die zwischen einer monumentalischen Vergangenheit und einer mythischen Fiktion gar nicht zu unterscheiden vermögen: weil aus der einen Welt genau dieselben Antriebe entnommen werden können wie aus der andern. Regiert also die monumentalische Betrachtung des Vergangnen über die anderen Betrachtungsarten, ich meine über die antiquarische und kritische, so leidet die Vergangenheit selbst Schaden: ganz große Teile derselben werden vergessen, verachtet, und fließen fort wie eine graue ununterbrochne Flut, und nur einzelne geschmückte Fakta heben sich als Inseln heraus: an den seltnen Personen, die überhaupt sichtbar werden, fällt etwas Unnatürliches und Wunderbares in die Augen, gleichsam die goldene Hüfte, welche die Schüler des Pythagoras an ihrem Meister erkennen wollten. Die monumentale Historie täuscht durch Analogien: sie reizt mit verführerischen Ähnlichkeiten den Mutigen zur Verwegenheit, den Begeisterten zum Fanatismus; und denkt man sich gar diese Historie in den Händen und Köpfen der begabten Egoisten und der schwärmerischen Bösewichter, so werden Reiche zerstört, Fürsten ermordet, Kriege und Revolutionen angestiftet und die Zahl der geschichtlichen „Effekte an sich“, das heißt der Wirkungen ohne zureichende Ursachen, von neuem vermehrt. Soviel zur Erinnerung an die Schäden, die die monumentale Historie unter den Mächtigen und Tätigen, seien sie nun gut oder böse, anrichten kann: was wirkt sie aber erst, wenn sich ihrer die Ohnmächtigen und Untätigen bemächtigen und bedienen!

Nehmen wir das einfachste und häufigste Beispiel. Man denke sich die unkünstlerischen und schwachkünstlerischen Naturen durch die monumentalische Künstlerhistorie geharnischt und bewehrt: gegen wen werden sie jetzt ihre Waffen richten? Gegen ihre Erbfeinde, die starken Kunstgeister, also gegen die, welche allein aus jener Historie wahrhaft, das heißt zum Leben hin zu lernen und das Erlernte in eine erhöhte Praxis umzusetzen vermögen. Denen wird der Weg verlegt; denen wird die Luft verfinstert, wenn man ein halb begriffnes Monument irgend einer großen Vergangenheit götzendienerisch und mit rechter Beflissenheit umtanzt, als ob man sagen wollte: „Seht, das ist die wahre und wirkliche Kunst: was gehen euch die Werdenden und Wollenden an!“ Scheinbar besitzt dieser tanzende Schwarm sogar das Privilegium des „guten Geschmacks“: denn immer stand der Schaffende im Nachteil gegen den, der nur zusah und nicht selbst die Hand anlegte; wie zu allen Zeiten der politische Kannegießer klüger, gerechter und überlegsamer war als der regierende Staatsmann. Will man aber gar auf das Gebiet der Kunst den Gebrauch der Volksabstimmungen und der Zahlen-Majoritäten übertragen und den Künstler gleichsam vor das Forum der ästhetischen Nichtstuer zu seiner Selbstverteidigung nötigen, so kann man einen Eid darauf im voraus leisten, daß er verurteilt werden wird: nicht obwohl, sondern gerade weil seine Richter den Kanon der monumentalen Kunst (das heißt, nach der gegebenen Erklärung, der Kunst, die zu allen Zeiten „Effekt gemacht hat") feierlich proklamiert haben: während ihnen für alle noch nicht monumentale, weil gegenwärtige Kunst erstens das Bedürfnis, zweitens die reine Neigung, drittens eben jene Autorität der Historie abgeht. Dagegen verrät ihnen ihr Instinkt, daß die Kunst durch die Kunst totgeschlagen werden könne: das Monumentale soll durchaus nicht wieder entstehen, und dazu nützt gerade das, was einmal die Autorität des Monumentalen aus der Vergangenheit her hat. So sind die Kunstkenner, weil sie die Kunst überhaupt beseitigen möchten; so gebärden sie sich als Ärzte, während sie es im Grunde auf Giftmischerei abgesehn haben; so bilden sie ihre Zunge und ihren Geschmack aus, um aus ihrer Verwöhntheit zu erklären, warum sie alles das, was ihnen von nahrhafter Kunstspeise angeboten wird, so beharrlich ablehnen. Denn sie wollen nicht, daß das Große entstehe: ihr Mittel ist, zu sagen, „seht, das Große ist schon da!" In Wahrheit geht sie dieses Große, das schon da ist, so wenig an, wie das, welches entsteht: davon legt ihr Leben Zeugnis ab. Die monumentalische Historie ist das Maskenkleid, in dem sich ihr Haß gegen die Mächtigen und Großen ihrer Zeit für gesättigte Bewunderung der Mächtigen und Großen vergangner Zeiten ausgibt, in welchem verkappt sie den eigentlichen Sinn jener historischen Betrachtungsart in den entgegengesetzten umkehren; ob sie es deutlich wissen oder nicht, sie handeln jedenfalls so, als ob ihr Wahlspruch wäre: laßt die Toten die Lebendigen begraben.

Jede der drei Arten von Historie, die es gibt, ist nur gerade auf Einem Boden und unter Einem Klima in ihrem Rechte: auf jedem anderen wächst sie zum verwüstenden Unkraut heran. Wenn der Mensch, der Großes schaffen will, überhaupt die Vergangenheit braucht, so bemächtigt er sich ihrer vermittelst der monumentalischen Historie; wer dagegen im Gewohnten und Altverehrten beharren mag, pflegt das Vergangne als antiquarischer Historiker; und nur der, dem eine gegenwärtige Not die Brust beklemmt, und der um jeden Preis die Last von sich abwerfen will, hat ein Bedürfnis zur kritischen, das heißt richtenden und verurteilenden Historie. Von dem gedankenlosen Verpflanzen der Gewächse rührt manches Unheil her: der Kritiker ohne Not, der Antiquar ohne Pietät, der Kenner des Großen ohne das Können des Großen sind solche zum Unkraut aufgeschossene, ihrem natürlichen Mutterboden entfremdete und deshalb entartete Gewächse.

3

Die Geschichte gehört also zweitens dem Bewahrenden und Verehrenden – dem, der mit Treue und Liebe dorthin zurückblickt, woher er kommt, worin er geworden ist; durch diese Pietät trägt er gleichsam den Dank für sein Dasein ab. Indem er das von alters her Bestehende mit behutsamer Hand pflegt, will er die Bedingungen, unter denen er entstanden ist, für solche bewahren, welche nach ihm entstehen sollen – und so dient er dem Leben. Der Besitz von Urväter-Hausrat verändert in einer solchen Seele seinen Begriff: denn sie wird vielmehr von ihm besessen. Das Kleine, das Beschränkte, das Morsche und Veraltete erhält seine eigne Würde und Unantastbarkeit dadurch, daß die bewahrende und verehrende Seele des antiquarischen Menschen in diese Dinge übersiedelt und sich darin ein heimisches Nest bereitet. Die Geschichte seiner Stadt wird ihm zur Geschichte seiner selbst; er versteht die Mauer, das getürmte Tor, die Ratsverordnung, das Volksfest wie ein ausgemaltes Tagebuch seiner Jugend und findet sich selbst in diesem allen, seine Kraft, seinen Fleiß, seine Lust, sein Urteil, seine Torheit und Unart wieder. Hier ließ es sich leben, sagt er sich, denn es läßt sich leben; hier wird es sich leben lassen, denn wir sind zäh und nicht über Nacht umzubrechen. So blickt er, mit diesem „Wir", über das vergängliche wunderliche Einzelleben hinweg und fühlt sich selbst als den Haus-, Geschlechts- und Stadtgeist. Mitunter grüßt er selbst über weite verdunkelnde und verwirrende Jahrhunderte hinweg die Seele seines Volkes als seine eigne Seele; ein Hindurchfühlen und Herausahnen, ein Wittern auf fast verlöschten Spuren, ein instinktives Richtig-Lesen der noch so überschriebenen Vergangenheit, ein rasches Verstehen der Palimpseste, ja Polypseste – das sind seine Gaben und Tugenden. Mit ihnen stand Goethe vor dem Denkmale Erwins von Steinbach; in dem Sturme seiner Empfindung zerriß der historische zwischen ihnen ausgebreitete Wolkenschleier: er sah das deutsche Werk zum ersten Male wieder, „wirkend aus starker rauher deutscher Seele". Ein solcher Sinn und Zug führte die Italiener der Renaissance und erweckte in ihren Dichtern den antiken italischen Genius von neuem, zu einem „wundersamen Weiterklingen des uralten Saitenspiels", wie Jakob Burckhardt sagt. Den höchsten Wert hat aber jener historisch-antiquarische Verehrungssinn, wo er über bescheidne, rauhe, selbst kümmerliche Zustände, in denen ein Mensch oder ein Volk lebt, ein einfaches rührendes Lust- und Zufriedenheits-Gefühl verbreitet; wie zum Beispiel Niebuhr mit ehrlicher Treuherzigkeit eingesteht, in

Moor und Heide unter freien Bauern, die eine Geschichte haben, vergnügt zu leben und keine Kunst zu vermissen. Wie könnte die Historie dem Leben besser dienen, als dadurch, daß sie auch die minder begünstigten Geschlechter und Bevölkerungen an ihre Heimat und Heimatsitte anknüpft, seßhaft macht und sie abhält, nach dem Besseren in der Fremde herum zu schweifen und um dasselbe wetteifernd zu kämpfen? Mitunter sieht es wie Eigensinn und Unverstand aus, was den einzelnen an diese Gesellen und Umgebungen, an diese mühselige Gewohnheit, an diesen kahlen Bergrücken gleichsam festschraubt, – aber es ist der heilsamste und der Gesamtheit förderlichste Unverstand: wie jeder weiß, der sich die furchtbaren Wirkungen abenteuernder Auswanderungslust, etwa gar bei ganzen Völkerschwärmen, deutlich gemacht hat, oder der den Zustand eines Volkes in der Nähe sieht, das die Treue gegen seine Vorzeit verloren hat und einem rastlosen kosmopolitischen Wählen und Suchen nach Neuem und immer Neuem preisgegeben ist. Die entgegengesetzte Empfindung, das Wohlgefühl des Baumes an seinen Wurzeln, das Glück, sich nicht ganz willkürlich und zufällig zu wissen, sondern aus einer Vergangenheit als Erbe, Blüte und Frucht herauszuwachsen und dadurch in seiner Existenz entschuldigt, ja gerechtfertigt zu werden – dies ist es, was man jetzt mit Vorliebe als den eigentlich historischen Sinn bezeichnet.

Das ist nun freilich nicht der Zustand, in dem der Mensch am meisten befähigt wäre, die Vergangenheit in reines Wissen aufzulösen; so daß wir auch hier wahrnehmen, was wir bei der monumentalischen Historie wahrgenommen haben, daß die Vergangenheit selbst leidet, solange die Historie dem Leben dient und von Lebenstrieben beherrscht wird. Mit einiger Freiheit des Bildes gesprochen: der Baum fühlt seine Wurzeln mehr, als daß er sie sehen könnte; dies Gefühl aber mißt ihre Größe nach der Größe und Kraft seiner sichtbaren Äste. Mag der Baum schon darin irren: wie wird er erst über den ganzen Wald um sich herum im Irrtum sein! von dem er nur soweit etwas weiß und fühlt, als dieser ihn selbst hemmt oder selbst fördert – aber nichts außerdem. Der antiquarische Sinn eines Menschen, einer Stadtgemeinde, eines ganzen Volkes hat immer ein höchst beschränktes Gesichtsfeld; das Allermeiste nimmt er gar nicht wahr, und das Wenige, was er sieht, sieht er viel zu nahe und isoliert; er kann es nicht messen und nimmt deshalb alles als gleich wichtig und deshalb jedes Einzelne als zu wichtig. Dann gibt es für die Dinge der Vergangenheit keine Wertverschiedenheiten und Proportionen, die den Dingen untereinander wahrhaft gerecht würden; sondern immer nur Maße und Proportionen der Dinge zu dem antiquarisch rückwärts blickenden Einzelnen oder Volke.

Hier ist immer eine Gefahr sehr in der Nähe: endlich wird einmal alles Alte und Vergangne, das überhaupt noch in den Gesichtskreis tritt, einfach als gleich ehrwürdig hingenommen, alles aber, was diesem Alten nicht mit Ehrfurcht entgegen kommt, also das Neue und Werdende, abgelehnt und angefeindet. So duldeten selbst die Griechen den hieratischen Stil ihrer bildenden Künste neben dem freien und großen, ja sie duldeten später die spitzen Nasen und das frostige Lächeln nicht nur, sondern machten selbst eine Feinschmeckerei daraus. Wenn sich der Sinn eines Volkes derartig verhärtet, wenn die Historie dem vergangnen Leben so dient, daß sie das Weiterleben und gerade das höhere Leben untergräbt, wenn der historische Sinn das Leben nicht mehr konserviert, sondern mumisiert: so stirbt der Baum, unnatürlicherweise, von oben allmählich nach der Wurzel zu ab – und zuletzt geht gemeinhin die Wurzel selbst zugrunde. Die antiquarische Historie entartet selbst in dem

Augenblicke, in dem das frische Leben der Gegenwart sie nicht mehr beseelt und begeistert. Jetzt dorrt die Pietät ab, die gelehrtenhafte Gewöhnung besteht ohne sie fort und dreht sich egoistisch-selbstgefällig um ihren eignen Mittelpunkt. Dann erblickt man wohl das widrige Schauspiel einer blinden Sammelwut, eines rastlosen Zusammenscharrens alles einmal Dagewesenen. Der Mensch hüllt sich in Moderduft; es gelingt ihm, selbst eine bedeutendere Anlage, ein edleres Bedürfnis durch die antiquarische Manier zu unersättlicher Neubegier, richtiger Alt- und Allbegier herabzustimmen; oftmals sinkt er so tief, daß er zuletzt mit jeder Kost zufrieden ist und mit Lust selbst den Staub bibliographischer Quisquilien frißt.

Aber selbst, wenn jene Entartung nicht eintritt, wenn die antiquarische Historie das Fundament, auf dem sie allein zum Heile des Lebens wurzeln kann, nicht verliert: immer bleiben doch genug Gefahren übrig, falls sie nämlich allzu mächtig wird und die anderen Arten, die Vergangenheit zu betrachten, überwuchert. Sie versteht eben allein Leben zu *bewahren*, nicht zu zeugen; deshalb unterschätzt sie immer das Werdende, weil sie für dasselbe keinen erratenden Instinkt hat – wie ihn zum Beispiel die monumentalische Historie hat. So hindert jene den kräftigen Entschluß zum Neuen, so lähmt sie den Handelnden, der immer, als Handelnder, etwelche Pietäten verletzen wird und muß. Die Tatsache, daß etwas alt geworden ist, gebiert jetzt die Forderung, daß es unsterblich sein müsse; denn wenn einer nachrechnet, was alles ein solches Altertum – eine alte Sitte der Väter, ein religiöser Glaube, ein ererbtes politisches Vorrecht – während der Dauer seiner Existenz erfahren hat, welche Summe der Pietät und Verehrung seitens des einzelnen und der Generationen: so erscheint es vermessen oder selbst ruchlos, ein solches Altertum durch ein Neutum zu ersetzen und einer solchen Zahlen-Anhäufung von Pietäten und Verehrungen die Einer des Werdenden und Gegenwärtigen entgegenzustellen.

Hier wird es deutlich, wie notwendig der Mensch, neben der monumentalischen und antiquarischen Art, die Vergangenheit zu betrachten, oft genug eine dritte Art nötig hat, die kritische: und zwar auch diese wiederum im Dienste des Lebens. Er muß die Kraft haben und von Zeit zu Zeit anwenden, eine Vergangenheit zu zerbrechen und aufzulösen, um leben zu können: dies erreicht er dadurch, daß er sie vor Gericht zieht, peinlich inquiriert, und endlich verurteilt; jede Vergangenheit aber ist wert, verurteilt zu werden – denn so steht es nun einmal mit den menschlichen Dingen: immer ist in ihnen die menschliche Gewalt und Schwäche mächtig gewesen. Es ist nicht die Gerechtigkeit, die hier zu Gericht sitzt; es ist noch weniger die Gnade, die hier das Urteil verkündet: sondern das Leben allein, jene dunkle, treibende, unersättlich sich selbst begehrende Macht. Sein Spruch ist immer ungnädig, immer ungerecht, weil er nie aus einem reinen Borne der Erkenntnis geflossen ist; aber in den meisten Fällen würde der Spruch ebenso ausfallen, wenn ihn die Gerechtigkeit selber spräche. „Denn alles, was entsteht, ist wert, daß es zugrunde geht. Drum besser wär's, daß nichts entstünde." Es gehört sehr viel Kraft dazu, leben zu können und zu vergessen, inwiefern leben und ungerecht sein Eins ist. Luther selbst hat einmal gemeint, daß die Welt nur durch eine Vergeßlichkeit Gottes entstanden sei: wenn Gott nämlich an das „schwere Geschütz" gedacht hätte, er würde die Welt nicht geschaffen haben. Mitunter aber verlangt eben dasselbe Leben, das die Vergessenheit braucht, die zeitweilige Vernichtung dieser Vergessenheit; dann soll es eben gerade klar werden, wie ungerecht die Existenz irgend eines Dinges, eines Privilegiums, einer Kaste, einer Dynastie zum Beispiel, ist, wie sehr dieses Ding den Untergang verdient. Dann wird seine Vergangenheit kritisch betrachtet, dann greift man mit dem Messer an seine Wurzeln, dann schreitet man grausam über alle Pietäten hinweg. Es ist immer ein gefährlicher, nämlich für das Leben selbst gefährlicher Prozeß: und Menschen oder Zeiten, die auf diese Weise dem Leben dienen, daß sie eine Vergangenheit richten und vernichten, sind immer gefährliche und gefährdete Menschen und Zeiten. Denn da wir nun einmal die Resultate früherer Geschlechter sind, sind wir auch die Resultate ihrer Verirrungen, Leidenschaften und Irrtümer, ja Verbrechen; es ist nicht möglich, sich ganz von dieser Kette zu lösen. Wenn wir jene Verirrungen verurteilen und uns ihrer für enthoben erachten, so ist die Tatsache nicht beseitigt, daß wir aus ihnen herstammen. Wir bringen es im besten Falle zu einem Widerstreite der ererbten, angestammten Natur und unserer Erkenntnis, auch wohl zu einem Kampfe einer neuen strengen Zucht gegen das von alters her Angezogne und Angeborne, wir pflanzen eine neue Gewöhnung, einen neuen Instinkt, eine zweite Natur an, so daß die erste Natur abdorrt. Es ist ein Versuch sich gleichsam a posteriori eine Vergangenheit zu geben, aus der man stammen möchte, im Gegensatz zu der, aus der man stammt: – immer ein gefährlicher Versuch, weil es so schwer ist, eine Grenze im Verneinen des Vergangnen zu finden, und weil die zweiten Naturen meistens schwächlicher als die ersten sind. Es bleibt zu häufig bei einem Erkennen des Guten, ohne es zu tun, weil man auch das Bessere kennt, ohne es tun zu können. Aber hier und da gelingt der Sieg doch, und es gibt sogar für die Kämpfenden, für die, welche sich der kritischen Historie zum Leben bedienen, einen merkwürdigen Trost: nämlich zu wissen, daß auch jene erste Natur irgendwann einmal eine zweite Natur war und daß jede siegende zweite Natur zu einer ersten wird. –

4

Dies sind die Dienste, welche die Historie dem Leben zu leisten vermag; jeder Mensch und jedes Volk braucht je nach seinen Zielen, Kräften und Nöten eine gewisse Kenntnis der Vergangenheit, bald als monumentalische, bald als antiquarische, bald als kritische Historie: aber nicht wie eine Schar von reinen, dem Leben nur zusehenden Denkern, nicht wie wissensgierige, durch Wissen allein zu befriedigende einzelne, denen Vermehrung der Erkenntnis das Ziel selbst ist, sondern immer nur zum Zweck des Lebens und also auch unter der Herrschaft und obersten Führung dieses Lebens. Daß dies die natürliche Beziehung einer Zeit, einer Kultur, eines Volkes zur Historie ist – hervorgerufen durch Hunger, reguliert durch den Grad des Bedürfnisses, in Schranken gehalten durch die innewohnende plastische Kraft –, daß die Kenntnis der Vergangenheit zu allen Zeiten nur im Dienste der Zukunft und Gegenwart begehrt ist, nicht zur Schwächung der Gegenwart, nicht zur Entwurzelung einer lebenskräftigen Zukunft: das alles ist einfach, wie die Wahrheit einfach ist, und überzeugt sofort auch den, der dafür nicht erst den historischen Beweis sich führen läßt.

Und nun schnell einen Blick auf unsere Zeit! Wir erschrecken, wir fliehen zurück: wohin ist alle Klarheit, alle Natürlichkeit und Reinheit jener Beziehung von Leben und Historie, wie verwirrt, wie übertrieben, wie unruhig flutet jetzt dies Problem vor unsern Augen! Liegt die Schuld an uns, den Betrachtenden? Oder hat sich wirklich die Konstellation von Leben und Historie verändert, dadurch daß ein mächtig feindseliges Gestirn zwischen sie getreten ist? Mögen andere zeigen, daß wir falsch gesehen haben: wir wollen sagen, was wir zu sehen meinen. Es ist allerdings ein solches Gestirn, ein leuchtendes und herrliches Gestirn dazwischen getreten, die Konstellation ist wirklich verändert – durch die Wissenschaft, durch die Forderung, daß die Historie Wissenschaft sein soll. Jetzt regiert nicht mehr allein das Leben und bändigt das Wissen um die Vergangenheit: sondern alle Grenzpfähle sind umgerissen und alles, was einmal war, stürzt auf den Menschen zu. So weit zurück es ein Werden gab, soweit zurück, ins Unendliche hinein, sind auch alle Perspektiven verschoben. Ein solches unüberschaubares Schauspiel sah noch kein Geschlecht, wie es jetzt die Wissenschaft des universalen Werdens, die Historie, zeigt: freilich aber zeigt sie es mit der gefährlichen Kühnheit ihres Wahlspruches: fiat veritas pereat vita.

Machen wir uns jetzt ein Bild von dem geistigen Vorgange, der hierdurch in der Seele des modernen Menschen herbeigeführt wird. Das historische Wissen strömt aus unversieglichen Quellen immer von neuem hinzu und hinein, das Fremde und Zusammenhanglose drängt sich, das Gedächtnis öffnet alle seine Tore und ist doch nicht weit genug geöffnet, die Natur bemüht sich aufs Höchste, diese fremden Gäste zu empfangen, zu ordnen und zu ehren, diese selbst aber sind im Kampfe miteinander, und es scheint nötig, sie alle zu bezwingen und zu bewältigen, um nicht selbst an ihrem Kampfe zugrunde zu gehen. Die Gewöhnung an ein solches unordentliches, stürmisches und kämpfendes Hauswesen wird allmählich zu einer zweiten Natur, ob es gleich außer Frage steht, daß diese zweite Natur viel schwächer, viel ruheloser und durch und durch ungesünder ist als die erste. Der moderne Mensch schleppt zuletzt eine ungeheure Menge von unverdaulichen Wissenssteinen mit sich herum, die dann bei Gelegenheit auch ordentlich im Leibe rumpeln, wie es im Märchen heißt. Durch dieses Rumpeln verrät sich die eigenste Eigenschaft dieses modernen Menschen: der merkwürdige Gegensatz eines Inneren, dem kein Äußeres, eines Äußeren, dem kein Inneres entspricht, ein Gegensatz, den die alten Völker nicht kennen. Das Wissen, das im Übermaße ohne Hunger, ja wider das Bedürfnis aufgenommen wird, wirkt jetzt nicht mehr als umgestaltendes, nach außen treibendes Motiv und bleibt in einer gewissen chaotischen Innenwelt verborgen, die jener moderne Mensch mit seltsamem Stolze als die ihm eigentümliche „Innerlichkeit" bezeichnet. Man sagt dann wohl, daß man den Inhalt habe und daß es nur an der Form fehle; aber bei allem Lebendigen ist dies ein ganz ungehöriger Gegensatz. Unsere moderne Bildung ist eben deshalb nichts Lebendiges, weil sie ohne jenen Gegensatz sich gar nicht begreifen läßt, das heißt: sie ist gar keine wirkliche Bildung, sondern nur eine Art Wissen um die Bildung, es bleibt in ihr bei dem Bildungs-Gedanken, bei dem Bildungs-Gefühl, es wird kein Bildungs-Entschluß daraus. Das dagegen, was wirklich Motiv ist und was als Tat sichtbar nach außen tritt, bedeutet dann oft nicht viel mehr als eine gleichgültige Konvention, eine klägliche Nachahmung oder selbst eine rohe Fratze. Im Innern ruht dann wohl die Empfindung, jener Schlange gleich, die ganze Kaninchen verschluckt hat und sich dann still gefaßt in die Sonne legt und alle Bewegungen, außer den notwendigsten, vermeidet. Der innere Prozeß, das ist jetzt die Sache selbst, das ist die eigentliche „Bildung". Jeder, der vorübergeht, hat nur den einen Wunsch, daß eine solche Bildung nicht an Unverdaulichkeit zugrunde gehe. Denke man sich zum Beispiel einen Griechen an einer solchen Bildung vorübergehend, er würde wahrnehmen, daß für die neueren Menschen „gebildet" und „historisch gebildet" so zusammenzugehören scheinen, als ob sie eins und nur durch die Zahl der Worte verschieden wären. Spräche er nun seinen Satz aus: es kann Einer sehr gebildet und doch historisch gar nicht gebildet sein, so würde man glauben, gar nicht recht gehört zu haben, und den Kopf schütteln. Jenes bekannte Völkchen einer nicht zu fernen Vergangenheit, ich meine eben die Griechen, hatte sich in der Periode seiner größten Kraft einen unhistorischen Sinn zäh bewahrt; müßte ein zeitgemäßer Mensch in jene Welt durch Verzauberung zurückkehren, er würde vermutlich die Griechen sehr „ungebildet" befinden, womit dann freilich das so peinlich verhüllte Geheimnis der modernen Bildung zu öffentlichem Gelächter aufgedeckt wäre: denn aus uns haben wir Modernen gar nichts; nur dadurch, daß wir uns mit fremden Zeiten, Sitten, Künsten, Philosophien, Religionen, Erkenntnissen anfüllen und überfüllen, werden wir zu etwas Beachtungswertem, nämlich zu wandelnden Enzyklopädien, als welche uns vielleicht ein in unsere Zeit verschlagener Alt-Hellene ansprechen würde. Bei Enzyklopädien findet man aber allen Wert nur in dem, was darin steht, im Inhalte, nicht in dem was darauf steht oder was Einband und Schale ist; und so ist die ganze moderne Bildung wesentlich innerlich: auswendig hat der Buchbinder so etwas darauf gedruckt wie „Handbuch innerlicher Bildung für äußerliche Barbaren". Ja dieser Gegensatz von innen und außen macht das Äußerliche noch barbarischer, als es sein müßte, wenn ein rohes Volk nur aus sich heraus nach seinen derben Bedürfnissen wüchse. Denn welches Mittel bleibt noch der Natur übrig, um das überreichlich sich Aufdrängende zu bewältigen? Nur das eine Mittel, es so leicht wie möglich anzunehmen, um es schnell wieder zu beseitigen und auszustoßen. Daraus entsteht eine Gewöhnung, die wirklichen Dinge nicht mehr ernst zu nehmen, daraus entsteht die „schwache Persönlichkeit", zufolge deren das Wirkliche, das Bestehende nur einen geringen Eindruck macht; man wird im Äußerlichen zuletzt immer läßlicher und bequemer und erweitert die bedenkliche Kluft zwischen Inhalt und Form bis zur Gefühllosigkeit für die Barbarei, wenn nur das Gedächtnis immer von neuem gereizt wird, wenn nur immer neue wissenswürdige Dinge hinzuströmen, die säuberlich in den Kästen jenes Gedächtnisses aufgestellt werden können. Die Kultur eines Volkes als der Gegensatz jener Barbarei ist einmal, wie ich meine, mit einigem Rechte, als Einheit des künstlerischen Stiles in allen Lebensäußerungen eines Volkes bezeichnet worden; diese Bezeichnung darf nicht dahin mißverstanden werden, als ob es sich um den Gegensatz von Barbarei und *schönem* Stile handele; das Volk, dem man eine Kultur zuspricht, soll nur in aller Wirklichkeit etwas lebendig Eines sein und nicht so elend in Inneres und Äußeres, in Inhalt und Form auseinanderfallen. Wer die Kultur eines Volkes erstreben und fördern will, der erstrebe und fördere diese höhere Einheit und arbeite mit an der Vernichtung der modernen Gebildetheit zugunsten einer wahren Bildung, er wage es, darüber nachzudenken, wie die durch Historie gestörte Gesundheit eines Volkes wiederhergestellt werden, wie es seine Instinkte und damit seine Ehrlichkeit wiederfinden könne.

Ich will nur geradezu von uns Deutschen der Gegenwart reden, die wir mehr als ein anderes Volk an jener Schwäche der Persönlichkeit und an dem Widerspruche von Inhalt und Form zu leiden haben. Die Form gilt uns Deutschen gemeinhin als eine Konvention, als Verkleidung und Verstellung und wird deshalb, wenn nicht gehaßt, so doch jedenfalls nicht geliebt; noch richtiger würde es sein zu sagen, daß wir eine außerordentliche Angst vor dem Worte Konvention und auch wohl vor der Sache Konvention haben. In dieser Angst verließ der Deutsche die Schule der Franzosen: denn er wollte natürlicher und dadurch deutscher werden. Nun scheint er sich aber in diesem „Dadurch“ verrechnet zu haben:

aus der Schule der Konvention entlaufen, ließ er sich nun gehen, wie und wohin er eben Lust hatte, und machte im Grunde schlotterricht und beliebig in halber Vergeßlichkeit nach, was er früher peinlich und oft mit Glück nachmachte. So lebt man, gegen frühere Zeiten gerechnet, auch heute noch in einer bummelig inkorrekten französischen Konvention: wie all unser Gehen, Stehen, Unterhalten, Kleiden und Wohnen anzeigt. Indem man zum Natürlichen zurückzufliehen glaubte, erwählte man nur das Sichgehenlassen, die Bequemlichkeit und das möglichst kleine Maß von Selbstüberwindung. Man durchwandere eine deutsche Stadt – alle Konvention, verglichen mit der nationalen Eigenart ausländischer Städte, zeigt sich im Negativen, alles ist farblos, abgebraucht, schlecht kopiert, nachlässig, jeder treibt es nach seinem Belieben, aber nicht nach einem kräftigen, gedankenreichen Belieben, sondern nach den Gesetzen, die einmal die allgemeine Hast und sodann die allgemeine Bequemlichkeits-Sucht vorschreiben. Ein Kleidungsstück, dessen Erfindung kein Kopfzerbrechen macht, dessen Anlegung keine Zeit kostet, also ein aus der Fremde entlehntes und möglichst läßlich nachgemachtes Kleidungsstück, gilt bei den Deutschen sofort als ein Beitrag zur deutschen Tracht. Der Formensinn wird von ihnen geradezu ironisch abgelehnt, – denn man hat ja den Sinn des Inhaltes: sind sie doch das berühmte Volk der Innerlichkeit.

Nun gibt es aber auch eine berühmte Gefahr dieser Innerlichkeit: der Inhalt selbst, von dem es angenommen ist, daß er außen gar nicht gesehen werden kann, möchte sich gelegentlich einmal verflüchtigen; außen würde man aber weder davon, noch von dem früheren Vorhandensein etwas merken. Aber denke man sich immerhin das deutsche Volk möglichst weit von dieser Gefahr entfernt: etwas Recht wird der Ausländer immer behalten, wenn er uns vorwirft, daß unser Inneres zu schwach und ungeordnet ist, um nach außen zu wirken und sich eine Form zu geben. Dabei kann es sich in seltenem Grade zart empfänglich, ernst, mächtig, innig, gut erweisen und vielleicht selbst reicher als das Innere anderer Völker sein: aber als Ganzes bleibt es schwach, weil alle die schönen Fasern nicht in einen kräftigen Knoten geschlungen sind: so daß die sichtbare Tat nicht die Gesamttat und Selbstoffenbarung dieses Inneren ist, sondern nur ein schwächlicher oder roher Versuch irgend einer Faser, zum Schein einmal für das Ganze gelten zu wollen. Deshalb ist der Deutsche nach einer Handlung gar nicht zu beurteilen und als Individuum auch nach dieser Tat noch völlig verborgen. Man muß ihn bekanntlich nach seinen Gedanken und Gefühlen messen, und die spricht er jetzt in seinen Büchern aus. Wenn nur nicht gerade diese Bücher neuerdings mehr als je einen Zweifel darüber erweckten, ob die berühmte Innerlichkeit wirklich noch in ihrem unzugänglichen Tempelchen sitze: es wäre ein schrecklicher Gedanke, daß sie eines Tages verschwunden sei und nun nur noch die Äußerlichkeit, jene hochmütig täppische und demütig bummelige Äußerlichkeit als Kennzeichen des Deutschen zurückbliebe. Fast ebenso schrecklich, als wenn jene Innerlichkeit, ohne daß man es sehen könnte, gefälscht, gefärbt, übermalt darin säße und zur Schauspielerin, wenn nicht zu Schlimmerem geworden wäre: wie dies zum Beispiel der beiseitestehende und still betrachtende Grillparzer von seiner dramatisch-theatralischen Erfahrung aus anzunehmen scheint. „Wir empfinden mit Abstraktion, sagt er, wir wissen kaum mehr, wie sich die Empfindung bei unseren Zeitgenossen äußert; wir lassen sie Sprünge machen, wie sie sie heuzutage nicht mehr machen. Shakespeare hat uns Neuere alle verdorben."

Dies ist ein einzelner, vielleicht zu schnell ins Allgemeine gedeuteter Fall: aber wie furchtbar wäre seine berechtigte Verallgemeinerung, wenn die einzelnen Fälle sich gar zu häufig dem Beobachter aufdrängen sollten, wie verzweifelt klänge der Satz: wir Deutschen empfinden mit Abstraktion; wir sind alle durch die Historie verdorben – ein Satz, der jede Hoffnung auf eine noch kommende nationale Kultur an ihren Wurzeln zerstören würde: denn jede derartige Hoffnung wächst aus dem Glauben an die Echtheit und Unmittelbarkeit der deutschen Empfindung heraus, aus dem Glauben an die unversehrte Innerlichkeit. Was soll noch gehofft, noch geglaubt werden, wenn der Quell des Glaubens und Hoffens getrübt ist, wenn die Innerlichkeit gelernt hat, Sprünge zu machen, zu tanzen, sich zu schminken, mit Abstraktion und Berechnung sich zu äußern und sich selbst allgemach zu verlieren! Und wie soll der große produktive Geist es unter einem Volke noch aushalten, das seiner einheitlichen Innerlichkeit nicht mehr sicher ist und das in Gebildete mit verbildeter und verführter Innerlichkeit und in Ungebildete mit unzugänglicher Innerlichkeit auseinanderfällt! Wie soll er es aushalten, wenn die Einheit der Volksempfindung verloren ging, wenn er überdies gerade bei dem einen Teile, der sich den gebildeten Teil des Volkes nennt und ein Recht auf die nationalen Kunstgeister für sich in Anspruch nimmt, die Empfindung gefälscht und gefärbt weiß. Mag hier und da das Urteil und der Geschmack der einzelnen selbst feiner und sublimierter geworden sein – das entschädigt ihn nicht: es peinigt ihn, gleichsam nur zu einer Sekte reden zu müssen und innerhalb seines Volkes nicht mehr notwendig zu sein. Vielleicht vergräbt er seinen Schatz jetzt lieber, weil er Ekel empfindet, von einer Sekte anspruchsvoll patronisiert zu werden, während sein Herz voll von Mitleid mit allen ist. Der Instinkt des Volkes kommt ihm nicht mehr entgegen; es ist unnütz, ihm die Arme sehnsuchtsvoll entgegenzubreiten. Was bleibt ihm jetzt noch übrig, als seinen begeisterten Haß gegen jenen hemmenden Bann, gegen die in der sogenannten Bildung seines Volkes aufgerichteten Schranken zu kehren, um als Richter wenigstens das zu verurteilen, was für ihn, den Lebenden und Lebenzeugenden, Vernichtung und Entwürdigung ist: so tauscht er die tiefe Einsicht seines Schicksals gegen die göttliche Lust des Schaffenden und Helfenden ein und endet als einsamer Wissender, als übersatter Weiser. Es ist das schmerzlichste Schauspiel: wer es überhaupt sieht, wird hier eine heilige Nötigung erkennen: er sagt sich, hier muß geholfen werden, jene höhere Einheit in der Natur und Seele eines Volkes muß sich wieder herstellen, jener Riß zwischen dem Innen und dem Außen muß unter den Hammerschlägen der Not wieder verschwinden. Nach welchen Mitteln soll er nun greifen? Was bleibt ihm nun wiederum als seine tiefe Erkenntnis: diese aussprechend, verbreitend, mit vollen Händen ausstreuend, hofft er ein Bedürfnis zu pflanzen: und aus dem starken Bedürfnis wird einmal die starke Tat entstehen. Und damit ich keinen Zweifel lasse, woher ich das Beispiel jener Not, jenes Bedürfnisses, jener Erkenntnis nehme: so soll hier ausdrücklich mein Zeugnis stehen, daß es die deutsche Einheit in jenem höchsten Sinne ist, die wir erstreben und heißer erstreben als die politische Wiedervereinigung, die Einheit des deutschen Geistes und Lebens nach der Vernichtung des Gegensatzes von Form und Inhalt, von Innerlichkeit und Konvention. –

5

In fünffacher Hinsicht scheint mir die Übersättigung einer Zeit in Historie dem Leben feindlich und gefährlich zu sein: durch ein solches Übermaß wird jener bisher besprochene Kontrast von Innerlich und Äußerlich erzeugt und dadurch die Persönlichkeit geschwächt; durch dieses Übermaß gerät eine Zeit in die Einbildung, daß sie die seltenste Tugend, die Gerechtigkeit, in höherem Grade besitze als jede andere Zeit; durch dieses Übermaß werden die Instinkte des Volkes gestört, und der einzelne nicht minder als das Ganze am Reifwerden verhindert; durch dieses Übermaß wird der jederzeit schädliche Glaube an das Alter der Menschheit, der Glaube, Spätling und Epigone zu sein, gepflanzt; durch dieses Übermaß gerät eine Zeit in die gefährliche Stimmung der Ironie über sich selbst und aus ihr in die noch gefährlichere des Zynismus: in dieser aber reift sie immer mehr einer klugen egoistischen Praxis entgegen, durch welche die Lebenskräfte gelähmt und zuletzt zerstört werden.

Und nun zurück zu unserem ersten Satze: der moderne Mensch leidet an einer geschwächten Persönlichkeit. Wie der Römer der Kaiserzeit unrömisch wurde im Hinblick auf den ihm zu Diensten stehenden Erdkreis, wie er sich selbst unter dem einströmenden Fremden verlor und bei dem kosmopolitischen Götter-Sitten- und Künste-Karnevale entartete, so muß es dem modernen Menschen ergehn, der sich fortwährend das Fest einer Weltausstellung durch seine historischen Künstler bereiten läßt; er ist zum genießenden und herumwandelnden Zuschauer geworden und in einen Zustand versetzt, an dem selbst große Kriege, große Revolutionen kaum einen Augenblick lang etwas zu ändern vermögen. Noch ist der Krieg nicht beendet und schon ist er in bedrucktes Papier hunderttausendfach umgesetzt, schon wird er als neuestes Reizmittel dem ermüdeten Gaumen der nach Historie Gierigen vorgesetzt. Es scheint fast unmöglich, daß ein starker und voller Ton selbst durch das mächtigste Hineingreifen in die Saiten erzeugt werde: sofort verhallt er wieder, im nächsten Augenblicke bereits klingt er historisch zart verflüchtigt und kraftlos ab. Moralisch ausgedrückt: es gelingt euch nicht mehr, das Erhabene festzuhalten, eure Taten sind plötzliche Schläge, keine rollenden Donner. Vollbringt das Größte und Wunderbarste: es muß trotzdem sang- und klanglos zum Orkus ziehn. Denn die Kunst flieht, wenn ihr eure Taten sofort mit dem historischen Zeltdach überspannt. Wer dort im Augenblick verstehen, berechnen, begreifen will, wo er in langer Erschütterung das Unverständliche als das Erhabene festhalten sollte, mag verständig genannt werden, doch nur in dem Sinne, in dem Schiller von dem Verstand der Verständigen redet: er sieht einiges nicht, was doch das Kind sieht, er hört einiges nicht, was doch das Kind hört; dieses einige ist gerade das Wichtigste: weil er dies nicht versteht, ist sein Verstehen kindischer als das Kind und einfältiger als die Einfalt – trotz der vielen schlauen Fältchen seiner pergamentnen Züge und der virtuosen Übung seiner Finger, das Verwickelte aufzuwickeln. Das macht: er hat seinen Instinkt vernichtet und verloren, er kann nun nicht mehr, dem „göttlichen Tiere" vertrauend, die Zügel hängen lassen, wenn sein Verstand schwankt und sein Weg durch Wüsten führt. So wird das Individuum zaghaft und unsicher und darf sich nicht mehr glauben: es versinkt in sich selbst, ins Innerliche, das heißt hier nur: in den zusammengehäuften Wust des Erlernten, das nicht nach außen wirkt, der Belehrung, die nicht Leben wird. Sieht man einmal aufs Äußerliche, so bemerkt man, wie die Austreibung der Instinkte durch Historie die Menschen fast zu lauter abstractis und Schatten umgeschaffen hat: keiner wagt mehr seine Person daran, sondern maskiert sich als gebildeter Mann, als Gelehrter, als Dichter, als Politiker. Greift man solche Masken an, weil man glaubt, es sei ihnen Ernst, und nicht bloß um ein Possenspiel zu tun – da sie allesamt den Ernst affichieren –, so hat man plötzlich nur Lumpen und bunte Flicken in den Händen.

Deshalb soll man sich nicht mehr täuschen lassen, deshalb soll man sie anherrschen: „zieht eure Jacken aus oder seid, was ihr scheint!“ Es soll nicht mehr jeder Ernsthafte von Geblüt zu einem Don Quixote werden, da er Besseres zu tun hat, als sich mit solchen vermeintlichen Realitäten herumzuschlagen. Jedenfalls aber muß er scharf hineinsehen, bei jeder Maske sein „Halt Werda!“ rufen und ihr die Larve in den Nacken ziehen. Sonderbar! Man sollte denken, daß die Geschichte die Menschen vor allem ermutigte ehrlich zu sein – und wäre es selbst, ein ehrlicher Narr zu sein; und immer ist dies ihre Wirkung gewesen, nur jetzt nicht mehr! Die historische Bildung und der bürgerliche Universal-Rock herrschen zu gleicher Zeit. Während noch nie so volltönend von der „freien Persönlichkeit“ geredet worden ist, sieht man nicht einmal Persönlichkeiten, geschweige denn freie, sondern lauter ängstlich verhüllte Universal-Menschen. Das Individuum hat sich ins Innerliche zurückgezogen: außen merkt man nichts mehr davon; wobei man zweifeln darf, ob es überhaupt Ursachen ohne Wirkungen geben könne. Oder sollte als Wächter des großen geschichtlichen Welt-Harems ein Geschlecht von Eunuchen nötig sein? Denen steht freilich die reine Objektivität schön zu Gesichte. Scheint es doch fast, als wäre es die Aufgabe, die Geschichte zu bewachen, daß nichts aus ihr herauskomme als eben Geschichten, aber ja kein Geschehen! – zu verhüten, daß durch sie die Persönlichkeiten „frei“ werden, soll heißen wahrhaftig gegen sich, wahrhaftig gegen andre, und zwar in Wort und Tat. Erst durch diese Wahrhaftigkeit wird die Not, das innre Elend des modernen Menschen an den Tag kommen, und an die Stelle jener ängstlich versteckenden Konvention und Maskerade können dann, als wahre Helferinnen, Kunst und Religion treten, um gemeinsam eine Kultur anzupflanzen, die wahren Bedürfnissen entspricht und die nicht, wie die jetzige allgemeine Bildung, nur lehrt, sich über diese Bedürfnisse zu belügen und dadurch zur wandelnden Lüge zu werden.

In welche unnatürlichen, künstlichen und jedenfalls unwürdigen Lagen muß in einer Zeit, die an der allgemeinen Bildung leidet, die wahrhaftigste aller Wissenschaften, die ehrliche nackte Göttin Philosophie geraten! Sie bleibt in einer solchen Welt der erzwungenen äußerlichen Uniformität gelehrter Monolog des einsamen Spaziergängers, zufällige Jagdbeute des einzelnen, verborgenes Stubengeheimnis oder ungefährliches Geschwätz zwischen akademischen Greisen und Kindern. Niemand darf es wagen, das Gesetz der Philosophie an sich zu erfüllen, niemand lebt philosophisch, mit jener einfachen Mannestreue, die einen Alten zwang, wo er auch war, was er auch trieb, sich als Stoiker zu gebärden, falls er der Stoa einmal Treue zugesagt hatte. Alles moderne Philosophieren ist politisch und polizeilich, durch Regierungen, Kirchen, Akademien, Sitten und Feigheiten der Menschen auf den gelehrten Anschein beschränkt; es bleibt beim Seufzen „wenn doch“ oder bei der Erkenntnis „es war einmal“. Die Philosophie ist innerhalb der historischen Bildung ohne Recht, falls sie mehr sein will als ein innerlich zurückgehaltenes Wissen ohne Wirken; wäre der moderne Mensch überhaupt nur mutig und entschlossen, wäre er nicht selbst in seinen Feindschaften nur ein innerliches Wesen: er würde sie verbannen; so begnügt er sich, ihre Nudität schamhaft zu verkleiden. Ja, man denkt, schreibt, druckt, spricht, lehrt philosophisch, – so weit ist ungefähr alles erlaubt; nur im Handeln, im sogenannten Leben ist es anders: da ist immer nur eins erlaubt und alles andre einfach unmöglich: so will's die historische Bildung. Sind das noch Menschen, fragt man sich dann, oder vielleicht nur Denk-, Schreib- und Redemaschinen?

Goethe sagt einmal von Shakespeare: „Niemand hat das materielle Kostüme mehr verachtet als er; er kennt recht gut das innere Menschen-Kostüme, und hier gleichen sich alle. Man sagt, er habe die Römer vortrefflich dargestellt; ich finde es nicht, es sind lauter eingefleischte Engländer, aber freilich Menschen sind es, Menschen von Grund aus, und denen paßt wohl auch die römische Toga.“ Nun frage ich, ob es auch nur möglich wäre, unsre jetzigen Literaten, Volksmänner, Beamte, Politiker als Römer vorzuführen; es will durchaus nicht angehen, weil sie keine Menschen sind, sondern nur eingefleischte Kompendien und gleichsam konkrete Abstrakta. Wenn sie Charakter und eigne Art haben sollten, so steckt dies alles so tief, daß es gar nicht sich ans Tageslicht herauswinden kann: wenn sie Menschen sein sollten, so sind sie es doch nur für den, „der die Nieren prüft“. Für jeden andern sind sie etwas anderes, nicht Menschen, nicht Götter, nicht Tiere, sondern historische Bildungsgebilde, ganz und gar Bildung, Bild, Form ohne nachweisbaren Inhalt, leider nur schlechte Form, und überdies Uniform. Und so möge mein Satz verstander und erwogen werden: *die Geschichte wird nur von starken Persönlichkeiten ertragen, die schwachen löscht sie vollends aus.* Das liegt darin, daß sie das Gefühl und die Empfindung verwirrt, wo diese nicht kräftig genug sind, die Vergangenheit an sich zu messen. Dem, der sich nicht mehr zu trauen wagt, sondern unwillkürlich für sein Empfinden bei der Geschichte um Rat fragt „wie soll ich hier empfinden?“, der wird allmählich aus Furchtsamkeit zum Schauspieler und spielt eine Rolle, meistens sogar viele Rollen und deshalb jede so schlecht und flach. Allmählich fehlt alle Kongruenz zwischen dem Mann und seinem historischen Bereiche; kleine vorlaute Burschen sehen wir mit den Römern umgehen, als wären diese ihresgleichen: und in den Überresten griechischer Dichter wühlen und graben sie, als ob auch diese corpora für ihre Sektion bereit lägen und vilia wären, was ihre eignen literarischen corpora sein mögen. Nehmen wir an, es beschäftige sich einer mit Demokrit, so liegt mir immer die Frage auf den Lippen: warum denn just Demokrit? warum nicht Heraklit? Oder Philo? Oder Bacon? Oder Descartes? – und so beliebig weiter. Und dann: warum denn just ein Philosoph? Warum nicht ein Dichter, ein Redner? Und: warum überhaupt ein Grieche, warum nicht ein Engländer, ein Türke? Ist denn nicht die Vergangenheit groß genug, um etwas zu finden, wobei ihr selbst euch nicht so lächerlich beliebig ausnehmt? Aber wie gesagt, es ist ein Geschlecht von Eunuchen; dem Eunuchen ist ein Weib wie das andre, eben nur ein Weib, das Weib an sich, das ewig Unnahbare – und so ist es gleichgültig, was ihr treibt, wenn nur die Geschichte selbst schön „objektiv" bewahrt bleibt, nämlich von solchen, die nie selber Geschichte machen können. Und da euch das Ewig-Weibliche nie hinanziehn wird, so zieht ihr es zu euch herab und nehmt, als Neutra, auch die Geschichte als ein Neutrum. Damit man aber nicht glaube, daß ich im Ernste die Geschichte mit dem Ewig-Weiblichen vergleiche, so will ich vielmehr klärlich aussprechen, daß ich sie im Gegenteil für das Ewig-Männliche halte: nur daß es für die, welche durch und durch „historisch gebildet" sind, ziemlich gleichgültig sein muß, ob sie das eine oder das andre ist: sind sie doch selbst weder Mann noch Weib, nicht einmal Kommunia, sondern immer nur Neutra oder, gebildeter ausgedrückt, eben nur die Ewig-Objektiven.

Sind die Persönlichkeiten erst in der geschilderten Weise zu ewiger Subjektlosigkeit oder, wie man sagt, Objektivität ausgeblasen: so vermag nichts mehr auf sie zu wirken; es mag was Gutes und Rechtes geschehen, als Tat, als Dichtung, als Musik: sofort sieht der ausgehöhlte Bildungsmensch über das Werk hinweg und fragt nach der Historie des Autors. Hat dieser schon mehreres geschaffen, sofort muß er sich den bisherigen und den mutmaßlichen weiteren Gang seiner Entwicklung deuten lassen, sofort wird er neben andere zur Vergleichung gestellt, auf die Wahl seines Stoffes, auf seine Behandlung hin seziert, auseinandergerissen, weislich neu zusammengefügt und im Ganzen vermahnt und zurechtgewiesen. Es mag das Erstaunlichste geschehen, immer ist die Schar der historisch Neutralen auf dem Platze, bereit, den Autor schon aus weiter Ferne zu überschauen. Augenblicklich erschallt das Echo: aber immer als „Kritik", während kurz vorher der Kritiker von der Möglichkeit des Geschehenden sich nichts träumen ließ. Nirgends kommt es zu einer Wirkung, sondern immer nur wieder zu einer „Kritik"; und die Kritik selbst macht wieder keine Wirkung, sondern erfährt nur wieder Kritik. Dabei ist man übereingekommen, viele Kritiken als Wirkung, wenige oder keine als Mißerfolg zu betrachten. Im Grunde aber bleibt, selbst bei sotaner „Wirkung", alles beim alten: man schwätzt zwar eine Zeitlang etwas Neues, dann aber wieder etwas Neues und tut inzwischen das, was man immer getan hat. Die historische Bildung unsrer Kritiker erlaubt gar nicht mehr, daß es zu einer Wirkung im eigentlichen Verstande, nämlich zu einer Wirkung auf Leben und Handeln komme: auf die schwärzeste Schrift drücken sie sogleich ihr Löschpapier, auf die anmutigste Zeichnung schmieren sie ihre dicken Pinselstriche, die als Korrekturen angesehn werden sollen: da war's wieder einmal vorbei. Nie aber hört ihre kritische Feder auf zu fließen, denn sie haben die Macht über sie verloren und werden mehr von ihr geführt, anstatt sie zu führen. Gerade in dieser Maßlosigkeit ihrer kritischen Ergüsse, in dem Mangel der Herrschaft über sich selbst, in dem, was die Römer impotentia nennen, verrät sich die Schwäche der modernen Persönlichkeit.

6

Doch lassen wir diese Schwäche. Wenden wir uns vielmehr zu einer vielgerühmten Stärke des modernen Menschen mit der allerdings peinlichen Frage, ob er ein Recht dazu hat, sich seiner bekannten historischen „Objektivität“ wegen stark, nämlich gerecht und in höherem Grade gerecht zu nennen als der Mensch anderer Zeiten. Ist es wahr, daß jene Objektivität in einem gesteigerten Bedürfnis und Verlangen nach Gerechtigkeit ihren Ursprung hat? Oder erweckt sie als Wirkung ganz anderer Ursachen eben nur den Anschein, als ob die Gerechtigkeit die eigentliche Ursache dieser Wirkung sei? Verführt sie vielleicht zu einem schädlichen, weil allzu schmeichlerischen Vorurteil über die Tugenden des modernen Menschen? – Sokrates hielt es für ein Leiden, das dem Wahnsinn nahe komme, sich den Besitz einer Tugend einzubilden und sie nicht zu besitzen: und gewiß ist eine solche Einbildung gefährlicher als der entgegengesetzte Wahn, an einem Fehler, an einem Laster zu leiden. Denn durch diesen Wahn ist es vielleicht noch möglich, besser zu werden; jene Einbildung aber macht den Menschen oder eine Zeit täglich schlechter, also – in diesem Falle, ungerechter.

Wahrlich, niemand hat in höherem Grade einen Anspruch auf unsre Verehrung als der, welcher den Trieb und die Kraft zur Gerechtigkeit besitzt. Denn in ihr vereinigen und verbergen sich die höchsten und seltensten Tugenden wie in einem unergründlichen Meere, das von allen Seiten Ströme empfängt und in sich verschlingt. Die Hand des Gerechten, der Gericht zu halten befugt ist, erzittert nicht mehr, wenn sie die Waage hält; unerbittlich gegen sich selbst legt er Gewicht auf Gewicht, sein Auge trübt sich nicht, wenn die Waagschalen steigen und sinken, und seine Stimme klingt weder hart noch gebrochen, wenn er das Urteil verkündet. Wäre er ein kalter Dämon der Erkenntnis, so würde er um sich die eisige Atmosphäre einer übermenschlich schrecklichen Majestät ausbreiten, die wir zu fürchten, nicht zu verehren hätten: aber daß er ein Mensch ist und doch aus läßlichem Zweifel zu strenger Gewißheit, aus duldsamer Milde zum Imperativ „du mußt", aus der seltenen Tugend der Großmut zur allerseltensten der Gerechtigkeit emporzusteigen versucht, daß er jetzt jenem Dämon ähnelt, ohne von Anbeginn etwas anderes als ein armer Mensch zu sein, und vor allem, daß er in jedem Augenblicke an sich selbst sein Menschentum zu büßen hat und sich an einer unmöglichen Tugend tragisch verzehrt – dies alles stellt ihn in eine einsame Höhe hin, als das ehrwürdigste Exemplar der Gattung Mensch; denn Wahrheit will er, doch nicht nur als kalte folgenlose Erkenntnis, sondern als die ordnende und strafende Richterin, Wahrheit nicht als egoistischen Besitz des einzelnen, sondern als die heilige Berechtigung, alle Grenzsteine egoistischer Besitztümer zu verrücken, Wahrheit mit einem Worte als Weltgericht und durchaus nicht etwa als erhaschte Beute und Lust des einzelnen Jägers. Nur insofern der Wahrhafte den unbedingten Willen hat, gerecht zu sein, ist an dem überall so gedankenlos glorifizierten Streben nach Wahrheit etwas Großes: während vor dem stumpferen Auge eine ganze Anzahl der verschiedenartigsten Triebe, wie Neugier, Flucht vor der Langeweile, Mißgunst, Eitelkeit, Spieltrieb – Triebe, die gar nichts mit der Wahrheit zu tun haben – mit jenem Streben nach Wahrheit, das seine Wurzel in der Gerechtigkeit hat, zusammenfließen. So scheint zwar die Welt voll zu sein von solchen, die „der Wahrheit dienen"; und doch ist die Tugend der Gerechtigkeit so selten vorhanden, noch seltener erkannt und fast immer auf den Tod gehaßt: wohingegen die Schar der scheinbaren Tugenden zu jeder Zeit geehrt und prunkend einherzog. Der Wahrheit dienen wenige in Wahrheit, weil nur wenige den reinen Willen haben, gerecht zu sein, und selbst von diesen wieder die wenigsten die Kraft, gerecht sein zu können. Es genügt durchaus nicht, den Willen dazu allein zu haben: und die schrecklichsten Leiden sind gerade aus dem Gerechtigkeitstriebe ohne Urteilskraft über die Menschen gekommen; weshalb die allgemeine Wohlfahrt nichts mehr erheischen würde, als den Samen der Urteilskraft so breit wie möglich auszustreuen, damit der Fanatiker von dem Richter, die blinde Begierde, Richter zu sein, von der bewußten Kraft, richten zu dürfen, unterschieden bleibe. Aber wo fände sich ein Mittel, Urteilskraft zu pflanzen! – daher die Menschen, wenn ihnen von Wahrheit und Gerechtigkeit geredet wird, ewig in einem zagenden Schwanken verharren werden, ob zu ihnen der Fanatiker oder der Richter rede. Man soll es ihnen deshalb verzeihen, wenn sie immer mit besonderem Wohlwollen diejenigen „Diener der Wahrheit“ begrüßt haben, die weder den Willen noch die Kraft zu richten besitzen und sich die Aufgabe stellen, die „reine, folgenlose“ Erkenntnis oder, deutlicher, die Wahrheit, bei der nichts herauskommt, zu suchen. Es gibt sehr viele gleichgültige Wahrheiten; es gibt Probleme, über die richtig zu urteilen nicht einmal Überwindung, geschweige denn Aufopferung kostet. In diesem gleichgültigen und ungefährlichen Bereiche gelingt es einem Menschen wohl, zu einem kalten Dämon der Erkenntnis zu werden; und trotzdem! Wenn selbst, in besonders begünstigten Zeiten, ganze Gelehrten- und Forscher-Kohorten in solche Dämonen umgewandelt werden – immerhin bleibt es leider möglich, daß eine solche Zeit an strenger und großer Gerechtigkeit, kurz, an dem edelsten Kerne des sogenannten Wahrheitstriebes Mangel leidet.

Nun stelle man sich den historischen Virtuosen der Gegenwart vor Augen: ist er der gerechteste Mann seiner Zeit? Es ist wahr, er hat in sich eine solche Zartheit und Erregbarkeit der Empfindung ausgebildet, daß ihm gar nichts Menschliches fern bleibt; die verschiedensten Zeiten und Personen klingen sofort auf seiner Lyra in verwandten Tönen nach: er ist zum nachtönenden Passivum geworden, das durch sein Ertönen wieder auf andre derartige Passiva wirkt: bis endlich die ganze Luft einer Zeit von solchen durcheinander schwirrenden zarten und verwandten Nachklängen erfüllt ist. Doch scheint es mir, daß man gleichsam nur die Obertöne jedes originalen geschichtlichen Hauptmtons vernimmt: das Derbe und Mächtige des Originals ist aus dem sphärisch-dünnen und spitzen Saitenklange nicht mehr zu erraten. Dafür weckte der Originalton meistens Taten, Nöte, Schrecken, dieser lullt uns ein und macht uns zu weichlichen Genießern; es ist, als ob man die heroische Symphonie für zwei Flöten eingerichtet und zum Gebrauch von träumerischen Opiumrauchern bestimmt habe. Daran mag man nun schon ermessen, wie es mit dem obersten Anspruche des modernen Menschen, auf höhere und reinere Gerechtigkeit, bei diesen Virtuosen stehen wird; diese Tugend hat nie etwas Gefälliges, kennt keine reizenden Wallungen, ist hart und schrecklich. Wie niedrig steht, an ihr gemessen, schon die Großmut auf der Stufenleiter der Tugenden, die Großmut, welche die Eigenschaft einiger und seltener Historiker ist! Aber viel mehrere bringen es nur zur Toleranz, zum Geltenlassen des einmal nicht Wegzuleugnenden, zum Zurechtlegen und maßvoll-wohlwollenden Beschönigen, in der klugen Annahme, daß der Unerfahrene es als Tugend der Gerechtigkeit auslege, wenn das Vergangne überhaupt ohne harte Akzente und ohne den Ausdruck des Hasses erzählt wird. Aber nur die überlegne Kraft kann richten, die Schwäche muß tolerieren, wenn sie nicht Stärke heucheln und die Gerechtigkeit auf dem Richterstuhle zur Schauspielerin machen will. Nun ist sogar noch eine fürchterliche Spezies von Historikern übrig, tüchtige, strenge und ehrliche Charaktere – aber enge Köpfe; hier ist der gute Wille gerecht zu sein ebenso vorhanden wie das Pathos des Richtertums: aber alle Richtersprüche sind falsch, ungefähr aus dem gleichen Grunde, aus dem die Urteilssprüche der gewöhnlichen Geschwornen-Kollegien falsch sind. Wie unwahrscheinlich ist also die Häufigkeit des historischen Talentes! Um hier ganz von den verkappten Egoisten und Parteigängern abzusehn, die zum bösen Spiele, das sie spielen, eine recht objektive Miene machen. Ebenso abgesehn von den ganz unbesonnenen Leuten, die als Historiker im naiven Glauben schreiben, daß gerade ihre Zeit in allen Popularansichten recht habe, und daß dieser Zeit gemäß zu schreiben so viel heiße, als überhaupt gerecht zu sein; ein Glaube, in dem eine jede Religion lebt, und über den, bei Religionen, nichts weiter zu sagen ist. Jene naiven Historiker nennen „Objektivität" das Messen vergangner Meinungen und Taten an den Allerwelts-Meinungen des Augenblicks: hier finden sie den Kanon aller Wahrheiten; ihre Arbeit ist, die Vergangenheit der zeitgemäßen Trivialität anzupassen. Dagegen nennen sie jede Geschichtsschreibung „subjektiv", die jene Popularmeinungen nicht als kanonisch nimmt.

Und sollte nicht selbst bei der höchsten Ausdeutung des Wortes Objektivität eine Illusion mit unterlaufen? Man versteht dann mit diesem Worte einen Zustand im Historiker, in dem er ein Ereignis in allen seinen Motiven und Folgen so rein anschaut, daß es auf sein Subjekt gar keine Wirkung tut: man meint jenes ästhetische Phänomen, jenes Losgebundensein vom persönlichen Interesse, mit dem der Maler in einer stürmischen Landschaft, unter Blitz und Donner, oder auf bewegter See sein inneres Bild schaut und dabei seine Person vergißt. Man verlangt also auch vom Historiker die künstlerische Beschaulichkeit und das völlige Versunkensein in die Dinge: ein Aberglaube jedoch ist es, daß das Bild, welches die Dinge in einem solchermaßen gestimmten Menschen zeigen, das empirische Wesen der Dinge wiedergebe. Oder sollten sich in jenen Momenten die Dinge gleichsam durch ihre eigene Tätigkeit auf einem reinen Passivum abzeichnen, abkonterfeien, abphotographieren?

Dies wäre eine Mythologie und eine schlechte obendrein: zudem vergäße man, daß jener Moment gerade der kräftigste und selbsttätigste Zeugungsmoment im Innern des Künstlers ist, ein Kompositionsmoment allerhöchster Art, dessen Resultat wohl ein künstlerisch wahres, nicht ein historisch wahres Gemälde sein wird. In dieser Weise die Geschichte objektiv denken ist die stille Arbeit des Dramatikers; nämlich alles aneinander denken, das Vereinzelte zum Ganzen weben: überall mit der Voraussetzung, daß eine Einheit des Planes in die Dinge gelegt werden müsse, wenn sie nicht darinnen sei. So überspinnt der Mensch die Vergangenheit und bändigt sie, so äußert sich sein Kunsttrieb – nicht aber sein Wahrheits-, sein Gerechtigkeitstrieb. Objektivität und Gerechtigkeit haben nichts miteinander zu tun. Es wäre eine Geschichtschreibung zu denken, die keinen Tropfen der gemeinen empirischen Wahrheit in sich hat und doch im höchsten Grade auf das Prädikat der Objektivität Anspruch machen dürfte. Ja Grillparzer wagt zu erklären: „was ist denn Geschichte anders als die Art, wie der Geist des Menschen die ihm undurchdringlichen Begebenheiten aufnimmt; das, weiß Gott ob Zusammengehörige verbindet; das Unverständliche durch etwas Verständliches ersetzt; seine Begriffe von Zweckmäßigkeit nach außen einem Ganzen unterschiebt, das wohl nur eine nach innen kennt; und wieder Zufall annimmt, wo tausend kleine Ursachen wirkten. Jeder Mensch hat zugleich seine Separatnotwendigkeit, so daß Millionen Richtungen parallel in krummen und geraden Linien nebeneinander laufen, sich durchkreuzen, fördern, hemmen, vor- und rückwärts streben und dadurch füreinander den Charakter des Zufalls annehmen, und es so, abgerechnet die Einwirkungen der Naturereignisse, unmöglich machen, eine durchgreifende, alle umfassende Notwendigkeit des Geschehenden nachzuweisen." Nun soll aber gerade, als Ergebnis jenes „objektiven" Blicks auf die Dinge, eine solche Notwendigkeit ans Licht gezogen werden! Dies ist eine Voraussetzung, die, wenn sie als Glaubenssatz vom Historiker ausgesprochen wird, nur wunderliche Gestalt annehmen kann; Schiller zwar ist über das recht eigentlich Subjektive dieser Annahme völlig im klaren, wenn er vom Historiker sagt: „eine Erscheinung nach der andern fängt an, sich dem blinden Ohngefähr, der gesetzlosen Freiheit zu entziehen und sich einem übereinstimmenden Ganzen – das freilich nur in seiner Vorstellung vorhanden ist – als ein passendes Glied einzureihen." Was soll man aber von der so glaubensvoll eingeführten, zwischen Tautologie und Widersinn künstlich schwebenden Behauptung eines berühmten historischen Virtuosen halten: „es ist nicht anders, als daß alles menschliche Tun und Treiben dem leisen und der Bemerkung oft entzogenen, aber gewaltigen und unaufhaltsamen Gange der Dinge unterworfen ist"? In einem solchen Satze spürt man nicht mehr rätselhafte Weisheit als unrätselhafte Unweisheit; wie im Ausspruch des Goethischen Hofgärtners, „die Natur läßt sich wohl forcieren, aber nicht zwingen", oder in der Inschrift einer Jahrmarktsbude, von der Swift erzählt: „hier ist zu sehen der größte Elefant der Welt, mit Ausnahme seiner selbst". Denn welches ist doch der Gegensatz zwischen dem Tun und Treiben der Menschen und dem Gange der Dinge? Überhaupt fällt mir auf, daß solche Historiker, wie jener, von dem wir einen Satz anführten, nicht mehr belehren, sobald sie allgemein werden und dann das Gefühl ihrer Schwäche in Dunkelheiten zeigen. In andern Wissenschaften sind die Allgemeinheiten das Wichtigste, insofern sie die Gesetze enthalten: sollten aber solche Sätze wie der angeführte für Gesetze gelten wollen, so wäre zu entgegnen, daß dann die Arbeit des Geschichtschreibers verschwendet ist; denn was überhaupt an solchen Sätzen wahr bleibt, nach Abzug jenes dunklen unauflöslichen Restes, von dem wir sprachen – das ist bekannt und sogar trivial; denn es wird jedem in dem kleinsten Bereiche der Erfahrungen vor die Augen kommen. Deshalb aber ganze Völker inkommodieren und mühsame Arbeitsjahre darauf wenden hieße doch nichts anderes, als in den Naturwissenschaften Experiment auf Experiment häufen, nachdem aus dem vorhandnen Schatze der Experimente längst das Gesetz abgeleitet werden kann: an welchem sinnlosen Übermaß des Experimentierens übrigens nach Zöllner die gegenwärtige Naturwissenschaft leiden soll. Wenn der Wert eines Dramas nur in dem Schluß- und Hauptgedanken liegen sollte, so würde das Drama selbst ein möglichst weiter, ungerader und mühsamer Weg zum Ziele sein; und so hoffe ich, daß die Geschichte ihre Bedeutung nicht in den allgemeinen Gedanken, als einer Art von Blüte und Frucht, erkennen dürfe: sondern daß ihr Wert gerade der ist, ein bekanntes, vielleicht gewöhnliches Thema, eine Alltags-Melodie geistreich zu umschreiben, zu erheben, zum umfassenden Symbol zu steigern und so in dem Original-Thema eine ganze Welt von Tiefsinn, Macht und Schönheit ahnen zu lassen.

Dazu gehört aber vor allem eine große künstlerische

Potenz, ein schaffendes Darüberschweben, ein liebendes Versenktsein in die empirischen Data, ein Weiterdichten an gegebnen Typen – dazu gehört allerdings Objektivität, aber als positive Eigenschaft. So oft aber ist Objektivität nur eine Phrase. An Stelle jener innerlich blitzenden äußerlich unbewegten und dunklen Ruhe des Künstlerauges tritt die Affektation der Ruhe; wie sich der Mangel an Pathos und moralischer Kraft als schneidende Kälte der Betrachtung zu verkleiden pflegt. In gewissen Fällen wagt sich die Banalität der Gesinnung, die Jedermanns-Weisheit, die nur durch ihre Langweiligkeit den Eindruck des Ruhigen, Unaufgeregten macht, hervor, um für jenen künstlerischen Zustand zu gelten, in welchem das Subjekt schweigt und völlig unbemerkbar wird. Dann wird alles hervorgesucht, was überhaupt nicht aufregt, und das trockenste Wort ist gerade recht. Ja man geht so weit anzunehmen, daß der, den ein Moment der Vergangenheit *gar nichts angehe*, berufen sei ihn darzustellen. So verhalten sich häufig Philologen und Griechen zueinander: sie gehen sich gar nichts an – das nennt man dann wohl auch „Objektivität"! Wo nun gerade das Höchste und Seltenste dargestellt werden soll, da ist das absichtliche und zur Schau getragene Unbeteiligtsein, die hervorgesuchte nüchtern-flache Motivierungskunst geradezu empörend, – wenn nämlich die *Eitelkeit* des Historikers zu dieser objektiv sich gebärdenden Gleichgültigkeit treibt. Übrigens hat man bei solchen Autoren sein Urteil näher nach dem Grundsatze zu motivieren, daß jeder Mann gerade so viel Eitelkeit hat, als es ihm an Verstande fehlt. Nein, seid wenigstens ehrlich! Sucht nicht den Schein der künstlerischen Kraft, die wirklich Objektivität zu nennen ist, sucht nicht den Schein der Gerechtigkeit, wenn ihr nicht zu dem furchtbaren Berufe des Gerechten geweiht seid. Als ob es auch die Aufgabe jeder Zeit wäre, gegen alles, was einmal war, gerecht sein zu müssen! Zeiten und Generationen haben sogar niemals recht, Richter aller früheren Zeiten und Generationen zu sein: sondern immer nur einzelnen und zwar den seltensten fällt einmal eine so unbequeme Mission zu. Wer zwingt euch denn zu richten? Und dann – prüft euch nur, ob ihr gerecht sein könntet, wenn ihr es wolltet! Als Richter müßtet ihr höher stehen als der zu Richtende; während ihr nur später gekommen seid. Die Gäste, die zuletzt zur Tafel kommen, sollten mit Recht die letzten Plätze erhalten: und ihr wollt die ersten haben? Nun dann tut wenigstens das Höchste und Größte; vielleicht macht man euch dann wirklich Platz, auch wenn ihr zuletzt kommt.

Nur aus der höchsten Kraft der Gegenwart dürft ihr das Vergangne deuten: nur in der stärksten Anspannung eurer edelsten Eigenschaften werdet ihr erraten, was in dem Vergangnen wissens- und bewahrenswürdig und groß ist. Gleiches durch Gleiches! Sonst zieht ihr das Vergangne zu euch nieder. Glaubt einer Geschichtschreibung nicht, wenn sie nicht aus dem Haupte der seltensten Geister herausspringt; immer aber werdet ihr merken, welcher Qualität ihr Geist ist, wenn sie genötigt wird, etwas Allgemeines auszusprechen oder etwas Allbekanntes noch einmal zu sagen: der echte Historiker muß die Kraft haben, das Allbekannte zum Niegehörten umzuprägen und das Allgemeine so einfach und tief zu verkünden, daß man die Einfachheit über der Tiefe und die Tiefe über der Einfachheit übersieht. Es kann keiner zugleich ein großer Historiker, ein künstlerischer Mensch und ein Flachkopf sein: dagegen soll man nicht die karrenden, aufschüttenden, sichtenden Arbeiter geringschätzen, weil sie gewiß nicht zu großen Historikern werden können; man soll sie noch weniger mit jenen verwechseln, sondern sie als die nötigen Gesellen und Handlanger im Dienste des Meisters begreifen: so etwa wie die Franzosen, mit größerer Naivität als bei den Deutschen möglich, von den historiens de M. Thiers zu reden pflegten. Diese Arbeiter sollen allmählich große Gelehrte werden, können aber deshalb doch nie Meister sein. Ein großer Gelehrter und ein großer Flachkopf – das geht schon leichter miteinander unter Einem Hute.

Also: Geschichte schreibt der Erfahrene und Überlegene. Wer nicht einiges größer und höher erlebt hat als alle, wird auch nichts Großes und Hohes aus der Vergangenheit zu deuten wissen. Der Spruch der Vergangenheit ist immer ein Orakelspruch: nur als Baumeister der Zukunft, als Wissende der Gegenwart werdet ihr ihn verstehn. Man erklärt jetzt die außerordentlich tiefe und weite Wirkung Delphis besonders daraus, daß die delphischen Priester genaue Kenner des Vergangnen waren; jetzt geziemt sich zu wissen, daß nur der, welcher die Zukunft baut, ein Recht hat, die Vergangenheit zu richten. Dadurch, daß ihr vorwärts seht, ein großes Ziel euch steckt, bändigt ihr zugleich jenen üppigen analytischen Trieb, der euch jetzt die Gegenwart verwüstet und alle Ruhe, alles friedfertige Wachsen und Reifwerden fast unmöglich macht. Zieht um euch den Zaun einer großen und umfänglichen Hoffnung, eines hoffenden Strebens. Formt in euch ein Bild, dem die Zukunft entsprechen soll, und vergeßt den Aberglauben, Epigonen zu sein. Ihr habt genug zu ersinnen und zu erfinden, indem ihr auf jenes zukünftige Leben sinnt; aber fragt nicht bei der Geschichte an, daß sie euch das Wie? das Womit? zeige. Wenn ihr euch dagegen in die Geschichte großer Männer hineinlebt, so werdet ihr aus ihr ein oberstes Gebot lernen, reif zu werden und jenem lähmenden Erziehungsbanne der Zeit zu entfliehen, die ihren Nutzen darin sieht, euch nicht reif werden zu lassen, um euch, die Unreifen, zu beherrschen und auszubeuten. Und wenn ihr nach Biographien verlangt, dann nicht nach jenen mit dem Refrain „Herr Soundso und seine Zeit", sondern nach solchen, auf deren Titelblatte es heißen müßte „ein Kämpfer gegen seine Zeit". Sättigt eure Seelen an Plutarch und wagt es, an euch selbst zu glauben, indem ihr an seine Helden glaubt. Mit einem Hundert solcher unmodern erzogener, das heißt reif gewordener und an das Heroische gewöhnter Menschen ist jetzt die ganze lärmende Afterbildung dieser Zeit zum ewigen Schweigen zu bringen. –

7

Der historische Sinn, wenn er ungebändigt waltet und alle seine Konsequenzen zieht, entwurzelt die Zukunft, weil er die Illusionen zerstört und den bestehenden Dingen ihre Atmosphäre nimmt, in der sie allein leben können. Die historische Gerechtigkeit, selbst wenn sie wirklich und in reiner Gesinnung geübt wird, ist deshalb eine schreckliche Tugend, weil sie immer das Lebendige untergräbt und zu Falle bringt: ihr Richten ist immer ein Vernichten. Wenn hinter dem historischen Triebe kein Bautrieb wirkt, wenn nicht zerstört und aufgeräumt wird, damit eine bereits in der Hoffnung lebendige Zukunft auf dem befreiten Boden ihr Haus baue, wenn die Gerechtigkeit allein waltet, dann wird der schaffende Instinkt entkräftet und entmutigt. Eine Religion zum Beispiel, die in historisches Wissen, unter dem Walten der reinen Gerechtigkeit, umgesetzt werden soll, eine Religion, die durch und durch wissenschaftlich erkannt werden soll, ist am Ende dieses Weges zugleich vernichtet. Der Grund liegt darin, daß bei der historischen Nachrechnung jedesmal so viel Falsches, Rohes, Unmenschliches, Absurdes, Gewaltsames zutage tritt, daß die pietätvolle Illusions-Stimmung, in der alles, was leben will, allein leben kann, notwendig zerstiebt: nur in Liebe aber, nur umschattet von der Illusion der Liebe, schafft der Mensch, nämlich nur im unbedingten Glauben an das Vollkommne und Rechte. Jedem, den man zwingt, nicht mehr unbedingt zu lieben, hat man die Wurzeln seiner Kraft abgeschnitten: er muß verdorren, nämlich unehrlich werden. In solchen Wirkungen ist der Historie die Kunst entgegengesetzt: und nur wenn die Historie es erträgt, zum Kunstwerk umgebildet, also reines Kunstgebilde zu werden, kann sie vielleicht Instinkte erhalten oder sogar wecken. Eine solche Geschichtschreibung würde aber durchaus dem analytischen und unkünstlerischen Zuge unserer Zeit widersprechen, ja von ihr als Fälschung empfunden werden. Historie aber, die nur zerstört, ohne daß ein innrer Bautrieb sie führt, macht auf die Dauer ihre Werkzeuge blasiert und unnatürlich: denn solche Menschen zerstören Illusionen, und „wer die Illusion in sich und anderen zerstört, den straft die Natur als der strengste Tyrann". Eine gute Zeit lang zwar kann man sich wohl mit der Historie völlig harmlos und unbedachtsam beschäftigen, als ob es eine Beschäftigung so gut wie jede andre wäre; insbesondere scheint die neuere Theologie sich rein aus Harmlosigkeit mit der Geschichte eingelassen zu haben, und jetzt noch will sie es kaum merken, daß sie damit, wahrscheinlich sehr wider Willen, im Dienste des Voltaireschen écrasez steht. Vermute niemand dahinter neue kräftige Bau-Instinkte; man müßte denn den sogenannten Protestanten-Verein als Mutterschoß einer neuen Religion und etwa den Juristen Holtzendorf (den Herausgeber und Vorredner der noch viel sogenannteren Protestanten-Bibel) als Johannes am Flusse Jordan gelten lassen. Einige Zeit hilft vielleicht die in älteren Köpfen noch qualmende Hegelische Philosophie zur Propagation jener Harmlosigkeit, etwa dadurch, daß man die „Idee des Christentums" von ihren mannigfach unvollkommnen „Erscheinungsformen" unterscheidet und sich vorredet, es sei wohl gar die „Liebhaberei der Idee", sich in immer reineren Formen zu offenbaren, zuletzt nämlich als die gewiß allerreinste, durchsichtigste, ja kaum sichtbare Form im Hirne des jetzigen theologus liberalis vulgaris. Hört man aber diese allerreinlichsten Christentümer sich über die früheren unreinlichen Christentümer aussprechen, so hat der nichtbeteiligte Zuhörer oft den Eindruck, es sei gar nicht vom Christentume die Rede, sondern von – nun woran sollen wir denken? wenn wir das Christentum von dem „größten Theologen des Jahrhunderts“ als die Religion bezeichnet finden, die es verstattet, „sich in alle wirklichen und noch einige andere bloß mögliche Religionen hineinzuempfinden“, und wenn die „wahre Kirche“ die sein soll, welche „zur fließenden Masse wird, wo es keine Umrisse gibt, wo jeder Teil sich bald hier, bald dort befindet und alles sich friedlich untereinander mengt“. – Nochmals, woran sollen wir denken?

Was man am Christentume lernen kann, daß es unter der Wirkung einer historisierenden Behandlung blasiert und unnatürlich geworden ist, bis endlich eine vollkommen historische, das heißt gerechte Behandlung es in reines Wissen um das Christentum auflöst und dadurch vernichtet, das kann man an allem, was Leben hat, studieren: daß es aufhört zu leben, wenn es zu Ende seziert ist und schmerzlich und krankhaft lebt, wenn man anfängt, an ihm die historischen Sezierübungen zu machen. Es gibt Menschen, die an eine umwälzende und reformierende Heilkraft der deutschen Musik unter Deutschen glauben: sie empfinden es mit Zorne und halten es für ein Unrecht, begangen am Lebendigsten unsrer Kultur, wenn solche Männer wie Mozart und Beethoven bereits jetzt mit dem ganzen gelehrten Wust des Biographischen überschüttet und mit dem Foltersystem historischer Kritik zu Antworten auf tausend zudringliche Fragen gezwungen werden. Wird nicht dadurch das in seinen lebendigen Wirkungen noch gar nicht Erschöpfte zur Unzeit abgetan oder mindestens gelähmt, daß man die Neubegierde auf zahllose Mikrologien des Lebens und der Werke richtet und Erkenntnis-Probleme dort sucht, wo man lernen sollte zu leben und alle Probleme zu vergessen? Versetzt nur ein paar solcher modernen Biographen in Gedanken an die Geburtsstätte des Christentums oder der Lutherischen Reformation; ihre nüchterne pragmatisierende Neubegier hätte gerade ausgereicht, um jede geisterhafte actio in distans unmöglich zu machen: wie das elendeste Tier die Entstehung der mächtigsten Eiche verhindern kann, dadurch daß es die Eichel verschluckt. Alles Lebendige braucht um sich eine Atmosphäre, einen geheimnisvollen Dunstkreis; wenn man ihm diese Hülle nimmt, wenn man eine Religion, eine Kunst, ein Genie verurteilt, als Gestirn ohne Atmosphäre zu kreisen: so soll man sich über das schnelle Verdorren, Hart- und Unfruchtbarwerden nicht mehr wundern. So ist es nun einmal bei allen großen Dingen,

„die nie ohn' ein'gen Wahn gelingen",

wie Hans Sachs in den Meistersingern sagt.

Aber selbst jedes Volk, ja jeder Mensch, der reif werden will, braucht einen solchen umhüllenden Wahn, eine solche schützende und umschleiernde Wolke; jetzt aber haßt man das Reifwerden überhaupt, weil man die Historie mehr als das Leben ehrt. Ja man triumphiert darüber, daß jetzt „die Wissenschaft anfange, über das Leben zu herrschen": möglich, daß man das erreicht; aber gewiß ist ein derartig beherrschtes Leben nicht viel wert, weil es viel weniger Leben ist und viel weniger Leben für die Zukunft verbürgt als das ehemals nicht durch das Wissen, sondern durch Instinkte und kräftige Wahnbilder beherrschte Leben. Aber es soll auch gar nicht, wie gesagt, das Zeitalter der fertig und reif gewordenen, der harmonischen Persönlichkeiten sein, sondern das der gemeinsamen möglichst nutzbaren Arbeit. Das heißt eben doch nur: die Menschen sollen zu den Zwecken der Zeit abgerichtet werden, um so zeitig als möglich mit Hand anzulegen: sie sollen in der Fabrik der allgemeinen Utilitäten arbeiten, bevor sie reif sind, ja damit sie gar nicht mehr reif werden, – weil dies ein Luxus wäre, der „dem Arbeitsmarkte" eine Menge von Kraft entziehen würde. Man blendet einige Vögel, damit sie schöner singen: ich glaube nicht, daß die jetzigen Menschen schöner singen als ihre Großväter, aber das weiß ich, daß man sie zeitig blendet. Das Mittel aber, das verruchte Mittel, das man anwendet, um sie zu blenden, ist allzu helles, allzu plötzliches, allzu wechselndes Licht. Der junge Mensch wird durch alle Jahrtausende gepeitscht: Jünglinge, die nichts von einem Kriege, einer diplomatischen Aktion, einer Handelspolitik verstehen, werden der Einführung in die politische Geschichte für würdig befunden. So aber, wie der junge Mensch durch die Geschichte läuft, so laufen wir Moderne durch die Kunstkammern, so hören wir Konzerte. Man fühlt wohl, das klingt anders als jenes, das wirkt anders als jenes: dies Gefühl der Befremdung immer mehr zu verlieren, über nichts mehr übermäßig zu erstaunen, endlich alles sich gefallen zu lassen – das nennt man dann wohl den historischen Sinn, die historische Bildung. Ohne Beschönigung des Ausdrucks gesprochen: die Masse des Einströmenden ist so groß, das Befremdende, Barbarische und Gewaltsame dringt so übermächtig, „zu scheußlichen Klumpen geballt", auf die jugendliche Seele ein, daß sie sich nur mit einem vorsätzlichen Stumpfsinn zu retten weiß. Wo ein feineres und stärkeres Bewußtsein zugrunde lag, stellt sich wohl auch eine andre Empfindung ein: Ekel. Der junge Mensch ist so heimatlos geworden und zweifelt an allen Sitten und Begriffen. Jetzt weiß er es: in allen Zeiten war es anders, es kommt nicht darauf an, wie du bist. In schwermütiger Gefühllosigkeit läßt er Meinung auf Meinung an sich vorübergehn und begreift das Wort und die Stimmung Hölderlins beim Lesen des Laërtius Diogenes über Leben und Lehren griechischer Philosophen: „ich habe auch hier wieder erfahren, was mir schon manchmal begegnet ist, daß mir nämlich das Vorübergehende und Abwechselnde der menschlichen Gedanken und Systeme fast tragischer aufgefallen ist, als die Schicksale, die man gewöhnlich allein die wirklichen nennt". Nein, ein solches überschwemmendes, betäubendes und gewaltsames Historisieren ist gewiß nicht für die Jugend nötig, wie die Alten zeigen, ja im höchsten Grade gefährlich, wie die Neueren zeigen. Nun betrachte man aber gar den historischen Studenten, den Erben einer allzu frühen, fast im Knabenalter schon sichtbar gewordenen Blasiertheit. Jetzt ist ihm die „Methode" zu eigner Arbeit, der rechte Griff und der vornehme Ton nach des Meisters Manier zu eigen geworden; ein ganz isoliertes Kapitelchen der Vergangenheit ist seinem Scharfsinn und der erlernten Methode zum Opfer gefallen; er hat bereits produziert, ja mit stolzerem Worte, er hat „geschaffen", er ist nun Diener der Wahrheit durch die Tat und Herr im historischen Weltbereiche geworden. War er schon als Knabe „fertig", so ist er nun bereits überfertig: man braucht an ihm nur zu schütteln, so fällt einem die Weisheit mit Geprassel in den Schoß; doch die Weisheit ist faul, und jeder Apfel hat seinen Wurm. Glaubt es mir: wenn die Menschen in der wissenschaftlichen Fabrik arbeiten und nutzbar werden sollen, bevor sie reif sind, so ist in kurzem die Wissenschaft ebenso ruiniert, wie die allzuzeitig in dieser Fabrik verwendeten Sklaven. Ich bedaure, daß man schon nötig hat, sich des sprachlichen Jargons der Sklavenhalter und Arbeitgeber zur Bezeichnung solcher Verhältnisse zu bedienen, die an sich frei von Utilitäten, enthoben der Lebensnot gedacht werden sollten; aber unwillkürlich drängen sich die Worte „Fabrik, Arbeitsmarkt, Angebot, Nutzbarmachung“ – und wie all die Hilfszeitwörter des Egoismus lauten – auf die Lippen, wenn man die jüngste Generation der Gelehrten schildern will. Die gediegene Mittelmäßigkeit wird immer mittelmäßiger, die Wissenschaft im ökonomischen Sinne immer nutzbarer. Eigentlich sind die allerneuesten Gelehrten nur in Einem Punkte weise, darin freilich weiser als alle Menschen der Vergangenheit, in allen übrigen Punkten nur unendlich anders – vorsichtig gesprochen – als alle Gelehrten alten Schlags. Trotzdem fordern sie Ehren und Vorteile für sich ein, als ob der Staat und die öffentliche Meinung verpflichtet wären, die neuen Münzen für ebenso voll zu nehmen wie die alten. Die Kärrner haben unter sich einen Arbeitsvertrag gemacht und das Genie als überflüssig dekretiert – dadurch, daß jeder Kärrner zum Genie umgestempelt wird: wahrscheinlich wird es eine spätere Zeit ihren Bauten ansehen, daß sie zusammengekarrt, nicht zusammengebaut sind. Denen, die unermüdlich den modernen Schlacht- und Opferruf „Teilung der Arbeit! In Reih und Glied!“ im Munde führen, ist einmal klärlich und rund zu sagen: wollt ihr die Wissenschaft möglichst schnell fördern, so werdet ihr sie auch möglichst schnell vernichten; wie euch die Henne zugrunde geht, die ihr künstlich zum allzu schnellen Eierlegen zwingt. Gut, die Wissenschaft ist in den letzten Jahrzehnten erstaunlich schnell gefördert worden: aber seht euch nun auch die Gelehrten, die erschöpften Hennen an. Es sind wahrhaftig keine „harmonischen“ Naturen; nur gackern können sie mehr als je, weil sie öfter Eier legen: freilich sind auch die Eier immer kleiner (obzwar die Bücher immer dicker) geworden. Als letztes und natürliches Resultat ergibt sich das allgemein beliebte „Popularisieren“ (nebst „Feminisieren“ und

„Infantisieren") der Wissenschaft, das heißt das berüchtigte Zuschneiden des Rocks der Wissenschaft auf den Leib des „gemischten Publikums": um uns hier einmal für eine schneidermäßige Tätigkeit auch eines schneidermäßigen Deutsches zu befleißigen. Goethe sah darin einen Mißbrauch und verlangte, daß die Wissenschaften nur durch eine erhöhte Praxis auf die äußere Welt wirken sollten. Den älteren Gelehrten-Generationen dünkte überdies ein solcher Mißbrauch aus guten Gründen schwer und lästig: ebenfalls aus guten Gründen fällt er den jüngeren Gelehrten leicht, weil sie selbst, von einem ganz kleinen Wissens-Winkel abgesehn, sehr gemischtes Publikum sind und dessen Bedürfnisse in sich tragen. Sie brauchen sich nur einmal bequem hinzusetzen, so gelingt es ihnen, auch ihr kleines Studienbereich jener gemischt-populären Bedürfnis-Neubegier aufzuschließen. Für diesen Bequemlichkeitsakt prätendiert man hinterdrein den Namen „bescheidene Herablassung des Gelehrten zu seinem Volke": während im Grunde der Gelehrte nur zu sich, soweit er nicht Gelehrter, sondern Pöbel ist, herabstieg. Schafft euch den Begriff eines „Volkes": den könnt ihr nie edel und hoch genug denken. Dächtet ihr groß vom Volke, so wäret ihr auch barmherzig gegen dasselbe und hütetet euch wohl, euer historisches Scheidewasser ihm als Lebens- und Labetrunk anzubieten. Aber ihr denkt im tiefsten Grunde von ihm gering, weil ihr vor seiner Zukunft keine wahre und sicher gegründete Achtung haben dürft, und ihr handelt als praktische Pessimisten, ich meine als Menschen, welche die Ahnung eines Unterganges leitet und die dadurch gegen das fremde, ja gegen das eigne Wohl gleichgültig und läßlich werden. Wenn uns nur die Scholle noch trägt! Und wenn sie uns nicht mehr trägt, dann soll es auch recht sein: – so empfinden sie und leben eine ironische Existenz.

8

Es darf zwar befremdend, aber nicht widerspruchsvoll erscheinen, wenn ich dem Zeitalter, das so hörbar und aufdringlich in das unbekümmertste Frohlocken über seine historische Bildung auszubrechen pflegt, trotzdem eine Art von ironischem Selbstbewußtsein zuschreibe, ein darüberschwebendes Ahnen, daß hier nicht zu frohlocken sei, eine Furcht, daß es vielleicht bald mit aller Lustbarkeit der historischen Erkenntnis vorüber sein werde. Ein ähnliches Rätsel in betreff einzelner Persönlichkeiten hat uns Goethe, durch seine merkwürdige Charakteristik Newtons, hingestellt: er findet im Grunde (oder richtiger: in der Höhe) seines Wesens „eine trübe Ahnung seines Unrechtes", gleichsam als den in einzelnen Augenblicken bemerkbaren Ausdruck eines überlegnen richtenden Bewußtseins, das über die notwendige ihm innewohnende Natur eine gewisse ironische Übersicht erlangt habe. So findet man gerade in den größer und höher entwickelten historischen Menschen ein oft bis zu allgemeiner Skepsis gedämpftes Bewußtsein davon, wie groß die Ungereimtheit und der Aberglaube sei zu glauben, daß die Erziehung eines Volkes so überwiegend historisch sein müsse, wie sie es jetzt ist; haben doch gerade die kräftigsten Völker, und zwar kräftig in Taten und Werken, anders gelebt, anders ihre Jugend herangezogen. Aber uns ziemt jene Ungereimtheit, jener Aberglaube – so lautet die skeptische Einwendung – uns den Spätgekommenen, den abgeblaßten letzten Sprossen mächtiger und frohmütiger Geschlechter, uns, auf die Hesiods Prophezeiung zu deuten ist, daß die Menschen einst sogleich graubehaart geboren würden, und daß Zeus dies Geschlecht vertilgen werde, sobald jenes Zeichen an ihm sichtbar geworden sei. Die historische Bildung ist auch wirklich eine Art angeborner Grauhaarigkeit und die, welche ihre Zeichen von Kindheit her an sich tragen, müssen wohl zu dem instinktiven Glauben vom Alter der Menschheit gelangen: dem Alter aber gebührt jetzt eine greisenhafte Beschäftigung, nämlich Zurückschauen, Überrechnen, Abschließen, Trost suchen im Gewesenen, durch Erinnerungen, kurz historische Bildung. Das Menschengeschlecht ist aber ein zähes und beharrliches Ding und will nicht nach Jahrtausenden, ja kaum nach Hunderttausenden von Jahren in seinen Schritten – vorwärts und rückwärts – betrachtet werden, das heißt es will als Ganzes von dem unendlich kleinen Atompünktchen, dem einzelnen Menschen, gar nicht betrachtet werden. Was wollen denn ein paar Jahrtausende besagen (oder anders ausgedrückt: der Zeitraum von 34 aufeinanderfolgenden, zu 60 Jahren gerechneten Menschenleben), um im Anfang einer solchen Zeit noch von „Jugend“, am Schlusse bereits von „Alter der Menschheit“ reden zu können! Steckt nicht vielmehr in diesem lähmenden Glauben an eine bereits abwelkende Menschheit das Mißverständnis einer, vom Mittelalter her vererbten, christlich-theologischen Vorstellung, der Gedanke an das nahe Weltende, an das bänglich erwartete Gericht? Umkleidet sich jene Vorstellung wohl durch das gesteigerte historische Richter-Bedürfnis, als ob unsre Zeit, die letzte der möglichen, selbst jenes Weltgericht über alles Vergangne abzuhalten befugt sei, das der christliche Glaube keineswegs vom Menschen, aber von „des Menschen Sohn“ erwartete? Früher war dieses, der Menschheit sowohl wie dem einzelnen zugerufne „memento mori“ ein immer quälender Stachel und gleichsam die Spitze des mittelalterlichen Wissens und Gewissens. Das ihm entgegengerufne Wort der neueren Zeit: „memento vivere“ klingt, offen zu reden, noch ziemlich verschüchtert, kommt nicht aus voller Kehle und hat beinahe etwas Unehrliches. Denn die Menschheit sitzt noch fest auf dem Memento mori und verrät es durch ihr universales historisches Bedürfnis: das Wissen hat, trotz seinem mächtigsten Flügelschlage, sich nicht ins Freie losreißen können, ein tiefes Gefühl von Hoffnungslosigkeit ist übrig geblieben und hat jene historische Färbung angenommen, von der jetzt alle höhere Erziehung und Bildung schwermütig umdunkelt ist. Eine Religion, die von allen Stunden eines Menschenlebens die letzte für die wichtigste hält, die einen Schluß des Erdenlebens überhaupt voraussagt und alle Lebenden verurteilt, im fünften Akt der Tragödie zu leben, regt gewiß die tiefsten und edelsten Kräfte auf, aber sie ist feindlich gegen alles Neu-Anpflanzen, Kühn-Versuchen, Frei-Begehren; sie widerstrebt jedem Fluge ins Unbekannte, weil sie dort nicht liebt, nicht hofft: sie läßt das Werdende sich nur wider Willen aufdrängen, um es, zur rechten Zeit, als einen Verführer zum Dasein, als einen Lügner über den Wert des Daseins beiseite zu drängen oder hinzuopfern. Das, was die Florentiner taten, als sie unter dem Eindrucke der Bußpredigten des Savonarola jene berühmten Opferbrände von Gemälden, Manuskripten, Spiegeln, Larven veranstalteten, das möchte das Christentum mit jeder Kultur tun, die zum Weiterstreben reizt und jenes Memento vivere als Wahlspruch führt; und wenn es nicht möglich ist, dies auf geradem Wege, ohne Umschweif, nämlich durch Übermacht zu tun, so erreicht es doch ebenfalls sein Ziel, wenn es sich mit der historischen Bildung, meistens sogar ohne deren Mitwissen, verbündet und nun, aus ihr heraus redend, alles Werdende achselzuckend ablehnt und darüber das Gefühl des gar zu Überspäten und Epigonenhaften, kurz der angebornen Grauhaarigkeit ausbreitet. Die herbe und tiefsinnig ernste Betrachtung über den Unwert alles Geschehenen, über das zum-Gericht-Reifsein der Welt, hat sich zu dem skeptischen Bewußtsein verflüchtigt, daß es jedenfalls gut sei, alles Geschehene zu wissen, weil es zu spät dafür sei, etwas Besseres zu tun. So macht der historische Sinn seine Diener passiv und retrospektiv; und beinahe nur aus augenblicklicher Vergeßlichkeit, wenn gerade jener Sinn intermittiert, wird der am historischen Fieber Erkrankte aktiv, um, sobald die Aktion vorüber ist, seine Tat zu sezieren, durch analytische Betrachtung am Weiterwirken zu hindern und sie endlich zur „Historie" abzuhäuten. In diesem Sinne leben wir noch im Mittelalter, ist Historie immer noch eine verkappte Theologie: wie ebenfalls die Ehrfurcht, mit der der unwissenschaftliche Laie die wissenschaftliche Kaste behandelt, eine vom Klerus her vererbte Ehrfurcht ist. Was man früher der Kirche gab, das gibt man jetzt, obzwar spärlicher, der Wissenschaft: daß man aber gibt, hat einstmals die Kirche ausgewirkt, nicht aber erst der moderne Geist, der vielmehr, bei seinen anderen guten Eigenschaften, bekanntlich etwas Knauseriges hat und in der vornehmen Tugend der Freigiebigkeit ein Stümper ist.

Vielleicht gefällt diese Bemerkung nicht, vielleicht ebensowenig als jene Ableitung des Übermaßes von Historie aus dem mittelalterlichen Memento mori und aus der Hoffnungslosigkeit, die das Christentum gegen alle kommenden Zeiten des irdischen Daseins im Herzen trägt. Man soll aber immerhin diese auch von mir nur zweifelnd hingestellte Erklärung durch bessere Erklärungen ersetzen; denn der Ursprung der historischen Bildung – und ihres innerlich ganz und gar radikalen Widerspruches gegen den Geist einer „neuen Zeit", eines „modernen Bewußtseins" – dieser Ursprung muß selbst wieder historisch erkannt werden, die Historie muß das Problem der Historie selbst auflösen, das Wissen muß seinen Stachel gegen sich selbst kehren – dieses dreifache Muß ist der Imperativ des Geistes der „neuen Zeit", falls in ihr wirklich etwas Neues, Mächtiges, Lebenverheißendes und Ursprüngliches ist. Oder sollte es wahr sein, daß wir Deutschen – um die romanischen Völker außer dem Spiele zu lassen – in allen höheren Angelegenheiten der Kultur immer nur „Nachkommen“ sein müßten, deshalb weil wir nur dies allein sein *könnten*; wie diesen sehr zu überlegenden Satz einmal Wilhelm Wackernagel ausgesprochen hat: „Wir Deutschen sind einmal ein Volk von Nachkommen, sind mit all unserm höheren Wissen, sind selbst mit unserm Glauben immer nur Nachfolger der alten Welt; auch die es feindlich gestimmt nicht wollen, atmen nächst dem Geiste des Christentums unausgesetzt von dem unsterblichen Geiste altklassischer Bildung, und gelänge es einem, aus der Lebensluft, die den inneren Menschen umgibt, diese zwei Elemente auszuscheiden, es würde nicht viel übrig bleiben, um noch ein geistiges Leben damit zu fristen.“ Selbst aber wenn wir bei diesem Berufe, Nachkommen des Altertums zu sein, uns gern beruhigen wollten, selbst wenn wir uns entschlössen, ihn recht nachdrücklich ernst und groß zu nehmen und in dieser Nachdrücklichkeit unser auszeichnendes und einziges Vorrecht anzuerkennen, – so würden wir trotzdem genötigt werden zu fragen, ob es ewig unsere Bestimmung sein müsse, *Zöglinge des sinkenden Altertums* zu sein: irgendwann einmal mag es erlaubt sein, unser Ziel schrittweise höher und ferner zu stecken, irgendwann einmal sollten wir uns das Lob zusprechen dürfen, den Geist der alexandrinisch-römischen Kultur in uns – auch durch unsre universale Historie – so fruchtbringend und großartig nachgeschaffen zu haben, um nun, als den edelsten Lohn, uns die noch gewaltigere Aufgabe stellen zu dürfen, hinter diese alexandrinische Welt zurück und über sie hinaus zu streben, und unsere Vorbilder mutigen Blicks in der altgriechischen Urwelt des Großen, Natürlichen und Menschlichen zu suchen. *Dort aber finden wir auch die Wirklichkeit einer wesentlich unhistorischen Bildung und einer* trotzdem oder vielmehr deswegen unsäglich reichen und lebensvollen Bildung. Wären wir Deutsche selbst nichts als Nachkommen – wir könnten, indem wir auf eine solche Bildung als eine uns anzueignende Erbschaft blickten, gar nichts Größeres und Stolzeres sein als eben Nachkommen.

Damit soll nur dies und nichts als dies gesagt sein, daß selbst der oftmals peinlich anmutende Gedanke, Epigonen zu sein, groß gedacht, große Wirkungen und ein hoffnungsreiches Begehren der Zukunft, sowohl dem einzelnen als einem Volke verbürgen kann: insofern wir uns nämlich als Erben und Nachkommen klassischer und erstaunlicher Mächte begreifen und darin unsere Ehre, unsern Sporn sehen. Nicht also wie verblaßte und verkümmerte Spätlinge kräftiger Geschlechter, die als Antiquare und Totengräber jener Geschlechter ein fröstelndes Leben fristen. Solche Spätlinge freilich leben eine ironische Existenz: die Vernichtung folgt ihrem hinkenden Lebensgange auf der Ferse; sie schaudern vor ihr, wenn sie sich des Vergangnen erfreuen, denn sie sind lebende Gedächtnisse, und doch ist ihr Gedenken ohne Erben sinnlos. So umfängt sie die trübe Ahnung, daß ihr Leben ein Unrecht sei, da ihm kein kommendes Leben recht geben kann.

Dächten wir uns aber solche antiquarische Spätlinge plötzlich die Unverschämtheit gegen jene ironischschmerzliche Bescheidung eintauschen; denken wir sie uns, wie sie mit gellender Stimme verkünden: das Geschlecht ist auf seiner Höhe, denn jetzt erst hat es das Wissen über sich und ist sich selber offenbar geworden – so hätten wir ein Schauspiel, an dem als an einem Gleichnis die rätselhafte Bedeutung einer gewissen sehr berühmten Philosophie für die deutsche Bildung sich enträtseln wird. Ich glaube, daß es keine gefährliche Schwankung oder Wendung der deutschen Bildung in diesem Jahrhundert gegeben hat, die nicht durch die ungeheure, bis diesen Augenblick fortströmende Einwirkung dieser Philosophie, der Hegelischen, gefährlicher geworden ist. Wahrhaftig, lähmend und verstimmend ist der Glaube, ein Spätling der Zeiten zu sein: furchtbar und zerstörend muß es aber erscheinen, wenn ein solcher Glaube eines Tages mit kecker Umstülpung diesen Spätling als den wahren Sinn und Zweck alles früher Geschehenen vergöttert, wenn sein wissendes Elend einer Vollendung der Weltgeschichte gleichgesetzt wird. Eine solche Betrachtungsart hat die Deutschen daran gewöhnt, vom „Weltprozeß" zu reden und die eigne Zeit als das notwendige Resultat dieses Weltprozesses zu rechtfertigen; eine solche Betrachtungsart hat die Geschichte an Stelle der andern geistigen Mächte, Kunst und Religion, als einzig souverän gesetzt, insofern sie „der sich selbst realisierende Begriff", insofern sie „die Dialektik der Völkergeister" und das „Weltgericht" ist.

Man hat diese Hegelisch verstandene Geschichte mit Hohn das Wandeln Gottes auf der Erde genannt, welcher Gott aber seinerseits erst durch die Geschichte gemacht wird. Dieser Gott aber wurde sich selbst innerhalb der Hegelischen Hirnschalen durchsichtig und verständlich und ist bereits alle dialektisch möglichen Stufen seines Werdens, bis zu jener Selbstoffenbarung, emporgestiegen: so daß für Hegel der Höhepunkt und der Endpunkt des Weltprozesses in seiner eignen Berliner Existenz zusammenfielen. Ja er hätte sagen müssen, daß alle nach ihm kommenden Dinge eigentlich nur als eine musikalische Koda des weltgeschichtlichen Rondos, noch eigentlicher, als überflüssig zu schätzen seien. Das hat er nicht gesagt: dafür hat er in die von ihm durchsäuerten Generationen jene Bewunderung vor der „Macht der Geschichte" gepflanzt, die praktisch alle Augenblicke in nackte Bewunderung des Erfolges umschlägt und zum

Götzendienste des Tatsächlichen führt: für welchen Dienst man sich jetzt die sehr mythologische und außerdem recht gut deutsche Wendung „den Tatsachen Rechnung tragen" allgemein eingeübt hat. Wer aber erst gelernt hat, vor der „Macht der Geschichte" den Rücken zu krümmen und den Kopf zu beugen, der nickt zuletzt chinesenhaft-mechanisch sein „Ja" zu jeder Macht, sei dies nun eine Regierung oder eine öffentliche Meinung oder eine Zahlen-Majorität, und bewegt seine Glieder genau in dem Takte, in dem irgend eine „Macht" am Faden zieht. Enthält jeder Erfolg in sich eine vernünftige Notwendigkeit, ist jedes Ereignis der Sieg des Logischen oder der „Idee" – dann nur hurtig nieder auf die Kniee und nun die ganze Stufenleiter der „Erfolge" abgekniet! Was, es gäbe keine herrschenden Mythologien mehr? Was, die Religionen wären im Aussterben? Seht euch nur die Religion der historischen Macht an, gebt acht auf die Priester der Ideen-Mythologie und ihre zerschundenen Kniee! Sind nicht sogar alle Tugenden im Gefolge dieses neuen Glaubens? Oder ist es nicht Selbstlosigkeit, wenn der historische Mensch sich zum objektiven Spiegelglas ausblasen läßt? Ist es nicht Großmut, auf alle Gewalt im Himmel und auf Erden zu verzichten, dadurch, daß man in jeder Gewalt die Gewalt an sich anbetet? Ist es nicht Gerechtigkeit, immer Waagschalen der Mächte in den Händen zu haben und fein zuzusehen, welche als die stärkere und schwerere sich neigt? Und welche Schule der Wohlanständigkeit ist eine solche Betrachtung der Geschichte! Alles objektiv nehmen, über nichts zürnen, nichts lieben, alles begreifen, wie macht das sanft und schmiegsam; und selbst wenn ein in dieser Schule Aufgezogner öffentlich einmal zürnt und sich ärgert, so freut man sich daran, denn man weiß ja, es ist nur artistisch gemeint, es ist ira und studium und doch ganz und gar sine ira et studio.

Was für veraltete Gedanken habe ich gegen einen solchen Komplex von Mythologie und Tugend auf dem Herzen! Aber sie sollen einmal heraus, und man soll nur immer lachen. Ich würde also sagen: die Geschichte prägt immer ein: „es war einmal", die Moral: „ihr sollt nicht" oder „ihr hättet nicht sollen". So wird die Geschichte zu einem Kompendium der tatsächlichen Unmoral. Wie schwer würde sich der irren, der die Geschichte zugleich als Richterin dieser tatsächlichen Unmoral ansähe! Es beleidigt zum Beispiel die Moral, daß ein Raffael sechsunddreißig Jahre alt sterben mußte: solch ein Wesen sollte nicht sterben. Wollt ihr nun der Geschichte zu Hilfe kommen, als Apologeten des Tatsächlichen, so werdet ihr sagen: er hat alles, was in ihm lag, ausgesprochen, er hätte, bei längerem Leben, immer nur das Schöne als gleiches Schönes, nicht als neues Schönes schaffen können, und dergleichen. So seid ihr die Advokaten des Teufels, und zwar dadurch, daß ihr den Erfolg, das Faktum zu eurem Götzen macht: während das Faktum immer dumm ist und zu allen Zeiten einem Kalbe ähnlicher gesehen hat als einem Gotte. Als Apologeten der Geschichte souffliert euch überdies die Ignoranz: denn nur weil ihr nicht wißt, was eine solche natura naturans wie Raffael ist, macht es euch nicht heiß zu vernehmen, daß sie war und nicht mehr sein wird. Über Goethe hat uns neuerdings jemand belehren wollen, daß er mit seinen 82 Jahren sich ausgelebt habe: und doch würde ich gern ein paar Jahre des „ausgelebten" Goethe gegen ganze Wagen voll frischer hochmoderner Lebensläufte einhandeln, um noch einen Anteil an solchen Gesprächen zu haben, wie sie Goethe mit Eckermann führte, und um auf diese Weise vor allen zeitgemäßen Belehrungen durch die Legionäre des Augenblicks bewahrt zu bleiben. Wie wenige Lebende haben überhaupt, solchen Toten gegenüber, ein Recht zu leben!

Daß die Vielen leben und jene Wenigen nicht mehr leben, ist nichts als eine brutale Wahrheit, das heißt eine unverbesserliche Dummheit, ein plumpes „es ist einmal so" gegenüber der Moral „es sollte nicht so sein". Ja, gegenüber der Moral! Denn rede man von welcher Tugend man wolle, von der Gerechtigkeit, Großmut, Tapferkeit, von der Weisheit und dem Mitleid des Menschen – überall ist er dadurch tugendhaft, daß er sich gegen jene blinde Macht der Fakta, gegen die Tyrannei des Wirklichen empört und sich Gesetzen unterwirft, die nicht die Gesetze jener Geschichtsfluktuationen sind. Er schwimmt immer gegen die geschichtlichen Wellen, sei es, daß er seine Leidenschaften als die nächste dumme Tatsächlichkeit seiner Existenz bekämpft oder daß er sich zur Ehrlichkeit verpflichtet, während die Lüge rings um ihn herum ihre glitzernden Netze spinnt. Wäre die Geschichte überhaupt nichts weiter als „das Weltsystem von Leidenschaft und Irrtum", so würde der Mensch so in ihr lesen müssen, wie Goethe den Werther zu lesen riet: gleich als ob sie riefe, „sei ein Mann und folge mir nicht nach!" Glücklicherweise bewahrt sie aber auch das Gedächtnis an die großen Kämpfer *gegen die Geschichte*, das heißt gegen die blinde Macht des Wirklichen, und stellt sich dadurch selbst an den Pranger, daß sie jene gerade als die eigentlich historischen Naturen heraushebt, die sich um das „so ist es" wenig kümmern, um vielmehr mit heiterem Stolze einem „so soll es sein" zu folgen. Nicht ihr Geschlecht zu Grabe zu tragen, sondern ein neues Geschlecht zu begründen – das treibt sie unablässig vorwärts: und wenn sie selbst als Spätlinge geboren werden – es gibt eine Art zu leben, dies vergessen zu machen – die kommenden Geschlechter werden sie nur als Erstlinge kennen.

9

Ist vielleicht unsre Zeit ein solcher Erstling? – In der Tat, die Vehemenz ihres historischen Sinnes ist so groß und äußert sich in einer so universalen und schlechterdings unbegrenzten Manier, daß hierin wenigstens die kommenden Zeiten ihre Erstlingschaft preisen werden – falls es nämlich überhaupt kommende Zeiten, im Sinne der Kultur verstanden, geben wird. Aber gerade hierüber bleibt ein schwerer Zweifel zurück. Dicht neben dem Stolze des modernen Menschen steht seine Ironie über sich selbst, sein Bewußtsein, daß er in einer historisierenden und gleichsam abendlichen Stimmung leben muß, seine Furcht, gar nichts mehr von seinen Jugendhoffnungen und Jugendkräften in die Zukunft retten zu können. Hier und da geht man noch weiter, ins Zynische, und rechtfertigt den Gang der Geschichte, ja der gesamten Weltentwicklung ganz eigentlich für den Handgebrauch des modernen Menschen, nach dem zynischen Kanon: gerade so mußte es kommen, wie es gerade jetzt geht, so und nicht anders mußte der Mensch werden, wie jetzt die Menschen sind, gegen dieses Muß darf sich keiner auflehnen. In das Wohlgefühl eines derartigen Zynismus flüchtet sich der, welcher es nicht in der Ironie aushalten kann; ihm bietet überdies das letzte Jahrzehnt eine seiner schönsten Erfindungen zum Geschenk an, eine gerundete und volle Phrase für jenen Zynismus: sie nennt seine Art, zeitgemäß und ganz und gar unbedenklich zu leben, „die volle Hingabe der Persönlichkeit an den Weltprozeß“. Die Persönlichkeit und der Weltprozeß! Der Weltprozeß und die Persönlichkeit des Erdflohs! Wenn man nur nicht ewig die Hyperbel aller Hyperbeln, das Wort: Welt, Welt, Welt hören müßte, da doch jeder, ehrlicherweise, nur von Mensch, Mensch, Mensch reden sollte! Erben der Griechen und Römer?

des Christentums? Das scheint alles jenen Zynikern nichts; aber Erben des Weltprozesses! Spitzen und Zielscheiben des Weltprozesses! Sinn und Lösung aller Werde-Rätsel überhaupt, ausgedrückt im modernen Menschen, der reifsten Frucht am Baume der Erkenntnis! – das nenne ich ein schwellendes Hochgefühl; an diesem Wahrzeichen sind die Erstlinge aller Zeiten zu erkennen, ob sie auch gleich zuletzt gekommen sind. So weit flog die Geschichtsbetrachtung noch nie, selbst nicht, wenn sie träumte; denn jetzt ist die Menschengeschichte nur die Fortsetzung der Tier- und Pflanzengeschichte; ja in den untersten Tiefen des Meeres findet der historische Universalist noch die Spuren seiner selbst, als lebenden Schleim; den ungeheuren Weg, den der Mensch bereits durchlaufen hat, wie ein Wunder anstaunend, schwindelt dem Blicke vor dem noch erstaunlicheren Wunder, vor dem modernen Menschen selbst, der diesen Weg zu übersehen vermag. Er steht hoch und stolz auf der Pyramide des Weltprozesses; indem er oben darauf den Schlußstein seiner Erkenntnis legt, scheint er der horchenden Natur rings umher zuzurufen: „wir sind am Ziele, wir sind das Ziel, wir sind die vollendete Natur".

Überstolzer Europäer des neunzehnten Jahrhunderts, du rasest! Dein Wissen vollendet nicht die Natur, sondern tötet nur deine eigne. Miß nur einmal deine Höhe als Wissender an deiner Tiefe als Könnender. Freilich kletterst du an den Sonnenstrahlen des Wissens aufwärts zum Himmel, aber auch abwärts zum Chaos. Deine Art zu gehen, nämlich als Wissender zu klettern, ist dein Verhängnis; Grund und Boden weicht ins Ungewisse für dich zurück; für dein Leben gibt es keine Stützen mehr, nur noch Spinnefäden, die jeder neue Griff deiner Erkenntnis auseinanderreißt. – Doch darüber kein ernstes Wort mehr, da es möglich ist, ein heiteres zu sagen.

Das rasend-unbedachte Zersplittern und Zerfasern aller

Fundamente, ihre Auflösung in ein immer fließendes und zerfließendes Werden, das unermüdliche Zerspinnen und Historisieren alles Gewordenen durch den modernen Menschen, die große Kreuzspinne im Knoten des Weltall-Netzes – das mag den Moralisten, den Künstler, den Frommen, auch wohl den Staatsmann beschäftigen und bekümmern; uns soll es heute einmal erheitern, dadurch daß wir dies alles im glänzenden Zauberspiegel eines philosophischen Parodisten sehen, in dessen Kopfe die Zeit über sich selbst zum ironischen Bewußtsein, und zwar deutlich „bis zur Verruchtheit" (um Goethisch zu reden), gekommen ist. Hegel hat uns einmal gelehrt, „wenn der Geist einen Ruck macht, da sind wir Philosophen auch dabei": unsere Zeit machte einen Ruck, zur Selbstironie, und siehe! da war auch E. von Hartmann dabei und hatte seine berühmte Philosophie des Unbewußten – oder um deutlicher zu reden – seine Philosophie der unbewußten Ironie geschrieben. Selten haben wir eine lustigere Erfindung und eine mehr philosophische Schelmerei gelesen als die Hartmanns; wer durch ihn nicht über das Werden aufgeklärt, ja innerlich aufgeräumt wird, ist wirklich reif zum Gewesensein. Anfang und Ziel des Weltprozesses, vom ersten Stutzen des Bewußtseins bis zum Zurückgeschleudert-werden ins Nichts, samt der genau bestimmten Aufgabe unserer Generation für den Weltprozeß, alles dargestellt aus dem so witzig erfundenen Inspirations-Borne des Unbewußten und im apokalyptischen Lichte leuchtend, alles so täuschend und zu so biederem Ernste nachgemacht, als ob es wirkliche Ernst-Philosophie und nicht nur Spaß-Philosophie wäre – ein solches Ganze stellt seinen Schöpfer als einen der ersten philosophischen Parodisten aller Zeiten hin: opfern wir also auf seinem Altar, opfern wir ihm, dem Erfinder einer wahren Universal-Medizin, eine Locke – um einen Schleiermacherischen Bewunderungs-Ausdruck zu stehlen.

Denn welche Medizin wäre heilsamer gegen das Übermaß historischer Bildung als Hartmanns Parodie aller Welthistorie?

Wollte man recht trocken heraussagen, was Hartmann von dem umrauchten Dreifuße der unbewußten Ironie her uns verkündet, so wäre zu sagen: er verkündet uns, daß unsre Zeit nur gerade so sein müsse, wie sie ist, wenn die Menschheit dieses Dasein einmal ernstlich satt bekommen soll: was wir von Herzen glauben. Jene erschreckende Verknöcherung der Zeit, jenes unruhige Klappern mit den Knochen – wie es uns David Strauß naiv als schönste Tatsächlichkeit geschildert hat – wird bei Hartmann nicht nur von hinten, ex causis efficientibus, sondern sogar von vorne, ex causa finali, gerechtfertigt; von dem jüngsten Tage her läßt der Schalk das Licht über unsre Zeit strahlen, und da findet sich, daß sie sehr gut ist, nämlich für den, der möglichst stark an Unverdaulichkeit des Lebens leiden will und jenen jüngsten Tag nicht rasch genug heranwünschen kann. Zwar nennt Hartmann das Lebensalter, dem die Menschheit sich jetzt nähert, das „Mannesalter“: das ist aber, nach seiner Schilderung, der beglückte Zustand, wo es nur noch „gediegene Mittelmäßigkeit“ gibt und die Kunst das ist, was „dem Berliner Börsenmanne etwa abends die Posse“ ist, wo „die Genies kein Bedürfnis der Zeit mehr sind, weil es hieße, die Perlen vor die Säue werfen, oder auch weil die Zeit über das Stadium, welchem Genies gebührten, zu einem wichtigeren fortgeschritten ist“, zu jenem Stadium der sozialen Entwicklung nämlich, in dem jeder Arbeiter „bei einer Arbeitszeit, die ihm für seine intellektuelle Ausbildung genügende Muße läßt, ein komfortables Dasein führe“. Schalk aller Schalke, du sprichst das Sehnen der jetzigen Menschheit aus: du weißt aber gleichfalls, was für ein Gespenst am Ende dieses Mannesalters der Menschheit, als Resultat jener intellektuellen

Ausbildung zur gediegenen Mittelmäßigkeit, stehen wird – der Ekel. Sichtbar steht es ganz erbärmlich, es wird aber noch viel erbärmlicher kommen, „sichtbar greift der Antichrist weiter und weiter um sich“ – aber es muß so stehen, es muß so kommen, denn mit dem allen sind wir auf dem bestem Wege – zum Ekel an allem Daseienden. „Darum rüstig vorwärts im Weltprozeß als Arbeiter in Weinberge des Herrn, denn der Prozeß allein ist es, der zur Erlösung führen kann!“

Der Weinberg des Herrn! Der Prozeß! Zur Erlösung! Wer sieht und hört hier nicht die historische Bildung, die nur das Wort „werden“ kennt, wie sie sich zur parodischen Mißgestalt absichtlich vermummt, wie sie durch die vorgehaltene groteske Fratze die mutwilligsten Dinge über sich selbst sagt! Denn was verlangt eigentlich dieser letzte schalkische Anruf der Arbeiter im Weinberge von diesen? In welcher Arbeit sollen sie rüstig vorwärts streben? Oder um anders zu fragen: was hat der historisch Gebildete, der im Flusse des Werdens schwimmende und ertrunkene moderne Fanatiker des Prozesses noch zu tun übrig, um einmal jenen Ekel, die köstliche Traube jenes Weinbergs, einzuernten? – Er hat nichts zu tun als fortzuleben, wie er gelebt hat, fortzulieben, was er geliebt hat, fortzuhassen, was er gehaßt hat, und die Zeitungen fortzulesen, die er gelesen hat; für ihn gibt es nur Eine Sünde – anders zu leben, als er gelebt hat. Wie er aber gelebt hat, sagt uns in übermäßiger Steinschrift-Deutlichkeit jene berühmte Seite mit den groß gedruckten Sätzen, über die das ganze zeitgemäße Bildungs-Hefentum in blindes Entzücken und entzückte Tobsucht geraten ist, weil es in diesen Sätzen seine eigene Rechtfertigung, und zwar seine Rechtfertigung im apokalyptischen Lichte zu lesen glaubte. Denn von jedem Einzelnen forderte der unbewußte Parodist „die volle Hingabe der Persönlichkeit an den Weltprozeß um seines Zieles, der Welterlösung willen"; oder noch heller und klarer: „die Bejahung des Willens zum Leben wird als das vorläufig allein Richtige proklamiert; denn nur in der vollen Hingabe an das Leben und seine Schmerzen, nicht in feiger persönlicher Entsagung und Zurückziehung ist etwas für den Weltprozeß zu leisten", „das Streben nach individueller Willensverneinung ist eben so töricht und nutzlos, ja noch törichter als der Selbstmord". „Der denkende Leser wird auch ohne weitere Andeutungen verstehn, wie eine auf diesen Prinzipien errichtete praktische Philosophie sich gestalten würde, und daß eine solche nicht die Entzweiung, sondern nur die volle Versöhnung mit dem Leben enthalten kann."

Der denkende Leser wird es verstehen: und man konnte Hartmann mißverstehen! Und wie unsäglich lustig ist es, daß man ihn mißverstand! Sollten die jetzigen Deutschen sehr fein sein? Ein wackerer Engländer vermißt an ihnen delicacy of perception, ja wagt zu sagen „in the German mind there does seem to be something splay, something blunt-edged, unhandy and infelicitous" – ob der große deutsche Parodist wohl widersprechen würde? Zwar nähern wir uns, nach seiner Erklärung, „jenem idealen Zustande, wo das Menschengeschlecht seine Geschichte mit Bewußtsein macht": aber offenbar sind wir von jenem vielleicht noch idealeren ziemlich entfernt, wo die Menschheit Hartmanns Buch mit Bewußtsein liest. Kommt es erst dazu, dann wird kein Mensch mehr das Wort „Weltprozeß" durch seine Lippen schlüpfen lassen, ohne daß diese Lippen lächeln; denn man wird sich dabei der Zeit erinnern, wo man das parodische Evangelium Hartmanns mit der ganzen Biederkeit jenes „german mind", ja mit „der Eule verzerrtem Ernste", wie Goethe sagt, anhörte, einsog, bestritt, verehrte, ausbreitete und kanonisierte. Aber die Welt muß vorwärts, nicht erträumt werden kann jener ideale Zustand, er muß erkämpft und errungen werden, und nur durch Heiterkeit geht der Weg zur Erlösung, zur Erlösung von jenem mißverständlichen Eulen-Ernste. Es wird die Zeit sein, in der man sich aller Konstruktionen des Weltprozesses oder auch der Menschheits-Geschichte weislich enthält, eine Zeit, in der man überhaupt nicht mehr die Massen betrachtet, sondern wieder die Einzelnen, die eine Art von Brücke über den wüsten Strom des Werdens bilden. Diese setzen nicht etwa einen Prozeß fort, sondern leben zeitlos-gleichzeitig, dank der Geschichte, die ein solches Zusammenwirken zuläßt, sie leben als die Genialen-Republik, von der einmal Schopenhauer erzählt; ein Riese ruft dem andern durch die öden Zwischenräume der Zeiten zu, und ungestört durch mutwilliges lärmendes Gezwerge, welches unter ihnen wegkriecht, setzt sich das hohe Geistergespräch fort. Die Aufgabe der Geschichte ist es, zwischen ihnen die Mittlerin zu sein und so immer wieder zur Erzeugung des Großen Anlaß zu geben und Kräfte zu verleihen. Nein, das Ziel der Menschheit kann nicht am Ende liegen, sondern nur in ihren höchsten Exemplaren.

Dagegen sagt freilich unsere lustige Person mit jener bewunderungswürdigen Dialektik, die gerade so echt ist, als ihre Bewunderer bewunderungswürdig sind: „So wenig es sich mit dem Begriffe der Entwicklung vertragen würde, dem Weltprozeß eine unendliche Dauer in der Vergangenheit zuzuschreiben, weil dann jede irgend denkbare Entwicklung bereits durchlaufen sein müßte, was doch nicht der Fall ist (o Schelm!), ebensowenig können wir dem Prozesse eine unendliche Dauer für die Zukunft zugestehen; beides höbe den Begriff der Entwicklung zu einem Ziele auf (o nochmals Schelm!) und stellte den Weltprozeß dem Wasserschöpfen der Danaiden gleich. Der vollendete Sieg des Logischen über das Unlogische (o Schelm der Schelme!) muß aber mit dem zeitlichen Ende des Weltprozesses, dem jüngsten Tage, zusammenfallen.“ Nein, du klarer und spöttischer Geist, solange das Unlogische noch so waltet wie heutzutage, solange zum Beispiel noch vom „Weltprozeß“ unter allgemeiner Zustimmung so geredet werden kann, wie du redest, ist der jüngste Tag noch fern: denn es ist noch zu heiter auf dieser Erde, noch manche Illusion blüht, zum Beispiel die Illusion deiner Zeitgenossen über dich, wir sind noch nicht reif dafür, in dein Nichts zurückgeschleudert zu werden: denn wir glauben daran, daß es hier sogar noch lustiger zugehen wird, wenn man erst angefangen hat dich zu verstehen, du unverstandner Unbewußter. Wenn aber trotzdem der Ekel mit Macht kommen sollte, so wie du ihn deinen Lesern prophezeit hast, wenn du mit deiner Schilderung deiner Gegenwart und Zukunft recht behalten solltest – und niemand hat beide so verachtet, so mit Ekel verachtet als du – so bin ich gern bereit, in der von dir vorgeschlagnen Form mit der Majorität dafür zu stimmen, daß nächsten Samstag abend pünktlich zwölf Uhr deine Welt untergehen solle; und unser Dekret mag schließen: von morgen an wird keine Zeit mehr sein und keine Zeitung mehr erscheinen. Vielleicht aber bleibt die Wirkung aus, und wir haben umsonst dekretiert: nun, dann fehlt es uns jedenfalls nicht an der Zeit zu einem schönen Experiment. Wir nehmen eine Waage und legen in die eine der Waagschalen Hartmanns Unbewußtes, in die andre Hartmanns Weltprozeß. Es gibt Menschen, welche glauben, daß sie beide gleich viel wiegen werden: denn in jeder Schale läge ein gleich schlechtes Wort und ein gleich guter Scherz. – Wenn erst einmal Hartmanns Scherz begriffen ist, so wird niemand Hartmanns Wort vom „Weltprozeß“ mehr brauchen als eben zum Scherz. In der Tat, es ist längst an der Zeit, gegen die Ausschweifungen des historischen Sinnes, gegen die übermäßige

Lust am Prozesse auf Unkosten des Seins und Lebens, gegen das besinnungslose Verschieben aller Perspektiven mit dem ganzen Heerbanne satirischer Bosheiten vorzurücken; und es soll dem Verfasser der Philosophie des Unbewußten stets zum Lobe nachgesagt werden, daß es ihm zuerst gelungen ist, das Lächerliche in der Vorstellung des „Weltprozesses“ scharf zu empfinden und durch den sonderlichen Ernst seiner Darstellung noch schärfer nachempfinden zu lassen. Wozu die „Welt“ da ist, wozu die „Menschheit“ da ist, soll uns einstweilen gar nicht kümmern, es sei denn, daß wir uns einen Scherz machen wollen: denn die Vermessenheit des kleinen Menschengewürms ist nun einmal das Scherzhafteste und Heiterste auf der Erdenbühne; aber wozu du Einzelner da bist, das frage dich, und wenn es dir sonst keiner sagen kann, so versuche es nur einmal, den Sinn deines Daseins gleichsam a posteriori zu rechtfertigen, dadurch, daß du dir selber einen Zweck, ein Ziel, ein „Dazu“ vorsetzest, ein hohes und edles „Dazu“. Gehe nur an ihm zugrunde – ich weiß keinen besseren Lebenszweck, als am Großen und Unmöglichen, animae magnae prodigus, zugrunde zu gehen. Wenn dagegen die Lehren vom souveränen Werden, von der Flüssigkeit aller Begriffe, Typen und Arten, von dem Mangel aller kardinalen Verschiedenheit zwischen Mensch und Tier – Lehren, die ich für wahr, aber für tödlich halte – in der jetzt üblichen Belehrungs-Wut noch ein Menschenalter hindurch in das Volk geschleudert werden, so soll es niemanden wundernehmen, wenn das Volk am egoistischen Kleinen und Elenden, an Verknöcherung und Selbstsucht zugrunde geht, zuerst nämlich auseinanderfällt und aufhört, Volk zu sein: an dessen Stellen dann vielleicht Systeme von Einzelegoismen, Verbrüderungen zum Zweck raubsüchtiger Ausbeutung der Nicht-Brüder und ähnliche Schöpfungen utilitarischer Gemeinheit auf dem Schauplatze der Zukunft auftreten werden. Man fahre nur fort, um diesen Schöpfungen vorzuarbeiten, die Geschichte vom Standpunkte der Massen zu schreiben und nach jenen Gesetzen in ihr zu suchen, die aus den Bedürfnissen dieser Massen abzuleiten sind, also nach den Bewegungsgesetzen der niedersten Lehm- und Tonschichten der Gesellschaft. Die Massen scheinen mir nur in dreierlei Hinsicht einen Blick zu verdienen: einmal als verschwimmende Kopien der großen Männer, auf schlechtem Papier und mit abgenutzten Platten hergestellt, sodann als Widerstand gegen die Großen, und endlich als Werkzeuge der Großen; im übrigen hole sie der Teufel und die Statistik! Wie, die Statistik bewiese, daß es Gesetze in der Geschichte gäbe? Gesetze? Ja, sie beweist, wie gemein und ekelhaft uniform die Masse ist: soll man die Wirkung der Schwerkräfte Dummheit, Nachäfferei, Liebe und Hunger Gesetze nennen? Nun, wir wollen es zugeben, aber damit steht dann auch der Satz fest: soweit es Gesetze in der Geschichte gibt, sind die Gesetze nichts wert und ist die Geschichte nichts wert. Gerade diejenige Art der Historie ist aber jetzt allgemein in Schätzung, welche die großen Massentriebe als das Wichtige und Hauptsächliche in der Geschichte nimmt und alle großen Männer nur als den deutlichsten Ausdruck, gleichsam als die sichtbar werdenden Bläschen auf der Wasserflut betrachtet. Da soll die Masse aus sich heraus das Große, das Chaos also aus sich heraus die Ordnung gebären; am Ende wird dann natürlich der Hymnus auf die gebärende Masse angestimmt. „Groß" wird dann alles das genannt, was eine längere Zeit eine solche Masse bewegt hat und, wie man sagt, „eine historische Macht" gewesen ist. Heißt das aber nicht recht absichtlich Quantität und Qualität verwechseln? Wenn die plumpe Masse irgend einen Gedanken, zum Beispiel einen Religionsgedanken, recht adäquat gefunden hat, ihn zäh verteidigt und durch Jahrhunderte fortschleppt: so soll dann, und gerade dann erst, der Finder und Gründer jenes Gedankens groß sein. Warum doch! Das Edelste und Höchste wirkt gar nicht auf die Massen; der historische Erfolg des Christentums, seine historische Macht, Zähigkeit und Zeitdauer, alles das beweist glücklicherweise nichts in betreff der Größe seines Gründers, da es im Grunde gegen ihn beweisen würde: aber zwischen ihm und jenem historischen Erfolge liegt eine sehr irdische und dunkle Schicht von Leidenschaft, Irrtum, Gier nach Macht und Ehre, von fortwirkenden Kräften des imperium romanum, eine Schicht, aus der das Christentum jenen Erdgeschmack und Erdenrest bekommen hat, der ihm die Fortdauer in dieser Welt ermöglichte und gleichsam seine Haltbarkeit gab. Die Größe soll nicht vom Erfolge abhängen, und Demosthenes hat Größe, ob er gleich keinen Erfolg hatte. Die reinsten und wahrhaftigsten Anhänger des Christentums haben seinen weltlichen Erfolg, seine sogenannte „historische Macht" immer eher in Frage gestellt und gehemmt als gefördert; denn sie pflegten sich außerhalb der „Welt" zu stellen und kümmerten sich nicht um den „Prozeß der christlichen Idee"; weshalb sie meistens der Historie auch ganz unbekannt und ungenannt geblieben sind. Christlich ausgedrückt: so ist der Teufel der Regent der Welt und der Meister der Erfolge und des Fortschritts; er ist in allen historischen Mächten die eigentliche Macht, und dabei wird es im wesentlichen bleiben – ob es gleich einer Zeit recht peinlich in den Ohren klingen mag, die an die Vergötterung des Erfolgs und der historischen Macht gewöhnt ist. Sie hat sich nämlich gerade darin geübt, die Dinge neu zu benennen und selbst den Teufel umzutaufen. Es ist gewiß die Stunde einer großen Gefahr: die Menschen scheinen nahe daran zu entdecken, daß der Egoismus der einzelnen, der Gruppen oder der Massen zu allen Zeiten der Hebel der geschichtlichen Bewegungen war; zugleich aber ist man durch diese Entdeckung keineswegs beunruhigt, sondern man dekretiert: der Egoismus soll unser Gott sein. Mit diesem neuen Glauben schickt man sich an, mit deutlichster Absichtlichkeit die kommende Geschichte auf dem Egoismus zu errichten: nur soll es ein kluger Egoismus sein, ein solcher, der sich einige Beschränkungen auferlegt, um sich dauerhaft zu befestigen, ein solcher, der die Geschichte deshalb gerade studiert, um den unklugen Egoismus kennen zu lernen. Bei diesem Studium hat man gelernt, daß dem Staate eine ganz besondere Mission in dem zu gründenden Weltsysteme des Egoismus zukomme: er soll der Patron aller klugen Egoismen werden, um sie mit seiner militärischen und polizeilichen Gewalt gegen die schrecklichen Ausbrüche des unklugen Egoismus zu schützen. Zu dem gleichen Zwecke wird auch die Historie – und zwar als Tier- und Menschenhistorie – in die gefährlichen, weil unklugen, Volksmassen und Arbeiterschichten sorglich eingerührt, weil man weiß, daß ein Körnlein von historischer Bildung imstande ist, die rohen und dumpfen Instinkte und Begierden zu brechen oder auf die Bahn des verfeinerten Egoismus hinzuleiten. In summa: der Mensch nimmt jetzt, mit E. von Hartmann zu reden, „auf eine bedächtig in die Zukunft schauende praktisch wohnliche Einrichtung in der irdischen Heimat Bedacht". Derselbe Schriftsteller nennt eine solche Periode das „Mannesalter der Menschheit" und spottet damit über das, was jetzt „Mann" genannt wird, als ob darunter allein der ernüchterte Selbstsüchtling verstanden werde; wie er ebenfalls nach einem solchen Mannesalter ein dazu gehöriges Greisenalter prophezeit, ersichtlich aber auch nur damit seinen Spott an unsern zeitgemäßen Greisen auslassend: denn er redet von ihrer reifen Beschaulichkeit, mit der sie die „ganzen wüst durchstürmten Leiden ihres vergangnen Lebenslaufes überschauen und die Eitelkeit der bisherigen vermeintlichen Ziele ihres Strebens begreifen". Nein, einem Mannesalter jenes verschlagnen und historisch gebildeten Egoismus entspricht ein mit widriger Gier und würdelos am Leben hängendes Greisenalter und sodann ein letzter Akt, mit dem

„die seltsam wechselnde Geschichte schließt,
als zweite Kindheit, gänzliches Vergessen,
ohn' Augen, ohne Zahn, Geschmack und alles".

Ob die Gefahren unsres Lebens und unserer Kultur nun von diesen wüsten, zahn- und geschmacklosen Greisen, ob sie von jenen sogenannten „Männern" Hartmanns kommen: beiden gegenüber wollen wir das Recht unserer Jugend mit den Zähnen festhalten und nicht müde werden, in unserer Jugend die Zukunft gegen jene Zukunftsbilder-Stürmer zu verteidigen. Bei diesem Kampfe müssen wir aber auch eine besonders schlimme Wahrnehmung machen: daß man die Ausschweifungen des historischen Sinnes, an denen die Gegenwart leidet, absichtlich fördert, ermutigt und – benutzt.

Man benutzt sie aber gegen die Jugend, um diese zu jener überall erstrebten Mannesreife des Egoismus abzurichten; man benutzt sie, um den natürlichen Widerwillen der Jugend durch eine verklärende, nämlich wissenschaftlich-magische Beleuchtung jenes männlich-unmännlichen Egoismus zu brechen. Ja man weiß, was die Historie durch ein gewisses Übergewicht vermag, man weiß es nur zu genau: die stärksten Instinkte der Jugend: Feuer, Trotz, Selbstvergessen und Liebe zu entwurzeln, die Hitze ihres Rechtsgefühles herabzudämpfen, die Begierde, langsam auszureifen, durch die Gegenbegierde, schnell fertig, schnell nützlich, schnell fruchtbar zu sein, zu unterdrücken oder zurückzudrängen, die Ehrlichkeit und Keckheit der Empfindung zweiflerisch anzukränkeln; ja sie vermag es selbst, die Jugend um ihr schönstes Vorrecht zu betrügen, um ihre Kraft, sich in übervoller Gläubigkeit einen großen Gedanken einzupflanzen und zu einem noch größeren aus sich heraus wachsen zu lassen. Ein gewisses Übermaß von Historie vermag das alles, wir haben es gesehen: und zwar dadurch, daß sie dem Menschen durch fortwährendes Verschieben der Horizont-Perspektiven, durch Beseitigung einer umhüllenden Atmosphäre nicht mehr erlaubt, unhistorisch zu empfinden und zu handeln. Er zieht sich dann aus der Unendlichkeit des Horizontes auf sich selbst, in den kleinsten egoistischen Bezirk zurück und muß darin verdorren und trocken werden: wahrscheinlich bringt er es zur Klugheit: nie zur Weisheit. Er läßt mit sich reden, rechnet und verträgt sich mit den Tatsachen, wallt nicht auf, blinzelt und versteht es, den eignen Vorteil oder den seiner Partei im fremden Vorteil und Nachteil zu suchen; er verlernt die überflüssige Scham und wird so schrittweise zum Hartmannschen „Manne" und „Greise". Dazu aber soll er werden, gerade dies ist der Sinn der jetzt so zynisch geforderten „vollen Hingabe der Persönlichkeit an den Weltprozeß" – um seines Zieles, der Welterlösung willen, wie uns E. von Hartmann, der Schalk, versichert. Nun, Wille und Ziel jener Hartmannschen „Männer" und „Greise" ist wohl schwerlich gerade die Welterlösung: sicherlich aber wäre die Welt erlöster, wenn sie von diesen Männern und Greisen erlöst wäre. Denn dann käme das Reich der Jugend. –

10

An dieser Stelle der Jugend gedenkend, rufe ich Land! Land! Genug und übergenug der leidenschaftlich suchenden und irrenden Fahrt auf dunklen fremden Meeren! Jetzt endlich zeigt sich eine Küste: wie sie auch sei, an ihr muß gelandet werden, und der schlechteste Nothafen ist besser, als wieder in die hoffnungslose skeptische Unendlichkeit zurückzutaumeln. Halten wir nur erst das Land fest; wir werden später schon die guten Häfen finden und den Nachkommenden die Anfahrt erleichtern.

Gefährlich und aufregend war diese Fahrt. Wie fern sind wir jetzt der ruhigen Beschauung, mit der wir zuerst unser Schiff hinaus schwimmen sahen. Den Gefahren der Historie nachspürend, haben wir allen diesen Gefahren uns am stärksten ausgesetzt befunden; wir selbst tragen die Spuren jener Leiden, die infolge eines Übermaßes von Historie über die Menschen der neueren Zeit gekommen sind, zur Schau, und gerade diese Abhandlung zeigt, wie ich mir nicht verbergen will, in der Unmäßigkeit ihrer Kritik, in der Unreife ihrer Menschlichkeit, in dem häufigen Übergang von Ironie zum Zynismus, von Stolz zur Skepsis, ihren modernen Charakter, den Charakter der schwachen Persönlichkeit. Und doch vertraue ich der inspirierenden Macht, die mir anstatt eines Genius das Fahrzeug lenkt, ich vertraue der Jugend, daß sie mich recht geführt hat, wenn sie mich jetzt zu einem Proteste gegen die historische Jugenderziehung des modernen Menschen nötigt und wenn der Protestierende fordert, daß der Mensch vor allem zu leben lerne und nur im Dienste des erlernten Lebens die Historie gebrauche. Man muß jung sein, um diesen Protest zu verstehen, ja man kann, bei der zeitigen Grauhaarigkeit unserer jetzigen Jugend, kaum jung genug sein, um noch zu spüren, wogegen hier eigentlich protestiert wird. Ich will ein Beispiel zu Hilfe nehmen. In Deutschland ist es nicht viel länger als ein Jahrhundert her, daß in einigen jungen Menschen ein natürlicher Instinkt für das, was man Poesie nennt, erwachte. Denkt man etwa, daß die Generationen vorher und zu jener Zeit von jener ihnen innerlich fremden und unnatürlichen Kunst gar nicht geredet hätten?

Man weiß das Gegenteil: daß sie mit Leibeskräften über „Poesie“ nachgedacht, geschrieben, gestritten haben, mit Worten über Worte, Worte, Worte. Jene eintretende Erweckung eines Wortes zum Leben war nicht sogleich auch der Tod jener Wortmacher, in gewissem Verstande leben sie jetzt noch; denn wenn schon, wie Gibbon sagt, nichts als Zeit, aber viel Zeit dazu gehört, daß eine Welt untergeht, so gehört auch nichts als Zeit, aber noch viel mehr Zeit dazu, daß in Deutschland, dem „Lande der Allmählichkeit“, ein falscher Begriff zugrunde geht. Immerhin: es gibt jetzt vielleicht hundert Menschen mehr als vor hundert Jahren, welche wissen, was Poesie ist; vielleicht gibt es hundert Jahre später wieder hundert Menschen mehr, die inzwischen auch gelernt haben, was Kultur ist, und daß die Deutschen bis jetzt keine Kultur haben, so sehr sie auch reden und stolzieren mögen. Ihnen wird das so allgemeine Behagen der Deutschen an ihrer „Bildung“ ebenso unglaublich und läppisch vorkommen als uns die einstmalig anerkannte Klassizität Gottscheds oder die Geltung Ramlers als eines deutschen Pindar. Sie werden vielleicht urteilen, daß diese Bildung nur eine Art Wissen um die Bildung, und dazu ein recht falsches und oberflächliches Wissen gewesen sei. Falsch und oberflächlich nämlich, weil man den Widerspruch von Leben und Wissen ertrug, weil man das Charakteristische an der Bildung wahrer Kulturvölker gar nicht sah: daß die Kultur nur aus dem Leben hervorwachsen und herausblühen kann; während sie bei den Deutschen wie eine papierne Blume aufgesteckt oder wie eine Überzuckerung übergossen wird und deshalb immer lügnerisch und unfruchtbar bleiben muß. Die deutsche Jugenderziehung geht aber gerade von diesem falschen und unfruchtbaren Begriffe der Kultur aus: ihr Ziel, recht rein und hoch gedacht, ist gar nicht der freie Gebildete, sondern der Gelehrte, der wissenschaftliche

Mensch, und zwar der möglichst früh nutzbare wissenschaftliche Mensch, der sich abseits von dem Leben stellt, um es recht deutlich zu erkennen; ihr Resultat, recht empirisch-gemein angeschaut, ist der historisch-ästhetische Bildungsphilister, der altkluge und neuweise Schwätzer über Staat, Kirche und Kunst, das Sensorium für tausenderlei Anempfindungen, der unersättliche Magen, der doch nicht weiß, was ein rechtschaffner Hunger und Durst ist. Daß eine Erziehung mit jenem Ziele und mit diesem Resultate eine widernatürliche ist, das fühlt nur der in ihr noch nicht fertig gewordene Mensch, das fühlt allein der Instinkt der Jugend, weil sie noch den Instinkt der Natur hat, der erst künstlich und gewaltsam durch jene Erziehung gebrochen wird. Wer aber diese Erziehung wiederum brechen will, der muß der Jugend zum Worte verhelfen, der muß ihrem unbewußten Widerstreben mit der Helligkeit der Begriffe voranleuchten und es zu einem bewußten und laut redenden Bewußtsein machen. Wie erreicht er wohl ein so befremdliches Ziel?

Vor allem dadurch, daß er einen Aberglauben zerstört, den Glauben an die Notwendigkeit jener Erziehungs-Operation. Meint man doch, es gäbe gar keine andre Möglichkeit, als eben unsre jetzige höchst leidige Wirklichkeit. Prüfe nur einer die Literatur des höheren Schul- und Erziehungswesens aus den letzten Jahrzehnten gerade darauf hin: der Prüfende wird zu seinem unmutigen Erstaunen gewahr werden, wie gleichförmig bei allen Schwankungen der Vorschläge, bei aller Heftigkeit der Widersprüche die gesamte Absicht der Erziehung gedacht wird, wie unbedenklich das bisherige Ergebnis, der „gebildete Mensch“, wie er jetzt verstanden wird, als notwendiges und vernünftiges Fundament jeder weiteren Erziehung angenommen ist. So aber würde jener eintönige Kanon ungefähr lauten: der junge Mensch hat mit einem Wissen um die Bildung, nicht einmal mit einem

Wissen um das Leben, noch weniger mit dem Leben und Erleben selbst zu beginnen. Und zwar wird dieses Wissen um die Bildung als historisches Wissen dem Jüngling eingeflößt oder eingerührt; das heißt, sein Kopf wird mit einer ungeheuren Anzahl von Begriffen angefüllt, die aus der höchst mittelbaren Kenntnis vergangner Zeiten und Völker, nicht aus der unmittelbaren Anschauung des Lebens abgezogen sind. Seine Begierde, selbst etwas zu erfahren und ein zusammenhängend lebendiges System von eignen Erfahrungen in sich wachsen zu fühlen – eine solche Begierde wird betäubt und gleichsam trunken gemacht, nämlich durch die üppige Vorspiegelung, als ob es in wenig Jahren möglich sei, die höchsten und merkwürdigsten Erfahrungen alter Zeiten, und gerade der größten Zeiten, in sich zu summieren. Es ist ganz dieselbe wahnwitzige Methode, die unsre jungen bildenden Künstler in die Kunstkammern und Galerien führt, statt in die Werkstätte eines Meisters und vor allem in die einzige Werkstätte der einzigen Meisterin Natur. Ja als ob man so als flüchtiger Spaziergänger in der Historie den Vergangenheiten ihre Griffe und Künste, ihren eigentlichen Lebensertrag absehen könnte! Ja als ob das Leben selbst nicht ein Handwerk wäre, das aus dem Grunde und stetig gelernt und ohne Schonung geübt werden muß, wenn es nicht Stümper und Schwätzer auskriechen lassen soll! –

Plato hielt es für notwendig, daß die erste Generation seiner neuen Gesellschaft (im vollkommnen Staate) mit der Hilfe einer kräftigen Notlüge erzogen werde; die Kinder sollten glauben lernen, daß sie alle schon eine Zeitlang träumend unter der Erde gewohnt hätten, woselbst sie von dem Werkmeister der Natur zurechtgeknetet und geformt wären. Unmöglich, sich gegen diese Vergangenheit aufzulehnen! Unmöglich, dem Werke der Götter entgegenzuwirken! Es soll als unverbrüchliches

Naturgesetz gelten: wer als Philosoph geboren wird, hat Gold in seinem Leibe, wer als Wächter, nur Silber, wer als Arbeiter, Eisen und Erz. Wie es nicht möglich ist, diese Metalle zu mischen, erklärt Plato, so soll es nicht möglich sein, die Kastenordnung je um- und durcheinander zu werfen; der Glaube an die aeterna veritas dieser Ordnung ist das Fundament der neuen Erziehung und damit des neuen Staates. – So glaubt nun auch der moderne Deutsche an die aeterna veritas seiner Erziehung, seiner Art Kultur: und doch fällt dieser Glaube dahin, wie der platonische Staat dahingefallen wäre, wenn einmal der Notlüge eine Notwahrheit entgegengestellt wird: daß der Deutsche keine Kultur hat, weil er sie auf Grund seiner Erziehung gar nicht haben kann. Er will die Blume ohne Wurzel und Stengel: er will sie also vergebens. Das ist die einfache Wahrheit, eine unangenehme und gröbliche, eine rechte Notwahrheit.

In dieser Notwahrheit muß aber unsere erste Generation erzogen werden; sie leidet gewiß an ihr am schwersten, denn sie muß durch sie sich selbst erziehen, und zwar sich selbst gegen sich selbst, zu einer neuen Gewohnheit und Natur, heraus aus einer alten und ersten Natur und Gewohnheit: so daß sie mit sich altspanisch reden könnte: „Defienda me Dios de my“, Gott behüte mich vor mir, nämlich vor der mir bereits anerzognen Natur. Sie muß jene Wahrheit Tropfen für Tropfen kosten, als eine bittre und gewaltsame Medizin kosten, und jeder einzelne dieser Generation muß sich überwinden, von sich zu urteilen, was er als allgemeines Urteil über eine ganze Zeit schon leichter ertragen würde: wir sind ohne Bildung, noch mehr, wir sind zum Leben, zum richtigen und einfachen Sehen und Hören, zum glücklichen Ergreifen des Nächsten und Natürlichen verdorben und haben bis jetzt noch nicht einmal das Fundament einer Kultur, weil wir selbst davon nicht überzeugt sind, ein wahrhaftiges Leben in uns zu haben. Zerbröckelt und auseinandergefallen, im Ganzen in ein Inneres und ein Äußeres halb mechanisch zerlegt, mit Begriffen wie mit Drachenzähnen übersät, Begriffsdrachen erzeugend, dazu an der Krankheit der Worte leidend und ohne Vertrauen zu jeder eignen Empfindung, die noch nicht mit Worten abgestempelt ist: als eine solche unlebendige und doch unheimlich regsame Begriffs- und Worte-Fabrik habe ich vielleicht noch das Recht, von mir zu sagen cogito, ergo sum, nicht aber vivo, ergo cogito. Das leere „Sein", nicht das volle und grüne „Leben" ist mir gewährleistet; meine ursprüngliche Empfindung verbürgt mir nur, daß ich ein denkendes, nicht daß ich ein lebendiges Wesen, daß ich kein animal, sondern höchstens ein cogital bin. Schenkt mir erst Leben, dann will ich euch auch eine Kultur daraus schaffen! – so ruft jeder einzelne dieser ersten Generation, und alle diese einzelnen werden sich untereinander an diesem Rufe erkennen. Wer wird ihnen dieses Leben schenken?

Kein Gott und kein Mensch: nur ihre eigne Jugend: entfesselt diese, und ihr werdet mit ihr das Leben befreit haben. Denn es lag nur verborgen, im Gefängnis, es ist noch nicht verdorrt und erstorben – fragt euch selbst!

Aber es ist krank, dieses entfesselte Leben, und muß geheilt werden. Es ist siech an vielen Übeln und leidet nicht nur durch die Erinnerung an seine Fesseln – es leidet, was uns hier vornehmlich angeht, an der historischen Krankheit. Das Übermaß von Historie hat die plastische Kraft des Lebens angegriffen, es versteht nicht mehr, sich der Vergangenheit wie einer kräftigen Nahrung zu bedienen. Das Übel ist furchtbar, und trotzdem! wenn nicht die Jugend die hellseherische Gabe der Natur hätte, so würde niemand wissen, daß es ein Übel ist und daß ein Paradies der Gesundheit verloren gegangen ist. Dieselbe Jugend errät aber auch mit dem heilkräftigen Instinkte derselben Natur, wie dieses Paradies wieder zu gewinnen ist; sie kennt die Wundsäfte und Arzneien gegen die historische Krankheit, gegen das Übermaß des Historischen: wie heißen sie doch?

Nun man wundere sich nicht, es sind die Namen von Giften: die Gegenmittel gegen das Historische heißen – das Unhistorische und das Überhistorische. Mit diesen Namen kehren wir zu den Anfängen unserer Betrachtung und zu ihrer Ruhe zurück.

Mit dem Worte „das Unhistorische“ bezeichne ich die Kunst und Kraft vergessen zu können und sich in einen begrenzten Horizont einzuschließen; „überhistorisch“ nenne ich die Mächte, die den Blick von dem Werden ablenken, hin zu dem, was dem Dasein den Charakter des Ewigen und Gleichbedeutenden gibt, zu Kunst und Religion. Die Wissenschaft – denn sie ist es, die von Giften reden würde – sieht in jener Kraft, in diesen Mächten gegnerische Mächte und Kräfte; denn sie hält nur die Betrachtung der Dinge für die wahre und richtige, also für die wissenschaftliche Betrachtung, welche überall ein Gewordnes, ein Historisches und nirgends ein Seiendes, Ewiges sieht; sie lebt in einem innerlichen Widerspruche ebenso gegen die äternisierenden Mächte der Kunst und Religion, als sie das Vergessen, den Tod des Wissens, haßt, als sie alle Horizont-Umschränkungen aufzuheben sucht und den Menschen in ein unendlich-unbegrenztes Lichtwellen-Meer des erkannten Werdens hineinwirft.

Wenn er nur darin leben könnte! Wie die Städte bei einem Erdbeben einstürzen und veröden, und der Mensch nur zitternd und flüchtig sein Haus auf vulkanischem Grunde aufführt, so bricht das Leben selbst in sich zusammen und wird schwächlich und mutlos, wenn das Begriffsbeben, das die Wissenschaft erregt, dem Menschen das Fundament aller seiner Sicherheit und Ruhe, den Glauben an das Beharrliche und Ewige, nimmt. Soll nun das Leben über das Erkennen, über die Wissenschaft, soll das Erkennen über das Leben herrschen? Welche von beiden Gewalten ist die höhere und entscheidende? Niemand wird zweifeln: das Leben ist die höhere, die herrschende Gewalt, denn ein Erkennen, welches das Leben vernichtete, würde sich selbst mit vernichtet haben. Das Erkennen setzt das Leben voraus, hat also an der Erhaltung des Lebens dasselbe Interesse, welches jedes Wesen an seiner eignen Fortexistenz hat. So bedarf die Wissenschaft einer höheren Aufsicht und Überwachung; eine Gesundheitslehre des Lebens stellt sich dicht neben die Wissenschaft, und ein Satz dieser Gesundheitslehre würde eben lauten: das Unhistorische und das Überhistorische sind die natürlichen Gegenmittel gegen die Überwucherung des Lebens durch das Historische, gegen die historische Krankheit. Es ist wahrscheinlich, daß wir, die Historisch-Kranken, auch an den Gegenmitteln zu leiden haben. Aber daß wir an ihnen leiden, ist kein Beweis gegen die Richtigkeit des gewählten Heilverfahrens.

Und hier erkenne ich die Mission jener Jugend, jenes ersten Geschlechtes von Kämpfern und Schlangentötern, das einer glücklicheren und schöneren Bildung und Menschlichkeit voranzieht, ohne von diesem zukünftigen Glücke und der einstmaligen Schönheit mehr zu haben als eine verheißende Ahnung. Diese Jugend wird an dem Übel und an den Gegenmitteln zugleich leiden: und trotzdem glaubt sie einer kräftigeren Gesundheit und überhaupt einer natürlicheren Natur sich berühmen zu dürfen als ihre Vorgeschlechter, die gebildeten „Männer" und „Greise" der Gegenwart. Ihre Mission aber ist es, die Begriffe, die jene Gegenwart von „Gesundheit" und „Bildung" hat, zu erschüttern und Hohn und Haß gegen so hybride Begriffs-Ungeheuer zu erzeugen; und das gewährleistende Anzeichen ihrer eignen kräftigeren Gesundheit soll gerade dies sein, daß sie, diese Jugend nämlich, selbst keinen Begriff, kein Parteiwort aus den umlaufenden Wort- und Begriffsmünzen der Gegenwart zur Bezeichnung ihres Wesens gebrauchen kann, sondern nur von einer in ihr tätigen kämpfenden, ausscheidenden, zerteilenden Macht und von einem immer erhöhten Lebensgefühle in jeder guten Stunde überzeugt wird. Man mag bestreiten, daß diese Jugend bereits Bildung habe – aber für welche Jugend wäre dies ein Vorwurf? Man mag ihr Roheit und Unmäßigkeit nachsagen – aber sie ist noch nicht alt und weise genug, um sich zu bescheiden; vor allem braucht sie aber keine fertige Bildung zu heucheln und zu verteidigen und genießt alle die Tröstungen und Vorrechte der Jugend, zumal das Vorrecht der tapferen unbesonnenen Ehrlichkeit und den begeisternden Trost der Hoffnung.

Von diesen Hoffenden weiß ich, daß sie alle diese Allgemeinheiten aus der Nähe verstehn und mit ihrer eigensten Erfahrung in eine persönlich gemeinte Lehre sich übersetzen werden; die andern mögen einstweilen nichts als verdeckte Schüsseln wahrnehmen, die wohl auch leer sein können; bis sie einmal überrascht mit eignen Augen sehen, daß die Schüsseln gefüllt sind und daß Angriffe, Forderungen, Lebenstriebe, Leidenschaften in diesen Allgemeinheiten eingeschachtelt und zusammengedrückt lagen, die nicht lange Zeit so verdeckt liegen konnten. Diese Zweifler auf die Zeit, die alles ans Licht bringt, verweisend, wende ich mich zum Schluß an jene Gesellschaft der Hoffenden, um ihnen den Gang und Verlauf ihrer Heilung, ihrer Errettung von der historischen Krankheit und damit ihre eigne Geschichte bis zu dem Zeitpunkt durch ein Gleichnis zu erzählen, wo sie wieder gesund genug sein werden, von neuem Historie zu treiben und sich der Vergangenheit unter der Herrschaft des

Lebens in jenem dreifachen Sinne, nämlich monumental oder antiquarisch oder kritisch, zu bedienen. In jenem Zeitpunkt werden sie unwissender sein als die „Gebildeten“ der Gegenwart; denn sie werden viel verlernt und sogar alle Lust verloren haben, nach dem, was jene Gebildeten vor allem wissen wollen, überhaupt noch hinzublicken; ihre Kennzeichen sind, von dem Gesichtsfelde jener Gebildeten aus gesehen, gerade ihre „Unbildung“, ihre Gleichgültigkeit und Verschlossenheit gegen vieles Berühmte, selbst gegen manches Gute. Aber sie sind, an jenem Endpunkte ihrer Heilung, wieder Menschen geworden und haben aufgehört, menschenähnliche Aggregate zu sein – das ist etwas! Das sind noch Hoffnungen! Lacht euch nicht dabei das Herz, ihr Hoffenden?

Und wie kommen wir zu jenem Ziele? werdet ihr fragen. Der delphische Gott ruft euch, gleich am Anfange eurer Wanderung nach jenem Ziele, seinen Spruch entgegen „Erkenne dich selbst“. Es ist ein schwerer Spruch: denn jener Gott „verbirgt nicht und verkündet nicht, sondern zeigt nur hin“, wie Heraklit gesagt hat. Worauf weist er euch hin?

Es gab Jahrhunderte, in denen die Griechen in einer ähnlichen Gefahr sich befanden, in der wir uns befinden, nämlich an der Überschwemmung durch das Fremde und Vergangne, an der „Historie“ zugrunde zu gehen. Niemals haben sie in stolzer Unberührbarkeit gelebt: ihre „Bildung“ war vielmehr lange Zeit ein Chaos von ausländischen, semitischen, babylonischen, lydischen, ägyptischen Formen und Begriffen, und ihre Religion ein wahrer Götterkampf des ganzen Orients: ähnlich etwa, wie jetzt die „deutsche Bildung“ und Religion ein in sich kämpfendes Chaos des gesamten Auslandes, der gesamten Vorzeit ist. Und trotzdem wurde die hellenische Kultur kein Aggregat, dank jenem apollinischen Spruche. Die Griechen lernten allmählich das Chaos zu organisieren, dadurch, daß sie sich, nach der delphischen Lehre, auf sich selbst, das heißt auf ihre echten Bedürfnisse zurückbesannen und die Schein-Bedürfnisse absterben ließen. So ergriffen sie wieder von sich Besitz; sie blieben nicht lange die überhäuften Erben und Epigonen des ganzen Orients; sie wurden selbst, nach beschwerlichem Kampfe mit sich selbst, durch die praktische Auslegung jenes Spruches, die glücklichsten Bereicherer und Mehrer des ererbten Schatzes und die Erstlinge und Vorbilder aller kommenden Kulturvölker.

Dies ist ein Gleichnis für jeden einzelnen von uns: er muß das Chaos in sich organisieren, dadurch, daß er sich auf seine echten Bedürfnisse zurückbesinnt. Seine Ehrlichkeit, sein tüchtiger und wahrhaftiger Charakter muß sich irgendwann einmal dagegen sträuben, daß immer nur nachgesprochen, nachgelernt, nachgeahmt werde; er beginnt dann zu begreifen, daß Kultur noch etwas andres sein kann als Dekoration des Lebens, das heißt im Grunde doch immer nur Verstellung und Verhüllung; denn aller Schmuck versteckt das Geschmückte. So entschleiert sich ihm der griechische Begriff der Kultur – im Gegensatze zu dem romanischen – der Begriff der Kultur als einer neuen und verbesserten Physis, ohne Innen und Außen, ohne Verstellung und Konvention, der Kultur als einer Einhelligkeit zwischen Leben, Denken, Scheinen und Wollen. So lernt er aus seiner eignen Erfahrung, daß es die höhere Kraft der sittlichen Natur war, durch die den Griechen der Sieg über alle anderen Kulturen gelungen ist, und daß jede Vermehrung der Wahrhaftigkeit auch eine vorbereitende Förderung der wahren Bildung sein muß: mag diese Wahrhaftigkeit auch gelegentlich der gerade in Achtung stehenden Gebildetheit ernstlich schaden, mag sie selbst einer ganzen dekorativen Kultur zum Falle verhelfen können.

DRITTES STÜCK

SCHOPENHAUER ALS ERZIEHER

1

JENER Reisende, der viel Länder und Völker und mehrere Erdteile gesehn hatte und gefragt wurde, welche Eigenschaft der Menschen er überall wiedergefunden habe, sagte: sie haben einen Hang zur Faulheit. Manchen wird es dünken, er hätte richtiger und gültiger gesagt: sie sind alle furchtsam. Sie verstecken sich unter Sitten und Meinungen. Im Grunde weiß jeder Mensch recht wohl, daß er nur einmal, als ein Unicum, auf der Welt ist und daß kein noch so seltsamer Zufall zum zweitenmal ein so wunderlich buntes Mancherlei zum Einerlei, wie er es ist, zusammenschütteln wird: er weiß es, aber verbirgt es wie ein böses Gewissen – weshalb? Aus Furcht vor dem Nachbar, welcher die Konvention fordert und sich selbst mit ihr verhüllt. Aber was ist es, was den einzelnen zwingt, den Nachbar zu fürchten, herdenmäßig zu denken und zu handeln und seiner selbst nicht froh zu sein? Schamhaftigkeit vielleicht bei einigen und Seltnen. Bei den allermeisten ist es Bequemlichkeit, Trägheit, kurz jener Hang zur Faulheit, von dem der Reisende sprach. Er hat recht: die Menschen sind noch fauler als furchtsam und fürchten gerade am meisten die Beschwerden, welche ihnen eine unbedingte Ehrlichkeit und Nacktheit aufbürden würde. Die Künstler allein hassen dieses lässige Einhergehen in erborgten Manieren und übergehängten Meinungen und enthüllen das Geheimnis, das böse Gewissen von jedermann, den Satz, daß jeder Mensch ein einmaliges Wunder ist; sie wagen es, uns den Menschen zu zeigen, wie er bis in jede

Muskelbewegung er selbst, er allein ist, noch mehr, daß er in dieser strengen Konsequenz seiner Einzigkeit schön und betrachtenswert ist, neu und unglaublich wie jedes Werk der Natur und durchaus nicht langweilig. Wenn der große Denker die Menschen verachtet, so verachtet er ihre Faulheit: denn ihrethalben erscheinen sie als Fabrikware, als gleichgültig, des Verkehrs und der Belehrung unwürdig. Der Mensch, welcher nicht zur Masse gehören will, braucht nur aufzuhören, gegen sich bequem zu sein; er folge seinem Gewissen, welches ihm zuruft: „sei du selbst! Das bist du alles nicht, was du jetzt tust, meinst, begehrst."

Jede junge Seele hört diesen Zuruf bei Tag und bei Nacht und erzittert dabei; denn sie ahnt ihr seit Ewigkeiten bestimmtes Maß von Glück, wenn sie an ihre wirkliche Befreiung denkt: zu welchem Glücke ihr, solange sie in Ketten der Meinungen und der Furcht gelegt ist, auf keine Weise verholfen werden kann. Und wie trost- und sinnlos kann ohne diese Befreiung das Leben werden! Es gibt kein öderes und widrigeres Geschöpf in der Natur als den Menschen, welcher seinem Genius ausgewichen ist und nun nach rechts und nach links, nach rückwärts und überallhin schielt. Man darf einen solchen Menschen zuletzt gar nicht mehr angreifen, denn er ist ganz Außenseite ohne Kern, ein anbrüchiges, gemaltes, aufgebauschtes Gewand, ein verbrämtes Gespenst, das nicht einmal Furcht und gewiß auch kein Mitleiden erregen kann. Und wenn man mit Recht vom Faulen sagt, er töte die Zeit, so muß man von einer Periode, welche ihr Heil auf die öffentlichen Meinungen, das heißt auf die privaten Faulheiten setzt, ernstlich besorgen, daß eine solche Zeit wirklich einmal getötet wird: ich meine, daß sie aus der Geschichte der wahrhaften Befreiung des Lebens gestrichen wird. Wie groß muß der Widerwille späterer Geschlechter sein, sich mit der Hinterlassenschaft jener Periode zu befassen, in welcher nicht die lebendigen Menschen, sondern öffentlich meinende Scheinmenschen regierten; weshalb vielleicht unser Zeitalter für irgend eine ferne Nachwelt der dunkelste und unbekannteste, weil unmenschlichste Abschnitt der Geschichte sein mag. Ich gehe durch die neuen Straßen unserer Städte und denke, wie von allen diesen greulichen Häusern, welche das Geschlecht der öffentlich Meinenden sich erbaut hat, in einem Jahrhundert nichts mehr steht, und wie dann auch wohl die Meinungen dieser Häuserbauer umgefallen sein werden. Wie hoffnungsvoll dürfen dagegen alle die sein, welche sich nicht als Bürger dieser Zeit fühlen; denn wären sie dies, so würden sie mit dazu dienen, ihre Zeit zu töten und samt ihrer Zeit unterzugehen, – während sie die Zeit vielmehr zum Leben erwecken wollen, um in diesem Leben selber fortzuleben.

Aber auch wenn uns die Zukunft nichts hoffen ließe – unser wunderliches Dasein gerade in diesem Jetzt ermutigt uns am stärksten, nach eignem Maß und Gesetz zu leben: jene Unerklärlichkeit, daß wir gerade heute leben und doch die unendliche Zeit hatten zu entstehen, daß wir nichts als ein spannenlanges Heute besitzen und in ihm zeigen sollen, warum und wozu wir gerade jetzt entstanden. Wir haben uns über unser Dasein vor uns selbst zu verantworten; folglich wollen wir auch die wirklichen Steuermänner dieses Daseins abgeben und nicht zulassen, daß unsre Existenz einer gedankenlosen Zufälligkeit gleiche. Man muß es mit ihr etwas kecklich und gefährlich nehmen: zumal man sie im schlimmsten wie im besten Falle immer verlieren wird. Warum an dieser Scholle, diesem Gewerbe hängen, warum hinhorchen nach dem, was der Nachbar sagt? Es ist so kleinstädtisch, sich zu Ansichten verpflichten, welche ein paar hundert Meilen weiter schon nicht mehr verpflichten.

Orient und Occident sind Kreidestriche, die uns jemand vor unsre Augen hinmalt, um unsre Furchtsamkeit zu narren. Ich will den Versuch machen, zur Freiheit zu kommen, sagt sich die junge Seele; und da sollte es sie hindern, daß zufällig zwei Nationen sich hassen und bekriegen, oder daß ein Meer zwischen zwei Erdteilen liegt, oder daß ringsumher eine Religion gelehrt wird, welche doch vor ein paar tausend Jahren noch nicht bestand. Das bist du alles nicht selbst, sagt sie sich. Niemand kann dir die Brücke bauen, auf der gerade du über den Fluß des Lebens schreiten mußt, niemand außer dir allein. Zwar gibt es zahllose Pfade und Brücken und Halbgötter, die dich durch den Fluß tragen wollen; aber nur um den Preis deiner selbst: du würdest dich verpfänden und verlieren. Es gibt in der Welt einen einzigen Weg, auf welchem niemand gehen kann außer dir: wohin er führt? Frage nicht, gehe ihn. Wer war es, der den Satz aussprach: „ein Mann erhebt sich niemals höher, als wenn er nicht weiß, wohin sein Weg ihn noch führen kann"?

Aber wie finden wir uns selbst wieder? Wie kann sich der Mensch kennen? Er ist eine dunkle und verhüllte Sache; und wenn der Hase sieben Häute hat, so kann der Mensch sich sieben mal siebzig abziehn und wird noch nicht sagen können: „das bist du nun wirklich, das ist nicht mehr Schale". Zudem ist es ein quälerisches, gefährliches Beginnen, sich selbst derartig anzugraben und in den Schacht seines Wesens auf dem nächsten Wege gewaltsam hinabzusteigen. Wie leicht beschädigt er sich dabei so, daß kein Arzt ihn heilen kann. Und überdies: wozu wäre es nötig, wenn doch alles Zeugnis von unserm Wesen ablegt, unsre Freund- und Feindschaften, unser Blick und Händedruck, unser Gedächtnis und das, was wir vergessen, unsre Bücher und die Züge unsrer Feder. Um aber das wichtigste

Verhör zu veranstalten, gibt es dies Mittel. Die junge Seele sehe auf das Leben zurück mit der Frage: was hast du bis jetzt wahrhaft geliebt, was hat deine Seele hinangezogen, was hat sie beherrscht und zugleich beglückt? Stelle dir die Reihe dieser verehrten Gegenstände vor dir auf, und vielleicht ergeben sie dir, durch ihr Wesen und ihre Folge, ein Gesetz, das Grundgesetz deines eigentlichen Selbst. Vergleiche diese Gegenstände, sieh, wie einer den andern ergänzt, erweitert, überbietet, verklärt, wie sie eine Stufenleiter bilden, auf welcher du bis jetzt zu dir selbst hingeklettert bist; denn dein wahres Wesen liegt nicht tief verborgen in dir, sondern unermeßlich hoch über dir, oder wenigstens über dem, was du gewöhnlich als dein Ich nimmst. Deine wahren Erzieher und Bildner verraten dir, was der wahre Ursinn und Grundstoff deines Wesens ist, etwas durchaus Unerziehbares und Unbildbares, aber jedenfalls schwer Zugängliches, Gebundenes, Gelähmtes: deine Erzieher vermögen nichts zu sein als deine Befreier. Und das ist das Geheimnis aller Bildung: sie verleiht nicht künstliche Gliedmaßen, wächserne Nasen, bebrillte Augen – vielmehr ist das, was diese Gaben zu geben vermöchte, nur das Afterbild der Erziehung. Sondern Befreiung ist sie, Wegräumung alles Unkrauts, Schuttwerks, Gewürms, das die zarten Keime der Pflanzen antasten will, Ausströmung von Licht und Wärme, liebevolles Niederrauschen nächtlichen Regens, sie ist Nachahmung und Anbetung der Natur, wo diese mütterlich und barmherzig gesinnt ist, sie ist Vollendung der Natur, wenn sie ihren grausamen und unbarmherzigen Anfällen vorbeugt und sie zum Guten wendet, wenn sie über die Äußerungen ihrer stiefmütterlichen Gesinnung und ihres traurigen Unverstandes einen Schleier deckt.

Gewiß, es gibt wohl andre Mittel, sich zu finden, aus der Betäubung, in welcher man gewöhnlich wie in einer trüben Wolke webt, zu sich zu kommen, aber ich weiß kein besseres, als sich auf seine Erzieher und Bildner zu besinnen. Und so will ich denn heute des einen Lehrers und Zuchtmeisters, dessen ich mich zu rühmen habe, eingedenk sein, Arthur Schopenhauers – um später anderer zu gedenken.

2

Will ich beschreiben, welches Ereignis für mich jener erste Blick wurde, den ich in Schopenhauers Schriften warf, so darf ich ein wenig bei einer Vorstellung verweilen, welche in meiner Jugend so häufig und so dringend war wie kaum eine andre. Wenn ich früher recht nach Herzenslust in Wünschen ausschweifte, dachte ich mir, daß mir die schreckliche Bemühung und Verpflichtung, mich selbst zu erziehen, durch das Schicksal abgenommen würde: dadurch, daß ich zur rechten Zeit einen Philosophen zum Erzieher fände, einen wahren Philosophen, dem man ohne weiteres Besinnen gehorchen könnte, weil man ihm mehr vertrauen würde als sich selbst. Dann fragte ich mich wohl: welches wären wohl die Grundsätze, nach denen er dich erzöge? und ich überlegte mir, was er zu den beiden Maximen der Erziehung sagen würde, welche in unserer Zeit im Schwange gehen. Die eine fordert, der Erzieher solle die eigentümliche Stärke seiner Zöglinge bald erkennen und dann alle Kräfte und Säfte und allen Sonnenschein gerade dorthin leiten, um jener einen Tugend zu einer rechten Reife und Fruchtbarkeit zu verhelfen. Die andre Maxime will hingegen, daß der Erzieher alle vorhandenen Kräfte heranziehe, pflege und untereinander in ein harmonisches Verhältnis bringe. Aber sollte man den, welcher eine entschiedene Neigung zur Goldschmiedekunst hat, deshalb gewaltsam zur Musik nötigen? Soll man Benvenuto Cellinis Vater recht geben, der seinen Sohn immer wieder zum „lieblichen Hörnchen", also zu dem zwang, was der Sohn „das verfluchte Pfeifen" nannte? Man wird dies bei so starken und bestimmt sich aussprechenden Begabungen nicht recht nennen; und so wäre vielleicht gar jene Maxime der harmonischen Ausbildung nur bei den schwächeren Naturen anzuwenden, in denen zwar ein ganzes Nest von Bedürfnissen und Neigungen sitzt, welche aber, insgesamt und einzeln genommen, nicht viel bedeuten wollen? Aber wo finden wir überhaupt die harmonische Ganzheit und den vielstimmigen Zusammenklang in Einer Natur, wo bewundern wir Harmonie mehr, als gerade an solchen Menschen, wie Cellini einer war, in denen alles, Erkennen, Begehren, Lieben, Hassen, nach einem Mittelpunkte, einer Wurzelkraft hinstrebt, und wo gerade durch die zwingende und herrschende Übergewalt dieses lebendigen Zentrums ein harmonisches System von Bewegungen hin und her, auf und nieder gebildet wird? Und so sind vielleicht beide Maximen gar nicht Gegensätze? Vielleicht sagt die eine nur, der Mensch soll ein Zentrum, die andre, er soll auch eine Peripherie haben? Jener erziehende Philosoph, den ich mir träumte, würde wohl nicht nur die Zentralkraft entdecken, sondern auch zu verhüten wissen, daß sie gegen die andern Kräfte zerstörend wirke: vielmehr wäre die Aufgabe seiner Erziehung, wie mich dünkte, den ganzen Menschen zu einem lebendig bewegten Sonnen- und Planetensysteme umzubilden und das Gesetz seiner höheren Mechanik zu erkennen.

Inzwischen fehlte mir dieser Philosoph, und ich versuchte dieses und jenes; ich fand, wie elend wir modernen Menschen uns gegen Griechen und Römer ausnehmen, selbst nur in Hinsicht auf das Ernst- und Streng-Verstehen der Erziehungsaufgaben. Man kann mit einem solchen Bedürfnis im Herzen durch ganz Deutschland laufen, zumal durch alle Universitäten, und wird nicht finden, was man sucht; bleiben doch viel niedrigere und einfachere Wünsche hier unerfüllt. Wer zum Beispiel unter den Deutschen sich ernstlich zum Redner ausbilden wollte, oder wer in eine Schule des Schriftstellers zu gehn beabsichtigte, er fände nirgends Meister und Schule; man scheint hier noch nicht daran gedacht zu haben, daß Reden und Schreiben Künste sind, die nicht ohne die sorgsamste Anleitung und die mühevollsten Lehrjahre erworben werden können. Nichts aber zeigt das anmaßliche Wohlgefühl der Zeitgenossen über sich selbst deutlicher und beschämender, als die halb knauserige, halb gedankenlose Dürftigkeit ihrer Ansprüche an Erzieher und Lehrer. Was genügt da nicht alles, selbst bei unsern vornehmsten und bestunterrichteten Leuten, unter dem Namen der Hauslehrer; welches Sammelsurium von verschrobenen Köpfen und veralteten Einrichtungen wird häufig als Gymnasium bezeichnet und gut befunden; was genügt uns allen als höchste Bildungsanstalt, als Universität – welche Führer, welche Institutionen, verglichen mit der Schwierigkeit der Aufgabe, einen Menschen zum Menschen zu erziehen! Selbst die vielbewunderte Art, mit der die deutschen Gelehrten auf ihre Wissenschaft losgehen, zeigt vor allem, daß sie dabei mehr an die Wissenschaft als an die Menschlichkeit denken, daß sie wie eine verlorne Schar sich ihr zu opfern angelehrt werden, um wieder neue Geschlechter zu dieser Opferung heranzuziehen. Der Verkehr mit der Wissenschaft, wenn er durch keine höhere Maxime der Erziehung geleitet und eingeschränkt, sondern, nach dem Grundsatze „je mehr desto besser" nur immer mehr entfesselt wird, ist gewiß für die Gelehrten ebenso schädlich wie der ökonomische Lehrsatz des laisser faire für die Sittlichkeit ganzer Völker. Wer weiß es noch, daß die Erziehung des Gelehrten, dessen Menschlichkeit nicht preisgegeben oder ausgedörrt werden soll, ein höchst schwieriges Problem ist – und doch kann man diese Schwierigkeit mit Augen sehen, wenn man auf die zahlreichen Exemplare achtgibt, welche durch eine gedankenlose und allzu frühzeitige Hingebung an die Wissenschaft krumm gezogen und mit einem Höcker ausgezeichnet worden sind. Aber es gibt ein noch wichtigeres Zeugnis für die Abwesenheit aller höheren Erziehung, wichtiger und gefährlicher und vor allem viel allgemeiner. Wenn es auf der Stelle deutlich ist, warum ein Redner, ein Schriftsteller jetzt nicht erzogen werden kann – weil es eben für sie keine Erzieher gibt –; wenn es fast ebenso deutlich ist, warum ein Gelehrter jetzt verzogen und verschroben werden muß – weil die Wissenschaft, also ein unmenschliches Abstraktum, ihn erziehen soll –, so frage man sich endlich: wo sind eigentlich für uns alle, Gelehrte und Ungelehrte, Vornehme und Geringe, unsre sittlichen Vorbilder und Berühmtheiten unter unsern Zeitgenossen, der sichtbare Inbegriff aller schöpferischen Moral in dieser Zeit? Wo ist eigentlich alles Nachdenken über sittliche Fragen hingekommen, mit welchen sich doch jede edler entwickelte Geselligkeit zu allen Zeiten beschäftigt hat? Es gibt keine Berühmtheiten und kein Nachdenken jener Art mehr; man zehrt tatsächlich an dem ererbten Kapital von Sittlichkeit, welches unsre Vorfahren aufhäuften und welches wir nicht zu mehren, sondern nur zu verschwenden verstehen; man redet über solche Dinge in unsrer Gesellschaft entweder gar nicht oder mit einer naturalistischen Ungeübtheit und Unerfahrenheit, welche Widerwillen erregen muß. So ist es gekommen, daß unsre Schulen und Lehrer von einer sittlichen Erziehung einfach absehen oder sich mit Förmlichkeiten abfinden: und Tugend ist ein Wort, bei dem Lehrer und Schüler sich nichts mehr denken können, ein altmodisches Wort, über das man lächelt – und schlimm, wenn man nicht lächelt, denn dann wird man heucheln.

Die Erklärung dieser Mattherzigkeit und des niedrigen Flutstandes aller sittlichen Kräfte ist schwer und verwickelt; doch wird niemand, der den Einfluß des siegenden Christentums auf die Sittlichkeit unsrer alten Welt in Betracht nimmt, auch die Rückwirkung des unterliegenden Christentums, also sein immer wahrscheinlicheres Los in unserer Zeit, übersehen dürfen. Das Christentum hat durch die Höhe seines Ideals die antiken Moralsysteme und die in allen gleichmäßig waltende Natürlichkeit so überboten, daß man gegen diese Natürlichkeit stumpf und ekel wurde; hinterdrein aber, als man das Bessere und Höhere zwar noch erkannte, aber nicht mehr vermochte, konnte man zum Guten nud Hohen, nämlich zu jener antiken Tugend, nicht mehr zurück, so sehr man es auch wollte. In diesem Hin und Her zwischen Christlich und Antik, zwischen verschüchterter oder lügnerischer Christlichkeit der Sitte und ebenfalls mutlosem und befangenem Antikisieren lebt der moderne Mensch und befindet sich schlecht dabei; die vererbte Furcht vor dem Natürlichen und wieder der erneute Anreiz dieses Natürlichen, die Begierde irgendwo einen Halt zu haben, die Ohnmacht seines Erkennens, das zwischen dem Guten und dem Besseren hin und her taumelt, alles dies erzeugt eine Friedlosigkeit, eine Verworrenheit in der modernen Seele, welche sie verurteilt, unfruchtbar und freudelos zu sein. Niemals brauchte man mehr sittliche Erzieher, und niemals war es unwahrscheinlicher, sie zu finden; in den Zeiten, wo die Ärzte am nötigsten sind, bei großen Seuchen, sind sie zugleich am meisten gefährdet. Denn wo sind die Ärzte der modernen Menschheit, die selber so fest und gesund auf ihren Füßen stehen, daß sie einen andern noch halten und an der Hand führen könnten? Es liegt eine gewisse Verdüsterung und Dumpfheit auf den besten Persönlichkeiten unsrer Zeit, ein ewiger Verdruß über den Kampf zwischen Verstellung und Ehrlichkeit, der in ihrem Busen gekämpft wird, eine Unruhe im Vertrauen auf sich selbst, – wodurch sie ganz unfähig werden, Wegweiser zugleich und Zuchtmeister für andre zu sein.

Es heißt also wirklich in seinen Wünschen ausschweifen, wenn ich mir vorstellte, ich möchte einen wahren Philosophen als Erzieher finden, welcher einen über das Ungenügen, soweit es in der Zeit liegt, hinausheben könnte und wieder lehrte, einfach und ehrlich, im Denken und Leben, also unzeitgemäß zu sein, das Wort im tiefsten Verstande genommen; denn die Menschen sind jetzt so vielfach und kompliziert geworden, daß sie unehrlich werden müssen, wenn sie überhaupt reden, Behauptungen aufstellen und danach handeln wollen.

In solchen Nöten, Bedürfnissen und Wünschen lernte ich Schopenhauer kennen.

Ich gehöre zu den Lesern Schopenhauers, welche, nachdem sie die erste Seite von ihm gelesen haben, mit Bestimmtheit wissen, daß sie alle Seiten lesen und auf jedes Wort hören werden, das er überhaupt gesagt hat. Mein Vertrauen zu ihm war sofort da und ist jetzt noch dasselbe wie vor neun Jahren. Ich verstand ihn, als ob er für mich geschrieben hätte: um mich verständlich, aber unbescheiden und töricht auszudrücken. Daher kommt es, daß ich nie in ihm eine Paradoxie gefunden habe, obwohl hier und da einen kleinen Irrtum; denn was sind Paradoxien anderes als Behauptungen, die kein Vertrauen einflößen, weil der Autor sie selbst ohne rechtes Vertrauen machte, weil er mit ihnen glänzen, verführen und überhaupt scheinen wollte? Schopenhauer will nie scheinen: denn er schreibt für sich, und niemand will gern betrogen werden, am wenigsten ein Philosoph, der sich sogar zum Gesetze macht: betrüge niemanden, nicht einmal dich selbst! Selbst nicht mit dem gefälligen gesellschaftlichen Betrug, den fast jede Unterhaltung mit sich bringt und welchen die Schriftsteller beinahe unbewußt nachahmen; noch weniger mit dem bewußteren Betrug von der Rednerbühne herab und mit den künstlichen Mitteln der Rhetorik. Sondern Schopenhauer redet mit sich: oder, wenn man sich durchaus einen Zuhörer denken will, so denke man sich den Sohn, welchen der Vater unterweist. Es ist ein redliches, derbes, gutmütiges Aussprechen, vor einem Hörer, der mit Liebe hört. Solche Schriftsteller fehlen uns. Das kräftige Wohlgefühl des Sprechenden umfängt uns beim ersten Tone seiner Stimme; es geht uns ähnlich wie beim Eintritt in den Hochwald, wir atmen tief und fühlen uns auf einmal wiederum wohl. Hier ist eine immer gleichartige stärkende Luft, so fühlen wir; hier ist eine gewisse unnachahmliche Unbefangenheit und Natürlichkeit, wie sie Menschen haben, die in sich zu Hause, und zwar in einem sehr reichen Hause Herren sind: im Gegensatze zu den Schriftstellern, welche sich selbst am meisten wundern, wenn sie einmal geistreich waren, und deren Vortrag dadurch etwas Unruhiges und Naturwidriges bekommt. Ebensowenig werden wir, wenn Schopenhauer spricht, an den Gelehrten erinnert, der von Natur steife und ungeübte Gliedmaßen hat und engbrüstig ist und deshalb eckig, verlegen oder gespreizt daher kommt; während auf der anderen Seite Schopenhauers rauhe und ein wenig bärenmäßige Seele die Geschmeidigkeit und höfische Anmut der guten französischen Schriftsteller nicht sowohl vermissen als verschmähen lehrt und niemand an ihm das nachgemachte, gleichsam übersilberte Scheinfranzosentum, auf das sich deutsche Schriftsteller so viel zugute tun, entdecken wird. Schopenhauers Ausdruck erinnert mich hier und da ein wenig an Goethe, sonst aber überhaupt nicht an deutsche Muster. Denn er versteht es, das Tiefsinnige einfach, das Ergreifende ohne Rhetorik, das Streng-Wissenschaftliche ohne Pedanterie zu sagen:

und von welchem Deutschen hätte er dies lernen können? Auch hält er sich von der spitzfindigen, übermäßig beweglichen und – mit Erlaubnis gesagt – ziemlich undeutschen Manier Lessings frei: was ein großes Verdienst ist, da Lessing in bezug auf prosaische Darstellung unter Deutschen der verführerischste Autor ist. Und um gleich das Höchste zu sagen, was ich von seiner Darstellungsart sagen kann, so beziehe ich auf ihn seinen Satz, „ein Philosoph muß sehr ehrlich sein, um sich keiner poetischen oder rhetorischen Hilfsmittel zu bedienen". Daß Ehrlichkeit etwas ist und sogar eine Tugend, gehört freilich im Zeitalter der öffentlichen Meinungen zu den privaten Meinungen, welche verboten sind; und deshalb werde ich Schopenhauer nicht gelobt, sondern nur charakterisiert haben, wenn ich wiederhole: er ist ehrlich, auch als Schriftsteller; und so wenige Schriftsteller sind es, daß man eigentlich gegen alle Menschen, welche schreiben, mißtrauisch sein sollte. Ich weiß nur noch Einen Schriftsteller, den ich in betreff der Ehrlichkeit Schopenhauer gleich, ja noch höher stelle: das ist Montaigne. Daß ein solcher Mensch geschrieben hat, dadurch ist wahrlich die Lust, auf dieser Erde zu leben, vermehrt worden. Mir wenigstens geht es seit dem Bekanntwerden mit dieser freiesten und kräftigsten Seele so, daß ich sagen muß, was er von Plutarch sagt: „kaum habe ich einen Blick auf ihn geworfen, so ist mir ein Bein oder ein Flügel gewachsen". Mit ihm würde ich es halten, wenn die Aufgabe gestellt wäre, es sich auf der Erde heimisch zu machen. –

Schopenhauer hat mit Montaigne noch eine zweite Eigenschaft, außer der Ehrlichkeit, gemein: eine wirkliche erheiternde Heiterkeit. Aliis laetus, sibi sapiens. Es gibt nämlich zwei sehr unterschiedene Arten von Heiterkeit. Der wahre Denker erheitert und erquickt immer, ob er nun seinen Ernst oder seinen Scherz, seine menschliche Einsicht oder seine göttliche Nachsicht ausdrückt; ohne griesgrämige Gebärden, zitternde Hände, schwimmende Augen, sondern sicher und einfach, mit Mut und Stärke, vielleicht etwas ritterlich und hart, aber jedenfalls als ein Siegender: und das gerade ist es, was am tiefsten und innigsten erheitert, den siegenden Gott neben allen den Ungetümen, die er bekämpft hat, zu sehen. Die Heiterkeit dagegen, welche man bei mittelmäßigen Schriftstellern und kurzangebundenen Denkern mitunter antrifft, macht unsereinen, beim Lesen, elend: wie ich das zum Beispiel bei David Straußens Heiterkeit empfand. Man schämt sich ordentlich, solche heiteren Zeitgenossen zu haben, weil sie die Zeit und uns Menschen in ihr bei der Nachwelt bloßstellen. Solche Heiterlinge sehen die Leiden und die Ungetüme gar nicht, die sie als Denker zu sehen und zu bekämpfen vorgeben; und deshalb erregt ihre Heiterkeit Verdruß, weil sie täuscht: denn sie will zu dem Glauben verführen, hier sei ein Sieg erkämpft worden. Im Grunde nämlich gibt es nur Heiterkeit, wo es Sieg gibt; und dies gilt von den Werken wahrer Denker ebensowohl als von jedem Kunstwerk. Mag der Inhalt immer so schrecklich und ernst sein, als das Problem des Daseins eben ist: bedrückend und quälend wird das Werk nur dann wirken, wenn der Halbdenker und der Halbkünstler den Dunst ihres Ungenügens darüber ausgebreitet haben; während dem Menschen nichts Fröhlicheres und Besseres zuteil werden kann, als einem jener Siegreichen nahe zu sein, die, weil sie das Tiefste gedacht, gerade das Lebendigste lieben müssen und als Weise am Ende sich zum Schönen neigen. Sie reden wirklich, sie stammeln nicht und schwätzen auch nicht nach; sie bewegen sich und leben wirklich, nicht so unheimlich maskenhaft, wie sonst Menschen zu leben pflegen: weshalb es uns in ihrer Nähe wirklich einmal menschlich und natürlich zumute ist und wir wie

Goethe ausrufen möchten: „Was ist doch ein Lebendiges für ein herrliches köstliches Ding! wie abgemessen zu seinem Zustande, wie wahr, wie seiend!“

Ich schildere nichts als den ersten gleichsam physiologischen Eindruck, welchen Schopenhauer bei mir hervorbrachte, jenes zauberartige Ausströmen der innersten Kraft eines Naturgewächses auf ein anderes, das bei der ersten und leisesten Berührung erfolgt; und wenn ich jenen Eindruck nachträglich zerlege, so finde ich ihn aus drei Elementen gemischt, aus dem Eindrucke seiner Ehrlichkeit, seiner Heiterkeit und seiner Beständigkeit. Er ist ehrlich, weil er zu sich selbst und für sich selbst spricht und schreibt, heiter, weil er das Schwerste durch Denken besiegt hat, und beständig, weil er so sein muß. Seine Kraft steigt wie eine Flamme bei Windstille gerade und leicht aufwärts, unbeirrt, ohne Zittern und Unruhe. Er findet seinen Weg in jedem Falle, ohne daß wir auch nur merken, daß er ihn gesucht hätte; sondern wie durch ein Gesetz der Schwere gezwungen läuft er daher, so fest und behend, so unvermeidlich. Und wer je gefühlt hat, was das in unsrer Tragelaphen-Menschheit der Gegenwart heißen will, einmal ein ganzes, einstimmiges, in eignen Angeln hängendes und bewegtes, unbefangenes und ungehemmtes Naturwesen zu finden, der wird mein Glück und meine Verwunderung verstehen, als ich Schopenhauer gefunden hatte: ich ahnte, in ihm jenen Erzieher und Philosophen gefunden zu haben, den ich so lange suchte. Zwar nur als Buch: und das war ein großer Mangel. Um so mehr strengte ich mich an, durch das Buch hindurch zu sehen und mir den lebendigen Menschen vorzustellen, dessen großes Testament ich zu lesen hatte und der nur solche zu seinen Erben zu machen verhieß, welche mehr sein wollten und konnten als nur seine Leser: nämlich seine Söhne und Zöglinge.

3

Ich mache mir aus einem Philosophen gerade so viel, als er imstande ist ein Beispiel zu geben. Daß er durch das Beispiel ganze Völker nach sich ziehen kann, ist kein Zweifel; die indische Geschichte, die beinahe die Geschichte der indischen Philosophie ist, beweist es. Aber das Beispiel muß durch das sichtbare Leben und nicht bloß durch Bücher gegeben werden, also dergestalt, wie die Philosophen Griechenlands lehrten, durch Miene, Haltung, Kleidung, Speise, Sitte mehr als durch Sprechen oder gar Schreiben. Was fehlt uns noch alles zu dieser mutigen Sichtbarkeit eines philosophischen Lebens in Deutschland! ganz allmählich befreien sich hier die Leiber, wenn die Geister längst befreit scheinen; und doch ist es nur ein Wahn, daß ein Geist frei und selbständig sei, wenn diese errungene Unumschränktheit – die im Grunde schöpferische Selbstumschränkung ist – nicht durch jeden Blick und Schritt von früh bis Abend neu bewiesen wird. Kant hielt an der Universität fest, unterwarf sich den Regierungen, blieb in dem Scheine eines religiösen Glaubens, ertrug es unter Kollegen und Studenten: so ist es denn natürlich, daß sein Beispiel vor allem Universitätsprofessoren und Professorenphilosophie erzeugte. Schopenhauer macht mit den gelehrten Kasten wenig Umstände, separiert sich, erstrebt Unabhängigkeit von Staat und Gesellschaft – dies ist sein Beispiel, sein Vorbild – um hier vom Äußerlichsten auszugehen. Aber viele Grade in der Befreiung des philosophischen Lebens sind unter den Deutschen noch unbekannt und werden es nicht immer bleiben können. Unsre Künstler leben kühner und ehrlicher; und das mächtigste Beispiel, welches wir vor uns sehn, das Richard Wagners, zeigt, wie der Genius sich nicht fürchten darf, in den feindseligsten Widerspruch mit den bestehenden Formen und Ordnungen zu treten, wenn er die höhere Ordnung und Wahrheit, die in ihm lebt, ans Licht herausheben will. Die „Wahrheit" aber, von welcher unsre Professoren so viel reden, scheint freilich ein anspruchsloseres Wesen zu sein, von dem keine Unordnung und Außerordnung zu befürchten ist: ein bequemes und gemütliches Geschöpf, welches allen bestehenden Gewalten wieder und wieder versichert, niemand solle ihrethalben irgend welche Umstände haben; man sei ja nur „reine Wissenschaft". Also: ich wollte sagen, daß die Philosophie in Deutschland es mehr und mehr zu verlernen hat, „reine Wissenschaft" zu sein: und das gerade sei das Beispiel des Menschen Schopenhauer.

Es ist aber ein Wunder und nichts Geringeres, daß er zu diesem menschlichen Beispiel heranwuchs: denn er war von außen und von innen her durch die ungeheuersten Gefahren gleichsam umdrängt, von denen jedes schwächere Geschöpf erdrückt oder zersplittert wäre. Es gab, wie mir scheint, einen starken Anschein dafür, daß der Mensch Schopenhauer untergehn werde, um als Rest, bestenfalls, „reine Wissenschaft" zurück zu lassen: aber auch dies nur bestenfalls; am wahrscheinlichsten weder Mensch noch Wissenschaft.

Ein neuerer Engländer schildert die allgemeinste Gefahr ungewöhnlicher Menschen, die in einer an das Gewöhnliche gebundenen Gesellschaft leben, also: „solche fremdartige Charaktere werden anfänglich gebeugt, dann melancholisch, dann krank, und zuletzt sterben sie. Ein Shelley würde in England nicht haben leben können, und eine Rasse von Shelleys würde unmöglich gewesen sein". Unsere Hölderlin und Kleist, und wer nicht sonst, verdarben an dieser ihrer Ungewöhnlichkeit und hielten das Klima der sogenannten deutschen Bildung nicht aus; und nur Naturen von Erz, wie Beethoven, Goethe, Schopenhauer und Wagner, vermögen standzuhalten. Aber auch bei ihnen zeigt sich die Wirkung des ermüdendsten Kampfes und Krampfes an vielen Zügen und Runzeln: ihr Atem geht schwerer, und ihr Ton ist leicht allzu gewaltsam. Jener geübte Diplomat, der Goethe nur überhin angesehn und gesprochen hatte, sagte zu seinen Freunden: Voilà un homme, qui a eu de grands chagrins! – was Goethe so verdeutscht hat: „das ist auch Einer, der sich's hat sauer werden lassen." „Wenn sich nun in unsern Gesichtszügen, fügt er hinzu, die Spur überstandenen Leidens, durchgeführter Tätigkeit nicht auslöschen läßt, so ist es kein Wunder, wenn alles, was von uns und unserem Bestreben übrig bleibt, dieselbe Spur trägt." Und das ist Goethe, auf den unsre Bildungsphilister als auf den glücklichsten Deutschen hinzeigen, um daraus den Satz zu beweisen, daß es doch möglich sein müsse, unter ihnen glücklich zu werden – mit dem Hintergedanken, daß es keinem zu verzeihen sei, wenn er sich unter ihnen unglücklich und einsam fühle. Daher haben sie sogar mit großer Grausamkeit den Lehrsatz aufgestellt und praktisch erläutert, daß in jeder Vereinsamung immer eine geheime Schuld liege. Nun hatte der arme Schopenhauer auch so eine geheime Schuld auf dem Herzen, nämlich seine Philosophie mehr zu schätzen als seine Zeitgenossen; und dazu war er so unglücklich, gerade durch Goethe zu wissen, daß er seine Philosophie, um ihre Existenz zu retten, um jeden Preis gegen die Nichtbeachtung seiner Zeitgenossen verteidigen müsse; denn es gibt eine Art Inquisitionszensur, in der es die Deutschen nach Goethes Urteil weit gebracht haben; es heißt: unverbrüchliches Schweigen. Und dadurch war wenigstens so viel bereits erreicht worden, daß der größte Teil der ersten Auflage seines Hauptwerks zu Makulatur eingestampft werden mußte. Die drohende Gefahr, daß seine große Tat einfach durch Nichtbeachtung wieder ungetan werde, brachte ihn in eine schreckliche und schwer zu bändigende Unruhe; kein einziger bedeutsamer Anhänger zeigte sich. Es macht uns traurig, ihn auf der Jagd nach irgend welchen Spuren seines Bekanntwerdens zu sehen; und sein endlicher lauter und überlauter Triumph darüber, daß er jetzt wirklich gelesen werde („legor et legar"), hat etwas Schmerzlich-Ergreifendes. Gerade alle jene Züge, in denen er die Würde des Philosophen nicht merken läßt, zeigen den leidenden Menschen, welchen um seine edelsten Güter bangt; so quälte ihn die Sorge, sein kleines Vermögen zu verlieren und vielleicht seine reine und wahrhaft antike Stellung zur Philosophie nicht mehr festhalten zu können: so griff er in seinem Verlangen nach ganz vertrauenden und mitleidenden Menschen oftmals fehl, um immer wieder mit einem schwermütigen Blicke zu seinem treuen Hunde zurückzukehren. Er war ganz und gar Einsiedler; kein einziger wirklich gleichgestimmter Freund tröstete ihn – und zwischen einem und keinem liegt hier, wie immer zwischen Ichts und Nichts, eine Unendlichkeit. Niemand, der wahre Freunde hat, weiß, was wahre Einsamkeit ist, und ob er auch die ganze Welt um sich zu seinen Widersachern hätte. – Ach ich merke wohl, ihr wißt nicht, was Vereinsamung ist. Wo es mächtige Gesellschaften, Regierungen, Religionen, öffentliche Meinungen gegeben hat, kurz, wo je eine Tyrannei war, da hat sie den einsamen Philosophen gehaßt; denn die Philosophie eröffnet dem Menschen ein Asyl, wohin keine Tyrannei dringen kann, die Höhle des Innerlichen, das Labyrinth der Brust: und das ärgert die Tyrannen. Dort verbergen sich die Einsamen: aber dort auch lauert die größte Gefahr der Einsamen. Diese Menschen, die ihre Freiheit in das Innerliche geflüchtet haben, müssen auch äußerlich leben, sichtbar werden, sich sehen lassen; sie stehen in zahllosen menschlichen Verbindungen durch Geburt, Aufenthalt, Erziehung, Vaterland, Zufall, Zudringlichkeit anderer; ebenfalls zahllose Meinungen werden bei ihnen vorausgesetzt, einfach weil sie die herrschenden sind; jede Miene, die nicht verneint, gilt als Zustimmung; jede Handbewegung, die nicht zertrümmert, wird als Billigung gedeutet. Sie wissen, diese Einsamen und Freien im Geiste, – daß sie fortwährend irgendworin anders scheinen als sie denken: während sie nichts als Wahrheit und Ehrlichkeit wollen, ist rings um sie ein Netz von Mißverständnissen; und ihr heftiges Begehren kann es nicht verhindern, daß doch auf ihrem Tun ein Dunst von falschen Meinungen, von Anpassung, von halben Zugeständnissen, von schonendem Verschweigen, von irrtümlicher Ausdeutung liegen bleibt. Das sammelt eine Wolke von Melancholie auf ihrer Stirne: denn daß das Scheinen Notwendigkeit ist, hassen solche Naturen mehr als den Tod; und eine solche andauernde Erbitterung darüber macht sie vulkanisch und bedrohlich. Von Zeit zu Zeit rächen sie sich für ihr gewaltsames Sich-Verbergen, für ihre erzwungene Zurückhaltung. Sie kommen aus ihrer Höhle heraus, mit schrecklichen Mienen; ihre Worte und Taten sind dann Explosionen, und es ist möglich, daß sie an sich selbst zugrunde gehen. So gefährlich lebte Schopenhauer. Gerade solche Einsame bedürfen Liebe, brauchen Genossen, vor denen sie wie vor sich selbst offen und einfach sein dürfen, in deren Gegenwart der Krampf des Verschweigens und der Verstellung aufhört. Nehmt diese Genossen hinweg, und ihr erzeugt eine wachsende Gefahr; Heinrich von Kleist ging an dieser Ungeliebtheit zugrunde, und es ist das schrecklichste Gegenmittel gegen ungewöhnliche Menschen, sie dergestalt tief in sie hinein zu treiben, daß ihr Wiederherauskommen jedesmal ein vulkanischer Ausbruch wird. Doch gibt es immer wieder einen Halbgott, der es erträgt, unter so schrecklichen Bedingungen zu leben, siegreich zu leben; und wenn ihr seine einsamen Gesänge hören wollt, so hört Beethovens Musik.

Das war die erste Gefahr, in deren Schatten Schopenhauer heranwuchs: Vereinsamung. Die zweite heißt: Verzweiflung an der Wahrheit. Diese Gefahr begleitet jeden Denker, welcher von der Kantischen Philosophie aus seinen Weg nimmt, vorausgesetzt, daß er ein kräftiger und ganzer Mensch in Leiden und Begehren sei und nicht nur eine klappernde Denk- und Rechenmaschine. Nun wissen wir aber alle recht wohl, was es gerade mit dieser Voraussetzung für eine beschämende Bewandtnis hat; ja es scheint mir, als ob überhaupt nur bei den wenigsten Menschen Kant lebendig eingegriffen und Blut und Säfte umgestaltet habe. Zwar soll, wie man überall lesen kann, seit der Tat dieses stillen Gelehrten auf allen geistigen Gebieten eine Revolution ausgebrochen sein; aber ich kann es nicht glauben. Denn ich sehe es den Menschen nicht deutlich an, als welche vor allem selbst revolutioniert sein müßten, bevor irgend welche ganze Gebiete es sein könnten. Sobald aber Kant anfangen sollte, eine populäre Wirkung auszuüben, so werden wir diese in der Form eines zernagenden und zerbröckelnden Skeptizismus und Relativismus gewahr werden; und nur bei den tätigsten und edelsten Geistern, die es niemals im Zweifel ausgehalten haben, würde an seiner Stelle jene Erschütterung und Verzweiflung an aller Wahrheit eintreten, wie sie zum Beispiel Heinrich von Kleist als Wirkung der Kantischen Philosophie erlebte. „Vor kurzem, schreibt er einmal in seiner ergreifenden Art, wurde ich mit der Kantischen Philosophie bekannt – und dir muß ich jetzt daraus einen Gedanken mitteilen, indem ich nicht fürchten darf, daß er dich so tief, so schmerzhaft erschüttern wird als mich. – Wir können nicht entscheiden, ob das, was wir Wahrheit nennen, wahrhaft Wahrheit ist, oder ob es uns nur so scheint. Ist's das letztere, so ist die Wahrheit, die wir hier sammeln, nach dem Tode nichts mehr, und alles Bestreben, ein Eigentum zu erwerben, das uns auch noch in das Grab folgt, ist vergeblich. – Wenn die Spitze dieses Gedankens dein Herz nicht trifft, so lächle nicht über einen andern, der sich tief in seinem heiligsten Innern davon verwundet fühlt. Mein einziges, mein höchstes Ziel ist gesunken, und ich habe keines mehr." Ja, wann werden wieder die Menschen dergestalt Kleistisch-natürlich empfinden, wann lernen sie den Sinn einer Philosophie erst wieder an ihrem „heiligsten Innern" messen? Und doch ist dies erst nötig, um abzuschätzen, was uns, nach Kant, gerade Schopenhauer sein kann – der Führer nämlich, welcher aus der Höhle des skeptischen Unmuts oder der kritisierenden Entsagung hinauf zur Höhe der tragischen Betrachtung leitet, den nächtlichen Himmel mit seinen Sternen endlos über uns, und der sich selbst, als der Erste, diesen Weg geführt hat. Das ist seine Größe, daß er dem Bilde des Lebens als einem Ganzen sich gegenüberstellte, um es als Ganzes zu deuten; während die scharfsinnigsten Köpfe nicht von dem Irrtum zu befreien sind, daß man dieser Deutung näher komme, wenn man die Farben, womit, den Stoff, worauf dieses Bild gemalt ist, peinlich untersuche; vielleicht mit dem Ergebnis, es sei eine ganz intrikat gesponnene Leinewand und Farben darauf, die chemisch unergründlich seien. Man muß den Maler erraten, um das Bild zu verstehen – das wußte Schopenhauer. Nun ist aber die ganze Zunft aller Wissenschaften darauf aus, jene Leinewand und jene Farben, aber nicht das Bild zu verstehen; ja man kann sagen, daß nur der, welcher das allgemeine Gemälde des Lebens und Daseins fest ins Auge gefaßt hat, sich der einzelnen Wissenschaften ohne eigne Schädigung bedienen wird, denn ohne ein solches regulatives Gesamtbild sind sie Stricke, die nirgends ans Ende führen und unsern Lebenslauf nur noch verwirrter und labyrinthischer machen. Hierin, wie gesagt, ist Schopenhauer groß, daß er jenem

Bilde nachgeht wie Hamlet dem Geiste, ohne sich abziehn zu lassen, wie Gelehrte tun, oder durch begriffliche Scholastik abgesponnen zu werden, wie es das Los der ungebändigten Dialektiker ist. Das Studium aller Viertelsphilosophen ist nur deshalb anziehend, um zu erkennen, daß diese sofort auf die Stellen im Bau großer Philosophien geraten, wo das gelehrtenhafte Für und Wider, wo Grübeln, Zweifeln, Widersprechen erlaubt ist, und daß sie dadurch der Forderung jeder großen Philosophie entgehen, die als Ganzes immer nur sagt: dies ist das Bild alles Lebens, und daraus lerne den Sinn deines Lebens. Und umgekehrt: lies nur dein Leben und verstehe daraus die Hieroglyphen des allgemeinen Lebens. Und so soll auch Schopenhauers Philosophie immer zuerst ausgelegt werden: individuell, vom einzelnen allein für sich selbst, um Einsicht in das eigne Elend und Bedürfnis, in die eigne Begrenztheit zu gewinnen, um die Gegenmittel und Tröstungen kennen zu lernen: nämlich Hinopferung des Ichs, Unterwerfung unter die edelsten Absichten, vor allem unter die der Gerechtigkeit und Barmherzigkeit. Er lehrt uns zwischen den wirklichen und scheinbaren Beförderungen des Menschenglücks unterscheiden: wie weder Reichwerden, noch Geehrtsein, noch Gelehrtsein den einzelnen aus seiner tiefen Verdrossenheit über den Unwert seines Daseins herausheben kann, und wie das Streben nach diesen Gütern nur Sinn durch ein hohes und verklärendes Gesamtziel bekommt: Macht zu gewinnen, um durch sie der Physis nachzuhelfen und ein wenig Korrektor ihrer Torheiten und Ungeschicktheiten zu sein. Zunächst zwar auch nur für sich selbst; durch sich aber endlich für alle. Es ist freilich ein Streben, welches tief und herzlich zur Resignation hinleitet: denn was und wie viel kann überhaupt noch verbessert werden, am Einzelnen und am Allgemeinen!

Wenden wir gerade diese Worte auf Schopenhauer

an, so berühren wir die dritte und eigentümlichste Gefahr, in der er lebte und die im ganzen Bau und Knochengerüste seines Wesens verborgen lag. Jeder Mensch pflegt in sich eine Begrenztheit vorzufinden, seiner Begabung sowohl als seines sittlichen Wollens, welche ihn mit Sehnsucht und Melancholie erfüllt; und wie er aus dem Gefühl seiner Sündhaftigkeit sich hin nach dem Heiligen sehnt, so trägt er, als intellektuelles Wesen, ein tiefes Verlangen nach dem Genius in sich. Hier ist die Wurzel aller wahren Kultur; und wenn ich unter dieser die Sehnsucht der Menschen verstehe, als Heiliger und als Genius wiedergeboren zu werden, so weiß ich, daß man nicht erst Buddhaist sein muß, um diesen Mythus zu verstehen. Wo wir Begabung ohne jene Sehnsucht finden, im Kreise der Gelehrten oder auch bei den sogenannten Gebildeten, macht sie uns Widerwillen und Ekel; denn wir ahnen, daß solche Menschen, mit allem ihrem Geiste, eine werdende Kultur und die Erzeugung des Genius – das heißt das Ziel aller Kultur – nicht fördern, sondern verhindern. Es ist der Zustand einer Verhärtung, im Werte gleich jener gewohnheitsmäßigen, kalten und auf sich selbst stolzen Tugendhaftigkeit, welche auch am weitesten von der wahren Heiligkeit entfernt ist und fern hält. Schopenhauers Natur enthielt nun eine seltsame und höchst gefährliche Doppelheit. Wenige Denker haben in dem Maße und der unvergleichlichen Bestimmtheit empfunden, daß der Genius in ihnen webt; und sein Genius verhieß ihm das Höchste – daß es keine tiefere Furche geben werde als die, welche seine Pflugschar in den Boden der neueren Menschheit reißt. So wußte er die eine Hälfte seines Weges gesättigt und erfüllt, ohne Begierde, ihrer Kraft gewiß, so trug er mit Größe und Würde seinen Beruf als siegreich Vollendeter. In der andern Hälfte lebte eine ungestüme Sehnsucht; wir verstehen sie, wenn wir hören, daß er sich mit schmerzlichem Blicke von dem Bilde des großen Stifters der la Trappe, Rancé, abwandte, unter den Worten: „das ist Sache der Gnade“. Denn der Genius sehnt sich tiefer nach Heiligkeit, weil er von seiner Warte aus weiter und heller geschaut hat als ein andrer Mensch, hinab in die Versöhnung von Erkennen und Sein, hinein in das Reich des Friedens und des verneinten Willens, hinüber nach der andern Küste, von der die Inder sagen. Aber hier gerade ist das Wunder: wie unbegreiflich ganz und unzerbrechlich mußte Schopenhauers Natur sein, wenn sie auch nicht durch diese Sehnsucht zerstört werden konnte und doch auch nicht verhärtet wurde! Was das heißen will, wird jeder nach dem Maße dessen verstehen, was und wieviel er ist: und ganz, in aller seiner Schwere, wird es keiner von uns verstehen.

Je mehr man über die geschilderten drei Gefahren nachdenkt, um so befremdlicher bleibt es, mit welcher Rüstigkeit sich Schopenhauer gegen sie verteidigte und wie gesund und gerade er aus dem Kampfe herauskam. Zwar auch mit vielen Narben und offnen Wunden; und in einer Stimmung, die vielleicht etwas zu herbe, mitunter auch allzu kriegerisch erscheint. Auch über dem größten Menschen erhebt sich sein eignes Ideal. Daß Schopenhauer ein Vorbild sein kann, das steht trotz aller jener Narben und Flecken fest. Ja man möchte sagen: das, was an seinem Wesen unvollkommen und allzu menschlich war, führt uns gerade im menschlichsten Sinne in seine Nähe, denn wir sehen ihn als Leidenden und Leidensgenossen und nicht nur in der ablehnenden Hoheit des Genius.

Jene drei Gefahren der Konstitution, die Schopenhauer bedrohten, bedrohen uns alle. Ein jeder trägt eine produktive Einzigkeit in sich, als den Kern seines Wesens; und wenn er sich dieser Einzigkeit bewußt wird, erscheint um ihn ein fremdartiger Glanz, der des Ungewöhnlichen.

Dies ist den meisten etwas Unerträgliches: weil sie, wie gesagt, faul sind, und weil an jener Einzigkeit eine Kette von Mühen und Lasten hängt. Es ist kein Zweifel, daß für den Ungewöhnlichen, der sich mit dieser Kette beschwert, das Leben fast alles, was man von ihm in der Jugend ersehnt, Heiterkeit, Sicherheit, Leichtigkeit, Ehre, einbüßt; das Los der Vereinsamung ist das Geschenk, welches ihm die Mitmenschen machen; die Wüste und die Höhle ist sofort da, er mag leben, wo er will. Nun sehe er zu, daß er sich nicht unterjochen lasse, daß er nicht gedrückt und melancholisch werde. Und deshalb mag er sich mit den Bildern guter und tapferer Kämpfer umstellen, wie Schopenhauer selbst einer war. Aber auch die zweite Gefahr, die Schopenhauer bedrohte, ist nicht ganz selten. Hier und da ist einer von Natur mit Scharfblick ausgerüstet, seine Gedanken gehen gern den dialektischen Doppelgang; wie leicht ist es, wenn er seiner Begabung unvorsichtig die Zügel schießen läßt, daß er als Mensch zugrunde geht und fast nur noch in der „reinen Wissenschaft" ein Gespensterleben führt: oder daß er, gewohnt daran, das Für und Wider in den Dingen aufzusuchen, an der Wahrheit überhaupt irre wird und so ohne Mut und Zutrauen leben muß, verneinend, zweifelnd, annagend, unzufrieden, in halber Hoffnung, in erwarteter Enttäuschung: „es möchte kein Hund so länger leben!" Die dritte Gefahr ist die Verhärtung, im Sittlichen oder im Intellektuellen; der Mensch zerreißt das Band, welches ihn mit seinem Ideal verknüpfte; er hört auf, auf diesem oder jenem Gebiete fruchtbar zu sein, sich fortzupflanzen, er wird im Sinne der Kultur schädlich oder unnütz. Die Einzigkeit seines Wesens ist zum unteilbaren, unmitteilbaren Atom geworden, zum erkalteten Gestein. Und so kann einer an dieser Einzigkeit ebenso wie an der Furcht vor dieser Einzigkeit verderben, an sich selbst und im Aufgeben seiner selbst, an der Sehnsucht und an der Verhärtung: und Leben überhaupt heißt in Gefahr sein.

Außer diesen Gefahren seiner ganzen Konstitution, welchen Schopenhauer ausgesetzt gewesen wäre, er hätte nun in diesem oder jenem Jahrhundert gelebt – gibt es nun noch Gefahren, die aus seiner Zeit an ihn herankamen; und diese Unterscheidung zwischen Konstitutionsgefahren und Zeitgefahren ist wesentlich, um das Vorbildliche und Erzieherische in Schopenhauers Natur zu begreifen. Denken wir uns das Auge des Philosophen auf dem Dasein ruhend: er will dessen Wert neu festsetzen. Denn das ist die eigentümliche Arbeit aller großen Denker gewesen, Gesetzgeber für Maß, Münze und Gewicht der Dinge zu sein. Wie muß es ihm hinderlich werden, wenn die Menschheit, die er zunächst sieht, gerade eine schwächliche und von Würmern zerfressene Frucht ist! Wieviel muß er, um gerecht gegen das Dasein überhaupt zu sein, zu dem Unwerte der gegenwärtigen Zeit hinzuaddieren! Wenn die Beschäftigung mit Geschichte vergangner oder fremder Völker wertvoll ist, so ist sie es am meisten für den Philosophen, der ein gerechtes Urteil über das gesamte Menschenlos abgeben will, nicht also nur über das durchschnittliche, sondern vor allem auch über das höchste Los, das einzelnen Menschen oder ganzen Völkern zufallen kann. Nun aber ist alles Gegenwärtige zudringlich; es wirkt und bestimmt das Auge, auch wenn der Philosoph es nicht will; und unwillkürlich wird es in der Gesamtabrechnung zu hoch taxiert sein. Deshalb muß der Philosoph seine Zeit in ihrem Unterschiede gegen andre wohl abschätzen und, indem er für sich die Gegenwart überwindet, auch in seinem Bilde, das er vom Leben gibt, die Gegenwart überwinden, nämlich unbemerkbar machen und gleichsam übermalen. Dies ist eine schwere, ja kaum lösbare Aufgabe. Das Urteil der alten griechischen Philosophen über den Wert des Daseins besagt so viel mehr als ein modernes Urteil, weil sie das Leben selbst in einer üppigen Vollendung vor sich und um sich hatten und weil bei ihnen nicht wie bei uns das Gefühl des Denkers sich verwirrt in dem Zwiespalte des Wunsches nach Freiheit, Schönheit, Größe des Lebens und des Triebes nach Wahrheit, die nur frägt: was ist das Dasein überhaupt wert? Es bleibt für alle Zeiten wichtig zu wissen, was Empedokles, inmitten der kräftigsten und überschwenglichsten Lebenslust der griechischen Kultur, über das Dasein ausgesagt hat; sein Urteil wiegt sehr schwer, zumal ihm durch kein einziges Gegenurteil irgend eines andern großen Philosophen aus derselben großen Zeit widersprochen wird. Er spricht nur am deutlichsten, aber im Grunde – nämlich, wenn man seine Ohren etwas aufmacht – sagen sie alle dasselbe. Ein moderner Denker wird, wie gesagt, immer an einem unerfüllten Wunsche leiden: er wird verlangen, daß man ihm erst wieder Leben, wahres, rotes, gesundes Leben zeige, damit er dann darüber seinen Richterspruch fälle. Wenigstens für sich selbst wird er es für nötig halten, ein lebendiger Mensch zu sein, bevor er glauben darf, ein gerechter Richter sein zu können. Hier ist der Grund, weshalb gerade die neueren Philosophen zu den mächtigsten Förderern des Lebens, des Willens zum Leben gehören, und weshalb sie sich aus ihrer ermatteten eignen Zeit nach einer Kultur, nach einer verklärten Physis sehnen. Diese Sehnsucht ist aber auch ihre G e f a h r: in ihnen kämpft der Reformator des Lebens und der Philosoph, das heißt: der Richter des Lebens. Wohin sich auch der Sieg neige, es ist ein Sieg, der einen Verlust in sich schließen wird. Und wie entging nun Schopenhauer auch dieser Gefahr?

Wenn jeder große Mensch auch am liebsten gerade als das echte Kind seiner Zeit angesehn wird und jedenfalls an allen ihren Gebresten stärker und empfindlicher leidet als alle kleineren Menschen, so ist der Kampf eines solchen Großen gegen seine Zeit scheinbar nur ein unsinniger und zerstörender Kampf gegen sich selbst. Aber eben nur scheinbar; denn in ihr bekämpft er das, was ihn hindert, groß zu sein, das bedeutet bei ihm nur: frei und ganz er selbst zu sein. Daraus folgt, daß seine Feindschaft im Grunde gerade gegen das gerichtet ist, was zwar an ihm selbst, was aber nicht eigentlich er selbst ist, nämlich gegen das unreine Durch- und Nebeneinander von Unmischbarem und ewig Unvereinbarem, gegen die falsche Anlötung des Zeitgemäßen an sein Unzeitgemäßes; und endlich erweist sich das angebliche Kind der Zeit nur als Stiefkind derselben. So strebte Schopenhauer, schon von früher Jugend an, jener falschen, eitlen und unwürdigen Mutter, der Zeit, entgegen, und indem er sie gleichsam aus sich auswies, reinigte und heilte er sein Wesen und fand sich selbst in seiner ihm zugehörigen Gesundheit und Reinheit wieder. Deshalb sind die Schriften Schopenhauers als Spiegel der Zeit zu benutzen; und gewiß liegt es nicht an einem Fehler des Spiegels, wenn in ihm alles Zeitgemäße nur wie eine entstellende Krankheit sichtbar wird, als Magerkeit und Blässe, als hohles Auge und erschlaffte Mienen, als die erkennbaren Leiden jener Stiefkindschaft. Die Sehnsucht nach starker Natur, nach gesunder und einfacher Menschheit, war bei ihm eine Sehnsucht nach sich selbst; und sobald er die Zeit in sich besiegt hatte, mußte er auch mit erstauntem Auge den Genius in sich erblicken. Das Geheimnis seines Wesens war ihm jetzt enthüllt, die Absicht jener Stiefmutter Zeit, ihm diesen Genius zu verbergen, vereitelt, das Reich der verklärten Physis war entdeckt. Wenn er jetzt nun sein furchtloses Auge der Frage zuwandte: „was ist das Leben überhaupt wert?“ – so hatte er nicht mehr eine verworrene und abgeblaßte Zeit und deren heuchlerisch unklares Leben zu verurteilen. Er wußte es wohl, daß noch Höheres und Reineres auf dieser Erde zu finden und zu erreichen sei als solch ein zeitgemäßes Leben, und daß jeder dem Dasein bitter unrecht tue, der es nur nach dieser häßlichen Gestalt kenne und abschätze. Nein, der Genius selbst wird jetzt aufgerufen, um zu hören, ob dieser, die höchste Frucht des Lebens, vielleicht das Leben überhaupt rechtfertigen könne; der herrliche schöpferische Mensch soll auf die Frage antworten: „bejahst denn du im tiefsten Herzen dieses Dasein? Genügt es dir? Willst du sein Fürsprecher, sein Erlöser sein? Denn nur ein einziges wahrhaftiges Ja! aus deinem Munde – und das so schwer verklagte Leben soll frei sein." – Was wird er antworten? – Die Antwort des Empedokles.

4

Mag dieser letzte Wink auch einstweilen unverstanden bleiben: mir kommt es jetzt auf etwas sehr Verständliches an, nämlich zu erklären, wie wir alle durch Schopenhauer uns *gegen* unsre Zeit erziehen *können* – weil wir den Vorteil haben, durch ihn diese Zeit wirklich zu *kennen*. Wenn es nämlich ein Vorteil ist! Jedenfalls möchte es ein paar Jahrhunderte später gar nicht mehr möglich sein. Ich ergötze mich an der Vorstellung, daß die Menschen bald einmal das Lesen satt bekommen werden und die Schriftsteller dazu, daß der Gelehrte eines Tages sich besinnt, sein Testament macht und verordnet, sein Leichnam solle inmitten seiner Bücher, zumal seiner eignen Schriften, verbrannt werden. Und wenn die Wälder immer spärlicher werden sollten, möchte es nicht irgendwann einmal an der Zeit sein, die Bibliotheken als Holz, Stroh und Gestrüpp zu behandeln? Sind doch die meisten Bücher aus Rauch und Dampf der Köpfe geboren: so sollen sie auch wieder zu Rauch und Dampf werden. Und hatten sie kein Feuer in sich, so soll das

Feuer sie dafür bestrafen. Es wäre also möglich, daß einem späteren Jahrhundert vielleicht gerade unser Zeitalter als saeculum obscurum gälte; weil man mit seinen Produkten am eifrigsten und längsten die Öfen geheizt hätte. Wie glücklich sind wir demnach, daß wir diese Zeit noch kennen lernen können. Hat es nämlich überhaupt einen Sinn, sich mit seiner Zeit zu beschäftigen, so ist es jedenfalls ein Glück, sich so gründlich wie möglich mit ihr zu beschäftigen, so daß einem über sie gar kein Zweifel übrig bleibt: und gerade dies gewährt uns Schopenhauer. –

Freilich, hundertmal größer wäre das Glück, wenn bei dieser Untersuchung herauskäme, daß etwas so Stolzes und Hoffnungsreiches wie dies Zeitalter noch gar nicht dagewesen sei. Nun gibt es auch augenblicklich naive Leute in irgend einem Winkel der Erde, etwa in Deutschland, welche sich anschicken, so etwas zu glauben, ja die alles Ernstes davon sprechen, daß seit ein paar Jahren die Welt korrigiert sei, und daß derjenige, welcher vielleicht über das Dasein seine schweren und finstern Bedenken habe, durch die „Tatsachen" widerlegt sei. Denn so stehe es: die Gründung des neuen deutschen Reiches sei der entscheidende und vernichtende Schlag gegen alles „pessimistische" Philosophieren – davon lasse sich nichts abdingen. – Wer nun gerade die Frage beantworten will, was der Philosoph als Erzieher in unserer Zeit zu bedeuten habe, der muß auf jene sehr verbreitete und zumal an Universitäten sehr gepflegte Ansicht antworten, und zwar so: es ist eine Schande und Schmach, daß eine so ekelhafte, zeitgötzendienerische Schmeichelei von sogenannten denkenden und ehrenwerten Menschen aus- und nachgesprochen werden kann – ein Beweis dafür, daß man gar nicht mehr ahnt, wie weit der Ernst der Philosophie von dem Ernst einer Zeitung entfernt ist. Solche Menschen haben den letzten Rest nicht nur einer philosophischen, sondern auch einer religiösen Gesinnung eingebüßt und statt alledem nicht etwa den Optimismus, sondern den Journalismus eingehandelt, den Geist und Ungeist des Tages und der Tageblätter. Jede Philosophie, welche durch ein politisches Ereignis das Problem des Daseins verrückt oder gar gelöst glaubt, ist eine Spaß- und Afterphilosophie. Es sind schon öfter, seit die Welt steht, Staaten gegründet worden; das ist ein altes Stück. Wie sollte eine politische Neuerung ausreichen, um die Menschen ein für allemal zu vergnügten Erdenbewohnern zu machen? Glaubt aber jemand recht von Herzen, daß dies möglich sei, so soll er sich nur melden: denn er verdient wahrhaftig, Professor der Philosophie an einer deutschen Universität, gleich Harms in Berlin, Jürgen Meyer in Bonn und Carrière in München zu werden.

Hier erleben wir aber die Folgen jener neuerdings von allen Dächern gepredigten Lehre, daß der Staat das höchste Ziel der Menschheit sei und daß es für einen Mann keine höheren Pflichten gebe, als dem Staat zu dienen: worin ich nicht einen Rückfall ins Heidentum, sondern in die Dummheit erkenne. Es mag sein, daß ein solcher Mann, der im Staatsdienste seine höchste Pflicht sieht, wirklich auch keine höheren Pflichten kennt; aber deshalb gibt es jenseits doch noch Männer und Pflichten – und eine dieser Pflichten, die mir wenigstens höher gilt als der Staatsdienst, fordert auf, die Dummheit in jeder Gestalt zu zerstören, also auch diese Dummheit. Deshalb beschäftige ich mich hier mit einer Art von Männern, deren Teleologie etwas über das Wohl eines Staates hinausweist, mit den Philosophen, und auch mit diesen nur hinsichtlich einer Welt, die wiederum von dem Staatswohle ziemlich unabhängig ist, der Kultur. Von den vielen Ringen, welche, durcheinander gesteckt, das menschliche Gemeinwesen ausmachen, sind einige von Gold und andere von Tombak.

Wie sieht nun der Philosoph die Kultur in unserer Zeit an? Sehr anders freilich als jene in ihrem Staat vergnügten Philosophieprofessoren. Fast ist es ihm, als ob er die Symptome einer völligen Ausrottung und Entwurzelung der Kultur wahrnähme, wenn er an die allgemeine Hast und zunehmende Fallgeschwindigkeit, an das Aufhören aller Beschaulichkeit und Simplizität denkt. Die Gewässer der Religion fluten ab und lassen Sümpfe oder Weiher zurück; die Nationen trennen sich wieder auf das feindseligste und begehren sich zu zerfleischen. Die Wissenschaften, ohne jedes Maß und im blindesten laisser faire betrieben, zersplittern und lösen alles Festgeglaubte auf; die gebildeten Stände und Staaten werden von einer großartig verächtlichen Geldwirtschaft fortgerissen. Niemals war die Welt mehr Welt, nie ärmer an Liebe und Güte. Die gelehrten Stände sind nicht mehr Leuchttürme oder Asyle, inmitten aller dieser Unruhe der Verweltlichung; sie selbst werden täglich unruhiger, gedanken- und liebeloser. Alles dient der kommenden Barbarei, die jetzige Kunst und Wissenschaft mit einbegriffen. Der Gebildete ist zum größten Feinde der Bildung abgeartet, denn er will die allgemeine Krankheit weglügen und ist den Ärzten hinderlich. Sie werden erbittert, diese abkräftigen armen Schelme, wenn man von ihrer Schwäche spricht und ihrem schädlichen Lügengeiste widerstrebt. Sie möchten gar zu gerne glauben machen, daß sie allen Jahrhunderten den Preis abgelaufen hätten, und sie bewegen sich mit künstlicher Lustigkeit. Ihre Art, Glück zu heucheln, hat mitunter etwas Ergreifendes, weil ihr Glück so ganz unbegreiflich ist. Man möchte sie nicht einmal fragen, wie Tannhäuser den Biterolf fragt: „was hast du Ärmster denn genossen?“ Denn ach, wir wissen es ja selber besser und anders. Es liegt ein Wintertag auf uns, und am hohen Gebirge wohnen wir, gefährlich und in Dürftigkeit. Kurz ist jede Freude und bleich jeder Sonnenglanz, der an den weißen Bergen zu uns herabschleicht. Da ertönt Musik, ein alter Mann dreht einen Leierkasten, die Tänzer drehen sich – es erschüttert den Wanderer, dies zu sehen: so wild, so verschlossen, so farblos, so hoffnungslos ist alles, und jetzt darin ein Ton der Freude, der gedankenlosen lauten Freude! Aber schon schleichen die Nebel des frühen Abends, der Ton verklingt, der Schritt des Wanderers knirscht; soweit er noch sehen kann, sieht er nichts als das öde und grausame Antlitz der Natur.

Wenn es aber einseitig sein sollte, nur die Schwäche der Linien und die Stumpfheit der Farben am Bilde des modernen Lebens hervorzuheben, so ist jedenfalls die zweite Seite um nichts erfreulicher, sondern nur um so beunruhigender. Es sind gewiß Kräfte da, ungeheure Kräfte, aber wilde, ursprüngliche und ganz und gar unbarmherzige. Man sieht mit banger Erwartung auf sie hin wie in den Braukessel einer Hexenküche: es kann jeden Augenblick zucken und blitzen, schreckliche Erscheinungen anzukündigen. Seit einem Jahrhundert sind wir auf lauter fundamentale Erschütterungen vorbereitet; und wenn neuerdings versucht wird, diesem tiefsten modernen Hange, einzustürzen oder zu explodieren, die konstitutive Kraft des sogenannten nationalen Staates entgegenzustellen, so ist doch für lange Zeiten hinaus auch er nur eine Vermehrung der allgemeinen Unsicherheit und Bedrohlichkeit. Daß die einzelnen sich so gebärden, als ob sie von allen diesen Besorgnissen nichts wüßten, macht uns nicht irre: ihre Unruhe zeigt es, wie gut sie davon wissen; sie denken mit einer Hast und Ausschließlichkeit an sich, wie noch nie Menschen an sich gedacht haben, sie bauen und pflanzen für ihren Tag, und die Jagd nach Glück wird nie größer sein, als wenn es zwischen heute und morgen erhascht werden muß: weil übermorgen vielleicht überhaupt alle Jagdzeit zu

Ende ist. Wir leben die Periode der Atome, des atomistischen Chaos. Die feindseligen Kräfte wurden im Mittelalter durch die Kirche ungefähr zusammengehalten und durch den starken Druck, welchen sie ausübte, einigermaßen einander assimiliert. Als das Band zerreißt, der Druck nachläßt, empört sich eines wider das andre. Die Reformation erklärte viele Dinge für adiaphora, für Gebiete, die nicht von dem religiösen Gedanken bestimmt werden sollten; dies war der Kaufpreis, um welchen sie selbst leben durfte: wie schon das Christentum, gegen das viel religiösere Altertum gehalten, um einen ähnlichen Preis seine Existenz behauptete. Von da an griff die Scheidung immer weiter um sich. Jetzt wird fast alles auf Erden nur noch durch die gröbsten und bösesten Kräfte bestimmt, durch den Egoismus der Erwerbenden und die militärischen Gewaltherrscher. Der Staat, in den Händen dieser letzteren, macht wohl, ebenso wie der Egoismus der Erwerbenden, den Versuch, alles aus sich heraus neu zu organisieren und Band und Druck für alle jene feindseligen Kräfte zu sein: das heißt er wünscht, daß die Menschen mit ihm denselben Götzendienst treiben möchten, den sie mit der Kirche getrieben haben. Mit welchem Erfolge? Wir werden es noch erleben; jedenfalls befinden wir uns auch jetzt noch im eistreibenden Strome des Mittelalters; es ist aufgetaut und in gewaltige verheerende Bewegung geraten. Scholle türmt sich auf Scholle, alle Ufer sind überschwemmt und gefährdet. Die Revolution ist gar nicht zu vermeiden, und zwar die atomistische: welches sind aber die kleinsten unteilbaren Grundstoffe der menschlichen Gesellschaft?

Es ist kein Zweifel, daß beim Herannahen solcher Perioden das Menschliche fast noch mehr in Gefahr ist als während des Einsturzes und des chaotischen Wirbels selbst, und daß die angstvolle Erwartung und die gierige Ausbeutung der Minute alle Feigheiten und selbstsüchtigen Triebe der Seele hervorlockt: während die wirkliche Not und besonders die Allgemeinheit einer großen Not die Menschen zu bessern und zu erwärmen pflegt. Wer wird nun, bei solchen Gefahren unserer Periode, der Menschlichkeit, dem unantastbaren heiligen Tempelschatze, welchen die verschiedensten Geschlechter allmählich angesammelt haben, seine Wächter- und Ritterdienste widmen? Wer wird das Bild des Menschen aufrichten, während alle nur den selbstsüchtigen Wurm und die hündische Angst in sich fühlen und dergestalt von jenem Bilde abgefallen sind, hinab ins Tierische oder gar in das Starr-Mechanische?

Es gibt drei Bilder des Menschen, welche unsre neuere Zeit hintereinander aufgestellt hat und aus deren Anblick die Sterblichen wohl noch für lange den Antrieb zu einer Verklärung ihres eignen Lebens nehmen werden: das ist der Mensch Rousseaus, der Mensch Goethes und endlich der Mensch Schopenhauers. Von diesen hat das erste Bild das größte Feuer und ist der populärsten Wirkung gewiß; das zweite ist nur für wenige gemacht, nämlich für die, welche beschauliche Naturen im großen Stile sind, und wird von der Menge mißverstanden. Das dritte fordert die tätigsten Menschen als seine Betrachter: nur diese werden es ohne Schaden ansehen; denn die Beschaulichen erschlafft es, und die Menge schreckt es ab. Von dem ersten ist eine Kraft ausgegangen, welche zu ungestümen Revolutionen drängte und noch drängt; denn bei allen sozialistischen Erzitterungen und Erdbeben ist es immer noch der Mensch Rousseaus, welcher sich, wie der alte Typhon unter dem Ätna, bewegt. Gedrückt und halb zerquetscht durch hochmütige Kasten, erbarmungslosen Reichtum, durch Priester und schlechte Erziehung verderbt und vor sich selbst durch lächerliche Sitten beschämt, ruft der Mensch in seiner Not die „heilige Natur“ an und fühlt plötzlich, daß sie von ihm so fern ist wie irgend ein epikurischer Gott. Seine Gebete erreichen sie nicht: so tief ist er in das Chaos der Unnatur versunken. Er wirft höhnisch all den bunten Schmuck von sich, welcher ihm kurz vorher gerade sein Menschlichstes schien, seine Künste und Wissenschaften, die Vorzüge seines verfeinerten Lebens; er schlägt mit der Faust wider die Mauern, in deren Dämmerung er so entartet ist, und schreit nach Licht, Sonne, Wald und Fels. Und wenn er ruft: „nur die Natur ist gut, nur der natürliche Mensch ist menschlich", so verachtet er sich und sehnt sich über sich selbst hinaus: eine Stimmung, in welcher die Seele zu furchtbaren Entschlüssen bereit ist, aber auch das Edelste und Seltenste aus ihren Tiefen heraufruft.

Der Mensch Goethes ist keine so bedrohliche Macht, ja in einem gewissen Verstande sogar das Korrektiv und Quietiv gerade jener gefährlichen Aufregungen, denen der Mensch Rousseaus preisgegeben ist. Goethe selbst hat in seiner Jugend mit seinem ganzen liebereichen Herzen an dem Evangelium von der guten Natur gehangen; sein Faust war das höchste und kühnste Abbild vom Menschen Rousseaus, wenigstens soweit dessen Heißhunger nach Leben, dessen Unzufriedenheit und Sehnsucht, dessen Umgang mit den Dämonen des Herzens darzustellen war. Nun sehe man aber darauf hin, was aus alle diesem angesammelten Gewölk entsteht – gewiß kein Blitz! Und hier offenbart sich eben das neue Bild des Menschen, des Goetheschen Menschen. Man sollte denken, daß Faust durch das überall bedrängte Leben als unersättlicher Empörer und Befreier geführt werde, als die verneinende Kraft aus Güte, als der eigentliche gleichsam religiöse und dämonische Genius des Umsturzes, zum Gegensatze seines durchaus undämonischen Begleiters, ob er schon diesen Begleiter nicht los werden und seine skeptische Bosheit und Verneinung zugleich benutzen und verachten müßte – wie es das tragische Los jedes Empörers und Befreiers ist. Aber man irrt sich, wenn man etwas Derartiges erwartet; der Mensch Goethes weicht hier dem Menschen Rousseaus aus; denn er haßt jedes Gewaltsame, jeden Sprung – das heißt aber: jede Tat; und so wird aus dem Weltbefreier Faust gleichsam nur ein Weltreisender. Alle Reiche des Lebens und der Natur, alle Vergangenheiten, Künste, Mythologien, alle Wissenschaften sehen den unersättlichen Beschauer an sich vorüberfliegen, das tiefste Begehren wird aufgeregt und beschwichtigt, selbst Helena hält ihn nicht länger – und nun muß der Augenblick kommen, auf den sein höhnischer Begleiter lauert. An einer beliebigen Stelle der Erde endet der Flug, die Schwingen fallen herab, Mephistopheles ist bei der Hand. Wenn der Deutsche aufhört, Faust zu sein, ist keine Gefahr größer als die, daß er ein Philister werde und dem Teufel verfalle – nur himmlische Mächte können ihn hiervon erlösen. Der Mensch Goethes ist, wie ich sagte, der beschauliche Mensch im hohen Stile, der nur dadurch auf der Erde nicht verschmachtet, daß er alles Große und Denkwürdige, was je da war und noch ist, zu seiner Ernährung zusammenbringt und so lebt, ob es auch nur ein Leben von Begierde zu Begierde ist; er ist nicht der tätige Mensch: vielmehr, wenn er an irgend einer Stelle sich in die bestehenden Ordnungen der Tätigen einfügt, so kann man sicher sein, daß nichts Rechtes dabei herauskommt – wie etwa bei allem Eifer, welchen Goethe selbst für das Theater zeigte –, vor allem, daß keine „Ordnung“ umgeworfen wird. Der Goethesche Mensch ist eine erhaltende und verträgliche Kraft – aber unter der Gefahr, wie gesagt, daß er zum Philister entarten kann, wie der Mensch Rousseaus leicht zum Katilinarier werden kann. Ein wenig mehr Muskelkraft und natürliche Wildheit bei jenem, und alle seine Tugenden würden größer sein. Es scheint, daß Goethe wußte, worin die Gefahr und Schwäche seines Menschen liege, und er deutet es mit den Worten Jarnos an Wilhelm Meister an: „Sie sind verdrießlich und bitter, das ist schön und gut; wenn Sie nur einmal recht böse werden, so wird es noch besser sein.“

Also, unverhohlen gesprochen: es ist nötig, daß wir einmal recht böse werden, damit es besser wird. Und hierzu soll uns das Bild des Schopenhauerischen Menschen ermutigen. Der Schopenhauerische Mensch nimmt das freiwillige Leiden der Wahrhaftigkeit auf sich, und dieses Leiden dient ihm, seinen Eigenwillen zu ertöten und jene völlige Umwälzung und Umkehrung seines Wesens vorzubereiten, zu der zu führen der eigentliche Sinn des Lebens ist. Dieses Heraussagen des Wahren erscheint den andern Menschen als Ausfluß der Bosheit, denn sie halten die Konservierung ihrer Halbheiten und Flausen für eine Pflicht der Menschlichkeit und meinen, man müsse böse sein, um ihnen also ihr Spielwerk zu zerstören. Sie sind versucht, einem solchen zuzurufen, was Faust dem Mephistopheles sagt: „so setzest du der ewig regen, der heilsam schaffenden Gewalt die kalte Teufelsfaust entgegen“; und der, welcher Schopenhauerisch leben wollte, würde wahrscheinlich einem Mephistopheles ähnlicher sehen als einem Faust – für die schwachsichtigen modernen Augen nämlich, welche im Verneinen immer das Abzeichen des Bösen erblicken. Aber es gibt eine Art zu verneinen und zu zerstören, welche gerade der Ausfluß jener mächtigen Sehnsucht nach Heiligung und Errettung ist, als deren erster philosophischer Lehrer Schopenhauer unter uns entheiligte und recht eigentlich verweltlichte Menschen trat. Alles Dasein, welches verneint werden kann, verdient es auch verneint zu werden; und wahrhaftig sein heißt: an ein Dasein glauben, welches überhaupt nicht verneint werden könnte und welches selber wahr und ohne Lüge ist. Deshalb empfindet der Wahrhaftige den Sinn seiner Tätigkeit als einen metaphysischen, aus Gesetzen eines andern und höhern Lebens erklärbaren und im tiefsten Verstande bejahenden: so sehr auch alles, was er tut, als ein Zerstören und Zerbrechen der Gesetze dieses Lebens erscheint. Dabei muß sein Tun zu einem andauernden Leiden werden; aber er weiß, was auch Meister Eckhard weiß: „das schnellste Tier, das euch trägt zur Vollkommenheit, ist Leiden." Ich sollte denken, es müßte jedem, der sich eine solche Lebensrichtung vor die Seele stellt, das Herz weit werden und in ihm ein heißes Verlangen entstehen, ein solcher Schopenhauerischer Mensch zu sein: also für sich und sein persönliches Wohl rein und von wundersamer Gelassenheit, in seinem Erkennen voll starken verzehrenden Feuers und weit entfernt von der kalten und verächtlichen Neutralität des sogenannten wissenschaftlichen Menschen, hoch emporgehoben über griesgrämige und verdrießliche Betrachtung, sich selbst immer als erstes Opfer der erkannten Wahrheit preisgebend, und im Tiefsten von dem Bewußtsein durchdrungen, welche Leiden aus seiner Wahrhaftigkeit entspringen müssen. Gewiß, er vernichtet sein Erdenglück durch seine Tapferkeit, er muß selbst den Menschen, die er liebt, den Institutionen, aus deren Schoße er hervorgegangen ist, feindlich sein, er darf weder Menschen noch Dinge schonen, ob er gleich an ihrer Verletzung mitleidet, er wird verkannt werden und lange als Bundesgenosse von Mächten gelten, die er verabscheut, er wird, bei dem menschlichen Maße seiner Einsicht, ungerecht sein müssen, bei allem Streben nach Gerechtigkeit: aber er darf sich mit den Worten zureden und trösten, welche Schopenhauer, sein großer Erzieher, einmal gebraucht: „Ein glückliches Leben ist unmöglich: das Höchste, was der Mensch erlangen kann, ist ein heroischer Lebenslauf. Einen solchen führt der, welcher, in irgend einer Art und Angelegenheit, für das allen irgendwie zugute Kommende mit übergroßen Schwierigkeiten kämpft und am Ende siegt, dabei aber schlecht oder gar nicht belohnt wird. Dann bleibt er am Schluß, wie der Prinz im Re corvo des Gozzi, versteinert, aber in edler Stellung und mit großmütiger Gebärde stehn. Sein Andenken bleibt und wird als das eines Heros gefeiert; sein Wille, durch Mühe und Arbeit, schlechten Erfolg und Undank der Welt ein ganzes Leben hindurch mortifiziert, erlischt in der Nirwana.“ Ein solcher heroischer Lebenslauf, samt der in ihm vollbrachten Mortifikation, entspricht freilich am wenigsten dem dürftigen Begriff derer, welche darüber die meisten Worte machen, Feste zum Andenken großer Menschen feiern und vermeinen, der große Mensch sei eben groß, wie sie klein, durch ein Geschenk gleichsam und sich zum Vergnügen oder durch einen Mechanismus und im blinden Gehorsam gegen diesen innern Zwang: so daß der, welcher das Geschenk nicht bekommen habe oder den Zwang nicht fühle, dasselbe Recht habe, klein zu sein, wie jener groß. Aber beschenkt oder bezwungen werden – das sind verächtliche Worte, mit denen man einer inneren Mahnung entfliehen will, Schmähungen für jeden, welcher auf diese Mahnung gehört hat, also für den großen Menschen; gerade er läßt sich von allen am wenigsten beschenken oder zwingen – er weiß so gut als jeder kleine Mensch, wie man das Leben leicht nehmen kann und wie weich das Bett ist, in welches er sich strecken könnte, wenn er mit sich und seinen Mitmenschen artig und gewöhnlich umginge: sind doch alle Ordnungen des Menschen darauf eingerichtet, daß das Leben in einer fortgesetzten Zerstreuung der Gedanken nicht gespürt werde. Warum will er so stark das Gegenteil, nämlich gerade das Leben spüren, das heißt am Leben leiden? Weil er merkt, daß man ihn um sich selbst betrügen will und daß eine Art von Übereinkunft besteht, ihn aus seiner eignen Höhle wegzustehlen. Da sträubt er sich, spitzt die Ohren und beschließt „ich will mein bleiben!" Es ist ein schrecklicher Beschluß; erst allmählich begreift er dies. Denn nun muß er in die Tiefe des Daseins hinabtauchen, mit einer Reihe von ungewöhnlichen Fragen auf der Lippe: warum lebe ich? welche Lektion soll ich vom Leben lernen? wie bin ich so geworden, wie ich bin, und weshalb leide ich denn an diesem So-sein? Er quält sich: und sieht, wie sich niemand so quält, wie vielmehr die Hände seiner Mitmenschen nach den phantastischen Vorgängen leidenschaftlich ausgestreckt sind, welche das politische Theater zeigt, oder wie sie selbst in hundert Masken, als Jünglinge, Männer, Greise, Väter, Bürger, Priester, Beamte, Kaufleute einherstolzieren, emsig auf ihre gemeinsame Komödie und gar nicht auf sich selbst bedacht. Sie alle würden die Frage: wozu lebst du? schnell und mit Stolz beantworten — „um ein guter Bürger, oder Gelehrter, oder Staatsmann zu w e r d e n" — und doch s i n d sie etwas, was nie etwas anderes werden kann, und warum sind sie dies gerade? Ach, und nichts Besseres? Wer sein Leben nur als einen Punkt versteht in der Entwicklung eines Geschlechtes oder eines Staates oder einer Wissenschaft und also ganz und gar in die Geschichte des Werdens, in die Historie hineingehören will, hat die Lektion, welche ihm das Dasein aufgibt, nicht verstanden und muß sie ein andermal lernen. Dieses ewige Werden ist ein lügnerisches Puppenspiel, über welchem der Mensch sich selbst vergißt, die eigentliche Zerstreuung, die das Individuum nach allen Winden auseinanderstreut, das endlose Spiel der Albernheit, welches das große Kind Zeit vor uns und mit uns spielt. Jener Heroismus der Wahrhaftigkeit besteht darin, eines Tages aufzuhören, sein Spielzeug zu sein. Im Werden ist alles hohl, betrügerisch, flach und unserer Verachtung würdig; das Rätsel, welches der Mensch lösen soll, kann er nur aus dem Sein lösen, im So- und nicht Anders-sein, im Unvergänglichen. Jetzt fängt er an zu prüfen, wie tief er mit dem Werden, wie tief mit dem Sein verwachsen ist – eine ungeheure Aufgabe steigt vor seiner Seele auf: alles Werdende zu zerstören, alles Falsche an den Dingen ans Licht zu bringen. Auch er will alles erkennen, aber er will es anders als der Goethesche Mensch, nicht einer edlen Weichlichkeit zuwillen, um sich zu bewahren und an der Vielheit der Dinge zu ergötzen; sondern er selbst ist sich das erste Opfer, das er bringt. Der heroische Mensch verachtet sein Wohl- oder Schlecht-Ergehen, seine Tugenden und Laster und überhaupt das Messen der Dinge an seinem Maße, er hofft von sich nichts mehr und will in allen Dingen bis auf diesen hoffnungslosen Grund sehen. Seine Kraft liegt in seinem Sich-selbst-vergessen; und gedenkt er seiner, so mißt er von seinem hohen Ziele bis zu sich hin, und ihm ist, als ob er einen unansehnlichen Schlackenhügel hinter und unter sich sehe. Die alten Denker suchten mit allen Kräften das Glück und die Wahrheit – und nie soll einer finden, was er suchen muß, lautet der böse Grundsatz der Natur. Wer aber Unwahrheit in allem sucht und dem Unglücke sich freiwillig gesellt, dem wird vielleicht ein anderes Wunder der Enttäuschung bereitet: etwas Unaussprechbares, von dem Glück und Wahrheit nur götzenhafte Nachbilder sind, naht sich ihm, die Erde verliert ihre Schwere, die Ereignisse und Mächte der Erde werden traumhaft, wie an Sommerabenden breitet sich Verklärung um ihn aus. Dem Schauenden ist, als ob er gerade zu wachen anfinge und als ob nur noch die Wolken eines verschwebenden Traumes um ihn her spielten. Auch diese werden einst verweht sein: dann ist es Tag. –

5

Doch ich habe versprochen, Schopenhauer, nach meinen Erfahrungen, als Erzieher darzustellen, und somit ist es bei weitem nicht genug, wenn ich, noch dazu mit unvollkommnem Ausdruck, jenen idealen Menschen hinmale, welcher in und um Schopenhauer, gleichsam als seine platonische Idee, waltet. Das Schwerste bleibt noch zurück: zu sagen, wie von diesem Ideale aus ein neuer Kreis von Pflichten zu gewinnen ist und wie man sich mit einem so überschwenglichen Ziele durch eine regelmäßige Tätigkeit in Verbindung setzen kann, kurz, zu beweisen, daß jenes Ideal erzieht. Man könnte sonst meinen, es sei nichts als die beglückende, ja berauschende Anschauung, welche uns einzelne Augenblicke gewähren, um uns gleich darauf um so mehr im Stich zu lassen und einer um so tieferen Verdrossenheit zu überantworten. Es ist auch gewiß, daß wir so unsern Verkehr mit diesem Ideale beginnen, mit diesen plötzlichen Abständen von Licht und Dunkel, Berauschung und Ekel, und daß hier eine Erfahrung sich wiederholt, welche so alt ist, als es Ideale gibt. Aber wir sollen nicht lange in der Tür stehen bleiben und bald über den Anfang hinauskommen. Und so muß ernst und bestimmt gefragt werden: ist es möglich, jenes unglaublich hohe Ziel so in die Nähe zu rücken, daß es uns erzieht, während es uns aufwärts zieht? – damit nicht an uns das große Wort Goethes in Erfüllung gehe: „der Mensch ist zu einer beschränkten Lage geboren; einfache, nahe, bestimmte Ziele vermag er einzusehen und er gewöhnt sich, die Mittel zu benutzen, die ihm gleich zur Hand sind; sobald er aber ins Weite kommt, weiß er weder, was er will, noch was er soll, und es ist ganz einerlei, ob er durch die Menge der Gegenstände zerstreut oder ob er durch die Höhe und Würde derselben außer sich gesetzt werde. Es ist immer sein Unglück, wenn er veranlaßt wird, nach etwas zu streben, mit dem er sich durch eine regelmäßige Selbsttätigkeit nicht verbinden kann.“ Gerade gegen jenen Schopenhauerischen Menschen läßt sich dies mit einem guten Scheine von Recht einwenden: seine Würde und Höhe vermag uns nur außer uns zu setzen und setzt uns dadurch wieder aus allen Gemeinschaften der Tätigen heraus; Zusammenhang der Pflichten, Fluß des Lebens ist dahin. Vielleicht gewöhnt sich der eine daran, mißmutig endlich zu scheiden und nach zweifacher Richtschnur zu leben, das heißt, mit sich im Widerspruche, unsicher hier und dort und deshalb täglich schwächer und unfruchtbarer: während ein andrer sogar grundsätzlich verzichtet, noch mit zu handeln und kaum noch zusieht, wenn andre handeln. Die Gefahren sind immer groß, wenn es dem Menschen zu schwer gemacht wird und wenn er keine Pflichten zu erfüllen vermag; die stärkeren Naturen können dadurch zerstört werden, die schwächeren, zahlreicheren versinken in eine beschauliche Faulheit und büßen zuletzt, aus Faulheit, sogar die Beschaulichkeit ein.

Nun will ich, auf solche Einwendungen hin, so viel zugeben, daß unsere Arbeit hier gerade noch kaum begonnen hat, und daß ich, nach eignen Erfahrungen, nur eins bestimmt schon sehe und weiß: daß es möglich ist, eine Kette von erfüllbaren Pflichten, von jenem idealen Bilde aus, dir und mir anzuhängen, und daß einige von uns schon den Druck dieser Kette fühlen. Um aber die Formel, unter der ich jenen neuen Kreis von Pflichten zusammenfassen möchte, ohne Bedenken aussprechen zu können, bedarf ich folgender Vorbetrachtungen.

Die tieferen Menschen haben zu allen Zeiten gerade deshalb Mitleiden mit den Tieren gehabt, weil sie am Leben leiden und doch nicht die Kraft besitzen, den Stachel des Leidens wider sich selbst zu kehren und ihr

Dasein metaphysisch zu verstehen; ja es empört im tiefsten Grunde, das sinnlose Leiden zu sehen. Deshalb entstand nicht nur an einer Stelle der Erde die Vermutung, daß die Seelen schuldbeladner Menschen in diese Tierleiber gesteckt seien, und daß jenes auf den nächsten Blicke empörende sinnlose Leiden vor der ewigen Gerechtigkeit sich in lauter Sinn und Bedeutung, nämlich als Strafe und Buße, auflöse. Wahrhaftig, es ist eine schwere Strafe, dergestalt als Tier unter Hunger und Begierde zu leben und doch über dies Leben zu gar keiner Besonnenheit zu kommen; und kein schwereres Los ist zu ersinnen als das des Raubtiers, welches von der nagendsten Qual durch die Wüste gejagt wird, selten befriedigt und auch dies nur so, daß die Befriedigung zur Pein wird, im zerfleischenden Kampfe mit andern Tieren oder durch ekelhafte Gier und Übersättigung. So blind und toll am Leben zu hängen, um keinen höhern Preis, ferne davon zu wissen, daß und warum man so gestraft wird, sondern gerade nach dieser Strafe wie nach einem Glücke mit der Dummheit einer entsetzlichen Begierde zu lechzen – das heißt Tier sein; und wenn die gesamte Natur sich zum Menschen hindrängt, so gibt sie dadurch zu verstehen, daß er zu ihrer Erlösung vom Fluche des Tierlebens nötig ist und daß endlich in ihm das Dasein sich einen Spiegel vorhält, auf dessen Grunde das Leben nicht mehr sinnlos, sondern in seiner metaphysischen Bedeutsamkeit erscheint. Doch überlege man wohl: wo hört das Tier auf, wo fängt der Mensch an? Jener Mensch, an dem allein der Natur gelegen ist! Solange jemand nach dem Leben wie nach einem Glücke verlangt, hat er den Blick noch nicht über den Horizont des Tieres hinausgehoben, nur daß er mit mehr Bewußtsein will, was das Tier im blinden Drange sucht. Aber so geht es uns allen, den größten Teil des Lebens hindurch: wir kommen für gewöhnlich aus der Tierheit nicht heraus, wir selbst sind die Tiere, die sinnlos zu leiden scheinen.

Aber es gibt Augenblicke, wo wir dies begreifen: dann zerreißen die Wolken, und wir sehen, wie wir samt aller Natur uns zum Menschen hindrängen, als zu einem Etwas, das hoch über uns steht. Schaudernd blicken wir, in jener plötzlichen Helle, um uns und rückwärts: da laufen die verfeinerten Raubtiere und wir mitten unter ihnen. Die ungeheure Bewegtheit der Menschen auf der großen Erdwüste, ihr Städte- und Staatengründen, ihr Kriegeführen, ihr rastloses Sammeln und Auseinanderstreuen, ihr Durcheinander-rennen, Von-einander-ablernen, ihr gegenseitiges Überlisten und Niedertreten, ihr Geschrei in Not, ihr Lustgeheul im Siege – alles ist Fortsetzung der Tierheit: als ob der Mensch absichtlich zurückgebildet und um seine metaphysische Anlage betrogen werden sollte, ja als ob die Natur, nachdem sie so lange den Menschen ersehnt und erarbeitet hat, nun vor ihm zurückbebte und lieber wieder zurück in die Unbewußtheit des Triebes wollte. Ach, sie braucht Erkenntnis, und ihr graut vor der Erkenntnis, die ihr eigentlich not tut; und so flackert die Flamme unruhig und gleichsam vor sich selbst erschreckt hin und her und ergreift tausend Dinge zuerst, bevor sie das ergreift, dessentwegen die Natur überhaupt der Erkenntnis bedarf. Wir wissen es alle in einzelnen Augenblicken, wie die weitläufigsten Anstalten unseres Lebens nur gemacht werden, um vor unserer eigentlichen Aufgabe zu fliehen, wie wir gerne irgendwo unser Haupt verstecken möchten, als ob uns dort unser hundertäugiges Gewissen nicht erhaschen könnte, wie wir unser Herz an den Staat, den Geldgewinn, die Geselligkeit oder die Wissenschaft hastig wegschenken, bloß um es nicht mehr zu besitzen, wie wir selbst der schweren Tagesarbeit hitziger und besinnungsloser frönen, als nötig wäre um zu leben: weil es uns nötiger scheint, nicht zur Besinnung zu kommen. Allgemein ist die Hast, weil jeder auf der Flucht vor sich selbst ist; allgemein auch das scheue Verbergen dieser Hast, weil man zufrieden scheinen will und die scharfsichtigeren Zuschauer über sein Elend täuschen möchte; allgemein das Bedürfnis nach neuen klingenden Wort-Schellen, mit denen behängt das Leben etwas Lärmend-Festliches bekommen soll. Jeder kennt den sonderbaren Zustand, wenn sich plötzlich unangenehme Erinnerungen aufdrängen und wir dann durch heftige Gebärden und Laute bemüht sind, sie uns aus dem Sinne zu schlagen: aber die Gebärden und Laute des allgemeinen Lebens lassen erraten, daß wir uns alle und immerdar in einem solchen Zustande befinden, in Furcht vor der Erinnerung und Verinnerlichung. Was ist es doch, was uns so häufig anficht, welche Mücke läßt uns nicht schlafen? Es geht geisterhaft um uns zu, jeder Augenblick des Lebens will uns etwas sagen, aber wir wollen diese Geisterstimme nicht hören. Wir fürchten uns, wenn wir allein und stille sind, daß uns etwas in das Ohr geraunt werde, und so hassen wir die Stille und betäuben uns durch Geselligkeit.

Dies alles begreifen wir, wie gesagt, dann und wann einmal und wundern uns sehr über alle die schwindelnde Angst und Hast und über den ganzen traumartigen Zustand unseres Lebens, dem vor dem Erwachen zu grauen scheint und das um so lebhafter und unruhiger träumt, je näher es diesem Erwachen ist. Aber wir fühlen zugleich, wie wir zu schwach sind, jene Augenblicke der tiefsten Einkehr lange zu ertragen und wie nicht wir die Menschen sind, nach denen die gesamte Natur sich zu ihrer Erlösung hindrängt: viel schon, daß wir überhaupt einmal ein wenig mit dem Kopfe heraustauchen und es merken, in welchem Strom wir tief versenkt sind. Und auch dies gelingt uns nicht mit eigner Kraft, dieses

Auftauchen und Wachwerden für einen verschwindenden Augenblick, wir müssen gehoben werden – und wer sind die, welche uns heben?

Das sind jene wahrhaften Menschen, jene Nicht-mehr-Tiere, die Philosophen, Künstler und Heiligen; bei ihrem Erscheinen und durch ihr Erscheinen macht die Natur, die nie springt, ihren einzigen Sprung, und zwar einen Freudesprung, denn sie fühlt sich zum ersten Male am Ziele, dort nämlich, wo sie begreift, daß sie verlernen müsse, Ziele zu haben, und daß sie das Spiel des Lebens und Werdens zu hoch gespielt habe. Sie verklärt sich bei dieser Erkenntnis, und eine milde Abendmüdigkeit, das, was die Menschen „die Schönheit" nennen, ruht auf ihrem Gesichte. Was sie jetzt, mit diesen verklärten Mienen, ausspricht, das ist die große Aufklärung über das Dasein; und der höchste Wunsch, den Sterbliche wünschen können, ist, andauernd und offnen Ohrs an dieser Aufklärung teilzunehmen. Wenn einer darüber nachdenkt, was zum Beispiel Schopenhauer im Verlaufe seines Lebens alles gehört haben muß, so mag er wohl hinterdrein zu sich sagen: „Ach deine tauben Ohren, dein dumpfer Kopf, dein flackernder Verstand, dein verschrumpftes Herz, ach alles was ich mein nenne, wie verachte ich das! Nicht fliegen zu können, sondern nur flattern! Über sich hinauf zu sehen und nicht hinauf zu können! Den Weg zu kennen und fast zu betreten, der zu jenem unermeßlichen Freiblick des Philosophen führt, und nach wenigen Schritten zurückzutaumeln! Und wenn es nur Ein Tag wäre, wo jener größte Wunsch sich erfüllte, wie bereitwillig böte man das übrige Leben zum Entgelt an! So hoch zu steigen, wie je ein Denker stieg, in die reine Alpen- und Eisluft hinein, dorthin wo es kein Vernebeln und Verschleiern mehr gibt, und wo die Grundbeschaffenheit der Dinge sich rauh und starr, aber mit unvermeidlicher Verständlichkeit ausdrückt!

Nur daran denkend wird die Seele einsam und unendlich; erfüllte sich aber ihr Wunsch, fiele einmal der Blick steil und leuchtend wie ein Lichtstrahl auf die Dinge nieder, erstürbe die Scham, die Ängstlichkeit und die Begierde – mit welchem Wort wäre ihr Zustand zu benennen, jene neue und rätselhafte Regung ohne Erregtheit, mit der sie dann, gleich Schopenhauers Seele, auf der ungeheuren Bilderschrift des Daseins, auf der steingewordnen Lehre vom Werden ausgebreitet liegen bliebe, nicht als Nacht, sondern als glühendes, rotgefärbtes, die Welt überströmendes Licht. Und welches Los hinwiederum, genug von der eigentümlichen Bestimmung und Seligkeit des Philosophen zu ahnen, um die ganze Unbestimmtheit und Unseligkeit des Nichtphilosophen, des Begehrenden ohne Hoffnung, zu empfinden! Sich als Frucht am Baume zu wissen, die vor zu vielem Schatten nie reif werden kann, und dicht vor sich den Sonnenschein liegen zu sehen, der einem fehlt!"

Es wäre Qual genug, um einen soldhermaßen Mißbegabten neidisch und boshaft zu machen, wenn er überhaupt neidisch und boshaft werden könnte; wahrscheinlich wird er aber endlich seine Seele herumwenden, daß sie sich nicht in eitler Sehnsucht verzehre – und jetzt wird er einen neuen Kreis von Pflichten entdecken.

Hier bin ich bei der Beantwortung der Frage angelangt, ob es möglich ist, sich mit dem großen Ideale des Schopenhauerischen Menschen durch eine regelmäßige Selbsttätigkeit zu verbinden. Vor allen Dingen steht dies fest: jene neuen Pflichten sind nicht die Pflichten eines Vereinsamten, man gehört vielmehr mit ihnen in eine mächtige Gemeinsamkeit hinein, welche zwar nicht durch äußerliche Formen und Gesetze, aber wohl durch einen Grundgedanken zusammengehalten wird. Es ist dies der Grundgedanke der Kultur, insofern diese jedem einzelnen von uns nur Eine Aufgabe zu stellen weiß:

die Erzeugung des Philosophen, des Künstlers und des Heiligen in uns und außer uns zu fördern und dadurch an der Vollendung der Natur zu arbeiten. Denn wie die Natur des Philosophen bedarf, so bedarf sie des Künstlers, zu einem metaphysischen Zwecke, nämlich zu ihrer eignen Aufklärung über sich selbst, damit ihr endlich einmal als reines und fertiges Gebilde entgegengestellt werde, was sie in der Unruhe ihres Werdens nie deutlich zu sehen bekommt – also zu ihrer Selbsterkenntnis. Goethe war es, der mit einem übermütig tiefsinnigen Worte es merken ließ, wie der Natur alle ihre Versuche nur so viel gelten, damit endlich der Künstler ihr Stammeln errät, ihr auf halbem Wege entgegenkommt und ausspricht, was sie mit ihren Versuchen eigentlich will. „Ich habe es oft gesagt, ruft er einmal aus, und werde es noch oft wiederholen, die causa finalis der Welt- und Menschenhändel ist die dramatische Dichtkunst. Denn das Zeug ist sonst absolut zu nichts zu brauchen." Und so bedarf die Natur zuletzt des Heiligen, an dem das Ich ganz zusammengeschmolzen ist und dessen leidendes Leben nicht oder fast nicht mehr individuell empfunden wird, sondern als tiefstes Gleich-, Mit- und Eins-Gefühl in allem Lebendigen: des Heiligen, an dem jenes Wunder der Verwandlung eintritt, auf welches das Spiel des Werdens nie verfällt, jene endliche und höchste Menschwerdung, nach welcher alle Natur hindrängt und -treibt, zu ihrer Erlösung von sich selbst. Es ist kein Zweifel, wir alle sind mit ihm verwandt und verbunden, wie wir mit dem Philosophen und dem Künstler verwandt sind; es gibt Augenblicke und gleichsam Funken des hellsten liebevollsten Feuers, in deren Lichte wir nicht mehr das Wort „ich" verstehen; es liegt jenseits unseres Wesens etwas, das in jenen Augenblicken zu einem Diesseits wird, und deshalb begehren wir aus tiefstem Herzen nach den Brücken zwischen hier und dort. In unserer gewöhnlichen Verfassung können wir freilich nichts zur Erzeugung des erlösenden Menschen beitragen, deshalb hassen wir uns in dieser Verfassung, ein Haß, welcher die Wurzel jenes Pessimismus ist, den Schopenhauer unser Zeitalter erst wieder lehren mußte, welcher aber so alt ist als es je Sehnsucht nach Kultur gab. Seine Wurzel, aber nicht seine Blüte, sein unterstes Geschoß gleichsam, aber nicht sein Giebel, der Anfang seiner Bahn, aber nicht sein Ziel: denn irgendwann müssen wir noch lernen, etwas anderes zu hassen und Allgemeineres, nicht mehr unser Individuum und seine elende Begrenztheit, seinen Wechsel und seine Unruhe: in jenem erhöhten Zustande, in dem wir auch etwas anderes lieben werden, als wir jetzt lieben können. Erst wenn wir, in der jetzigen oder einer kommenden Geburt, selber in jenen erhabensten Orden der Philosophen, der Künstler und der Heiligen aufgenommen sind, wird uns auch ein neues Ziel unserer Liebe und unseres Hasses gesteckt sein, – einstweilen haben wir unsre Aufgabe und unsern Kreis von Pflichten, unsern Haß und unsre Liebe. Denn wir wissen, was die Kultur ist. Sie will, um die Nutzanwendung auf den Schopenhauerischen Menschen zu machen, daß wir seine immer neue Erzeugung vorbereiten und fördern, indem wir das ihr Feindselige kennen lernen und aus dem Wege räumen – kurz, daß wir gegen alles unermüdlich ankämpfen, was uns um die höchste Erfüllung unsrer Existenz brachte, indem es uns hinderte, solche Schopenhauerische Menschen selber zu werden. –

6

Mitunter ist es schwerer, eine Sache zuzugeben als sie einzusehen; und so gerade mag es den meisten ergehen, wenn sie den Satz überlegen: „die Menschheit soll fortwährend daran arbeiten, einzelne große Menschen zu erzeugen – und dies und nichts anderes sonst ist ihre

Aufgabe". Wie gerne möchte man eine Belehrung auf die Gesellschaft und ihre Zwecke anwenden, welche man aus der Betrachtung einer jeden Art des Tier- und Pflanzenreichs gewinnen kann, daß es bei ihr allein auf das einzelne höhere Exemplar ankommt, auf das ungewöhnlichere, mächtigere, kompliziertere, fruchtbarere – wie gerne, wenn nicht anerzogne Einbildungen über den Zweck der Gesellschaft zähen Widerstand leisteten! Eigentlich ist es leicht zu begreifen, daß dort, wo eine Art an ihre Grenze und an ihren Übergang in eine höhere Art gelangt, das Ziel ihrer Entwicklung liegt, nicht aber in der Masse der Exemplare und deren Wohlbefinden, oder gar in den Exemplaren, welche der Zeit nach die allerletzten sind, vielmehr gerade in den scheinbar zerstreuten und zufälligen Existenzen, welche hier und da einmal unter günstigen Bedingungen zustande kommen; und ebenso leicht sollte doch wohl die Forderung zu begreifen sein, daß die Menschheit, weil sie zum Bewußtsein über ihren Zweck kommen kann, jene günstigen Bedingungen aufzusuchen und herzustellen hat, unter denen jene großen erlösenden Menschen entstehen können. Aber es widerstrebt ich weiß nicht was alles: da soll jener letzte Zweck in dem Glück aller oder der meisten, da soll er in der Entfaltung großer Gemeinwesen gefunden werden; und so schnell sich einer entschließt, sein Leben etwa einem Staate zu opfern, so langsam und bedenklich würde er sich benehmen, wenn nicht ein Staat, sondern ein einzelner dies Opfer forderte. Es scheint eine Ungereimtheit, daß der Mensch eines andern Menschen wegen da sein sollte; „vielmehr aller andern wegen, oder wenigstens möglichst vieler!" O Biedermann, als ob das gereimter wäre, die Zahl entscheiden zu lassen, wo es sich um Wert und Bedeutung handelt! Denn die Frage lautet doch so: wie erhält dein, des einzelnen Leben den höchsten Wert, die tiefste Bedeutung? Wie ist es am wenigsten verschwendet? Gewiß nur dadurch, daß du zum Vorteile der seltensten und wertvollsten Exemplare lebst, nicht aber zum Vorteile der meisten, das heißt der, einzeln genommen, wertlosesten Exemplare. Und gerade diese Gesinnung sollte in einem jungen Menschen gepflanzt und angebaut werden, daß er sich selbst gleichsam als ein mißlungenes Werk der Natur versteht, aber zugleich als ein Zeugnis der größten und wunderbarsten Absichten dieser Künstlerin: es geriet ihr schlecht, soll er sich sagen, aber ich will ihre große Absicht dadurch ehren, daß ich ihr zu Diensten bin, damit es ihr einmal besser gelinge.

Mit diesem Vorhaben stellt er sich in den Kreis der Kultur; denn sie ist das Kind der Selbsterkenntnis jedes einzelnen und des Ungenügens an sich. Jeder, der sich zu ihr bekennt, spricht damit aus: „ich sehe etwas Höheres und Menschlicheres über mir als ich selber bin; helft mir alle, es zu erreichen, wie ich jedem helfen will, der Gleiches erkennt und am Gleichen leidet: damit endlich wieder der Mensch entstehe, welcher sich voll und unendlich fühlt im Erkennen und Lieben, im Schauen und Können, und mit aller seiner Ganzheit an und in der Natur hängt, als Richter und Wertmesser der Dinge." Es ist schwer, jemanden in diesen Zustand einer unverzagten Selbsterkenntnis zu versetzen, weil es unmöglich ist Liebe zu lehren; denn in der Liebe allein gewinnt die Seele nicht nur den klaren, zerteilenden und verachtenden Blick für sich selbst, sondern auch jene Begierde, über sich hinaus zu schauen und nach einem irgendwo noch verborgnen höheren Selbst mit allen Kräften zu suchen. Also nur der, welcher sein Herz an irgend einen großen Menschen gehängt hat, empfängt damit die erste Weihe der Kultur; ihr Zeichen ist Selbstbeschämung ohne Verdrossenheit, Haß gegen die eigne Enge und Verschrumpftheit, Mitleiden mit dem Genius, der aus dieser unsrer Dumpf- und Trockenheit immer wieder sich emporriß, Vorgefühl für alle Werdenden und Kämpfenden und die innerste Überzeugung, fast überall der Natur in ihrer Not zu begegnen, wie sie sich zum Menschen hindrängt, wie sie schmerzlich das Werk wieder mißraten fühlt, wie ihr dennoch überall die wundervollsten Ansätze, Züge und Formen gelingen: so daß die Menschen, mit denen wir leben, einem Trümmerfelde der kostbarsten bildnerischen Entwürfe gleichen, wo alles uns entgegenruft: kommt, helft, vollendet, bringt zusammen, was zusammengehört, wir sehnen uns unermeßlich, ganz zu werden.

Diese Summe von inneren Zuständen nannte ich erste Weihe der Kultur; jetzt aber liegt mir ob, die Wirkungen der *zweiten* Weihe zu schildern, und ich weiß wohl, daß hier meine Aufgabe schwieriger ist. Denn jetzt soll der Übergang vom innerlichen Geschehen zur Beurteilung des äußerlichen Geschehens gemacht werden, der Blick soll sich hinauswenden, um jene Begierde nach Kultur, wie er sie aus jenen ersten Erfahrungen kennt, in der großen bewegten Welt wiederzufinden, der einzelne soll sein Ringen und Sehnen als das Alphabet benutzen, mit welchem er jetzt die Bestrebungen der Menschen ablesen kann. Aber auch hier darf er nicht stehen bleiben, von dieser Stufe muß er hinauf zu der noch höheren; die Kultur verlangt von ihm nicht nur jenes innerliche Erlebnis, nicht nur die Beurteilung der ihn umströmenden äußeren Welt, sondern zuletzt und hauptsächlich die Tat, das heißt den Kampf für die Kultur und die Feindseligkeit gegen Einflüsse, Gewohnheiten, Gesetze, Einrichtungen, in welchen er nicht sein Ziel wiedererkennt: die Erzeugung des Genius.

Dem, welcher sich nun auf die zweite Stufe zu stellen vermag, fällt zuerst auf, wie *außerordentlich gering und selten das Wissen um jenes Ziel ist*, wie allgemein dagegen das Bemühen um Kultur, und wie unsäglich groß die Masse von Kräften, welche in ihrem Dienste verbraucht wird. Man fragt sich erstaunt: ist ein solches Wissen vielleicht gar nicht nötig? Erreicht die Natur ihr Ziel auch so, wenn die meisten den Zweck ihrer eignen Bemühung falsch bestimmen? Wer sich gewöhnt hat, viel von der unbewußten Zweckmäßigkeit der Natur zu halten, wird vielleicht keine Mühe haben zu antworten: „Ja, so ist es! Laßt die Menschen über ihr letztes Ziel denken und reden was sie wollen, sie sind doch in ihrem dunklen Drange des rechten Wegs sich wohl bewußt." Man muß, um hier widersprechen zu können, einiges erlebt haben; wer aber wirklich von jenem Ziele der Kultur überzeugt ist, daß sie die Entstehung der wahren Menschen zu fördern habe und nichts sonst, und nun vergleicht, wie auch jetzt noch, bei allem Aufwande und Prunk der Kultur, die Entstehung jener Menschen sich nicht viel von einer fortgesetzten Tierquälerei unterscheidet: der wird es sehr nötig befinden, daß an Stelle jenes „dunklen Drangs" endlich einmal ein bewußtes Wollen gesetzt werde. Und das namentlich auch aus dem zweiten Grunde: damit es nämlich nicht mehr möglich ist, jenen über sein Ziel unklaren Trieb, den gerühmten dunklen Drang zu ganz andersartigen Zwecken zu gebrauchen und auf Wege zu führen, wo jenes höchste Ziel, die Erzeugung des Genius, nimmermehr erreicht werden kann. Denn es gibt eine Art von gemißbrauchter und in Dienste genommener Kultur – man sehe sich nur um! Und gerade die Gewalten, welche jetzt am tätigsten die Kultur fördern, haben dabei Nebengedanken und verkehren mit ihr nicht in reiner und uneigennütziger Gesinnung.

Da ist es erstens die Selbstsucht der Erwerbenden, welche der Beihilfe der Kultur bedarf und ihr zum Danke dafür wieder hilft, aber dabei freilich zugleich Ziel und Maß vorschreiben möchte. Von dieser Seite kommt jener beliebte Satz und Kettenschluß her, der ungefähr so lautet: möglichst viel Erkenntnis und Bildung, daher möglichst viel Bedürfnis, daher möglichst viel Produktion, daher möglichst viel Gewinn und Glück – so klingt die verführerische Formel. Bildung würde von den Anhängern derselben als die Einsicht definiert werden, mit der man, in Bedürfnissen und deren Befriedigung, durch und durch zeitgemäß wird, mit der man aber zugleich am besten über alle Mittel und Wege gebietet, um so leicht wie möglich Geld zu gewinnen. Möglichst viele kurante Menschen zu bilden, in der Art dessen, was man an einer Münze kurant nennt, das wäre also das Ziel; und ein Volk wird, nach dieser Auffassung, um so glücklicher sein, je mehr es solche kurante Menschen besitzt. Deshalb soll es durchaus die Absicht der modernen Bildungsanstalten sein, jeden so weit zu fördern, als es in seiner Natur liegt, kurant zu werden, jeden dermaßen auszubilden, daß er von dem ihm eigenen Grade von Erkenntnis und Wissen das größtmögliche Maß von Glück und Gewinn habe. Der einzelne müsse, so fordert man hier, durch die Hilfe einer solchen allgemeinen Bildung sich selber genau taxieren können, um zu wissen, was er vom Leben zu fordern habe; und zuletzt wird behauptet, daß ein natürlicher und notwendiger Bund von „Intelligenz und Besitz", von „Reichtum und Kultur" bestehe, noch mehr, daß dieser Bund eine sittliche Notwendigkeit sei. Jede Bildung ist hier verhaßt, die einsam macht, die über Geld und Erwerb hinaus Ziele steckt, die viel Zeit verbraucht; man pflegt wohl solche ernstere Arten der Bildung als „feineren Egoismus", als „unsittlichen Bildungs-Epikureismus" zu verunglimpfen. Freilich, nach der hier geltenden Sittlichkeit steht gerade das Umgekehrte im Preise, nämlich eine rasche Bildung, um bald ein geldverdienendes Wesen zu werden, und doch eine so gründliche Bildung, um ein sehr viel Geld verdienendes Wesen werden zu können. Dem Menschen wird nur so viel Kultur gestattet, als im Interesse des allgemeinen Erwerbs und des Weltverkehrs ist, aber so viel wird auch von ihm gefordert. Kurz: „der Mensch hat einen notwendigen Anspruch auf Erdenglück, darum ist die Bildung notwendig, aber auch nur darum!"

Da ist zweitens die Selbstsucht des Staates, welcher ebenfalls nach möglichster Ausbreitung und Verallgemeinerung der Kultur begehrt und die wirksamsten Werkzeuge in den Händen hat, um seine Wünsche zu befriedigen. Vorausgesetzt, daß er sich stark genug weiß, um nicht nur entfesseln, sondern zur rechten Zeit ins Joch spannen zu können, vorausgesetzt, daß sein Fundament sicher und breit genug ist, um das ganze Bildungsgewölbe tragen zu können, so kommt die Ausbreitung der Bildung unter seinen Bürgern immer nur ihm selbst, im Wetteifer mit andern Staaten zugute. Überall, wo man jetzt vom „Kulturstaat" redet, sieht man ihm die Aufgabe gestellt, die geistigen Kräfte einer Generation so weit zu entbinden, daß sie damit den bestehenden Institutionen dienen und nützen können: aber auch nur so weit; wie ein Waldbach durch Dämme und auf Gerüsten teilweise abgeleitet wird, um mit der kleineren Kraft Mühlen zu treiben – während seine volle Kraft der Mühle eher gefährlich als nützlich wäre. Jenes Entbinden ist zugleich und noch viel mehr ein In-Fesseln-Schlagen. Man bringe sich nur ins Gedächtnis, was allmählich aus dem Christentum unter der Selbstsucht des Staates geworden ist. Das Christentum ist gewiß eine der reinsten Offenbarungen jenes Dranges nach Kultur und gerade nach der immer erneuten Erzeugung des Heiligen; da es aber hundertfältig benutzt wurde, um die Mühlen der staatlichen Gewalten zu treiben, ist es allmählich bis in das Mark hinein krank geworden, verheuchelt und verlogen und bis zum Widerspruche mit seinem ursprünglichen Ziele abgeartet. Selbst sein letztes Ereignis, die deutsche Reformation, wäre nichts als ein plötzliches Aufflackern und Verlöschen gewesen, wenn sie nicht aus dem Kampfe und Brande der Staaten neue Kräfte und Flammen gestohlen hätte.

Da wird drittens die Kultur von allen denen gefördert, welche sich eines häßlichen oder langweiligen Inhaltes bewußt sind und über ihn durch die sogenannte „schöne Form“ täuschen wollen. Mit dem Äußerlichen, mit Wort, Gebärde, Verzierung, Gepränge, Manierlichkeit soll der Beschauer zu einem falschen Schlusse über den Inhalt genötigt werden: in der Voraussetzung, daß man für gewöhnlich das Innere nach der Außenseite beurteilt. Mir scheint es bisweilen, daß die modernen Menschen sich grenzenlos aneinander langweilen und daß sie es endlich nötig finden, sich mit Hilfe aller Künste interessant zu machen. Da lassen sie sich selbst durch ihre Künstler als prickelnde und beizende Speise auftischen; da übergießen sie sich mit dem Gewürze des ganzen Orients und Occidents, und gewiß! jetzt riechen sie freilich sehr interessant, nach dem ganzen Orient und Occident. Da richten sie sich ein, jeden Geschmack zu befriedigen; und jeder soll bedient werden, ob ihm nun nach Wohl- oder Übelriechendem, nach Sublimiertem oder Bäurisch-Grobem, nach Griechischem oder Chinesischem, nach Trauerspielen oder dramatisierten Unflätereien gelüstet. Die berühmtesten Küchenmeister dieser modernen Menschen, die um jeden Preis interessant und interessiert sein wollen, finden sich bekanntlich bei den Franzosen, die schlechtesten bei den Deutschen. Dies ist für die letzteren im Grunde tröstlicher als für die ersteren, und wir wollen es am wenigsten den Franzosen verargen, wenn sie uns gerade ob des Mangels an Interessantem und Elegantem verspotten und wenn sie bei dem

Verlangen einzelner Deutschen nach Eleganz und Manieren sich an den Indianer erinnert fühlen, welcher sich einen Ring durch die Nase wünscht und danach schreit, tätowiert zu werden.

– Und hier hält mich nichts von einer Abschweifung zurück. Seit dem letzten Kriege mit Frankreich hat sich manches in Deutschland verändert und verschoben, und es ist ersichtlich, daß man auch einige neue Wünsche in betreff der deutschen Kultur mit heimgebracht hat. Jener Krieg war für viele die erste Reise in die elegantere Hälfte der Welt; wie herrlich nimmt sich nun die Unbefangenheit des Siegers aus, wenn er es nicht verschmäht, bei dem Besiegten etwas Kultur zu lernen! Besonders das Kunsthandwerk wird immer von neuem auf den Wetteifer mit dem gebildeteren Nachbar hingewiesen, die Einrichtung des deutschen Hauses soll der des französischen angeähnlicht werden, selbst die deutsche Sprache soll, vermittels einer nach französischem Muster gegründeten Akademie, sich „gesunden Geschmack" aneignen und den bedenklichen Einfluß abtun, welchen Goethe auf sie ausgeübt habe – wie ganz neuerdings der Berliner Akademiker Dubois-Reymond urteilt. Unsre Theater haben schon längst in aller Stille und Ehrbarkeit nach dem gleichen Ziele getrachtet, selbst der elegante deutsche Gelehrte ist schon erfunden – nun, da ist ja zu erwarten, daß alles, was sich bis jetzt jenem Gesetze der Eleganz nicht recht fügen wollte, deutsche Musik, Tragödie und Philosophie, nunmehr als undeutsch beiseite geschafft wird. – Aber wahrhaftig, es wäre auch kein Finger mehr für die deutsche Kultur zu rühren, wenn der Deutsche unter der Kultur, welche ihm noch fehlt und nach der er jetzt zu trachten hätte, nichts verstünde als Künste und Artigkeiten, mit denen das Leben verhübscht wird, eingeschlossen die gesamte Tanzmeister- und Tapezierer-Erfindsamkeit, wenn er sich auch in der

Sprache nur noch um akademisch gutgeheißene Regeln und eine gewisse allgemeine Manierlichkeit bemühen wollte. Höhere Ansprüche scheint aber der letzte Krieg und die persönliche Vergleichung mit den Franzosen kaum hervorgerufen zu haben, vielmehr überkommt mich öfter der Verdacht, als ob der Deutsche sich jenen alten Verpflichtungen jetzt gewaltsam entziehen wollte, welche seine wunderbare Begabung, der eigentümliche Schwer- und Tiefsinn seiner Natur, ihm auflegt. Lieber möchte er einmal gaukeln, Affe sein, lieber lernte er Manieren und Künste, wodurch das Leben unterhaltend wird. Man kann aber den deutschen Geist gar nicht mehr beschimpfen, als wenn man ihn behandelt, als ob er von Wachs wäre, so daß man ihm eines Tages auch die Eleganz ankneten könnte. Und wenn es leider wahr ist, daß ein guter Teil der Deutschen sich gern derartig kneten und zurechtformen lassen will, so soll doch dagegen so oft gesagt werden, bis man es hört: bei euch wohnt sie gar nicht mehr, jene alte deutsche Art, die zwar hart, herbe und voller Widerstand ist, aber als der köstlichste Stoff, an welchem nur die größten Bildner arbeiten dürfen, weil sie allein seiner wert sind. Was ihr dagegen in euch habt, ist ein weichliches breiiges Material; macht damit was ihr wollt, formt elegante Puppen und interessante Götzenbilder daraus – es wird auch hierin bei Richard Wagners Wort verbleiben: „der Deutsche ist eckig und ungelenk, wenn er sich manierlich geben will; aber er ist erhaben und allen überlegen, wenn er in das Feuer gerät“. Und vor diesem deutschen Feuer haben die Eleganten allen Grund sich in acht zu nehmen, es möchte sie sonst eines Tages fressen, samt allen ihren Puppen und Götzenbildern aus Wachs. – Man könnte nun freilich jene in Deutschland überhandnehmende Neigung zur „schönen Form“ noch anders und tiefer ableiten: aus jener Hast, jenem atemlosen Erfassen des Augenblicks, jener Übereile, die alle Dinge zu grün vom Zweige bricht, aus jenem Rennen und Jagen, das den Menschen jetzt Furchen ins Gesicht gräbt und alles, was sie tun, gleichsam tätowiert. Als ob ein Trank in ihnen wirkte, der sie nicht mehr ruhig atmen ließe, stürmen sie fort in unanständiger Sorglichkeit, als die geplagten Sklaven der drei M, des Moments, der Meinungen und der Moden: so daß freilich der Mangel an Würde und Schicklichkeit allzu peinlich in die Augen springt und nun wieder eine lügnerische Eleganz nötig wird, mit welcher die Krankheit der würdelosen Hast maskiert werden soll. Denn so hängt die modische Gier nach der schönen Form mit dem häßlichen Inhalt des jetzigen Menschen zusammen: jene soll verstecken, dieser soll versteckt werden. Gebildetsein heißt nun: sich nicht merken lassen, wie elend und schlecht man ist, wie raubtierhaft im Streben, wie unersättlich im Sammeln, wie eigensüchtig und schamlos im Genießen. Mehrmals ist mir schon, wenn ich jemandem die Abwesenheit einer deutschen Kultur vor Augen stellte, eingewendet worden: „aber diese Abwesenheit ist ja ganz natürlich, denn die Deutschen sind bisher zu arm und bescheiden gewesen. Lassen sie unsre Landsleute nur erst reich und selbstbewußt werden, dann werden sie auch eine Kultur haben!“ Mag der Glaube immerhin selig machen, d i e s e Art des Glaubens macht mich unselig, weil ich fühle, daß jene deutsche Kultur, an deren Zukunft hier geglaubt wird – die des Reichtums, der Politur und der manierlichen Verstellung – das feindseligste Gegenbild der deutschen Kultur ist, an welche ich glaube. Gewiß, wer unter Deutschen zu leben hat, leidet sehr an der berüchtigten Grauheit ihres Lebens und ihrer Sinne, an der Formlosigkeit, dem Stumpf- und Dumpfsinne, an der Plumpheit im zarteren Verkehre, noch mehr an der Scheelsucht und einer gewissen Verstecktheit und Unreinlichkeit des Charakters; es schmerzt und beleidigt ihn die eingewurzelte Lust am Falschen und Unechten, am Übel-Nachgemachten, an der Übersetzung des guten Ausländischen in ein schlechtes Einheimisches: jetzt aber, wo nun noch jene fieberhafte Unruhe, jene Sucht nach Erfolg und Gewinn, jene Überschätzung des Augenblicks als schlimmstes Leiden hinzugekommen ist, empört es ganz und gar zu denken, daß alle diese Krankheiten und Schwächen grundsätzlich nie geheilt, sondern immer nur überschminkt werden sollen – durch eine solche „Kultur der interessanten Form"! Und dies bei einem Volke, welches Schopenhauer und Wagner hervorgebracht hat! Und noch oft hervorbringen soll! Oder täuschen wir uns auf das trostloseste? Sollten die Genannten vielleicht gar nicht mehr dafür Bürgschaft leisten, daß solche Kräfte, wie die ihrigen, wirklich noch in dem deutschen Geiste und Sinne vorhanden sind? Sollten sie selber Ausnahmen sein, gleichsam die letzten Ausläufer und Absenker von Eigenschaften, welche man ehemals für deutsch nahm? Ich weiß mir hier nicht recht zu helfen und kehre deshalb auf meine Bahn der allgemeinen Betrachtung zurück, von der mich sorgenvolle Zweifel oft genug ablenken wollen. Noch waren nicht alle jene Mächte aufgezählt, von denen zwar die Kultur gefördert wird, ohne daß man doch ihr Ziel, die Erzeugung des Genius, anerkennt; drei sind genannt, die Selbstsucht der Erwerbenden, die Selbstsucht des Staates und die Selbstsucht aller derer, welche Grund haben sich zu verstellen und durch die Form zu verstecken. Ich nenne viertens die Selbstsucht der Wissenschaft und das eigentümliche Wesen ihrer Diener, der Gelehrten.

Die Wissenschaft verhält sich zur Weisheit wie die Tugendhaftigkeit zur Heiligung: sie ist kalt und trocken, sie hat keine Liebe und weiß nichts von einem tiefen Gefühle des Ungenügens und der Sehnsucht. Sie ist sich selber eben so nützlich, als sie ihren Dienern schädlich ist, insofern sie auf dieselben ihren eignen Charakter überträgt und damit ihre Menschlichkeit verknöchert. Solange unter Kultur wesentlich Förderung der Wissenschaft verstanden wird, geht sie an dem großen leidenden Menschen mit unbarmherziger Kälte vorüber, weil die Wissenschaft überall nur Probleme der Erkenntnis sieht, und weil das Leiden eigentlich innerhalb ihrer Welt etwas Ungehöriges und Unverständliches, also höchstens wieder ein Problem ist.

Man gewöhne sich aber nur erst daran, jede Erfahrung in ein dialektisches Frage- und Antwortspiel und in eine reine Kopfangelegenheit zu übersetzen: es ist erstaunlich, in wie kurzer Zeit der Mensch bei einer solchen Tätigkeit ausdorrt, wie bald er fast nur noch mit den Knochen klappert. Jeder weiß und sieht dies: wie ist es also nur möglich, daß trotzdem die Jünglinge keineswegs vor solchen Knochenmenschen zurückschrecken und immer von neuem wieder sich blindlings und wahl- und maßlos den Wissenschaften übergeben? Dies kann doch nicht vom angeblichen „Trieb zur Wahrheit" herkommen? denn wie sollte es überhaupt einen Trieb nach der kalten, reinen, folgenlosen Erkenntnis geben können! Was vielmehr die eigentlichen treibenden Kräfte in den Dienern der Wissenschaft sind, gibt sich dem unbefangnen Blick nur zu deutlich zu verstehen: und es ist sehr anzuraten, auch einmal die Gelehrten zu untersuchen und zu sezieren, nachdem sie selbst sich gewöhnt haben, alles in der Welt, auch das Ehrwürdigste, dreist zu betasten und zu zerlegen. Soll ich heraussagen, was ich denke, so lautet mein Satz: der Gelehrte besteht aus einem verwickelten Geflecht sehr verschiedener Antriebe und Reize, er ist durchaus ein unreines Metall. Man nehme zuvörderst eine starke und immer höher gesteigerte Neubegier, die Sucht nach Abenteuern der Erkenntnis, die fortwährend anreizende Gewalt des Neuen und Seltnen im Gegensatze zum Alten und Langweiligen. Dazu füge man einen gewissen dialektischen Spür- und Spieltrieb, die jägerische Lust an verschmitzten Fuchsgängen des Gedankens, so daß nicht eigentlich die Wahrheit gesucht, sondern das Suchen gesucht wird und der Hauptgenuß im listigen Herumschleichen, Umzingeln, kunstmäßigen Abtöten besteht. Nun tritt noch der Trieb zum Widerspruch hinzu, die Persönlichkeit will, allen anderen entgegen, sich fühlen und fühlen lassen; der Kampf wird zur Lust, und der persönliche Sieg ist das Ziel, während der Kampf um die Wahrheit nur der Vorwand ist. Zu einem guten Teile ist sodann dem Gelehrten der Trieb beigemischt, gewisse „Wahrheiten" zu finden, nämlich aus Untertänigkeit gegen gewisse herrschende Personen, Kasten, Meinungen, Kirchen, Regierungen, weil er fühlt, daß er sich nützt, indem er die „Wahrheit" auf ihre Seite bringt. Weniger regelmäßig, aber doch noch häufig genug, treten am Gelehrten folgende Eigenschaften hervor. Erstens Biederkeit und Sinn für das Einfache, sehr hoch zu schätzen, wenn sie mehr sind als Ungelenkigkeit und Ungeübtheit in der Verstellung, zu welcher ja einiger Witz gehört. In der Tat kann man überall, wo der Witz und die Gelenkigkeit sehr in die Augen fallen, ein wenig auf der Hut sein und die Geradheit des Charakters in Zweifel ziehn. Andererseits ist meisthin jene Biederkeit wenig wert und auch für die Wissenschaft nur selten fruchtbar, da sie am Gewohnten hängt und die Wahrheit nur bei einfachen Dingen oder in adiaphoris zu sagen pflegt; denn hier entspricht es der Trägheit mehr, die Wahrheit zu sagen, als sie zu verschweigen. Und weil alles Neue ein Umlernen nötig macht, so verehrt die Biederkeit, wenn es irgend angeht, die alte Meinung und wirft dem Verkündiger der neuen vor, es fehle ihm der sensus recti. Gegen die Lehre des Kopernikus erhob sie gewiß deshalb Widerstand, weil sie hier den Augenschein und die Gewohnheit für sich hatte. Der bei Gelehrten nicht gar seltne Haß gegen die Philosophie ist vor allem Haß gegen die langen Schlußketten und die Künstlichkeit der Beweise. Ja im Grunde hat jede Gelehrten-Generation ein unwillkürliches Maß für den erlaubten Scharfsinn; was darüber hinaus ist, wird angezweifelt und beinahe als Verdachtgrund gegen die Biederkeit benutzt. – Zweitens Scharfsichtigkeit in der Nähe, verbunden mit großer Myopie für die Ferne und das Allgemeine. Sein Gesichtsfeld ist gewöhnlich sehr klein, und die Augen müssen dicht an den Gegenstand herangehalten werden. Will der Gelehrte von einem eben durchforschten Punkte zu einem andern, so rückt er den ganzen Seh-Apparat nach jenem Punkte hin. Er zerlegt ein Bild in lauter Flecke wie einer, der das Opernglas anwendet, um die Bühne zu sehen, und jetzt bald einen Kopf, bald ein Stück Kleid, aber nichts Ganzes ins Auge faßt. Jene einzelnen Flecke sieht er nie verbunden, sondern er erschließt nur ihren Zusammenhang; deshalb hat er von allem Allgemeinen keinen starken Eindruck. Er beurteilt zum Beispiel eine Schrift, weil er sie im Ganzen nicht zu übersehen vermag, nach einigen Stücken oder Sätzen oder Fehlern; er würde verführt sein zu behaupten, ein Ölgemälde sei ein wilder Haufen von Klecksen. – Drittens Nüchternheit und Gewöhnlichkeit seiner Natur in Neigungen und Abneigungen. Mit dieser Eigenschaft hat er besonders in der Historie Glück, insofern er die Motive vergangener Menschen gemäß den ihm bekannten Motiven aufspürt. In einem Maulwurfsloche findet sich ein Maulwurf am besten zurecht. Er ist gehütet vor allen künstlichen und ausschweifenden Hypothesen; er gräbt, wenn er beharrlich ist, alle allgemeinen Motive der Vergangenheit auf, weil er sich von gleicher Art fühlt. Freilich ist er meistens gerade deshalb unfähig, das

Seltne, Große und Ungemeine, also das Wichtige und Wesentliche, zu verstehen und zu schätzen. – Viertens Armut an Gefühl und Trockenheit. Sie befähigt ihn selbst zu Vivisektionen. Er ahnt das Leiden nicht, das manche Erkenntnis mit sich führt, und fürchtet sich deshalb auf Gebieten nicht, wo anderen das Herz schaudert. Er ist kalt und erscheint deshalb leicht grausam. Auch für verwegen hält man ihn, aber er ist es nicht, ebensowenig wie das Maultier, welches den Schwindel nicht kennt. – Fünftens geringe Selbstschätzung, ja Bescheidenheit. Sie fühlen, obwohl in einen elenden Winkel gebannt, nichts von Aufopferung, von Vergeudung, sie scheinen es oft im tiefsten Innern zu wissen, daß sie nicht fliegendes, sondern kriechendes Getier sind. Mit dieser Eigenschaft erscheinen sie selbst rührend. – Sechstens Treue gegen ihre Lehrer und Führer. Diesen wollen sie recht von Herzen helfen, und sie wissen wohl, daß sie ihnen am besten mit der Wahrheit helfen. Denn sie sind dankbar gestimmt, weil sie nur durch sie Einlaß in die würdigen Hallen der Wissenschaft erlangt haben, in welche sie auf eignem Wege niemals hineingekommen wären. Wer gegenwärtig als Lehrer ein Gebiet zu erschließen weiß, auf dem auch die geringen Köpfe mit einigem Erfolge arbeiten können, der ist in kürzester Zeit ein berühmter Mann: so groß ist sofort der Schwarm, der sich hinzudrängt. Freilich ist ein jeder von diesen Treuen und Dankbaren zugleich auch ein Mißgeschick für den Meister, weil jene alle ihn nachahmen und nun gerade seine Gebreste unmäßig groß und übertrieben erscheinen, weil sie an so kleinen Individuen hervortreten, während die Tugenden des Meisters umgekehrt, nämlich im gleichen Verhältnisse verkleinert, sich an demselben Individuum darstellen. – Siebentens gewohnheitsmäßiges Fortlaufen auf der Bahn, auf welche man den Gelehrten gestoßen hat, Wahrheitssinn aus Gedankenlosigkeit, gemäß der einmal angenommnen Gewöhnung. Solche Naturen sind Sammler, Erklärer, Verfertiger von Indices, Herbarien; sie lernen und suchen auf einem Gebiete herum, bloß weil sie niemals daran denken, daß es auch andre Gebiete gibt. Ihr Fleiß hat etwas von der ungeheuerlichen Dummheit der Schwerkraft: weshalb sie oft viel zustande bringen. – Achtens Flucht vor der Langeweile. Während der wirkliche Denker nichts mehr ersehnt als Muße, flieht der gewöhnliche Gelehrte vor ihr, weil er mit ihr nichts anzufangen weiß. Seine Tröster sind die Bücher: das heißt, er hört zu, wie jemand anderes denkt und läßt sich auf diese Art über den langen Tag hinweg unterhalten. Besonders wählt er Bücher, bei welchen seine persönliche Teilnahme irgendwie angeregt wird, wo er ein wenig, durch Neigung oder Abneigung, in Affekt geraten kann: also Bücher, wo er selbst in Betrachtung gezogen wird oder sein Stand, seine politische oder ästhetische oder auch nur grammatische Lehrmeinung; hat er gar eine eigne Wissenschaft, so fehlt es ihm nie an Mitteln der Unterhaltung und an Fliegenklappen gegen die Langeweile. – Neuntens das Motiv des Broterwerbs, also im Grunde die berühmten „Borborygmen eines leidenden Magens". Der Wahrheit wird gedient, wenn sie imstande ist, zu Gehalten und höheren Stellungen direkt zu befördern, oder wenigstens die Gunst derer zu gewinnen, welche Brot und Ehren zu verleihen haben. Aber auch nur d i e s e r Wahrheit wird gedient: weshalb sich eine Grenze zwischen den ersprießlichen Wahrheiten, denen viele dienen, und den unersprießlichen Wahrheiten ziehen läßt: welchen letzteren nur die wenigsten sich hingeben, bei denen es nicht heißt: ingenii largitor venter. – Zehntens Achtung vor den Mitgelehrten, Furcht vor ihrer Mißachtung; seltneres, aber höheres Motiv als das vorige, doch noch sehr häufig. Alle die Mitglieder der Zunft überwachen sich untereinander auf das eifersüchtigste, damit die Wahrheit, an welcher so viel hängt, Brot, Amt, Ehre, wirklich auf den Namen ihres Finders getauft werde. Man zollt streng dem andern seine Achtung für die Wahrheit, welche er gefunden, um den Zoll wieder zurückzufordern, wenn man selber einmal eine Wahrheit finden sollte. Die Unwahrheit, der Irrtum wird schallend explodiert, damit die Zahl der Mitbewerber nicht zu groß werde; doch wird hier und da auch einmal die wirkliche Wahrheit explodiert, damit wenigstens für eine kurze Zeit Platz für hartnäckige und kecke Irrtümer geschafft werde; wie es denn nirgendswo und auch hier nicht an „moralischen Idiotismen" fehlt, die man sonst Schelmenstreiche nennt. – Elftens der Gelehrte aus Eitelkeit, schon eine seltnere Spielart. Er will womöglich ein Gebiet ganz für sich haben und wählt deshalb Kuriositäten, besonders wenn sie ungewöhnlichen Kostenaufwand, Reisen, Ausgrabungen, zahlreiche Verbindungen in verschiedenen Ländern nötig machen. Er begnügt sich meistens mit der Ehre, selber als Kuriosität angestaunt zu werden, und denkt nicht daran, sein Brot vermittels seiner gelehrten Studien zu gewinnen. – Zwölftens der Gelehrte aus Spieltrieb. Seine Ergötzlichkeit besteht darin, Knötchen in den Wissenschaften zu suchen und sie zu lösen; wobei er sich nicht zu sehr anstrengen mag, um das Gefühl des Spiels nicht zu verlieren. Deshalb dringt er nicht gerade in die Tiefe, doch nimmt er oft etwas wahr, was der Brotgelehrte mit dem mühsam kriechenden Auge nie sieht. – Wenn ich endlich dreizehntens noch als Motiv des Gelehrten den Trieb nach Gerechtigkeit bezeichne, so könnte man mir entgegenhalten, dieser edle, ja bereits metaphysisch zu verstehende Trieb sei gar zu schwer von anderen zu unterscheiden und für ein menschliches Auge im Grunde unfaßlich und unbestimmbar; weshalb ich die letzte Nummer mit dem frommen Wunsche beifüge, es möge jener Trieb unter Gelehrten häufiger und wirksamer sein, als er sichtbar wird. Denn ein Funke von dem Feuer der Gerechtigkeit, in die Seele eines Gelehrten gefallen, genügt, um sein Leben und Streben zu durchglühen und läuternd zu verzehren, so daß er keine Ruhe mehr hat und für immer aus der lauen oder frostigen Stimmung herausgetrieben ist, in welcher die gewöhnlichen Gelehrten ihr Tagewerk tun.

Alle diese Elemente, oder mehrere oder einzelne, denke man sich nun kräftig gemischt und durcheinander geschüttelt: so hat man das Entstehen des Dieners der Wahrheit. Es ist sehr wunderlich, wie hier, zum Vorteile eines im Grunde außer- und übermenschlichen Geschäftes, des reinen und folgelosen, daher auch trieblosen Erkennens, eine Menge kleiner sehr menschlicher Triebe und Triebchen zusammengegossen wird, um eine chemische Verbindung einzugehen, und wie das Resultat, der Gelehrte, sich nun im Lichte jenes überirdischen hohen und durchaus reinen Geschäftes so verklärt ausnimmt, daß man das Mengen und Mischen, das zu seiner Erzeugung nötig war, ganz vergißt. Doch gibt es Augenblicke, wo man gerade daran denken und erinnern muß: nämlich gerade dann, wenn der Gelehrte in seiner Bedeutung für die Kultur in Frage kommt. Wer nämlich zu beobachten weiß, bemerkt, daß der Gelehrte seinem Wesen nach *unfruchtbar* ist – eine Folge seiner Entstehung! – und daß er einen gewissen natürlichen Haß gegen den fruchtbaren Menschen hat; weshalb sich zu allen Zeiten die Genies und die Gelehrten befehdet haben. Die letzteren wollen nämlich die Natur töten, zerlegen und verstehen, die ersteren wollen die Natur durch neue lebendige Natur vermehren; und so gibt es einen Widerstreit der Gesinnungen und Tätigkeiten. Ganz beglückte Zeiten brauchten den Gelehrten nicht und kannten ihn nicht, ganz erkrankte und verdrossene Zeiten schätzten ihn als den höchsten und würdigsten Menschen und gaben ihm den ersten Rang.

Wie es nun mit unserer Zeit in Hinsicht auf Gesund- und Kranksein steht, wer wäre Arzt genug, das zu wissen! Gewiß, daß auch jetzt noch in sehr vielen Dingen die Schätzung des Gelehrten zu hoch ist und deshalb schädlich wirkt, zumal in allen Anliegenheiten des werdenden Genius. Für dessen Not hat der Gelehrte kein Herz, er redet mit scharfer kalter Stimme über ihn weg, und gar zu schnell zuckt er die Achsel, als über etwas Wunderliches und Verdrehtes, für das er weder Zeit noch Lust habe. Auch bei ihm findet sich das Wissen um das Ziel der Kultur nicht. –

Aber überhaupt: was ist uns durch alle diese Betrachtungen aufgegangen? Daß überall, wo jetzt die Kultur am lebhaftesten gefördert erscheint, von jenem Ziele nichts gewußt wird. Mag der Staat noch so laut sein Verdienst um die Kultur geltend machen, er fördert sie, um sich zu fördern, und begreift ein Ziel nicht, welches höher steht als sein Wohl und seine Existenz. Was die Erwerbenden wollen, wenn sie unablässig nach Unterricht und Bildung verlangen, ist zuletzt eben Erwerb. Wenn die Formenbedürftigen das eigentliche Arbeiten für die Kultur sich zuschreiben und zum Beispiel vermeinen, alle Kunst gehöre ihnen und müsse ihrem Bedürfnisse zu Diensten sein, so ist eben nur das deutlich, daß sie sich selbst bejahen, indem sie die Kultur bejahen: daß also auch sie nicht über ein Mißverständnis hinausgekommen sind. Vom Gelehrten wurde genug gesprochen. So eifrig also alle vier Mächte miteinander darüber nachdenken, wie sie *sich* mit Hilfe der Kultur nützen, so matt und gedankenlos sind sie, wenn dieses ihr Interesse nicht dabei erregt wird. Und deshalb haben sich die Bedingungen für die Entstehung des Genius in der neueren Zeit *nicht verbessert*, und der Widerwille gegen originale Menschen hat in dem Grade zugenommen, daß Sokrates bei uns nicht hätte leben können und jedenfalls nicht siebenzig Jahre alt geworden wäre.

Nun erinnere ich an das, was ich im dritten Abschnitt ausführte, wie unsre ganze moderne Welt gar nicht so festgefügt und dauerhaft aussieht, daß man auch dem Begriff ihrer Kultur einen ewigen Bestand prophezeien könnte. Man muß es sogar für wahrscheinlich halten, daß das nächste Jahrtausend auf ein paar neue Einfälle kommt, über welche einstweilen die Haare jedes Jetztlebenden zu Berge stehen möchten. Der Glaube an eine metaphysische Bedeutung der Kultur wäre am Ende noch gar nicht so erschreckend: vielleicht aber einige Folgerungen, welche man daraus für die Erziehung und das Schulwesen ziehen könnte.

Es erfordert ein freilich ganz ungewohntes Nachdenken, einmal von den gegenwärtigen Anstalten der Erziehung weg und hinüber nach durchaus fremd- und andersartigen Institutionen zu sehen, welche vielleicht schon die zweite oder dritte Generation für nötig befinden wird. Während nämlich durch die Bemühungen der jetzigen höheren Erzieher entweder der Gelehrte oder der Staatsbeamte oder der Erwerbende oder der Bildungsphilister oder endlich und gewöhnlich ein Mischprodukt von allen zustande gebracht wird: hätten jene noch zu erfindenden Anstalten freilich eine schwerere Aufgabe – zwar nicht an sich schwerer, da es jedenfalls die natürlichere und insofern auch leichtere Aufgabe wäre; und kann zum Beispiel etwas schwerer sein, als, wider die Natur, wie es jetzt geschieht, einen Jüngling zum Gelehrten abrichten? Aber die Schwierigkeit liegt für die Menschen darin, umzulernen und ein neues Ziel sich zu stecken; und es wird unsägliche Mühe kosten, die Grundgedanken unseres jetzigen Erziehungswesens, das seine Wurzeln im Mittelalter hat, und dem eigentlich der mittelalterliche Gelehrte als Ziel der vollendeten Bildung vorschwebt, mit einem neuen Grundgedanken zu vertauschen. Jetzt schon ist es Zeit, sich diese Gegensätze vor die Augen zu stellen; denn irgend eine Generation muß den Kampf beginnen, in welchem eine spätere siegen soll. Jetzt schon wird der einzelne, welcher jenen neuen Grundgedanken der Kultur verstanden hat, vor einen Kreuzweg gestellt; auf dem einen Wege gehend ist er seiner Zeit willkommen, sie wird es an Kränzen und Belohnungen nicht fehlen lassen, mächtige Parteien werden ihn tragen, hinter seinem Rücken werden ebenso viele Gleichgesinnte wie vor ihm stehen, und wenn der Vordermann das Losungswort ausspricht, so hallt es in allen Reihen wider. Hier heißt die erste Pflicht „in Reih' und Glied kämpfen", die zweite, alle die als Feinde zu behandeln, welche sich nicht in Reih' und Glied stellen wollen. Der andre Weg führt ihn mit seltneren Wanderschaftsgenossen zusammen, er ist schwieriger, verschlungener, steiler; die, welche auf dem ersten gehen, verspotten ihn, weil er dort mühsamer schreitet und öfter in Gefahr kommt, sie versuchen es, ihn zu sich herüberzulocken. Wenn einmal beide Wege sich kreuzen, so wird er gemißhandelt, beiseite geworfen oder mit scheuem Beiseitetreten isoliert. Was bedeutet nun für diese verschiedenartigen Wandrer beider Wege eine Institution der Kultur? Jener ungeheure Schwarm, welcher sich auf dem ersten Wege zu seinem Ziele drängt, versteht darunter Einrichtungen und Gesetze, vermöge deren er selbst in Ordnung aufgestellt wird und vorwärts geht, und durch welche alle Widerspenstigen und Einsamen, alle nach höheren und entlegneren Zielen Ausschauenden in Bann getan werden. Dieser anderen kleineren Schar würde eine Institution freilich einen ganz andern Zweck zu erfüllen haben; sie selber will, an der Schutzwehr einer festen Organisation, verhüten, daß sie durch jenen

Schwarm weggeschwemmt und auseinander getrieben werde, daß ihre einzelnen in allzufrüher Erschöpfung hinschwinden oder gar von ihrer großen Aufgabe abspenstig gemacht werden. Diese einzelnen sollen ihr Werk vollenden – das ist der Sinn ihres Zusammenhaltens; und alle, die an der Institution teilnehmen, sollen bemüht sein, durch eine fortgesetzte Läuterung und gegenseitige Fürsorge, die Geburt des Genius und das Reifwerden seines Werks in sich und um sich vorzubereiten. Nicht wenige, auch aus der Reihe der zweiten und dritten Begabungen, sind zu diesem Mithelfen bestimmt und kommen nur in der Unterwerfung unter eine solche Bestimmung zu dem Gefühl, einer Pflicht zu leben und mit Ziel und Bedeutung zu leben. Jetzt aber werden gerade diese Begabungen von den verführerischen Stimmen jener modischen „Kultur" aus ihrer Bahn abgelenkt und ihrem Instinkte entfremdet; an ihre eigensüchtigen Regungen, an ihre Schwächen und Eitelkeiten richtet sich diese Versuchung, ihnen gerade flüstert der Zeitgeist mit einschmeichelnder Beflissenheit zu: „Folgt mir und geht nicht dorthin! Denn dort seid ihr nur Diener, Gehilfen, Werkzeuge, von höheren Naturen überstrahlt, eurer Eigenart niemals froh, an Fäden gezogen, an Ketten gelegt, als Sklaven, ja als Automaten: hier bei mir genießt ihr, als Herren, eure freie Persönlichkeit, eure Begabungen dürfen für sich glänzen, ihr selber sollt in den vordersten Reihen stehen, ungeheures Gefolge wird euch umschwärmen, und der Zuruf der öffentlichen Meinung dürfte euch doch wohl mehr ergötzen als eine vornehme, von oben herab gespendete Zustimmung aus der kalten Ätherhöhe des Genius." Solchen Verlockungen unterliegen wohl die Besten: und im Grunde entscheidet hier kaum die Seltenheit und Kraft der Begabung, sondern der Einfluß einer gewissen heroischen Grundstimmung und der Grad einer innerlichen

Verwandtschaft und Verwachsenheit mit dem Genius. Denn es gibt Menschen, welche es als ihre Not empfinden, wenn sie diesen mühselig ringen und in Gefahr, sich selbst zu zerstören sehen, oder wenn seine Werke von der kurzsichtigen Selbstsucht des Staates, dem Flachsinn der Erwerbenden, der trocknen Genügsamkeit der Gelehrten gleichgültig beiseite gestellt werden: und so hoffe ich auch, daß es einige gebe, welche verstehen, was ich mit der Vorführung von Schopenhauers Schicksal sagen will, und wozu, nach meiner Vorstellung, Schopenhauer als Erzieher eigentlich erziehen soll. –

7

Aber um einmal alle Gedanken an eine ferne Zukunft und eine mögliche Umwälzung des Erziehungswesens beiseite zu lassen: was müßte man einem werdenden Philosophen gegenwärtig wünschen und nötigenfalls verschaffen, damit er überhaupt Atem schöpfen könne und es im günstigsten Falle zu der, gewiß nicht leichten, aber wenigstens möglichen Existenz Schopenhauers bringe? Was wäre außerdem zu erfinden, um seiner Einwirkung auf die Zeitgenossen mehr Wahrscheinlichkeit zu geben? Und welche Hindernisse müßten weggeräumt werden, damit vor allem sein Vorbild zur vollen Wirkung komme, damit der Philosoph wieder Philosophen erziehe? Hier verläuft sich unsre Betrachtung in das Praktische und Anstößige.

Die Natur will immer gemeinnützig sein, aber sie versteht es nicht, zu diesem Zwecke die besten und geschicktesten Mittel und Handhaben zu finden: das ist ihr großes Leiden, deshalb ist sie melancholisch. Daß sie den Menschen durch die Erzeugung des Philosophen und des Künstlers das Dasein deutsam und bedeutsam machen wollte, das ist bei ihrem eignen erlösungsbedürftigen Drange gewiß; aber wie ungewiß, wie schwach und matt ist die Wirkung, welche sie meisthin mit den Philosophen und Künstlern erreicht! Wie selten bringt sie es überhaupt zu einer Wirkung! Besonders in Hinsicht des Philosophen ist ihre Verlegenheit groß, ihn gemeinnützig anzuwenden; ihre Mittel scheinen nur Tastversuche, zufällige Einfälle zu sein, so daß es mit ihrer Absicht unzählige Male mißlingt und die meisten Philosophen nicht gemeinnützig werden. Das Verfahren der Natur sieht wie Verschwendung aus; doch ist es nicht die Verschwendung einer frevelhaften Üppigkeit, sondern der Unerfahrenheit; es ist anzunehmen, daß sie, wenn sie ein Mensch wäre, aus dem Ärger über sich und ihr Ungeschick gar nicht herauskommen würde. Die Natur schießt den Philosophen wie einen Pfeil in die Menschen hinein, sie zielt nicht, aber sie hofft, daß der Pfeil irgendwo hängenbleiben wird. Dabei aber irrt sie sich unzählige Male und hat Verdruß. Sie geht im Bereiche der Kultur ebenso vergeuderisch um wie bei dem Pflanzen und Säen. Ihre Zwecke erfüllt sie auf eine allgemeine und schwerfällige Manier: wobei sie viel zu viel Kräfte aufopfert. Der Künstler und andererseits die Kenner und Liebhaber seiner Kunst verhalten sich zueinander wie ein grobes Geschütz und eine Anzahl Sperlinge. Es ist das Werk der Einfalt, eine große Lawine zu wälzen, um ein wenig Schnee wegzuschieben, einen Menschen zu erschlagen, um die Fliege auf seiner Nase zu treffen. Der Künstler und der Philosoph sind Beweise gegen die Zweckmäßigkeit der Natur in ihren Mitteln, ob sie schon den vortrefflichsten Beweis für die Weisheit ihrer Zwecke abgeben. Sie treffen immer nur wenige und sollten alle treffen – und auch diese wenigen werden nicht mit der Stärke getroffen, mit welcher Philosoph und Künstler ihr Geschoß absenden. Es ist traurig, die Kunst als Ursache und die Kunst als Wirkung so verschiedenartig abschätzen zu müssen: wie ungeheuer ist sie als Ursache, wie gelähmt, wie nachklingend ist sie als Wirkung! Der Künstler macht sein Werk nach dem Willen der Natur zum Wohle der anderen Menschen, darüber ist kein Zweifel: trotzdem weiß er, daß niemals wieder jemand von diesen andern Menschen sein Werk so verstehen und lieben wird, wie er es selbst versteht und liebt. Jener hohe und einzige Grad von Liebe und Verständnis ist also nach der ungeschickten Verfügung der Natur nötig, damit ein niedrigerer Grad entstehe; das Größere und Edlere ist zum Mittel für die Entstehung des Geringeren und Unedlen verwendet. Die Natur wirtschaftet nicht klug, ihre Ausgaben sind viel größer als der Ertrag, den sie erzielt; sie muß sich bei all ihrem Reichtum irgendwann einmal zugrunde richten. Vernünftiger hätte sie es eingerichtet, wenn ihre Hausregel wäre: wenig Kosten und hundertfältiger Ertrag, wenn es zum Beispiel nur wenige Künstler und diese von schwächeren Kräften gäbe, dafür aber zahlreiche Aufnehmende und Empfangende und gerade diese von stärkerer und gewaltigerer Art, als die Art der Künstler selber ist: so daß die Wirkung des Kunstwerks im Verhältnis zur Ursache ein hundertfach verstärkter Widerhall wäre. Oder sollte man nicht mindestens erwarten, daß Ursache und Wirkung gleich stark wären; aber wie weit bleibt die Natur hinter dieser Erwartung zurück! Es sieht oft so aus, als ob ein Künstler und zumal ein Philosoph z u f ä l l i g in seiner Zeit sei, als Einsiedler oder als versprengter und zurückgebliebener Wanderer. Man fühle nur einmal recht herzlich nach, wie groß, durch und durch und in allem, Schopenhauer ist – und wie klein, wie absurd seine Wirkung! Nichts kann gerade für einen ehrlichen Menschen dieser Zeit beschämender sein als einzusehen, wie zufällig sich Schopenhauer in ihr ausnimmt und an welchen Mächten und Unmächten es bisher gehangen hat, daß seine Wirkung so verkümmert wurde. Zuerst und lange war ihm der Mangel an Lesern feindlich, zum dauernden Hohne auf unser literarisches Zeitalter; sodann als die Leser kamen, die Ungemäßheit seiner ersten öffentlichen Zeugen: noch mehr freilich, wie mir scheint, die Abstumpfung aller modernen Menschen gegen Bücher, welche sie eben durchaus nicht mehr ernst nehmen wollen; allmählich ist noch eine neue Gefahr hinzugekommen, entsprungen aus den mannigfachen Versuchen, Schopenhauer der schwächlichen Zeit anzupassen oder gar ihn als befremdliche und reizvolle Würze, gleichsam als eine Art metaphysischen Pfeffers einzureiben. So ist er zwar allmählich bekannt und berühmt geworden, und ich glaube, daß jetzt bereits mehr Menschen seinen Namen als den Hegels kennen: und trotzdem ist er noch ein Einsiedler, trotzdem blieb bis jetzt die Wirkung aus! Am wenigsten haben die eigentlichen literarischen Gegner und Widerbeller die Ehre, diese bisher verhindert zu haben, erstens weil es wenige Menschen gibt, welche es aushalten sie zu lesen, und zweitens weil sie den, welcher dies aushält, unmittelbar zu Schopenhauer hinführen; denn wer läßt sich wohl von einem Eseltreiber abhalten, ein schönes Pferd zu besteigen, wenn jener auch noch so sehr seinen Esel auf Unkosten des Pferdes herausstreicht?

Wer nun die Unvernunft in der Natur dieser Zeit erkannt hat, wird auf Mittel sinnen müssen, hier ein wenig nachzuhelfen; seine Aufgabe wird aber sein, die freien Geister und die tief an unsrer Zeit Leidenden mit Schopenhauer bekannt zu machen, sie zu sammeln und durch sie eine Strömung zu erzeugen, mit deren Kraft das Ungeschick zu überwinden ist, welches die Natur bei Benutzung des Philosophen für gewöhnlich und auch heute wieder zeigt. Solche Menschen werden einsehen, daß es dieselben Widerstände sind, welche die Wirkung einer großen Philosophie verhindern und welche der Erzeugung eines großen Philosophen im Wege stehen; weshalb sie ihr Ziel dahin bestimmen dürfen, die Wiedererzeugung Schopenhauers, das heißt des philosophischen Genius, vorzubereiten. Das aber, was der Wirkung und Fortpflanzung seiner Lehre sich von Anbeginn widersetzte, was endlich auch jene Wiedergeburt des Philosophen mit allen Mitteln vereiteln will, das ist, kurz zu reden, die Verschrobenheit der jetzigen Menschennatur: weshalb alle werdenden großen Menschen eine unglaubliche Kraft verschwenden müssen, um sich nur selbst durch diese Verschrobenheit hindurch zu retten. Die Welt, in die sie jetzt eintreten, ist mit Flausen eingehüllt; das brauchen wahrhaftig nicht nur religiöse Dogmen zu sein, sondern auch solche flausenhafte Begriffe wie „Fortschritt“, „allgemeine Bildung“, „national“, „moderner Staat“, „Kulturkampf“; ja man kann sagen, daß alle allgemeinen Worte jetzt einen künstlichen und unnatürlichen Aufputz an sich tragen, weshalb eine hellere Nachwelt unserer Zeit im höchsten Maße den Vorwurf des Verdrehten und Verwachsenen machen wird, mögen wir uns noch so laut mit unserer „Gesundheit“ brüsten. Die Schönheit der antiken Gefäße, sagt Schopenhauer, entspringt daraus, daß sie auf eine so naive Art ausdrücken, was sie zu sein und zu leisten bestimmt sind; und ebenso gilt es von allem übrigen Geräte der Alten: man fühlt dabei, daß wenn die Natur Vasen, Amphoren, Lampen, Tische, Stühle, Helme, Schilde, Panzer und so weiter hervorbrächte, sie so aussehen würden. Umgekehrt: wer jetzt zusieht, wie fast jedermann mit Kunst, mit Staat, Religion, Bildung hantiert – um aus guten Gründen von unsern „Gefäßen“ zu schweigen –, der findet die Menschen in einer gewissen barbarischen Willkürlichkeit und Übertriebenheit der Ausdrücke, und dem werdenden Genius steht gerade dies am meisten entgegen, daß so wunderliche Begriffe und so grillenhafte Bedürfnisse zu seiner Zeit im Schwange gehen: diese sind der bleierne Druck, welcher so oft, ungesehen und unerklärbar, seine Hand niederzwingt, wenn er den Pflug führen will – dergestalt, daß selbst seine höchsten Werke, weil sie mit Gewalt sich emporrissen, auch bis zu einem Grade den Ausdruck dieser Gewaltsamkeit an sich tragen müssen.

Wenn ich mir nun die Bedingungen zusammensuche, mit deren Beihilfe, im glücklichsten Falle, ein geborener Philosoph durch die geschilderte zeitgemäße Verschrobenheit wenigstens nicht erdrückt wird, so bemerke ich etwas Sonderbares: es sind zum Teil gerade die Bedingungen, unter denen, im allgemeinen wenigstens, Schopenhauer selber aufwuchs. Zwar fehlte es nicht an entgegenstrebenden Bedingungen: so trat in seiner eitlen und schöngeisterischen Mutter jene Verschrobenheit der Zeit ihm auf eine fürchterliche Weise nahe. Aber der stolze und republikanisch freie Charakter seines Vaters rettete ihn gleichsam vor seiner Mutter und gab ihm das erste, was ein Philosoph braucht: unbeugsame und rauhe Männlichkeit. Dieser Vater war weder ein Beamter noch ein Gelehrter: er reiste mit dem Jüngling vielfach in fremden Ländern umher — alles ebenso viele Begünstigungen für den, welcher nicht Bücher, sondern Menschen kennen, nicht eine Regierung, sondern die Wahrheit verehren lernen soll. Beizeiten wurde er gegen die nationalen Beschränktheiten abgestumpft oder allzu geschärft; er lebte in England, Frankreich und Italien nicht anders als in seiner Heimat und fühlte mit dem spanischen Geiste keine geringe Sympathie. Im ganzen schätzte er es nicht als eine Ehre, gerade unter Deutschen geboren zu sein; und ich weiß nicht einmal, ob er sich bei den neuen politischen Verhältnissen anders besonnen haben würde. Vom Staate hielt er bekanntlich, daß seine einzigen Zwecke seien, Schutz nach außen, Schutz nach innen und

Schutz gegen die Beschützer zu geben, und daß, wenn man ihm noch andre Zwecke, außer dem des Schutzes, andichte, dies leicht den wahren Zweck in Gefahr setzen könne –: deshalb vermachte er, zum Schrecken aller sogenannten Liberalen, sein Vermögen den Hinterlassenen jener preußischen Soldaten, welche 1848 im Kampf für die Ordnung gefallen waren. Wahrscheinlich wird es von jetzt ab immer mehr das Zeichen geistiger Überlegenheit sein, wenn jemand den Staat und seine Pflichten einfach zu nehmen versteht; denn der, welcher den furor philosophicus im Leibe hat, wird schon gar keine Zeit mehr für den furor politicus haben und sich weislich hüten, jeden Tag Zeitungen zu lesen oder gar einer Partei zu dienen: ob er schon keinen Augenblick anstehen wird, bei einer wirklichen Not seines Vaterlandes auf seinem Platze zu sein. Alle Staaten sind schlecht eingerichtet, bei denen noch andere als die Staatsmänner sich um Politik bekümmern müssen, und sie verdienen es, an diesen vielen Politikern zugrunde zu gehen.

Eine andre große Begünstigung wurde Schopenhauern dadurch zuteil, daß er nicht von vornherein zum Gelehrten bestimmt und erzogen wurde, sondern wirklich einige Zeit, wenn schon mit Widerstreben, in einem kaufmännischen Kontor arbeitete und jedenfalls seine ganze Jugend hindurch die freiere Luft eines großen Handelshauses in sich einatmete. Ein Gelehrter kann nie ein Philosoph werden; denn selbst Kant vermochte es nicht, sondern blieb bis zum Ende, trotz dem angebornen Drange seines Genius, in einem gleichsam verpuppten Zustande. Wer da glaubt, daß ich mit diesem Worte Kanten unrecht tue, weiß nicht, was ein Philosoph ist, nämlich nicht nur ein großer Denker, sondern auch ein wirklicher Mensch; und wann wäre je aus einem Gelehrten ein wirklicher Mensch geworden? Wer zwischen sich und die Dinge Begriffe, Meinungen, Vergangenheiten, Bücher treten läßt, wer also, im weitesten Sinne, zur Historie geboren ist, wird die Dinge nie zum ersten Male sehen und nie selber ein solches erstmalig gesehenes Ding sein, beides gehört aber bei einem Philosophen ineinander, weil er die meiste Belehrung aus sich nehmen muß und weil er sich selbst als Abbild und Abbreviatur der ganzen Welt dient. Wenn einer sich vermittels fremder Meinungen anschaut, was Wunder, wenn er auch an sich nichts sieht als – fremde Meinungen! Und so sind, leben und sehen die Gelehrten. Schopenhauer dagegen hatte das unbeschreibliche Glück, nicht nur in sich den Genius aus der Nähe zu sehen, sondern auch außer sich, in Goethe: durch diese doppelte Spiegelung war er über alle gelehrtenhaften Ziele und Kulturen von Grunde aus belehrt und weise geworden. Vermöge dieser Erfahrung wußte er, wie der freie und starke Mensch beschaffen sein muß, zu dem sich jede künstlerische Kultur hinsehnt; konnte er, nach diesem Blicke, wohl noch viel Lust übrig haben, sich mit der sogenannten „Kunst“ in der gelehrten oder hypokritischen Manier des modernen Menschen zu befassen? Hatte er doch sogar noch etwas Höheres gesehn: eine furchtbare überweltliche Szene des Gerichts, in der alles Leben, auch das höchste und vollendete, gewogen und zu leicht befunden wurde: er hatte den Heiligen als Richter des Daseins gesehn. Es ist gar nicht zu bestimmen, wie frühzeitig Schopenhauer dieses Bild des Lebens geschaut haben muß, und zwar gerade so, wie er es später in allen seinen Schriften nachzumalen versuchte; man kann beweisen, daß der Jüngling, und möchte glauben, daß das Kind schon diese ungeheure Vision gesehen hat. Alles, was er später aus Leben und Büchern, aus allen Reichen der Wissenschaft sich aneignete, war ihm beinahe nur Farbe und Mittel des Ausdrucks; selbst die Kantische Philosophie wurde von ihm vor allem als ein außerordentliches rhetorisches Instrument hinzugezogen, mit dem er sich noch deutlicher über jenes Bild auszusprechen glaubte: wie ihm zu gleichem Zwecke auch gelegentlich die buddhaistische und christliche Mythologie diente. Für ihn gab es nur Eine Aufgabe und hunderttausend Mittel, sie zu lösen: Einen Sinn und unzählige Hieroglyphen, um ihn auszudrücken.

Es gehörte zu den herrlichen Bedingungen seiner Existenz, daß er wirklich einer solchen Aufgabe, gemäß seinem Wahlspruche vitam impendere vero, leben konnte und daß keine eigentliche Gemeinheit der Lebensnot ihn niederzwang: – es ist bekannt, in welcher großartigen Weise er gerade dafür seinem Vater dankte; während in Deutschland der theoretische Mensch meistens auf Unkosten der Reinheit seines Charakters seine wissenschaftliche Bestimmung durchsetzt, als ein „rücksichtsvoller Lump", stellen- und ehrensüchtig, behutsam und biegsam, schmeichlerisch gegen Einflußreiche und Vorgesetzte. Leider hat Schopenhauer durch nichts zahlreiche Gelehrte mehr beleidigt als dadurch, daß er ihnen nicht ähnlich sieht.

8

Damit sind einige Bedingungen genannt, unter denen der philosophische Genius in unserer Zeit trotz der schädlichen Gegenwirkungen wenigstens entstehen kann: freie Männlichkeit des Charakters, frühzeitige Menschenkenntnis, keine gelehrte Erziehung, keine patriotische Einklemmung, kein Zwang zum Brot-Erwerben, keine Beziehung zum Staate – kurz, Freiheit und immer wieder Freiheit: dasselbe wunderbare und gefährliche Element, in welchem die griechischen Philosophen aufwachsen durften. Wer es ihm vorwerfen will, was Niebuhr dem Plato vorwarf, daß er ein schlechter Bürger gewesen sei, soll es tun und nur selber ein guter Bürger sein: so wird er im Rechte sein und Plato ebenfalls. Ein anderer wird jene große Freiheit als Überhebung deuten: auch er hat recht, weil er selber mit jener Freiheit nichts Rechtes anfangen und sich allerdings sehr überheben würde, falls er sie für sich begehrte. Jene Freiheit ist wirklich eine schwere Schuld; und nur durch große Taten läßt sie sich abbüßen. Wahrlich, jeder gewöhnliche Erdensohn hat das Recht, mit Groll auf einen solchermaßen Begünstigten hinzusehn: nur mag ihn ein Gott davor bewahren, daß er nicht selbst so begünstigt, das heißt so furchtbar verpflichtet werde. Er ginge ja sofort an seiner Freiheit und seiner Einsamkeit zugrunde und würde zum Narren, zum boshaften Narren aus Langeweile. –

Aus dem bisher Besprochnen vermag vielleicht der eine oder der andre Vater etwas zu lernen und für die private Erziehung seines Sohnes irgend welche Nutzanwendung zu machen; obschon wahrhaftig nicht zu erwarten ist, daß die Väter gerade nur Philosophen zu Söhnen haben möchten. Wahrscheinlich werden zu allen Zeiten die Väter sich am meisten gegen das Philosophentum ihrer Söhne, als gegen die größte Verschrobenheit, gesträubt haben; Sokrates fiel bekanntlich dem Zorne der Väter über die „Verführung der Jugend" zum Opfer, und Plato hielt aus eben den Gründen die Aufrichtung eines ganz neuen Staates für notwendig, um die Entstehung des Philosophen nicht von der Unvernunft der Väter abhängig zu machen. Beinahe sieht es nun so aus, als ob Plato wirklich etwas erreicht habe. Denn der moderne Staat rechnet jetzt die Förderung der Philosophie zu *seinen* Aufgaben und sucht zu jeder Zeit eine Anzahl Menschen mit jener „Freiheit" zu beglücken, unter der wir die wesentlichste Bedingung zur Genesis des Philosophen verstehen. Nun hat Plato ein wunderliches Unglück in der Geschichte gehabt: sobald einmal ein Gebilde entstand, welches seinen Vorschlägen im wesentlichen entsprach, war es immer, bei genauerem Zusehen, das untergeschobene Kind eines Kobolds, ein häßlicher Wechselbalg: etwa wie der mittelalterliche Priesterstaat es war, verglichen mit der von ihm geträumten Herrschaft der „Göttersöhne". Der moderne Staat ist nun zwar davon am weitesten entfernt, gerade die Philosophen zu Herrschern zu machen – Gottlob! wird jeder Christ hinzufügen –: aber selbst jene Förderung der Philosophie, wie er sie versteht, müßte doch einmal daraufhin angesehn werden, ob er sie platonisch versteht, ich meine: so ernst und aufrichtig, als ob es seine höchste Absicht dabei wäre, neue Platone zu erzeugen. Wenn für gewöhnlich der Philosoph in seiner Zeit als zufällig erscheint – stellt sich wirklich der Staat jetzt die Aufgabe, diese Zufälligkeit mit Bewußtsein in eine Notwendigkeit zu übersetzen und der Natur auch hier nachzuhelfen?

Die Erfahrung belehrt uns leider eines Bessern – oder Schlimmern: sie sagt, daß in Hinsicht auf die großen Philosophen von Natur nichts ihrer Erzeugung und Fortpflanzung so im Wege steht als die schlechten Philosophen von Staats wegen. Ein peinlicher Gegenstand, nicht wahr? – bekanntlich derselbe, auf den Schopenhauer in seiner berühmten Abhandlung über Universitätsphilosophie zuerst die Augen gerichtet hat. Ich komme auf diesen Gegenstand zurück: denn man muß die Menschen zwingen, ihn ernst zu nehmen, das heißt, sich durch ihn zu einer Tat bestimmen zu lassen, und ich erachte jedes Wort für unnütz geschrieben, hinter dem nicht eine solche Aufforderung zur Tat steht; und jedenfalls ist es gut, Schopenhauers für immer gültige Sätze noch einmal, und zwar geradeswegs in bezug auf unsre allernächsten Zeitgenossen zu demonstrieren, da ein Gutmütiger meinen könnte, daß seit seinen schweren Anklagen sich alles in Deutschland zum Bessern gewendet habe.

Sein Werk ist noch nicht einmal in diesem Punkte, so geringfügig er ist, zu Ende gebracht.

Genauer zugesehen ist jene „Freiheit", mit welcher der Staat jetzt, wie ich sagte, einige Menschen zugunsten der Philosophie beglückt, schon gar keine Freiheit, sondern ein Amt, das seinen Mann nährt. Die Förderung der Philosophie besteht also nur darin, daß es heutzutage wenigstens einer Anzahl Menschen durch den Staat ermöglicht wird, von ihrer Philosophie zu leben, dadurch, daß sie aus ihr einen Broterwerb machen können: während die alten Weisen Griechenlands von seiten des Staates nicht besoldet, sondern höchstens einmal, wie Zeno, durch eine goldene Krone und ein Grabmal auf dem Kerameikos geehrt wurden. Ob nun der Wahrheit damit gedient wird, daß man einen Weg zeigt, wie man von ihr leben könne, weiß ich im allgemeinen nicht zu sagen, weil hier alles auf Art und Güte des einzelnen Menschen ankommt, welchen man diesen Weg gehen heißt. Ich könnte mir recht gut einen Grad von Stolz und Selbstachtung denken, bei dem ein Mensch zu seinen Mitmenschen sagt: sorgt ihr für mich, denn ich habe Besseres zu tun, nämlich für euch zu sorgen. Bei Plato und Schopenhauer würde eine solche Großartigkeit von Gesinnung und Ausdruck derselben nicht befremden; weshalb gerade sie sogar Universitätsphilosophen sein könnten, wie Plato zeitweilig Hofphilosoph war, ohne die Würde der Philosophie zu erniedrigen. Aber schon Kant war, wie wir Gelehrte zu sein pflegen, rücksichtsvoll, unterwürfig und, in seinem Verhalten gegen den Staat, ohne Größe: so daß er jedenfalls, wenn die Universitätsphilosophie einmal angeklagt werden sollte, sie nicht rechtfertigen könnte. Gibt es aber Naturen, welche sie zu rechtfertigen vermöchten – eben wie die Schopenhauers und Platos –, so fürchte ich nur eins: sie werden niemals dazu Anlaß haben, weil nie ein Staat es wagen würde, solche Menschen zu begünstigen und in jene Stellungen zu versetzen. Weshalb doch? Weil jeder Staat sie fürchtet und immer nur Philosophen begünstigen wird, vor denen er sich nicht fürchtet. Es kommt nämlich vor, daß der Staat vor der Philosophie überhaupt Furcht hat, und gerade, wenn dies der Fall ist, wird er um so mehr Philosophen an sich heranzuziehn suchen, welche ihm den Anschein geben, als ob er die Philosophie auf seiner Seite habe – weil er diese Menschen auf seiner Seite hat, welche ihren Namen führen und doch so gar nicht furchteinflößend sind. Sollte aber ein Mensch auftreten, welcher wirklich Miene macht, mit dem Messer der Wahrheit allem, auch dem Staate, an den Leib zu gehen, so ist der Staat, weil er vor allem seine Existenz bejaht, im Recht, einen solchen von sich auszuschließen und als seinen Feind zu behandeln: ebenso wie er eine Religion ausschließt und als Feind behandelt, welche sich über ihn stellt und sein Richter sein will. Erträgt es jemand also, Philosoph von Staats wegen zu sein, so muß er es auch ertragen, von ihm so angesehen zu werden, als ob er darauf verzichtet habe, der Wahrheit in alle Schlupfwinkel nachzugehen. Mindestens solange er begünstigt und angestellt ist, muß er über der Wahrheit noch etwas Höheres anerkennen, den Staat. Und nicht bloß den Staat, sondern alles zugleich, was der Staat zu seinem Wohle heischt: zum Beispiel eine bestimmte Form der Religion, der gesellschaftlichen Ordnung, der Heeresverfassung – allen solchen Dingen steht ein Noli me tangere angeschrieben. Sollte wohl je ein Universitätsphilosoph sich den ganzen Umfang seiner Verpflichtung und Beschränkung klar gemacht haben? Ich weiß es nicht; hat es einer getan und bleibt doch Staatsbeamter, so war er jedenfalls ein schlechter Freund der Wahrheit; hat er es nie getan – nun, ich sollte meinen, auch dann wäre er kein Freund der Wahrheit.

Dies ist das allgemeinste Bedenken: als solches aber freilich für Menschen, wie sie jetzt sind, das schwächste und gleichgültigste. Den meisten wird genügen, mit der Achsel zu zucken und zu sagen: „als ob wohl je sich etwas Großes und Reines auf dieser Erde habe aufhalten und festhalten können, ohne Konzessionen an die menschliche Niedrigkeit zu machen! Wollt ihr denn, daß der Staat den Philosophen lieber verfolge, als daß er ihn besolde und in seinen Dienst nehme?" Ohne auf diese letzte Frage jetzt schon zu antworten, füge ich nur hinzu, daß diese Konzessionen der Philosophie an den Staat doch gegenwärtig sehr weit gehen. Erstens: der Staat wählt sich seine philosophischen Diener aus, und zwar so viele, als er für seine Anstalten braucht; er gibt sich also das Ansehn, zwischen guten und schlechten Philosophen unterscheiden zu können, noch mehr, er setzt voraus, daß es immer genug von den guten geben müsse, um alle seine Lehrstühle mit ihnen zu besetzen. Nicht nur in betreff der Güte, sondern auch der notwendigen Zahl der guten ist er jetzt die Auktorität. Zweitens: er zwingt die, welche er sich ausgewählt hat, zu einem Aufenthalt an einem bestimmten Orte, unter bestimmten Menschen, zu einer bestimmten Tätigkeit; sie sollen jeden akademischen Jüngling, der Lust dazu hat, unterrichten, und zwar täglich, an festgesetzten Stunden. Frage: kann sich eigentlich ein Philosoph mit gutem Gewissen verpflichten, täglich etwas zu haben, was er lehrt? Und das vor jedermann zu lehren, der zuhören will? Muß er sich nicht den Anschein geben, mehr zu wissen als er weiß? muß er nicht über Dinge vor einer unbekannten Zuhörerschaft reden, über welche er nur mit den nächsten Freunden ohne Gefahr reden dürfte? Und überhaupt: beraubt er sich nicht seiner herrlichsten Freiheit, seinem Genius zu folgen, wann dieser ruft und wohin dieser ruft? – dadurch, daß er zu bestimmten Stunden öffentlich über Vorher-Bestimmtes zu denken verpflichtet ist. Und dies vor Jünglingen! Ist ein solches Denken nicht von vornherein gleichsam entmannt? Wie, wenn er nun gar eines Tages fühlte: heute kann ich nichts denken, es fällt mir nichts Gescheites ein – und trotzdem müßte er sich hinstellen und zu denken scheinen!

Aber, wird man einwenden, er soll ja gar nicht Denker sein, sondern höchstens Nach- und Überdenker, vor allem aber gelehrter Kenner aller früheren Denker; von denen wird er immer etwas erzählen können, das seine Schüler nicht wissen. – Dies ist gerade die dritte höchst gefährliche Konzession der Philosophie an den Staat, wenn sie sich ihm verpflichtet, zuerst und hauptsächlich als Gelehrsamkeit aufzutreten. Vor allem als Kenntnis der Geschichte der Philosophie: während für den Genius, welcher rein und mit Liebe, dem Dichter ähnlich, auf die Dinge blickt und sich nicht tief genug in sie hineinlegen kann, das Wühlen in zahllosen fremden und verkehrten Meinungen so ziemlich das widrigste und ungelegenste Geschäft ist. Die gelehrte Historie des Vergangnen war nie das Geschäft eines wahren Philosophen, weder in Indien, noch in Griechenland; und ein Philosophieprofessor muß es sich, wenn er sich mit solcherlei Arbeit befaßt, gefallen lassen, daß man von ihm, bestenfalls, sagt: er ist ein tüchtiger Philolog, Antiquar, Sprachkenner, Historiker – aber nie: er ist ein Philosoph. Jenes auch nur bestenfalls, wie bemerkt: denn bei den meisten gelehrten Arbeiten, welche Universitätsphilosophen machen, hat ein Philolog das Gefühl, daß sie schlecht gemacht sind, ohne wissenschaftliche Strenge und meistens mit einer hassenswürdigen Langweiligkeit. Wer erlöst zum Beispiel die Geschichte der griechischen Philosophen wieder von dem einschläfernden Dunste, welchen die gelehrten, doch nicht allzu wissenschaftlichen und leider gar zu langweiligen Arbeiten Ritters, Brandis' und Zellers darüber ausgebreitet haben? Ich wenigstens lese Laërtius Diogenes lieber als Zeller, weil in jenem wenigstens der Geist der alten Philosophen lebt, in diesem aber weder der noch irgend ein andrer Geist. Und zuletzt in aller Welt: was geht unsre Jünglinge die Geschichte der Philosophie an? Sollen sie durch das Wirrsal der Meinungen entmutigt werden, Meinungen zu haben? Sollen sie angelehrt werden, in den Jubel einzustimmen, wir wir's doch so herrlich weit gebracht? Sollen sie etwa gar die Philosophie hassen oder verachten lernen? Fast möchte man das letztere denken, wenn man weiß, wie sich Studenten ihrer philosophischen Prüfungen wegen zu martern haben, um die tollsten und spitzesten Einfälle des menschlichen Geistes, neben den größten und schwerfaßlichsten, sich in das arme Gehirn einzudrücken. Die einzige Kritik einer Philosophie, die möglich ist und die auch etwas beweist, nämlich zu versuchen, ob man nach ihr leben könne, ist nie auf Universitäten gelehrt worden: sondern immer die Kritik der Worte über Worte. Und nun denke man sich einen jugendlichen Kopf, ohne viel Erfahrung durch das Leben, in dem fünfzig Systeme als Worte und fünfzig Kritiken derselben neben- und durcheinander aufbewahrt werden – welche Wüstenei, welche Verwilderung, welcher Hohn auf eine Erziehung zur Philosophie! In der Tat wird auch zugeständlich gar nicht zu ihr erzogen, sondern zu einer philosophischen Prüfung: deren Erfolg bekanntlich und gewöhnlich ist, daß der Geprüfte, ach Allzu-Geprüfte! – sich mit einem Stoßseufzer eingesteht: „Gott sei Dank, daß ich kein Philosoph bin, sondern Christ und Bürger meines Staates!"

Wie, wenn dieser Stoßseufzer eben die Absicht des Staates wäre, und die „Erziehung zur Philosophie" nur eine Abziehung von der Philosophie? Man frage sich. – Sollte es aber so stehen, so ist nur Eins zu fürchten:

daß endlich einmal die Jugend dahinter kommt, wozu hier eigentlich die Philosophie gemißbraucht wird. Das Höchste, die Erzeugung des philosophischen Genius nichts als ein Vorwand? Das Ziel vielleicht gerade, dessen Erzeugung zu verhindern? Der Sinn in den Gegensinn umgedreht? Nun dann – wehe dem ganzen Komplex von Staats- und Professoren-Klugheit! –

Und sollte so etwas bereits ruchbar geworden sein? Ich weiß es nicht; jedenfalls ist die Universitätsphilosophie einer allgemeinen Mißachtung und Anzweifelung verfallen. Zum Teil hängt diese damit zusammen, daß jetzt gerade ein schwächliches Geschlecht auf den Kathedern herrscht; und Schopenhauer würde, wenn er jetzt seine Abhandlung über Universitätsphilosophie zu schreiben hätte, nicht mehr die Keule nötig haben, sondern mit einem Binsenrohre siegen. Es sind die Erben und Nachkommen jener Afterdenker, denen er auf die vielverdrehten Köpfe schlug: sie nehmen sich säuglings- und zwergenhaft genug aus, um an den indischen Spruch zu erinnern: „nach ihren Taten werden die Menschen geboren, dumm, stumm, taub, mißgestaltet". Jene Väter verdienten eine solche Nachkommenschaft, nach ihren „Taten", wie der Spruch sagt. Daher ist es außer allem Zweifel, daß die akademischen Jünglinge sich sehr bald ohne die Philosophie, welche auf ihren Universitäten gelehrt wird, behelfen werden, und daß die außerakademischen Männer sich jetzt bereits ohne sie behelfen. Man gedenke nur an seine eigne Studentenzeit; für mich zum Beispiel waren die akademischen Philosophen ganz und gar gleichgültige Menschen und galten mir als Leute, die aus den Ergebnissen der andern Wissenschaften sich etwas zusammen rührten, in Mußestunden Zeitungen lasen und Konzerte besuchten; die übrigens selbst von ihren akademischen Genossen mit einer artig maskierten Geringschätzung behandelt wurden. Man traute ihnen zu, wenig zu wissen und nie um eine verdunkelnde Wendung verlegen zu sein, um über diesen Mangel des Wissens zu täuschen. Mit Vorliebe hielten sie sich deshalb an solchen dämmerigen Orten auf, wo es ein Mensch mit hellen Augen nicht lange aushält. Der eine wendete gegen die Naturwissenschaften ein: keine kann mir das einfachste Werden völlig erklären, was liegt mir also an ihnen allen? Ein andrer sagte von der Geschichte: „dem, welcher die Ideen hat, sagt sie nichts Neues" – kurz, sie fanden immer Gründe, weshalb es philosophischer sei, nichts zu wissen als etwas zu lernen. Ließen sie sich aber aufs Lernen ein, so war dabei ihr geheimer Impuls, den Wissenschaften zu entfliehen und in irgend einer ihrer Lücken und Unaufgehelltheiten ein dunkles Reich zu gründen. So gingen sie nur noch in dem Sinne den Wissenschaften voran, wie das Wild vor den Jägern, die hinter ihm her sind. Neuerdings gefallen sie sich mit der Behauptung, daß sie eigentlich nur die Grenzwächter und Aufpasser der Wissenschaften seien; dazu dient ihnen besonders die Kantische Lehre, aus welcher sie einen müßigen Skeptizismus zu machen beflissen sind, um den sich bald niemand mehr bekümmern wird. Nur hier und da schwingt sich noch einer von ihnen zu einer kleinen Metaphysik auf, mit den gewöhnlichen Folgen, nämlich Schwindel, Kopfschmerzen und Nasenbluten. Nachdem es ihnen so oft mit dieser Reise in den Nebel und die Wolken mißlungen ist, nachdem alle Augenblicke irgend ein rauher hartköpfiger Jünger wahrer Wissenschaften sie bei dem Schopfe gefaßt und heruntergezogen hat, nimmt ihr Gesicht den habituellen Ausdruck der Zimperlichkeit und des Lügengestraftseins an. Sie haben ganz die fröhliche Zuversicht verloren, so daß keiner nur noch einen Schritt breit seiner Philosophie zu Gefallen lebt. Ehemals glaubten einige von ihnen, neue Religionen erfinden oder alte durch ihre Systeme ersetzen zu können; jetzt ist ein solcher Übermut von ihnen gewichen, sie sind meistens fromme, schüchterne und unklare Leute, nie tapfer wie Lucrez und ingrimmig über den Druck, der auf den Menschen gelegen hat. Auch das logische Denken kann man bei ihnen nicht mehr lernen, und die sonst üblichen Disputierübungen haben sie in natürlicher Schätzung ihrer Kräfte eingestellt. Ohne Zweifel ist man jetzt auf der Seite der einzelnen Wissenschaften logischer, behutsamer, bescheidner, erfindungsreicher, kurz, es geht dort philosophischer zu als bei den sogenannten Philosophen: so daß jedermann dem unbefangnen Engländer Bagehot zustimmen wird, wenn dieser von den jetzigen Systembauern sagt: „Wer ist nicht fast im voraus überzeugt, daß ihre Prämissen eine wunderbare Mischung von Wahrheit und Irrtum enthalten und es daher nicht der Mühe verlohnt, über die Konsequenzen nachzudenken? Das fertig Abgeschloßne dieser Systeme zieht vielleicht die Jugend an und macht auf die Unerfahrnen Eindruck, aber ausgebildete Menschen lassen sich nicht davon blenden. Sie sind immer bereit, Andeutungen und Vermutungen günstig aufzunehmen, und die kleinste Wahrheit ist ihnen willkommen – aber ein großes Buch voll deduktiver Philosophie fordert den Argwohn heraus. Zahllose unbewiesene abstrakte Prinzipien sind von sanguinischen Leuten hastig gesammelt und in Büchern und Theorien sorgfältig in die Länge gezogen worden, um mit ihnen die ganze Welt zu erklären. Aber die Welt kümmert sich nicht um diese Abstraktionen, und das ist kein Wunder, da diese sich untereinander widersprechen." Wenn ehedem die Philosophen, besonders in Deutschland, in so tiefes Nachdenken versunken waren, daß sie in fortwährender Gefahr schwebten, mit dem Kopf an jeden Balken zu rennen, so ist ihnen jetzt, wie es Swift von den Laputiern erzählt, eine ganze Schar von Klapperern beigegeben, um ihnen bei Gelegenheit einen sanften Schlag auf die Augen oder sonst wohin zu geben. Mitunter mögen diese Schläge etwas zu stark sein, dann vergessen sich wohl die Erdentrückten und schlagen wieder – etwas, was immer zu ihrer Beschämung abläuft. Siehst du nicht den Balken, du Duselkopf! sagt dann der Klapperer – und wirklich sieht der Philosoph öfters den Balken und wird wieder sanft. Diese Klapperer sind die Naturwissenschaften und die Historie; allmählich haben diese die deutsche Traum- und Denkwirtschaft, die so lange Zeit mit der Philosophie verwechselt wurde, dermaßen eingeschüchtert, daß jene Denkwirte den Versuch, selbständig zu gehen, gar zu gern aufgeben möchten; wenn sie aber jenen unversehens in die Arme fallen oder ein Gängelbändchen an sie anbinden wollen, um sich selbst zu gängeln, so klappern jene sofort so fürchterlich wie möglich – als ob sie sagen wollten: „das fehlte nur noch, daß so ein Denkwirt uns die Naturwissenschaften oder die Historie verunreinigte! Fort mit ihm!" Da schwanken sie nun wieder zurück, zu ihrer eignen Unsicherheit und Ratlosigkeit: durchaus wollen sie ein wenig Naturwissenschaft zwischen den Händen haben, etwa als empirische Psychologie, wie die Herbartianer, durchaus auch ein wenig Historie – dann können sie wenigstens öffentlich so tun, als ob sie sich wissenschaftlich beschäftigten, ob sie gleich im stillen alle Philosophie und alle Wissenschaft zum Teufel wünschen.

Aber zugegeben, daß diese Schar von schlechten Philosophen lächerlich ist – und wer wird es nicht zugeben? – inwiefern sind sie denn auch *schädlich*? Kurz geantwortet: *dadurch, daß sie die Philosophie zu einer lächerlichen Sache machen*. Solange das staatlich anerkannte Afterdenkertum bestehen bleibt, wird jede großartige Wirkung einer wahren Philosophie vereitelt oder mindestens gehemmt, und zwar durch nichts als durch den Fluch des Lächerlichen, den die Vertreter jener großen Sache sich zugezogen haben, der aber die Sache selber trifft. Deshalb nenne ich es eine Forderung der Kultur, der Philosophie jede staatliche und akademische Anerkennung zu entziehn und überhaupt Staat und Akademie der für sie unlösbaren Aufgabe zu entheben, zwischen wahrer und scheinbarer Philosophie zu unterscheiden. Laßt die Philosophen immerhin wild wachsen, versagt ihnen jede Aussicht auf Anstellung und Einordnung in die bürgerlichen Berufsarten, kitzelt sie nicht mehr durch Besoldungen, ja noch mehr: verfolgt sie, seht ungnädig auf sie – ihr sollt Wunderdinge erleben! Da werden sie auseinanderflüchten und hier und dort ein Dach suchen, die armen Scheinbaren; hier öffnet sich eine Pfarrei, dort eine Schulmeisterei, dieser verkriecht sich bei der Redaktion einer Zeitung, jener schreibt Lehrbücher für höhere Töchterschulen, der Vernünftigste von ihnen ergreift den Pflug, und der Eitelste geht zu Hofe. Plötzlich ist alles leer, das Nest ausgeflogen: denn es ist leicht, sich von den schlechten Philosophen zu befreien, man braucht sie nur einmal nicht zu begünstigen. Und das ist jedenfalls mehr anzuraten, als irgend eine Philosophie, sie sei welche sie wolle, öffentlich, von Staatswegen, zu patronisieren.

Dem Staat ist es nie an der Wahrheit gelegen, sondern immer nur an der ihm nützlichen Wahrheit, noch genauer gesagt, überhaupt an allem ihm Nützlichen, sei dies nun Wahrheit, Halbwahrheit oder Irrtum. Ein Bündnis von Staat und Philosophie hat also nur dann einen Sinn, wenn die Philosophie versprechen kann, dem Staat unbedingt nützlich zu sein, das heißt den Staatsnutzen höher zu stellen als die Wahrheit. Freilich wäre es für den Staat etwas Herrliches, auch die Wahrheit in seinem Dienste und Solde zu haben; nur weiß er selbst recht wohl, daß es zu ihrem Wesen gehört, nie Dienste zu tun, nie Sold zu nehmen. Somit hat er in dem, was er hat, nur die falsche „Wahrheit“, eine Person mit einer Larve; und diese kann ihm nun leider auch nicht leisten, was er von der echten Wahrheit so sehr begehrt: seine eigne Gültig- und Heiligsprechung. Wenn ein mittelalterlicher Fürst vom Papste gekrönt werden wollte, aber es von ihm nicht erlangen konnte, so ernannte er wohl einen Gegenpapst, der ihm dann diesen Dienst erwies. Das mochte bis zu einem gewissen Grade angehen; aber es geht nicht an, wenn der moderne Staat eine Gegenphilosophie ernennt, von der er legitimiert werden will: denn er hat nach wie vor die Philosophie gegen sich, und zwar jetzt mehr als vorher. Ich glaube allen Ernstes, es ist ihm nützlicher, sich gar nicht mit ihr zu befassen, gar nichts von ihr zu begehren und sie, solange es möglich ist, als etwas Gleichgültiges gehen zu lassen. Bleibt es nicht bei dieser Gleichgültigkeit, wird sie gegen ihn gefährlich und angreifend, so mag er sie verfolgen. – Da der Staat kein weiteres Interesse an der Universität haben kann, als durch sie ergebene und nützliche Staatsbürger zu erziehen, so sollte er Bedenken tragen, diese Ergebenheit, diesen Nutzen dadurch in Frage zu stellen, daß er von den jüngeren Männern eine Prüfung in der Philosophie verlangt: zwar in Anbetracht der trägen und unbefähigten Köpfe mag es das rechte Mittel sein, um von ihrem Studium überhaupt abzuschrecken, dadurch, daß man sie zu einem Examengespenst macht; aber dieser Gewinn vermag nicht den Schaden aufzuwiegen, welchen ebendieselbe erzwungene Beschäftigung bei den wagehalsigen und unruhigen Jünglingen hervorruft; sie lernen verbotene Bücher kennen, beginnen ihre Lehrer zu kritisieren und merken endlich gar den Zweck der Universitätsphilosophie und jener Prüfungen – gar nicht zu reden von den Bedenken, auf welche junge Theologen bei dieser Gelegenheit geraten können und infolge deren sie in Deutschland auszusterben anfangen, wie in Tirol die Steinböcke. – Ich weiß wohl, welche Einwendung der Staat gegen diese ganze Betrachtung machen konnte, solange noch die schöne grüne Hegelei auf allen Feldern aufwuchs: aber nachdem diese Ernte verhagelt ist und von allen den Versprechungen, welche man damals sich von ihr machte, nichts sich erfüllt hat und alle Scheuern leer blieben – da wendet man lieber nichts mehr ein, sondern wendet sich von der Philosophie ab. Man hat jetzt die Macht: damals, zur Zeit Hegels, wollte man sie haben – das ist ein großer Unterschied. Der Staat braucht die Sanktion durch die Philosophie nicht mehr, dadurch ist sie für ihn überflüssig geworden. Wenn er ihre Professuren nicht mehr unterhält, oder, wie ich für die nächste Zeit voraussetze, nur noch scheinbar und lässig unterhält, so hat er seinen Nutzen dabei – doch wichtiger scheint es mir, daß auch die Universität darin ihren Vorteil sieht. Wenigstens sollte ich denken, eine Stätte wirklicher Wissenschaften müsse sich dadurch gefördert sehen, wenn sie von der Gemeinschaft mit einer Halb- und Viertelswissenschaft befreit werde. Überdies steht es um die Achtbarkeit der Universitäten viel zu seltsam, um nicht prinzipiell die Ausscheidung von Disziplinen wünschen zu müssen, welche von den Akademikern selbst gering geachtet werden. Denn die Nichtakademiker haben gute Gründe zu einer gewissen allgemeinen Mißachtung der Universitäten; sie werfen ihnen vor, daß sie feige sind, daß die kleinen sich vor den großen und daß die großen sich vor der öffentlichen Meinung fürchten; daß sie in allen Angelegenheiten höherer Kultur nicht vorangehen, sondern langsam und spät hinterdrein hinken; daß die eigentliche Grundrichtung angesehener Wissenschaften gar nicht mehr eingehalten wird. Man treibt zum Beispiel die sprachlichen Studien eifriger als je, ohne daß man für sich selbst eine strenge Erziehung in Schrift und Rede für nötig befände. Das indische Altertum eröffnet seine Tore, und seine Kenner haben zu den unvergänglichsten Werken der Inder, zu ihren Philosophien, kaum ein anderes Verhältnis als ein Tier zur Lyra: obschon Schopenhauer das Bekanntwerden der indischen Philosophie für einen der größten Vorteile hielt, welche unser Jahrhundert vor anderen voraushabe. Das klassische Altertum ist zu einem beliebigen Altertum geworden und wirkt nicht mehr klassisch und vorbildlich; wie seine Jünger beweisen, welche doch wahrhaftig keine vorbildlichen Menschen sind. Wohin ist der Geist Friedrich August Wolfs verflogen, von dem Franz Passow sagen konnte, er erscheine als ein echt patriotischer, echt humaner Geist, der allenfalls die Kraft hätte, einen Weltteil in Gärung und Flammen zu versetzen – wo ist dieser Geist hin? Dagegen drängt sich immer mehr der Geist der Journalisten auf der Universität ein, und nicht selten unter dem Namen der Philosophie; ein glatter geschminkter Vortrag, Faust und Nathan den Weisen auf den Lippen, die Sprache und die Ansichten unserer ekelhaften Literaturzeitungen, neuerdings gar noch Geschwätz über unsere heilige deutsche Musik, selbst die Forderung von Lehrstühlen für Schiller und Goethe – solche Anzeichen sprechen dafür, daß der Universitätsgeist anfängt, sich mit dem Zeitgeiste zu verwechseln. Da scheint es mir vom höchsten Werte, wenn außerhalb der Universitäten ein höheres Tribunal entsteht, welches auch diese Anstalten in Hinsicht auf die Bildung, die sie fördern, überwache und richte; und sobald die Philosophie aus den Universitäten ausscheidet und sich damit von allen unwürdigen Rücksichten und Verdunkelungen reinigt, wird sie gar nichts anderes sein können als ein solches Tribunal: ohne staatliche Macht, ohne Besoldung und Ehren, wird sie ihren Dienst zu tun wissen, frei vom

Zeitgeist sowohl als von der Furcht vor diesem Geiste – kurz gesagt, so wie Schopenhauer lebte, als der Richter der ihn umgebenden sogenannten Kultur. Dergestalt vermag der Philosoph auch der Universität zu nützen, wenn er sich nicht mit ihr verquickt, sondern sie vielmehr aus einer gewissen würdevollen Weite übersieht.

Zuletzt aber – was gilt uns die Existenz eines Staates, die Förderung der Universitäten, wenn es sich doch vor allem um die Existenz der Philosophie auf Erden handelt! oder – um gar keinen Zweifel darüber zu lassen, was ich meine – wenn so unsäglich mehr daran gelegen ist, daß ein Philosoph auf Erden entsteht, als daß ein Staat oder eine Universität fortbesteht. In dem Maße, als die Knechtschaft unter öffentlichen Meinungen und die Gefahr der Freiheit zunimmt, kann sich die Würde der Philosophie erhöhen; sie war am höchsten unter dem Erdbeben der untergehenden römischen Republik und in der Kaiserzeit, wo ihr Name und der der Geschichte ingrata principibus nomina wurden. Brutus beweist mehr für ihre Würde als Plato; es sind die Zeiten, in denen die Ethik aufhörte, Gemeinplätze zu haben. Wenn die Philosophie jetzt nicht viel geachtet wird, so soll man nur fragen, weshalb jetzt kein großer Feldherr und Staatsmann sich zu ihr bekennt – nur deshalb, weil in der Zeit, wo er nach ihr gesucht hat, ihm ein schwächliches Phantom unter dem Namen der Philosophie entgegenkam, jene gelehrtenhafte Katheder-Weisheit und Katheder-Vorsicht, kurz, weil ihm die Philosophie beizeiten eine lächerliche Sache geworden ist. Sie sollte ihm aber eine furchtbare Sache sein; und die Menschen welche berufen sind, Macht zu suchen, sollten wissen, welche Quelle des Heroischen in ihr fließt. Ein Amerikaner mag ihnen sagen, was ein großer Denker, der auf diese Erde kommt, als neues Zentrum ungeheurer Kräfte zu bedeuten hat. „Seht euch vor, sagt Emerson, wenn der große Gott einen Denker auf unsern Planeten kommen läßt. Alles ist dann in Gefahr. Es ist, wie wenn in einer großen Stadt eine Feuersbrunst ausgebrochen ist, wo keiner weiß, was eigentlich noch sicher ist und wo es enden wird. Da ist nichts in der Wissenschaft, was nicht morgen eine Umdrehung erfahren haben möchte, da gilt kein literarisches Ansehn mehr, noch die sogenannten ewigen Berühmtheiten; alle Dinge, die dem Menschen zu dieser Stunde teuer und wert sind, sind dies nur auf Rechnung der Ideen, die an ihrem geistigen Horizonte aufgestiegen sind und welche die gegenwärtige Ordnung der Dinge ebenso verursachen, wie ein Baum seine Äpfel trägt. Ein neuer Grad der Kultur würde augenblicklich das ganze System menschlicher Bestrebungen einer Umwälzung unterwerfen." Nun, wenn solche Denker gefährlich sind, so ist freilich deutlich, weshalb unsre akademischen Denker ungefährlich sind; denn ihre Gedanken wachsen so friedlich im Herkömmlichen, wie nur je ein Baum seine Äpfel trug: sie erschrecken nicht, sie heben nicht aus den Angeln; und von ihrem ganzen Tichten und Trachten wäre zu sagen, was Diogenes, als man einen Philosophen lobte, seinerseits einwendete: „Was hat er denn Großes aufzuweisen, da er so lange Philosophie treibt und noch niemanden betrübt hat?" Ja, so sollte es auf der Grabschrift der Universitätsphilosophie heißen: „sie hat niemanden betrübt". Doch ist dies freilich mehr das Lob eines alten Weibes, als einer Göttin der Wahrheit, und es ist nicht verwunderlich, wenn die, welche jene Göttin nur als altes Weib kennen, selber sehr wenig Männer sind und deshalb gebührendermaßen von den Männern der Macht gar nicht mehr berücksichtigt werden.

Steht es aber so in unsrer Zeit, so ist die Würde der Philosophie in den Staub getreten: es scheint, daß sie selber zu etwas Lächerlichem oder Gleichgültigem geworden ist; so daß alle ihre wahren Freunde verpflichtet sind, gegen diese Verwechslung Zeugnis abzulegen und mindestens so viel zu zeigen, daß nur jene falschen Diener und Unwürdenträger der Philosophie lächerlich oder gleichgültig sind. Besser noch, sie beweisen selbst durch die Tat, daß die Liebe zur Wahrheit etwas Furchtbares und Gewaltiges ist.

Dies und jenes bewies Schopenhauer – und wird es von Tag zu Tage mehr beweisen.

VIERTES STÜCK

RICHARD WAGNER IN BAYREUTH

1

DAMIT ein Ereignis Größe habe, muß zweierlei zusammenkommen: der große Sinn derer, die es vollbringen, und der große Sinn derer, die es erleben. An sich hat kein Ereignis Größe, und wenn schon ganze Sternbilder verschwinden, Völker zugrunde gehen, ausgedehnte Staaten gegründet und Kriege mit ungeheuren Kräften und Verlusten geführt werden: über vieles der Art bläst der Hauch der Geschichte hinweg, als handele es sich um Flocken. Es kommt aber auch vor, daß ein gewaltiger Mensch einen Streich führt, der an einem harten Gestein wirkungslos niedersinkt; ein kurzer scharfer Widerhall, und alles ist vorbei. Die Geschichte weiß auch von solchen gleichsam abgestumpften Ereignissen beinahe nichts zu melden. So überschleicht einen jeden, welcher ein Ereignis herankommen sieht, die Sorge, ob die, welche es erleben, seiner würdig sein werden. Auf dieses Sich-Entsprechen von Tat und Empfänglichkeit rechnet und zielt man immer, wenn man handelt, im Kleinsten wie im Größten; und der, welcher geben will, muß zusehen, daß er die Nehmer findet, die dem Sinne seiner Gabe genugtun. Eben deshalb hat auch die einzelne Tat eines selbst großen Menschen keine Größe, wenn sie kurz, stumpf und unfruchtbar ist; denn in dem Augenblicke, wo er sie tat, muß ihm jedenfalls die tiefste Einsicht gefehlt haben, daß sie gerade jetzt notwendig sei: er hatte nicht scharf genug gezielt, die Zeit nicht bestimmt genug erkannt und gewählt: der Zufall war Herr über ihn geworden, während groß sein und den Blick für die Notwendigkeit haben streng zusammengehört.

Darüber also, ob das, was jetzt in Bayreuth vor sich geht, im rechten Augenblick vor sich geht und notwendig ist, sich Sorge zu machen und Bedenken zu haben, überlassen wir billig wohl denen, welche über Wagners Blick für das Notwendige selbst Bedenken haben. Uns Vertrauensvolleren muß es so erscheinen, daß er ebenso an die Größe seiner Tat als an den großen Sinn derer, welche sie erleben sollen, glaubt. Darauf sollen alle jene stolz sein, welchen dieser Glaube gilt, jene Vielen oder Wenigen – denn daß es nicht alle sind, daß jener Glaube nicht der ganzen Zeit gilt, selbst nicht einmal dem ganzen deutschen Volke in seiner gegenwärtigen Erscheinung, hat er uns selber gesagt, in jener Weihe-Rede vom 22. Mai 1872, und es gibt keinen unter uns, welcher gerade darin ihm in tröstlicher Weise widersprechen dürfte. „Nur Sie, sagte er damals, die Freunde meiner besonderen Kunst, meines eigensten Wirkens und Schaffens, hatte ich, um für meine Entwürfe mich an Teilnehmende zu wenden: nur um Ihre Mithilfe für mein Werk konnte ich Sie angehen, dieses Werk rein und unentstellt denjenigen vorführen zu können, die meiner Kunst ihre ernstliche Geneigtheit bezeigten, trotzdem sie ihnen nur noch unrein und entstellt bisher vorgeführt werden konnte."

In Bayreuth ist auch der Zuschauer anschauenswert, es ist kein Zweifel. Ein weiser betrachtender Geist, der aus einem Jahrhundert ins andre ginge, die merkwürdigen Kultur-Regungen zu vergleichen, würde dort viel zu sehen haben; er würde fühlen müssen, daß er hier plötzlich in ein warmes Gewässer gerate, wie einer, der in einem See schwimmt und der Strömung einer heißen Quelle nahe kommt: aus anderen, tieferen Gründen muß diese emporkommen, sagt er sich, das umgebende Wasser erklärt sie nicht und ist jedenfalls selber flacheren Ursprungs. So werden alle die, welche das Bayreuther Fest begehen, als unzeitgemäße Menschen empfunden werden: sie haben anderswo ihre Heimat als in der Zeit und finden anderwärts sowohl ihre Erklärung als ihre Rechtfertigung. Mir ist immer deutlicher geworden, daß der „Gebildete", sofern er ganz und völlig die Frucht dieser Gegenwart ist, allem was Wagner tut und denkt, nur durch die Parodie beikommen kann – wie auch alles und jedes parodiert worden ist – und daß er sich auch das Bayreuther Ereignis nur durch die sehr unmagische Laterne unsrer witzelnden Zeitungsschreiber beleuchten lassen will. Und glücklich, wenn es bei der Parodie bleibt! Es entladet sich in ihr ein Geist der Entfremdung und Feindseligkeit, welcher noch ganz andre Mittel und Wege aufsuchen könnte, auch gelegentlich aufgesucht hat. Diese ungewöhnliche Schärfe und Spannung der Gegensätze würde jener Kultur-Beobachter ebenfalls ins Auge fassen. Daß ein einzelner, im Verlaufe eines gewöhnlichen Menschenlebens, etwas durchaus Neues hinstellen könne, mag wohl alle die empören, welche auf die Allmählichkeit aller Entwicklung wie auf eine Art von Sitten-Gesetz schwören: sie sind selber langsam und fordern Langsamkeit – und da sehen sie nun einen sehr Geschwinden, wissen nicht, wie er es macht und sind ihm böse. Von einem solchen Unternehmen wie dem Bayreuther gab es keine Vorzeichen, keine Übergänge, keine Vermittlungen; den langen Weg zum Ziele und das Ziel selber wußte keiner außer Wagner. Es ist die erste Weltumsegelung im Reiche der Kunst: wobei, wie es scheint, nicht nur eine neue Kunst, sondern die Kunst selber entdeckt wurde. Alle bisherigen modernen Künste sind dadurch, als einsiedlerisch-verkümmerte oder als Luxus-Künste, halb und halb entwertet; auch die unsicheren, übel zusammenhängenden Erinnerungen an eine wahre Kunst, die wir Neueren von den Griechen her hatten, dürfen nun ruhen, soweit sie selbst jetzt nicht in einem neuen Verständnis zu leuchten vermögen. Es ist für vieles jetzt an der Zeit, abzusterben; diese neue Kunst ist eine Seherin, welche nicht nur für Künste den Untergang herannahen sieht. Ihre mahnende Hand muß unsrer gesamten jetzigen Bildung von dem Augenblick an sehr unheimlich vorkommen, wo das Gelächter über ihre Parodien verstummt: mag sie immerhin noch eine kurze Weile Zeit zu Lust und Lachen haben!

Dagegen werden wir, die Jünger der wiederauferstandenen Kunst, zum Ernste, zum tiefen heiligen Ernste, Zeit und Willen haben! Das Reden und Lärmen, welches die bisherige Bildung von der Kunst gemacht hat – wir müssen es jetzt als eine schamlose Zudringlichkeit empfinden; zum Schweigen verpflichtet uns alles, zum fünfjährigen pythagoreischen Schweigen. Wer von uns hätte nicht an dem widerlichen Götzendienste der modernen Bildung Hände und Gemüt besudelt! Wer bedürfte nicht des reinigenden Wassers, wer hörte nicht die Stimme, die ihn mahnt: Schweigen und Reinsein! Schweigen und Reinsein! Nur als denen, welche auf diese Stimme hören, wird uns auch der große Blick zuteil, mit dem wir auf das Ereignis von Bayreuth hinzusehn haben: und nur in diesem Blicke liegt die große Zukunft jenes Ereignisses.

Als an jenem Maitage des Jahres 1872 der Grundstein auf der Anhöhe von Bayreuth gelegt worden war, bei strömendem Regen und verfinstertem Himmel, fuhr Wagner mit einigen von uns zur Stadt zurück; er schwieg und sah dabei mit einem Blick lange in sich hinein, der mit einem Worte nicht zu bezeichnen wäre. Er begann an diesem Tage sein sechzigstes Lebensjahr: alles Bisherige war die Vorbereitung auf diesen Moment. Man weiß, daß Menschen im Augenblick einer außerordentlichen Gefahr oder überhaupt in einer wichtigen Entscheidung ihres Lebens durch ein unendlich beschleunigtes inneres Schauen alles Erlebte zusammendrängen und mit seltenster Schärfe das Nächste wie das Fernste wieder erkennen. Was mag Alexander der Große in jenem Augenblicke gesehn haben, als er Asien und Europa aus einem Mischkrug trinken ließ? Was aber Wagner an jenem Tage innerlich schaute – wie er wurde, was er ist, was er sein wird – das können wir, seine Nächsten, bis zu einem Grade nachschauen: und erst von diesem Wagnerischen Blick aus werden wir seine große Tat selber verstehen können – um mit diesem Verständnis ihre Fruchtbarkeit zu verbürgen.

2

Es wäre sonderbar, wenn das, was jemand am besten kann und am liebsten tut, nicht auch in der gesamten Gestaltung seines Lebens wieder sichtbar würde; vielmehr muß bei Menschen von hervorragender Befähigung das Leben nicht nur, wie bei jedermann, zum Abbild des Charakters, sondern vor allem auch zum Abbild des Intellektes und seines eigensten Vermögens werden. Das Leben des epischen Dichters wird etwas vom Epos an sich tragen – wie dies beiläufig gesagt mit Goethe der Fall ist, in welchem die Deutschen sehr mit Unrecht vornehmlich den Lyriker zu sehen gewohnt sind – das Leben des Dramatikers wird dramatisch verlaufen.

Das Dramatische im Werden Wagners ist gar nicht zu verkennen, von dem Augenblicke an, wo die in ihm herrschende Leidenschaft ihrer selber bewußt wird und seine ganze Natur zusammenfaßt: damit ist dann das Tastende, Schweifende, das Wuchern der Nebenschößlinge abgetan, und in den verschlungensten Wegen und Wandlungen, in dem oft abenteuerlichen Bogenwurfe seiner Pläne waltet eine einzige innere Gesetzlichkeit, Ein Wille, aus dem sie erklärbar sind, so verwunderlich auch oft diese Erklärungen klingen werden. Nun gab es aber einen vordramatischen Teil im Leben Wagners, seine Kindheit und Jugend, und über den kann man nicht hinweg kommen, ohne auf Rätsel zu stoßen. Er selbst scheint noch gar nicht angekündigt; und das, was man jetzt, zurückblickend, vielleicht als Ankündigungen verstehen könnte, zeigt sich doch zunächst als ein Beieinander von Eigenschaften, welche eher Bedenken als Hoffnungen erregen müssen: ein Geist der Unruhe, der Reizbarkeit, eine nervöse Hast im Erfassen von hundert Dingen, ein leidenschaftliches Behagen an beinahe krankhaften hochgespannten Stimmungen, ein unvermitteltes Umschlagen aus Augenblicken seelenvollster Gemütsstille in das Gewaltsame und Lärmende. Ihn schränkte keine strenge erb- und familienhafte Kunstübung ein: die Malerei, die Dichtkunst, die Schauspielerei, die Musik kamen ihm so nahe als die gelehrtenhafte Erziehung und Zukunft; wer oberflächlich hinblickte, mochte meinen, er sei zum Dilettantisieren geboren. Die kleine Welt, in deren Bann er aufwuchs, war nicht der Art, daß man einem Künstler zu einer solchen Heimat hätte Glück wünschen können. Die gefährliche Lust an geistigem Anschmecken trat ihm nahe, ebenso der mit dem Vielerlei-Wissen verbundene Dünkel, wie er in Gelehrten-Städten zu Hause ist; die Empfindung wurde leicht erregt, ungründlich befriedigt; so weit das Auge des Knaben schweifte, sah er sich von einem wunderlich altklugen, aber rührigen Wesen umgeben, zu dem das bunte Theater in lächerlichem, der seelenbezwingende Ton der Musik in unbegreiflichem Gegensatze stand. Nun fällt es dem vergleichenden Kenner überhaupt auf, wie selten gerade der moderne Mensch, wenn er die Mitgift einer hohen Begabung bekommen hat, in seiner Jugend und Kindheit die Eigenschaft der Naivität, der schlichten Eigen- und Selbstheit hat, wie wenig er sie haben kann; vielmehr werden die Seltenen, welche, wie

Goethe und Wagner, überhaupt zur Naivität kommen, diese jetzt immer noch eher als Männer haben, als im Alter der Kinder und Jünglinge. Den Künstler zumal, dem die nachahmende Kraft in besonderem Maße angeboren ist, wird die unkräftige Vielseitigkeit des modernen Lebens wie eine heftige Kinder-Krankheit befallen müssen; er wird als Knabe und Jüngling einem Alten ähnlicher sehen als seinem eigentlichen Selbst. Das wunderbar strenge Urbild des Jünglings, den Siegfried im Ring des Nibelungen, konnte nur ein Mann erzeugen, und zwar ein Mann, der seine eigene Jugend erst spät gefunden hat. Spät, wie Wagners Jugend, kam sein Mannesalter, so daß er wenigstens hierin der Gegensatz einer vorwegnehmenden Natur ist.

Sobald seine geistige und sittliche Mannbarkeit eintritt, beginnt auch das Drama seines Lebens. Und wie anders ist jetzt der Anblick! Seine Natur erscheint in furchtbarer Weise vereinfacht, in zwei Triebe oder Sphären auseinander gerissen. Zu unterst wühlt ein heftiger Wille in jäher Strömung, der gleichsam auf allen Wegen, Höhlen und Schluchten ans Licht will und nach Macht verlangt. Nur eine ganz reine und freie Kraft konnte diesem Willen einen Weg ins Gute und Hilfreiche weisen; mit einem engen Geiste verbunden, hätte ein solcher Wille bei seinem schrankenlosen tyrannischen Begehren zum Verhängnis werden können; und jedenfalls mußte bald ein Weg ins Freie sich finden und helle Luft und Sonnenschein hinzukommen. Ein mächtiges Streben, dem immer wieder ein Einblick in seine Erfolglosigkeit gegeben wird, macht böse; das Unzulängliche kann mitunter in den Umständen, im Unabänderlichen des Schicksals liegen, nicht im Mangel der Kraft: aber der, welcher vom Streben nicht lassen kann, trotz diesem Unzulänglichen, wird gleichsam unterschwürig und daher reizbar und ungerecht. Vielleicht sucht er die Gründe für sein

Mißlingen in den anderen, ja er kann in leidenschaftlichem Hasse alle Welt als schuldig behandeln; vielleicht auch geht er trotzig auf Neben- und Schleichwegen oder übt Gewalt: so geschieht es wohl, daß gute Naturen verwildern, auf dem Wege zum Besten. Selbst unter denen, welche nur der eignen sittlichen Reinigung nachjagten, unter Einsiedlern und Mönchen, finden sich solche verwilderte und über und über erkrankte, durch Mißlingen ausgehöhlte und zerfressene Menschen. Es war ein liebevoller, mit Güte und Süßigkeit überschwenglich mild zuredender Geist, dem die Gewalttat und die Selbstzerstörung verhaßt ist und der niemand in Fesseln sehen will: dieser sprach zu Wagner. Er ließ sich auf ihn nieder und umhüllte ihn tröstlich mit seinen Flügeln, er zeigte ihm den Weg. Wir tun einen Blick in die andre Sphäre der Wagnerischen Natur: aber wie sollen wir sie beschreiben?

Die Gestalten, welche ein Künstler schafft, sind nicht er selbst, aber die Reihenfolge der Gestalten, an denen er ersichtlich mit innigster Liebe hängt, sagt allerdings etwas über den Künstler selber aus. Nun stelle man Rienzi, den fliegenden Holländer und Senta, Tannhäuser und Elisabeth, Lohengrin und Elsa, Tristan und Marke, Hans Sachs, Wotan und Brünhilde sich vor die Seele: es geht ein verbindender unterirdischer Strom von sittlicher Veredelung und Vergrößerung durch alle hindurch, der immer reiner und geläuterter flutet—und hier stehen wir, wenn auch mit schamhafter Zurückhaltung, vor einem innersten Werden in Wagners eigner Seele. An welchem Künstler ist etwas Ähnliches in ähnlicher Größe wahrzunehmen? Schillers Gestalten, von den Räubern bis zu Wallenstein und Tell, durchlaufen eine solche Bahn der Veredelung und sprechen ebenfalls etwas über das Werden ihres Schöpfers aus, aber der Maßstab ist bei Wagner noch größer, der Weg länger. Alles nimmt an dieser Läuterung teil und drückt sie aus, der Mythus nicht nur, sondern auch die Musik; im Ringe des Nibelungen finde ich die sittliche Musik, die ich kenne, zum Beispiel dort, wo Brünhilde von Siegfried erweckt wird; hier reicht er hinauf bis zu einer Höhe und Heiligkeit der Stimmung, daß wir an das Glühen der Eis- und Schneegipfel in den Alpen denken müssen: so rein, einsam, schwer zugänglich, trieblos, vom Leuchten der Liebe umflossen erhebt sich hier die Natur; Wolken und Gewitter, ja selbst das Erhabne sind unter ihr. Von da aus auf den Tannhäuser und Holländer zurückblickend, fühlen wir, wie der Mensch Wagner wurde: wie er dunkel und unruhig begann, wie er stürmisch Befriedigung suchte, Macht, berauschenden Genuß erstrebte, oft mit Ekel zurückfloh, wie er die Last von sich werfen wollte, zu vergessen, zu verneinen, zu entsagen begehrte – der gesamte Strom stürzte sich bald in dieses, bald in jenes Tal und bohrte in die dunkelsten Schluchten: – in der Nacht dieses halb unterirdischen Wühlens erschien ein Stern hoch über ihm, mit traurigem Glanze, er nannte ihn, wie er ihn erkannte: Treue, selbstlose Treue! Warum leuchtete sie ihm heller und reiner als alles? welches Geheimnis enthält das Wort Treue für sein ganzes Wesen? Denn in jedem, was er dachte und dichtete, hat er das Bild und Problem der Treue ausgeprägt, es ist in seinen Werken eine fast vollständige Reihe aller möglichen Arten der Treue, darunter sind die herrlichsten und selten geahnten: Treue von Bruder zu Schwester, Freund zu Freund, Diener zum Herrn, Elisabeth zu Tannhäuser, Senta zum Holländer, Elsa zu Lohengrin, Isolde, Kurwenal und Marke zu Tristan, Brünhilde zu Wotans innerstem Wunsche – um die Reihe nur anzufangen. Es ist die eigenste Urerfahrung, welche Wagner in sich selbst erlebt und wie ein religiöses Geheimnis verehrt: diese drückt er mit dem Worte

Treue aus, diese wird er nicht müde, in hundert Gestaltungen aus sich heraus zu stellen und in der Fülle seiner Dankbarkeit mit dem Herrlichsten zu beschenken, was er hat und kann – jene wundervolle Erfahrung und Erkenntnis, daß die eine Sphäre seines Wesens der anderen treu blieb, aus freier, selbstlosester Liebe Treue wahrte, die schöpferische, schuldlose, lichtere Sphäre der dunklen, unbändigen und tyrannischen.

3

Im Verhalten der beiden tiefsten Kräfte zueinander, in der Hingebung der einen an die andre lag die große Notwendigkeit, durch welche er allein ganz und er selbst bleiben konnte: zugleich das Einzige, was er nicht in der Gewalt hatte, was er beobachten und hinnehmen mußte, während er die Verführung zur Untreue und ihre schrecklichen Gefahren für sich immer aufs neue an sich herankommen sah. Hier fließt eine überreiche Quelle der Leiden des Werdenden, die Ungewißheit. Jeder seiner Triebe strebte ins Ungemeßne, alle daseinsfreudigen Begabungen wollten sich einzeln loßreißen und für sich befriedigen; je größer ihre Fülle, um so größer war der Tumult, um so feindseliger ihre Kreuzung. Dazu reizte der Zufall und das Leben, Macht, Glanz, feurigste Lust zu gewinnen, noch öfter quälte die unbarmherzige Not, überhaupt leben zu müssen: überall waren Fesseln und Fallgruben. Wie ist es möglich, da Treue zu halten, ganz zu bleiben? – Dieser Zweifel übermannte ihn oft und sprach sich dann so aus wie eben ein Künstler zweifelt, in künstlerischen Gestalten: Elisabeth kann für Tannhäuser eben nur leiden, beten und sterben, sie rettet den Unsteten und Unmäßigen durch ihre Treue, aber nicht für dieses Leben. Es geht gefährlich und verzweifelt zu im Lebenswege jedes wahren Künstlers, der in die modernen Zeiten geworfen ist. Auf viele Arten kann er zu

Ehren und Macht kommen, Ruhe und Genügen bietet sich ihm mehrfach an, doch immer nur in der Gestalt, wie der moderne Mensch sie kennt und wie sie für den redlichen Künstler zum erstickenden Brodem werden müssen. In der Versuchung hierzu und ebenso in der Abweisung dieser Versuchung liegen seine Gefahren, in dem Ekel an den modernen Arten, Lust und Ansehn zu erwerben, in der Wut, welche sich gegen alles eigensüchtige Behagen nach Art der jetzigen Menschen wendet. Man denke ihn sich in eine Beamtung hinein – so wie Wagner das Amt eines Kapellmeisters an Stadt- und Hoftheatern zu versehen hatte; man empfinde es, wie der ernsteste Künstler mit Gewalt da den Ernst erzwingen will, wo nun einmal die modernen Einrichtungen fast mit grundsätzlicher Leichtfertigkeit aufgebaut sind und Leichtfertigkeit fordern, wie es ihm zum Teil gelingt und im ganzen immer mißlingt, wie der Ekel ihm naht und er flüchten will, wie er den Ort nicht findet, wohin er flüchten könnte, und er immer wieder zu den Zigeunern und Ausgestoßnen unsrer Kultur als einer der Ihrigen zurückkehren muß. Aus einer Lage sich losreißend, verhilft er sich selten zu einer besseren, mitunter gerät er in die tiefste Dürftigkeit. So wechselte Wagner Städte, Gefährten, Länder, und man begreift kaum, unter was für Anmutungen und Umgebungen er es doch immer eine Zeitlang ausgehalten hat. Auf der größeren Hälfte seines bisherigen Lebens liegt eine schwere Luft; es scheint, er hoffte nicht mehr ins Allgemeine, sondern nur noch von heute zu morgen, und so verzweifelte er zwar nicht, ohne doch zu glauben. Wie ein Wanderer durch die Nacht geht, mit schwerer Bürde und auf das tiefste ermüdet und doch übernächtig erregt, so mag es ihm oft zumute gewesen sein; ein plötzlicher Tod erschien dann vor seinen Blicken nicht als Schrecknis, sondern als verlockendes, liebreizendes Gespenst. Last, Weg und Nacht, alles mit einem Male verschwunden! – das tönte verführerisch. Hundertmal warf er sich von neuem wieder mit jener kurzatmigen Hoffnung ins Leben und ließ alle Gespenster hinter sich. Aber in der Art, wie er es tat, lag fast immer eine Maßlosigkeit, das Anzeichen dafür, daß er nicht tief und fest an jene Hoffnung glaubte, sondern sich nur an ihr berauschte. Mit dem Gegensatze seines Begehrens und seines gewöhnlichen Halb- und Unvermögens, es zu befriedigen, wurde er wie mit Stacheln gequält; durch das fortwährende Entbehren aufgereizt, verlor sich seine Vorstellung ins Ausschweifende, wenn einmal plötzlich der Mangel nachließ. Das Leben ward immer verwickelter; aber auch immer kühner, erfindungsreicher waren die Mittel und Auswege, die er, der Dramatiker, entdeckte, ob es schon lauter dramatische Notbehelfe waren, vorgeschobene Motive, welche einen Augenblick täuschen und nur für einen Augenblick erfunden sind. Er ist blitzschnell mit ihnen bei der Hand, und ebenso schnell sind sie verbraucht. Das Leben Wagners, ganz aus der Nähe und ohne Liebe gesehn, hat, um an einen Gedanken Schopenhauers zu erinnern, sehr viel von der Komödie an sich, und zwar von einer merkwürdig grotesken. Wie das Gefühl hiervon, das Eingeständnis einer grotesken Würdelosigkeit ganzer Lebensstrecken auf den Künstler wirken mußte, der mehr als irgend ein anderer im Erhabenen und im Über-Erhabenen allein frei atmen kann, – das gibt dem Denkenden zu denken.

Inmitten eines solchen Treibens, welches nur durch die genaueste Schilderung den Grad von Mitleiden, Schrecken und Verwunderung einflößen kann, welchen es verdient, entfaltet sich eine Begabung des Lernens, wie sie selbst bei Deutschen, dem eigentlichen Lern-Volke, ganz außergewöhnlich ist; und in dieser Begabung erwuchs wieder eine neue Gefahr, die sogar größer war als die eines entwurzelt und unstet scheinenden, vom friedlosen Wahne kreuz und quer geführten Lebens. Wagner wurde aus einem versuchenden Neuling ein allseitiger Meister der Musik und der Bühne und in jeder der technischen Vorbedingungen ein Erfinder und Mehrer. Niemand wird ihm den Ruhm mehr streitig machen, das höchste Vorbild für alle Kunst des großen Vortrags gegeben zu haben. Aber er wurde noch viel mehr, und um dies und jenes zu werden, war es ihm so wenig als irgend jemandem erspart, sich lernend die höchste Kultur anzueignen.. Und wie er dies tat! Es ist eine Lust dies zu sehen; von allen Seiten wächst es an ihn heran, in ihn hinein, und je größer und schwerer der Bau, um so straffer spannt sich der Bogen des ordnenden und beherrschenden Denkens. Und doch wurde es selten einem so schwer gemacht, die Zugänge zu den Wissenschaften und Fertigkeiten zu finden, und vielfach mußte er solche Zugänge improvisieren. Der Erneuerer des einfachen Dramas, der Entdecker der Stellung der Künste in der wahren menschlichen Gesellschaft, der dichtende Erklärer vergangener Lebensbetrachtungen, der Philosoph, der Historiker, der Ästhetiker und Kritiker Wagner, der Meister der Sprache, der Mytholog und Mythopoet, der zum ersten Male einen Ring um das herrliche uralte ungeheure Gebilde schloß und die Runen seines Geistes darauf eingrub – welche Fülle des Wissens hatte er zusammenzubringen und zu umspannen, um das alles werden zu können! Und doch erdrückte weder diese Summe seinen Willen zur Tat, noch leitete das Einzelne und Anziehendste ihn abseits. Um das Ungemeine eines solchen Verhaltens zu ermessen, nehme man zum Beispiel das große Gegenbild Goethes, der, als Lernender und Wissender, wie ein viel verzweigtes Stromnetz erscheint, welches aber seine ganze Kraft nicht zu Meere trägt, sondern mindestens ebensoviel auf seinen Wegen und Krümmungen verliert und verstreut, als es am Ausgange mit sich führt. Es ist wahr, ein solches Wesen, wie das Goethes, hat und macht mehr Behagen, es liegt etwas Mildes und Edel-Verschwenderisches um ihn herum, während Wagners Lauf- und Stromgewalt vielleicht erschrecken und abschrecken kann. Mag aber sich fürchten, wer will: wir anderen wollen dadurch um so mutiger werden, daß wir einen Helden mit Augen sehen dürfen, welcher auch in betreff der modernen Bildung „das Fürchten nicht gelernt hat".

Ebensowenig hat er gelernt, sich durch Historie und Philosophie zur Ruhe zu bringen und gerade das zauberhaft Sänftigende und der Tat Widerratende ihrer Wirkungen für sich herauszunehmen. Weder der schaffende, noch der kämpfende Künstler wurde durch das Lernen und die Bildung von seiner Laufbahn abgezogen. Sobald ihn seine bildende Kraft überkommt, wird ihm die Geschichte ein beweglicher Ton in seiner Hand; dann steht er mit einemmal anders zu ihr als jeder Gelehrte, vielmehr ähnlich wie der Grieche zu seinem Mythus stand, als zu einem Etwas, an dem man formt und dichtet, zwar mit Liebe und einer gewissen scheuen Andacht, aber doch mit dem Hoheitsrecht des Schaffenden. Und gerade weil sie für ihn noch biegsamer und wandelbarer als jeder Traum ist, kann er in das einzelne Ereignis das Typische ganzer Zeiten hineindichten und so eine Wahrheit der Darstellung erreichen, wie sie der Historiker nie erreicht. Wo ist das ritterliche Mittelalter so mit Fleisch und Geist in ein Gebilde übergegangen, wie dies im Lohengrin geschehen ist? Und werden nicht die Meistersinger noch zu den spätesten Zeiten von dem deutschen Wesen erzählen, ja mehr als erzählen, werden sie nicht vielmehr eine der reifsten Früchte jenes Wesens sein, das immer reformieren und nicht revolvieren will und das auf dem breiten Grunde seines Behagens auch das edelste Unbehagen, das der erneuernden Tat, nicht verlernt hat?

Und gerade zu dieser Art des Unbehagens wurde Wagner immer wieder durch sein Befassen mit Historie und Philosophie gedrängt: in ihnen fand er nicht nur Waffen und Rüstung, sondern hier fühlte er vor allem den begeisternden Anhauch, welcher von den Grabstätten aller großer Kämpfer, aller großen Leidenden und Denkenden her weht. Man kann sich durch nichts mehr von der ganzen gegenwärtigen Zeit abheben als durch den Gebrauch, welchen man von der Geschichte und Philosophie macht. Der ersteren scheint jetzt, so wie sie gewöhnlich verstanden wird, die Aufgabe zugefallen zu sein, den modernen Menschen, der keuchend und mühevoll zu seinen Zielen läuft, einmal aufatmen zu lassen, so daß er sich für einen Augenblick gleichsam abgeschirrt fühlen kann. Was der einzelne Montaigne in der Bewegtheit des Reformations-Geistes bedeutet, ein In-sich-zur-Ruhe-kommen, ein friedliches Für-sich-sein und Ausatmen – und so empfand ihn gewiß sein bester Leser, Shakespeare –, das ist jetzt die Historie für den modernen Geist. Wenn die Deutschen seit einem Jahrhundert besonders den historischen Studien obgelegen haben, so zeigt dies, daß sie in der Bewegung der neueren Welt die aufhaltende, verzögernde, beruhigende Macht sind: was vielleicht einige zu einem Lobe für sie wenden dürften. Im ganzen ist es aber ein gefährliches Anzeichen, wenn das geistige Ringen eines Volkes vornehmlich der Vergangenheit gilt, ein Merkmal von Erschlaffung, von Rück- und Hinfälligkeit: so daß sie nun jedem um sich greifenden Fieber, zum Beispiel dem politischen, in gefährlichster Weise ausgesetzt sind. Einen solchen Zustand von Schwäche stellen, im Gegensatz zu allen Reformations- und Revolutions-Bewegungen, unsre Gelehrten in der Geschichte des modernen Geistes dar, sie haben sich nicht die stolzeste Aufgabe gestellt, aber eine eigne Art friedfertigen Glücks gesichert. Jeder freiere männlichere Schritt führt freilich an ihnen vorüber, – wenn auch keineswegs an der Geschichte selbst! Diese hat noch ganz andre Kräfte in sich, wie gerade solche Naturen wie Wagner ahnen: nur muß sie erst einmal in einem viel ernsteren, strengeren Sinne, aus einer mächtigen Seele heraus und überhaupt nicht mehr optimistisch, wie bisher immer, geschrieben werden, anders also, als die deutschen Gelehrten bis jetzt getan haben. Es liegt etwas Beschönigendes, Unterwürfiges und Zufriedengestelltes auf allen ihren Arbeiten, und der Gang der Dinge ist ihnen recht. Es ist schon viel, wenn es einer merken läßt, daß er gerade nur zufrieden sei, weil es noch schlimmer hätte kommen können: die meisten von ihnen glauben unwillkürlich, daß es sehr gut sei, gerade so wie es nun einmal gekommen ist. Wäre die Historie nicht immer noch eine verkappte christliche Theodicee, wäre sie mit mehr Gerechtigkeit und Inbrunst des Mitgefühls geschrieben, so würde sie wahrhaftig am wenigsten gerade als das Dienste leisten können, als was sie jetzt dient: als Opiat gegen alles Umwälzende und Erneuernde. Ähnlich steht es mit der Philosophie: aus welcher ja die meisten nichts anderes lernen wollen, als die Dinge ungefähr – sehr ungefähr! – verstehen, um sich dann in sie zu schicken. Und selbst von ihren edelsten Vertretern wird ihre stillende und tröstende Macht so stark hervorgehoben, daß die Ruhesüchtigen und Trägen meinen müssen, sie suchten dasselbe, was die Philosophie sucht. Mir scheint dagegen die wichtigste Frage aller Philosophie zu sein, wie weit die Dinge eine unabänderliche Artung und Gestalt haben: um dann, wenn diese Frage beantwortet ist, mit der rücksichtslosesten Tapferkeit auf die *Verbesserung der als veränderlich erkannten Seite der Welt* loszugehen. Das lehren die wahren Philosophen auch selber durch die Tat, dadurch, daß sie an der Verbesserung der sehr veränderlichen Einsicht der Menschen arbeiteten und ihre Weisheit nicht für sich behielten; das lehren auch die wahren Jünger wahrer Philosophien, welche, wie Wagner, aus ihnen gerade gesteigerte Entschiedenheit und Unbeugsamkeit für ihr Wollen, aber keine Einschläferungssäfte zu saugen verstehen. Wagner ist dort am meisten Philosoph, wo er am tatkräftigsten und heldenhaftesten ist. Und gerade als Philosoph ging er nicht nur durch das Feuer verschiedener philosophischer Systeme, ohne sich zu fürchten, hindurch, sondern auch durch den Dampf des Wissens und der Gelehrsamkeit, und hielt seinem höheren Selbst Treue, welches von ihm Gesamttaten seines vielstimmigen Wesens verlangte und ihn leiden und lernen hieß, um jene Taten tun zu können.

4

Die Geschichte der Entwicklung der Kultur seit den Griechen ist kurz genug, wenn man den eigentlichen wirklich zurückgelegten Weg in Betracht zieht und das Stillestehn, Zurückgehn, Zaudern, Schleichen gar nicht mitrechnet. Die Hellenisierung der Welt und, diese zu ermöglichen, die Orientalisierung des Hellenischen – die Doppel-Aufgabe des großen Alexander – ist immer noch das letzte große Ereignis; die alte Frage, ob eine fremde Kultur sich überhaupt übertragen lasse, immer noch das Problem, an dem die Neueren sich abmühen. Das rhythmische Spiel jener beiden Faktoren gegeneinander ist es, was namentlich den bisherigen Gang der Geschichte bestimmt hat. Da erscheint zum Beispiel das Christentum als ein Stück orientalischen Altertums, welches von den Menschen mit ausschweifender Gründlichkeit zu Ende gedacht und gehandelt wurde. Im Schwinden seines Einflusses hat wieder die Macht des hellenischen Kulturwesens zugenommen; wir erleben Erscheinungen, welche so befremdend sind, daß sie unerklärbar in der Luft schweben würden, wenn man sie nicht, über einen mächtigen Zeitraum hinweg, an die griechischen Analogien anknüpfen könnte. So gibt es zwischen Kant und den Eleaten, zwischen Schopenhauer und Empedokles, zwischen Äschylus und Richard Wagner solche Nähen und Verwandtschaften, daß man fast handgreiflich an das sehr relative Wesen aller Zeitbegriffe gemahnt wird: beinahe scheint es, als ob manche Dinge zusammen gehören und die Zeit nur eine Wolke sei, welche es unsern Augen schwer macht, diese Zusammengehörigkeit zu sehen. Besonders bringt auch die Geschichte der strengen Wissenschaften den Eindruck hervor, als ob wir uns eben jetzt in nächster Nähe der alexandrinisch-griechischen Welt befänden, und als ob der Pendel der Geschichte wieder nach dem Punkte zurückschwänge, von wo er zu schwingen begann, fort in rätselhafte Ferne und Verlorenheit. Das Bild unserer gegenwärtigen Welt ist durchaus kein neues: immer mehr muß es dem, der die Geschichte kennt, so zumute werden, als ob er alte vertraute Züge eines Gesichts wieder erkenne. Der Geist der hellenischen Kultur liegt in unendlicher Zerstreuung auf unserer Gegenwart: während sich die Gewalten aller Art drängen und man sich die Früchte der modernen Wissenschaften und Fertigkeiten als Austauschmittel bietet, dämmert in blassen Zügen wieder das Bild des Hellenischen, aber noch ganz fern und geisterhaft, auf. Die Erde, die bisher zur Genüge orientalisiert worden ist, sehnt sich wieder nach der Hellenisierung; wer ihr hier helfen will, der hat freilich Schnelligkeit und einen geflügelten Fuß vonnöten, um die mannigfachsten und entferntesten Punkte des Wissens, die entlegensten Weltteile der Begabung zusammenzubringen, um das ganze ungeheuer ausgespannte Gefilde zu durchlaufen und zu beherrschen. So ist denn jetzt eine Reihe von Gegen-Alexandern nötig geworden, welche die mächtigste Kraft haben, zusammenzuziehn und zu binden, die entferntesten Fäden heranzulangen und das Gewebe vor dem Zerblasenwerden zu bewahren. Nicht den gordischen Knoten der griechischen Kultur zu lösen, wie es Alexander tat, so daß seine Enden nach allen Weltrichtungen hin flatterten, sondern ihn zu binden, nachdem er gelöst war – das ist jetzt die Aufgabe. In Wagner erkenne ich einen solchen Gegen-Alexander: er bannt und schließt zusammen, was vereinzelt, schwach und lässig war, er hat, wenn ein medizinischer Ausdruck erlaubt ist, eine adstringierende Kraft: insofern gehört er zu den ganz großen Kulturgewalten. Er waltet über den Künsten, den Religionen, den verschiedenen Völkergeschichten und ist doch der Gegensatz eines Polyhistors, eines nur zusammentragenden und ordnenden Geistes: denn er ist ein Zusammenbildner und Beseeler des Zusammengebrachten, ein Vereinfacher der Welt. Man wird sich an einer solchen Vorstellung nicht irre machen lassen, wenn man diese allgemeinste Aufgabe, die sein Genius ihm gestellt hat, mit der viel engeren und näheren vergleicht, an welche man jetzt zuerst bei dem Namen Wagner zu denken pflegt. Man erwartet von ihm eine Reformation des Theaters: gesetzt, dieselbe gelänge ihm, was wäre denn damit für jene höhere und fernere Aufgabe getan?

Nun, damit wäre der moderne Mensch verändert und reformiert: so notwendig hängt in unserer neueren Welt eins an dem andern, daß, wer nur einen Nagel herauszieht, das Gebäude wanken und fallen macht. Auch von jeder anderen wirklichen Reform wäre dasselbe zu erwarten, was wir hier von der Wagnerischen, mit dem Anschein der Übertreibung, aussagen. Es ist gar nicht möglich, die höchste und reinste Wirkung der theatralischen Kunst herzustellen, ohne nicht überall, in Sitte und Staat, in Erziehung und Verkehr, zu neuern. Liebe und Gerechtigkeit, an Einem Punkte, nämlich hier im Bereiche der Kunst, mächtig geworden, müssen nach dem Gesetz ihrer inneren Not weiter um sich greifen und können nicht wieder in die Regungslosigkeit ihrer früheren Verpuppung zurück. Schon um zu begreifen, inwiefern die Stellung unsrer Künste zum Leben ein Symbol der Entartung dieses Lebens ist, inwiefern unsre Theater für die, welche sie bauen und besuchen, eine Schmach sind, muß man völlig umlernen und das Gewohnte und Alltägliche einmal als etwas sehr Ungewöhnliches und Verwickeltes ansehn können. Seltsame Trübung des Urteils, schlecht verhehlte Sucht nach Ergötzlichkeit, nach Unterhaltung um jeden Preis, gelehrtenhafte Rücksichten, Wichtigtun und Schauspielerei mit dem Ernst der Kunst von seiten der Ausführenden, brutale Gier nach Geldgewinn von seiten der Unternehmenden, Hohlheit und Gedankenlosigkeit einer Gesellschaft, welche an das Volk nur so weit denkt, als es ihr nützt oder gefährlich ist, und Theater und Konzerte besucht, ohne je dabei an Pflichten erinnert zu werden – dies alles zusammen bildet die dumpfe und verderbliche Luft unserer heutigen Kunstzustände: ist man aber erst so an dieselbe gewöhnt, wie es unsre Gebildeten sind, so wähnt man wohl, diese Luft zu seiner Gesundheit nötig zu haben, und befindet sich schlecht, wenn man, durch irgend einen Zwang, ihrer zeitweilig entraten muß. Wirklich hat man nur Ein Mittel, sich in Kürze davon zu überzeugen, wie gemein, und zwar wie absonderlich und verzwickt gemein unsre Theater-Einrichtungen sind: man halte nur die einstmalige Wirklichkeit des griechischen Theaters dagegen! Gesetzt, wir wüßten nichts von den Griechen, so wäre unsern Zuständen vielleicht gar nicht beizukommen, und man hielte solche Einwendungen, wie sie zuerst von Wagner in großem Stile gemacht worden sind, für Träumereien von Leuten, welche im Lande Nirgendsheim zu Hause sind. Wie die Menschen einmal sind, würde man vielleicht sagen, genügt und gebührt ihnen eine solche Kunst – und sie sind nie anders gewesen! – Sie sind gewiß anders gewesen, und selbst jetzt gibt es Menschen, denen die bisherigen Einrichtungen nicht genügen – eben dies beweist die Tatsache von Bayreuth. Hier findet ihr vorbereitete und geweihte Zuschauer, die Ergriffenheit von Menschen, welche sich auf dem Höhepunkte ihres Glücks befinden und gerade in ihm ihr ganzes Wesen zusammengerafft fühlen, um sich zu weiterem und höherem Wollen bestärken zu lassen; hier findet ihr die hingebendste Aufopferung der Künstler und das Schauspiel aller Schauspiele, den siegreichen Schöpfer eines Werkes, welches selber der Inbegriff einer Fülle siegreicher Kunst-Taten ist. Dünkt es nicht fast wie Zauberei, einer solchen Erscheinung in der Gegenwart begegnen zu können? Müssen nicht die, welche hier mithelfen und mitschauen dürfen, schon verwandelt und erneuert sein, um nun auch fernerhin, in andern Gebieten des Lebens, zu verwandeln und zu erneuern? Ist nicht ein Hafen nach der wüsten Weite des Meeres gefunden, liegt hier nicht Stille über den Wassern gebreitet? – Wer aus der hier waltenden Tiefe und Einsamkeit der Stimmung zurück in die ganz andersartigen Flächen und Niederungen des Lebens kommt, muß er sich nicht immerfort wie Isolde fragen: „Wie ertrug ich's nur? Wie ertrag' ich's noch?" Und wenn er es nicht aushält, sein Glück und sein Unglück eigensüchtig in sich zu bergen, so wird er von jetzt ab jede Gelegenheit ergreifen, in Taten davon Zeugnis abzulegen. Wo sind die, welche an den gegenwärtigen Einrichtungen leiden? wird er fragen. Wo sind unsre natürlichen Bundesgenossen, mit denen wir gegen das wuchernde und unterdrückende Umsichgreifen der heutigen Gebildetheit kämpfen können?

Denn einstweilen haben wir nur einen Feind – einstweilen! – eben jene „Gebildeten“, für welche das Wort „Bayreuth“ eine ihrer tiefsten Niederlagen bezeichnet – sie haben nicht mitgeholfen, sie waren wütend dagegen, oder zeigten jene noch wirksamere Schwerhörigkeit, welche jetzt zur gewohnten Waffe der überlegtesten Gegnerschaft geworden ist. Aber wir wissen eben dadurch, daß sie Wagners Wesen selber durch ihre Feindseligkeit und Tücke nicht zerstören, sein Werk nicht verhindern konnten, noch eins: sie haben verraten, daß sie schwach sind, und daß der Widerstand der bisherigen Machtinhaber nicht mehr viele Angriffe aushalten wird. Es ist der Augenblick für solche, welche mächtig erobern und siegen wollen, die größten Reiche stehen offen, ein Fragezeichen ist zu den Namen der Besitzer gesetzt, soweit es Besitz gibt. So ist zum Beispiel das Gebäude der Erziehung als morsch erkannt, und überall finden sich einzelne, welche in aller Stille schon das Gebäude verlassen haben. Könnte man die, welche tatsächlich schon jetzt tief mit ihm unzufrieden sind, nur einmal zur offnen Empörung und Erklärung treiben! Könnte man sie des verzagenden Unmuts berauben! Ich weiß es: wenn man gerade den stillen Beitrag dieser Naturen von dem Ertrage unseres gesamten Bildungswesens abstriche, es wäre der empfindlichste Aderlaß, durch den man dasselbe schwächen könnte. Von den Gelehrten zum Beispiel blieben unter dem alten Regimente nur die durch den politischen Wahnwitz Angesteckten und die literatenhaften Menschen aller Art zurück. Das widerliche Gebilde, welches jetzt seine Kräfte aus der Anlehnung an die Sphären der Gewalt und Ungerechtigkeit, an Staat und Gesellschaft, nimmt und seinen Vorteil dabei hat, diese immer böser und rücksichtsloser zu machen, ist ohne diese Anlehnung etwas Schwächliches und Ermüdetes: man braucht es nur recht zu verachten, so fällt es schon über den Haufen. Wer für die Gerechtigkeit und die Liebe unter den Menschen kämpft, darf sich vor ihm am wenigsten fürchten: denn seine eigentlichen Feinde stehen erst vor ihm, wenn er seinen Kampf, den er einstweilen gegen ihre Vorhut, die heutige Kultur, führt, zu Ende gebracht hat.

Für uns bedeutet Bayreuth die Morgen-Weihe am Tage des Kampfes. Man könnte uns nicht mehr unrecht tun, als wenn man annähme, es sei uns um die Kunst allein zu tun: als ob sie wie ein Heil- und Betäubungsmittel zu gelten hätte, mit dem man alle übrigen elenden Zustände von sich abtun könnte. Wir sehen im Bilde jenes tragischen Kunstwerks von Bayreuth gerade den Kampf der einzelnen mit allem, was ihnen als scheinbar unbezwingliche Notwendigkeit entgegentritt, mit Macht, Gesetz, Herkommen, Vertrag und ganzen Ordnungen der Dinge. Die einzelnen können gar nicht schöner leben, als wenn sie sich im Kampf um Gerechtigkeit und Liebe zum Tode reif machen und opfern. Der Blick, mit welchem uns das geheimnisvolle Auge der Tragödie anschaut, ist kein erschlaffender und gliederbindender Zauber. Obschon sie Ruhe verlangt, solange sie uns ansieht; – denn die Kunst ist nicht für den Kampf selber da, sondern für die Ruhepausen vorher und inmitten desselben, für jene Minuten, da man zurückblickend und vorahnend das Symbolische versteht, da mit dem Gefühl einer leisen Müdigkeit ein erquickender Traum uns naht. Der Tag und der Kampf bricht gleich an, die heiligen Schatten verschweben, und die Kunst ist wieder ferne von uns; aber ihre Tröstung liegt über dem Menschen von der Frühstunde her. Überall findet ja sonst der einzelne sein persönliches Ungenügen, sein Halb- und Unvermögen: mit welchem Mute sollte er kämpfen, wenn er nicht vorher zu etwas Überpersönlichem geweiht worden wäre! Die größten Leiden des einzelnen, die es gibt, die

Nichtgemeinsamkeit des Wissens bei allen Menschen, die Unsicherheit der letzten Einsichten und die Ungleichheit des Könnens, das alles macht ihn kunstbedürftig. Man kann nicht glücklich sein, solange um uns herum alles leidet und sich Leiden schafft; man kann nicht sittlich sein, solange der Gang der menschlichen Dinge durch Gewalt, Trug und Ungerechtigkeit bestimmt wird; man kann nicht einmal weise sein, solange nicht die ganze Menschheit im Wetteifer um Weisheit gerungen hat und den einzelnen auf die weiteste Art ins Leben und Wissen hineinführt. Wie sollte man es nun bei diesem dreifachen Gefühle des Ungenügens aushalten, wenn man nicht schon in seinem Kämpfen, Streben und Untergehen etwas Erhabenes und Bedeutungsvolles zu erkennen vermöchte und nicht aus der Tragödie lernte, Lust am Rhythmus der großen Leidenschaft und am Opfer derselben zu haben. Die Kunst ist freilich keine Lehrerin und Erzieherin für das unmittelbare Handeln; der Künstler ist nie in diesem Verstande ein Erzieher und Ratgeber; die Objekte, welche die tragischen Helden erstreben, sind nicht ohne weiteres die erstrebenswerten Dinge an sich. Wie im Traume ist die Schätzung der Dinge, solange wir uns im Banne der Kunst festgehalten fühlen, verändert: was wir währenddem für so erstrebenswert halten, daß wir dem tragischen Helden beistimmen, wenn er lieber den Tod erwählt, als daß er darauf verzichtet – das ist für das wirkliche Leben selten von gleichem Werte und gleicher Tatkraft würdig: dafür ist eben die Kunst die Tätigkeit des Ausruhenden. Die Kämpfe, welche sie zeigt, sind Vereinfachung der wirklichen Kämpfe des Lebens; ihre Probleme sind Abkürzungen der unendlich verwickelten Rechnung des menschlichen Handelns und Wollens. Aber gerade darin liegt die Größe und Unentbehrlichkeit der Kunst, daß sie den Schein einer einfacheren Welt, einer kürzeren

Lösung der Lebens-Rätsel erregt. Niemand, der am Leben leidet, kann diesen Schein entbehren, wie niemand des Schlafs entbehren kann. Je schwieriger die Erkenntnis von den Gesetzen des Lebens wird, um so inbrünstiger begehren wir nach dem Scheine jener Vereinfachung, wenn auch nur für Augenblicke, um so größer wird die Spannung zwischen der allgemeinen Erkenntnis der Dinge und dem geistig-sittlichen Vermögen des einzelnen. Damit der Bogen nicht breche, ist die Kunst da.

Der einzelne soll zu etwas Überpersönlichem geweiht werden – das will die Tragödie; er soll die schreckliche Beängstigung, welche der Tod und die Zeit dem Individuum macht, verlernen: denn schon im kleinsten Augenblick, im kürzesten Atom seines Lebenslaufes kann ihm etwas Heiliges begegnen, das allen Kampf und alle Not überschwenglich aufwiegt – das heißt tragisch gesinnt sein. Und wenn die ganze Menschheit einmal sterben muß – wer dürfte daran zweifeln! – so ist ihr als höchste Aufgabe für alle kommenden Zeiten das Ziel gestellt, so ins Eine und Gemeinsame zusammenzuwachsen, daß sie als ein Ganzes ihrem bevorstehenden Untergange mit einer tragischen Gesinnung entgegengehe; in dieser höchsten Aufgabe liegt alle Veredelung der Menschen eingeschlossen; aus dem endgültigen Abweisen derselben ergäbe sich das trübste Bild, welches sich ein Menschenfreund vor die Seele stellen könnte. So empfinde ich es! Es gibt nur Eine Hoffnung und Eine Gewähr für die Zukunft des Menschlichen: sie liegt darin, daß die tragische Gesinnung nicht absterbe. Es würde ein Wehegeschrei sondergleichen über die Erde erschallen müssen, wenn die Menschen sie einmal völlig verlieren sollten; und wiederum gibt es keine beseligendere Lust, als das zu wissen, was wir wissen – wie der tragische Gedanke wieder hinein in die Welt geboren ist. Denn diese Lust ist eine völlig überpersönliche und allgemeine, ein Jubel der Menschheit über den verbürgten Zusammenhang und Fortgang des Menschlichen überhaupt.

5

Wagner rückte das gegenwärtige Leben und die Vergangenheit unter den Lichtstrahl einer Erkenntnis, der stark genug war, um auf ungewohnte Weite hin damit sehen zu können: deshalb ist er ein Vereinfacher der Welt; denn immer besteht die Vereinfachung der Welt darin, daß der Blick des Erkennenden von neuem wieder über die ungeheure Fülle und Wüstheit eines scheinbaren Chaos Herr geworden ist und das in eins zusammendrängt, was früher als unverträglich auseinander lag. Wagner tat dies, indem er zwischen zwei Dingen, die fremd und kalt wie in getrennten Sphären zu leben schienen, ein Verhältnis fand: zwischen *Musik und Leben* und ebenfalls zwischen *Musik und Drama*. Nicht daß er diese Verhältnisse erfunden oder erst geschaffen hätte: sie sind da und liegen eigentlich vor jedermanns Füßen: so wie immer das große Problem dem edlen Gesteine gleicht, über welches Tausende wegschreiten, bis endlich einer es aufhebt. Was bedeutet es, fragt sich Wagner, daß im Leben der neueren Menschen gerade eine solche Kunst, wie die der Musik, mit so unvergleichlicher Kraft erstanden ist? Man braucht von diesem Leben nicht etwa gering zu denken, um hier ein Problem zu sehen; nein, wenn man alle diesem Leben eigenen großen Gewalten erwägt und sich das Bild eines mächtig aufstrebenden, um *bewußte Freiheit* und um *Unabhängigkeit des Gedankens* kämpfenden Daseins vor die Seele stellt – dann erst recht erscheint die Musik in dieser Welt als Rätsel. Muß man nicht sagen: aus dieser Zeit *konnte* die Musik nicht erstehen! Was ist dann aber ihre Existenz? Ein Zufall? Gewiß könnte auch ein einzelner großer Künstler ein Zufall sein, aber das Erscheinen einer solchen Reihe von großen Künstlern, wie es die neuere Geschichte der Musik zeigt, und wie es bisher nur noch einmal, in der Zeit der Griechen, seinesgleichen hatte, gibt zu denken, daß hier nicht Zufall, sondern Notwendigkeit herrscht. Diese Notwendigkeit eben ist das Problem, auf welches Wagner eine Antwort gibt.

Es ist ihm zuerst die Erkenntnis eines Notstandes aufgegangen, der so weit reicht, als jetzt überhaupt die Zivilisation die Völker verknüpft: überall ist hier die Sprache erkrankt, und auf der ganzen menschlichen Entwicklung lastet der Druck dieser ungeheuerlichen Krankheit. Indem die Sprache fortwährend auf die letzten Sprossen des ihr Erreichbaren steigen mußte, um, möglichst ferne von der starken Gefühlsregung, der sie ursprünglich in aller Schlichtheit zu entsprechen vermochte, das dem Gefühl Entgegengesetzte, das Reich des Gedankens zu erfassen, ist ihre Kraft durch dieses übermäßige Sichausrecken in dem kurzen Zeitraume der neueren Zivilisation erschöpft worden: so daß sie nun gerade das nicht mehr zu leisten vermag, wessentwegen sie allein da ist: um über die einfachsten Lebensnöte die Leidenden miteinander zu verständigen. Der Mensch kann sich in seiner Not vermöge der Sprache nicht mehr zu erkennen geben, also sich nicht wahrhaft mitteilen: bei diesem dunkel gefühlten Zustande ist die Sprache überall eine Gewalt für sich geworden, welche nun wie mit Gespensterarmen die Menschen faßt und schiebt, wohin sie eigentlich nicht wollen; sobald sie miteinander sich zu verständigen und zu einem Werk zu vereinigen suchen, erfaßt sie der Wahnsinn der allgemeinen Begriffe, ja der reinen Wortklänge, und infolge dieser Unfähigkeit sich mitzuteilen tragen dann wieder die

Schöpfungen ihres Gemeinsinns das Zeichen des Sich-nicht-verstehens, insofern sie nicht den wirklichen Nöten entsprechen, sondern eben nur der Hohlheit jener gewaltherrischen Worte und Begriffe: so nimmt die Menschheit zu allen ihren Leiden auch noch das Leiden der Konvention hinzu, das heißt des Übereinkommens in Worten und Handlungen ohne ein Übereinkommen des Gefühls. Wie in dem abwärts laufenden Gange jeder Kunst ein Punkt erreicht wird, wo ihre krankhaft wuchernden Mittel und Formen ein tyrannisches Übergewicht über die jungen Seelen der Künstler erlangen und sie zu ihren Sklaven machen, so ist man jetzt, im Niedergange der Sprachen, der Sklave der Worte; unter diesem Zwange vermag niemand mehr sich selbst zu zeigen, naiv zu sprechen, und wenige überhaupt vermögen sich ihre Individualität zu wahren, im Kampfe mit einer Bildung, welche ihr Gelingen nicht damit zu beweisen glaubt, daß sie deutlichen Empfindungen und Bedürfnissen bildend entgegenkomme, sondern damit, daß sie das Individuum in das Netz der „deutlichen Begriffe" einspinne und richtig denken lehre: als ob es irgend einen Wert hätte, jemanden zu einem richtig denkenden und schließenden Wesen zu machen, wenn es nicht gelungen ist, ihn vorher zu einem richtig empfindenden zu machen. Wenn nun, in einer solchermaßen verwundeten Menschheit, die Musik unsrer deutschen Meister erklingt, was kommt da eigentlich zum Erklingen? Eben nur die richtige Empfindung, die Feindin aller Konvention, aller künstlichen Entfremdung und Unverständlichkeit zwischen Mensch und Mensch: diese Musik ist Rückkehr zur Natur, während sie zugleich Reinigung und Umwandlung der Natur ist; denn in der Seele der liebevollsten Menschen ist die Nötigung zu jener Rückkehr entstanden, und in ihrer Kunst ertönt die in Liebe verwandelte Natur.

Nehmen wir dies als die eine Antwort Wagners auf die Frage, was die Musik in unserer Zeit bedeutet: er hat noch eine zweite. Das Verhältnis zwischen Musik und Leben ist nicht nur das einer Art Sprache zu einer andern Art Sprache, es ist auch das Verhältnis der vollkommnen Hörwelt zu der gesamten Schauwelt. Als Erscheinung für das Auge genommen und verglichen mit den früheren Erscheinungen des Lebens, zeigt aber die Existenz der neueren Menschen eine unsägliche Armut und Erschöpfung, trotz der unsäglichen Buntheit, durch welche nur der oberflächlichste Blick sich beglückt fühlen kann. Man sehe nur etwas schärfer hin und zerlege sich den Eindruck dieses heftig bewegten Farbenspiels: ist das Ganze nicht wie das Schimmern und Aufblitzen zahlloser Steinchen und Stückchen, welche man früheren Kulturen abgeborgt hat? Ist hier nicht alles unzugehöriger Prunk, nachgeäffte Bewegung, angemaßte Äußerlichkeit? Ein Kleid in bunten Fetzen für den Nackten und Frierenden? Ein scheinbarer Tanz der Freude, dem Leidenden zugemutet? Mienen üppigen Stolzes, von einem tief Verwundeten zur Schau getragen? Und dazwischen, nur durch die Schnelligkeit der Bewegung und des Wirbels verhüllt und verhehlt – graue Ohnmacht, nagender Unfrieden, arbeitsamste Langeweile, unehrliches Elend! Die Erscheinung des modernen Menschen ist ganz und gar Schein geworden; er wird in dem, was er jetzt vorstellt, nicht selber sichtbar, viel eher versteckt; und der Rest erfinderischer Kunsttätigkeit, der sich noch bei einem Volke, etwa bei den Franzosen und Italienern erhalten hat, wird auf die Kunst dieses Versteckenspielens verwendet. Überall, wo man jetzt „Form“ verlangt, in der Gesellschaft und der Unterhaltung, im schriftstellerischen Ausdruck, im Verkehr der Staaten miteinander, versteht man darunter unwillkürlich einen gefälligen Anschein, den Gegensatz des wahren Begriffs von Form als von einer notwendigen Gestaltung, die mit „gefällig" und „ungefällig" nichts zu tun hat, weil sie eben notwendig und nicht beliebig ist. Aber auch dort, wo man jetzt unter Völkern der Zivilisation nicht die Form ausdrücklich verlangt, besitzt man ebensowenig jene notwendige Gestaltung, sondern ist in dem Streben nach dem gefälligen Anschein nur nicht so glücklich, wenn auch mindestens ebenso eifrig. Wie gefällig nämlich hier und dort der Anschein ist, und weshalb es jedem gefallen muß, daß der moderne Mensch sich wenigstens bemüht, zu scheinen, das fühlt jeder in dem Maße, in welchem er selber moderner Mensch ist. „Nur die Galeerensklaven kennen sich – sagt Tasso –, doch wir verkennen nur die andern höflich, damit sie wieder uns verkennen sollen."

In dieser Welt der Formen und der erwünschten Verkennung erscheinen nun die von der Musik erfüllten Seelen – zu welchem Zwecke? Sie bewegen sich nach dem Gange des großen, freien Rhythmus, in vornehmer Ehrlichkeit, in einer Leidenschaft, welche überpersönlich ist, sie erglühen von dem machtvoll ruhigen Feuer der Musik, das aus unerschöpflicher Tiefe in ihnen ans Licht quillt – dies alles zu welchem Zwecke?

Durch diese Seelen verlangt die Musik nach ihrer ebenmäßigen Schwester, der Gymnastik, als nach ihrer notwendigen Gestaltung im Reiche des Sichtbaren: im Suchen und Verlangen nach ihr wird sie zur Richterin über die ganze verlogene Schau- und Scheinwelt der Gegenwart. Dies ist die zweite Antwort Wagners auf die Frage, was die Musik in dieser Zeit zu bedeuten habe. Helft mir, so ruft er allen zu, die hören können, helft mir jene Kultur zu entdecken, von der meine Musik als die wiedergefundene Sprache der richtigen Empfindung wahrsagt, denkt darüber nach, daß die Seele der Musik sich jetzt einen Leib gestalten will, daß sie durch euch alle hindurch zur Sichtbarkeit in Bewegung, Tat, Einrichtung und Sitte ihren Weg sucht! Es gibt Menschen, welche diesen Zuruf verstehen, und es werden ihrer immer mehr; diese begreifen es auch zum ersten Male wieder, was es heißen will, den Staat auf Musik zu gründen, etwas, das die älteren Hellenen nicht nur begriffen hatten, sondern auch von sich selbst forderten: während dieselben Verständnisvollen über dem jetzigen Staat ebenso unbedingt den Stab brechen werden, wie es die meisten Menschen jetzt schon über der Kirche tun. Der Weg zu einem so neuen und doch nicht allzeit unerhörten Ziele führt dazu, sich einzugestehen, worin der beschämendste Mangel an unsrer Erziehung und der eigentliche Grund ihrer Unfähigkeit, aus dem Barbarischen herauszuheben, liegt: es fehlt ihr die bewegende und gestaltende Seele der Musik, hingegen sind ihre Erfordernisse und Einrichtungen das Erzeugnis einer Zeit, in welcher jene Musik noch gar nicht geboren war, auf die wir hier ein so vielbedeutendes Vertrauen setzen. Unsere Erziehung ist das rückständigste Gebilde in der Gegenwart, und gerade rückständig in bezug auf die einzige neu hinzugekommene erzieherische Gewalt, welche die jetzigen Menschen vor denen früherer Jahrhunderte voraus haben – oder haben könnten, wenn sie nicht mehr so besinnungslos gegenwärtig unter der Geißel des Augenblicks fortleben wollten! Weil sie bis jetzt die Seele der Musik nicht in sich herbergen lassen, so haben sie auch die Gymnastik im griechischen und Wagnerischen Sinne dieses Wortes noch nicht geahnt; und dies ist wieder der Grund, warum ihre bildenden Künstler zur Hoffnungslosigkeit verurteilt sind, solange sie eben, wie jetzt immer noch, der Musik als Führerin in eine neue Schauwelt entraten wollen: es mag da an Begabung wachsen, was da wolle, es kommt zu spät oder zu früh und jedenfalls zur Unzeit, denn es ist überflüssig und wirkungslos, da ja selbst das Vollkommne und Höchste früherer Zeiten, das Vorbild der jetzigen Bildner, überflüssig und fast wirkungslos ist und kaum noch einen Stein auf den andern setzt. Sehen sie in ihrem innerlichen Schauen keine neuen Gestalten vor sich, sondern immer nur die alten hinter sich, so dienen sie der Historie, aber nicht dem Leben, und sind tot, bevor sie gestorben sind: wer aber jetzt wahres, fruchtbares Leben, das heißt gegenwärtig allein: Musik in sich fühlt, könnte der sich durch irgend etwas, das sich in Gestalten, Formen und Stilen abmüht, nur einen Augenblick zu weiter tragenden Hoffnungen verführen lassen? Über alle Eitelkeiten dieser Art ist er hinaus; und er denkt ebensowenig daran, abseits von seiner idealen Hörwelt bildnerische Wunder zu finden, als er von unsern ausgelebten und verfärbten Sprachen noch große Schriftsteller erwartet. Lieber als daß er irgend welchen eiteln Vertröstungen Gehör schenkte, erträgt er es, den tief unbefriedigten Blick auf unser modernes Wesen zu richten: mag er voll von Galle und Haß werden, wenn sein Herz nicht warm genug zum Mitleid ist! Selbst Bosheit und Hohn ist besser, als daß er sich, nach der Art unsrer „Kunstfreunde“, einem trügerischen Behagen und einer stillen Trunksucht überantwortete! Aber auch wenn er mehr kann als verneinen und höhnen, wenn er lieben, mitleiden und mitbauen kann, so m u ß er doch zunächst verneinen, um dadurch seiner hilfbereiten Seele erst Bahn zu brechen. Damit einmal die Musik viele Menschen zur Andacht stimme und sie zu Vertrauten ihrer höchsten Absichten mache, muß erst dem ganzen genußsüchtigen Verkehre mit einer so heiligen Kunst ein Ende gemacht werden; das Fundament, worauf unsre Kunst-Unterhaltungen, Theater, Museen, Konzertgesellschaften ruhen, eben jener „Kunstfreund“ ist mit Bann zu belegen; die staatliche Gunst, welche seinen Wünschen geschenkt wird, ist in Abgunst zu verwandeln; das öffentliche Urteil, welches gerade auf Abrichtung zu jener Kunstfreundschaft einen absonderlichen Wert legt, ist durch ein besseres Urteil aus dem Felde zu schlagen. Einstweilen muß uns sogar der erklärte Kunstfeind als ein wirklicher und nützlicher Bundesgenosse gelten, da das, wogegen er sich feindlich erklärt, eben nur die Kunst, wie sie der „Kunstfreund" versteht, ist: er kennt ja keine andere! Mag er diesem Kunstfreunde immerhin die unsinnige Vergeudung von Geld nachrechnen, welche der Bau seiner Theater und öffentlichen Denkmäler, die Anstellung seiner „berühmten" Sänger und Schauspieler, die Unterhaltung seiner gänzlich unfruchtbaren Kunstschulen und Bildersammlungen verschuldet: gar nicht dessen zu gedenken, was alles an Kraft, Zeit und Geld in jedem Hauswesen, in der Erziehung für vermeintliche „Kunstinteressen" weggeworfen wird. Da ist kein Hunger und kein Sattwerden, sondern immer nur ein mattes Spiel mit dem Anscheine von beiden, zur eitelsten Schaustellung ausgedacht, um das Urteil anderer über sich irre zu führen; oder noch schlimmer: nimmt man die Kunst hier verhältnismäßig ernst, so verlangt man gar von ihr die Erzeugung einer Art von Hunger und Begehren und findet ihre Aufgabe eben in dieser künstlich erzeugten Aufregung. Als ob man sich fürchtete, an sich selber durch Ekel und Stumpfheit zugrunde zu gehen, ruft man alle bösen Dämonen auf, um sich durch diese Jäger wie ein Wild treiben zu lassen: man lechzt nach Leiden, Zorn, Haß, Erhitzung, plötzlichem Schrecken, atemloser Spannung und ruft den Künstler herbei als den Beschwörer dieser Geisterjagd. Die Kunst ist jetzt in dem Seelen-Haushalte unsrer Gebildeten ein ganz erlogenes oder ein schmähliches, entwürdigendes Bedürfnis, entweder ein Nichts oder ein böses Etwas. Der Künstler, der bessere und seltnere, ist wie von einem betäubenden Traume befangen, dies alles nicht zu sehen, und wiederholt zögernd mit unsicherer Stimme gespenstisch schöne Worte, die er von ganz fernen Orten her zu hören meint, aber nicht deutlich genug vernimmt; der Künstler dagegen von ganz modernem Schlage kommt in voller Verachtung gegen das traumselige Tasten und Reden seines edleren Genossen daher und führt die ganze kläffende Meute zusammengekoppelter Leidenschaften und Scheußlichkeiten am Strick mit sich, um sie nach Verlangen auf die modernen Menschen loszulassen: diese wollen ja lieber gejagt, verwundet und zerrissen werden, als mit sich selber in der Stille beisammenwohnen zu müssen. Mit sich selber! – dieser Gedanke schüttelt die modernen Seelen, das ist ihre Angst und Gespensterfurcht.

Wenn ich mir in volkreichen Städten die Tausende ansehe, wie sie mit dem Ausdrucke der Dumpfheit oder der Hast vorübergehen, so sage ich mir immer wieder: es muß ihnen schlecht zumute sein. Für diese alle aber ist die Kunst bloß deshalb da, damit ihnen noch schlechter zumute werde, noch dumpfer und sinnloser, oder noch hastiger und begehrlicher. Denn die unrichtige Empfindung reitet und drillt sie unablässig und läßt durchaus nicht zu, daß sie sich selber ihr Elend eingestehen dürfen; wollen sie sprechen, so flüstert ihnen die Konvention etwas ins Ohr, worüber sie vergessen, was sie eigentlich sagen wollten; wollen sie sich miteinander verständigen, so ist ihr Verstand wie durch Zaubersprüche gelähmt, so daß sie Glück nennen, was ihr Unglück ist, und sich zum eignen Unsegen noch recht geflissentlich miteinander verbinden. So sind sie ganz und gar verwandelt und zu willenlosen Sklaven der unrichtigen Empfindung herabgesetzt.

6

Nur an zwei Beispielen will ich zeigen, wie verkehrt die Empfindung in unserer Zeit geworden ist und wie die Zeit kein Bewußtsein über diese Verkehrtheit hat. Ehemals sah man mit ehrlicher Vornehmheit auf die Menschen herab, die mit Geld Handel treiben, wenn man sie auch nötig hatte; man gestand sich ein, daß jede Gesellschaft ihre Eingeweide haben müsse. Jetzt sind sie die herrschende Macht in der Seele der modernen Menschheit, als der begehrlichste Teil derselben. Ehemals warnte man vor nichts mehr, als den Tag, den Augenblick zu ernst zu nehmen, und empfahl das nil admirari und die Sorge für die ewigen Anliegenheiten; jetzt ist nur Eine Art von Ernst in der modernen Seele übriggeblieben, er gilt den Nachrichten, welche die Zeitung oder der Telegraph bringt. Den Augenblick benutzen und, um von ihm Nutzen zu haben, ihn so schnell wie möglich beurteilen! – man könnte glauben, es sei den gegenwärtigen Menschen auch nur Eine Tugend übriggeblieben, die der Geistesgegenwart. Leider ist es in Wahrheit vielmehr die Allgegenwart einer schmutzigen unersättlichen Begehrlichkeit und einer überallhin spähenden Neugierde bei jedermann. Ob überhaupt der Geist jetzt gegenwärtig sei – wir wollen die Untersuchung darüber den künftigen Richtern zuschieben, welche die modernen Menschen einmal durch ihr Sieb raiten werden. Aber gemein ist dies Zeitalter; das kann man schon jetzt sehen, weil es das ehrt, was frühere vornehme Zeitalter verachteten; wenn es nun aber noch die ganze Kostbarkeit vergangener Weisheit und Kunst sich angeeignet hat und in diesem reichsten aller Gewänder einhergeht, so zeigt es ein unheimliches Selbstbewußtsein über seine Gemeinheit darin, daß es jenen Mantel nicht braucht, um sich zu wärmen, sondern nur um über sich zu täuschen. Die Not, sich zu verstellen und zu verstecken, erscheint ihm dringender als die, nicht zu erfrieren. So benutzen die jetzigen Gelehrten und Philosophen die Weisheit der Inder und Griechen nicht, um in sich weise und ruhig zu werden: ihre Arbeit soll bloß dazu dienen, der Gegenwart einen täuschenden Ruf der Weisheit zu verschaffen. Die Forscher der Tiergeschichte bemühen sich, die tierischen Ausbrüche von Gewalt und List und Rachsucht im jetzigen Verkehre der Staaten und Menschen untereinander als unabänderliche Naturgesetze hinzustellen. Die Historiker sind mit ängstlicher Beflissenheit darauf aus, den Satz zu beweisen, daß jede Zeit ihr eignes Recht, ihre eignen Bedingungen habe, – um für das kommende Gerichtsverfahren, mit dem unsre Zeit heimgesucht wird, gleich den Grundgedanken der Verteidigung vorzubereiten. Die Lehre vom Staat, vom Volke, von der Wirtschaft, dem Handel, dem Rechte – alles hat jetzt jenen *vorbereitend apologetischen* Charakter; ja es scheint, was von Geist noch tätig ist, ohne bei dem Getriebe des großen Erwerb- und Macht-Mechanismus selbst verbraucht zu werden, hat seine einzige Aufgabe im Verteidigen und Entschuldigen der Gegenwart.

Vor welchem Kläger? Das fragt man da mit Befremden.

Vor dem eignen schlechten Gewissen.

Und hier wird auch mit Einem Male die Aufgabe der modernen Kunst deutlich: Stumpfsinn oder Rausch! Einschläfern oder betäuben! Das Gewissen zum Nichtwissen bringen, auf diese oder die andre Weise! Der modernen Seele über das Gefühl von Schuld hinweghelfen, nicht ihr zur Unschuld zurück verhelfen! Und dies wenigstens auf Augenblicke! Den Menschen vor sich selber verteidigen, indem er in sich selber zum Schweigen-müssen, zum Nicht-hören-können gebracht wird! – Den Wenigen, welche diese beschämendste Aufgabe, diese schreckliche Entwürdigung der Kunst nur einmal wirklich empfunden haben, wird die Seele von Jammer und Erbarmen bis zum Rande voll geworden sein und bleiben: aber auch von einer neuen übermächtigen Sehnsucht. Wer die Kunst befreien, ihre unentweihte Heiligkeit wiederherstellen wollte, der müßte sich selber erst von der modernen Seele befreit haben; nur als ein Unschuldiger dürfte er die Unschuld der Kunst finden, er hat zwei ungeheure Reinigungen und Weihungen zu vollbringen. Wäre er dabei siegreich, spräche er aus befreiter Seele mit seiner befreiten Kunst zu den Menschen, so würde er dann erst in die größte Gefahr, in den ungeheuersten Kampf geraten; die Menschen würden ihn und seine Kunst lieber zerreißen, als daß sie zugestünden, wie sie aus Scham vor ihnen vergehen müssen. Es wäre möglich, daß die Erlösung der Kunst, der einzige zu erhoffende Lichtblick in der neueren Zeit, ein Ereignis für ein paar einsame Seelen bliebe, während die Vielen es fort und fort aushielten, in das flackernde und qualmende Feuer ihrer Kunst zu sehen: sie *wollen* ja nicht Licht, sondern Blendung, sie *hassen* ja das Licht – über sich selbst.

So weichen sie dem neuen Lichtbringer aus; aber er geht ihnen nach, gezwungen von der Liebe, aus der er geboren ist, und will sie zwingen. „Ihr *sollt* durch meine Mysterien hindurch, ruft er ihnen zu, ihr braucht ihre Reinigungen und Erschütterungen. Wagt es zu eurem Heil und laßt einmal das trüb erleuchtete Stück Natur und Leben, welches ihr allein zu kennen scheint; ich führe euch in ein Reich, das ebenfalls wirklich ist, ihr selber sollt sagen, wenn ihr aus meiner Höhle in euren Tag zurückkehrt, welches Leben wirklicher und wo eigentlich der Tag, wo die Höhle ist. Die Natur ist nach innen zu viel reicher, gewaltiger, seliger, furchtbarer; ihr kennt sie nicht, so wie ihr gewöhnlich lebt: lernt es, selbst wieder Natur zu werden, und laßt euch dann mit und in ihr durch meinen Liebes- und Feuerzauber verwandeln."

Es ist die Stimme der Kunst Wagners, welche so zu den Menschen spricht. Daß wir Kinder eines erbärmlichen Zeitalters ihren Ton zuerst hören durften, zeigt, wie würdig des Erbarmens gerade dies Zeitalter sein muß, und zeigt überhaupt, daß wahre Musik ein Stück Fatum und Urgesetz ist; denn es ist gar nicht möglich, ihr Erklingen gerade jetzt aus einem leeren sinnlosen Zufall abzuleiten; ein zufälliger Wagner wäre durch die Übergewalt des andern Elementes, in welches er hineingeworfen wurde, zerdrückt worden. Aber über dem Werden des wirklichen Wagner liegt eine verklärende und rechtfertigende Notwendigkeit. Seine Kunst, im Entstehen betrachtet, ist das herrlichste Schauspiel, so leidvoll auch jenes Werden gewesen sein mag, denn Vernunft, Gesetz, Zweck zeigt sich überall. Der Betrachtende wird, im Glücke dieses Schauspiels, dieses leidvolle Werden selbst preisen und mit Lust erwägen, wie der ur-bestimmten Natur und Begabung jegliches zu Heil und Gewinn werden muß, so schwere Schulen sie auch durchgeführt wird, wie jede Gefährlichkeit sie beherzter, jeder Sieg sie besonnener macht, wie sie sich von Gift und Unglück nährt und gesund und stark dabei wird. Das Gespött und Widersprechen der umgebenden Welt ist hier Reiz und Stachel; verirrt sie sich, so kommt sie mit der wunderbarsten Beute aus Irrnis und Verlorenheit heim; schläft sie, so „schläft sie nur neue Kraft sich an". Sie stählt selber den Leib und macht ihn rüstiger; sie zehrt nicht am Leben, je mehr sie lebt; sie waltet über dem Menschen wie eine beschwingte Leidenschaft und läßt ihn gerade dann fliegen, wenn sein Fuß im Sande ermüdet, am Gestein wund geworden ist. Sie kann nicht anders als mitteilen, jedermann soll an ihrem Werke mitwirken, sie geizt nicht mit ihren Gaben. Zurückgewiesen, schenkt sie reichlicher; gemißbraucht von dem Beschenkten, gibt sie auch das kostbarste Kleinod, das sie hat, noch hinzu – und noch niemals waren die Beschenkten der Gabe ganz würdig, so lautet die älteste und jüngste Erfahrung. Dadurch ist die ur-bestimmte Natur, durch welche die Musik zur Welt der Erscheinung spricht, das rätselvollste Ding unter der Sonne, ein Abgrund, in dem Kraft und Güte gepaart ruhen, eine Brücke zwischen Selbst und Nicht-Selbst. Wer vermöchte den Zweck deutlich zu nennen, zu dem sie überhaupt da ist, wenn auch selbst die Zweckmäßigkeit in der Art, wie sie wurde, sich erraten lassen sollte? Aber aus der seligsten Ahnung heraus darf man fragen: sollte wirklich das Größere des Geringeren wegen da sein, die größte Begabung zugunsten der Kleinsten, die höchste Tugend und Heiligkeit um der Gebrechlichen willen? Mußte die wahre Musik erklingen, weil die Menschen sie am *wenigsten verdienten, aber am meisten ihrer bedurften*? Man versenke sich nur einmal in das überschwengliche Wunder dieser Möglichkeit: schaut man von da auf das Leben zurück, so leuchtet es, so trübe und umnebelt es vorher auch erscheinen mochte. –

7

Es ist nicht anders möglich: der Betrachtende, vor dessen Blick eine solche Natur wie die Wagners steht, muß unwillkürlich von Zeit zu Zeit auf sich, auf seine Kleinheit und Gebrechlichkeit zurückgeworfen werden und wird sich fragen: was soll sie dir? Wozu bist denn *du* eigentlich da? – Wahrscheinlich fehlt ihm dann die Antwort, und er steht vor seinem eignen Wesen befremdet und betroffen still. Mag es ihm dann genügen, eben dies erlebt zu haben; mag er eben darin, daß er sich seinem Wesen entfremdet fühlt, die Antwort auf jene Fragen hören. Denn gerade mit diesem Gefühl nimmt er teil an der gewaltigsten Lebensäußerung Wagners, dem Mittelpunkte seiner Kraft, jener dämonischen Übertragbarkeit und Selbstentäußerung seiner Natur, welche sich andern ebenso mitteilen kann, als sie andere Wesen sich selber mitteilt und im Hingeben und Annehmen ihre Größe hat. Indem der Betrachtende scheinbar der aus- und überströmenden Natur Wagners unterliegt, hat er an ihrer Kraft selber Anteil genommen und ist so gleichsam durch ihn gegen ihn mächtig geworden; und jeder, der sich genau prüft, weiß, daß selbst zum Betrachten eine geheimnisvolle Gegnerschaft, die des Entgegenschauens, gehört. Läßt uns seine Kunst alles das erleben, was eine Seele erfährt, die auf Wanderschaft geht, an andern Seelen und ihrem Lose teilnimmt, aus vielen Augen in die Welt blicken lernt, so vermögen wir nun auch, aus solcher Entfremdung und Entlegenheit heraus, ihn selbst zu sehen, nachdem wir ihn selbst erlebt haben. Wir fühlen es dann auf das bestimmteste: in Wagner will alles Sichtbare der Welt zum Hörbaren sich vertiefen und verinnerlichen und sucht seine verlorne Seele; in Wagner will ebenso alles Hörbare der Welt auch als Erscheinung für das Auge ans Licht hinaus und hinauf, will gleichsam Leiblichkeit gewinnen. Seine Kunst führt ihn immer den doppelten Weg, aus einer Welt als Hörspiel in eine rätselhaft verwandte Welt als Schauspiel und umgekehrt; er ist fortwährend gezwungen – und der Betrachtende mit ihm – die sichtbare Bewegtheit in Seele und Urleben zurück zu übersetzen und wiederum das verborgenste Weben des Inneren als Erscheinung zu sehen und mit einem Schein-Leib zu bekleiden. Dies alles ist das Wesen des dithyrambischen Dramatikers, diesen Begriff so voll genommen, daß er zugleich den Schauspieler, Dichter, Musiker umfaßt: so wie dieser Begriff aus der einzig vollkommnen Erscheinung des dithyrambischen Dramatikers vor Wagner, aus Äschylus und seinen griechischen Kunstgenossen, mit Notwendigkeit entnommen werden muß. Wenn man versucht hat, die großartigsten Entwicklungen aus inneren Hemmungen oder Lücken herzuleiten, wenn zum Beispiel für Goethe das Dichten eine Art Auskunftsmittel für einen verfehlten Malerberuf war, wenn man von Schillers Dramen als von einer versetzten Volks-Beredsamkeit reden kann, wenn Wagner selbst die Förderung der Musik durch die Deutschen unter anderem auch so sich zu deuten sucht, daß sie, des verführerischen Antriebs einer natürlich-melodischen Stimmbegabung entbehrend, die Tonkunst etwa mit dem gleichen tiefgehenden Ernst aufzufassen genötigt waren, wie ihre Reformatoren das Christentum –: wenn man in ähnlicher Weise Wagners Entwicklung mit einer solchen inneren Hemmung in Verbindung setzen wollte, so dürfte man wohl in ihm eine schauspielerische Urbegabung annehmen, welche es sich versagen mußte, sich auf dem nächsten trivialsten Wege zu befriedigen, und welche in der Heranziehung aller Künste zu einer großen schauspielerischen Offenbarung ihre Auskunft und ihre Rettung fand. Aber ebenso gut müßte man dann sagen dürfen, daß die gewaltigste Musiker-Natur, in ihrer Verzweiflung, zu den Halb- und Nicht-Musikern reden zu müssen, den Zugang zu den andern Künsten gewaltsam erbrach, um so endlich mit hundertfacher Deutlichkeit sich mitzuteilen und sich Verständnis, volkstümlichstes Verständnis zu erzwingen. Wie man sich nun auch die Entwicklung des Urdramatikers vorstellen möge, in seiner Reife und Vollendung ist er ein Gebilde ohne jede Hemmung und Lücke: der eigentlich freie Künstler, der gar nicht anders kann als in allen Künsten zugleich denken, der Mittler und Versöhner zwischen scheinbar getrennten Sphären, der Wiederhersteller einer Ein- und Gesamtheit des künstlerischen Vermögens, welche gar nicht erraten und erschlossen, sondern nur durch die Tat gezeigt werden kann. Vor wem aber diese Tat plötzlich getan wird, den wird sie wie der unheimlichste, anziehendste Zauber überwältigen: er steht mit einem Male vor einer Macht, welche den Widerstand der Vernunft aufhebt, ja alles andre, in dem man bis dahin lebte, unvernünftig und unbegreiflich erscheinen läßt: außer uns gesetzt, schwimmen wir in einem rätselhaften feurigen Elemente, verstehen uns selber nicht mehr, erkennen das Bekannteste nicht wieder, wir haben kein Maß mehr in der Hand, alles Gesetzliche, alles Starre beginnt sich zu bewegen, jedes Ding leuchtet in neuen Farben, redet in neuen Schriftzeichen zu uns: – da muß man schon Plato sein, um, bei diesem Gemisch von gewaltsamer Wonne und Furcht, sich doch so entschließen zu können, wie er tut, und zu dem Dramatiker zu sprechen: „wir wollen einen Mann, der infolge seiner Weisheit alles Mögliche werden und alle Dinge nachahmen könnte, wenn er in unser Gemeinwesen kommt, als etwas Heiliges und Wundervolles verehren, Salben über sein Haupt gießen und es mit Wolle bekränzen, aber ihn zu bewegen suchen, daß er in ein andres Gemeinwesen gehe". Mag es sein, daß einer, der im platonischen Gemeinwesen lebt, so etwas über sich gewinnen kann und muß: wir anderen alle, die wir so gar nicht in ihm, sondern in ganz andern Gemeinwesen leben, sehnen uns und verlangen danach, daß der Zauberer zu uns komme, ob wir uns schon vor ihm fürchten, – gerade damit unser Gemeinwesen und die böse Vernunft und Macht, deren Verkörperung es ist, einmal verneint erscheine. Ein Zustand der Menschheit, ihrer Gemeinschaft, Sitte, Lebensordnung, Gesamteinrichtung, welcher des nachahmenden Künstlers entbehren könnte, ist vielleicht keine volle

Unmöglichkeit, aber doch gehört gerade dies Vielleicht zu den verwegensten, die es gibt, und wiegt einem Vielschwer ganz gleich; davon zu reden sollte nur einem freistehn, welcher den höchsten Augenblick alles Kommenden vorwegnehmend erzeugen und fühlen könnte und der dann sofort gleich Faust blind werden müßte – und dürfte: – denn *wir* haben selbst zu dieser Blindheit kein Recht, während zum Beispiel Plato gegen alles Wirklich-Hellenische mit Recht blind sein durfte, nach jenem einzigen Blick seines Auges, den er in das Ideal-Hellenische getan hatte. Wir anderen brauchen vielmehr deshalb die Kunst, weil wir gerade *angesichts des Wirklichen sehend* geworden sind; und wir brauchen gerade den All-Dramatiker, damit er uns aus der furchtbaren Spannung wenigstens auf Stunden erlöse, welche der sehende Mensch jetzt zwischen sich und den ihm aufgebürdeten Aufgaben empfindet. Mit ihm steigen wir auf die höchsten Sprossen der Empfindung und wähnen uns dort erst wieder in der freien Natur und im Reich der Freiheit; von dort aus sehen wir wie in ungeheuren Luft-Spiegelungen uns und unseresgleichen im Ringen, Siegen und Untergehen als etwas Erhabenes und Bedeutungsvolles, wir haben Lust am Rhythmus der Leidenschaft und am Opfer derselben, wir hören bei jedem gewaltigen Schritte des Helden den dumpfen Widerhall des Todes und verstehen in dessen Nähe den höchsten Reiz des Lebens: – so zu tragischen Menschen umgewandelt kehren wir in seltsam getrösteter Stimmung zum Leben zurück, mit dem neuen Gefühl der Sicherheit, als ob wir nun aus den größten Gefahren, Ausschreitungen und Ekstasen den Weg zurück ins Begrenzte und Heimische gefunden hätten: dorthin, wo man überlegen-gütig und jedenfalls vornehmer als vordem verkehren kann; denn alles, was hier als Ernst und Not, als Lauf zu einem Ziele erscheint, ähnelt, im Vergleiche mit der Bahn, die wir selber, wenn auch nur im Traume, durchlaufen haben, nur wunderlich vereinzelten Stücken jener All-Erlebnisse, deren wir uns mit Schrecken bewußt sind; ja wir werden ins Gefährliche geraten und versucht sein, das Leben zu leicht zu nehmen, gerade deshalb, weil wir es in der Kunst mit so ungemeinem Ernste erfaßt haben: um auf ein Wort hinzuweisen, welches Wagner von seinen Lebens-Schicksalen gesagt hat. Denn wenn schon uns als denen, welche eine solche Kunst der dithyrambischen Dramatik nur erfahren, aber nicht schaffen, der Traum fast für wahrer gelten will als das Wache, Wirkliche: wie muß erst der Schaffende diesen Gegensatz abschätzen! Da steht er selber inmitten aller der lärmenden Anrufe und Zudringlichkeiten von Tag, Lebensnot, Gesellschaft, Staat – als was? Vielleicht als sei er gerade der einzig Wache, einzig Wahr- und Wirklich-Gesinnte unter verworrenen und gequälten Schläfern, unter lauter Wähnenden, Leidenden; mitunter selbst fühlt er sich wohl wie von dauernder Schlaflosigkeit erfaßt, als müsse er nun sein so übernächtig helles und bewußtes Leben zusammen mit Schlafwandlern und gespensterhaft ernst tuenden Wesen verbringen: so daß eben jenes alles, was anderen alltäglich, ihm unheimlich erscheint und er sich versucht fühlt, dem Eindrucke dieser Erscheinung mit übermütiger Verspottung zu begegnen. Aber wie eigentümlich gekreuzt wird diese Empfindung, wenn gerade zu der Helle seines schaudernden Übermutes ein ganz andrer Trieb sich gesellt, die Sehnsucht aus der Höhe in die Tiefe, das liebende Verlangen zur Erde, zum Glück der Gemeinsamkeit – dann, wenn er alles dessen gedenkt, was er als Einsamer-Schaffender entbehrt, als sollte er nun sofort, wie ein zur Erde niedersteigender Gott, alles Schwache, Menschliche, Verlorne „mit feurigen Armen zum Himmel emporheben", um endlich Liebe und nicht mehr Anbetung zu finden und sich, in der Liebe, seiner selbst völlig zu entäußern! Gerade aber die hier angenommene Kreuzung ist das tatsächliche Wunder in der Seele des dithyrambischen Dramatikers; und wenn sein Wesen irgendwo auch vom Begriff zu erfassen wäre, so müßte es an dieser Stelle sein. Denn es sind die Zeugungs-Momente seiner Kunst, wenn er in diese Kreuzung der Empfindungen gespannt ist, und sich jene unheimlich-übermütige Befremdung und Verwunderung über die Welt mit dem sehnsüchtigen Drange paart, derselben Welt als Liebender zu nahen. Was er dann auch für Blicke auf Erde und Leben wirft, es sind immer Sonnenstrahlen, die „Wasser ziehen", Nebel ballen, Gewitterdünste umher lagern. Hellsichtig-besonnen und liebend-selbstlos zugleich fällt sein Blick hernieder: und alles, was er jetzt mit dieser doppelten Leuchtkraft seines Blickes sich erhellt, treibt die Natur mit furchtbarer Schnelligkeit zur Entladung aller ihrer Kräfte, zur Offenbarung ihrer verborgensten Geheimnisse: und zwar durch Scham. Es ist mehr als ein Bild, zu sagen, daß er mit jenem Blick die Natur überrascht habe, daß er sie nackend gesehn habe: da will sie sich nun schamhaft in ihre Gegensätze flüchten. Das bisher Unsichtbare, Innre rettet sich in die Sphäre des Sichtbaren und wird Erscheinung; das bisher nur Sichtbare flieht in das dunkle Meer des Tönenden: so enthüllt die Natur, indem sie sich verstecken will, das Wesen ihrer Gegensätze. In einem ungestüm rhythmischen und doch schwebenden Tanze, in verzückten Gebärden spricht der Urdramatiker von dem, was in ihm, was in der Natur sich jetzt begibt: der Dithyramb seiner Bewegungen ist ebensosehr schauderndes Verstehen, übermütiges Durchschauen, als liebendes Nahen, lustvolle Selbst-Entäußerung. Das Wort folgt berauscht dem Zuge dieses Rhythmus; mit dem Worte gepaart ertönt die Melodie; und wiederum wirft die Melodie ihre Funken weiter in das

Reich der Bilder und Begriffe. Eine Traumerscheinung, dem Bilde der Natur und ihres Freiers ähnlich-unähnlich, schwebt heran, sie verdichtet sich zu menschlicheren Gestalten, sie breitet sich aus zur Abfolge eines ganzen heroisch-übermütigen Wollens, eines wonnereichen Untergehens und Nicht-mehr-Wollens: – so entsteht die Tragödie, so wird dem Leben seine herrlichste Weisheit, die des tragischen Gedankens, geschenkt, so endlich erwächst der größte Zauberer und Beglücker unter den Sterblichen, der dithyrambische Dramatiker. –

8

Das eigentliche Leben Wagners, das heißt die allmähliche Offenbarung des dithyrambischen Dramatikers, war zugleich ein unausgesetzter Kampf mit sich selbst, soweit er nicht nur dieser dithyrambische Dramatiker war: der Kampf mit der widerstrebenden Welt wurde für ihn nur deshalb so grimmig und unheimlich, weil er diese „Welt", diese verlockende Feindin, aus sich selber reden hörte und weil er einen gewaltigen Dämon des Widerstrebens in sich beherbergte. Als der herrschende Gedanke seines Lebens in ihm aufstieg, daß vom Theater aus eine unvergleichliche Wirkung, die größte Wirkung aller Kunst ausgeübt werden könne, riß er sein Wesen in die heftigste Gärung. Es war damit nicht sofort eine klare, lichte Entscheidung über sein weiteres Begehren und Handeln gegeben; dieser Gedanke erschien zuerst fast nur in versucherischer Gestalt, als Ausdruck jenes finstern, nach Macht und Glanz unersättlich verlangenden persönlichen Willens. Wirkung, unvergleichliche Wirkung – wodurch? auf wen? – das war von da an das rastlose Fragen und Suchen seines Kopfes und Herzens. Er wollte siegen und erobern, wie noch kein Künstler, und womöglich mit Einem Schlage zu jener tyrannischen Allmacht kommen, zu welcher es ihn so dunkel trieb. Mit eifersüchtigem, tiefspähendem Blicke maß er alles, was Erfolg hatte, noch mehr sah er sich den an, auf welchen gewirkt werden mußte. Durch das zauberhafte Auge des Dramatikers, der in den Seelen wie in der ihm geläufigsten Schrift liest, ergründete er den Zuschauer und Zuhörer, und ob er auch oft bei diesem Verständnis unruhig wurde, griff er doch sofort nach den Mitteln, ihn zu bezwingen. Diese Mittel waren ihm zur Hand; was auf ihn stark wirkte, das wollte und konnte er auch machen; von seinen Vorbildern verstand er auf jeder Stufe ebensoviel, als er auch selber bilden konnte, er zweifelte nie daran, das auch zu können, was ihm gefiel. Vielleicht ist er hierin eine noch „präsumptuösere“ Natur als Goethe, der von sich sagte: „immer dachte ich, ich hätte es schon; man hätte mir eine Krone aufsetzen können, und ich hätte gedacht, das verstehe sich von selbst“. Wagners Können und sein „Geschmack“ und ebenso seine Absicht – alles dies paßte zu allen Zeiten so eng ineinander, wie ein Schlüssel in ein Schloß: – es w u r d e miteinander groß und frei, – aber damals war es dies nicht. Was ging ihn die schwächliche, aber edlere und doch selbstisch-einsame Empfindung an, welche der oder jener literarisch und ästhetisch erzogene Kunstfreund abseits von der großen Menge hatte! Aber jene gewaltsamen Stürme der Seelen, welche in der großen Menge bei einzelnen Steigerungen des dramatischen Gesanges erzeugt werden, jener plötzlich um sich greifende Rausch der Gemüter, ehrlich durch und durch und selbstlos – das war der Widerhall seines eignen Erfahrens und Fühlens, dabei durchdrang ihn eine glühende Hoffnung auf höchste Macht und Wirkung! So verstand er denn die g r o ß e O p e r als sein Mittel, durch welches er seinen herrschenden Gedanken ausdrücken könnte; nach ihr drängte ihn seine Begierde, nach ihrer Heimat richtete sich sein Ausblick. Ein längerer Zeitraum seines Lebens, samt den verwegensten Wandlungen seiner Pläne, Studien, Aufenthalte, Bekanntschaften, erklärt sich allein aus dieser Begierde und den äußeren Widerständen, denen der dürftige, unruhige, leidenschaftlich-naive deutsche Künstler begegnen mußte. Wie man auf diesem Gebiete zum Herrn werde, verstand ein andrer Künstler besser; und jetzt, da es allmählich bekannt geworden ist, durch welches überaus künstlich gesponnene Gewebe von Beeinflussungen aller Art Meyerbeer jeden seiner großen Siege vorzubereiten und zu erreichen wußte, und wie ängstlich die Abfolge der „Effekte" in der Oper selbst erwogen wurde, wird man auch den Grad von beschämter Erbitterung verstehen, welche über Wagner kam, als ihm über diese beinahe notwendigen „Kunstmittel", dem Publikum einen Erfolg abzuringen, die Augen geöffnet wurden. Ich zweifle, ob es einen großen Künstler in der Geschichte gegeben hat, der mit einem so ungeheuren Irrtume anhob und so unbedenklich und treuherzig sich mit der empörendsten Gestaltung einer Kunst einließ: und doch war die Art, wie er es tat, von Größe und deshalb von erstaunlicher Fruchtbarkeit. Denn er begriff, aus der Verzweiflung des erkannten Irrtums heraus, den modernen Erfolg, das moderne Publikum und das ganze moderne Kunst-Lügenwesen. Indem er zum Kritiker des „Effektes" wurde, durchzitterten ihn die Ahnungen einer eigenen Läuterung. Es war, als ob von jetzt ab der Geist der Musik mit einem ganz neuen seelischen Zauber zu ihm redete. Wie wenn er aus einer langen Krankheit wieder ans Licht käme, traute er kaum mehr Hand und Auge, er schlich seines Wegs dahin; und so empfand er es als eine wundervolle Entdeckung, daß er noch Musiker, noch Künstler sei, ja daß er es jetzt erst geworden sei.

Jede weitere Stufe im Werden Wagners wird dadurch bezeichnet, daß die beiden Grundkräfte seines Wesens sich immer enger zusammenschließen: die Scheu der einen vor der andern läßt nach, das höhere Selbst begnadet von da an den gewaltsamen irdischeren Bruder nicht mehr mit seinem Dienste, es liebt ihn und muß ihm dienen. Das Zarteste und Reinste ist endlich, am Ziele der Entwicklung, auch im Mächtigsten enthalten, der ungestüme Trieb geht seinen Lauf wie vordem, aber auf andern Bahnen, dorthin, wo das höhere Selbst heimisch ist; und wiederum steigt dieses zur Erde herab und erkennt in allem Irdischen sein Gleichnis. Wenn es möglich wäre, in dieser Art vom letzten Ziele und Ausgange jener Entwicklung zu reden und noch verständlich zu bleiben, so dürfte auch die bildhafte Wendung zu finden sein, durch welche eine lange Zwischenstufe jener Entwicklung bezeichnet werden könnte; aber ich zweifle an jenem und versuche deshalb auch dieses nicht. Diese Zwischenstufe wird historisch durch zwei Worte gegen die frühere und spätere abgegrenzt: Wagner wird zum Revolutionär der Gesellschaft, Wagner erkennt den einzigen bisherigen Künstler, das dichtende Volk. Der herrschende Gedanke, welcher nach jener großen Verzweiflung und Buße in neuer Gestalt und mächtiger als je vor ihm erschien, führte ihn zu beidem. Wirkung, unvergleichliche Wirkung vom Theater aus! – aber auf wen? Ihn schauderte bei der Erinnerung, auf wen er bisher hatte wirken wollen. Von seinem Erlebnis aus verstand er die ganze schmachvolle Stellung, in welcher die Kunst und die Künstler sich befinden: wie eine seelenlose oder seelenharte Gesellschaft, welche sich die gute nennt und die eigentlich böse ist, Kunst und Künstler zu ihrem sklavischen Gefolge zählt, zur Befriedigung von Scheinbedürfnissen. Die moderne Kunst ist Luxus: das begriff er ebenso wie das andre, daß sie mit dem Rechte einer Luxus-Gesellschaft stehe und falle. Nicht anders, als diese durch die hartherzigste und klügste Benutzung ihrer Macht die Unmächtigen, das Volk, immer dienstbarer, niedriger und unvolkstümlicher zu machen und aus ihm den modernen „Arbeiter“ zu schaffen wußte, hat sie auch dem Volke das Größte und Reinste, was es aus tiefster Nötigung sich erzeugte und worin es als der wahre und einzige Künstler seine Seele mildherzig mitteilte: seinen Mythus, seine Liedweise, seinen Tanz, seine Spracherfindung entzogen, um daraus ein wollüstiges Mittel gegen die Erschöpfung und die Langeweile ihres Daseins zu destillieren – die modernen Künste. Wie diese Gesellschaft entstand, wie sie aus den scheinbar entgegengesetzten Machtsphären sich neue Kräfte anzusaugen wußte, wie zum Beispiel das in Heuchelei und Halbheiten verkommene Christentum sich zum Schutze gegen das Volk, als Befestigung jener Gesellschaft und ihres Besitzes, gebrauchen ließ, und wie Wissenschaft und Gelehrte sich nur zu geschmeidig in diesen Frondienst begaben, das alles verfolgte Wagner durch die Zeiten hin, um am Schlusse seiner Betrachtungen vor Ekel und Wut aufzuspringen: er war aus Mitleid mit dem Volke zum Revolutionär geworden. Von jetzt ab liebte er es und sehnte sich nach ihm, wie er sich nach seiner Kunst sehnte, denn ach! nur in ihm, nur im entschwundenen, kaum mehr zu ahnenden, künstlich entrückten Volke sah er jetzt den einzigen Zuschauer und Zuhörer, welcher der Macht seines Kunstwerks, wie er es sich träumte, würdig und gewachsen sein möchte. So sammelte sich sein Nachdenken um die Frage: Wie entsteht das Volk? Wie ersteht es wieder?

Er fand immer nur Eine Antwort: – wenn eine Vielheit dieselbe Not litte, wie er sie leidet, das wäre das Volk, sagt er sich. Und wo die gleiche Not zum gleichen Drange und Begehren führen würde, müßte auch dieselbe Art der Befriedigung gesucht, das gleiche Glück in dieser Befriedigung gefunden werden. Sah er sich nun danach um, was ihn selber in seiner Not am tiefsten tröstete und aufrichtete, was seiner Not am seelenvollsten entgegenkäme, so war er sich mit beseligender Gewißheit bewußt, daß dies nur der Mythus und die Musik seien: der Mythus, den er als Erzeugnis und Sprache der Not des Volkes kannte, die Musik, ähnlichen, obschon noch rätselvolleren Ursprungs. In diesen beiden Elementen badet und heilt er seine Seele, ihrer bedarf er am brünstigsten: – von da aus darf er zurückschließen, wie verwandt seine Not mit der des Volkes sei, als es entstand, und wie das Volk dann wieder erstehen müsse, wenn es viele Wagner geben werde. Wie lebten nun Mythus und Musik in unsrer modernen Gesellschaft, soweit sie derselben nicht zum Opfer gefallen waren? Ein ähnliches Los war ihnen zuteil geworden, zum Zeugnis ihrer geheimnisvollen Zusammengehörigkeit: der Mythus war tief erniedrigt und entstellt, zum „Märchen", zum spielerisch beglückenden Besitz der Kinder und Frauen des verkümmerten Volkes umgeartet, seiner wundervollen, ernst-heiligen Mannes-Natur gänzlich entkleidet; die Musik hatte sich unter den Armen und Schlichten, unter den Einsamen erhalten, dem deutschen Musiker war es nicht gelungen, sich mit Glück in den Luxus-Betrieb der Künste einzuordnen, er war selber zum ungetümlichen verschloßnen Märchen geworden, voll der rührendsten Laute und Anzeichen, ein unbehilflicher Frager, etwas ganz Verzaubertes und Erlösungsbedürftiges. Hier hörte der Künstler deutlich den Befehl, der an ihn allein erging – den Mythus ins Männliche zurückzuschaffen und die Musik zu entzaubern, zum Reden zu bringen: er fühlte seine Kraft zum Drama mit einem Male entfesselt, seine Herrschaft über ein noch unentdecktes Mittelreich zwischen Mythus und Musik begründet. Sein neues Kunstwerk, in welchem er alles Mächtige, Wirkungsvolle, Beseligende, was er kannte, zusammenschloß, stellte er jetzt mit seiner großen schmerzlich einschneidenden Frage vor die Menschen hin: „Wo seid ihr, welche ihr gleich leidet und bedürft wie ich? Wo ist die Vielheit, welche ich als Volk ersehne? Ich will euch daran erkennen, daß ihr das gleiche Glück, den gleichen Trost mit mir gemein haben sollt: an eurer Freude soll sich mir euer Leiden offenbaren!" Mit dem Tannhäuser und dem Lohengrin fragte er also, sah er sich also nach seinesgleichen um; der Einsame dürstete nach der Vielheit.

Aber wie wurde ihm zumute? Niemand gab eine Antwort, niemand hatte die Frage verstanden. Nicht daß man überhaupt stille geblieben wäre, im Gegenteil, man antwortete auf tausend Fragen, die er gar nicht gestellt hatte, man zwitscherte über die neuen Kunstwerke, als ob sie ganz eigentlich zum Zer-redet-werden geschaffen wären. Die ganze ästhetische Schreib- und Schwatzseligkeit brach wie ein Fieber unter den Deutschen aus, man maß und fingerte an den Kunstwerken, an der Person des Künstlers herum, mit jenem Mangel an Scham, welcher den deutschen Gelehrten nicht weniger als den deutschen Zeitungsschreibern zu eigen ist. Wagner versuchte dem Verständnis seiner Frage durch Schriften nachzuhelfen: neue Verwirrung, neues Gesumme – ein Musiker, der schreibt und denkt, war aller Welt damals ein Unding; nun schrie man, es ist ein Theoretiker, welcher aus erklügelten Begriffen die Kunst umgestalten will, steinigt ihn! – Wagner war wie betäubt; seine Frage wurde nicht verstanden, seine Not nicht empfunden, sein Kunstwerk sah einer Mitteilung an Taube und Blinde, sein – Volk einem Hirngespinste ähnlich; er taumelte und geriet ins Schwanken. Die Möglichkeit eines völligen Umsturzes aller Dinge taucht vor seinen Blicken auf, er erschrickt nicht mehr über diese Möglichkeit: vielleicht ist jenseits der Umwälzung und Verwüstung eine neue Hoffnung aufzurichten, vielleicht auch nicht – und jedenfalls ist das Nichts besser als das widerliche Etwas. In Kürze war er politischer Flüchtling und im Elend.

Und jetzt erst, gerade mit dieser furchtbaren Wendung seines äußeren und inneren Schicksals, beginnt der Abschnitt im Leben des großen Menschen, auf dem das Leuchten höchster Meisterschaft wie der Glanz flüssigen Goldes liegt! Jetzt erst wirft der Genius der dithyrambischen Dramatik die letzte Hülle von sich! Er ist vereinsamt, die Zeit erscheint ihm nichtig, er hofft nicht mehr: so steigt sein Weltblick in die Tiefe, nochmals, und jetzt hinab bis zum Grunde: dort sieht er das Leiden im Wesen der Dinge und nimmt von jetzt ab, gleichsam unpersönlicher geworden, seinen Teil von Leiden stiller hin. Das Begehren nach höchster Macht, das Erbgut früherer Zustände, tritt ganz ins künstlerische Schaffen über; er spricht durch seine Kunst nur noch mit sich, nicht mehr mit einem „Publikum“ oder Volke, und ringt danach, ihr die größte Deutlichkeit und Befähigung für ein solches mächtigstes Zwiegespräch zu geben. Es war auch im Kunstwerke der vorhergehenden Periode noch anders: auch in ihm hatte er eine, wenngleich zarte und veredelte, Rücksicht auf sofortige Wirkung genommen: als Frage war jenes Kunstwerk ja gemeint, es sollte eine sofortige Antwort hervorrufen; und wie oft wollte Wagner es denen, welche er fragte, erleichtern, ihn zu verstehen – so daß er ihnen und ihrer Ungeübtheit im Gefragtwerden entgegenkam und an ältere Formen und Ausdrucksmittel der Kunst sich anschmiegte; wo er fürchten mußte, mit seiner eigensten Sprache nicht zu überzeugen und verständlich zu werden, hatte er versucht, zu überreden und in einer halb fremden, seinen Zuhörern aber bekannteren Zunge seine Frage kund zu tun. Jetzt gab es nichts mehr, was ihn zu einer solchen

Rücksicht hätte bestimmen können, er wollte jetzt nur noch eins: sich mit sich verständigen, über das Wesen der Welt in Vorgängen denken, in Tönen philosophieren; der Rest des Absichtlichen in ihm geht auf die letzten Einsichten aus. Wer würdig ist zu wissen, was damals in ihm vorging, worüber er in dem heiligsten Dunkel seiner Seele mit sich Zwiesprache pflog – es sind nicht viele dessen würdig: der höre, schaue und erlebe Tristan und Isolde, das eigentliche opus metaphysicum aller Kunst, ein Werk, auf dem der gebrochne Blick eines Sterbenden liegt, mit seiner unersättlichen süßesten Sehnsucht nach den Geheimnissen der Nacht und des Todes, fern weg von dem Leben, welches als das Böse, Trügerische, Trennende in einer grausenhaften, gespenstischen Morgenhelle und Schärfe leuchtet: dabei ein Drama von der herbsten Strenge der Form, überwältigend in seiner schlichten Größe, und gerade nur so dem Geheimnis gemäß, von dem es redet, dem Tot-sein bei lebendigem Leibe, dem Eins-sein in der Zweiheit. Und doch ist noch etwas wunderbarer als dies Werk: der Künstler selber, der nach ihm in einer kurzen Spanne Zeit ein Weltbild der verschiedensten Färbung, die Meistersinger von Nürnberg, schaffen konnte, ja der in beiden Werken gleichsam nur ausruhte und sich erquickte, um den vor ihnen entworfenen und begonnenen vierteiligen Riesenbau mit gemeßner Eile zu Ende zu türmen, sein Sinnen und Dichten durch zwanzig Jahre hindurch, sein Bayreuther Kunstwerk, den Ring des Nibelungen! Wer sich über die Nachbarschaft des Tristan und der Meistersinger befremdet fühlen kann, hat das Leben und Wesen aller wahrhaft großen Deutschen in einem wichtigen Punkte nicht verstanden: er weiß nicht, auf welchem Grunde allein jene eigentlich und einzig deutsche Heiterkeit Luthers, Beethovens und Wagners erwachsen kann, die von andern Völkern gar nicht verstanden wird und den jetzigen Deutschen selber abhanden gekommen scheint – jene goldhelle durchgegorne Mischung von Einfalt, Tiefblick der Liebe, betrachtendem Sinne und Schalkhaftigkeit, wie sie Wagner als den köstlichsten Trank allen denen eingeschenkt hat, welche tief am Leben gelitten haben und sich ihm gleichsam mit dem Lächeln der Genesenden wieder zukehren. Und wie er selber so versöhnter in die Welt blickte, seltener von Grimm und Ekel erfaßt wurde, mehr in Trauer und Liebe auf Macht verzichtend, als vor ihr zurückschaudernd, wie er so in Stille sein größtes Werk förderte und Partitur neben Partitur legte, geschah einiges, was ihn aufhorchen ließ: die Freunde kamen, eine unterirdische Bewegung vieler Gemüter ihm anzukündigen – es war noch lange nicht das „Volk", das sich bewegte und hier ankündigte, aber vielleicht der Keim und erste Lebensquell einer in ferner Zukunft vollendeten, wahrhaft menschlichen Gesellschaft; zunächst nur die Bürgschaft, daß sein großes Werk einmal in Hand und Hut treuer Menschen gelegt werden könne, welche über dieses herrliche Vermächtnis an die Nachwelt zu wachen hätten und zu wachen würdig wären; in der Liebe der Freunde wurden die Farben am Tage seines Lebens leuchtender und wärmer; seine edelste Sorge, gleichsam noch vor Abend mit seinem Werke ans Ziel zu kommen und für dasselbe eine Herberge zu finden, wurde nicht mehr von ihm allein gehegt. Und da begab sich ein Ereignis, welches von ihm nur symbolisch verstanden werden konnte und für ihn einen neuen Trost, ein glückliches Wahrzeichen bedeutete. Ein großer Krieg der Deutschen ließ ihn aufblicken, derselben Deutschen, welche er so tief entartet, so abgefallen von dem hohen deutschen Sinne wußte, wie er ihn in sich und den andern großen Deutschen der Geschichte mit tiefstem Bewußtsein erforscht und erkannt hatte – er sah, daß diese Deutschen in einer ganz ungeheuren Lage zwei echte Tugenden: schlichte Tapferkeit und Besonnenheit zeigten, und begann mit innerstem Glücke zu glauben, daß er vielleicht doch nicht der letzte Deutsche sei und daß seinem Werke einmal noch eine gewaltigere Macht zur Seite stehen werde als die aufopfernde, aber geringe Kraft der wenigen Freunde, für jene lange Dauer, wo es seiner ihm vorherbestimmten Zukunft, als das Kunstwerk dieser Zukunft, entgegenharren soll. Vielleicht, daß dieser Glaube sich nicht dauernd vor dem Zweifel schützen konnte, je mehr er sich besonders zu sofortigen Hoffnungen zu steigern suchte: genug, er empfand einen mächtigen Anstoß, um sich an eine noch unerfüllte hohe Pflicht erinnert zu fühlen.

Sein Werk wäre nicht fertig, nicht zu Ende getan gewesen, wenn er es nur als schweigende Partitur der Nachwelt anvertraut hätte: er mußte das Unerratbarste, ihm Vorbehaltenste, den neuen Stil für seinen Vortrag, seine Darstellung, öffentlich zeigen und lehren, um das Beispiel zu geben, welches kein andrer geben konnte, und so eine Stil-Überlieferung zu begründen, die nicht in Zeichen auf Papier, sondern in Wirkungen auf menschliche Seelen eingeschrieben ist. Dies war um so mehr für ihn zur ernstesten Pflicht geworden, als seine andern Werke inzwischen, gerade in Beziehung auf Stil des Vortrags, das unleidlichste und absurdeste Schicksal gehabt hatten: sie waren berühmt, bewundert und wurden – gemißhandelt, und niemand schien sich zu empören. Denn so seltsam die Tatsache klingen mag: während er auf Erfolg bei seinen Zeitgenossen, in einsichtigster Schätzung derselben, immer grundsätzlicher verzichtete und dem Gedanken der Macht entsagte, kam ihm der „Erfolg" und die „Macht"; wenigstens erzählte ihm alle Welt davon. Es half nichts, daß er auf das entschiedenste das durchaus Mißverständliche, ja für ihn Beschämende jener „Erfolge“ immer wieder ans Licht stellte; man war so wenig daran gewöhnt, einen Künstler in der Art seiner Wirkungen streng unterscheiden zu sehen, daß man selbst seinen feierlichsten Verwahrungen nicht einmal recht traute. Nachdem ihm der Zusammenhang unsres heutigen Theaterwesens und Theatererfolges mit dem Charakter des heutigen Menschen aufgegangen war, hatte seine Seele nichts mehr mit diesem Theater zu schaffen; um ästhetische Schwärmerei und den Jubel aufgeregter Massen war es ihm nicht mehr zu tun, ja es mußte ihn ergrimmen, seine Kunst so unterschiedlos in den gähnenden Rachen der unersättlichen Langeweile und Zerstreuungs-Gier eingehen zu sehen. Wie flach und gedanken-bar hier jede Wirkung sein mußte, wie es hier wirklich mehr auf die Füllung eines Nimmersatten als auf die Ernährung eines Hungernden ankäme, schloß er zumal aus einer regelmäßigen Erscheinung: man nahm überall, auch von seiten der Aufführenden und Vortragenden, seine Kunst wie jede andre Bühnenmusik hin, nach dem widerlichen Rezeptier-Buche des Opernstiles, ja man schnitt und hackte sich seine Werke, dank den gebildeten Kapellmeistern, geradeswegs zur Oper zurecht, wie der Sänger ihnen erst nach sorgfältiger Entgeistung beizukommen glaubte; und wenn man es recht gut machen wollte, ging man mit einer Ungeschicklichkeit und einer prüden Beklemmung auf Wagners Vorschriften ein, ungefähr so, als ob man den nächtlichen Volks-Auflauf in den Straßen Nürnbergs, wie er im zweiten Akte der Meistersinger vorgeschrieben ist, durch künstlich figurierende Balettänzer darstellen wollte — und bei alledem schien man im guten Glauben, ohne böse Nebenabsichten zu handeln. Wagners aufopfernde Versuche, durch die Tat und das Beispiel nur wenigstens auf schlichte Korrektheit und Vollständigkeit der Aufführung hinzuweisen und einzelne Sänger in den ganz neuen Stil des Vortrags einzuführen, waren immer wieder vom Schlamm der herrschenden Gedankenlosigkeit und Gewohnheit weggeschwemmt worden; sie hatten ihn überdies immer zu einem Befassen mit eben dem Theater genötigt, dessen ganzes Wesen ihm zum Ekel geworden war. Hatte doch selbst Goethe die Lust verloren, den Aufführungen seiner Iphigenie beizuwohnen; „ich leide entsetzlich, hatte er zur Erklärung gesagt, wenn ich mich mit diesen Gespenstern herumschlagen muß, die nicht so zur Erscheinung kommen, wie sie sollten". Dabei nahm der „Erfolg" an diesem ihm widerlich gewordnen Theater immer zu; endlich kam es dahin, daß gerade die großen Theater fast zumeist von den fetten Einnahmen lebten, welche die Wagnerische Kunst in ihrer Verunstaltung als Opernkunst ihnen eintrug. Die Verwirrung über diese wachsende Leidenschaft des Theater-Publikums ergriff selbst manche Freunde Wagners: er mußte das Herbste erdulden – der große Dulder! – und seine Freunde von „Erfolgen" und „Siegen" berauscht sehen, wo sein einzig-hoher Gedanke gerade mitten hindurch zerknickt und verleugnet war. Fast schien es, als ob ein in vielen Stücken ernsthaftes und schweres Volk sich in bezug auf seinen ernstesten Künstler eine grundsätzliche Leichtfertigkeit nicht verkümmern lassen wollte, als ob sich gerade deshalb an ihm alles Gemeine, Gedankenlose, Ungeschickte und Boshafte des deutschen Wesens auslassen müßte. – Als sich nun während des deutschen Krieges eine großartigere, freiere Strömung der Gemüter zu bemächtigen schien, erinnerte sich Wagner seiner Pflicht der Treue, um wenigstens sein größtes Werk vor diesen mißverständlichen Erfolgen und Beschimpfungen zu retten und es in seinem eigensten Rhythmus zum Beispiel für alle Zeiten hinzustellen: so erfand er den Gedanken von Bayreuth. Im Gefolge jener Strömung der Gemüter glaubte er auch auf der Seite derer, welchen er seinen kostbarsten Besitz anvertrauen wollte, ein erhöhteres Gefühl von Pflicht erwachen zu sehen: – aus dieser Doppelseitigkeit von Pflichten erwuchs das Ereignis, welches wie ein fremdartiger Sonnenglanz auf der letzten und nächsten Reihe von Jahren liegt: zum Heile einer fernen, einer nur möglichen, aber unbeweisbaren Zukunft ausgedacht, für die Gegenwart und die nur gegenwärtigen Menschen nicht viel mehr als ein Rätsel oder ein Greuel, für die Wenigen, die an ihm helfen durften, ein Vorgenuß, ein Vorausleben der höchsten Art, durch welches sie weit über ihre Spanne Zeit sich beseligt, beseligend und fruchtbar wissen, für Wagner selbst eine Verfinsterung von Mühsal, Sorge, Nachdenken, Gram, ein erneutes Wüten der feindseligen Elemente, aber alles überstrahlt von dem Sterne der selbstlosen Treue, und in diesem Lichte zu einem unsäglichen Glücke umgewandelt!

Man braucht es kaum auszusprechen: es liegt der Hauch des Tragischen auf diesem Leben. Und jeder, der aus seiner eignen Seele etwas davon ahnen kann, jeder, für den der Zwang einer tragischen Täuschung über das Lebensziel, das Umbiegen und Brechen der Absichten, das Verzichten und Gereinigt-werden durch Liebe keine ganz fremden Dinge sind, muß in dem, was Wagner uns jetzt im Kunstwerke zeigt, ein traumhaftes Zurückerinnern an das eigne heldenhafte Dasein des großen Menschen fühlen. Ganz von ferne her wird uns zumute sein, als ob Siegfried von seinen Taten erzählte: im rührendsten Glück des Gedenkens webt die tiefe Trauer des Spätsommers, und alle Natur liegt still in gelbem Abendlichte. –

9

Darüber nachzudenken, was Wagner, der Künstler, ist, und an dem Schauspiele eines wahrhaft frei gewordnen Könnens und Dürfens betrachtend vorüberzugehn: Das wird jeder zu seiner Heilung und Erholung nötig haben, der darüber, wie Wagner, der Mensch, wurde, gedacht und gelitten hat. Ist die Kunst überhaupt eben nur das Vermögen, das an andere mitzuteilen, was man erlebt hat, widerspricht jedes Kunstwerk sich selbst, wenn es sich nicht zu verstehen geben kann: so muß die Größe Wagners, des Künstlers, gerade in jener dämonischen Mitteilbarkeit seiner Natur bestehen, welche gleichsam in allen Sprachen von sich redet und das innere, eigenste Erlebnis mit der höchsten Deutlichkeit erkennen läßt; sein Auftreten in der Geschichte der Künste gleicht einem vulkanischen Ausbruche des gesamten ungeteilten Kunstvermögens der Natur selber, nachdem die Menschheit sich an den Anblick der Vereinzelung der Künste wie an eine Regel gewöhnt hatte. Man kann deshalb schwanken, welchen Namen man ihm beilegen solle, ob er Dichter oder Bildner oder Musiker zu nennen sei, jedes Wort in einer außerordentlichen Erweiterung seines Begriffs genommen, oder ob erst ein neues Wort für ihn geschaffen werden müsse.

Das Dichterische in Wagner zeigt sich darin, daß er in sichtbaren und fühlbaren Vorgängen, nicht in Begriffen denkt, das heißt, daß er mythisch denkt, so wie immer das Volk gedacht hat. Dem Mythus liegt nicht ein Gedanke zugrunde, wie die Kinder einer verkünstelten Kultur vermeinen, sondern er selber ist ein Denken; er teilt eine Vorstellung von der Welt mit, aber in der Abfolge von Vorgängen, Handlungen und Leiden. Der Ring des Nibelungen ist ein ungeheures Gedankensystem ohne die begriffliche Form des Gedankens. Vielleicht könnte ein Philosoph etwas ganz Entsprechendes ihm zur Seite stellen, das ganz ohne Bild und Handlung wäre und bloß in Begriffen zu uns spräche: dann hätte man das gleiche in zwei disparaten Sphären dargestellt: einmal für das Volk und einmal für den Gegensatz des Volkes, den theoretischen Menschen. An diesen wendet sich also Wagner nicht; denn der theoretische Mensch versteht von dem eigentlich Dichterischen, dem Mythus, gerade soviel als ein Tauber von der Musik, das heißt beide sehen eine ihnen sinnlos scheinende Bewegung. Aus der einen von jenen disparaten Sphären kann man in die andre nicht hineinblicken: solange man im Banne des Dichters ist, denkt man mit ihm, als sei man nur ein fühlendes, sehendes und hörendes Wesen; die Schlüsse, die man macht, sind die Verknüpfungen der Vorgänge, die man sieht, also tatsächliche Kausalitäten, keine logischen.

Wenn die Helden und Götter solcher mythischen Dramen, wie Wagner sie dichtet, nun auch in Worten sich deutlich machen sollen, so liegt keine Gefahr näher, als daß diese Wortsprache in uns den theoretischen Menschen aufweckt und dadurch uns in eine andre, unmythische Sphäre hinüberhebt: so daß wir zuletzt durch das Wort nicht etwa deutlicher verstanden hätten, was vor uns vorging, sondern gar nichts verstanden hätten. Wagner zwang deshalb die Sprache in einen Urzustand zurück, wo sie fast noch nicht in Begriffen denkt, wo sie noch selber Dichtung, Bild und Gefühl ist; die Furchtlosigkeit, mit der Wagner an diese ganz erschreckende Aufgabe ging, zeigt, wie gewaltsam er von dem dichterischen Geiste geführt wurde, als einer, der folgen muß, wohin auch sein gespenstischer Führer den Weg nimmt. Man sollte jedes Wort dieser Dramen singen können, und Götter und Helden sollten es in den Mund nehmen: das war die ungeheure Anforderung, welche Wagner an seine sprachliche Phantasie stellte. Jeder andre hätte dabei verzagen müssen; denn unsre Sprache scheint fast zu alt und zu verwüstet zu sein, als daß man von ihr hätte verlangen dürfen, was Wagner verlangte: und doch rief sein Schlag gegen den Felsen eine reichliche Quelle hervor. Gerade Wagner hat, weil er diese Sprache mehr liebte und mehr von ihr forderte, auch mehr als ein andrer Deutscher an ihrer Entartung und Schwächung gelitten, also an den vielfältigen Verlusten und Verstümmlungen der Formen, an dem schwerfälligen Partikelwesen unsrer Satzfügung, an den unsingbaren Hilfszeitwörtern: – alles dieses sind ja Dinge, welche durch Sünden und Verlotterungen in die Sprache hineingekommen sind. Dagegen empfand er mit tiefem Stolze die auch jetzt noch vorhandene Ursprünglichkeit und Unerschöpflichkeit dieser Sprache, die tonvolle Kraft ihrer Wurzeln, in welchen er, im Gegensatz zu den höchst abgeleiteten, künstlich rhetorischen Sprachen der romanischen Stämme, eine wunderbare Neigung und Vorbereitung zur Musik, zur wahren Musik ahnte. Es geht eine Lust an dem Deutschen durch Wagners Dichtung, eine Herzlichkeit und Freimütigkeit im Verkehre mit ihm, wie so etwas, außer bei Goethe, bei keinem Deutschen sich nachfühlen läßt. Leiblichkeit des Ausdrucks, verwegene Gedrängtheit, Gewalt und rhythmische Vielartigkeit, ein merkwürdiger Reichtum an starken und bedeutenden Wörtern, Vereinfachung der Satzgliederung, eine fast einzige Erfindsamkeit in der Sprache des wogenden Gefühls und der Ahnung, eine mitunter ganz rein sprudelnde Volkstümlichkeit und Sprichwörtlichkeit – solche Eigenschaften würden aufzuzählen sein, und doch wäre dann immer noch die mächtigste und bewunderungswürdigste vergessen. Wer hintereinander zwei solche Dichtungen wie Tristan und die Meistersinger liest, wird in Hinsicht auf die Wortsprache ein ähnliches Erstaunen und Zweifeln empfinden wie in Hinsicht auf die Musik: wie es nämlich möglich war, über zwei Welten, so verschieden an Form, Farbe, Fügung als an Seele, schöpferisch zu gebieten. Dies ist das Mächtigste an der Wagnerischen Begabung, etwas, das allein dem großen Meister gelingen wird: für jedes Werk eine eigne Sprache auszuprägen und der neuen Innerlichkeit auch einen neuen Leib, einen neuen Klang zu geben. Wo eine solche allerseltenste Macht sich äußert, wird der Tadel immer nur kleinlich und unfruchtbar bleiben, der sich auf einzelnes Übermütige und Absonderliche oder auf die häufigeren Dunkelheiten des Ausdrucks und Umschleierungen des Gedankens bezieht. Überdies war denen, welche bisher am lautesten getadelt haben, im Grunde nicht sowohl die Sprache, als die Seele, die ganze Art zu empfinden und zu leiden, anstößig und unerhört. Wir wollen warten, bis diese selber eine andre Seele haben, dann werden sie selber auch eine andre Sprache sprechen: und dann wird es, wie mir scheint, auch mit der deutschen Sprache im ganzen besser stehn, als es jetzt steht.

Vor allem aber sollte niemand, der über Wagner, den Dichter und Sprachbildner, nachdenkt, vergessen, daß keines der Wagnerischen Dramen bestimmt ist, gelesen zu werden, und also nicht mit den Forderungen behelligt werden darf, welche an das Wortdrama gestellt werden. Dieses will allein durch Begriffe und Worte auf das Gefühl wirken; mit dieser Absicht gehört es unter die Botmäßigkeit der Rhetorik. Aber die Leidenschaft im Leben ist selten beredt: im Wortdrama muß sie es sein, um überhaupt sich auf irgend eine Art mitzuteilen. Wenn aber die Sprache eines Volkes sich schon im Zustande des Verfalls und der Abnutzung befindet, so kommt der Wortdramatiker in die Versuchung, Sprache und Gedanken ungewöhnlich aufzufärben und umzubilden; er will die Sprache heben, damit sie wieder das gehobene Gefühl hervorklingen lasse, und gerät dabei in die Gefahr, gar nicht verstanden zu werden. Ebenso sucht er der Leidenschaft durch erhabene Sinnsprüche und Einfälle etwas von Höhe mitzuteilen und verfällt dadurch wieder in eine andre Gefahr: er erscheint unwahr und künstlich.

Denn die wirkliche Leidenschaft des Lebens spricht nicht in Sentenzen, und die dichterische erweckt leicht Mißtrauen gegen ihre Ehrlichkeit, wenn sie sich wesentlich von dieser Wirklichkeit unterscheidet. Dagegen gibt Wagner, der Erste, welcher die inneren Mängel des Wortdramas erkannt hat, jeden dramatischen Vorgang in einer dreifachen Verdeutlichung, durch Wort, Gebärde und Musik: und zwar überträgt die Musik die Grundregungen im Innern der darstellenden Personen des Dramas unmittelbar auf die Seelen der Zuhörer, welche jetzt in den Gebärden derselben Personen die erste Sichtbarkeit jener inneren Vorgänge, und in der Wortsprache noch eine zweite abgeblaßtere Erscheinung derselben, übersetzt in das bewußtere Wollen, wahrnehmen. Alle diese Wirkungen erfolgen gleichzeitig und durchaus ohne sich zu stören, und zwingen den, welchem ein solches Drama vorgeführt wird, zu einem ganz neuen Verstehen und Miterleben, gleich als ob seine Sinne auf einmal vergeistigter und sein Geist versinnlichter geworden wäre, und als ob alles, was aus dem Menschen heraus will und nach Erkenntnis dürstet, sich jetzt in einem Jubel des Erkennens frei und selig befände. Weil jeder Vorgang eines Wagnerischen Dramas sich mit der höchsten Verständlichkeit dem Zuschauer mitteilt, und zwar durch die Musik von innen heraus erleuchtet und durchglüht, konnte sein Urheber aller der Mittel entraten, welche der Wortdichter nötig hat, um seinen Vorgängen Wärme und Leuchtkraft zu geben. Der ganze Haushalt des Dramas durfte einfacher sein, der rhythmische Sinn des Baumeisters konnte es wieder wagen, sich in den großen Gesamtverhältnissen des Baues zu zeigen; denn es fehlte zu jener absichtlichen Verwicklung und verwirrenden Vielgestaltigkeit des Baustils jetzt jede Veranlassung, durch welche der Wortdichter zugunsten seines Werkes das Gefühl der Verwunderung und des angespannten

Interesses zu erreichen strebt, um dies dann zu dem Gefühl des beglückten Staunens zu steigern. Der Eindruck der idealisierenden Ferne und Höhe war nicht erst durch Kunstgriffe herbeizuschaffen. Die Sprache zog sich aus einer rhetorischen Breite in die Geschlossenheit und Kraft einer Gefühlsrede zurück: und trotzdem, daß der darstellende Künstler viel weniger als früher über das sprach, was er im Schauspiel tat und empfand, zwangen jetzt innerliche Vorgänge, welche die Angst des Wortdramatikers vor dem angeblich Undramatischen bisher von der Bühne fern gehalten hatte, den Zuhörer zum leidenschaftlichen Miterleben, während die begleitende Gebärdensprache nur in der zartesten Modulation sich zu äußern brauchte. Nun ist überhaupt die gesungene Leidenschaft in der Zeitdauer um etwas länger als die gesprochene; die Musik streckt gleichsam die Empfindung aus: daraus folgt im allgemeinen, daß der darstellende Künstler, der zugleich Sänger ist, die allzu große unplastische Aufgeregtheit der Bewegung, an welcher das ausgeführte Wortdrama leidet, überwinden muß. Er sieht sich zu einer Veredelung der Gebärde hingezogen, um so mehr als die Musik seine Empfindung in das Bad eines reineren Äthers eingetaucht und dadurch unwillkürlich der Schönheit näher gebracht hat.

Die außerordentlichen Aufgaben, welche Wagner den Schauspielern und Sängern gestellt hat, werden auf ganze Menschenalter hin einen Wetteifer unter ihnen entzünden, um endlich das Bild jedes Wagnerischen Helden in der leiblichsten Sichtbarkeit und Vollendung zur Darstellung zu bringen: so wie diese vollendete Leiblichkeit in der Musik des Dramas schon vorgebildet liegt. Diesem Führer folgend, wird zuletzt das Auge des plastischen Künstlers die Wunder einer neuen Schauwelt sehen, welche vor ihm allein der Schöpfer solcher Werke, wie der Ring des Nibelungen ist, zum ersten Male erblickt hat: als ein Bildner höchster Art, welcher wie Äschylus einer kommenden Kunst den Weg zeigt. Müssen nicht schon durch die Eifersucht große Begabungen geweckt werden, wenn die Kunst des Plastikers ihre Wirkung mit der einer Musik vergleicht, wie die Wagnerische ist: in welcher es reinstes, sonnenhelles Glück gibt; so daß dem, welcher sie hört, zumute wird, als ob fast alle frühere Musik eine veräußerlichte, befangene, unfreie Sprache geredet hätte, als ob man mit ihr bisher hätte ein Spiel spielen wollen, vor solchen, welche des Ernstes nicht würdig waren, oder als ob mit ihr gelehrt und demonstriert werden sollte, vor solchen, welche nicht einmal des Spieles würdig sind. Durch diese frühere Musik dringt nur auf kurze Stunden jenes Glück in uns ein, welches wir immer bei Wagnerischer Musik empfinden: es scheinen seltne Augenblicke der Vergessenheit, die sie gleichsam überfallen, wo sie mit sich allein redet und den Blick aufwärts richtet wie Raffaels Cäcilia, weg von den Hörern, welche Zerstreuung, Lustbarkeit oder Gelehrsamkeit von ihr fordern.

Von Wagner, dem Musiker, wäre im allgemeinen zu sagen, daß er allem in der Natur, was bis jetzt nicht reden wollte, eine Sprache gegeben hat: er glaubt nicht daran, daß es etwas Stummes geben müsse. Er taucht auch in Morgenröte, Wald, Nebel, Kluft, Bergeshöhe, Nachtschauer, Mondesglanz hinein und merkt ihnen ein heimliches Begehren ab: sie wollen auch tönen. Wenn der Philosoph sagt, es ist Ein Wille, der in der belebten und unbelebten Natur nach Dasein dürstet, so fügt der Musiker hinzu: und dieser Wille will, auf allen Stufen, ein tönendes Dasein.

Die Musik hatte vor Wagner im ganzen enge Grenzen; sie bezog sich auf bleibende Zustände des Menschen, auf das, was die Griechen Ethos nennen, und hatte mit Beethoven eben erst begonnen, die Sprache des Pathos, des leidenschaftlichen Wollens, der dramatischen Vorgänge im Innern des Menschen zu finden. Ehedem sollte eine Stimmung, ein gefaßter oder heiterer oder andächtiger oder bußfertiger Zustand sich durch Töne zu erkennen geben, man wollte durch eine gewisse auffallende Gleichartigkeit der Form und durch die längere Andauer dieser Gleichartigkeit den Zuhörer zur Deutung dieser Musik nötigen und endlich in die gleiche Stimmung versetzen. Allen solchen Bildern von Stimmungen und Zuständen waren einzelne Formen notwendig; andre wurden durch Konvention in ihnen üblich. Über die Länge entschied die Vorsicht des Musikers, welcher den Zuhörer wohl in eine Stimmung bringen, aber nicht durch allzu lange Andauer derselben langweilen wollte. Man ging einen Schritt weiter, als man die Bilder entgegengesetzter Stimmungen nacheinander entwarf und den Reiz des Kontrastes entdeckte, und noch einen Schritt, als dasselbe Tonstück in sich einen Gegensatz des Ethos, zum Beispiel durch das Widerstreben eines männlichen und eines weiblichen Themas, aufnahm. Dies alles sind noch rohe und uranfängliche Stufen der Musik. Die Furcht vor der Leidenschaft gibt die einen, die vor der Langenweile die andern Gesetze; alle Vertiefungen und Ausschreitungen des Gefühls wurden als „unethisch" empfunden. Nachdem aber die Kunst des Ethos dieselben gewöhnlichen Zustände und Stimmungen in hundertfacher Wiederholung dargestellt hatte, geriet sie, trotz der wunderbarsten Erfindsamkeit ihrer Meister, endlich in Erschöpfung. Beethoven zuerst ließ die Musik eine neue Sprache, die bisher verbotene Sprache der Leidenschaft reden: weil aber seine Kunst aus den Gesetzen und Konventionen der Kunst des Ethos herauswachsen und versuchen mußte, sich gleichsam vor jener zu rechtfertigen, so hatte sein künstlerisches Werden eine eigentümliche Schwierigkeit und Undeutlichkeit an sich. Ein innerer, dramatischer Vorgang – denn jede Leidenschaft hat einen dramatischen Verlauf – wollte sich zu einer neuen Form hindurchringen, aber das überlieferte Schema der Stimmungsmusik widersetzte sich und redete beinahe mit der Miene der Moralität wider ein Aufkommen der Unmoralität. Es scheint mitunter so, als ob Beethoven sich die widerspruchsvolle Aufgabe gestellt habe, das Phatos mit den Mitteln des Ethos sich aussprechen zu lassen. Für die größten und spätesten Werke Beethovens reicht aber diese Vorstellung nicht aus. Um den großen geschwungenen Bogen einer Leidenschaft wiederzugeben, fand er wirklich ein neues Mittel: er nahm einzelne Punkte ihrer Flugbahn heraus und deutete sie mit der größten Bestimmtheit an, um aus ihnen dann die ganze Linie durch den Zuhörer *erraten* zu lassen. Äußerlich betrachtet, nahm sich die neue Form aus wie die Zusammenstellung mehrerer Tonstücke, von denen jedes einzelne scheinbar einen beharrenden Zustand, in Wahrheit aber einen Augenblick im dramatischen Verlauf der Leidenschaft darstellte. Der Zuhörer konnte meinen, die alte Musik der Stimmung zu hören, nur daß das Verhältnis der einzelnen Teile zueinander ihm unfaßlich geworden war und sich nicht mehr nach dem Kanon des Gegensatzes deuten ließ. Selbst bei geringeren Musikern stellte sich eine Geringschätzung gegen die Forderung eines künstlerischen Gesamtbaus ein, die Folge der Teile in ihren Werken wurde willkürlich. Die Erfindung der großen Form der Leidenschaft führte durch ein Mißverständnis auf den Einzelsatz mit beliebigem Inhalte zurück, und die Spannung der Teile gegeneinander hörte ganz auf. Deshalb ist die Symphonie nach Beethoven ein so wunderlich undeutliches Gebilde, namentlich wenn sie im einzelnen noch die Sprache des Beethovenschen Pathos stammelt. Die Mittel passen nicht zur Absicht, und die Absicht im ganzen wird dem Zuhörer überhaupt nicht klar, weil sie auch im Kopfe des Urhebers niemals klar gewesen ist. Gerade aber die Forderung, daß man etwas ganz Bestimmtes zu sagen habe und daß man es auf das deutlichste sage, wird um so unerläßlicher, je höher, schwieriger und anspruchsvoller eine Gattung ist.

Deshalb war Wagners ganzes Ringen darauf aus, alle Mittel zu finden, welche der Deutlichkeit dienen; vor allem hatte er dazu nötig, sich von allen Befangenheiten und Ansprüchen der älteren Musik der Zustände loszubinden und seiner Musik, dem tönenden Prozesse des Gefühls und der Leidenschaft, eine gänzlich unzweideutige Rede in den Mund zu legen. Schauen wir auf das hin, was er erreicht hat, so ist uns, als ob er im Bereiche der Musik das gleiche getan habe, was im Bereiche der Plastik der Erfinder der Freigruppe tat. Alle frühere Musik scheint, an der Wagnerischen gemessen, steif oder ängstlich, als ob man sie nicht von allen Seiten ansehn dürfe und sie sich schäme. Wagner ergreift jeden Grad und jede Farbe des Gefühls mit der größten Festigkeit und Bestimmtheit; er nimmt die zarteste, entlegenste und mildeste Regung, ohne Angst sie zu verlieren, in die Hand, und hält sie wie etwas Hart- und Festgewordenes, wenn auch jedermann sonst in ihr einen unangreifbaren Schmetterling sehen sollte. Seine Musik ist niemals unbestimmt, stimmungshaft; alles, was durch sie redet, Mensch oder Natur, hat eine streng individualisierte Leidenschaft; Sturm und Feuer nehmen bei ihm die zwingende Gewalt eines persönlichen Willens an. Über allen den tönenden Individuen und dem Kampfe ihrer Leidenschaften, über dem ganzen Strudel von Gegensätzen, schwebt, mit höchster Besonnenheit, ein übermächtiger symphonischer Verstand, welcher aus dem Kriege fortwährend die Eintracht gebiert: Wagners Musik als Ganzes ist ein Abbild der Welt, so wie diese von dem großen ephesischen Philosophen verstanden wurde, als eine Harmonie, welche der Streit aus sich zeugt, als die Einheit von Gerechtigkeit und Feindschaft. Ich bewundere die Möglichkeit, aus einer Mehrzahl von Leidenschaften, welche nach verschiedenen Richtungen hin laufen, die große Linie einer Gesamtleidenschaft zu berechnen: daß so etwas möglich ist, sehe ich durch jeden einzelnen Akt eines Wagnerischen Dramas bewiesen, welcher nebeneinander die Einzelgeschichte verschiedener Individuen und eine Gesamtgeschichte aller erzählt. Wir spüren es schon zu Anfang, daß wir widerstrebende einzelne Strömungen, aber auch, über alle mächtig, einen Strom mit Einer gewaltigen Richtung vor uns haben: dieser Strom bewegt sich zuerst unruhig, über verborgene Felsenzacken hinweg, die Flut scheint mitunter auseinander zu reißen, nach verschiedenen Richtungen hin zu wollen. Allmählich bemerken wir, daß die innere Gesamtbewegung gewaltiger, fortreißender geworden ist; die zuckende Unruhe ist in die Ruhe der breiten furchtbaren Bewegung nach einem noch unbekannten Ziele übergegangen; und plötzlich, am Schluß, stürzt der Strom hinunter in die Tiefe, in seiner ganzen Breite, mit einer dämonischen Lust an Abgrund und Brandung. Nie ist Wagner mehr Wagner, als wenn die Schwierigkeiten sich verzehnfachen und er in ganz großen Verhältnissen mit der Lust des Gesetzgebers walten kann. Ungestüme widerstrebende Massen zu einfachen Rhythmen bändigen, durch eine verwirrende Mannigfaltigkeit von Ansprüchen und Begehrungen Einen Willen durchführen – das sind die Aufgaben, zu welchen er sich geboren, in welchen er seine Freiheit fühlt. Nie verliert er dabei den Atem, nie kommt er keuchend an sein Ziel. Er hat ebenso unablässig danach gestrebt, sich die schwersten Gesetze aufzuerlegen, als andre nach Erleichterung ihrer Last trachten; das Leben und die Kunst drücken ihn, wenn er nicht mit ihren schwierigsten Problemen spielen kann. Man erwäge nur einmal das Verhältnis der gesungenen Melodie zur Melodie der ungesungenen Rede – wie er die Höhe, die Stärke und das Zeitmaß des leidenschaftlich sprechenden Menschen als Naturvorbild behandelt, das er in Kunst umzuwandeln hat: – man erwäge dann wiederum die Einordnung einer solchen singenden Leidenschaft in den ganzen symphonischen Zusammenhang der Musik, um ein Wunderding von überwundenen Schwierigkeiten kennen zu lernen: seine Erfindsamkeit hierbei, im kleinen und großen, die Allgegenwart seines Geistes und seines Fleißes ist der Art, daß man beim Anblick einer Wagnerischen Partitur glauben möchte, es habe vor ihm gar keine rechte Arbeit und Anstrengung gegeben. Es scheint, daß er auch in bezug auf die Mühsal der Kunst hätte sagen können, die eigentliche Tugend des Dramatikers bestehe in der Selbstentäußerung; aber er würde wahrscheinlich entgegnen: es gibt nur Eine Mühsal, die des noch nicht Freigewordnen; die Tugend und das Gute sind leicht.

Als Künstler im ganzen betrachtet, so hat Wagner, um an einen bekannteren Typus zu erinnern, etwas von Demosthenes an sich: den furchtbaren Ernst um die Sache und die Gewalt des Griffs, so daß er jedesmal die Sache faßt; er schlägt seine Hand darum, im Augenblick, und sie hält fest, als ob sie aus Erz wäre. Er verbirgt wie jener seine Kunst oder macht sie vergessen, indem er zwingt, an die Sache zu denken; und doch ist er, gleich Demosthenes, die letzte und höchste Erscheinung hinter einer ganzen Reihe von gewaltigen Kunstgeistern, und hat folglich mehr zu verbergen als die Ersten der Reihe; seine Kunst wirkt als Natur, als hergestellte, wiedergefundene Natur. Er trägt nichts Epideiktisches an sich, was alle früheren Musiker haben, welche gelegentlich mit ihrer Kunst auch ein Spiel treiben und ihre Meisterschaft zur Schau stellen. Man denkt bei dem Wagnerischen Kunstwerk weder an das Interessante noch das Ergötzliche, noch an Wagner selbst, noch an die Kunst überhaupt: man fühlt allein das Notwendige. Welche Strenge und Gleichmäßigkeit des Willens, welche Selbstüberwindung der Künstler in der Zeit seines Werdens nötig hatte, um zuletzt, in der Reife, mit freudiger Freiheit in jedem Augenblick des Schaffens das Notwendige zu tun, das wird ihm niemals jemand nachrechnen können: genug, wenn wir es an einzelnen Fällen spüren, wie seine Musik sich mit einer gewissen Grausamkeit des Entschlusses dem Gange des Dramas, der wie das Schicksal unerbittlich ist, unterwirft, während die feurige Seele dieser Kunst danach lechzt, einmal ohne alle Zügel in der Freiheit und Wildnis umherzuschweifen.

10

Ein Künstler, welcher diese Gewalt über sich hat, unterwirft sich, selbst ohne es zu wollen, alle anderen Künstler. Ihm allein wiederum werden die Unterworfenen, seine Freunde und Anhänger, nicht zur Gefahr, zur Schranke: während die geringeren Charaktere, weil sie sich auf die Freunde zu stützen suchen, durch sie ihre Freiheit einzubüßen pflegen. Es ist höchst wunderbar anzusehen, wie Wagner sein Leben lang jeder Gestaltung von Parteien ausgewichen ist, wie sich aber hinter jeder Phase seiner Kunst ein Kreis von Anhängern zusammenschloß, scheinbar um ihn nun auf dieser Phase festzuhalten. Er ging immer mitten durch sie hindurch und ließ sich nicht binden; sein Weg ist überdies zu lang gewesen, als daß ein einzelner so leicht ihn von Anfang an hätte mitgehen können: und so ungewöhnlich und steil, daß auch dem Treuesten wohl einmal der Atem ausging. Fast zu allen Lebenszeiten Wagners hätten ihn seine Freunde gern dogmatisieren mögen; und ebenfalls, obwohl aus andern Gründen, seine Feinde. Wäre die Reinheit seines künstlerischen Charakters nur um einen Grad weniger entschieden gewesen, so hätte er viel zeitiger zum entscheidenden Herrn der gegenwärtigen Kunst- und Musikzustände werden können: – was er jetzt endlich auch geworden ist, aber in dem viel höhern Sinne, daß alles, was auf irgend einem Gebiete der Kunst vorgeht, sich unwillkürlich vor den Richterstuhl seiner Kunst und seines künstlerischen Charakters gestellt fühlt. Er hat sich die Widerwilligsten unterjocht: es gibt keinen begabten Musiker mehr, welcher nicht innerlich auf ihn hörte und ihn hörenswerter als sich und die übrige Musik zusammen fände. Manche, welche durchaus etwas bedeuten wollen, ringen geradezu mit diesem sie überwältigenden inneren Reize, bannen sich mit ängstlicher Beflissenheit in den Kreis der älteren Meister und wollen lieber ihre „Selbständigkeit" an Schubert oder Händel anlehnen als an Wagner. Umsonst! Indem sie gegen ihr besseres Gewissen kämpfen, werden sie als Künstler selber geringer und kleinlicher, sie verderben ihren Charakter dadurch, daß sie schlechte Bundesgenossen und Freunde dulden müssen: und nach allen diesen Aufopferungen begegnet es ihnen doch, vielleicht in einem Traume, daß ihr Ohr nach Wagner hinhorcht. Diese Gegner sind bedauernswürdig: sie glauben viel zu verlieren, wenn sie sich verlieren, und irren sich dabei.

Nun liegt ersichtlich Wagner nicht viel daran, ob die Musiker von jetzt ab wagnerisch komponieren und ob sie überhaupt komponieren; ja er tut, was er kann, um jenen unseligen Glauben zu zerstören, daß sich nun wieder an ihn eine Schule von Komponisten anschließen müsse. Soweit er unmittelbaren Einfluß auf Musiker hat, sucht er sie über die Kunst des großen Vortrags zu belehren; es scheint ihm ein Zeitpunkt in der Entwicklung der Kunst gekommen, in welchem der gute Wille, ein tüchtiger Meister der Darstellung und Ausübung zu werden, viel schätzenswerter ist als das Gelüst, um jeden Preis selber zu „schaffen". Denn dieses Schaffen, auf der jetzt erreichten Stufe der Kunst, hat die verhängnisvolle Folge, das wahrhafte Große in seinen Wirkungen zu verflachen, dadurch, daß man es, so gut es geht, vervielfältigt und die Mittel und Kunstgriffe des Genies durch alltäglichen Gebrauch abnützt. Selbst das Gute in der Kunst ist überflüssig und schädlich, wenn es aus der Nachahmung des Besten entstand. Die Wagnerischen Zwecke und Mittel gehören zusammen: es braucht nichts weiter dazu als künstlerische Ehrlichkeit, dies zu fühlen, und es ist Unehrlichkeit, die Mittel ihm abzumerken und zu ganz andern, kleineren Zwecken zu verwenden.

Wenn also Wagner es ablehnt, in einer Schar von wagnerisch komponierenden Musikern fortzuleben, so stellt er um so eindringlicher allen Begabungen die neue Aufgabe, mit ihm zusammen die Gesetze des Stils für den dramatischen Vortrag zu finden. Das tiefste Bedürfnis treibt ihn, für seine Kunst die Tradition eines Stils zu begründen, durch welche sein Werk, in reiner Gestalt, von einer Zeit zur andern fortleben könne, bis es jene Zukunft erreicht, für welche es von seinem Schöpfer vorausbestimmt war.

Wagner besitzt einen unersättlichen Trieb, alles, was sich auf jene Begründung des Stils und, solchermaßen, auf die Fortdauer seiner Kunst bezieht, mitzuteilen. Sein Werk, um mit Schopenhauer zu reden, als ein heiliges Depositum und die wahre Frucht seines Daseins zum Eigentum der Menschheit zu machen, es niederlegend für eine besser urteilende Nachwelt, dies wurde ihm zum Zweck, der allen anderen Zwecken vorgeht und für den er die Dornenkrone trägt, welche einst zum Lorbeerkranze ausschlagen soll: auf die Sicherstellung seines Werkes konzentrierte sein Streben sich ebenso entschieden, wie das des Insekts, in seiner letzten Gestalt, auf die Sicherstellung seiner Eier und Vorsorge für die Brut, deren Dasein es nie erlebt: es deponiert die Eier da, wo sie, wie es sicher weiß, einst Leben und Nahrung finden werden, und stirbt getrost.

Dieser Zweck, der allen andern Zwecken vorgeht, treibt ihn zu immer neuen Erfindungen; er schöpft deren aus dem Borne seiner dämonischen Mitteilbarkeit immer mehr, je deutlicher er sich im Ringen mit dem abgeneigtesten Zeitalter fühlt, das zum Hören den schlechtesten Willen mitgebracht hat. Allmählich aber beginnt selbst dieses Zeitalter, seinen unermüdlichen Versuchen, seinem biegsamen Andringen nachzugeben und das Ohr hinzuhalten. Wo eine kleine oder bedeutende Gelegenheit sich von ferne zeigte, seine Gedanken durch ein Beispiel zu erklären, war Wagner dazu bereit: er dachte seine Gedanken in die jedesmaligen Umstände hinein und brachte sie aus der dürftigsten Verkörperung heraus noch zum Reden. Wo eine halbwegs empfängliche Seele sich ihm auftat, warf er seinen Samen hinein. Er knüpft dort Hoffnungen an, wo der kalte Beobachter mit den Achseln zuckt; er täuscht sich hundertfach, um Ein Mal gegen diesen Beobachter recht zu behalten. Wie der Weise im Grunde mit lebenden Menschen nur so weit verkehrt, als er durch sie den Schatz seiner Erkenntnis zu mehren weiß, so scheint es fast, als ob der Künstler keinen Verkehr mehr mit den Menschen seiner Zeit haben könne, durch welchen er nicht die Verewigung seiner Kunst fördert: man liebt ihn nicht anders, als wenn man diese Verewigung liebt, und ebenso empfindet er nur Eine Art des gegen ihn gerichteten Hasses, den Haß nämlich, welcher die Brücken zu jener Zukunft seiner Kunst ihm abbrechen will. Die Schüler, welche Wagner sich erzog, die einzelnen Musiker und Schauspieler, denen er ein Wort sagte, eine Gebärde vormachte, die kleinen und großen Orchester, die er führte, die Städte, welche ihn im Ernste seiner Tätigkeit sahen, die Fürsten und Frauen, welche halb mit Scheu, halb mit Liebe an seinen Plänen teilnahmen, die verschiedenen europäischen Länder, denen er zeitweilig als der Richter und das böse Gewissen ihrer Künste angehörte: alles wurde allmählich zum Echo seines Gedankens, seines unersättlichen Strebens nach einer zukünftigen Fruchtbarkeit; kam dieses Echo auch oft entstellt und verwirrt zu ihm zurück, so muß doch zuletzt der Übermacht des gewaltigen Tones, welchen er hundertfältig in die Welt hineinrief, auch ein übermächtiger Nachklang entsprechen; und es wird bald nicht mehr möglich sein, ihn nicht zu hören, ihn falsch zu verstehen. Dieser Nachklang ist es schon jetzt, welcher die Kunststätten der modernen Menschen erzittern macht; jedesmal, wenn der Hauch seines Geistes in diese Gärten hineinblies, bewegte sich alles, was darin windfällig und wipfeldürr war; und in noch beredterer Weise als dieses Erzittern spricht ein überall auftauchender Zweifel: niemand weiß mehr zu sagen, wo nur immer noch die Wirkung Wagners unvermutet herausbrechen werde. Er ist ganz und gar außerstand, das Heil der Kunst losgetrennt von irgend welchem anderen Heil und Unheil zu betrachten: wo nur immer der moderne Geist Gefahren in sich birgt, da spürt er mit dem Auge des spähendsten Mißtrauens auch die Gefahr der Kunst. Er nimmt in seiner Vorstellung das Gebäude unserer Zivilisation auseinander und läßt sich nichts Morsches, nichts leichtfertig Gezimmertes entgehen: wenn er dabei auf wetterfeste Mauern und überhaupt auf dauerhaftere Fundamente stößt, so sinnt er sofort auf ein Mittel, daraus für seine Kunst Bollwerke und schützende Dächer zu gewinnen. Er lebt wie ein Flüchtling, der nicht sich, sondern ein Geheimnis zu bewahren trachtet; wie ein unglückliches Weib, welches das Leben des Kindes, das sie im Schoße trägt, nicht ihr eignes, retten will: er lebt wie Sieglinde „um der Liebe willen“.

Denn freilich ist es ein Leben voll mannigfacher Qual und Scham, in einer Welt unstet und unheimisch zu sein und doch zu ihr reden, von ihr fordern zu müssen, sie verachten und doch die Verachtete nicht entbehren zu können, – es ist die eigentliche Not des Künstlers der Zukunft; als welcher nicht, gleich dem Philosophen, in einem dunklen Winkel für sich der Erkenntnis nachjagen kann: denn er braucht menschliche Seelen als Vermittler an die Zukunft, öffentliche Einrichtungen als Gewährleistung dieser Zukunft, als Brücken zwischen jetzt und einstmals. Seine Kunst ist auf dem Kahne der schriftlichen Aufzeichnung nicht einzuschiffen, wie dies der Philosoph vermag: die Kunst will Könnende als Überlieferer, nicht Buchstaben und Noten. Über ganze Strecken im Leben Wagners hinweg klingt der Ton der Angst, diesen Könnenden nicht mehr nahe zu kommen, und an Stelle des Beispiels, das er ihnen zu geben hat, gewaltsam auf die schriftliche Andeutung sich eingeschränkt zu sehen, und anstatt die Tat vorzutun, den blassesten Schimmer der Tat solchen zu zeigen, welche Bücher lesen, das heißt im ganzen so viel als: welche keine Künstler sind.

Wagner als Schriftsteller zeigt den Zwang eines tapfern Menschen, dem man die rechte Hand zerschlagen hat und der mit der linken ficht: er ist immer ein Leidender, wenn er schreibt, weil er der rechten Mitteilung auf seine Weise, in Gestalt eines leuchtenden und siegreichen Beispiels, durch eine zeitweilig unüberwindliche Notwendigkeit beraubt ist. Seine Schriften haben gar nichts Kanonisches, Strenges: sondern der Kanon liegt in den Werken. Es sind Versuche, den Instinkt zu begreifen, welcher ihn zu seinen Werken trieb, und gleichsam sich selber ins Auge zu sehen; hat er es erst erreicht, seinen Instinkt in Erkenntnis umzuwandeln, so hofft er, daß in den Seelen seiner Leser der umgekehrte Prozeß sich einstellen werde: mit dieser Aussicht schreibt er. Wenn sich vielleicht ergeben sollte, daß hierbei irgend etwas Unmögliches versucht worden ist, so hätte Wagner doch nur dasselbe Schicksal mit allen denen gemein, welche über die Kunst nachdachten; und vor den meisten von ihnen hat er voraus, daß in ihm der gewaltigste Gesamtinstinkt der Kunst Herberge genommen hat. Ich kenne keine ästhetischen Schriften, welche so viel Licht brächten wie die Wagnerischen; was über die Geburt des Kunstwerks überhaupt zu erfahren ist, das ist aus ihnen zu erfahren. Es ist einer der ganz Großen, der hier als Zeuge auftritt und sein Zeugnis durch eine lange Reihe von Jahren immer mehr verbessert, befreit, verdeutlicht und aus dem Unbestimmten heraushebt; auch wenn er, als Erkennender, stolpert, schlägt er Feuer heraus. Gewisse Schriften, wie „Beethoven“, „über das Dirigieren“, „über Schauspieler und Sänger“, „Staat und Religion“, machen jedes Gelüst zum Widersprechen verstummen und erzwingen sich ein stilles innerliches, andächtiges Zuschauen, wie es sich beim Auftun kostbarer Schreine geziemt. Andere, namentlich die aus der früheren Zeit, „Oper und Drama“ mit eingerechnet, regen auf, machen Unruhe: es ist eine Ungleichmäßigkeit des Rhythmus in ihnen, wodurch sie, als Prosa, in Verwirrung setzen. Die Dialektik in ihnen ist vielfältig gebrochen, der Gang durch Sprünge des Gefühls mehr gehemmt als beschleunigt; eine Art von Widerwilligkeit des Schreibenden liegt wie ein Schatten auf ihnen, gleich als ob sich der Künstler des begrifflichen Demonstrierens schämte. Am meisten beschwert vielleicht den nicht ganz Vertrauten ein Ausdruck von autoritativer Würde, welcher ganz ihm eigen und schwer zu beschreiben ist: mir kommt es so vor, als ob Wagner häufig wie vor

Feinden sprechen – denn alle diese Schriften sind im Sprechstil, nicht im Schreibstil, geschrieben, und man wird sie viel deutlicher finden, wenn man sie gut vorgetragen hört – vor Feinden, mit denen er keine Vertraulichkeit haben mag, weshalb er sich abhaltend, zurückhaltend zeigt. Nun bricht nicht selten die fortreißende Leidenschaft seines Gefühls durch diesen absichtlichen Faltenwurf hindurch; dann verschwindet die künstliche, schwere und mit Nebenworten reich geschwellte Periode, und es entschlüpfen ihm Sätze und ganze Seiten, welche zu dem Schönsten gehören, was die deutsche Prosa hat. Aber selbst angenommen, daß er in solchen Teilen seiner Schriften zu Freunden redet und das Gespenst seines Gegners dabei nicht mehr neben seinem Stuhle steht: alle die Freunde und Feinde, mit welchen Wagner als Schriftsteller sich einläßt, haben etwas Gemeinsames, was sie gründlich von jenem „Volke“ abtrennt, für welches er als Künstler schafft. Sie sind in der Verfeinerung und Unfruchtbarkeit ihrer Bildung durchaus unvolkstümlich, und der, welcher von ihnen verstanden werden will, muß unvolkstümlich reden: so wie dies unsre besten Prosaschriftsteller getan haben, so wie es auch Wagner tut. Mit welchem Zwange, das läßt sich erraten. Aber die Gewalt jenes vorsorglichen, gleichsam mütterlichen Triebes, welchem er jedes Opfer bringt, zieht ihn selber in den Dunstkreis der Gelehrten und Gebildeten zurück, dem er als Schaffender auf immer Lebewohl gesagt hat. Er unterwirft sich der Sprache der Bildung und allen Gesetzen ihrer Mitteilung, ob er schon der erste gewesen ist, welcher das tiefe Ungenügen dieser Mitteilung empfunden hat.

Denn, wenn irgend etwas seine Kunst gegen alle Kunst der neueren Zeiten abhebt, so ist es dies: sie redet nicht mehr die Sprache der Bildung einer Kaste und kennt überhaupt den Gegensatz von Gebildeten und Ungebildeten nicht mehr. Damit stellt sie sich in Gegensatz zu aller Kultur der Renaissance, welche bisher uns neuere Menschen in ihr Licht und ihren Schatten eingehüllt hatte. Indem die Kunst Wagners uns auf Augenblicke aus ihr hinausträgt, vermögen wir ihren gleichartigen Charakter überhaupt erst zu überschauen: da erscheinen uns Goethe und Leopardi als die letzten großen Nachzügler der italienischen Philologen-Poeten, der Faust als die Darstellung des unvolkstümlichsten Rätsels, welches sich die neueren Zeiten, in der Gestalt des nach Leben dürstenden theoretischen Menschen, aufgegeben haben; selbst das Goethische Lied ist dem Volksliede nachgesungen, nicht vorgesungen, und sein Dichter wußte, weshalb er mit so vielem Ernst einem Anhänger den Gedanken ans Herz legte: „meine Sachen können nicht populär werden; wer daran denkt und dafür strebt, ist im Irrtum".

Daß es überhaupt eine Kunst geben könne, so sonnenhaft hell und warm, um ebenso die Niedrigen und Armen im Geiste mit ihrem Strahle zu erleuchten als den Hochmut der Wissenden zu schmelzen: das mußte erfahren werden und war nicht zu erraten. Aber im Geiste eines jeden, der es jetzt erfährt, muß es alle Begriffe über Erziehung und Kultur umwenden; ihm wird der Vorhang vor einer Zukunft aufgezogen scheinen, in welcher es keine höchsten Güter und Beglückungen mehr gibt, die nicht den Herzen aller gemein sind. Der Schimpf, welcher bisher dem Worte „gemein" anklebte, wird dann von ihm hinweggenommen sein.

Wenn sich solchermaßen die Ahnung in die Ferne wagt, wird die bewußte Einsicht die unheimliche soziale Unsicherheit unsrer Gegenwart ins Auge fassen und sich die Gefährdung einer Kunst nicht verbergen, welche gar keine Wurzeln zu haben scheint, wenn nicht in jener Ferne und Zukunft, und die ihre blühenden Zweige uns eher zu Gesicht kommen läßt als das Fundament, aus dem sie hervorwächst. Wie retten wir diese heimatlose Kunst hindurch, bis zu jener Zukunft? Wie dämmen wir die Flut der überall unvermeidlich scheinenden Revolution so ein, daß mit dem Vielen, was dem Untergange geweiht ist und ihn verdient, nicht auch die beseligende Antizipation und Bürgschaft einer besseren Zukunft, einer freieren Menschheit weggeschwemmt wird?

Wer so sich fragt und sorgt, hat an Wagners Sorge Anteil genommen; er wird mit ihm sich getrieben fühlen, nach jenen bestehenden Mächten zu suchen, welche den guten Willen haben, in den Zeiten der Erdbeben und Umstürze die Schutzgeister der edelsten Besitztümer der Menschheit zu sein. Einzig in diesem Sinne frägt Wagner durch seine Schriften bei den Gebildeten an, ob sie sein Vermächtnis, den kostbaren Ring seiner Kunst mit in ihren Schatzhäusern bergen wollen; und selbst das großartige Vertrauen, welches Wagner dem deutschen Geiste auch in seinen politischen Zielen geschenkt hat, scheint mir darin seinen Ursprung zu haben, daß er dem Volke der Reformation jene Kraft, Milde und Tapferkeit zutraut, welche nötig ist, um „das Meer der Revolution in das Bett des ruhig fließenden Stromes der Menschheit einzudämmen": und fast möchte ich meinen, daß er dies und nichts anderes durch die Symbolik seines Kaisermarsches ausdrücken wollte.

Im allgemeinen ist aber der hilfreiche Drang des schaffenden Künstlers zu groß, der Horizont seiner Menschenliebe zu umfänglich, als daß sein Blick an den Umzäunungen des nationalen Wesens hängen bleiben sollte. Seine Gedanken sind, wie die jedes guten und großen Deutschen, überdeutsch, und die Sprache seiner Kunst redet nicht zu Völkern, sondern zu Menschen.

Aber zu Menschen der Zukunft.

Das ist der ihm eigentümliche Glaube, seine Qual

und seine Auszeichnung. Kein Künstler irgend welcher Vergangenheit hat eine so merkwürdige Mitgift von seinem Genius erhalten, niemand hat außer ihm diesen Tropfen herbster Bitterkeit mit jedem nektarischen Tranke, welchen die Begeisterung ihm reichte, trinken müssen. Es ist nicht, wie man glauben möchte, der verkannte, der gemißhandelte, der in seiner Zeit gleichsam flüchtige Künstler, welcher sich diesen Glauben, zur Notwehr, gewann: Erfolg und Mißerfolg bei den Zeitgenossen konnten ihn nicht aufheben und nicht begründen. Er gehört nicht zu diesem Geschlecht, mag es ihn preisen oder verwerfen: – das ist das Urteil seines Instinktes; und ob je ein Geschlecht zu ihm gehören werde, das kann dem, welcher daran nicht glauben mag, auch nicht bewiesen werden. Aber wohl kann auch dieser Ungläubige die Frage stellen, welcher Art ein Geschlecht sein müsse, in dem Wagner sein „Volk“ wiedererkennen würde, als den Inbegriff aller derjenigen, welche eine gemeinsame Not empfinden und sich von ihr durch eine gemeinsame Kunst erlösen wollen. Schiller freilich ist gläubiger und hoffnungsvoller gewesen: er hat nicht gefragt, wie wohl eine Zukunft aussehen werde, *wenn* der Instinkt des Künstlers, der von ihr wahrsagt, recht behalten sollte, vielmehr von den Künstlern *gefordert*:

> Erhebet euch mit kühnem Flügel
> Hoch über euren Zeitenlauf!
> Fern dämmre schon in eurem Spiegel
> Das kommende Jahrhundert auf!

11

Die gute Vernunft bewahre uns vor dem Glauben, daß die Menschheit irgendwann einmal endgültige ideale Ordnungen finden werde und daß dann das Glück mit immer gleichem Strahle, gleich der Sonne der Tropenländer, auf die solchermaßen Geordneten niederbrennen müsse: mit einem solchen Glauben hat Wagner nichts zu tun, er ist kein Utopist. Wenn er des Glaubens an die Zukunft nicht entraten kann, so heißt dies gerade nur so viel, daß er an den jetzigen Menschen Eigenschaften wahrnimmt, welche nicht zum unveränderlichen Charakter und Knochenbau des menschlichen Wesens gehören, sondern wandelbar, ja vergänglich sind, und daß gerade dieser Eigenschaften wegen die Kunst unter ihnen ohne Heimat und er selber der vorausgesendete Bote einer andern Zeit sein müsse. Kein goldenes Zeitalter, kein unbewölkter Himmel ist diesen kommenden Geschlechtern beschieden, auf welche ihn sein Instinkt anweist, und deren ungefähre Züge aus der Geheimschrift seiner Kunst so weit zu erraten sind, als es möglich ist, von der Art der Befriedigung auf die Art der Not zu schließen. Auch die übermenschliche Güte und Gerechtigkeit wird nicht wie ein unbeweglicher Regenbogen über das Gefilde dieser Zukunft gespannt sein. Vielleicht wird jenes Geschlecht im ganzen sogar böser erscheinen als das jetzige – denn es wird, im Schlimmen wie im Guten, offener sein; ja es wäre möglich, daß seine Seele, wenn sie einmal in vollem, freiem Klange sich ausspräche, unsere Seelen in ähnlicher Weise erschüttern und erschrecken würde, wie wenn die Stimme irgend eines bisher versteckten bösen Naturgeistes laut geworden wäre. Oder wie klingen diese Sätze an unser Ohr: daß die Leidenschaft besser ist als der Stoizismus und die Heuchelei, daß Ehrlich-sein, selbst im Bösen, besser ist, als sich selber an die Sittlichkeit des Herkommens verlieren, daß der freie Mensch sowohl gut als böse sein kann, daß aber der unfreie Mensch eine Schande der Natur ist und an keinem himmlischen noch irdischen Troste Anteil hat; endlich, daß jeder, der frei werden will, es durch sich selber werden muß, und daß niemandem die Freiheit als ein Wundergeschenk in den Schoß fällt. Wie schrill und unheimlich dies auch klingen möge: es sind Töne aus jener zukünftigen Welt, welche der Kunst wahrhaftig bedürftig ist und von ihr auch wahrhafte Befriedigungen erwarten kann; es ist die Sprache der auch im Menschlichen wiederhergestellten Natur, es ist genau das, was ich früher richtige Empfindung im Gegensatz zu der jetzt herrschenden unrichtigen Empfindung nannte.

Nun aber gibt es allein für die Natur, nicht für die Unnatur und die unrichtige Empfindung, wahre Befriedigungen und Erlösungen. Der Unnatur, wenn sie einmal zum Bewußtsein über sich gekommen ist, bleibt nur die Sehnsucht ins Nichts übrig, die Natur dagegen begehrt nach Verwandlung durch Liebe: jene will nicht sein, diese will anders sein. Wer diese begriffen hat, führe sich jetzt in aller Stille der Seele die schlichten Motive der Wagnerischen Kunst vorüber, um sich zu fragen, ob mit ihnen die Natur oder die Unnatur ihre Ziele, wie diese eben bezeichnet wurden, verfolgt.

Der Unstete, Verzweifelte findet durch die erbarmende Liebe eines Weibes, das lieber sterben als ihm untreu sein will, die Erlösung von seiner Qual: das Motiv des fliegenden Holländers. – Die Liebende, allem eignen Glück entsagend, wird, in einer himmlischen Wandlung von amor in caritas, zur Heiligen und rettet die Seele des Geliebten: Motiv des Tannhäuser. – Das Herrlichste, Höchste kommt verlangend herab zu den Menschen und will nicht nach dem Woher? gefragt sein; es geht, als die unselige Frage gestellt wird, mit schmerzlichem Zwang in sein höheres Leben zurück: Motiv des Lohengrin. – Die liebende Seele des Weibes und ebenso das Volk nehmen willig den neuen beglückenden Genius auf, obschon die Pfleger des Überlieferten und Herkömmlichen ihn von sich stoßen und verlästern: Motiv der Meistersinger. – Zwei Liebende, ohne Wissen über ihr

Geliebtsein, sich vielmehr tief verwundet und verachtet glaubend, begehren voneinander den Todestrank zu trinken, scheinbar zur Sühne der Beleidigung, in Wahrheit aber aus einem unbewußten Drange: sie wollen durch den Tod von aller Trennung und Verstellung befreit sein. Die geglaubte Nähe des Todes löst ihre Seele und führt sie in ein kurzes, schauervolles Glück, wie als ob sie wirklich dem Tage, der Täuschung, ja dem Leben entronnen wären: Motiv in Tristan und Isolde.

Im Ringe des Nibelungen ist der tragische Held ein Gott, dessen Sinn nach Macht dürstet, und der, indem er alle Wege geht, sie zu gewinnen, sich durch Verträge bindet, seine Freiheit verliert und in den Fluch, welcher auf der Macht liegt, verflochten wird. Er erfährt seine Unfreiheit gerade darin, daß er kein Mittel mehr hat, sich des goldenen Ringes, des Inbegriffs aller Erdenmacht und zugleich der höchsten Gefahren für ihn selbst, solange er in dem Besitze seiner Feinde ist, zu bemächtigen: die Furcht vor dem Ende und der Dämmerung aller Götter überkommt ihn und ebenso die Verzweiflung darüber, diesem Ende nur entgegensehen, nicht entgegenwirken zu können. Er bedarf des freien, furchtlosen Menschen, welcher, ohne seinen Rat und Beistand, ja im Kampfe wider die göttliche Ordnung, von sich aus die dem Gotte versagte Tat vollbringt: er sieht ihn nicht, und gerade dann, wenn eine neue Hoffnung noch erwacht, muß er dem Zwange, der ihn bindet, gehorchen: durch seine Hand muß das Liebste vernichtet, das reinste Mitleiden mit seiner Not bestraft werden. Da ekelt ihn endlich vor der Macht, welche das Böse und die Unfreiheit im Schoße trägt, sein Wille bricht sich, er selber verlangt nach dem Ende, das ihm von ferne her droht. Und jetzt erst geschieht das früher Ersehnteste: der freie, furchtlose Mensch erscheint, er ist im Widerspruche gegen alles Herkommen entstanden;

seine Erzeuger büßen es, daß ein Bund wider die Ordnung der Natur und Sitte sie verknüpfte: sie gehn zugrunde, aber Siegfried lebt. Im Anblick seines herrlichen Werdens und Aufblühens weicht der Ekel aus der Seele Wotans, er geht dem Geschicke des Helden mit dem Auge der väterlichsten Liebe und Angst nach. Wie er das Schwert sich schmiedet, den Drachen tötet, den Ring gewinnt, dem listigsten Truge entgeht, Brünnhilde erweckt, wie der Fluch, der auf dem Ringe ruht, auch ihn nicht verschont, ihm nah und näher kommt, wie er, treu in Untreue, das Liebste aus Liebe verwundend, von den Schatten und Nebeln der Schuld umhüllt wird, aber zuletzt lauter wie die Sonne heraustaucht und untergeht, den ganzen Himmel mit seinem Feuerglanze entzündend und die Welt vom Fluche reinigend, – das alles schaut der Gott, dem der waltende Speer im Kampfe mit dem Freiesten zerbrochen ist, und der seine Macht an ihn verloren hat, voller Wonne am eignen Unterliegen, voller Mitfreude und Mitleiden mit seinem Überwinder: sein Auge liegt mit dem Leuchten einer schmerzlichen Seligkeit auf den letzten Vorgängen, er ist frei geworden in Liebe, frei von sich selbst.

Und nun fragt euch selber, ihr Geschlechter jetzt lebender Menschen! Ward dies für euch gedichtet? Habt ihr den Mut, mit eurer Hand auf die Sterne dieses ganzen Himmelsgewölbes von Schönheit und Güte zu zeigen und zu sagen: es ist unser Leben, das Wagner unter die Sterne versetzt hat?

Wo sind unter euch die Menschen, welche das göttliche Bild Wotans sich nach ihrem Leben zu deuten vermögen und welche selber immer größer werden, je mehr sie, wie er, zurücktreten? Wer von euch will auf Macht verzichten, wissend und erfahrend, daß die Macht böse ist? Wo sind die, welche wie Brünnhilde aus Liebe ihr Wissen dahingeben und zuletzt doch ihrem Leben das allerhöchste Wissen entnehmen: „trauernder Liebe tiefstes Leid schloß die Augen mir auf". Und die Freien, Furchtlosen, in unschuldiger Selbstigkeit aus sich Wachsenden und Blühenden, die Siegfriede unter euch?

Wer so fragt, und vergebens fragt, der wird sich nach der Zukunft umsehen müssen; und sollte sein Blick in irgend welcher Ferne gerade noch jenes „Volk" entdecken, welches seine eigne Geschichte aus den Zeichen der Wagnerischen Kunst herauslesen darf, so versteht er zuletzt auch, was Wagner diesem Volke sein wird: – etwas, das er uns allen nicht sein kann, nämlich nicht der Seher einer Zukunft, wie er uns vielleicht erscheinen möchte, sondern der Deuter und Verklärer einer Vergangenheit.

ÜBER DIE ZUKUNFT UNSERER BILDUNGSANSTALTEN

I

GEPLANTE EINLEITUNG

DER Titel, den ich meinen Vorträgen gegeben habe, sollte, wie es die Pflicht jedes Titels ist, so bestimmt, deutlich und eindringlich wie möglich sein, ist aber, was ich jetzt recht wohl merke, aus einem Übermaß von Bestimmtheit zu kurz ausgefallen und darum wieder undeutlich geworden, so daß ich damit beginnen muß, diesen Titel und damit die Aufgabe dieser Vorträge vor meinen geehrten Zuhörern zu erklären, ja nötigenfalls zu entschuldigen. Wenn ich also über die Zukunft unserer Bildungsanstalten zu reden versprochen habe, so denke ich dabei zunächst gar nicht an die spezielle Zukunft und Weiterentwicklung unsrer baslerischen Institute dieser Art. So häufig es auch scheinen möchte, daß viele meiner allgemeinen Behauptungen sich gerade an unsern einheimischen Erziehungsanstalten exemplifizieren ließen, so bin ich es nicht, der diese Exemplifikationen macht und möchte daher ebensowenig die Verantwortung für derartige Nutzanwendungen tragen: gerade aus dem Grunde, weil ich mich für viel zu fremd und unerfahren halte und mich viel zu wenig in den hiesigen Zuständen festgewurzelt fühle, um eine so spezielle Konfiguration der Bildungsverhältnisse richtig zu beurteilen oder gar um ihre Zukunft mit einiger Sicherheit vorzeichnen zu können. Andrerseits bin ich mir um so mehr bewußt, an welchem Orte ich diese Vorträge zu halten habe, in einer Stadt nämlich, die in einem unverhältnismäßig großartigen Sinne und in einem für größere Staaten geradezu beschämenden Maßstabe die Bildung und Erziehung ihrer Bürger zu fördern sucht: so daß ich gewiß nicht fehlgreife, wenn ich vermute, daß dort, wo man um so viel mehr für diese Dinge *tut*, man auch über sie um so viel mehr *denkt*. Gerade das aber muß mein Wunsch, ja meine Voraussetzung sein, mit Zuhörern hier in geistigem Verkehr zu stehen, welche über Erziehungs- und Bildungsfragen ebensosehr nachgedacht haben, als sie willens sind, mit der Tat das als recht Erkannte zu fördern: und nur vor solchen Zuhörern werde ich mich bei der Größe der Aufgabe und der Kürze der Zeit verständlich machen können – wenn sie nämlich sofort erraten, was nur angedeutet werden konnte, ergänzen, was verschwiegen werden mußte, wenn sie überhaupt nur erinnert zu werden, nicht belehrt zu werden brauchen.

Während ich es also durchaus ablehnen muß, als unberufener Ratgeber in baslerischen Schul- und Erziehungsfragen betrachtet zu werden, denke ich noch weniger daran, von dem ganzen Horizont der jetzigen Kulturvölker aus auf eine kommende Zukunft der Bildung und der Bildungsmittel zu prophezeien: in dieser ungeheuren Weite des Gesichtskreises erblindet mein Blick, wie er ebenfalls in einer allzu großen Nähe unsicher wird. Unter *unseren* Bildungsanstalten verstehe ich demgemäß weder die speziell baslerischen noch die zahllosen Formen der weitesten, alle Völker umspannenden Gegenwart, sondern meine die *deutschen Institutionen* dieser Art, deren wir uns ja auch hier zu erfreuen haben. Die Zukunft dieser deutschen Institutionen soll uns beschäftigen, d. h. die Zukunft der deutschen Volksschule, der deutschen Realschule, des deutschen Gymnasiums, der deutschen Universität: wobei wir einstweilen ganz von allen Vergleichungen und Wertabschätzungen absehn und uns besonders vor dem schmeichelnden Wahne hüten, als ob unsre Zustände, im Hinblick auf andere Kulturvölker, eben die allgemein mustergültigen und unübertroffnen seien. Genug, es sind unsre Bildungsschulen, und nicht zufällig hängen sie mit uns zusammen, nicht umgehängt sind sie uns wie ein Gewand: sondern als lebendige Denkmäler bedeutender Kulturbewegungen, in einigen Formationen selbst „Urväterhausrat", verknüpfen sie uns mit der Vergangenheit des Volkes und sind in wesentlichen Zügen ein so heiliges und ehrwürdiges Vermächtnis, daß ich von der Zukunft unserer Bildungsanstalten nur im Sinne einer höchst möglichen Annäherung an den idealen Geist, aus dem sie geboren sind, zu reden wüßte. Dabei steht es für mich fest, daß die zahlreichen Veränderungen, die sich die Gegenwart an diesen Bildungsanstalten erlaubte, um sie „zeitgemäß" zu machen, zum guten Teil nur verzogene Linien und Abirrungen von der ursprünglichen erhabenen Tendenz ihrer Gründung sind: und was wir in dieser Hinsicht von der Zukunft zu hoffen wagen, ist eine so allgemeine Erneuerung, Erfrischung und Läuterung des deutschen Geistes, daß aus ihm auch diese Anstalten gewissermaßen neu geboren werden und dann, nach dieser Neugeburt, zugleich alt und neu erscheinen: während sie jetzt zu allermeist nur „modern" und „zeitgemäß" zu sein beanspruchen.

Nur im Sinne jener Hoffnung rede ich von einer Zukunft unserer Bildungsanstalten: und dies ist der zweite Punkt, über den ich mich von vornherein, zu meiner Entschuldigung erklären muß. Es ist ja die größte aller Anmaßungen, Prophet sein zu wollen, so daß es bereits lächerlich klingt zu erklären, daß man es nicht sein will. Es dürfte niemand über die Zukunft unserer Bildung und eine damit im Zusammenhange stehende Zukunft unserer Erziehungsmittel und -methoden sich im Tone der Weissagung vernehmen lassen, wenn er nicht beweisen kann, daß diese zukünftige Bildung in irgend welchem Maße bereits Gegenwart ist und nur in einem viel höheren Maße um sich zu greifen hat, um einen notwendigen Einfluß auf Schule und Erziehungsinstitute auszuüben. Man gestatte mir nur, aus den Eingeweiden der Gegenwart, gleich einem römischen Haruspex, die Zukunft zu erraten, was in diesem Falle nicht mehr und nicht weniger sagen will als einer schon vorhandenen Bildungstendenz den einstmaligen Sieg zu verheißen, ob sie gleich augenblicklich nicht beliebt, nicht geehrt, nicht verbreitet ist. Sie wird aber siegen, wie ich mit höchstem Vertrauen annehme, weil sie den größten und mächtigsten Bundesgenossen hat, die Natur: wobei wir freilich nicht verschweigen dürfen, daß viele Voraussetzungen unsrer modernen Bildungsmethoden den Charakter des Unnatürlichen an sich tragen und daß die verhängnisvollsten Schwächen unserer Gegenwart gerade mit diesen unnatürlichen Bildungsmethoden zusammenhängen. Wer mit dieser Gegenwart sich durchaus eins fühlt und sie als etwas „Selbstverständliches" nimmt, den beneiden wir weder um diesen Glauben noch um dies skandalös gebildete Modewort „selbstverständlich": wer aber, auf dem entgegengesetzten Standpunkte angelangt, bereits verzweifelt, der braucht auch nicht mehr zu kämpfen und darf sich nur der Einsamkeit ergeben, um bald allein zu sein. Zwischen diesen „Selbstverständlichen" und den Einsamen stehen aber die Kämpfenden, das heißt die Hoffnungsreichen, als deren edelster und erhabener Ausdruck unser großer Schiller vor unseren Augen steht, so wie ihn uns Goethe in seinem Epilog zur Glocke schildert:

Nun glühte seine Wange rot und röter
Von jener Jugend, die uns nie entfliegt,
Von jenem Mut, der, früher oder später,
Den Widerstand der stumpfen Welt besiegt,

Von jenem Glauben, der sich stets erhöhter
Bald kühn hervordrängt, bald geduldig schmiegt,
Damit das Gute wirke, wachse, fromme,
Damit der Tag dem Edlen endlich komme.

– Das bisher von mir Gesagte möge von meinen geehrten Zuhörern im Sinne eines Vorwortes aufgenommen werden, dessen Aufgabe nur sein durfte, den Titel meiner Vorträge zu illustrieren und ihn gegen mögliche Mißverständnisse und unberechtigte Anforderungen zu schützen. Um nun sofort, am Eingange meiner Betrachtungen, vom Titel zur Sache übergehend, den allgemeinen Gedankenkreis zu umschreiben, von dem aus eine Beurteilung unserer Bildungsanstalten versucht werden soll, soll, an diesem Eingange, eine deutlich formulierte These als Wappenschild jeden Hinzukommenden erinnern, in wessen Haus und Gehöft er zu treten im Begriff ist: falls er nicht, nach Betrachtung eines solchen Wappenschildes, es vorzieht, einem solchen damit gekennzeichneten Haus und Gehöft den Rücken zu kehren. Meine These lautet:

Zwei scheinbar entgegengesetzte, in ihrem Wirken gleich verderbliche und in ihren Resultaten endlich zusammenfließende Strömungen beherrschen in der Gegenwart unsere ursprünglich auf ganz anderen Fundamenten gegründeten Bildungsanstalten: einmal der Trieb nach möglichster *Erweiterung der Bildung*, andererseits der Trieb nach *Verminderung und Abschwächung derselben*. Dem ersten Triebe gemäß soll die Bildung in immer weitere Kreise getragen werden, im Sinne der anderen Tendenz wird der Bildung zugemutet, ihre höchsten selbstherrlichen Ansprüche aufzugeben und sich dienend einer anderen Lebensform, nämlich der des Staates, unterzuordnen. Im Hinblick auf diese verhängnisvollen Tendenzen der Erweiterung und der Verminderung wäre hoffnungslos zu verzweifeln, wenn es nicht irgendwann einmal möglich ist, zweien entgegengesetzten, wahrhaft deutschen und überhaupt zukunftreichen Tendenzen zum Siege zu verhelfen, das heißt dem Triebe nach Verengerung und Konzentration der Bildung, als dem Gegenstück einer möglichst großen Erweiterung, und dem Triebe nach Stärkung und Selbstgenugsamkeit der Bildung, als dem Gegenstück ihrer Verminderung. Daß wir aber an die Möglichkeit eines Sieges glauben, dazu berechtigt uns die Erkenntnis, daß jene beiden Tendenzen der Erweiterung und Verminderung ebenso den ewig gleichen Absichten der Natur entgegenlaufen, als eine Konzentration der Bildung auf wenige ein notwendiges Gesetz derselben Natur, überhaupt eine Wahrheit ist, während es jenen zwei anderen Trieben nur gelingen möchte, eine erlogene Kultur zu begründen.

[1871]

II

Erster Vortrag

Gehalten am 16. Januar 1872

Meine verehrten Zuhörer,

das Thema, über das Sie gesonnen sind, mit mir nachzudenken, ist so ernsthaft und wichtig und in einem gewissen Sinne so beunruhigend, daß auch ich, gleich Ihnen, zu jedem beliebigen gehen würde, der über dasselbe etwas zu lehren verspräche, sollte derselbe auch noch so jung sein, sollte es an sich sogar recht unwahrscheinlich dünken, daß er von sich aus, aus eignen Kräften, etwas Zureichendes und einer solchen Aufgabe Entsprechendes leisten werde. Es wäre doch noch möglich, daß er etwas Rechtes über die beunruhigende Frage nach der Zukunft unserer Bildungsanstalten gehört habe, das er Ihnen nun wiedererzählen wollte, es wäre möglich, daß er bedeutende Lehrmeister gehabt habe, denen es schon mehr geziemen möchte, auf die Zukunft zu prophezeien, und zwar, ähnlich wie die römischen haruspices, aus den Eingeweiden der Gegenwart heraus.

In der Tat haben Sie etwas Derartiges zu gewärtigen. Ich bin einmal durch seltsame, im Grunde recht harmlose Umstände Ohrenzeuge eines Gesprächs gewesen, welches merkwürdige Männer über eben jenes Thema führten, und habe die Hauptpunkte ihrer Betrachtungen und die ganze Art und Weise, wie sie diese Frage anfaßten, viel zu fest meinem Gedächtnis eingeprägt, um nicht selbst immer, wenn ich über ähnliche Dinge nachdenke, in dasselbe Geleise zu geraten: nur daß ich mitunter den zuversichtlichen Mut nicht habe, den jene Männer sowohl im kühnen Aussprechen verbotener Wahrheiten als in dem noch kühneren Aufbau ihrer eignen Hoffnungen damals vor meinen Ohren und zu meinem Erstaunen bewährten. Um so mehr schien es mir nützlich, ein solches Gespräch endlich einmal schriftlich zu fixieren, um auch andere noch zum Urteil über so auffallende Ansichten und Aussprüche aufzureizen: – und hierzu glaubte ich aus besonderen Gründen gerade die Gelegenheit dieser öffentlichen Vorträge benutzen zu dürfen.

Ich bin mir nämlich wohl bewußt, an welchem Orte ich jenes Gespräch einem allgemeinen Nachdenken und Überlegen anempfehle, in einer Stadt nämlich, die in einem unverhältnismäßig großartigen Sinne die Bildung und Erziehung ihrer Bürger zu fördern sucht, in einem Maßstabe, der für größere Staaten geradezu etwas Beschämendes haben muß: so daß ich hier gewiß auch mit dieser Vermutung nicht fehlgreife, daß dort, wo man um so viel mehr für diese Dinge *tut*, man auch über sie um so viel mehr *denkt*. Gerade nur solchen Zuhörern aber werde ich, bei der Wiedererzählung jenes Gesprächs, völlig verständlich werden können – solchen, die sofort erraten, was nur angedeutet werden konnte, ergänzen, was verschwiegen werden mußte, die überhaupt nur erinnert, nicht belehrt zu werden brauchen.

Nun vernehmen Sie, meine geehrten Zuhörer, mein harmloses Erlebnis und das minder harmlose Gespräch jener bisher nicht genannten Männer.

Wir versetzen uns mitten in den Zustand eines jungen Studenten hinein, das heißt in einen Zustand, der, in der rastlosen und heftigen Bewegung der Gegenwart, geradezu etwas Unglaubwürdiges ist, und den man erlebt haben muß, um ein solches unbekümmertes Sich-Wiegen, ein solches dem Augenblick abgerungenes, gleichsam zeitloses

Behagen überhaupt für möglich zu halten. In diesem Zustande verlebte ich, zugleich mit einem gleichalterigen Freunde, ein Jahr in der Universitätsstadt Bonn am Rhein: ein Jahr, welches durch die Abwesenheit aller Pläne und Zwecke, losgelöst von allen Zukunftsabsichten, für meine jetzige Empfindung fast etwas Traumartiges an sich trägt, während dasselbe zu beiden Seiten, vorher und nachher, durch Zeiträume des Wachseins eingerahmt ist. Wir beide blieben ungestört, ob wir gleich mit einer zahlreichen und im Grunde anders erregten und strebenden Verbindung zusammen lebten; mitunter hatten wir Mühe, die etwas zu lebhaften Zumutungen dieser unserer Altersgenossen zu befriedigen oder zurückzuweisen. Aber selbst dieses Spiel mit einem widerstrebenden Elemente hat jetzt, wenn ich es mir vor die Seele stelle, immer noch einen ähnlichen Charakter, wie mancherlei Hemmungen, die ein jeder im Traum erlebt, etwa wenn man glaubt fliegen zu können, aber durch unerklärliche Hindernisse sich zurückgezogen fühlt.

Ich hatte mit meinem Freunde zahlreiche Erinnerungen aus der früheren Periode des Wachseins, aus unserer Gymnasiastenzeit, gemein, und e i n e derselben muß ich näher bezeichnen, weil sie den Übergang zu meinem harmlosen Erlebnis bildet. Mit jenem Freunde zusammen hatte ich bei einer früheren Rheinreise, die im Spätsommer unternommen worden war, einen Plan fast zu gleicher Zeit und an gleichem Orte – und doch jeder für sich – ausgedacht, so daß wir uns gerade durch dies ungewöhnliche Zusammentreffen gezwungen fühlten, ihn durchzuführen. Wir beschlossen damals eine kleine Vereinigung von wenig Kameraden zu stiften, mit der Absicht, für unsere produktiven Neigungen in Kunst und Literatur eine feste und verpflichtende Organisation zu finden: das heißt schlichter ausgedrückt: es mußte sich ein jeder von uns verbindlich machen, von Monat zu Monat ein eignes Produkt, sei es eine Dichtung oder eine Abhandlung oder ein architektonischer Entwurf oder eine musikalische Produktion, einzusenden, über welches Produkt nun ein jeder der anderen mit der unbegrenzten Offenheit freundschaftlicher Kritik zu richten befugt war. So glaubten wir unsere Bildungstriebe durch gegenseitiges Überwachen ebenso zu reizen als im Zaume zu halten: und wirklich war auch der Erfolg derart, daß wir immer eine dankbare, ja feierliche Empfindung für jenen Moment und jenen Ort zurückbehalten mußten, die uns jenen Einfall eingegeben hatten.

Für diese Empfindung fand sich bald die rechte Form, indem wir uns gegenseitig verpflichteten, wenn es irgend möglich sei, an jenem Tage, in jedem Jahre die einsame Stätte bei Rolandseck aufzusuchen, an der wir damals, im Spätsommer, in Gedanken nebeneinander sitzend, uns plötzlich zu dem gleichen Entschlusse begeistert fühlten. Genau genommen, ist diese Verpflichtung doch nicht streng genug eingehalten worden; aber gerade deshalb, weil wir manche Unterlassungssünde auf dem Gewissen hatten, wurde von uns beiden in jenem Bonner Studentenjahr, als wir endlich wieder dauernd am Rheine wohnten, mit größter Festigkeit beschlossen, diesmal nicht nur unserem Gesetz, sondern auch unserem Gefühl, unserer dankbaren Erregung zu genügen und am rechten Tage die Stätte bei Rolandseck in weihevoller Weise heimzusuchen.

Es wurde uns nicht leicht gemacht: denn gerade an diesem Tage machte uns die zahlreiche und muntere Studentenverbindung, die uns am Fliegen hinderte, recht zu schaffen und zog mit allen Kräften an allen Fäden, die uns niederhalten konnten. Unsere Verbindung hatte für diesen Zeitpunkt eine große festliche Ausfahrt nach Rolandseck beschlossen, um am Schlusse des Sommerhalbjahrs sich noch einmal ihrer sämtlichen Mitglieder zu versichern und sie mit den besten Abschiedserinnerungen nachher in die Heimat zu schicken.

Es war einer jener vollkommnen Tage, wie sie, in unserem Klima wenigstens, nur eben diese Spätsommerzeit zu erzeugen vermag: Himmel und Erde im Einklang ruhig nebeneinander hinströmend, wunderbar aus Sonnenwärme, Herbstfrische und blauer Unendlichkeit gemischt. Wir bestiegen, in dem buntesten phantastischen Aufzuge, an dem sich, bei der Trübsinnigkeit aller sonstigen Trachten, allein noch der Student ergötzen darf, ein Dampfschiff, das zu unseren Ehren festlich bewimpelt war, und pflanzten unsere Verbindungsfahnen auf seinem Verdecke auf. Von beiden Ufern des Rheines ertönte von Zeit zu Zeit ein Signalschuß, durch den, nach unserer Anordnung, ebenso die Rheinanwohner als vor allem unser Wirt in Rolandseck über unser Herankommen benachrichtigt wurde. Ich erzähle nun nichts von dem lärmenden Einzuge, vom Landungsplatze aus, durch den aufgeregt-neugierigen Ort hindurch, ebensowenig von den nicht für jedermann verständlichen Freuden und Scherzen, die wir uns untereinander gestatteten; ich übergehe ein allmählich bewegter, ja wild werdendes Festessen und eine unglaubliche musikalische Produktion, an der sich, bald durch Einzelvorträge, bald durch Gesamtleistungen die ganze Tafelgesellschaft beteiligen mußte, und die ich, als musikalischer Berater unserer Verbindung, früher einzustudieren und jetzt zu dirigieren hatte. Während des etwas wüsten und immer schneller werdenden Finale hatte ich bereits meinem Freunde einen Wink gegeben, und unmittelbar nach dem geheulähnlichen Schlußakkord verschwanden wir beide durch die Türe: hinter uns klappte gewissermaßen ein brüllender Abgrund zu.

Plötzlich erquickende, atemlose Naturstille. Die Schatten lagen schon etwas breiter, die Sonne glühte unbeweglich, aber schon niedergesenkt, und von den grünlichen glitzernden Wellen des Rheines her wehte ein leichter Hauch über unsere heißen Gesichter. Unsere Erinnerungsweihe verpflichtete uns nur erst für die späteren Stunden des Tags, und daher hatten wir daran gedacht, die letzten hellen Momente des Tags mit einer unserer einsamen Liebhabereien auszufüllen, an denen wir damals so reich waren.

Wir pflegten damals mit Passion Pistolen zu schießen, und einem jeden von uns ist diese Technik in einer späteren militärischen Laufbahn von großem Nutzen gewesen. Der Diener unserer Verbindung kannte unseren etwas entfernt und hochgelegenen Schießplatz und hatte uns dorthin unsere Pistolen vorangetragen. Dieser Platz befand sich am oberen Saume des Waldes, der die niedrigen Höhenzüge hinter Rolandseck bedeckt, auf einem kleinen unebenen Plateau, und zwar ganz in der Nähe unserer Stiftungs- und Weihestätte. Am bewaldeten Abhang, seitwärts von unserem Schießplatz, gab es eine kleine baumfreie, zum Niedersitzen einladende Stelle, die einen Durchblick über Bäume und Gestrüpp hinweg nach dem Rheine zu gestattete, so daß gerade die schön gewundenen Linien des Siebengebirgs und vor allem der Drachenfels den Horizont gegen die Baumgruppen abgrenzten, während den Mittelpunkt dieses gerundeten Ausschnitts der glitzernde Rhein selbst, die Insel Nonnenwörth im Arme haltend, bildete. Dies war unsere, durch gemeinsame Träume und Pläne geweihte Stätte, zu der wir uns in späterer Abendstunde zurückziehn wollten, ja sogar mußten, falls wir im Sinne unseres Gesetzes den Tag beschließen mochten.

Seitwärts davon, auf jenem kleinen unebenen Plateau, stand unweit ein mächtiger Stumpf einer Eiche, einsam sich von der sonst baum- und strauchlosen Fläche und den niedrigen wellenartigen Erhöhungen abhebend. An diesem Stumpf hatten wir einst, mit vereinter Kraft, ein deutliches Pentagramm eingeschnitten, das in Wetter und Sturm der letzten Jahre noch mehr aufgeborsten war und eine willkommne Zielscheibe für unsere Pistolenkünste darbot. Es war bereits eine spätere Nachmittagsstunde, als wir auf unserem Schießplatz anlangten, und von unserem Eichenstumpf aus lehnte sich ein breiter und zugespitzter Schatten über die dürftige Heide hin. Es war sehr still: durch die höheren Bäume zu unseren Füßen waren wir verhindert, nach dem Rhein zu in die Tiefe zu sehen. Um so erschütternder klang in diese Einsamkeit bald der widerhallende scharfe Laut unserer Pistolenschüsse – und eben hatte ich die zweite Kugel nach dem Pentagramm ausgeschickt, als ich mich heftig am Arme gefaßt fühlte und zugleich auch meinen Freund in einer ähnlichen Weise im Laden unterbrochen sah.

Als ich mich rasch umwendete, blickte ich in das erzürnte Gesicht eines alten Mannes, während ich zugleich fühlte, wie ein kräftiger Hund an meinem Rücken emporsprang. Ehe wir – nämlich ich und mein ebenfalls durch einen zweiten, etwas jüngeren Mann gestörter Kamerad – uns zu irgend einem Worte der Verwunderung gesammelt hatten, erscholl bereits in drohendem und heftigem Tone die Rede des Greises. „Nein! Nein!", rief er uns zu, „hier wird nicht duelliert! Am wenigsten dürft ihr es, ihr studierenden Jünglinge! Fort mit den Pistolen! Beruhigt euch, versöhnt euch, reicht euch die Hände! Wie? Das wäre das Salz der Erde, die Intelligenz der Zukunft, der Same unserer Hoffnungen – und das kann sich nicht einmal von dem verrückten Ehrenkatechismus und seinen Faustrechtssatzungen freimachen? Eurem Herzen will ich dabei nicht zu nahe treten, aber euren Köpfen macht es wenig Ehre. Ihr, deren Jugend die Sprache und Weisheit Hellas' und Latiums zur Pflegerin erhielt, und auf deren jungen Geist man die Lichtstrahlen der Weisen und Edeln des schönen Altertums frühzeitig fallen zu lassen die unschätzbare Sorge getragen hat – ihr wollt damit anfangen, daß ihr den Kodex der ritterlichen Ehre, das heißt den Kodex des Unverstands und der Brutalität zur Richtschnur eures Wandels macht? – Seht ihn doch einmal recht an, bringt ihn euch auf deutliche Begriffe, enthüllt seine erbärmliche Beschränktheit und laßt ihn den Prüfstein nicht eures Herzens, aber eures Verstandes sein. Verwirft dieser ihn jetzt nicht, so ist euer Kopf nicht geeignet, in dem Felde zu arbeiten, wo eine energische Urteilskraft, welche die Bande des Vorurteils leicht zerreißt, ein richtig ansprechender Verstand, der Wahres und Falsches selbst dort, wo der Unterschied tief verborgen liegt und nicht wie hier mit Händen zu greifen ist, rein zu sondern vermag, die notwendigen Erfordernisse sind: in diesem Falle also, meine Guten, sucht auf eine andere ehrliche Weise durch die Welt zu kommen, werdet Soldaten oder lernet ein Handwerk, das hat einen goldenen Boden."

Auf diese grobe, obschon wahre Rede antworteten wir erregt, indem wir uns immer gegenseitig ins Wort fielen: „Erstens irren Sie in der Hauptsache; denn wir sind keinesfalls da, um uns zu duellieren, sondern um uns im Pistolenschießen zu üben. Zweitens scheinen Sie gar nicht zu wissen, wie es bei einem Duell zugeht: denken Sie, daß wir uns, wie zwei Wegelagerer, in dieser Einsamkeit einander gegenüberstellen würden, ohne Sekundanten, ohne Ärzte usw.? Drittens endlich haben wir in der Duellfrage – ein jeder für sich – unseren eignen Standpunkt und wollen nicht durch Belehrungen Ihrer Art überfallen und erschreckt werden."

Diese gewiß nicht höfliche Entgegnung hatte auf den alten Mann einen üblen Eindruck gemacht; während er zuerst, als er merkte, daß es sich um kein Duell handele, freundlicher auf uns hinblickte, verdroß ihn unsre schließliche Wendung, so daß er brummte; und als wir gar von unseren eignen Standpunkten zu reden wagten, faßte er heftig seinen Begleiter, drehte sich rasch um und rief uns bitter nach: „Man muß nicht nur Standpunkte, sondern auch Gedanken haben!“ Und, rief der Begleiter dazwischen: „Ehrfurcht, selbst wenn ein solcher Mann einmal irrt!“

Inzwischen hatte aber mein Freund bereits wieder geladen und schoß von neuem, indem er: „Vorsicht!“ rief, nach dem Pentagramm. Dies sofortige Knattern hinter seinem Rücken machte den alten Mann wütend; noch einmal kehrte er sich um, sah meinen Freund mit Haß an und sagte dann zu seinem jüngeren Begleiter mit weicherer Stimme: „Was sollen wir tun? Diese jungen Männer ruinieren mich durch ihre Explosionen.“ – „Sie müssen nämlich wissen,“ hub der Jüngere zu uns gewendet an, „daß Ihre explodierenden Vergnügungen in dem jetzigen Falle ein wahres Attentat gegen die Philosophie sind. Bemerken Sie diesen ehrwürdigen Mann, – er ist imstande, Sie zu bitten, hier nicht zu schießen. Und wenn ein solcher Mann bittet –“ „Nun, so tut man es doch wohl,“ unterbrach ihn der Greis und sah uns streng an.

Im Grunde wußten wir nicht recht, was wir von einem solchen Vorgange zu halten hatten; wir waren uns nicht deutlich bewußt, was unsere etwas lärmenden Vergnügungen mit der Philosophie gemein hätten, wir sahen ebensowenig ein, weshalb wir, aus unverständlichen Rücksichten der Höflichkeit, unsern Schießplatz aufgeben sollten, und mögen in diesem Augenblick recht unschlüssig und verdrossen dagestanden haben. Der Begleiter sah unsre augenblickliche Betroffenheit und erklärte uns den Hergang. „Wir sind genötigt,“ sagte er, „hier in Ihrer nächsten Nähe ein paar Stunden zu warten, wir haben eine Verabredung, nach der ein bedeutender Freund dieses bedeutenden Mannes noch diesen Abend hier eintreffen will; und zwar haben wir einen ruhigen Platz, mit einigen Bänken, hier am Gehölz, für diese Zusammenkunft gewählt. Es ist nichts Angenehmes, wenn wir hier durch Ihre benachbarten Schießübungen fortwährend aufgeschreckt werden; es ist für Ihre eigne Empfindung, wie wir voraussetzen, unmöglich, hier weiter zu schießen, wenn Sie hören, daß es einer unsrer ersten Philosophen ist, der diese ruhige und abgelegene Einsamkeit für ein Wiedersehen mit seinem Freunde ausgesucht hat." –

Diese Auseinandersetzung beunruhigte uns noch mehr: wir sahen jetzt eine noch größere Gefahr, als nur den Verlust unseres Schießplatzes, auf uns zukommen und fragten hastig: „Wo ist dieser Ruheplatz? Doch nicht hier links im Gehölz?"

„Gerade dieser ist es."

„Aber dieser Platz gehört heute abend uns beiden," rief mein Freund dazwischen. „Wir müssen diesen Platz haben," riefen wir beide.

Unsre längst beschlossene Festfeier war uns augenblicklich wichtiger als alle Philosophen der Welt, und wir drückten so lebhaft und erregt unsre Empfindung aus, daß wir uns, mit unserm an sich unverständlichen, aber so dringend geäußerten Verlangen, vielleicht etwas lächerlich ausnahmen. Wenigstens sahen uns unsre philosophischen Störenfriede lächelnd und fragend an, als ob wir nun, zu unsrer Entschuldigung, reden müßten. Aber wir schwiegen; denn wir wollten am wenigsten uns verraten.

Und so standen sich die beiden Gruppen stumm gegenüber, während über den Wipfeln der Bäume ein weithin ausgegoßnes Abendrot lag. Der Philosoph sah nach der Sonne zu, der Begleiter nach dem Philosophen und wir beide nach unserm Versteck im Walde, das für uns gerade heute so gefährdet sein sollte. Eine etwas grimmige

Empfindung überkam uns. Was ist alle Philosophie, dachten wir, wenn sie hindert, für sich zu sein und einsam mit Freunden sich zu freuen, wenn sie uns abhält, selbst Philosophen zu werden. Denn wir glaubten, unsre Erinnerungsfeier sei recht eigentlich philosophischer Natur: bei ihr wünschten wir für unsre weitere Existenz ernste Vorsätze und Pläne zu fassen; in einsamem Nachdenken hofften wir etwas zu finden, was in ähnlicher Weise unsre innerste Seele in der Zukunft bilden und befriedigen sollte, wie jene ehemalige produktive Tätigkeit der früheren Jünglingsjahre. Gerade darin sollte jener eigentliche Weiheakt bestehen; nichts war beschlossen als gerade dies – einsam zu sein, nachdenklich dazusitzen, so wie damals vor fünf Jahren, als wir uns zu jenem Entschlusse gemeinsam sammelten. Es sollte eine schweigende Feierlichkeit sein, ganz Erinnerung, ganz Zukunft – die Gegenwart nichts als ein Gedankenstrich dazwischen. Und nun trat ein feindliches Schicksal in unsern Zauberkreis – und wir wußten nicht, wie es zu entfernen sei; ja wir fühlten bei der Seltsamkeit des ganzen Zusammentreffens etwas Geheimnisvoll-Anreizendes.

Während wir so stumm, in feindselige Gruppen geschieden, geraume Zeit beieinander standen, die Abendwolken über uns sich immer mehr röteten und der Abend immer ruhiger und milder wurde, während wir gleichsam das regelmäßige Atmen der Natur belauschten, wie sie zufrieden über ihr Kunstwerk, den vollkommnen Tag, ihr Tagewerk beschließt – riß sich mitten durch die dämmernde Stille ein ungestümer, verworrner Jubelruf, vom Rheine her heraufklingend; viele Stimmen wurden in der Ferne laut – das mußten unsre studentischen Gefährten sein, die wohl jetzt auf dem Rheine in Kähnen herumfahren mochten. Wir dachten daran, daß wir vermißt würden und vermißten selbst etwas: fast gleichzeitig erhob ich mit meinem Freund das Pistol: das Echo warf unsre Schüsse zurück: und mit ihm zusammen kam auch schon ein wohlbekanntes Geschrei, als Erkennungszeichen, aus der Tiefe herauf. Denn wir waren bei unsrer Verbindung als passionierte Pistolenschützen ebenso bekannt als berüchtigt. Im gleichen Augenblicke aber empfanden wir unser Benehmen als die höchste Unhöflichkeit gegen die stummen philosophischen Ankömmlinge, die in ruhiger Betrachtung bis jetzt dagestanden hatten und bei unserem Doppelschuß erschreckt beiseite gesprungen waren. Wir traten rasch auf sie zu und riefen abwechselnd: „Verzeihen Sie uns. Jetzt wurde zum letzten Male geschossen, und das galt unseren Kameraden auf dem Rhein. Die haben es auch verstanden. Hören Sie? – Wenn Sie durchaus jenen Ruheplatz hier links im Gebüsch haben wollen, so müssen Sie wenigstens gestatten, daß auch wir dort uns niederlassen. Es gibt mehrere Bänke dort: wir stören Sie nicht: wir sitzen ruhig und werden schweigen: aber sieben Uhr ist bereits vorbei, und wir müssen jetzt dorthin."

„Das klingt geheimnisvoller, als es ist," setzte ich nach einer Pause hinzu; „es gibt unter uns ein ernstes Versprechen, diese nächste Stunde dort zu verbringen; es gibt auch Gründe dafür. Die Stätte ist für uns durch eine gute Erinnerung geheiligt, sie soll uns auch eine gute Zukunft inaugurieren. Wir werden uns auch deshalb bemühen, bei Ihnen keine schlechte Erinnerung zu hinterlassen – nachdem wir Sie doch mehrfach beunruhigt und erschreckt haben."

Der Philosoph schwieg; sein jüngerer Gefährte aber sagte: „Unsere Versprechungen und Verabredungen binden uns leider in gleicher Weise, sowohl für denselben Ort als für dieselben Stunden. Wir haben nun die Wahl, ob wir irgend ein Schicksal oder einen Kobold für das Zusammentreffen verantwortlich machen wollen."

„Im übrigen, mein Freund," sagte der Philosoph begütigt, „bin ich mit unsern pistolenschießenden Jünglingen zufriedner als vordem. Hast du bemerkt, wie ruhig sie vorhin waren, als wir nach der Sonne sahen? Sie sprachen nicht, sie rauchten nicht, sie standen still – ich glaube fast, sie haben nachgedacht."

Und mit rascher Wendung zu uns: „Haben Sie nachgedacht? Das sagen Sie mir, während wir zusammen nach unserm gemeinsamen Ruheplatz gehen." Wir machten jetzt zusammen einige Schritte und kamen abwärts klimmend in die warme dunstige Atmosphäre des Waldes, in dem es schon dunkler war. Im Gehen erzählte mein Freund dem Philosophen unverhohlen seine Gedanken: wie er gefürchtet habe, daß heute zum ersten Male der Philosoph ihn am Philosophieren hindern werde.

Der Greis lachte: „Wie? Sie fürchten, daß der Philosoph Sie am Philosophieren hindern werde? So etwas mag schon vorkommen: und Sie haben es noch nicht erlebt? Haben Sie auf der Universität keine Erfahrungen gemacht? Und Sie hören doch die philosophischen Vorlesungen?" –

Diese Frage war für uns unbequem; denn es war durchaus nichts davon der Fall gewesen. Auch hatten wir damals noch den harmlosen Glauben, daß jeder, der auf einer Universität Amt und Würde eines Philosophen besitze, auch ein Philosoph sei: wir waren eben ohne Erfahrungen und schlecht belehrt. Wir sagten ehrlich, daß wir noch keine philosophischen Kollegien gehört hätten, aber gewiß das Versäumte noch einmal nachholen würden.

„Was nennen Sie nun aber," fragte er, „Ihr Philosophieren?" – „Wir sind", sagte ich „um eine Definition verlegen. Doch meinen wir wohl ungefähr so viel, daß wir uns ernstlich bemühen wollen, nachzudenken, wie wir wohl am besten gebildete Menschen werden."

„Das ist viel und wenig," brummte der Philosoph, „denken Sie nur recht darüber nach! Hier sind unsre Bänke: wir wollen uns recht weit auseinandersetzen: ich will Sie ja nicht stören nachzudenken, wie Sie zu gebildeten Menschen werden. Ich wünsche Ihnen Glück und – Standpunkte, wie in Ihrer Duellfrage, rechte eigne nagelneue gebildete Standpunkte. Der Philosoph will Sie nicht am Philosophieren hindern: erschrecken Sie ihn nur nicht durch Ihre Pistolen. Machen Sie es heute einmal den jungen Pythagoreern nach: diese mußten fünf Jahre schweigen, als Diener einer rechten Philosophie – vielleicht bringen Sie es für fünf Viertelstunden auch zustande, im Dienste Ihrer eignen zukünftigen Bildung, mit der Sie sich ja so angelegentlich befassen."

Wir waren an unserem Ziele: unsre Erinnerungsfeier begann. Wieder wie damals vor fünf Jahren schwamm der Rhein in einem zarten Dunste, wieder wie damals leuchtete der Himmel, duftete der Wald. Die entlegenste Ecke einer entfernten Bank nahm uns auf; hier saßen wir fast wie versteckt und so, daß weder der Philosoph noch sein Begleiter uns ins Gesicht sehen konnten. Wir waren allein; wenn die Stimme des Philosophen gedämpft zu uns herüberkam, war sie inzwischen unter der raschelnden Bewegung des Laubes, unter dem summenden Geräusch eines tausendfältigen wimmelnden Daseins in der Höhe des Waldes fast zu einer Naturmusik geworden; sie wirkte als Laut, wie eine ferne eintönige Klage. Wir waren wirklich ungestört.

Und so verging eine Zeit, in der das Abendrot immer mehr verblaßte und die Erinnerung an unsre jugendliche Bildungsunternehmung immer deutlicher vor uns aufstieg. Es schien uns so, als ob wir jenem sonderbaren Verein den höchsten Dank schuldig seien: er war uns nicht etwa nur ein Supplement für unsre Gymnasialstudien gewesen, sondern geradezu die eigentliche fruchtbringende Gesellschaft, in deren Rahmen wir auch unser Gymnasium mit hineingezeichnet hatten, als ein einzelnes Mittel im Dienste unseres allgemeinen Strebens nach Bildung.

Wir waren uns bewußt, daß wir damals an einen sogenannten Beruf insgesamt nie gedacht hatten, dank unserem Vereine. Die nur zu häufige Ausbeutung dieser Jahre durch den Staat, der sich möglichst bald brauchbare Beamte heranziehn und sich ihrer unbedingten Fügsamkeit durch übermäßig anstrengende Examina versichern will, war durchaus von unsrer Bildung in weitester Entfernung geblieben; und wie wenig irgend ein Nützlichkeitssinn, irgend eine Absicht auf rasche Beförderung und schnelle Laufbahn uns bestimmt hatte, lag für jeden von uns in der heute einmal tröstlich erscheinenden Tatsache, daß wir auch jetzt beide nicht recht wußten, was wir werden sollten, ja daß wir uns um diesen Punkt gar nicht bekümmerten. Diese glückliche Unbekümmertheit hatte unser Verein in uns genährt; gerade für sie waren wir bei seinem Erinnerungsfeste recht von Herzen dankbar. Ich habe schon einmal gesagt, daß ein solches zweckloses Sich-Behagenlassen am Moment, ein solches Sich-Wiegen auf dem Schaukelstuhl des Augenblicks für unsre allem Unnützen abholde Gegenwart fast unglaubwürdig, jedenfalls tadelnswert erscheinen muß. Wie unnütz waren wir! Und wie stolz waren wir darauf, so unnütz zu sein! Wir hätten miteinander uns um den Ruhm streiten können, wer von beiden der Unnützere sei. Wir wollten nichts bedeuten, nichts vertreten, nichts bezwecken, wir wollten ohne Zukunft sein, nichts als bequem auf der Schwelle der Gegenwart hingestreckte Nichtsnutze – und wir waren es auch, Heil uns!

– So nämlich erschien es uns damals, meine geehrten Zuhörer! –

Diesen weihevollen Selbstbetrachtungen hingegeben, war ich ungefähr im Begriff, mir nun auch die Frage nach der Zukunft unserer Bildungsanstalt in diesem selbstzufriednen Tone zu beantworten, als mir es allmählich schien, daß die von der entfernten Philosophenbank her tönende Naturmusik ihren bisherigen Charakter verlöre und viel eindringlicher und artikulierter zu uns herüberkäme. Plötzlich wurde ich mir bewußt, daß ich zuhörte, daß ich lauschte, daß ich mit Leidenschaft lauschte, mit vorgestrecktem Ohre zuhörte. Ich stieß meinen vielleicht etwas ermüdeten Freund an und sagte ihm leise: „Schlaf nicht! Es gibt dort für uns etwas zu lernen. Es paßt auf uns, wenn es uns auch nicht gilt."

Ich hörte nämlich, wie der junge Begleiter sich ziemlich erregt verteidigte, wie dagegen der Philosoph mit immer kräftigerem Klange der Stimme ihn angriff. „Du bist unverändert," rief er ihm zu, „leider unverändert, mir ist es unglaublich, wie du noch derselbe bist wie vor sieben Jahren, wo ich dich zum letzten Male sah, wo ich dich mit zweifelhaften Hoffnungen entließ. Deine inzwischen übergehängte moderne Bildungshaut muß ich dir leider wieder, nicht zu meinem Vergnügen, abziehn – und was finde ich darunter? Zwar den gleichen unveränderlichen ‚intellegibeln' Charakter, wie ihn Kant versteht, aber leider auch den unveränderten intellektuellen – was wahrscheinlich auch eine Notwendigkeit, aber eine wenig tröstliche ist. Ich frage mich, wozu ich als Philosoph gelebt habe, wenn ganze Jahre, die du in meinem Umgang verlebt hast, bei nicht stumpfem Geiste und wirklicher Lernbegierde, doch keine deutlicheren Impressionen zurückgelassen haben! Jetzt benimmst du dich, als hättest du noch nie, in betreff aller Bildung, den Kardinalsatz gehört, auf den ich doch so oft, in unserem früheren Verkehr, zurückgekommen bin. Nun, welches war der Satz?"

„Ich erinnere mich," antwortete der gescholtene Schüler; „Sie pflegten zu sagen, es würde kein Mensch nach Bildung streben, wenn er wüßte, wie unglaublich klein die Zahl der wirklichen Gebildeten zuletzt ist und überhaupt sein kann. Und trotzdem sei auch diese kleine Anzahl von wahrhaft Gebildeten nicht einmal möglich, wenn nicht eine große Masse, im Grunde gegen ihre Natur, und nur durch eine verlockende Täuschung bestimmt, sich mit der Bildung einließe. Man dürfe deshalb von jener lächerlichen Improportionalität zwischen der Zahl der wahrhaft Gebildeten und dem ungeheuer großen Bildungsapparat nichts öffentlich verraten; hier stecke das eigentliche Bildungsgeheimnis: daß nämlich zahllose Menschen scheinbar für sich, im Grunde nur, um einige wenige Menschen möglich zu machen, nach Bildung ringen, für die Bildung arbeiten."

„Dies ist der Satz," sagte der Philosoph – „und doch konntest du so seinen wahren Sinn vergessen, um zu glauben, selber einer jener wenigen zu sein? Daran hast du gedacht – ich merke es wohl. Das aber gehört zu der nichtswürdigen Signatur unsrer gebildeten Gegenwart. Man demokratisiert die Rechte des Genius, um der eignen Bildungsarbeit und Bildungsnot enthoben zu sein. Es will sich ein jeder womöglich im Schatten des Baumes niederlassen, den der Genius gepflanzt hat. Man möchte sich jener schweren Notwendigkeit entziehn, für den Genius arbeiten zu müssen, um seine Erzeugung möglich zu machen. Wie? Du bist zu stolz, ein Lehrer sein zu wollen? Du verachtest die sich herandrängende Menge der Lernenden? Du sprichst mit Geringschätzung über die Aufgabe des Lehrers? Und möchtest dann, in einer feindseligen Abgrenzung von jener Menge, ein einsames Leben führen, mich und meine Lebensweise kopierend? Du glaubst im Sprunge sofort das erreichen zu können, was ich, nach langem hartnäckigem Kampfe, um als Philosoph überhaupt nur leben zu können, mir endlich erringen mußte? Und du fürchtest nicht, daß die Einsamkeit sich an dir rächen werde? Versuche es nur, ein Bildungseinsiedler zu sein – man muß einen überschüssigen Reichtum haben, um von sich aus für alle leben zu können! – Sonderbare Jünger! Gerade immer das Schwerste und Höchste, was eben nur dem Meister möglich geworden ist, glauben sie nachmachen zu müssen: während gerade sie wissen sollten, wie schwer und gefährlich dies sei und wie viele treffliche Begabungen noch daran zugrunde gehen könnten!"

„Ich will Ihnen nichts verbergen, mein Lehrer," sagte hier der Begleiter: „Ich habe zu viel von Ihnen gehört und bin zu lange in Ihrer Nähe gewesen, um mich unserem jetzigen Bildungs- und Erziehungswesen noch mit Haut und Haar hingeben zu können. Ich empfinde zu deutlich jene heillosen Irrtümer und Mißstände, auf die Sie mit dem Finger zu zeigen pflegten – und doch merke ich wenig von der Kraft in mir, mit der ich, bei tapferem Kampfe, Erfolge haben würde. Eine allgemeine Mutlosigkeit überkam mich; die Flucht in die Einsamkeit war nicht Hochmut, nicht Überhebung. Ich will Ihnen gern beschreiben, welche Signatur ich an den jetzt so lebhaft und zudringlich sich bewegenden Bildungs- und Erziehungsfragen vorgefunden habe. Es schien mir, daß ich zwei Hauptrichtungen unterscheiden müsse, – zwei scheinbar entgegengesetzte, in ihrem Wirken gleich verderbliche, in ihren Resultaten endlich zusammenfließende Strömungen beherrschen die Gegenwart unsrer Bildungsanstalten: einmal der Trieb nach möglichster Erweiterung und Verbreitung der Bildung, dann der Trieb nach Verringerung und Abschwächung der Bildung selbst. Die Bildung soll aus verschiedenen Gründen in die allerweitesten Kreise getragen werden – das verlangt die eine Tendenz. Die andere mutet dagegen der

Bildung selbst zu, ihre höchsten edelsten und erhabensten Ansprüche aufzugeben und sich im Dienste irgend einer anderen Lebensform, etwa des Staates, zu bescheiden.

Ich glaube bemerkt zu haben, von welcher Seite aus der Ruf nach möglichster Erweiterung und Ausbreitung der Bildung am deutlichsten erschallt. Diese Erweiterung gehört unter die beliebten nationalökonomischen Dogmen der Gegenwart. Möglichst viel Erkenntnis und Bildung – daher möglichst viel Produktion und Bedürfnis – daher möglichst viel Glück: – so lautet etwa die Formel. Hier haben wir den Nutzen als Ziel und Zweck der Bildung, noch genauer den Erwerb, den möglichst großen Geldgewinn. Die Bildung würde ungefähr von dieser Richtung aus definiert werden als die Einsicht, mit der man sich ‚auf der Höhe seiner Zeit' hält, mit der man alle Wege kennt, auf denen am leichtesten Geld gemacht wird, mit der man alle Mittel beherrscht, durch die der Verkehr zwischen Menschen und Völkern geht. Die eigentliche Bildungsaufgabe wäre demnach, möglichst ‚kurante' Menschen zu bilden, in der Art dessen, was man an einer Münze ‚kurant' nennt. Je mehr es solche kurante Menschen gäbe, um so glücklicher sei ein Volk: und gerade das müsse die Absicht der modernen Bildungsinstitute sein, jeden so weit zu fördern, als es in seiner Natur liegt ‚kurant' zu werden, jeden derartig auszubilden, daß er von seinem Maß von Erkenntnis und Wissen das größtmögliche Maß von Glück und Gewinn hat. Ein jeder müsse sich selbst genau taxieren können, er müsse wissen, wieviel er vom Leben zu fordern habe. Der ‚Bund von Intelligenz und Besitz', den man nach diesen Anschauungen behauptet, gilt geradezu als eine sittliche Anforderung. Jede Bildung ist hier verhaßt, die einsam macht, die über Geld und Erwerb hinaus Ziele steckt, die viel Zeit verbraucht:

man pflegt wohl solche andere Bildungstendenzen als ‚höheren Egoismus‘, als ‚unsittlichen Bildungsepikureismus‘ abzutun. Nach der hier geltenden Sittlichkeit wird freilich etwas Umgekehrtes verlangt, nämlich eine rasche Bildung, um schnell ein geldverdienendes Wesen werden zu können, und doch eine so gründliche Bildung, um ein sehr viel Geld verdienendes Wesen werden zu können. Dem Menschen wird nur so viel Kultur gestattet, als im Interesse des Erwerbs ist, aber so viel wird auch von ihm gefordert. Kurz: die Menschheit hat einen notwendigen Anspruch auf Erdenglück – darum ist die Bildung notwendig – aber auch nur darum!“

„Hier will ich etwas einschalten,“ sagte der Philosoph. „Bei dieser nicht undeutlich charakterisierten Anschauung entsteht die große, ja ungeheure Gefahr, daß die große Masse irgendwann einmal die Mittelstufe überspringt und direkt auf dieses Erdenglück losgeht. Das nennt man jetzt die ‚soziale Frage‘. Es möchte nämlich dieser Masse so scheinen, daß demnach die Bildung für den größten Teil der Menschen nur ein Mittel für das Erdenglück der wenigsten sei: die ‚möglichst allgemeine Bildung‘ schwächt die Bildung so ab, daß sie gar keine Privilegien und gar keinen Respekt mehr verleihen kann. Die allerallgemeinste Bildung ist eben die Barbarei. Doch ich will deine Erörterung nicht unterbrechen.“

Der Begleiter fuhr fort: „Es gibt noch andere Motive für die überall so tapfer angestrebte Erweiterung und Verbreitung der Bildung, außer jenem so beliebten nationalökonomischen Dogma. In einigen Ländern ist die Angst vor einer religiösen Unterdrückung so allgemein und die Furcht vor den Folgen dieser Unterdrückung so ausgeprägt, daß man in allen Gesellschaftsklassen der Bildung mit lechzender Begierde entgegenkommt und gerade die Elemente derselben einschlürft, welche die religiösen Instinkte aufzulösen pflegen. Anderwärts hinwiederum strebt ein Staat hier und da um seiner eignen Existenz willen nach einer möglichsten Ausdehnung der Bildung, weil er sich immer noch stark genug weiß, auch die stärkste Entfesselung der Bildung noch unter sein Joch spannen zu können, und es bewährt gefunden hat, wenn die ausgedehnteste Bildung seiner Beamten oder seiner Heere zuletzt immer nur ihm selbst, dem Staate, im Wetteifer mit anderen Staaten, zugute kommt. In diesem Falle muß das Fundament eines Staates eben so breit und fest sein, um das komplizierte Bildungsgewölbe noch balancieren zu können, wie im ersten Falle die Spuren einer früheren religiösen Unterdrückung noch fühlbar genug sein müssen, um zu einem so verzweifelten Gegenmittel zu drängen. Wo also nur das Feldgeschrei der Masse nach weitester Volksbildung verlangt, da pflege ich wohl zu unterscheiden, ob eine üppige Tendenz nach Erwerb und Besitz, ob die Brandmale einer früheren religiösen Unterdrückung, ob das kluge Selbstgefühl eines Staates zu diesem Feldgeschrei stimuliert hat.

Dagegen wollte es mir erscheinen, als ob zwar nicht so laut, aber mindestens so nachdrücklich von verschiedenen Seiten aus eine andere Weise angestimmt würde, die Weise von der Verminderung der Bildung.

Man pflegt sich etwas von dieser Weise in allen gelehrten Kreisen ins Ohr zu flüstern: die allgemeine Tatsache, daß mit der jetzt angestrebten Ausnützung des Gelehrten im Dienste seiner Wissenschaft die Bildung des Gelehrten immer zufälliger und unwahrscheinlicher werde. Denn so in die Breite ausgedehnt ist jetzt das Studium der Wissenschaften, daß, wer, bei guten, wenngleich nicht extremen Anlagen, noch in ihnen etwas leisten will, ein ganz spezielles Fach betreiben wird, um alle übrigen dann aber unbekümmert bleibt. Wird er nun schon in seinem Fach über dem vulgus stehen, in allem übrigen gehört er doch zu ihm, das heißt in allen Hauptsachen. So ein exklusiver Fachgelehrter ist dann dem Fabrikarbeiter ähnlich, der, sein Leben lang, nichts anderes macht als eine bestimmte Schraube oder Handhabe, zu einem bestimmten Werkzeug oder zu einer Maschine, worin er dann freilich eine unglaubliche Virtuosität erlangt. In Deutschland, wo man versteht, auch solchen schmerzlichen Tatsachen einen gloriosen Mantel des Gedankens überzuhängen, bewundert man wohl gar diese enge Fachmäßigkeit unserer Gelehrten und ihre immer weitere Abirrung von der rechten Bildung als ein sittliches Phänomen: die ‚Treue im Kleinen', die ‚Kärrnertreue' wird zum Prunkthema, die Unbildung jenseits des Fachs wird als Zeichen edler Genügsamkeit zur Schau getragen.

Es sind Jahrhunderte vergangen, in denen es sich von selbst verstand, daß man unter einem Gebildeten den Gelehrten und nur den Gelehrten begriff; von den Erfahrungen unserer Zeit aus würde man sich schwerlich zu einer so naiven Gleichstellung veranlaßt fühlen. Denn jetzt ist die Ausbeutung eines Menschen zugunsten der Wissenschaften die ohne Anstand überall angenommene Voraussetzung: wer fragt sich noch, was eine Wissenschaft wert sein mag, die so vampyrartig ihre Geschöpfe verbraucht? Die Arbeitsteilung in der Wissenschaft strebt praktisch nach dem gleichen Ziele, nach dem hier und da die Religionen mit Bewußtsein streben: nach einer Verringerung der Bildung, ja nach einer Vernichtung derselben. Was aber für einige Religionen, gemäß ihrer Entstehung und Geschichte, ein durchaus berechtigtes Verlangen ist, dürfte für die Wissenschaft irgendwann einmal eine Selbstverbrennung herbeiführen. Jetzt sind wir bereits auf dem Punkte, daß in allen allgemeinen Fragen ernsthafter Natur, vor allem in den höchsten philosophischen Problemen, der wissenschaftliche Mensch als solcher gar nicht mehr zu Worte kommt: wohingegen jene klebrige verbindende Schicht, die sich jetzt zwischen die Wissenschaften gelegt hat, die Journalistik, hier ihre Aufgabe zu erfüllen glaubt und sie nun ihrem Wesen gemäß ausführt, das heißt wie der Name sagt, als eine Tagelöhnerei.

In der Journalistik nämlich fließen die beiden Richtungen zusammen: Erweiterung und Verminderung der Bildung reichen sich hier die Hand; das Journal tritt geradezu an die Stelle der Bildung, und wer, auch als Gelehrter, jetzt noch Bildungsansprüche macht, pflegt sich an jene klebrige Vermittlungsschicht anzulehnen, die zwischen allen Lebensformen, allen Ständen, allen Künsten, allen Wissenschaften die Fugen verkittet und die so fest und zuverlässig ist wie eben Journalpapier zu sein pflegt. Im Journal kulminiert die eigentümliche Bildungsabsicht der Gegenwart: wie ebenso der Journalist, der Diener des Augenblicks, an die Stelle des großen Genius, des Führers für alle Zeiten, des Erlösers vom Augenblick, getreten ist. Nun sagen Sie mir selbst, mein ausgezeichneter Meister, was ich mir für Hoffnungen machen sollte, im Kampfe gegen eine überall erreichte Verkehrung aller eigentlichen Bildungsbestrebungen, mit welchem Mute ich, als einzelner Lehrer, auftreten dürfte, wenn ich doch weiß, wie über jede eben gestreute Saat wahrer Bildung sofort schonungslos die zermalmende Walze dieser Pseudo-Bildung hinweggehn würde? Denken Sie sich, wie nutzlos jetzt die angestrengteste Arbeit des Lehrers sein muß, der etwa einen Schüler in die unendlich ferne und schwer zu ergreifende Welt des Hellenischen, als in die eigentliche Bildungsheimat, zurückführen möchte: wenn doch derselbe Schüler in der nächsten Stunde nach einer Zeitung oder nach einem Zeitroman oder nach einem jener gebildeten Bücher greifen wird, deren Stilistik schon das ekelhafte Wappen der jetzigen Bildungsbarbarei an sich trägt.“ – –

„Nun halt einmal still!“ rief hier der Philosoph mit starker und mitleidiger Stimme dazwischen, „ich begreife dich jetzt besser und hätte dir vorher kein so böses Wort sagen sollen. Du hast in allem recht, nur nicht in deiner Mutlosigkeit. Ich will dir jetzt etwas zu deinem Troste sagen.“

Zweiter Vortrag

Gehalten am 6. Februar 1872

MEINE verehrten Zuhörer! Diejenigen unter Ihnen, welche ich erst von diesem Augenblicke an als meine Zuhörer begrüßen darf und die von meinem vor drei Wochen gehaltenen Vortrage vielleicht nur gerüchtweise vernommen haben, müssen es sich jetzt gefallen lassen, ohne weitere Vorbereitungen mitten in ein ernstes Zwiegespräch eingeführt zu werden, das ich damals wiederzuerzählen angefangen habe und an dessen letzte Wendungen ich heute erst erinnern werde. Der jüngere Begleiter des Philosophen hatte soeben in ehrlich-vertraulicher Weise sich vor seinem bedeutenden Lehrmeister entschuldigen müssen, weshalb er unmutig aus seiner bisherigen Lehrerstellung ausgeschieden sei und in einer selbstgewählten Einsamkeit ungetröstet seine Tage verbringe. Am wenigsten sei ein hochmütiger Dünkel die Ursache eines solchen Entschlusses gewesen.

„Zu viel," sagte der rechtschaffne Jünger, „habe ich von Ihnen, mein Lehrer, gehört, zu lange bin ich in Ihrer Nähe gewesen, um mich an unser bisheriges Bildungs- und Erziehungswesen gläubig hingeben zu können. Ich empfinde zu deutlich jene heillosen Irrtümer und Mißstände, auf die Sie mit dem Finger zu zeigen pflegten: und doch merke ich wenig von der Kraft in mir, mit der ich, bei tapferem Kampfe, Erfolge haben würde, mit der ich die Bollwerke dieser angeblichen Bildung zertrümmern könnte. Eine allgemeine Mutlosigkeit überkam mich: die Flucht in die Einsamkeit war nicht Hochmut, nicht Überhebung." Darauf hatte er, zu seiner Entschuldigung, die allgemeine Signatur dieses Bildungswesens so beschrieben, daß der Philosoph nicht umhin konnte, mit mitleidiger Stimme ihm ins Wort zu fallen und ihn so zu beruhigen.

„Nun, halt einmal still, mein armer Freund," sagte er; „ich begreife dich jetzt besser und hätte dir vorhin kein so hartes Wort sagen sollen. Du hast in allem recht, nur nicht in deiner Mutlosigkeit. Ich will dir jetzt etwas zu deinem Troste sagen. Wie lange glaubst du wohl, daß das auf dir so schwer lastende Bildungsgebaren in der Schule unsrer Gegenwart noch dauern werde? Ich will dir meinen Glauben darüber nicht vorenthalten: seine Zeit ist vorüber, seine Tage sind gezählt. Der erste, der es wagen wird, auf diesem Gebiete ganz ehrlich zu sein, wird den Widerhall seiner Ehrlichkeit aus tausend mutigen Seelen zu hören bekommen. Denn im Grunde ist unter den edler begabten und wärmer fühlenden Menschen dieser Gegenwart ein stillschweigendes Einverständnis: jeder von ihnen weiß, was er von den Bildungszuständen der Schule zu leiden hatte, jeder möchte seine Nachkommen mindestens von dem gleichen Drucke erlösen, wenn er sich auch selbst preisgeben müßte. Daß aber trotzdem es nirgends zur vollen Ehrlichkeit kommt, hat seine traurige Ursache in der pädagogischen Geistesarmut unserer Zeit; es fehlt gerade hier an wirklich erfinderischen Begabungen, es fehlen hier die wahrhaft praktischen Menschen, das heißt diejenigen, welche gute und neue Einfälle haben und welche wissen, daß die rechte Genialität und die rechte Praxis sich notwendig im gleichen Individuum begegnen müssen: während den nüchternen Praktikern es gerade an Einfällen und deshalb wieder an der rechten Praxis fehlt.

Man mache sich nur einmal mit der pädagogischen Literatur dieser Gegenwart vertraut; an dem ist nichts mehr zu verderben, der bei diesem Studium nicht über die allerhöchste Geistesarmut und über einen wahrhaft täppischen Zirkeltanz erschrickt. Hier muß unsere Philosophie nicht mit dem Erstaunen, sondern mit dem Erschrecken beginnen: wer es zu ihm nicht zu bringen vermag, ist gebeten, von den pädagogischen Dingen seine Hände zu lassen. Das Umgekehrte war freilich bisher die Regel; diejenigen, welche erschraken, liefen wie du, mein armer Freund, scheu davon, und die nüchternen Unerschrocknen legten ihre breiten Hände recht breit auf die allerzarteste Technik, die es in einer Kunst geben kann, auf die Technik der Bildung. Das wird aber nicht lange mehr möglich sein; es mag nur einmal der ehrliche Mann kommen, der jene guten und neuen Einfälle hat und zu deren Verwirklichung mit allem Vorhandenen zu brechen wagt, er mag nur einmal an einem großartigen Beispiel es vormachen, was jene bisher allein tätigen breiten Hände nicht nachzumachen vermögen – dann wird man wenigstens überall anfangen zu unterscheiden, dann wird man wenigstens den Gegensatz spüren und über die Ursachen dieses Gegensatzes nachdenken können, während jetzt noch so viele in aller Gutmütigkeit glauben, daß die breiten Hände zum pädagogischen Handwerk gehören."

„Ich möchte, mein geehrter Lehrer," sagte hier der Begleiter, „daß Sie mir an einem einzelnen Beispiele selbst zu jener Hoffnung verhülfen, die aus Ihnen so mutig zu mir redet. Wir kennen beide das Gymnasium; glauben Sie zum Beispiel auch in Hinsicht auf dieses Institut, daß hier mit Ehrlichkeit und guten, neuen Einfällen die alten zähen Gewohnheiten aufgelöst werden könnten? Hier schützt nämlich, scheint es mir, nicht eine harte Mauer gegen die Sturmböcke eines Angriffs, wohl aber die fatalste Zähigkeit und Schlüpfrigkeit aller Prinzipien. Der Angreifende hat nicht einen sichtbaren und festen Gegner zu zermalmen: dieser Gegner ist vielmehr maskiert, vermag sich in hundert Gestalten zu verwandeln und in einer derselben dem packenden Griffe zu entgleiten, um immer von neuem wieder durch feiges Nachgeben und zähes Zurückprallen den Angreifenden zu verwirren. Gerade das Gymnasium hat mich zu einer mutlosen Flucht in die Einsamkeit gedrängt, gerade weil ich fühle, daß, wenn hier der Kampf zum Siege führt, alle anderen Institutionen der Bildung nachgeben müssen, und daß, wer hier verzagen muß, überhaupt in den ernstesten pädagogischen Dingen verzagen muß. Also, mein Meister, belehren Sie mich über das Gymnasium: was dürfen wir für eine Vernichtung des Gymnasiums, was für eine Neugeburt desselben hoffen?"

„Auch ich," sagte der Philosoph, „denke von der Bedeutung des Gymnasiums so groß als du: an dem Bildungsziele, das durch das Gymnasium erstrebt wird, müssen sich alle anderen Institute messen, an den Verirrungen *seiner* Tendenz leiden sie mit, durch die Reinigung und Erneuerung desselben werden sie sich gleichfalls reinigen und erneuern. Eine solche Bedeutung als bewegender Mittelpunkt kann jetzt selbst die Universität nicht mehr für sich in Anspruch nehmen, die, bei ihrer jetzigen Formation, wenigstens nach *einer* wichtigen Seite hin nur als Ausbau der Gymnasialtendenz gelten darf; wie ich dir dies später deutlich machen will. Für jetzt betrachten wir das miteinander, was in mir den hoffnungsvollen Gegensatz erzeugt, daß *entweder* der bisher gepflegte, so buntgefärbte und schwer zu erhaschende Geist des Gymnasiums völlig in der Luft zerstieben wird oder daß er von Grund aus gereinigt und erneuert werden muß: und damit ich dich nicht mit allgemeinen Sätzen erschrecke, denken wir zuerst an eine jener Gymnasialerfahrungen, die wir alle gemacht haben und an denen wir alle leiden. Was ist jetzt, mit strengem Auge betrachtet, der deutsche Unterricht auf dem Gymnasium?

Ich will dir zuerst sagen, was er sein sollte. Von Natur spricht und schreibt jetzt jeder Mensch so schlecht und gemein seine deutsche Sprache, als es eben in einem Zeitalter des Zeitungsdeutsches möglich ist: deshalb müßte der heranwachsende, edler begabte Jüngling mit Gewalt unter die Glasglocke des guten Geschmacks und der strengen sprachlichen Zucht gesetzt werden: ist dies nicht möglich, nun, so ziehe ich nächstens wieder vor, Lateinisch zu sprechen, weil ich mich einer so verhunzten und geschändeten Sprache schäme.

Was für eine Aufgabe hätte eine höhere Bildungsanstalt in diesem Punkte, wenn nicht gerade die, auktoritativ und mit würdiger Strenge die sprachlich verwilderten Jünglinge zurecht zu leiten und ihnen zuzurufen: „Nehmt eure Sprache ernst! Wer es hier nicht zu dem Gefühl einer heiligen Pflicht bringt, in dem ist auch nicht einmal der Keim für eine höhere Bildung vorhanden. Hier kann sich zeigen, wie hoch oder wie gering ihr die Kunst schätzt und wie weit ihr verwandt mit der Kunst seid, hier in der Behandlung eurer Muttersprache. Erlangt ihr nicht so viel von euch, vor gewissen Worten und Wendungen unserer journalistischen Gewöhnung einen physischen Ekel zu empfinden, so gebt es nur auf, nach Bildung zu streben: denn hier, in der allernächsten Nähe, in jedem Augenblicke eures Sprechens und Schreibens habt ihr einen Prüfstein, wie schwer, wie ungeheuer jetzt die Aufgabe des Gebildeten ist und wie unwahrscheinlich es sein muß, daß viele von euch zur rechten Bildung kommen."

Im Sinne einer solchen Anrede hätte der deutsche Lehrer am Gymnasium die Verpflichtung, auf Tausende von Einzelheiten seine Schüler aufmerksam zu machen und ihnen mit der ganzen Sicherheit eines guten Geschmacks den Gebrauch von solchen Worten geradezu zu verbieten, wie zum Beispiel von „beanspruchen", „vereinnahmen", „einer Sache Rechnung tragen", „die Initiative ergreifen", „selbstverständlich" – und so weiter cum taedio in infinitum. Derselbe Lehrer würde ferner an unseren klassischen Autoren von Zeile zu Zeile zeigen müssen, wie sorgsam und streng jede Wendung zu nehmen ist, wenn man das rechte Kunstgefühl im Herzen und die volle Verständlichkeit alles dessen, was man schreibt, vor Augen hat. Er wird immer und immer wieder seine Schüler nötigen, denselben Gedanken noch einmal und noch besser auszudrücken, und wird keine Grenze seiner Tätigkeit finden, bevor nicht die geringer Begabten in einen heiligen Schreck vor der Sprache, die Begabteren in eine edle Begeisterung für dieselbe geraten sind.

Nun, hier ist eine Aufgabe für die sogenannte formelle Bildung und eine der allerwertvollsten: und was finden wir nun am Gymnasium, an der Stätte der sogenannten formellen Bildung? – Wer das, was er hier gefunden hat, unter die richtigen Rubriken zu bringen versteht, wird wissen, was er von dem jetzigen Gymnasium als einer angeblichen Bildungsanstalt zu halten hat: er wird nämlich finden, daß das Gymnasium nach seiner ursprünglichen Formation nicht für die Bildung, sondern nur für die Gelehrsamkeit erzieht, und ferner, daß es neuerdings die Wendung nimmt, als ob es nicht einmal mehr für die Gelehrsamkeit, sondern für die Journalistik erziehn wolle. Dies ist an der Art, wie der deutsche Unterricht erteilt wird, wie an einem recht zuverlässigen Beispiele zu zeigen.

An Stelle jener rein praktischen Instruktion, durch die der Lehrer seine Schüler an eine strenge sprachliche

Selbsterziehung gewöhnen sollte, finden wir überall die Ansätze zu einer gelehrt-historischen Behandlung der Muttersprache: das heißt, man verfährt mit ihr, als ob sie eine tote Sprache sei, und als ob es für die Gegenwart und Zukunft dieser Sprache keine Verpflichtungen gäbe. Die historische Manier ist unserer Zeit bis zu dem Grade geläufig geworden, daß auch der lebendige Leib der Sprache ihren anatomischen Studien preisgegeben wird: hier aber beginnt gerade die Bildung, daß man versteht, das Lebendige als lebendig zu behandeln, hier beginnt gerade die Aufgabe des Bildungslehrers, das überall her sich aufdrängende „historische Interesse" dort zu unterdrücken, wo vor allen Dingen richtig gehandelt, nicht erkannt werden muß. Unsere Muttersprache aber ist ein Gebiet, auf dem der Schüler richtig handeln lernen muß: und ganz allein nach dieser praktischen Seite hin ist der deutsche Unterricht auf unsern Bildungsanstalten notwendig. Freilich scheint die historische Manier für den Lehrer bedeutend leichter und bequemer zu sein, ebenfalls scheint sie einer weit geringeren Anlage, überhaupt einem niedrigeren Fluge seines gesamten Wollens und Strebens zu entsprechen. Aber diese selbe Wahrnehmung werden wir auf allen Feldern der pädagogischen Wirklichkeit zu machen haben: das Leichtere und Bequemere hüllt sich in den Mantel prunkhafter Ansprüche und stolzer Titel: das eigentlich Praktische, das zur Bildung gehörige Handeln, als das im Grunde Schwerere erntet die Blicke der Mißgunst und Geringschätzung: weshalb der ehrliche Mensch auch dieses Quidproquo sich und anderen zur Klarheit bringen muß.

Was pflegt nun der deutsche Lehrer, außer diesen gelehrtenhaften Anregungen zu einem Studium der Sprache, sonst noch zu geben? Wie verbindet er den Geist seiner Bildungsanstalt mit dem Geist der w e n i g e n wahrhaft Gebildeten, die das deutsche Volk hat, mit dem Geiste seiner klassischen Dichter und Künstler? Dies ist ein dunkles und bedenkliches Bereich, in das man nicht ohne Schrecken hineinleuchten kann: aber auch hier wollen wir uns nichts verhehlen, weil irgendwann einmal hier alles neu werden muß. In dem Gymnasium wird die widerwärtige Signatur unserer ästhetischen Journalistik auf die noch ungeformten Geister der Jünglinge geprägt: hier werden von dem Lehrer selbst die Keime zu dem rohen Mißverstehen-wollen unserer Klassiker ausgesäet, das sich nachher als ästhetische Kritik gebärdet und nichts als vorlaute Barbarei ist. Hier lernen die Schüler von unserm einzigen Schiller mit jener knabenhaften Überlegenheit zu reden, hier gewöhnt man sie, über die edelsten und deutschesten seiner Entwürfe, über den Marquis Posa, über Max und Thekla zu lächeln – ein Lächeln, über das der deutsche Genius ergrimmt, über das eine bessere Nachwelt erröten wird.

Das letzte Bereich, auf dem der deutsche Lehrer am Gymnasium tätig zu sein pflegt, und das nicht selten als die Spitze seiner Tätigkeit, hier und da sogar als die Spitze der Gymnasialbildung betrachtet wird, ist die sogenannte deutsche Arbeit. Daran, daß auf diesem Bereiche sich fast immer die begabtesten Schüler mit besonderer Lust tummeln, sollte man erkennen, wie gefährlich-anreizend gerade die hier gestellte Aufgabe sein mag. Die deutsche Arbeit ist ein Appell an das Individuum: und je stärker bereits sich ein Schüler seiner unterscheidenden Eigenschaften bewußt ist, um so persönlicher wird er seine deutsche Arbeit gestalten. Dieses „persönliche Gestalten" wird noch dazu in den meisten Gymnasien schon durch die Wahl der Themata gefordert: wofür mir immer der stärkste Beweis ist, daß man schon in den niedrigeren Klassen das an und für sich unpädagogische Thema stellt, durch welches der Schüler zu einer Beschreibung seines eignen Lebens, seiner eignen

Entwicklung veranlaßt wird. Nun mag man nur einmal die Verzeichnisse solcher Themata an einer größeren Anzahl von Gymnasien durchlesen, um zu der Überzeugung zu kommen, daß wahrscheinlich die allermeisten Schüler für ihr Leben an dieser zu früh geforderten Persönlichkeitsarbeit, an dieser unreifen Gedankenerzeugung, ohne ihr Verschulden, zu leiden haben: und wie oft erscheint das ganze spätere literarische Wirken eines Menschen wie die traurige Folge jener pädagogischen Ursünde wider den Geist!

Man muß nur denken, was in einem solchen Alter, bei der Produktion einer solchen Arbeit, vor sich geht. Es ist die erste eigne Produktion; die noch unentwickelten Kräfte schießen zum ersten Male zu einer Kristallisation zusammen; das taumelnde Gefühl der geforderten Selbständigkeit umkleidet diese Erzeugnisse mit einem allerersten, nie wiederkehrenden berückenden Zauber. Alle Verwegenheiten der Natur sind aus ihrer Tiefe hervorgerufen, alle Eitelkeiten, durch keine mächtigere Schranke zurückgehalten, dürfen zum ersten Male eine literarische Form annehmen: der junge Mensch empfindet sich von jetzt ab als fertig geworden, als ein zum Sprechen, zum Mitsprechen befähigtes, ja aufgefordertes Wesen. Jene Themata nämlich verpflichten ihn, sein Votum über Dichterwerke abzugeben oder historische Personen in die Form einer Charakterschilderung zusammenzudrängen oder ernsthafte ethische Probleme selbständig darzustellen oder gar, mit umgekehrter Leuchte, sein eignes Werden sich aufzuhellen und über sich selbst einen kritischen Bericht abzugeben: kurz, eine ganze Welt der nachdenklichsten Aufgaben breitet sich vor dem überraschten, bis jetzt fast unbewußten jungen Menschen aus und ist seiner Entscheidung preisgegeben.

Nun vergegenwärtigen wir uns, diesen so einflußreichen ersten Originalleistungen gegenüber, die gewöhnliche Tätigkeit des Lehrers. Was erscheint ihm an diesen Arbeiten als tadelnswert? Worauf macht er seine Schüler aufmerksam? Auf alle Exzesse der Form und des Gedankens, das heißt auf alles das, was in diesem Alter überhaupt charakteristisch und individuell ist. Das eigentlich Selbständige, das sich, bei dieser allzu frühzeitigen Erregung, eben nur und ganz allein in Ungeschicktheiten, in Schärfen und grotesken Zügen äußern kann, also gerade das Individuum wird gerügt und vom Lehrer zugunsten einer unoriginalen Durchschnittsanständigkeit verworfen. Dagegen bekommt die uniformierte Mittelmäßigkeit das verdrossen gespendete Lob: denn gerade bei ihr pflegt sich der Lehrer aus guten Gründen sehr zu langweilen.

Vielleicht gibt es noch Menschen, die in dieser ganzen Komödie der deutschen Arbeit auf dem Gymnasium nicht nur das allerabsurdeste, sondern auch das allergefährlichste Element des jetzigen Gymnasiums sehen. Hier wird Originalität verlangt, aber die in jenem Alter einzig mögliche wiederum verworfen: hier wird eine formale Bildung vorausgesetzt, zu der jetzt überhaupt nur die allerwenigsten Menschen im reifen Alter kommen. Hier wird jeder ohne weiteres als ein literaturfähiges Wesen betrachtet, das über die ernstesten Dinge und Personen eigne Meinungen haben dürfte, während eine rechte Erziehung gerade nur darauf hin mit allem Eifer streben wird, den lächerlichen Anspruch auf Selbständigkeit des Urteils zu unterdrücken und den jungen Menschen an einen strengen Gehorsam unter dem Szepter des Genius zu gewöhnen. Hier wird eine Form der Darstellung in größerem Rahmen vorausgesetzt, in einem Alter, in dem jeder gesprochne oder geschriebene Satz eine Barbarei ist. Nun denken wir uns noch die Gefahr hinzu, die in der leicht erregten Selbstgefälligkeit jener Jahre liegt, denken wir an die eitle Empfindung, mit der der Jüngling jetzt zum ersten Male sein literarisches Bild im Spiegel sieht – wer möchte, alle diese Wirkungen mit einem Blick erfassend, daran zweifeln, daß alle Schäden unserer literarisch-künstlerischen Öffentlichkeit hier dem heranwachsenden Geschlecht immer wieder von neuem aufgeprägt werden, die hastige und eitle Produktion, die schmähliche Buchmacherei, die vollendete Stillosigkeit, das Ungegorene und Charakterlose oder Kläglich-Gespreizte im Ausdruck, der Verlust jedes ästhetischen Kanons, die Wollust der Anarchie und des Chaos, kurz die literarischen Züge unsrer Journalistik ebenso wie unseres Gelehrtentums.

Davon wissen jetzt die wenigsten etwas, daß vielleicht unter vielen Tausenden kaum einer berechtigt ist, sich schriftstellerisch vernehmen zu lassen, und daß alle anderen, die es auf ihre Gefahr versuchen, unter wahrhaft urteilsfähigen Menschen als Lohn für jeden gedruckten Satz ein homerisches Gelächter verdienen – denn es ist wirklich ein Schauspiel für Götter, einen literarischen Hephäst heranhinken zu sehn, der uns nun gar etwas kredenzen will. Auf diesem Bereiche zu ernsten und unerbittlichen Gewöhnungen und Anschauungen zu erziehn, das ist eine der höchsten Aufgaben der formellen Bildung, während das allseitige Gewährenlassen der sogenannten „freien Persönlichkeit“ wohl nichts anderes als das Kennzeichen der Barbarei sein möchte. Daß aber wenigstens bei dem deutschen Unterricht nicht an Bildung, sondern an etwas anderes gedacht wird, nämlich an die besagte „freie Persönlichkeit“, dürfte aus dem bis jetzt Berichteten wohl deutlich geworden sein. Und solange die deutschen Gymnasien in der Pflege der deutschen Arbeit der abscheulichen gewissenlosen Vielschreiberei vorarbeiten, solange sie die allernächste praktische Zucht in Wort und Schrift nicht als heilige Pflicht nehmen, solange sie mit der Muttersprache umgehen, als ob sie nur ein notwendiges Übel oder ein toter Leib sei, rechne ich diese Anstalten nicht zu den Institutionen wahrer Bildung.

Am wenigsten wohl merkt man, in Hinsicht der Sprache, etwas von dem Einflusse des klassischen Vorbildes: weshalb mir schon von dieser einen Erwägung aus die sogenannte „klassische Bildung", die von unserem Gymnasium ausgehn soll, als etwas sehr Zweifelhaftes und Mißverständliches erscheint. Denn wie könnte man, bei einem Blicke auf jenes Vorbild, den ungeheuren Ernst übersehn, mit dem der Grieche und Römer seine Sprache von den Jünglingsjahren an betrachtet und behandelt, – wie könnte man sein Vorbild in einem solchen Punkte verkennen, wenn anders wirklich noch die klassisch-hellenische und römische Welt als höchstes belehrendes Muster dem Erziehungsplan unserer Gymnasien vorschwebte: woran ich wenigstens zweifle. Vielmehr scheint es sich, bei dem Anspruche des Gymnasiums, „klassische Bildung" zu pflanzen, nur um eine verlegene Ausrede zu handeln, welche dann angewendet wird, wenn von irgend einer Seite her dem Gymnasium die Befähigung, zur Bildung zu erziehen, abgesprochen wird. Klassische Bildung! Es klingt so würdevoll! Es beschämt den Angreifenden, es verzögert den Angriff – denn wer vermag gleich dieser verwirrenden Formel bis auf den Grund zu sehn! Und das ist die längst gewohnte Taktik des Gymnasiums: je nach der Seite, von der aus der Ruf zum Kampfe erschallt, schreibt es auf sein nicht gerade mit Ehrenzeichen geschmücktes Schild eines jener verwirrenden Schlagworte „klassische Bildung", „formale Bildung" oder „Bildung zur Wissenschaft": drei gloriose Dinge, die nur leider teils in sich, teils untereinander im Widerspruche sind und die, wenn sie gewaltsam zusammengebracht würden, nur einen Bildungstragelaph hervorbringen müßten. Denn eine wahrhafte „klassische Bildung“ ist etwas so unerhört Schweres und Seltenes und fordert eine so komplizierte Begabung, daß es nur der Naivität oder der Unverschämtheit vorbehalten ist, diese als erreichbares Ziel des Gymnasiums zu versprechen. Die Bezeichnung „formale Bildung“ gehört unter die rohe unphilosophische Phraseologie, deren man sich möglichst entschlagen muß: denn es gibt keine „materielle Bildung“. Und wer die „Bildung zur Wissenschaft“ als das Ziel des Gymnasiums aufstellt, gibt damit die „klassische Bildung“ und die sogenannte „formale Bildung“, überhaupt das ganze Bildungsziel des Gymnasiums preis: denn der wissenschaftliche Mensch und der gebildete Mensch gehören zwei verschiedenen Sphären an, die hier und da sich in einem Individuum berühren, nie aber miteinander zusammenfallen.

Vergleichen wir diese drei angeblichen Ziele des Gymnasiums mit der Wirklichkeit, die wir in betreff des deutschen Unterrichtes beobachteten, so erkennen wir, was diese Ziele zumeist im gewöhnlichen Gebrauche sind: Verlegenheitsausflüchte, für den Kampf und Krieg erdacht und wirklich auch zur Betäubung des Gegners oft genug geeignet. Denn wir vermochten am deutschen Unterricht nichts zu erkennen, was irgendwie an das klassisch-antike Vorbild, an die antike Großartigkeit der sprachlichen Erziehung erinnerte: die „formale Bildung“ aber, die durch den besagten deutschen Unterricht erreicht wird, erwies sich als das absolute Belieben der „freien Persönlichkeit“, das heißt als Barbarei und Anarchie; und was die Heranbildung zur Wissenschaft als Folge jenes Unterrichtes betrifft, so werden unsre Germanisten mit Billigkeit abzuschätzen haben, wie wenig zur Blüte ihrer Wissenschaft gerade jene gelehrtenhaften Anfänge auf dem Gymnasium, wieviel die Persönlichkeit einzelner Universitätslehrer beigetragen hat. — In Summa: das Gymnasium versäumt bis jetzt das allererste und nächste

Objekt, an dem die wahre Bildung beginnt, die Muttersprache: damit aber fehlt ihm der natürliche fruchtbare Boden für alle weiteren Bildungsbemühungen. Denn erst auf Grund einer strengen, künstlerisch sorgfältigen sprachlichen Zucht und Sitte erstarkt das richtige Gefühl für die Größe unserer Klassiker, deren Anerkennung von seiten des Gymnasiums bis jetzt fast nur auf zweifelhaften ästhetisierenden Liebhabereien einzelner Lehrer oder auf der rein stofflichen Wirkung gewisser Tragödien und Romane ruht: man muß aber selbst aus Erfahrung wissen, wie schwer die Sprache ist, man muß nach langem Suchen und Ringen auf die Bahn gelangen, auf der unsre großen Dichter schritten, um nachzufühlen, wie leicht und schön sie auf ihr schritten, und wie ungelenk oder gespreizt die andern hinter ihnen dreinfolgen.

Erst durch eine solche Zucht bekommt der junge Mensch jenen physischen Ekel vor der so beliebten und so gepriesenen „Eleganz“ des Stils unsrer Zeitungsfabrik-Arbeiter und Romanschreiber, vor der „gewählten Diktion“ unserer Literaten, und ist mit einem Schlage und endgültig über eine ganze Reihe von recht komischen Fragen und Skrupeln hinausgehoben, zum Beispiel ob Auerbach oder Gutzkow wirklich Dichter sind: man kann sie einfach vor Ekel nicht mehr lesen, damit ist die Frage entschieden. Glaube niemand, daß es leicht ist, sein Gefühl bis zu jenem physischen Ekel auszubilden: aber hoffe auch niemand auf einem anderen Wege zu einem ästhetischen Urteile zu kommen als auf dem dornigen Pfade der Sprache, und zwar nicht der sprachlichen Forschung, sondern der sprachlichen Selbstzucht.

Hier muß es jedem ernsthaft sich Bemühenden so ergehen, wie demjenigen, der als erwachsener Mensch, etwa als Soldat, genötigt ist gehen zu lernen, nachdem er vorher im Gehen roher Dilettant und Empiriker war. Es sind mühselige Monate: man fürchtet, daß die Sehnen reißen möchten, man verliert alle Hoffnung, daß die künstlich und bewußt erlernten Bewegungen und Stellungen der Füße jemals bequem und leicht ausgeführt werden: man sieht mit Schrecken, wie ungeschickt und roh man Fuß vor Fuß setzt, und fürchtet jedes Gehen verlernt zu haben und das rechte Gehen nie zu lernen. Und plötzlich wiederum merkt man, daß aus den künstlich eingeübten Bewegungen bereits wieder eine neue Gewohnheit und zweite Natur geworden ist, und daß die alte Sicherheit und Kraft des Schrittes gestärkt und selbst mit einiger Grazie im Gefolge zurückkehrt: jetzt weiß man auch, wie schwer das Gehen ist, und darf sich über den rohen Empiriker oder über den elegant sich gebärdenden Dilettanten des Gehens lustig machen. Unsere „elegant" genannten Schriftsteller haben, wie ihr Stil beweist, nie gehen gelernt: und an unsern Gymnasien lernt man, wie unsere Schriftsteller beweisen, nicht gehen. Mit der richtigen Gangart der Sprache aber beginnt die Bildung: welche, wenn sie nur recht begonnen ist, nachher auch gegen jene „eleganten" Schriftsteller eine physische Empfindung erzeugt, die man „Ekel" nennt.

Hier erkennen wir die verhängnisvollen Konsequenzen unseres jetzigen Gymnasiums: dadurch, daß es nicht imstande ist, die rechte und strenge Bildung, die vor allem Gehorsam und Gewöhnung ist, einzupflanzen, dadurch, daß es vielmehr bestenfalls in der Erregung und Befruchtung der wissenschaftlichen Triebe überhaupt zu einem Ziele kommt, erklärt sich jenes so häufig anzutreffende Bündnis der Gelehrsamkeit mit der Barbarei des Geschmacks, der Wissenschaft mit der Journalistik. Man kann heute in ungeheurer Allgemeinheit die Wahrnehmung machen, daß unsere Gelehrten von jener Bildungshöhe abgefallen und heruntergesunken sind, die das deutsche Wesen unter den Bemühungen Goethes, Schillers, Lessings und Winckelmanns erreicht hatte: ein Abfall, der sich eben in der gröblichen Art von Mißverständnissen zeigt, denen jene Männer unter uns, bei den Literaturhistorikern ebensowohl – ob sie nun Gervinus oder Julian Schmidt heißen – als in jeder Geselligkeit, ja fast in jedem Gespräch unter Männern und Frauen, ausgesetzt sind. Am meisten aber und am schmerzlichsten zeigt sich gerade dieser Abfall in der pädagogischen, auf das Gymnasium bezüglichen Literatur. Es kann bezeugt werden, daß der einzige Wert, den jene Männer für eine wahre Bildungsanstalt haben, während eines halben Jahrhunderts und länger nicht einmal ausgesprochen, geschweige denn anerkannt worden ist: der Wert jener Männer als der vorbereitenden Führer und Mystagogen der klassischen Bildung, an deren Hand allein der richtige Weg, der zum Altertum führt, gefunden werden kann.

Jede sogenannte klassische Bildung hat nur e i n e n gesunden und natürlichen Ausgangspunkt, die künstlerisch ernste und strenge Gewöhnung im Gebrauch der Muttersprache: für diese aber und für das Geheimnis der Form wird selten jemand von innen heraus, aus eigner Kraft zu dem rechten Pfade geleitet, während alle anderen jene großen Führer und Lehrmeister brauchen und sich ihrer Hut anvertrauen müssen. Es gibt aber gar keine klassische Bildung, die ohne diesen erschlossenen Sinn für die Form wachsen könnte. Hier, wo allmählich das unterscheidende Gefühl für die Form und für die Barbarei erwacht, regt sich zum ersten Male die Schwinge, die der rechten und einzigen Bildungsheimat, dem griechischen Altertum, zuträgt. Freilich würden wir bei dem Versuche, uns jener unendlich fernen und mit diamantenen Wällen umschlossenen Burg des Hellenischen zu nahen, mit alleiniger Hilfe jener Schwinge nicht gerade weit kommen: sondern von neuem brauchen wir dieselben Führer, dieselben Lehrmeister, unsre deutschen Klassiker, um unter dem Flügelschlage ihrer antiken Bestrebungen selbst mit hinweggerissen zu werden – dem Lande der Sehnsucht zu, nach Griechenland.

Von diesem allein möglichen Verhältnisse zwischen unseren Klassikern und der klassischen Bildung ist freilich kaum ein Laut in die altertümlichen Mauern des Gymnasiums gedrungen. Die Philologen sind vielmehr unverdrossen bemüht, auf eigne Hand ihren Homer und Sophokles an die jungen Seelen heranzubringen, und nennen das Resultat ohne weiteres mit einem unbeanstandeten Euphemismus „klassische Bildung". Mag sich jeder an seinen Erfahrungen prüfen, was er von Homer und Sophokles, an der Hand jener unverdrossenen Lehrer, gehabt hat. Hier ist ein Bereich der allerhäufigsten und stärksten Täuschungen und der unabsichtlich verbreiteten Mißverständnisse. Ich habe noch nie in dem deutschen Gymnasium auch nur eine Faser von dem vorgefunden, was sich wirklich „klassische Bildung" nennen dürfte: und dies ist nicht verwunderlich, wenn man denkt, wie sich das Gymnasium von den deutschen Klassikern und von der deutschen Sprachzucht emanzipiert hat. Mit einem Sprung ins Blaue kommt niemand ins Altertum: und doch ist die ganze Art, wie man auf den Schulen mit antiken Schriftstellern verkehrt, das redliche Kommentieren und Paraphrasieren unserer philologischen Lehrer ein solcher Sprung ins Blaue.

Das Gefühl für das Klassisch-Hellenische ist nämlich ein so seltenes Resultat des angestrengtesten Bildungskampfes und der künstlerischen Begabung, daß nur durch ein grobes Mißverständnis das Gymnasium bereits den Anspruch erheben kann, dies Gefühl zu wecken. In welchem Alter? In einem Alter, das noch blind herumgezogen wird von den buntesten Neigungen des Tages, das noch keine Ahnung davon in sich trägt, daß jenes Gefühl für das Hellenische, w e n n es einmal erwacht ist, sofort aggressiv wird und in einem unausgesetzten Kampfe gegen die angebliche Kultur der Gegenwart sich ausdrücken muß. Für den jetzigen Gymnasiasten sind die Hellenen als Hellenen tot: ja, er hat seine Freude am Homer, aber ein Roman von Spielhagen fesselt ihn doch bei weitem stärker: ja, er verschluckt mit einigem Wohlbehagen die griechische Tragödie und Komödie, aber so ein recht modernes Drama, wie die Journalisten von Freytag, berührt ihn doch ganz anders. Ja, er ist, im Hinblick auf alle antiken Autoren, geneigt ähnlich zu reden, wie der Kunstästhetiker Hermann Grimm, der einmal in einem gewundenen Aufsatz über die Venus von Milo sich endlich doch fragt: „Was ist mir diese Gestalt einer Göttin? Was nützen mir die Gedanken, die sie in mir erwachen läßt? Orest und Ödipus, Iphigenie und Antigone, was haben sie gemein mit meinem Herzen?" – Nein, meine Gymnasiasten, die Venus von Milo geht euch nichts an: aber eure Lehrer ebensowenig – und das ist das Unglück, das ist das Geheimnis des jetzigen Gymnasiums. Wer wird euch zur Heimat der Bildung führen, wenn eure Führer blind sind und gar noch als Sehende sich ausgeben! Wer von euch wird zu einem wahren Gefühl für den heiligen Ernst der Kunst kommen, wenn ihr mit Methode verwöhnt werdet, selbständig zu stottern, wo man euch lehren sollte zu sprechen, selbständig zu ästhetisieren, wo man euch anleiten sollte, vor dem Kunstwerk andächtig zu sein, selbständig zu philosophieren, wo man euch zwingen sollte, auf große Denker zu *hören*: alles mit dem Resultat, daß ihr dem Altertume ewig fern bleibt und Diener des Tages werdet.

Das Heilsamste, was die jetzige Institution des Gymnasiums in sich birgt, liegt jedenfalls in dem Ernste, mit dem die lateinische und griechische Sprache durch eine ganze Reihe von Jahren hindurch behandelt wird: hier lernt man den Respekt vor einer regelrecht fixierten

Sprache, vor Grammatik und Lexikon, hier weiß man noch, was ein Fehler ist, und wird nicht jeden Augenblick durch den Anspruch inkommodiert, daß auch grammatische und orthographische Grillen und Unarten, wie in dem deutschen Stil der Gegenwart, sich berechtigt fühlen. Wenn nur dieser Respekt vor der Sprache nicht so in der Luft hängenbliebe, gleichsam als eine theoretische Bürde, von der man sich bei seiner Muttersprache sofort wieder entlastet! Gewöhnlich pflegt vielmehr der lateinische oder griechische Lehrer selbst mit dieser Muttersprache wenig Umstände zu machen, er behandelt sie von vornherein als ein Bereich, auf dem man sich von der strengen Zucht des Lateinischen und des Griechischen wieder erholen darf, auf dem wieder die lässige Gemütlichkeit erlaubt ist, mit der der Deutsche alles Heimische zu behandeln pflegt. Jene herrlichen Übungen, aus einer Sprache in die andere zu übersetzen, die auf das heilsamste auch den künstlerischen Sinn für die eigne Sprache befruchten können, sind nach der Seite des Deutschen hin niemals mit der gebührenden kategorischen Strenge und Würde durchgeführt worden, die hier, als bei einer undisziplinierten Sprache, vor allem not tut. Neuerdings verschwinden auch diese Übungen immer mehr: man begnügt sich, die fremden klassischen Sprachen zu wissen, man verschmäht es sie zu können.

Hier bricht wieder die gelehrtenhafte Tendenz in der Auffassung des Gymnasiums durch: ein Phänomen, welches auf die in früherer Zeit einmal ernst genommene Humanitätsbildung als Ziel des Gymnasiums ein aufklärendes Licht wirft. Es war die Zeit unserer großen Dichter, das heißt jener wenigen wahrhaft gebildeten Deutschen, als von dem großartigen Friedrich August Wolf der neue, von Griechenland und Rom her durch jene Männer strömende klassische Geist auf das Gymnasium geleitet wurde; seinem kühnen Beginnen gelang es, ein neues Bild des Gymnasiums aufzustellen, das von jetzt ab nicht etwa nur noch eine Pflanzstätte der Wissenschaft, sondern vor allem die eigentliche Weihestätte für alle höhere und edlere Bildung werden sollte.

Von den äußerlich dazu nötig erscheinenden Maßregeln sind sehr wesentliche mit dauerndem Erfolge auf die moderne Gestaltung des Gymnasiums übergegangen: nur ist gerade das Wichtigste nicht gelungen, die Lehrer selbst mit diesem neuen Geiste zu weihen, so daß sich inzwischen das Ziel des Gymnasiums wieder bedeutend von jener durch Wolf angestrebten Humanitätsbildung entfernt hat. Vielmehr hat die alte, von Wolf selbst überwundene absolute Schätzung der Gelehrsamkeit und der gelehrten Bildung allmählich nach mattem Kampfe die Stelle des eingedrungnen Bildungsprinzips eingenommen und behauptet jetzt wieder, wenngleich nicht mit der früheren Offenheit, sondern maskiert, und mit verhülltem Angesicht, ihre alleinige Berechtigung. Und daß es nicht gelingen wollte, das Gymnasium in den großartigen Zug der klassischen Bildung zu bringen, lag in dem undeutschen, beinahe ausländischen oder kosmopolitischen Charakter dieser Bildungsbemühungen, in dem Glauben, daß es möglich sei, sich den heimischen Boden unter den Füßen fortzuziehn und dann doch noch feststehen zu können, in dem Wahne, daß man in die entfremdete hellenische Welt durch Verleugnung des deutschen, überhaupt des nationalen Geistes gleichsam direkt und ohne Brücken hineinspringen könne.

Freilich muß man verstehn, diesen deutschen Geist erst in seinen Verstecken, unter modischen Überkleidungen oder unter Trümmerhaufen, aufzusuchen, man muß ihn so lieben, um sich auch seiner verkümmerten Form nicht zu schämen, man muß vor allem sich hüten, ihn nicht mit dem zu verwechseln, was sich jetzt mit stolzer Gebärde als ‚deutsche Kultur der Jetztzeit' bezeichnet.

Mit dieser ist vielmehr jener Geist innerlich verfeindet: und gerade in den Sphären, über deren Mangel an Kultur jene ‚Jetztzeit' zu klagen pflegt, hat sich oftmals gerade jener echte deutsche Geist, wenngleich nicht in anmutender Form und unter rohen Äußerlichkeiten erhalten. Was dagegen sich jetzt mit besonderem Dünkel ‚deutschen Kultur' nennt, ist ein kosmopolitisches Aggregat, das sich zum deutschen Geiste verhält wie der Journalist zu Schiller, wie Meyerbeer zu Beethoven: hier übt den stärksten Einfluß die im tiefsten Fundamente ungermanische Zivilisation der Franzosen, die talentlos und mit unsicherstem Geschmack nachgeahmt wird und in dieser Nachahmung der deutschen Gesellschaft und Presse, Kunst und Stilistik eine gleißnerische Form gibt. Freilich bringt es diese Kopie nirgends zu einer so künstlerisch abgeschlossenen Wirkung, wie sie jene originale, aus dem Wesen des Romanischen hervorgewachsene Zivilisation fast bis auf unsre Tage in Frankreich hervorbringt. Um diesen Gegensatz nachzuempfinden, vergleiche man unsere namhaftesten deutschen Romanschreiber mit jedem auch weniger namhaften französischen oder italienischen: auf beiden Seiten dieselben zweifelhaften Tendenzen und Ziele, dieselben noch zweifelhafteren Mittel, aber dort mit künstlerischem Ernst, mindestens mit sprachlicher Korrektheit, oft mit Schönheit verbunden, überall der Widerklang einer entsprechenden gesellschaftlichen Kultur, hier alles unoriginal, schlotterig, im Hausrocke des Gedankens und des Ausdrucks oder unangenehm gespreizt, dazu ohne jeden Hintergrund einer wirklichen gesellschaftlichen Form, höchstens durch gelehrte Manieren und Kenntnisse daran erinnernd, daß in Deutschland der verdorbene Gelehrte, in den romanischen Ländern der künstlerisch gebildete Mensch zum Journalisten wird. Mit dieser angeblich deutschen, im Grunde unoriginalen Kultur darf der

Deutsche sich nirgends Siege versprechen: in ihr beschämt ihn der Franzose und der Italiener und, was die geschickte Nachahmung einer fremden Kultur betrifft, vor allem der Russe.

Um so fester halten wir an dem deutschen Geiste fest, der sich in der deutschen Reformation und in der deutschen Musik offenbart hat und der in der ungeheuren Tapferkeit und Strenge der deutschen Philosophie und in der neuerdings erprobten Treue des deutschen Soldaten jene nachhaltige, allem Scheine abgeneigte Kraft bewiesen hat, von der wir auch einen Sieg über jene modische Pseudokultur der ‚Jetztzeit' erwarten dürfen. In diesen Kampf die wahre Bildungsschule hineinzuziehn und besonders im Gymnasium die heranwachsende neue Generation für das zu entzünden, was wahrhaft deutsch ist, ist die von uns gehoffte Zukunftstätigkeit der Schule: in welcher auch endlich die sogenannte klassische Bildung wieder ihren natürlichen Boden und ihren einzigen Ausgangspunkt erhalten wird.

Eine wahre Erneuerung und Reinigung des Gymnasiums wird nur aus einer tiefen und gewaltigen Erneuerung und Reinigung des deutschen Geistes hervorgehn. Sehr geheimnisvoll und schwer zu erfassen ist das Band, welches wirklich zwischen dem innersten deutschen Wesen und dem griechischen Genius sich knüpft. Bevor aber nicht das edelste Bedürfnis des echten deutschen Geistes nach der Hand dieses griechischen Genius, wie nach einer festen Stütze im Strome der Barbarei hascht, bevor aus diesem deutschen Geiste nicht eine verzehrende Sehnsucht nach den Griechen hervorbricht, bevor nicht die mühsam errungene Fernsicht in die griechische Heimat, an der Schiller und Goethe sich erlabten, zur Wallfahrtsstätte der besten und begabtesten Menschen geworden ist, wird das klassische Bildungsziel des Gymnasiums haltlos in der Luft hin- und herflattern: und diejenigen werden wenigstens nicht zu tadeln sein, welche eine noch so beschränkte Wissenschaftlichkeit und Gelehrsamkeit im Gymnasium heranziehn wollen, um doch ein wirkliches, festes und immerhin ideales Ziel im Auge zu haben und ihre Schüler vor den Verführungen jenes glitzernden Phantoms zu retten, das sich jetzt ‚Kultur' und ‚Bildung' nennen läßt. Das ist die traurige Lage des jetzigen Gymnasiums: die beschränktesten Standpunkte sind gewissermaßen im Recht, weil niemand imstande ist, den Ort zu erreichen oder wenigstens zu bezeichnen, wo alle diese Standpunkte zum Unrecht werden."

„Niemand?" fragte der Schüler den Philosophen mit einer gewissen Rührung in der Stimme: und beide verstummten.

Dritter Vortrag

Gehalten am 27. Februar 1872

VEREHRTE Anwesende! Das Gespräch, dessen Zuhörer ich einst war und dessen Grundzüge ich hier vor Ihnen aus lebhafter Erinnerung nachzuzeichnen versuche, war an dem Punkte, wo ich das letztemal meine Erzählung beschloß, durch eine ernste und lange Pause unterbrochen worden. Der Philosoph sowohl wie sein Begleiter saßen in trübsinniges Schweigen versunken da: jedem von ihnen lag der eben besprochne seltsame Notstand der wichtigsten Bildungsanstalt, des Gymnasiums, auf der Seele, als eine Last, zu deren Beseitigung der gutgesinnte Einzelne zu schwach und die Masse nicht gutgesinnt genug ist.

Zweierlei besonders betrübte unsre einsamen Denker: einmal die deutliche Einsicht, wie das, was mit Recht „klassische Bildung" zu nennen wäre, jetzt nur ein in freier Luft schwebendes Bildungsideal ist, das aus dem Boden unserer Erziehungsapparate gar nicht hervorzuwachsen vermöge, wie das hingegen, was mit einem landläufigen und nicht beanstandeten Euphemismus jetzt als „klassische Bildung" bezeichnet wird, eben nur den Wert einer anspruchsvollen Illusion hat: deren beste Wirkung noch darin besteht, daß das Wort selbst „klassische Bildung" doch noch weiter lebt und seinen pathetischen Klang noch nicht verloren hat. An dem deutschen Unterricht sodann hatten sich die ehrlichen Männer miteinander deutlich gemacht, daß bereits der richtige Ausgangspunkt für eine höhere, an den Pfeilern des Altertums aufzurichtende Bildung bis jetzt nicht gefunden sei: die Verwilderung der sprachlichen Unterweisung, das Hereindringen gelehrtenhafter historischer Richtungen an Stelle einer praktischen Zucht und Gewöhnung, die Verknüpfung gewisser, in den Gymnasien geforderter Übungen mit dem bedenklichen Geiste unserer journalistischen Öffentlichkeit – alle diese am deutschen Unterrichte wahrnehmbaren Phänomene gaben die traurige Gewißheit, daß die heilsamsten vom klassischen Altertume ausgehenden Kräfte noch nicht einmal in unsern Gymnasien geahnt werden, jene Kräfte nämlich, welche zum Kampfe mit der Barbarei der Gegenwart vorbereiten, und welche vielleicht noch einmal die Gymnasien in die Zeughäuser und Werkstätten dieses Kampfes umwandeln werden.

Inzwischen schien es im Gegenteil, als ob recht grundsätzlich der Geist des Altertums bereits an der Schwelle des Gymnasiums weggetrieben werden sollte, und als ob man auch hier dem durch Schmeicheleien verwöhnten Wesen unserer jetzigen angeblichen „deutschen Kultur" die Tore so weit als möglich öffnen wolle. Und wenn es für unsere einsamen Unterredner eine Hoffnung zu geben schien, so war es die, daß es noch schlimmer kommen müsse, daß das, was von wenigen bisher erraten wurde, bald vielen zudringlich deutlich sein werde, und daß dann die Zeit der Ehrlichen und der Entschlossenen auch für das ernste Bereich der Volkserziehung nicht mehr ferne sei.

Nach einiger Zeit schweigsamer Überlegung wendete sich der Begleiter an den Philosophen und sagte ihm: „Sie wollten mir Hoffnungen machen, mein Lehrer; aber Sie haben mir meine Einsicht und dadurch meine Kraft, meinen Mut vermehrt: wirklich sehe ich jetzt kühner auf das Kampffeld hin, wirklich mißbillige ich bereits meine allzu schnelle Flucht. Wir wollen ja nichts für uns; und auch das darf uns nicht kümmern, wie viele Individuen in diesem Kampfe zugrunde gehn, und ob wir selbst etwa unter den ersten fallen. Gerade weil wir es ernst nehmen, sollten wir unsre armen Individuen nicht so ernst nehmen; im Augenblick, wo wir sinken, wird wohl ein anderer die Fahne fassen, an deren Ehrenzeichen wir glauben. Selbst darüber will ich nicht nachdenken, ob ich kräftig genug zu einem solchen Kampfe bin, ob ich lange widerstehen werde; es mag wohl selbst ein ehrenvoller Tod sein, unter dem spöttischen Gelächter solcher Feinde zu fallen, deren Ernsthaftigkeit uns so häufig als etwas Lächerliches erschienen ist. Denke ich an die Art, wie sich meine Altersgenossen zu dem gleichen Berufe, wie ich, zu dem höchsten Lehrerberufe, vorbereiteten, so weiß ich, wie oft wir gerade über das Entgegengesetzte lachten, über das Verschiedenste ernst wurden –"

„Nun, mein Freund," unterbrach ihn lachend der Philosoph, „du sprichst wie einer, der ins Wasser springen will, ohne schwimmen zu können, und mehr als das Ertrinken dabei fürchtet, n i c h t zu ertrinken und ausgelacht zu werden. Das Ausgelachtwerden soll aber unsre letzte Befürchtung sein; denn wir sind hier auf einem Gebiete, wo es so viel Wahrheiten zu sagen gibt, so viel erschreckliche peinliche, unverzeihliche Wahrheiten, daß der aufrichtigste Haß uns nicht fehlen wird und nur die Wut es hier und da einmal zu einem verlegnen Lachen bringen möchte. Denke dir nur einmal die unabsehbaren Scharen der Lehrer, die im besten Glauben das bisherige Erziehungssystem in sich aufgenommen haben, um es nun guten Muts und ohne ernstliche Bedenken weiter zu tragen – wie meinst du wohl, daß es diesen vorkommen muß, wenn sie von Plänen hören, von denen sie ausgeschlossen sind, und zwar beneficio naturae, von Forderungen, die weit über ihre mittleren Befähigungen hinausfliegen, von Hoffnungen, die in ihnen ohne Widerhall bleiben, von Kämpfen, deren Schlachtruf sie nicht einmal verstehen, und in denen sie nur als dumpfe, widerstrebende, bleierne Masse, in Betracht kommen. Das aber wird wohl ohne Übertreibung die notwendige Stellung der allermeisten Lehrer an höheren Bildungsanstalten sein müssen: ja, wer erwägt, wie jetzt ein solcher Lehrer zumeist entsteht, wie er zu diesem höheren Bildungslehrer *wird*, der wird sich über eine solche Stellung nicht einmal wundern. Es existiert jetzt fast überall eine so übertrieben große Anzahl von höheren Bildungsanstalten, daß fortwährend unendlich viel mehr Lehrer für dieselben gebraucht werden, als die Natur eines Volkes, auch bei reicher Anlage, zu erzeugen vermöchte; und so kommt ein Übermaß von Unberufnen in diese Anstalten, die aber allmählich, durch ihre überwiegende Kopfzahl und mit dem Instinkt des ‚similis simili gaudet', den Geist jener Anstalten bestimmen. Diejenigen mögen nur von den pädagogischen Dingen hoffnungslos ferne bleiben, welche vermeinen, es ließe sich die augenscheinliche, in der Zahl bestehende Ubertät unserer Gymnasien und Lehrer durch irgend welche Gesetze und Vorschriften in eine wirkliche Ubertät, in eine ubertas ingenii, ohne Verminderung jener Zahl, verwandeln. Sondern darüber müssen wir einmütig sein, daß von der Natur selbst nur unendlich seltne Menschen zu einem wahren Bildungsgange ausgeschickt werden und daß zu deren glücklicher Entfaltung auch eine weit geringere Anzahl von höheren Bildungsanstalten ausreicht, daß aber in den gegenwärtigen auf breite Massen angelegten Bildungsanstalten gerade diejenigen am wenigsten sich gefördert fühlen müssen, für die etwas derartiges zu gründen überhaupt erst einen Sinn hat.

Das gleiche gilt nun in betreff der Lehrer. Gerade die besten, diejenigen, die überhaupt, nach einem höheren Maßstabe, dieses Ehrennamens wert sind, eignen sich jetzt, bei dem gegenwärtigen Stande des Gymnasiums, vielleicht am wenigsten zur Erziehung dieser unausgelesenen, zusammengewürfelten Jugend, sondern müssen das Beste, was sie geben könnten, gewissermaßen vor ihr geheim halten; und die ungeheure Mehrzahl der Lehrer fühlt sich wiederum, diesen Anstalten gegenüber, im Recht, weil ihre Begabungen zu dem niedrigen Fluge und der Dürftigkeit ihrer Schüler in einem gewissen harmonischen Verhältnisse stehen. Von dieser Mehrzahl aus erschallt der Ruf nach immer neuen Gründungen von Gymnasien und höheren Lehranstalten: wir leben in einer Zeit, die durch diesen immerfort und mit betäubendem Wechsel erschallenden Ruf allerdings den Eindruck erweckt, als ob ein ungeheures Bildungsbedürfnis in ihr nach Befriedigung dürstete. Aber gerade hier muß man recht zu hören verstehen, gerade hier muß man, durch den tönenden Effekt der Bildungsworte unbeirrt, denen ins Antlitz sehen, die so unermüdlich von dem Bildungsbedürfnisse ihrer Zeit reden. Dann wird man eine sonderbare Enttäuschung erleben, dieselbe, die wir, mein guter Freund, so oft erlebt haben: jene lauten Herolde des Bildungsbedürfnisses verwandeln sich plötzlich, bei einer ernsten Besichtigung aus der Nähe, in eifrige, ja fanatische Gegner der wahren Bildung, das heißt derjenigen, welche an der aristokratischen Natur des Geistes festhält: denn im Grunde meinen sie, als ihr Ziel, die Emanzipation der Massen von der Herrschaft der großen Einzelnen, im Grunde streben sie danach, die heiligste Ordnung im Reiche des Intellektes umzustürzen, die Dienstbarkeit der Masse, ihren unterwürfigen Gehorsam, ihren Instinkt der Treue unter dem Zepter des Genius.

Ich habe mich längst daran gewöhnt, alle diejenigen vorsichtig anzusehn, welche eifrig für die sogenannte ‚Volksbildung', wie sie gemeinhin verstanden wird, sprechen: denn zumeist wollen sie, bewußt oder unbewußt, bei den allgemeinen Saturnalien der Barbarei, für sich selbst die fessellose Freiheit, die ihnen jene heilige Naturordnung nie gewähren wird; sie sind zum Dienen, zum Gehorchen geboren, und jeder Augenblick, in dem ihre kriechenden oder stelzfüßigen oder flügellahmen Gedanken in Tätigkeit sind, bestätigt, aus welchem Tone die Natur sie formte und welches Fabrikzeichen sie diesem Tone aufgebrannt hat. Also, nicht Bildung der Masse kann unser Ziel sein: sondern Bildung der einzelnen ausgelesenen, für große und bleibende Werke ausgerüsteten Menschen: wir wissen nun einmal, daß eine gerechte Nachwelt den gesamten Bildungsstand eines Volkes nur ganz allein nach jenen großen, einsam schreitenden Helden einer Zeit beurteilen und je nach der Art, wie dieselben erkannt, gefördert, geehrt, oder sekretiert, mißhandelt, zerstört worden sind, ihre Stimme abgeben wird. Dem, was man Volksbildung nennt, ist auf direktem Wege, etwa durch allseitig erzwungenen Elementarunterricht, nur ganz äußerlich und roh beizukommen: die eigentlichen, tieferen Regionen, in denen sich überhaupt die große Masse mit der Bildung berührt, dort wo das Volk seine religiösen Instinkte hegt, wo es an seinen mythischen Bildern weiterdichtet, wo es seiner Sitte, seinem Recht, seinem Heimatsboden, seiner Sprache Treue bewahrt, alle diese Regionen sind auf direktem Wege kaum und jedenfalls nur durch zerstörende Gewaltsamkeiten zu erreichen: und in diesen ernsten Dingen die Volksbildung wahrhaft fördern heißt eben nur so viel, als diese zerstörenden Gewaltsamkeiten abzuwehren und jenes heilsame Unbewußtsein, jenes Sich-gesund-schlafen des Volkes zu unterhalten, ohne welche Gegenwirkung, ohne welches Heilmittel keine

Kultur, bei der aufzehrenden Spannung und Erregung ihrer Wirkungen, bestehen kann.

Wir wissen aber, was jene erstreben, die jenen heilenden Gesundheitsschlaf des Volkes unterbrechen wollen, die ihm fortwährend zurufen: ‚Sei wach, sei bewußt! Sei klug!'; wir wissen, wohin die zielen, welche durch eine außerordentliche Vermehrung aller Bildungsanstalten, durch einen dadurch erzeugten selbstbewußten Lehrerstand ein gewaltiges Bildungsbedürfnis zu befriedigen vorgeben. Gerade diese und gerade mit diesen Mitteln kämpfen sie gegen die natürliche Rangordnung im Reiche des Intellekts, zerstören sie die Wurzeln jener aus dem Unbewußtsein des Volkes hervorbrechenden höchsten und edelsten Bildungskräfte, die im Gebären des Genius und sodann in der richtigen Erziehung und Pflege desselben ihre mütterliche Bestimmung haben. Nur an dem Gleichnisse der Mutter werden wir die Bedeutung und die Verpflichtung begreifen, die die wahre Bildung eines Volkes in Hinsicht auf den Genius hat: seine eigentliche Entstehung liegt nicht in ihr, er hat gleichsam nur einen metaphysischen Ursprung, eine metaphysische Heimat. Aber daß er in die Erscheinung tritt, daß er mitten aus einem Volke hervortaucht, daß er gleichsam das zurückgeworfne Bild, das gesättigte Farbenspiel aller eigentümlichen Kräfte dieses Volkes darstellt, daß er die höchste Bestimmung eines Volkes in dem gleichnisartigen Wesen eines Individuums und in einem ewigen Werke zu erkennen gibt, sein Volk selbst damit an das Ewige anknüpfend und aus der wechselnden Sphäre des Momentanen erlösend – das alles vermag der Genius nur, wenn er im Mutterschoße der Bildung eines Volkes gereift und genährt ist – während er, ohne diese schirmende und wärmende Heimat, überhaupt nicht die Schwingen zu seinem ewigen Fluge entfalten wird, sondern traurig, beizeiten, wie ein in winterliche Einöden verschlagener Fremdling, aus dem unwirtbaren Lande davonschleicht."

„Mein Lehrer," sagte hier der Begleiter, „Sie setzen mich mit dieser Metaphysik des Genius in Erstaunen, und nur ganz von ferne ahne ich das Richtige dieser Gleichnisse. Dagegen begreife ich vollständig, was Sie über die Überzahl der Gymnasien und dadurch veranlaßte Überzahl von höheren Lehrern sagten; und gerade auf diesem Gebiete habe ich Erfahrungen gesammelt, welche mir bezeugen, daß die Bildungstendenz des Gymnasiums sich geradezu nach dieser ungeheuren Majorität von Lehrern richten muß, welche, im Grunde, nichts mit der Bildung zu tun haben und nur durch jene Not auf diese Bahn und zu diesen Ansprüchen gekommen sind. Alle die Menschen, die in einem glänzenden Moment der Erleuchtung sich einmal von der Singularität und Unnahbarkeit des hellenischen Altertums überzeugten und mit mühsamem Kampfe vor sich selbst diese Überzeugung verteidigt haben, alle diese wissen, wie der Zugang zu diesen Erleuchtungen niemals vielen offenstehn wird, und halten es für eine absurde, ja unwürdige Manier, daß jemand mit den Griechen gleichsam von Berufs wegen, zum Zwecke des Broterwerbs, wie mit einem alltäglichen Handwerkszeuge verkehrt und ohne Scheu und mit Handwerkerhänden an diesen Heiligtümern herumtastet. Gerade in dem Stande aber, aus dem der größte Teil der Gymnasiallehrer entnommen wird, in dem Stande der Philologen, ist diese rohe und respektlose Empfindung das ganz Allgemeine: weshalb nun auch wiederum das Fortpflanzen und Weitertragen einer solchen Gesinnung an den Gymnasien nicht überraschen wird.

Man sehe sich nur eine junge Generation von Philologen an; wie selten bemerkt man bei ihnen jenes beschämte Gefühl, daß wir, angesichts einer solchen Welt, wie die hellenische ist, gar kein Recht zur Existenz haben, wie kühl und dreist dagegen baut jene junge Brut ihre elenden Nester mitten in den großartigsten Tempeln! Den allermeisten von denen, welche von ihrer Universitätszeit an so selbstgefällig und ohne Scheu in den erstaunlichen Trümmern jener Welt herumwandern, sollte eigentlich aus jedem Winkel eine mächtige Stimme entgegentönen: ‚Weg von hier, ihr Uneingeweihten, ihr niemals Einzuweihenden, flüchtet schweigend aus diesem Heiligtum, schweigend und beschämt!' Ach, diese Stimme tönt vergebens: denn man muß schon etwas von griechischer Art sein, um auch nur eine griechische Verwünschung und Bannformel zu verstehen! Jene aber sind so barbarisch, daß sie es sich nach ihrer Gewöhnung unter diesen Ruinen behaglich einrichten: alle ihre modernen Bequemlichkeiten und Liebhabereien bringen sie mit und verstecken sie auch wohl hinter antiken Säulen und Grabmonumenten: wobei es dann großen Jubel gibt, wenn man das in antiker Umgebung wiederfindet, was man erst selbst vorher listig hineinpraktiziert hat. Der eine macht Verse und versteht im Lexikon des Hesychius nachzuschlagen: sofort ist er überzeugt, daß er zum Nachdichter des Äschylus berufen sei, und findet auch Gläubige, welche behaupten, daß er dem Äschylus „kongenial" sei, er, der dichtende Schächer! Wieder ein andrer spürt mit dem argwöhnischen Auge eines Polizeimanns nach allen Widersprüchen, nach den Schatten von Widersprüchen, deren sich Homer schuldig gemacht hat: er vergeudet sein Leben im Auseinanderreißen und Aneinandernähen homerischer Fetzen, die er selbst erst dem herrlichen Gewande abgestohlen hat. Einem dritten wird es bei allen den mysterienhaften und orgiastischen Seiten des Altertums unbehaglich: er entschließt sich ein für allemal, nur den aufgeklärten Apollo gelten zu lassen und im Athener einen heiteren verständigen, doch etwas unmoralischen Apolliniker zu sehen. Wie atmet er auf, wenn er wieder einen dunklen Winkel des Altertums auf die Höhe seiner eignen Aufklärung gebracht hat, wenn er zum Beispiel im alten Pythagoras einen wackeren Mitbruder in aufklärerischen politicis entdeckt hat. Ein andrer quält sich mit der Überlegung, warum Ödipus vom Schicksale zu so abscheulichen Dingen verurteilt worden sei, seinen Vater töten, seine Mutter heiraten zu müssen. Wo bleibt die Schuld! Wo die poetische Gerechtigkeit! Plötzlich weiß er es: Ödipus sei doch eigentlich ein leidenschaftlicher Gesell gewesen, ohne alle christliche Milde: er gerate ja einmal sogar in eine ganz unziemliche Hitze – als ihn Tiresias das Scheusal und den Fluch des ganzen Landes nenne. Seid sanftmütig! wollte vielleicht Sophokles lehren: sonst müßt ihr eure Mutter heiraten und euren Vater töten! Wieder andre zählen ihr Leben lang an den Versen griechischer und römischer Dichter herum und erfreuen sich an der Proportion 7 : 13 = 14 : 26. Endlich verheißt wohl einer gar die Lösung einer solchen Frage, wie die homerische vom Standpunkt der Präpositionen und glaubt mit ἀνά und κατά die Wahrheit aus dem Brunnen zu ziehn. Alle aber, bei den verschiedensten Tendenzen graben und wühlen in dem griechischen Boden mit einer Rastlosigkeit, einem täppischen Ungeschick, daß ein ernster Freund des Altertums geradezu ängstlich werden muß: und so möchte ich jeden begabten oder unbegabten Menschen, der eine gewisse berufsmäßige Neigung zu dem Altertume hin ahnen läßt, an die Hand nehmen und vor ihm in folgender Weise perorieren: ‚Weißt du auch, was für Gefahren dir drohen, junger, mit einem mäßigen Schulwissen auf die Reise geschickter Mensch? Hast du gehört, daß es nach Aristoteles ein untragischer Tod ist, von einer Bildsäule erschlagen zu werden? Und gerade dieser Tod droht dir. Du wunderst dich? So wisse denn, daß die Philologen seit Jahrhunderten versuchen, die in die Erde versunkne umgefallne Statue des griechischen

Altertums wieder aufzurichten, bis jetzt immer mit unzureichenden Kräften: denn das ist ein Koloß, auf dem die einzelnen wie Zwerge herumklettern. Ungeheure vereinte Mühe und alle Hebelkräfte moderner Kultur sind angewendet: immer wieder, kaum vom Boden gehoben, fällt sie zurück und zertrümmert im Fall die Menschen unter ihr. Das möchte noch angehn: denn jedes Wesen muß an etwas zugrunde gehn: wer aber steht dafür, daß bei diesen Versuchen die Statue selbst nicht in Stücke bricht! Die Philologen gehen an den Griechen zugrunde – das wäre etwa zu verschmerzen – aber das Altertum zerbricht durch die Philologen selbst in Stücke! Dies überlege dir, junger leichtsinniger Mensch, gehe zurück, falls du kein Bilderstürmer bist!'"

„In der Tat," sagte der Philosoph lachend, „gibt es jetzt zahlreiche Philologen, welche zurückgegangen sind, wie du es verlangst: und ich nehme einen großen Kontrast gegen die Erfahrungen meiner Jugend wahr. Eine große Menge von ihnen kommt, bewußt oder unbewußt, zu der Überzeugung, daß die direkte Berührung mit dem klassischen Altertume für sie nutzlos und hoffnungslos sei: weshalb auch jetzt dieses Studium bei der Mehrzahl der Philologen selbst als steril, als ausgelebt, als epigonenhaft gilt. Mit um so größerer Lust hat sich diese Schar auf die Sprachwissenschaft gestürzt: hier, in einem unendlichen Bereich frisch aufgeworfnen Ackerlandes, wo gegenwärtig noch die mäßigste Begabung mit Nutzen verbraucht werden kann und eine gewisse Nüchternheit sogar bereits als positives Talent betrachtet wird, bei der Neuheit und Unsicherheit der Methoden und der fortwährenden Gefahr phantastischer Verirrungen – hier, wo eine Arbeit in Reih und Glied gerade das Wünschenswerteste ist – hier überrascht den Herankommenden nicht jene abweisende majestätische Stimme, die aus der Trümmerwelt des Altertums ihm entgegenklingt: hier nimmt man jeden noch mit offnen Armen auf, und auch der, welcher es vor Sophokles und Aristophanes niemals zu einem ungewöhnlichen Eindruck, zu einem achtbaren Gedanken brachte, wird etwa mit Erfolg an einen etymologischen Webstuhl gestellt oder zum Sammeln entlegener Dialektreste aufgefordert – und unter Verknüpfen und Trennen, Sammeln und Zerstreuen, Hin- und Herlaufen und Büchernachschlagen vergeht ihm der Tag. Nun aber soll ein so nützlich verwendeter Sprachforscher noch vor allem Lehrer sein! Und nun soll er gerade, seinen Verpflichtungen gemäß, über alte Autoren, zum Heile der Gymnasialjugend, etwas zu lehren haben, über die er es doch selbst nie zu Eindrücken, noch weniger zu Einsichten gebracht hat! Welche Verlegenheit! Das Altertum sagt ihm nichts, und folglich hat er nichts über das Altertum zu sagen. Plötzlich wird ihm licht und wohl: wozu ist er Sprachgelehrter! Warum haben jene Autoren griechisch und lateinisch geschrieben! Und nun fängt er lustig, sogleich bei Homer an, zu etymologisieren und das Litauische oder das Kirchenslavische, vor allem aber das heilige Sanskrit zu Hilfe zu nehmen, als ob die griechischen Schulstunden nur der Vorwand für eine allgemeine Einleitung in das Sprachstudium seien und als ob Homer nur an einem prinzipiellen Fehler leide, nämlich nicht urindogermanisch geschrieben zu sein. Wer die jetzigen Gymnasien kennt, der weiß, wie sehr ihre Lehrer der klassischen Tendenz entfremdet sind, und wie aus einem Gefühle dieses Mangels gerade jene gelehrten Beschäftigungen mit der vergleichenden Sprachwissenschaft so überhand genommen haben."

„Ich meine doch," sagte der Begleiter, „es käme gerade darauf an, daß ein Lehrer der klassischen Bildung seine Griechen und Römer eben n i c h t mit den anderen, mit den barbarischen Völkern verwechsele, und daß für ihn Griechisch und Lateinsich n i e. eine Sprache n e b e n anderen sein könne: gerade für seine klassische Tendenz ist es gleichgültig, ob das Knochengerüste dieser Sprachen mit dem anderer Sprachen übereinstimme und verwandt sei: auf das Übereinstimmende kommt es ihm nicht an: gerade an dem Nichtgemeinsamen, gerade an dem, was jene Völker als nicht barbarische über alle andern Völker stellt, haftet seine wirkliche Teilnahme, soweit er eben ein Lehrer der Bildung ist und sich selbst an dem erhabenen Vorbild des Klassischen umbilden will."

„Und, täusche ich mich," sagte der Philosoph, „ich habe den Argwohn, daß bei der Art, wie jetzt auf den Gymnasien Lateinisch und Griechisch gelehrt wird, gerade das Können, die bequeme in Sprechen und Schreiben sich äußernde Herrschaft über die Sprache verloren geht: etwas, worin sich meine jetzt freilich schon sehr veraltete und spärlich gewordene Generation auszeichnete: während mir die jetzigen Lehrer so genetisch und historisch mit ihren Schülern umzugehen scheinen, daß zuletzt bestenfalls auch wieder kleine Sanskritaner oder etymologische Sprühteufelchen oder Konjekturen-Wüstlinge daraus werden, aber keiner von ihnen, zu seinem Behagen, gleich uns Alten, seinen Plato, seinen Tacitus lesen kann. So mögen die Gymnasien auch jetzt noch Pflanzstätten der Gelehrsamkeit sein, aber nicht der Gelehrsamkeit, welche gleichsam nur die natürliche und unabsichtliche Nebenwirkung einer auf die edelsten Ziele gerichteten Bildung ist, sondern vielmehr jener, welche mit der hypertrophischen Anschwellung eines ungesunden Leibes zu vergleichen wäre. Für diese gelehrte Fettsucht sind die Gymnasien die Pflanzstätten: wenn sie nicht gar zu Ringschulen jener eleganten Barbarei entartet sind, die sich jetzt als ‚deutsche Kultur der Jetztzeit' zu brüsten pflegt."

„Wohin aber," antwortete der Begleiter, „sollen sich jene armen zahlreichen Lehrer flüchten, denen die Natur zu wahrer Bildung keine Mitgift verliehen, die vielmehr nur durch eine Not, weil das Übermaß von Schulen ein Übermaß von Lehrern braucht, und um sich selbst zu ernähren, zu dem Anspruche gekommen sind, Bildungslehrer vorzustellen! Wohin sollen sie sich flüchten, wenn das Altertum sie gebieterisch zurückweist! Müssen sie nicht denjenigen Mächten der Gegenwart zum Opfer fallen, die Tag für Tag, aus dem unermüdlich tönenden Organ der Presse, ihnen zurufen: ‚Wir sind die Kultur! Wir sind die Bildung! Wir sind auf der Höhe! Wir sind die Spitze der Pyramide! Wir sind das Ziel der Weltgeschichte!' – wenn sie die verführerischen Verheißungen hören, wenn ihnen gerade die schmählichsten Anzeichen der Unkultur, die plebejische Öffentlichkeit der sogenannten ‚Kulturinteressen' in Journal und Zeitung als das Fundament einer ganz neuen allerhöchsten reifsten Bildungsform angepriesen wird! Wohin sollen sich die Armen flüchten, wenn in ihnen auch nur der Rest einer Ahnung lebt, daß es mit jenen Verheißungen sehr lügenhaft bestellt sei – wohin anders als in die stumpfeste, mikrologisch dürrste Wissenschaftlichkeit, um nur hier von dem unermüdlichen Bildungsgeschrei nichts mehr zu hören? Müssen sie nicht, in dieser Weise verfolgt, endlich wie der Vogel Strauß ihren Kopf in einen Haufen Sandes stecken! Ist es nicht ein wahres Glück für sie, daß sie, vergraben unter Dialekten, Etymologien und Konjekturen, ein Ameisenleben führen, wenn auch in meilenweiter Entfernung von wahrer Bildung, so doch wenigstens mit verklebten Ohren und gegen die Stimme der eleganten Zeitkultur taub und abgeschlossen?"

„Du hast recht, mein Freund," sagte der Philosoph, „aber wo liegt jene eherne Notwendigkeit, daß ein Übermaß von Bildungsschulen bestehen müsse und daß dadurch wieder ein Übermaß von Bildungslehrern nötig werde? – wenn wir doch so deutlich erkennen, daß die

Forderung dieses Übermaßes aus einer der Bildung feindlichen Sphäre her erschallt, und daß die Konsequenzen dieses Übermaßes auch nur der Unbildung zugute kommen? In der Tat kann von einer solchen ehernen Notwendigkeit nur insofern die Rede sein, als der moderne Staat in diesen Dingen mitzureden gewöhnt ist und seine Forderungen mit einem Schlag an seine Rüstung zu begleiten pflegt: welches Phänomen dann freilich auf die meisten den gleichen Eindruck macht, als ob die ewige eherne Notwendigkeit, das Urgesetz der Dinge zu ihnen redete. Im übrigen ist ein mit solchen Forderungen redender ‚Kulturstaat', wie man jetzt sagt, etwas Junges und ist erst in dem letzten halben Jahrhundert zu einer ‚Selbstverständlichkeit' geworden, das heißt in einer Zeit, der, nach ihrem Lieblingswort, so vielerlei ‚selbstverständlich' vorkommt, was an sich durchaus sich nicht von selbst versteht. Gerade von dem kräftigsten modernen Staate, von Preußen, ist dieses Recht der obersten Führung in Bildung und Schule so ernst genommen worden, daß, bei der Kühnheit, die diesem Staatswesen zu eigen ist, das von ihm ergriffne bedenkliche Prinzip eine allgemeinhin bedrohliche und für den wahren deutschen Geist gefährliche Bedeutung bekommt. Denn von dieser Seite aus finden wir das Bestreben, das Gymnasium auf die sogenannte ‚Höhe der Zeit' zu bringen, förmlich systematisiert: hier blühen alle jene Vorrichtungen, wodurch möglichst viel Schüler zu einer Gymnasialerziehung angespornt werden: hier hat sogar der Staat sein allermächtigstes Mittel, die Verleihung gewisser auf den Militärdienst bezüglicher Privilegien, mit dem Erfolge angewendet, daß, nach dem unbefangnen Zeugnisse statistischer Beamten, gerade daraus und nur daraus die allgemeine Überfüllung aller preußischen Gymnasien und das dringendste fortwährende Bedürfnis zu neuen Gründungen zu erklären wäre. Was kann der Staat mehr tun, zugunsten eines Übermaßes von Bildungsanstalten, als wenn er alle höheren und den größten Teil der niederen Beamtenstellen, den Besuch der Universität, ja die einflußreichsten militärischen Vergünstigungen in eine notwendige Verbindung mit dem Gymnasium bringt, und dies in einem Lande, wo ebensowohl die allgemeine durchaus volkstümlich approbierte Wehrpflicht als der unumschränkteste politische Beamtenehrgeiz unbewußt alle begabten Naturen nach diesen Richtungen hinziehn. Hier wird das Gymnasium vor allem als eine gewisse Staffel der Ehre angesehn: und alles, was einen Trieb nach der Sphäre der Regierung zu fühlt, wird auf der Bahn des Gymnasiums gefunden werden. Dies ist eine neue und jedenfalls originelle Erscheinung: der Staat zeigt sich als ein Mystagoge der Kultur, und während er seine Zwecke fördert, zwingt er jeden seiner Diener, nur mit der Fackel der allgemeinen Staatsbildung in den Händen vor ihm zu erscheinen: in deren unruhigem Lichte sie ihn selbst wieder erkennen sollen als das höchste Ziel, als die Belohnung aller ihrer Bildungsbemühungen.

Das letzte Phänomen nun zwar sollte sie stutzig machen, es sollte sie zum Beispiel an jene verwandte, allmählich begriffne Tendenz einer ehemals von Staats wegen geförderten und auf Staatszwecke es absehenden Philosophie erinnern, an die Tendenz der Hegelschen Philosophie: ja, es wäre vielleicht nicht übertrieben, zu behaupten, daß in der Unterordnung aller Bildungsbestrebungen unter Staatszwecke Preußen das praktisch verwertbare Erbstück der Hegelschen Philosophie sich mit Erfolg angeeignet habe: deren Apotheose des Staats allerdings in *dieser* Unterordnung ihren Gipfel erreicht."

„Aber," fragte der Begleiter, „was mag ein Staat in einer so befremdlichen Tendenz für Absichten verfolgen? Denn daß er Staatsabsichten verfolgt, geht schon daraus hervor, wie jene preußischen Schulzustände von anderen Staaten bewundert, reiflich erwogen, hier und da nachgeahmt werden. Diese anderen Staaten vermuten hier offenbar etwas, was in ähnlicher Weise der Fortdauer und Kraft des Staates zunutze käme, wie etwa jene berühmte und durchaus populär gewordene allgemeine Wehrpflicht. Dort wo jedermann periodisch und mit Stolz die soldatische Uniform trägt, wo fast jeder die uniformierte Staatskultur durch die Gymnasien in sich aufgenommen hat, möchten Überschwengliche fast von antiken Zuständen sprechen, von einer nur im Altertum einmal erreichten Allmacht des Staates, den als Blüte und höchsten Zweck des menschlichen Daseins zu empfinden fast jeder junge Mensch durch Instinkte und Erziehung angehalten ist."

„Dieser Vergleich," sagte der Philosoph, „wäre nun freilich überschwenglich und würde nicht nur auf einem Beine hinken. Denn gerade von dieser Utilitätsrücksicht ist das antike Staatswesen so fern wie möglich geblieben, die Bildung nur gelten zu lassen, soweit sie ihm direkt nützte und wohl gar die Triebe zu vernichten, die sich nicht sofort zu seinen Absichten verwendbar erwiesen. Der tiefsinnige Grieche empfand gerade deshalb gegen den Staat jenes für moderne Menschen fast anstößig starke Gefühl der Bewunderung und Dankbarkeit, weil er erkannte, daß ohne eine solche Not- und Schutzanstalt auch kein einziger Keim der Kultur sich entwickeln könne und daß seine ganze unnachahmliche und für alle Zeiten einzige Kultur gerade unter der sorgsamen und weisen Obhut seiner Not- und Schutzanstalten so üppig emporgewachsen sei. Nicht Grenzwächter, Regulator, Aufseher war für seine Kultur der Staat, sondern der derbe, muskulöse, zum Kampf gerüstete Kamerad und Weggenosse, der dem bewunderten, edleren und gleichsam überirdischen Freund das Geleit durch rauhe Wirklichkeiten gibt und dafür dessen Dankbarkeit erntet.

Wenn jetzt dagegen der moderne Staat eine solche schwärmende Dankbarkeit in Anspruch nimmt, so geschieht dies gewiß nicht, weil er sich der ritterlichen Dienste gegen die höchste deutsche Bildung und Kunst bewußt wäre: denn nach dieser Seite hin ist seine Vergangenheit ebenso schmachvoll wie seine Gegenwart: wobei man nur an die Art und Weise zu denken hat, wie das Andenken an unsre großen Dichter und Künstler in deutschen Hauptstädten gefeiert wird und wie die höchsten Kunstpläne dieser deutschen Meister je von seiten dieses Staates unterstützt worden sind.

Es muß also eine eigne Bewandtnis haben, sowohl mit jener Staatstendenz, welche auf alle Weise das, was hier ‚Bildung' heißt, fördert, als mit jener derartig geförderten Kultur, die sich dieser Staatstendenz unterordnet. Mit dem echten deutschen Geiste und einer aus ihm abzuleitenden Bildung, wie ich sie dir, mein Freund, mit zögernden Strichen hinzeichnete, befindet sich jene Staatstendenz in offener oder versteckter Fehde: der Geist der Bildung, der jener Staatstendenz wohltut und von ihr mit so reger Teilnahme getragen wird, dessentwegen sie ihr Schulwesen im Auslande bewundern läßt, muß demnach wohl aus einer Sphäre stammen, die mit jenem echten deutschen Geiste sich nicht berührt, mit jenem Geiste, der aus dem innersten Kerne der deutschen Reformation, der deutschen Musik, der deutschen Philosophie so wunderbar zu uns redet, und der, wie ein edler Verbannter, gerade von jener von Staats wegen luxuriierenden Bildung so gleichgültig, so schnöde angesehn wird. Er ist ein Fremdling: in einsamer Trauer zieht er vorbei: und dort wird das Rauchfaß vor jener Pseudokultur geschwungen, die, unter dem Zuruf der ‚gebildeten' Lehrer und Zeitungsschreiber, sich seinen Namen, seine Würden angemaßt hat und mit dem Worte ‚deutsch' ein schmähliches Spiel treibt. Wozu braucht der Staat jene Überzahl von Bildungsanstalten, von Bildungslehrern? Wozu diese auf die Breite gegründete Volksbildung und Volksaufklärung? Weil der echte deutsche Geist gehaßt wird, weil man die aristokratische Natur der wahren Bildung fürchtet, weil man die großen Einzelnen dadurch zur Selbstverbannung treiben will, daß man bei den Vielen die Bildungsprätension pflanzt und nährt, weil man der strengen und harten Zucht der großen Führer damit zu entlaufen sucht, daß man der Masse einredet, sie werde schon selbst den Weg finden – unter dem Leitstern des Staates!

Ein neues Phänomen! Der Staat als Leitstern der Bildung! Inzwischen tröstet mich eins: dieser deutsche Geist, den man so bekämpft, dem man einen bunt behängten Vikar substituiert hat, dieser Geist ist tapfer: er wird sich kämpfend in eine reinere Periode hindurchretten, er wird sich selbst, edel, wie er ist, und siegreich, wie er sein wird, eine gewisse mitleidige Empfindung gegen das Staatswesen bewahren, wenn dies in seiner Not und auf das äußerste bedrängt, eine solche Pseudokultur als Bundesgenossen erfaßt. Denn was weiß man schließlich von der Schwierigkeit der Aufgabe, Menschen zu regieren, das heißt unter vielen Millionen eines, der großen Mehrzahl nach, grenzenlos egoistischen, ungerechten, unbilligen, unredlichen, neidischen, boshaften und dabei sehr beschränkten und querköpfigen Geschlechtes Gesetz, Ordnung, Ruhe und Frieden aufrechtzuerhalten und dabei das wenige, was der Staat selbst als Besitz erworben, fortwährend gegen begehrliche Nachbarn und tückische Räuber zu schützen? Ein so bedrängter Staat greift nach jedem Bundesgenossen: und wenn ein solcher gar in pompösen Wendungen sich selbst anbietet, wenn er ihn, den Staat, etwa, wie dies Hegel getan, als ‚absolut vollendeten ethischen Organismus' bezeichnet und als Aufgabe der Bildung für jeden hinstellt, den Ort und die Lage ausfindig zu machen, wo er dem Staat am nützlichsten diene – wen wird es wundernehmen, wenn der Staat einem solchen sich anbietenden Bundesgenossen ohne weiteres um den Hals fällt und nun auch mit seiner tiefen barbarischen Stimme und in voller Überzeugung ihm zuruft: ‚Ja! Du bist die Bildung! Du bist die Kultur!'"

Vierter Vortrag

Gehalten am 5. März 1872

MEINE verehrten Zuhörer! Nachdem Sie bis hierher meiner Erzählung getreulich gefolgt sind, und wir gemeinsam jenes einsame, entlegene, hier und da beleidigende Zwiegespräch des Philosophen und seines Begleiters überwunden haben, muß ich mir Hoffnung machen, daß Sie nun auch, wie rüstige Schwimmer, die zweite Hälfte unserer Fahrt zu überstehen Lust haben, zumal ich Ihnen versprechen kann, daß auf dem kleinen Marionettentheater meines Erlebnisses jetzt einige andere Puppen sich zeigen werden und daß überhaupt, falls Sie nur bis hierher ausgehalten haben, die Wellen der Erzählung Sie jetzt leichter und schneller bis zu Ende tragen sollen. Wir sind nämlich jetzt bald an einer Wendung angelangt: und um so ratsamer möchte es sein, uns dessen noch einmal, mit kurzem Rückblick, zu versichern, was wir aus dem so wechselreichen Gespräch gewonnen zu haben meinen.

„Bleibe an deinem Posten," so schien der Philosoph seinem Begleiter zuzurufen: „denn du darfst Hoffnungen hegen. Denn immer deutlicher zeigt es sich, daß wir keine Bildungsanstalten haben, daß wir sie aber haben müssen. Unsere Gymnasien, ihrer Anlage nach zu diesem erhabenen Zwecke prästabiliert, sind entweder zu Pflegestätten einer bedenklichen Kultur geworden, die eine wahre, das heißt eine aristokratische, auf eine weise Auswahl der Geister gestützte Bildung mit tiefem Hasse von sich abwehrt: oder sie ziehen eine mikrologische, dürre oder jedenfalls der Bildung fernbleibende Gelehrsamkeit auf, deren Wert vielleicht gerade darin besteht, wenigstens gegen die Verführungen jener fragwürdigen Kultur Auge und Ohr stumpf zu machen." Der Philosoph hatte vor allem seinen Begleiter auf die seltsame Entartung aufmerksam gemacht, die in dem Kerne einer Kultur eingetreten sein muß, wenn der Staat glauben darf, sie zu beherrschen, wenn er durch sie Staatsziele erreicht, wenn er, mit ihr verbündet, gegen feindselige andere Mächte ebensowohl als gegen den Geist ankämpft, den der Philosoph den „wahrhaft deutschen" zu nennen wagte. Dieser Geist, durch das edelste Bedürfnis an die Griechen gekettet, in schwerer Vergangenheit als ausdauernd und mutig bewährt, rein und erhaben in seinen Zielen, durch seine Kunst zur höchsten Aufgabe befähigt, den modernen Menschen vom Fluche des Modernen zu erlösen – dieser Geist ist verurteilt, abseits, seinem Erbe entfremdet zu leben: wenn aber seine langsamen Klagelaute durch die Wüste der Gegenwart schallen, dann erschrickt die überhäufte und buntbehängte Bildungskarawane dieser Gegenwart. Nicht nur Erstaunen, sondern Schrecken sollen wir bringen, das war die Meinung des Philosophen, nicht scheu davonzufliehn, sondern anzugreifen war sein Rat: besonders aber redete er seinem Begleiter zu, nicht zu ängstlich und abwägend an das Individuum zu denken, aus dem, durch einen höheren Instinkt, jene Abneigung gegen die jetzige Barbarei hervorströmt. „Mag es zugrunde gehn: der pythische Gott war nicht verlegen darum, einen neuen Dreifuß, eine zweite Pythia zu finden, solange überhaupt der mystische Dampf noch aus der Tiefe quoll."

Von neuem erhob der Philosoph seine Stimme: „Merkt es wohl, meine Freunde," sagte er, „zweierlei dürft ihr nicht verwechseln. Sehr viel muß der Mensch lernen, um zu leben, um seinen Kampf ums Dasein zu kämpfen: aber alles, was er in dieser Absicht als Individuum lernt und tut, hat noch nichts mit der Bildung zu schaffen. Diese beginnt im Gegenteil erst in einer Luftschicht, die hoch über jene Welt der Not, des Existenzkampfes, der Bedürftigkeit lagert. Es fragt sich nun, wie sehr ein Mensch sein Subjekt neben anderen Subjekten schätzt, wieviel er von seiner Kraft für jenen individuellen Lebenskampf verbraucht. Mancher wird, bei einer stoisch-engen Umschränkung seiner Bedürfnisse, sehr bald und leicht in jene Sphäre sich erheben, in der er sein Subjekt vergessen und gleichsam abschütteln darf, um nun in einem Sonnensystem zeitloser und unpersönlicher Angelegenheiten sich ewiger Jugend zu erfreuen. Ein anderer dehnt die Wirkung und die Bedürfnisse seines Subjekts so in die Breite und baut in einem so erstaunlichen Maße an dem Mausoleum dieses seines Subjekts, als ob er so imstande sei, im Ringkampfe den ungeheuren Gegner, die Zeit, zu überwinden. Auch in einem solchen Triebe zeigt sich ein Verlangen nach Unsterblichkeit: Reichtum und Macht, Klugheit, Geistesgegenwart, Beredsamkeit, ein blühendes Ansehn, ein gewichtiger Name – alles sind hier nur Mittel geworden, mit denen der unersättliche persönliche Lebenswille nach neuem Leben verlangt, mit denen er nach einer, zuletzt illusorischen Ewigkeit lechzt.

Aber selbst in dieser höchsten Form des Subjekts, auch in dem gesteigerten Bedürfnis eines solchen erweiterten und gleichsam kollektiven Individuums gibt es noch keine Berührung mit der wahren Bildung: und wenn von dieser Seite aus zum Beispiel nach Kunst verlangt wird, so kommen gerade nur die zerstreuenden oder stimulierenden ihrer Wirkungen in Betracht, also diejenigen, welche die reine und erhabene Kunst am wenigsten und die entwürdigte und verunreinigte am besten zu erregen versteht. Denn in seinem gesamten Tun und Treiben, so großartig es sich vielleicht für den Betrachter ausnehmen mag, ist er doch niemals seines begehrenden und rastlosen Subjektes ledig geworden: jener erleuchtete Ätherraum der subjektfreien Kontemplation flieht vor ihm zurück – und darum wird er, er mag lernen, reisen, sammeln, von der wahren Bildung in ewiger Entfernung und verbannt leben müssen. Denn die wahre Bildung verschmäht es, sich mit dem bedürftigen und begehrenden Individuum zu verunreinigen: sie weiß demjenigen, der sich ihrer als eines Mittels zu egoistischen Absichten versichern möchte, weislich zu entschlüpfen: und wenn sie gar einer festzuhalten wähnt, um nun etwa einen Erwerb aus ihr zu machen und seine Lebensnot durch ihre Ausnutzung zu stillen, dann läuft sie plötzlich, mit unhörbaren Schritten und mit der Miene der Verhöhnung fort.

Also, meine Freunde, verwechselt mir diese Bildung, diese zartfüßige, verwöhnte, ätherische Göttin nicht mit jener nutzbaren Magd, die sich mitunter auch die ‚Bildung' nennt, aber nur die intellektuelle Dienerin und Beraterin der Lebensnot, des Erwerbs, der Bedürftigkeit ist. Jede Erziehung aber, welche an das Ende ihrer Laufbahn ein Amt oder einen Brotgewinn in Aussicht stellt, ist keine Erziehung zur Bildung, wie wir sie verstehen, sondern nur eine Anweisung, auf welchem Wege man im Kampfe um das Dasein sein Subjekt rette und schütze. Freilich ist eine solche Anweisung für die allermeisten Menschen von erster und nächster Wichtigkeit: und je schwieriger der Kampf ist, um so mehr muß der junge Mensch lernen, um so angespannter muß er seine Kräfte regen.

Nur aber glaube niemand, daß die Anstalten, die ihn zu diesem Kampfe anspornen und befähigen, irgendwie in ernstem Sinne als Bildungsanstalten in Betracht kommen könnten. Es sind Institutionen zur Überwindung der Lebensnot, mögen sie nun versprechen Beamte oder Kaufleute oder Offiziere oder Großhändler oder Landwirte oder Ärzte oder Techniker zu bilden. Für solche Institutionen gelten aber jedenfalls andere Gesetze und Maßstäbe als für die Errichtung einer Bildungsanstalt: und was hier erlaubt, ja so geboten wie möglich ist, dürfte dort ein freventliches Unrecht sein.

Ich will euch, meine Freunde, ein Beispiel geben. Wollt ihr einen jungen Menschen auf den rechten Bildungspfad geleiten, so hütet euch wohl, das naive zutrauensvolle, gleichsam persönlich-unmittelbare Verhältnis desselben zur Natur zu stören: zu ihm müssen der Wald und der Fels, der Sturm, der Geier, die einzelne Blume, der Schmetterling, die Wiese, die Bergeshalde in ihren eignen Zungen reden, in ihnen muß er gleichsam sich wie in zahllosen auseinandergeworfnen Reflexen und Spiegelungen, in einem bunten Strudel wechselnder Erscheinungen wiedererkennen; so wird er unbewußt das metaphysische Einssein aller Dinge an dem großen Gleichnis der Natur nachempfinden und zugleich an ihrer ewigen Beharrlichkeit und Notwendigkeit sich selbst beruhigen. Aber wie vielen jungen Menschen darf es gestattet sein, so nahe und fast persönlich zur Natur gestellt heranzuwachsen! Die anderen müssen frühzeitig eine andre Wahrheit lernen: wie man die Natur sich unterjocht. Hier ist es mit jener naiven Metaphysik zu Ende: und die Physiologie der Pflanzen und Tiere, die Geologie, die unorganische Chemie zwingt ihre Jünger zu einer ganz veränderten Betrachtung der Natur. Was durch diese neue angezwungene Betrachtungsart verloren gegangen ist, ist nicht etwa eine poetische Phantasmagorie, sondern das instinktive wahre und einzige Verständnis der Natur: an dessen Stelle jetzt ein kluges

Berechnen und Überlisten der Natur getreten ist. So ist dem wahrhaft Gebildeten das unschätzbare Gut verliehn, ohne jeden Bruch den beschaulichen Instinkten seiner Kindheit treu bleiben zu können und dadurch zu einer Ruhe, Einheit, zu einem Zusammenhang und Einklang zu kommen, die von einem zum Lebenskampfe Herangezogenen nicht einmal geahnt werden können.

Glaubt also ja nicht, meine Freunde, daß ich unsern Realschulen und höheren Bürgerschulen ihr Lob verkümmern will: ich ehre die Stätten, an denen man ordentlich rechnen lernt, wo man sich der Verkehrssprachen bemächtigt, die Geographie ernst nimmt und sich mit den erstaunlichen Erkenntnissen der Naturwissenschaft bewaffnet. Ich bin auch gern bereit zuzugeben, daß die auf den besseren Realschulen unserer Tage Vorbereiteten vollkommen zu den Ansprüchen berechtigt sind, die die fertigen Gymnasiasten zu machen pflegen, und die Zeit ist gewiß nicht mehr fern, wo man derartig Geschulten die Universitäten und die Staatsämter überall ebenso unumschränkt öffnet wie bisher nur den Zöglingen des Gymnasiums – wohlgemerkt den Zöglingen des jetzigen Gymnasiums! Diesen schmerzlichen Nachsatz kann ich aber nicht unterdrücken: wenn es wahr ist, daß Realschule und Gymnasium in ihren gegenwärtigen Zielen im ganzen so einmütig sind und nur in so zarten Linien voneinander abweichen, um auf eine volle Gleichberechtigung vor dem Forum des Staates rechnen zu können – so fehlt uns somit eine Spezies der Erziehungsanstalten vollständig: die Spezies der Bildungsanstalten! Dies ist am wenigsten ein Vorwurf gegen die Realschulen, die viel niedrigere, aber höchst notwendige Tendenzen ebenso glücklich als ehrlich bisher verfolgt haben; aber viel weniger ehrlich geht es in der Sphäre des Gymnasiums zu, auch viel weniger glücklich: denn hier lebt etwas von einem instinktiven

Gefühl der Beschämung, von einer unbewußten Erkenntnis, daß das ganze Institut schmählich degradiert sei und daß den klangvollen Bildungsworten kluger apologetischer Lehrer die barbarisch-öde und sterile Wirklichkeit widerspricht. Also es gibt keine Bildungsanstalten! Und dort, wo man deren Mienen wenigstens noch erheuchelt, ist man hoffnungsloser, abgemagerter und unzufriedner als an den Herden des sogenannten ‚Realismus‘! Übrigens, merkt euch, meine Freunde, wie roh und ununterrichtet man in den Lehrerkreisen sein muß, wenn man den strengen philosophischen Terminus ‚real‘ und ‚Realismus‘ in dem Maße mißverstehn konnte, um dahinter den Gegensatz von Stoff und Geist zu wittern und um den ‚Realismus‘ interpretieren zu können als ‚die Richtung auf das Erkennen, Gestalten, Beherrschen des Wirklichen‘.

Ich für meinen Teil kenne nur einen wahren Gegensatz, Anstalten der Bildung und Anstalten der Lebensnot: zu der zweiten Gattung gehören alle vorhandenen, von der ersten aber rede ich.“

Es mögen etwa zwei Stunden vergangen sein, während die beiden philosophischen Genossen sich über so befremdende Dinge unterredeten. Inzwischen war es Nacht geworden: und wenn schon in der Dämmerung die Stimme des Philosophen wie eine Naturmusik in dem waldigen Gehege erklungen war, so brach sich jetzt, in der völligen Schwärze der Nacht, wenn er erregt oder gar leidenschaftlich sprach, der Klang in mannigfaltigem Donnern, Krachen und Zischen an den ins Tal hinab sich verlierenden Baumstämmen und Felsblöcken. Plötzlich wurde er stumm: er hatte soeben, mit fast mitleidiger Wendung wiederholt: „wir haben keine Bildungsanstalten, wir haben keine Bildungsanstalten!“ – da fiel etwas, vielleicht ein Tannenzapfen, unmittelbar vor ihm nieder, bellend stürzte der Hund des Philosophen auf dieses Etwas zu: – so unterbrochen, hob der Philosoph den Kopf und fühlte mit einem Male die Nacht, die Kühle, die Einsamkeit. „Was machen wir doch!" sagte er zu seinem Begleiter: „es ist ja finster geworden. Du weißt wen wir hier erwarteten: aber er kommt nicht mehr. Wir waren umsonst so lange hier: wir wollen gehen."

Nun muß ich Sie, meine verehrten Zuhörer, mit den Empfindungen bekannt machen, mit denen ich und mein Freund, von unserem Verstecke aus, dem deutlich wahrnehmbaren und von uns gierig erlauschten Gespräche gefolgt waren. Ich habe Ihnen ja erzählt, daß wir, an jener Stelle und in jener Abendstunde, ein Erinnerungsfest zu feiern uns bewußt waren: diese Erinnerung bezog sich auf nichts anderes als auf Bildungs- und Erziehungsdinge, von denen wir, nach unserem jugendlichen Glauben, eine reiche und glückliche Ernte aus unserem bisherigen Leben heimgebracht hatten. So waren wir denn besonders geneigt, mit Dankbarkeit der Institution zu gedenken, die wir einst an dieser Stelle ausgedacht hatten, um, wie ich schon früher mitteilte, in einem kleinen Kreis von Genossen unsere lebendigen Bildungsregungen gegenseitig anzuspornen und zu überwachen. Plötzlich aber fiel auf jene ganze Vergangenheit ein gänzlich unerwartetes Licht, als wir schweigend und lauschend uns den starken Reden des Philosophen überließen. Wir kamen uns vor wie solche, die mit einem Male in unbewachtem Wandern ihren Fuß an einem Abgrund finden: wir ahnten, den größten Gefahren nicht sowohl entgangen als entgegengelaufen zu sein. Hier, an der für uns so denkwürdigen Stelle, hörten wir den Mahnruf: „Zurück! Keinen Schritt weiter! Wißt ihr, wohin euer Fuß euch trägt, wohin dieser gleißende Weg euch lockt?"

Es schien, daß wir es jetzt wußten, und das Gefühl überströmenden Dankes führte uns so unwiderstehlich dem ernsten Warner und treuen Eckart zu, daß wir beide zugleich aufsprangen, um den Philosophen zu umarmen. Dieser war eben im Begriff fortzugehn und hatte sich bereits seitwärts gewendet; als wir so überraschend mit lauten Schritten auf ihn zusprangen und der Hund mit scharfem Gebell sich uns entgegenwarf, mochte er, samt seinem Begleiter, eher an einen räuberischen Überfall als an eine begeisterte Umarmung denken. Offenbar hatte er uns vergessen. Kurz, er lief davon. Unsere Umarmung mißlang völlig, als wir ihn einholten. Denn mein Freund schrie in dem Augenblicke, weil der Hund ihn gebissen hatte, und der Begleiter sprang mit solcher Wucht auf mich los, daß wir beide umfielen. Es entstand, zwischen Hund und Mensch, eine unheimliche Regsamkeit auf dem Erdboden, die einige Augenblicke andauerte – bis es meinem Freunde gelang, mit starker Stimme und die Worte des Philosophen parodierend, zu rufen: „Im Namen aller Kultur und Pseudokultur! Was will der dumme Hund von uns! Vermaledeiter Hund, weg von hier, du Uneingeweihter, Nie-einzuweihender, weg von uns und unseren Eingeweiden, gehe schweigend zurück, schweigend und beschämt!" Nach dieser Anrede klärte sich die Szene etwas: soweit sie sich in der völligen Dunkelheit des Waldes klären konnte. „Sie sind es!" rief der Philosoph. „Unsere Pistolenschützen! Wie haben Sie uns erschreckt! Was treibt Sie, so auf mich nächtlicherweile loszustürzen?"

„Freude, Dank, Verehrung treibt uns," sagten wir und schüttelten die Hände des Greises, während der Hund ein ahnungreiches Gebell ausstieß. „Wir wollten Sie nicht fortlassen, ohne Ihnen dies zu sagen. Und um Ihnen alles erklären zu können, dürfen Sie auch noch nicht fortgehen: wir wollen Sie auch um wie vieles! noch fragen, was wir gerade jetzt auf dem Herzen haben. Bleiben Sie doch: jeder Schritt des Wegs ist uns vertraut, wir geleiten Sie nachher hinab. Vielleicht kommt auch der von Ihnen erwartete Gast noch. Sehen Sie einmal dort hinunter auf den Rhein: was schwimmt da so hell, wie unter dem Scheine vieler Fackeln herum? Da suche ich Ihren Freund mitten darin, ja ich ahne bereits, daß er mit allen diesen Fackeln zu Ihnen heraufkommen wird."

Und so bestürmten wir den verwunderten Greis mit unsern Bitten, unsern Versprechungen, unsern phantastischen Vorspiegelungen, bis endlich auch der Begleiter dem Philosophen zuredete, noch etwas hier auf der Höhe des Bergs, in der milden Nachtluft, auf und ab zu gehn, „von allem Wissensqualm entladen", wie er hinzufügte.

„Ach schämt euch!" sagte der Philosoph, „ihr könnt doch, wenn ihr etwas einmal zitieren wollt, nichts als Faust zitieren. Doch will ich euch nachgeben, mit oder ohne Zitat, wenn nur unsere Jünglinge standhalten und nicht ebenso plötzlich davonlaufen, wie sie gekommen sind: denn sie sind wie Irrlichter, man wundert sich, wenn sie da sind, und wieder, wenn sie nicht mehr da sind."

Hier rezitierte mein Freund sofort:

„Aus Ehrfurcht, hoff' ich, soll es uns gelingen,
Das leichte Naturell zu zwingen,
Nur Zickzack geht gewöhnlich unser Lauf."

Der Philosoph wunderte sich und blieb stehen. „Ihr überrascht mich," sagte er, „meine Herren Irrlichter: dies ist doch kein Sumpf! Was haben Sie von dieser Stätte? Was bedeutet Ihnen die Nähe eines Philosophen? Da ist die Luft scharf und klar, da ist der Boden trocken und hart. Ihr müßt euch eine phantastischere Region für eure Zickzackneigungen aussuchen."

„Ich denke," sprach hier der Begleiter dazwischen

„die Herren haben uns bereits gesagt, daß ein Versprechen sie für diese Stunde an diesen Ort bindet: aber wie mich dünkt, haben sie auch, als Chor, unserer Bildungskomödie zugehört, und zwar als wahrhaft ‚idealische Zuschauer‘ – denn sie haben uns nicht gestört, wir glaubten miteinander allein zu sein.“

„Ja,“ sagte der Philosoph, „das ist wahr: dieses Lob darf Ihnen nicht versagt werden, aber es schien mir, daß Sie noch ein größeres verdienten –“

Hier erfaßte ich die Hand des Philosophen und sagte: „Der muß ja stumpf wie ein Reptil sein, Bauch am Boden, Kopf im Schlamme, der solche Reden, wie die Ihrigen, anhören könnte, ohne ernst und nachdenklich, ja erregt und heiß zu werden. Vielleicht würde der eine oder der andere dabei ergrimmen, aus Verdruß und Selbstanklage; bei uns aber war der Eindruck anders, nur daß ich nicht weiß, wie ich ihn beschreiben soll. Gerade diese Stunde war für uns so ausgesucht, unsere Stimmung war so vorbereitet, wir saßen da wie offene Gefäße – nun scheint es, daß wir uns mit dieser neuen Weisheit überfüllt haben, denn ich weiß mir gar nicht mehr zu helfen, und wenn mich jemand fragte, was ich am morgenden Tage tun wolle oder was ich überhaupt mir von jetzt ab zu tun vornähme, so würde ich gar nicht zu antworten wissen. Denn offenbar haben wir bis jetzt ganz anders gelebt, ganz anders uns gebildet, als es recht ist – aber was machen wir, um über die Kluft von heute zu morgen hinwegzukommen?“

„Ja,“ bestätigte mein Freund, „so geht es auch mir, so frage ich gleichfalls: dann aber ist mir's, als ob ich überhaupt durch so hohe und ideale Ansichten über die Aufgabe der deutschen Bildung von ihr fortgescheucht würde, ja als ob ich nicht würdig sei, an ihrem Werke mitzubauen. Ich sehe nur einen glänzenden Zug der allerreichsten Naturen nach jenem Ziele sich hinbewegen, ich ahne, über welche Abgründe hin, an welchen Verlockungen vorbei dieser Zug führt. Wer darf so kühn sein, diesem Zuge sich zuzugesellen?"

Hier wendete sich auch der Begleiter wieder an den Philosophen und sagte: „Verargen Sie es auch mir nicht, wenn ich etwas Ähnliches empfinde und wenn ich es jetzt vor Ihnen ausspreche. In der Unterredung mit Ihnen geht es mir oft so, daß ich mich über mich selbst hinausgehoben fühle und mich an Ihrem Mute, Ihren Hoffnungen, bis zum Selbstvergessen, erwärme. Dann kommt ein kühlerer Augenblick, irgend ein scharfer Wind der Wirklichkeit bringt mich zum Besinnen – und dann sehe ich nur die weit zwischen uns aufgerißne Kluft, über die Sie selbst mich, wie im Traume, wegtrugen. Was Sie Bildung nennen, das schlottert dann um mich herum oder lastet schwer auf meiner Brust, das ist ein Panzerhemd, durch das ich niedergedrückt werde, ein Schwert, das ich nicht schwingen kann."

Plötzlich waren wir drei, angesichts des Philosophen, einmütig, und uns gegenseitig stimulierend und ermutigend brachten wir etwa folgendes gemeinschaftlich vor, während wir mit dem Philosophen auf der baumfreien Fläche, die uns an jenem Tage als Schießplatz gedient hatte, langsam auf und ab gingen, in völlig schweigsamer Nacht und unter einem ruhig ausgespannten Sternenhimmel.

„Sie haben so viel vom Genius gesprochen," sagten wir etwa, „von seiner einsamen beschwerlichen Wanderung durch die Welt, als ob die Natur nur immer die äußersten Gegensätze produziere, einmal die stumpfe schlafende, durch Instinkte fortwuchernde Masse und dann, in ungeheurer Entfernung davon, die großen kontemplativen, zu ewigen Schöpfungen ausgerüsteten Einzelnen. Nun aber nennen Sie diese selbst die Spitze der intellektuellen Pyramide: es scheint doch, daß vom breiten schwerbelasteten Fundamente aus bis zu dem frei ragenden Gipfel zahllose Zwischengrade nötig sind und daß gerade hier der Satz gelten muß: natura non facit saltus. Wo aber beginnt nun das, was Sie Bildung nennen, bei welchen Quadern scheidet sich die Sphäre, die von unten her und die andere, die von oben her beherrscht wird? Und wenn nur bei diesen entlegensten Naturen wahrhaft von ‚Bildung' geredet werden darf, wie will man auf das unberechenbare Dasein solcher Naturen Institutionen gründen, wie darf man über Bildungsanstalten nachdenken, die eben nur jenen Auserwählten zugute kämen? Vielmehr dünkt es uns, daß gerade diese ihren Weg zu finden wissen und daß darin ihre Kraft sich zeigt, ohne solche Bildungskrücken, wie sie jeder andere braucht, gehen zu können und so, ungestört, durch das Drängen und Stoßen der Weltgeschichte hindurchzuschreiten, gleichsam wie ein Gespenst durch eine große dichte Versammlung."

Derartiges brachten wir miteinander, ohne viel Geschick und Ordnung, vor, ja der Begleiter des Philosophen ging noch weiter und sagte zu seinem Lehrer: „Nun denken Sie selbst an alle die großen Genien, auf die wir gerade, als auf echte und treue Führer und Wegweiser jenes wahren deutschen Geistes, stolz zu sein pflegen, deren Andenken wir durch Feste und Statuen ehren, deren Werke wir mit Selbstgefühl dem Auslande entgegenhalten: worin ist diesen eine solche Bildung, wie Sie sie verlangen, entgegengekommen, inwiefern zeigen sie sich ernährt und gereift an einer heimischen Bildungssonne? Und trotzdem sind sie möglich gewesen, und trotzdem sind sie das geworden, was wir jetzt so zu verehren haben, ja ihre Werke rechtfertigen vielleicht gerade die Form der Entwicklung, die diese edeln Naturen nahmen, ja selbst einen solchen Mangel an Bildung, den wir wohl bei ihrer Zeit und ihrem Volke zugeben müssen.

Was hatte Lessing, was hatte Winckelmann aus einer vorhandenen deutschen Bildung zu entnehmen? Nichts oder mindestens ebensowenig als Beethoven, als Schiller, als Goethe, als alle unsere großen Künstler und Dichter. Vielleicht ist es ein Naturgesetz, daß immer erst die späteren Generationen sich bewußt werden müssen, durch welche himmlische Geschenke eine frühere ausgezeichnet worden sei."

Hier geriet der philosophische Greis in heftigen Zorn und schrie seinen Begleiter an: „O du Lamm an Einfalt der Erkenntnis! O ihr insgesamt Säugetiere zu Nennende! Was sind das für schiefe, linkische, enge, höckerige, krüppelhafte Argumentationen! Ja, jetzt eben hörte ich die Bildung unserer Tage, und meine Ohren klingen wider von lauter geschichtlichen ‚Selbstverständlichkeiten', von lauter altklugen erbarmungslosen Historiker-Vernünftigkeiten! Merke dir das, du unentweihte Natur: du bist alt geworden, und seit Jahrtausenden ruht dieser Sternenhimmel über dir – aber ein solches gebildetes und im Grunde boshaftes Gerede, wie es diese Gegenwart liebt, hast du noch nie gehört! Also ihr seid stolz, meine guten Germanen, auf eure Dichter und Künstler? Ihr zeigt mit den Fingern auf sie und brüstet euch mit ihnen vor dem Auslande? Und weil es euch keine Mühe gekostet hat, sie unter euch zu haben, so macht ihr daraus eine allerliebste Theorie, daß ihr euch auch fürderhin keine Mühe um sie zu geben braucht? Nicht wahr, meine unerfahrnen Kinder, sie kommen von selbst: der Storch bringt sie euch! Wer wird von Hebammen reden mögen! Nun, meine Guten, euch gebührt eine ernste Belehrung: was? ihr dürftet darauf stolz sein, daß alle die genannten glänzenden und edeln Geister durch euch, durch eure Barbarei vorzeitig erstickt, verbraucht, erloschen sind? Wie, ihr dürftet ohne Scham an Lessing denken, der an eurer Stumpfheit, im Kampf mit euren lächerlichen

Klötzen und Götzen, unter dem Mißstande eurer Theater, eurer Gelehrten, eurer Theologen zugrunde ging, ohne ein einziges Mal jenen ewigen Flug wagen zu dürfen, zu dem er in die Welt gekommen war? Und was empfindet ihr bei Winckelmanns Angedenken, der, um seinen Blick von euren grotesken Albernheiten zu befrein, bei den Jesuiten um Hilfe betteln ging, dessen schmählicher Übertritt auf euch zurückfällt und an euch als unvertilgbarer Flecken haften wird? Ihr dürftet gar Schillers Namen nennen und könnt nicht erröten? Seht sein Bild euch an! Das entzündet funkelnde Auge, das verächtlich über euch hinwegfliegt, diese tödlich gerötete Wange – das sagt euch nichts? Da hattet ihr so ein herrliches und göttliches Spielzeug, das durch euch zertrümmert wurde. Und nehmt noch Goethes Freundschaft aus diesem schwermütig hastigen, zu Tode gehetzten Leben hinweg – an euch hätte es dann gelegen, es noch schneller verlöschen zu machen. Bei keinem unserer großen Genien habt ihr mitgeholfen – und jetzt wollt ihr ein Dogma daraus machen, daß keinem mehr geholfen werde? Aber für jeden waret ihr, bis diesen Augenblick, der ‚Widerstand der dumpfen Welt‘, den Goethe in seinem Epilog zur Glocke bei Namen nennt, für jeden waret ihr die verdrossenen Stumpfsinnigen oder die neidischen Engherzigen oder die boshaften Selbstsüchtigen. Trotz euch schufen jene ihre Werke, gegen euch wandten sie ihre Angriffe, und dank euch starben sie zu früh, in unvollendeter Tagesarbeit, unter Kämpfen zerbrochen oder betäubt, dahin. Wer kann ausdenken, was diesen heroischen Männern zu erreichen beschieden war, wenn jener wahre deutsche Geist in einer kräftigen Institution sein schützendes Dach über sie ausgebreitet hätte, jener Geist, der ohne eine solche Institution vereinzelt, zerbröckelt, entartet sein Dasein weiterschleppt. Alle jene Männer sind zugrunde gerichtet: und es gehört ein tollgewordner Glaube an die Vernünftigkeit alles Geschehenden dazu, um mit ihm eure Schuld entschuldigen zu wollen. Und nicht jene Männer allein! Aus allen Bereichen intellektueller Auszeichnung treten die Ankläger gegen euch auf: mag ich auf alle die dichterischen oder philosophischen oder malerischen oder plastischen Begabungen hinsehn und nicht nur auf die Begabungen des höchsten Grades, überall bemerke ich das nicht Reifgewordene, das Überreizte oder zu früh Erschlaffte, das vor der Blüte Versengte oder Erfrorene, überall wittere ich jenen ‚Widerstand der stumpfen Welt', das heißt eure Verschuldung. Das will es besagen, wenn ich nach Bildungsanstalten verlange und den Zustand derer, die sich so nennen, erbarmungswürdig finde. Wer dies ein ‚ideales Verlangen' und überhaupt ‚ideal' zu nennen beliebt und wohl gar damit wie mit einem Lobe mich abzufinden meint, dem diene zur Antwort, daß das Vorhandene einfach eine Gemeinheit und eine Schmach ist und daß, wer in klapperdürrem Frost nach Wärme verlangt, wild werden muß, wenn man dies ein ‚ideales Verlangen' nennt. Hier handelt es sich um lauter aufdringliche, gegenwärtige, augenscheinliche Wirklichkeiten: wer etwas davon fühlt, der weiß, daß es hier eine Not gibt, wie Frost und Hunger. Wer aber nichts davon fühlt – nun, der hat dann wenigstens einen Maßstab, um zu messen, wo das aufhört, was ich ‚Bildung' nenne, und bei welchen Quadern der Pyramide sich die Sphäre, die von unten, und die andere, die von oben beherrscht wird, scheidet."

Der Philosoph schien sich sehr erhitzt zu haben: wir forderten ihn auf, wieder etwas herumzugehn, während er seine letzten Reden stehend, in der Nähe jenes Baumstumpfes, der uns als Zielscheibe für unsere Pistolenkünste diente, gesprochen hatte. Es wurde für eine Zeit unter uns ganz still. Langsam und nachdenklich schritten wir auf und ab. Wir empfanden viel weniger Beschämung, so törichte Argumente vorgebracht zu haben, als eine gewisse Restitution unserer Persönlichkeit: gerade nach den erhitzten und für uns nicht schmeichelhaften Anreden glaubten wir uns dem Philosophen näher, ja persönlicher gestellt zu fühlen. Denn so elend ist der Mensch, daß er durch nichts einem Fremden so schnell nahe kommt, als wenn dieser eine Schwäche, einen Defekt merken läßt. Daß unser Philosoph erhitzt wurde und Schimpfworte gebrauchte, überbrückte etwas die bisher allein empfundene scheue Ehrerbietung; für den, der eine solche Beobachtung empörend findet, sei hinzugesetzt, daß diese Brücke oftmals von der entfernten Verehrung zur persönlichen Liebe und zum Mitleiden führt. Und dieses Mitleiden trat, nach jenem Gefühl der Restitution unserer Persönlichkeit, allmählich immer stärker hervor. Wozu führten wir den alten Mann hier nächtlicherweile zwischen Baum und Fels herum? Und da er dies uns nachgegeben hatte, warum fanden wir nicht eine ruhigere und bescheidenere Form, uns belehren zu lassen, warum mußten wir zu drei in so ungeschickter Weise unsern Widerspruch äußern?

Denn jetzt merkten wir es bereits, wie unbedacht, unvorbereitet und unerfahren unsere Einwendungen waren, wie sehr gerade in ihnen das Echo der Gegenwart widerklang, deren Stimme der Alte nun einmal im Bereiche der Bildung nicht hören mochte. Unsere Einwendungen waren überdies nicht eigentlich rein aus dem Intellekte entsprungen: der Grund, der durch die Reden des Philosophen erregt und zum Widerstand gereizt war, schien anderswo zu liegen. Vielleicht sprach aus uns nur die instinktive Angst, ob gerade unsere Individuen bei solchen Ansichten, wie sie der Philosoph hatte, vorteilhaft bedacht seien, vielleicht drängten sich alle jene früheren Einbildungen, die wir uns über unsere eigene Bildung gemacht hatten, jetzt zu der Not zusammen, um jeden

Preis Gründe gegen eine Betrachtungsart zu finden, durch die allerdings unser vermeintlicher Anspruch auf Bildung recht gründlich abgewiesen wurde. Mit Gegnern aber, die so persönlich die Wucht der Argumentation empfinden, soll man nicht streiten; oder wie die Moral für unsern Fall lauten würde: solche Gegner sollen nicht streiten, sollen nicht widersprechen.

So gingen wir neben dem Philosophen her, beschämt, mitleidig, unzufrieden mit uns und mehr als je überzeugt, daß der Greis recht haben müsse und daß wir ihm Unrecht getan hätten. Wie weit zurück lag jetzt der Jugendtraum unserer Bildungsanstalt, wie deutlich erkannten wir die Gefahr, an der wir bisher nur durch einen Zufall vorbeigeschlüpft waren, uns nämlich mit Haut und Haar dem Bildungswesen zu verkaufen, das von jenen Knabenjahren an, bereits aus unserm Gymnasium heraus, verlockend zu uns gesprochen hatte! Worin lag es doch, daß wir noch nicht im öffentlichen Chorus seiner Bewunderer standen? Vielleicht nur darin, daß wir noch wirkliche Studenten waren, daß wir uns noch, aus dem gierigen Haschen und Drängen, aus dem rastlosen und sich überstürzenden Wellenschlag der Öffentlichkeit, auf jene bald nun auch weggeschwemmte Insel zurückziehn konnten!

Von derartigen Gedanken überwältigt waren wir im Begriff den Philosophen anzureden, als er sich plötzlich gegen uns wendete und mit milderer Stimme begann: „Ich darf mich nicht wundern, wenn ihr euch jugendlich, unvorsichtig und voreilig benahmt. Denn schwerlich hattet ihr über das, was ihr von mir hörtet, schon jemals ernsthaft nachgedacht. Laßt euch Zeit, tragt es mit euch herum, aber denkt daran Tag und Nacht. Denn jetzt seid ihr an den Kreuzweg gestellt, jetzt wißt ihr, wohin die beiden Wege führen. Auf dem einen wandelnd, seid ihr eurer Zeit willkommen, sie wird es an

Kränzen und Siegeszeichen nicht fehlen lassen: ungeheure Parteien werden euch tragen, hinter eurem Rücken werden ebensoviel Gleichgesinnte wie vor euch stehen. Und wenn der Vordermann ein Losungswort ausspricht, so hallt es in allen Reihen wider. Hier heißt die erste Pflicht: in Reih und Glied kämpfen, die zweite: alle die zu vernichten, die sich nicht in Reih und Glied stellen wollen. Der andre Weg führt euch mit seltneren Wandergenossen zusammen, er ist schwieriger, verschlungener und steiler: die, welche auf dem ersten gehen, verspotten euch, weil ihr dort mühsamer schreitet, sie versuchen es auch wohl, euch zu sich hinüberzulocken. Wenn aber einmal beide Wege sich kreuzen, so werdet ihr mißhandelt, beiseite gedrängt, oder man weicht euch scheu aus und isoliert euch.

Was würde nun, für die so verschiedenartigen Wanderer beider Wege, eine Bildungsanstalt zu bedeuten haben? Jener ungeheure Schwarm, der sich auf dem ersten Wege zu seinen Zielen drängt, versteht darunter eine Institution, wodurch er selbst in Reih und Glied aufgestellt wird und von der alles abgeschieden und losgelöst wird, was etwa nach höheren und entlegeneren Zielen hinstrebt. Freilich verstehen sie es, prunkende Worte für ihre Tendenzen in Umlauf zu bringen: sie reden zum Beispiel von der ‚allseitigen Entwicklung der freien Persönlichkeit innerhalb fester gemeinsamer nationaler und menschlich-sittlicher Überzeugungen‘, oder nennen als ihr Ziel ‚die Begründung des auf Vernunft, Bildung, Gerechtigkeit ruhenden Volksstaates‘.

Für die andere kleinere Schar ist eine Bildungsanstalt etwas durchaus Verschiedenes. Diese will, an der Schutzwehr einer festen Organisation, verhüten, daß sie selbst, durch jenen Schwarm, weggeschwemmt und auseinandergetrieben werde, daß ihre Einzelnen in frühzeitiger Ermattung oder abgelenkt, entartet, zerstört, ihre edle und erhabene Aufgabe aus dem Auge verlieren. Diese Einzelnen sollen ihr Werk vollenden, das ist der Sinn ihrer gemeinschaftlichen Institution – und zwar ein Werk, das gleichsam von den Spuren des Subjekts gereinigt und über das Wechselspiel der Zeiten hinausgetragen sein soll, als lautere Widerspiegelung des ewigen und unveränderlichen Wesens der Dinge. Und alle, die an jenem Institute teilhaben, sollen auch mit bemüht sein, durch eine solche Reinigung vom Subjekt, die Geburt des Genius und die Erzeugung seines Werkes vorzubereiten. Nicht wenige, auch aus der Reihe der zweiten und dritten Begabungen, sind zu einem solchen Mithelfen bestimmt und kommen nur im Dienste einer solchen wahren Bildungs-Institution zu dem Gefühl, ihrer Pflicht zu leben. Jetzt aber werden gerade diese Begabungen von den unausgesetzten Verführungskünsten jener modischen ‚Kultur' aus ihrer Bahn abgelenkt und ihrem Instinkte entfremdet.

An ihre egoistischen Regungen, an ihre Schwächen und Eitelkeiten richtet sich diese Versuchung, ihnen gerade flüstert jener Zeitgeist zu: ‚Folgt mir! Dort seid ihr Diener, Gehilfen, Werkzeuge, von höheren Naturen überstrahlt, eurer Eigenart niemals froh, an Fäden gezogen, an Ketten gelegt, als Sklaven, ja als Automaten: hier, bei mir, genießt ihr als Herren eure freie Persönlichkeit, eure Begabungen dürfen für sich glänzen, mit ihnen werdet ihr selbst an der ersten Stelle stehn, ungeheures Gefolge wird euch begleiten, und der Zuruf der öffentlichen Meinung wird euch mehr behagen als eine vornehm gespendete Belobigung aus der Höhe des Genius.' Solchen Verlockungen unterliegen jetzt die Allerbesten: und im Grunde entscheidet wohl hier kaum der Grad der Begabung, ob man für derartige Stimmen zugänglich ist oder nicht, sondern die Höhe und der Grad einer gewissen sittlichen Erhabenheit, der Instinkt zum Heroismus, zur Aufopferung – und endlich ein sicheres, zur Sitte gewordenes, durch richtige Erziehung eingeleitetes Bedürfnis der Bildung: als welche, wie ich schon sagte, vor allem Gehorsam und Gewöhnung an die Zucht des Genius ist. Gerade aber von einer solchen Zucht, einer solchen Gewöhnung wissen die Institute, die man jetzt ‚Bildungsanstalten' nennt, soviel wie nichts: obwohl es mir nicht zweifelhaft ist, daß das Gymnasium ursprünglich als eine derartige wahre Bildungsinstitution, wenigstens als vorbereitende Veranstaltung, gemeint war und in den wunderbaren, tiefsinnig erregten Zeiten der Reformation die ersten kühnen Schritte auf einer solchen Bahn wirklich getan hat, ebenfalls, daß sich in der Zeit unseres Schiller, unseres Goethe wieder etwas von jenem schmählich abgeleiteten oder sekretierten Bedürfnisse merken ließ, gleichsam als ein Keim jener Schwinge, von der Plato im Phädrus redet und welche die Seele, bei jeder Berührung mit dem Schönen, beflügelt und emporträgt – nach dem Reiche der unwandelbaren reinen eingestalten Urbilder der Dinge."

„Ach, mein verehrter und ausgezeichneter Lehrer," begann jetzt der Begleiter, „nachdem Sie den göttlichen Plato und die Ideenwelt zitiert haben, glaube ich nicht mehr daran, daß Sie mir zürnen, so sehr ich auch durch meine vorige Rede Ihre Mißbilligung und Ihren Zorn verdient habe. Sobald Sie reden, regt sich bei mir jene platonische Schwinge; und nur in den Zwischenpausen habe ich, als Wagenlenker meiner Seele, mit dem widerstrebenden, wilden und ungebärdigen Rosse rechte Mühe, das Plato auch beschrieben hat, und von dem er sagt, es sei schief und ungeschlachtet, mit starrem Nacken, kurzem Hals und platter Nase, schwarzgefärbt, grauen blutunterlaufenen Auges, an den Ohren struppicht und schwerhörig, zu Frevel und Untat allezeit bereit und kaum durch Geißel und Stachelstab lenkbar. Denken

Sie sodann daran, wie lange ich von Ihnen entfernt gelebt habe und wie gerade auch an mir alle jene Verführungskünste sich erproben konnten, von denen Sie redeten, vielleicht doch nicht ohne einigen Erfolg, wenn auch fast unbemerkt vor mir selber. Ich begreife gerade jetzt stärker als je, wie notwendig eine Institution ist, welche es nur ermöglicht, mit den seltenen Männern wahrer Bildung zusammenzuleben, um an ihnen Führer und Leitsterne zu haben. Wie stark empfinde ich die Gefahr des einsamen Wanderns! Und wenn ich, wie ich Ihnen sagte, aus dem Gewühl und der direkten Berührung mit dem Zeitgeiste mich durch Flucht zu retten wähnte, so war selbst diese Flucht eine Täuschung. Fortwährend, aus unzähligen Adern, mit jedem Atemzuge quillt jene Atmosphäre in uns hinein, und keine Einsamkeit ist einsam und ferne genug, wo sie uns nicht, mit ihren Nebeln und Wolken, zu erreichen wüßte. Als Zweifel, als Gewinn, als Hoffnung, als Tugend verkleidet, in der wechselreichsten Maskentracht umschleichen uns die Bilder jener Kultur: und selbst hier in Ihrer Nähe, das heißt gleichsam an der Hand eines wahren Bildungseremiten, wußte uns jene Gaukelei zu verführen. Wie beständig und treu muß jene kleine Schar einer fast sektiererisch zu nennenden Bildung unter sich wachen! Wie sich gegenseitig stärken! Wie streng muß hier der Fehltritt gerügt, wie mitleidig verziehn werden! So verzeihen Sie nun auch mir, mein Lehrer, nachdem Sie mich so ernst zurechtgewiesen haben!"

„Du führst eine Sprache, mein Guter," sagte der Philosoph, „die ich nicht mag, und die an religiöse Konventikel erinnert. Damit habe ich nichts zu tun. Aber dein platonisches Pferd hat mir gefallen, seinetwegen soll dir auch verziehen sein. Gegen dieses Pferd tausche ich mein Säugetier ein. Übrigens habe ich wenig Lust, mit euch hier im Kühlen noch ferner herumzugehn. Mein von mir erwarteter Freund ist zwar toll genug, auch wohl um Mitternacht noch hier hinauf zu kommen, wenn er es einmal versprochen hat. Aber ich warte vergebens auf das zwischen uns verabredete Zeichen: mir bleibt es unverständlich, was ihn bis jetzt abgehalten hat. Denn er ist pünktlich und genau, wie wir Alten zu sein pflegen und wie es die Jugend jetzt für altväterisch hält. Diesmal läßt er mich in Stich: es ist verdrießlich! Nun folgt mir nur! Es ist Zeit zu gehen!"

– In diesem Augenblicke zeigte sich etwas Neues. –

Fünfter Vortrag

Gehalten am 23. März 1872

MEINE verehrten Zuhörer! Wenn das, was ich Ihnen von den mannigfaltig erregten, in nächtlicher Stille geführten Reden unseres Philosophen erzählt habe, mit einigem Mitgefühl von Ihnen aufgenommen ist, so dürfte Sie die zuletzt berichtete unmutige Entschließung desselben in ähnlicher Weise getroffen haben, wie sie uns damals traf. Plötzlich nämlich kündigte er uns an, daß er gehen wolle: im Stich gelassen von seinem Freunde und wenig erquickt von dem, was wir, samt seinem Begleiter, ihm in solcher Einöde entgegenzubringen wußten, schien er nun hastig den nutzlos verlängerten Aufenthalt auf dem Berge abbrechen zu wollen. Der Tag durfte ihm als verloren gelten: und ihn gleichsam von sich abschüttelnd hätte er gewiß auch gern das Andenken an unsere Bekanntschaft ihm hinterdrein werfen mögen. Und so trieb er uns unwillig an zu gehen, als ein neues Phänomen ihn zum Stillstehen zwang und der bereits erhobene Fuß sich wieder zögernd senkte.

Ein farbiger Lichtschein und ein knatterndes, schnell verhallendes Getöse, aus der Gegend des Rheines her, bannte unsere Aufmerksamkeit; und gleich darauf zog sich eine langsame melodische Phrase, im Einklange, doch durch zahlreiche jugendliche Stimmen verstärkt, aus der Ferne zu uns herüber. „Dies ist ja sein Signal," rief der Philosoph, „mein Freund kommt doch noch, und ich habe nicht umsonst gewartet. Es wird ein mitternächtliches Wiedersehn – wie melden wir ihm doch, daß ich jetzt noch hier bin? Auf! Ihr Pistolenschützen, jetzt zeigt eure Künste einmal! Hört ihr den strengen Rhythmus jener uns begrüßenden Melodie? Diesen Rhythmus merkt euch und wiederholt ihn in der Reihenfolge eurer Explosionen!"

Dies war eine Aufgabe nach unserem Geschmack und unserer Fähigkeit; wir luden so schnell wie möglich, und nach kurzer Verständigung erhoben wir unsere Pistolen nach der von Sternen durchleuchteten Höhe, während jene eindringliche Tonfolge in der Tiefe, nach kurzer Wiederholung, erstarb. Der erste, der zweite und dritte Schuß gingen schneidig in die Nacht hinaus – jetzt schrie der Philosoph: „Falscher Takt!"; denn plötzlich waren wir unserer rhythmischen Aufgabe untreu geworden: eine Sternschnuppe kam, unmittelbar nach dem dritten Schuß, pfeilschnell heruntergeflogen, und fast unwillkürlich ertönte der vierte und fünfte Schuß zugleich, in der Richtung ihres Niederfalls.

„Falscher Takt!" schrie der Philosoph, „wer heißt euch nach Sternschnuppen zu zielen! Das platzt schon von selbst, ohne euch; man muß wissen, was man will, wenn man mit Waffen hantiert."

In diesem Augenblicke wiederholte sich, vom Rheine her herübergetragen, jene, jetzt von zahlreicheren und lauteren Stimmen intonierte Melodie. „Man hat uns doch verstanden," rief lachend mein Freund, „und wer kann auch widerstehen, wenn so ein leuchtendes Gespenst gerade in Schußweite kommt?" – „Still!" unterbrach ihn der Begleiter, „was mag das für ein Schwarm sein, der uns dies Signal entgegensingt? Ich rate auf zwanzig bis vierzig Stimmen, kräftige männliche Stimmen – und von wo aus begrüßt uns jener Schwarm? Er scheint noch nicht das jenseitige Ufer des Rheins verlassen zu haben – doch das müssen wir ja sehen können, von unserer Bank aus. Kommen Sie schnell dahin!"

An der Stelle nämlich, auf der wir bis jetzt auf und

ab gegangen waren, in der Nähe jenes gewaltigen Baumstumpfes, war die Aussicht nach dem Rheine zu durch das dichte finstere und hohe Gehölz abgeschnitten. Dagegen habe ich erzählt, daß man von jenem Ruheplatz aus, etwas tiefer als die ebene Fläche auf der Höhe des Berges, einen Durchblick durch die Baumgipfel hindurch hatte und daß gerade der Rhein, mit der Insel Nonnenwörth im Arme, den Mittelpunkt des gerundeten Ausschnittes für den Beschauer ausfüllte. Wir liefen eilig, doch mit Vorsicht für den greisen Philosophen, nach diesem Ruheplatze hin: es war schwarze Dunkelheit im Walde, und den Philosophen rechts und links geleitend, errieten wir mehr den gebahnten Weg, als daß wir ihn wahrnahmen.

Kaum hatten wir die Bänke erreicht, als uns ein feuriges, trübes, breites und unruhiges Leuchten, offenbar von der anderen Seite des Rheines her, ins Auge fiel. „Das sind Fackeln,“ rief ich; „nichts ist sicherer, als daß dort drüben meine Kameraden aus Bonn sind und daß Ihr Freund in ihrer Mitte sein muß. Diese haben gesungen, diese werden ihm das Geleit geben. Sehen Sie! Hören Sie! Jetzt steigt man in die Kähne: in wenig mehr als einer halben Stunde wird der Fackelzug hier oben angelangt sein.“

Der Philosoph sprang zurück. „Was sagen Sie?“ versetzte er, „Ihre Kameraden aus Bonn, also Studenten, mit Studenten käme mein Freund?“

Diese fast ingrimmig vorgestoßene Frage regte uns auf. „Was haben Sie gegen die Studenten?“ entgegneten wir und bekamen keine Antwort. Erst nach einer Weile begann der Philosoph langsam, in klagendem Tone und gleichsam den noch Entfernten anredend: „Also selbst um Mitternacht, mein Freund, selbst auf dem einsamen Berge werden wir nicht allein sein, und du selbst bringst eine Schar studentischer Störenfriede zu mir herauf, der du doch weißt, daß ich diesem genus omne gern und behutsam aus dem Wege gehe. Ich verstehe dich darin nicht, mein ferner Freund: es will doch etwas sagen, wenn wir uns nach langer Trennung zum Wiedersehn zusammenfinden und einen solchen entlegenen Winkel und solche ungewöhnliche Stunden dazu auslesen. Wozu brauchten wir einen Chor von Zeugen und von solchen Zeugen! Was uns ja für heute zusammenruft, das ist doch am wenigsten ein sentimentalisches weichmütiges Bedürfnis: denn wir haben beide beizeiten gelernt, allein und in würdevoller Isolation leben zu können. Nicht um unsertwillen, etwa um zärtliche Gefühle zu pflegen oder um eine Szene der Freundschaft pathetisch darzustellen, haben wir beschlossen uns hier zu sehen; sondern hier, wo ich dich einst, in denkwürdiger Stunde, feierlich vereinsamt, antraf, wollten wir miteinander, gleichsam als Ritter einer neuen Feme, des ernstesten Rates pflegen. Mag uns dabei hören, wer uns versteht, aber warum bringst du einen Schwarm mit, der uns gewiß nicht versteht! Ich erkenne dich darin nicht, mein ferner Freund!“

Wir hielten es nicht für schicklich, den so ungemut Klagenden zu unterbrechen: und als er melancholisch verstummte, wagten wir doch nicht, ihm zu sagen, wie sehr uns diese mißtrauische Ablehnung der Studenten verdrießen mußte.

Endlich wendete sich der Begleiter an den Philosophen und sagte: „Sie erinnern mich, mein Lehrer, daran, daß Sie ja auch in früherer Zeit, bevor ich Sie kennen lernte, an mehreren Universitäten gelebt haben, und daß Gerüchte über Ihren Verkehr mit Studierenden, über die Methode ihres Unterrichts noch aus jener Periode im Umlauf sind. Aus dem Tone der Resignation, mit dem Sie eben von den Studenten sprachen, dürfte mancher wohl auf eigentümliche verstimmende Erfahrungen raten; ich aber glaube vielmehr, daß Sie eben das erfahren und gesehen haben, was jeder dort erfährt und sieht, daß Sie aber dies strenger und richtiger beurteilt haben als jeder andere. Denn so viel habe ich aus Ihrem Umgange gelernt, daß die merkwürdigsten, lehrreichsten und entscheidenden Erfahrungen und Erlebnisse die alltäglichen sind, daß aber gerade das, was als ungeheures Rätsel vor aller Augen liegt, von den wenigsten als Rätsel verstanden wird, und daß für die wenigen rechten Philosophen eben diese Probleme unberührt, mitten auf der Fahrstraße und gleichsam unter den Füßen der Menge, liegen bleiben, um von ihnen dann sorgsam aufgehoben zu werden und von nun an als Edelsteine der Erkenntnis zu leuchten. Vielleicht sagen Sie uns, in der kurzen Pause, die uns noch bis zur Ankunft Ihres Freundes bleibt, noch etwas über Ihre Erkenntnisse und Erfahrungen in der Sphäre der Universität und vollenden damit den Kreis der Betrachtungen, zu denen wir unwillkürlich in betreff unserer Bildungsanstalten genötigt worden sind. Zudem sei es uns erlaubt, Sie daran zu erinnern, daß Sie, auf einer früheren Stufe Ihrer Besprechungen, mir sogar eine derartige Verheißung gemacht haben. Von dem Gymnasium ausgehend, behaupteten Sie für dasselbe eine außerordentliche Bedeutung: an seinem Bildungsziele, je nachdem es gesteckt ist, müßten sich alle anderen Institute messen, an den Verirrungen seiner Tendenz hätten jene mitzuleiden. Eine solche Bedeutung, als bewegender Mittelpunkt, könne jetzt selbst die Universität nicht mehr für sich in Anspruch nehmen, die, bei ihrer jetzigen Formation, wenigstens nach einer wichtigen Seite hin nur als Ausbau der Gymnasialtendenz gelten dürfe. Hier versprachen Sie mir eine spätere Ausführung: etwas, was vielleicht auch unsre studierenden Freunde bezeugen können, die unser damaliges Gespräch möglicherweise mit angehört haben."

„Dies bezeugen wir," versetzte ich. Der Philosoph wendete sich gegen uns und versetzte: „Nun, wenn ihr wirklich zugehört habt, so könnt ihr mir einmal beschreiben, was ihr, nach allem Gesagten, unter der jetzigen Gymnasialtendenz versteht. Zudem steht ihr dieser Sphäre noch nahe genug, um meine Gedanken an euren Erfahrungen und Empfindungen messen zu können."

Mein Freund erwiderte, schnell und behend wie seine Art ist, etwa folgendes: „Bis jetzt hatten wir immer geglaubt, daß die einzige Absicht des Gymnasiums sei, für die Universität vorzubereiten. Diese Vorbereitung aber soll uns selbständig genug für die außerordentlich freie Stellung eines Akademikers machen. Denn es scheint mir, daß in keinem Gebiete des jetzigen Lebens dem einzelnen so viel zu entscheiden und zu verfügen überlassen sei, wie im Bereiche des studentischen Lebens. Er muß sich selbst, auf einer weiten, ihm völlig freigegebnen Fläche, auf mehrere Jahre hinaus führen können: also wird das Gymnasium versuchen müssen, ihn selbständig zu machen."

Ich setzte die Rede meines Kameraden fort. „Es scheint mir sogar," sagte ich, „daß alles das, was Sie, gewiß mit Recht, an dem Gymnasium zu tadeln haben, nur notwendige Mittel sind, um, für ein so jugendliches Alter, eine Art von Selbständigkeit und mindestens den Glauben daran zu erzeugen. Dieser Selbständigkeit soll der deutsche Unterricht dienen: das Individuum muß seiner Ansichten und Absichten zeitig froh werden, um, ohne Krücken, allein gehen zu können. Deshalb wird es schon frühe zur Produktion und noch früher zu scharfer Beurteilung und Kritik angehalten. Wenn die lateinischen und griechischen Studien auch nicht imstande sind, den Schüler für das ferne Altertum zu entzünden, so erwacht doch wohl, bei der Methode, mit der sie betrieben werden, der wissenschaftliche Sinn, die Lust an strenger Kausalität der Erkenntnis, die Begier zum Finden und Erfinden: wie viele mögen durch eine auf dem Gymnasium gefundene, mit jugendlichem Tasten erhaschte neue Lesart zu den Reizungen der Wissenschaft dauernd verführt worden sein! Vielerlei muß der Gymnasiast lernen und in sich einsammeln: dadurch wird wahrscheinlich allgemach ein Trieb erzeugt, von dem geleitet er dann auf der Universität selbständig in ähnlicher Weise lernt und einsammelt. Kurz, wir glauben, es möge die Gymnasialtendenz sein, den Schüler so vorzubereiten und einzugewöhnen, daß er nachher so selbständig weiter lebe und lerne, wie er unter dem Zwange der Gymnasialordnung leben und lernen mußte."

Der Philosoph lachte hierauf, doch nicht gerade gutmütig, und versetzte: „Da habt ihr mir sogleich eine schöne Probe dieser Selbständigkeit gegeben. Und gerade diese Selbständigkeit ist es, die mich so erschreckt und mir die Nähe von Studierenden der Gegenwart immer so unerquicklich macht. Ja, meine Guten, ihr seid fertig, ihr seid ausgewachsen, die Natur hat eure Form zerbrochen, und eure Lehrer dürfen sich an euch weiden. Welche Freiheit, Bestimmtheit, Unbekümmertheit des Urteils, welche Neuheit und Frische der Einsicht! Ihr sitzt zu Gericht – und alle Kulturen aller Zeiten laufen davon. Der wissenschaftliche Sinn ist entzündet und schlägt als Flamme aus euch heraus – es hüte sich jeder, an euch nicht zu verbrennen! Nehme ich nun gleich eure Professoren noch hinzu, so bekomme ich dieselbe Selbständigkeit noch einmal, in einer kräftigen und anmutigen Steigerung; nie war eine Zeit so reich an den schönsten Selbständigkeiten, nie haßte man so stark jede Sklaverei, auch freilich die Sklaverei der Erziehung und der Bildung.

Erlaubt mir aber, diese eure Selbständigkeit einmal an dem Maßstabe eben dieser Bildung zu messen und eure Universität nur als Bildungsanstalt in Betracht zu ziehn. Wenn ein Ausländer unser Universitätswesen kennen lernen will, so fragt er zuerst mit Nachdruck: ‚Wie hängt bei euch der Student mit der Universität zusammen?' Wir antworten: ‚Durch das Ohr, als Hörer.' Der Ausländer erstaunt. ‚Nur durch das Ohr?' fragt er nochmals. ‚Nur durch das Ohr,' antworten wir nochmals. Der Student hört. Wenn er spricht, wenn er sieht, wenn er gesellig ist, wenn er Künste treibt, kurz, wenn er lebt, ist er selbständig, das heißt unabhängig von der Bildungsanstalt. Sehr häufig schreibt der Student zugleich, während er hört. Dies sind die Momente, in denen er an der Nabelschnur der Universität hängt. Er kann sich wählen, was er hören will, er braucht nicht zu glauben, was er hört, er kann das Ohr schließen, wenn er nicht hören mag. Dies ist die ‚akroamatische' Lehrmethode.

Der Lehrer aber spricht zu diesen hörenden Studenten. Was er sonst denkt und tut, ist durch eine ungeheure Kluft von der Wahrnehmung des Studenten abgeschieden. Häufig liest der Professor, während er spricht. Im allgemeinen will er möglichst viele solche Hörer haben, in der Not begnügt er sich mit wenigen, fast nie mit einem. Ein redender Mund und sehr viele Ohren, mit halbsoviel schreibenden Händen – das ist der äußerliche akademische Apparat, das ist die in Tätigkeit gesetzte Bildungsmaschine der Universität. Im übrigen ist der Inhaber dieses Mundes von den Besitzern der vielen Ohren getrennt und unabhängig: und diese doppelte Selbständigkeit preist man mit Hochgefühl als ‚akademische Freiheit'. Übrigens kann der eine – um diese Freiheit noch zu erhöhen – ungefähr reden, was er will, der andre ungefähr hören, was er will: nur daß hinter beiden Gruppen in bescheidener Entfernung der Staat mit einer gewissen gespannten Aufsehermiene steht, um von Zeit zu Zeit daran zu erinnern, daß er Zweck, Ziel und Inbegriff der sonderbaren Sprech- und Hörprozedur sei.

Wir, denen es einmal gestattet sein muß, dieses überraschende Phänomen nur als Bildungsinstitution zu berücksichtigen, berichten also dem forschenden Ausländer, daß das, was auf unsern Universitäten Bildung ist, aus dem Munde zum Ohre geht, daß alle Erziehung zur Bildung, wie gesagt, nur ‚akroamatisch' ist. Da aber selbst das Hören und die Auswahl des zu Hörenden dem akademisch freigesinnten Studenten zu selbständiger Entscheidung überlassen ist, da er andererseits allem Gehörten Glaubwürdigkeit und Auktorität absprechen kann, so fällt, in einem strengen Sinne, alle Erziehung zur Bildung ihm selbst zu, und die durch das Gymnasium zu erstrebende Selbständigkeit zeigt sich jetzt mit höchstem Stolze als ‚akademische Selbsterziehung zur Bildung' und prunkt mit ihrem glänzendsten Gefieder.

Glückliche Zeit, in der die Jünglinge weise und gebildet genug sind, um sich selbst am Gängelbande führen zu können! Unübertreffliche Gymnasien, denen es gelingt, Selbständigkeit zu pflanzen, wo andre Zeiten glaubten, Abhängigkeit, Zucht, Unterordnung, Gehorsam pflanzen und allen Selbständigkeitsdünkel abwehren zu müssen! Wird euch hier deutlich, meine Guten, weshalb ich, nach der Seite der Bildung hin, die jetzige Universität als Ausbau der Gymnasialtendenz zu betrachten liebe? Die durch das Gymnasium anerzogne Bildung tritt, als etwas Ganzes und Fertiges, mit wählerischen Ansprüchen in die Tore der Universität: *sie* fordert, sie gibt Gesetze, sie sitzt zu Gericht. Täuscht euch also über den gebildeten Studenten nicht: dieser ist, soweit er eben die Bildungsweihen empfangen zu haben glaubt, immer noch der in den Händen seiner Lehrer geformte Gymnasiast: als welcher nun, seit seiner akademischen Isolation, und nachdem er das Gymnasium verlassen hat, damit gänzlich aller weiteren Formung und Leitung zur Bildung entzogen ist, um von nun an von sich selbst zu leben und frei zu sein.

Frei! Prüft diese Freiheit, ihr Menschenkenner! Aufgebaut auf dem tönernen Grunde der jetzigen Gymnasialkultur, auf zerbröckelndem Fundamente, steht ihr Gebäude schief gerichtet und unsicher bei dem Anhauche der Wirbelwinde. Seht euch den freien Studenten, den Herold der Selbständigkeitsbildung an, erratet ihn in seinen Instinkten, deutet ihn euch aus seinen Bedürfnissen! Was dünkt euch über seine Bildung, wenn ihr diese an drei Gradmessern zu messen wißt, einmal an seinem Bedürfnis zur Philosophie, sodann an seinem Instinkt für Kunst und endlich an dem griechischen und römischen Altertum als an dem leibhaften kategorischen Imperativ aller Kultur.

Der Mensch ist so umlagert von den ernstesten und schwierigsten Problemen, daß er, in der rechten Weise an sie herangeführt, zeitig in jenes nachhaltige philosophische Erstaunen geraten wird, auf dem allein, als auf einem fruchtbaren Untergrunde, eine tiefere und edlere Bildung wachsen kann. Am häufigsten führen ihn wohl die eignen Erfahrungen an diese Probleme heran, und besonders in der stürmischen Jugendzeit spiegelt sich fast jedes persönliche Ereignis in einem doppelten Schimmer, als Exemplifikation einer Alltäglichkeit und zugleich eines ewigen erstaunlichen und erklärungswürdigen Problems. In diesem Alter, das seine Erfahrungen gleichsam mit metaphysischen Regenbogen umringt sieht, ist der Mensch auf das höchste einer führenden Hand bedürftig, weil er plötzlich und fast instinktiv sich von der Zweideutigkeit des Daseins überzeugt hat und den festen Boden der bisher gehegten überkommenen Meinungen verliert.

Dieser naturgemäße Zustand höchster Bedürftigkeit

muß begreiflicherweise als der ärgste Feind jener beliebten Selbständigkeit gelten, zu der der gebildete Jüngling der Gegenwart herangezogen werden soll. Ihn zu unterdrücken und zu lähmen, ihn abzuleiten oder zu verkümmern sind deshalb alle jene bereits in den Schoß des ‚Selbstverstandes' eingekehrten Jünger der ‚Jetztzeit' eifrig bemüht: und das beliebteste Mittel ist, jenen naturgemäßen philosophischen Trieb durch die sogenannte ‚historische Bildung' zu paralysieren. Ein noch jüngst in skandalöser Weltberühmtheit stehendes System hatte die Formel für diese Selbstvernichtung der Philosophie ausfindig gemacht: und jetzt zeigt sich bereits überall, bei der historischen Betrachtung der Dinge, eine solche naive Unbedenklichkeit, das Unvernünftigste zur ‚Vernunft' zu bringen und das Schwärzeste als weiß gelten zu lassen, daß man öfters, mit parodistischer Anwendung jenes Hegelschen Satzes, fragen möchte: ‚Ist diese Unvernunft wirklich?' Ach, gerade das Unvernünftige scheint jetzt allein ‚wirklich', das heißt wirkend zu sein, und diese Art von Wirklichkeit zur Erklärung der Geschichte bereit zu halten, gilt als eigentliche ‚historische Bildung'. In diese hat sich der philosophische Trieb unserer Jugend verpuppt: in dieser den jungen Akademiker zu bestärken, scheinen sich jetzt die sonderbaren Philosophen der Universitäten verschworen zu haben.

So ist langsam an Stelle einer tiefsinnigen Ausdeutung der ewig gleichen Probleme ein historisches, ja selbst ein philologisches Abwägen und Fragen getreten: was der und jener Philosoph gedacht habe oder nicht, oder ob die und jene Schrift ihm mit Recht zuzuschreiben sei oder gar ob diese oder jene Lesart den Vorzug verdiene. Zu einem derartigen neutralen Sichbefassen mit Philosophie werden jetzt unsere Studenten in den philosophischen Seminarien unserer Universitäten angereizt: weshalb ich mich längst gewöhnt habe, eine solche Wissenschaft als Abzweigung der Philologie zu betrachten und ihre Vertreter danach abzuschätzen, ob sie gute Philologen sind oder nicht. Demnach ist nun freilich die Philosophie selbst von der Universität verbannt: womit unsre erste Frage nach dem Bildungswert der Universitäten beantwortet ist.

Wie diese selbe Universität zur Kunst sich verhält, ist ohne Scham gar nicht einzugestehen: sie verhält sich gar nicht. Von einem künstlerischen Denken, Lernen, Streben, Vergleichen ist hier nicht einmal eine Andeutung zu finden, und gar von einem Votum der Universität zur Förderung der wichtigsten nationalen Kunstpläne wird niemand im Ernste reden mögen. Ob der einzelne Lehrer sich zufällig persönlicher zur Kunst gestellt fühlt oder ob ein Lehrstuhl für ästhetisierende Literarhistoriker gegründet ist, kommt hierbei gar nicht in Betracht: sondern daß die Universität als Ganzes nicht imstande ist, den akademischen Jüngling in strenger künstlerischer Zucht zu halten, und daß sie hier gänzlich willenlos geschehen läßt, was geschieht, darin liegt eine so schneidige Kritik ihres anmaßlichen Anspruchs, die höchste Bildungsanstalt vertreten zu wollen.

Ohne Philosophie, ohne Kunst leben unsere akademischen ‚Selbständigen' heran: was können sie demnach für ein Bedürfnis haben, sich mit den Griechen und Römern einzulassen, zu denen eine Neigung zu erheucheln jetzt niemand mehr einen Grund hat, und die überdies in schwer zugänglicher Einsamkeit und majestätischer Entfremdung thronen. Die Universitäten unserer Gegenwart nehmen deshalb auch konsequenterweise auf solche ganz erstorbene Bildungsneigungen gar keine Rücksicht und errichten ihre philologischen Professuren für die Erziehung neuer exklusiver Philologengenerationen, denen nun wieder die philologische Zurichtung der Gymnasiasten obliegt: ein Kreislauf des Lebens, der weder den

Philologen noch den Gymnasien zugute kommt, der aber vor allem die Universität zum dritten Male bezichtigt, nicht das zu sein, wofür sie sich prunkenderweise gern ausgeben möchte – eine Bildungsanstalt. Denn nehmt nur die Griechen, samt der Philosophie und der Kunst weg: an welcher Leiter wollt ihr noch zur Bildung emporsteigen? Denn bei dem Versuche, die Leiter ohne jene Hilfe zu erklimmen, möchte euch eure Gelehrsamkeit – das müßt ihr euch schon sagen lassen – vielmehr als eine unbehilfliche Last auf dem Nacken sitzen, als daß sie euch beflügelte und emporzöge.

Wenn ihr nun, ihr Ehrlichen, auf diesen drei Stufen der Einsicht ehrlich geblieben seid und den jetzigen Studenten als ungeeignet und unvorbereitet für Philosophie, als instinktlos für wahre Kunst und als frei sich dünkenden Barbaren, angesichts der Griechen, erkannt habt, so werdet ihr doch nicht beleidigt vor ihm zurückfliehn, wenn ihr auch vielleicht zu nahe Berührungen gerne verhüten möchtet. Denn so wie er ist, ist er unschuldig: so wie ihr ihn erkannt habt, klagt er stumm, doch fürchterlich die Schuldigen an.

Ihr müßtet die geheime Sprache verstehen, die dieser verschuldete Unschuldige vor sich selbst führt: dann würdet ihr auch das innere Wesen jener nach außen hin gern zur Schau getragnen Selbständigkeit verstehen lernen. Keinem der edler ausgerüsteten Jünglinge ist jene rastlose, ermüdende, verwirrende, entnervende Bildungsnot ferne geblieben: für jene Zeit, in der er scheinbar der einzig Freie in einer beamteten und bediensteten Wirklichkeit ist, büßt er jene großartige Illusion der Freiheit durch immer sich erneuernde Qualen und Zweifel. Er fühlt, daß er sich selbst nicht führen, sich selbst nicht helfen kann: dann taucht er sich hoffnungsarm in die Welt des Tages und der Tagesarbeit: die trivialste Geschäftigkeit umhüllt ihn, schlaff sinken seine Glieder.

Plötzlich wieder rafft er sich auf: noch fühlt er die Kraft nicht erlahmt, die ihn oben zu halten vermag. Stolze und edle Entschlüsse bilden sich und wachsen in ihm. Es erschreckt ihn, in enger kleinlicher Fachmäßigkeit so frühe zu versinken; und nun greift er nach Stützen und Pfeilern, um nicht in jene Bahn gerissen zu werden. Umsonst! diese Stützen weichen; denn er hatte fehlgegriffen und an zerbrechlichem Rohre sich festgehalten. In leerer und trostloser Stimmung sieht er seine Pläne verrauchen: sein Zustand ist abscheulich und unwürdig: er wechselt mit überspannter Tätigkeit und melancholischer Erschlaffung. Dann ist er müde, faul, furchtsam vor der Arbeit, vor allem Großen erschreckend und im Hasse gegen sich selbst. Er zergliedert seine Fähigkeiten und glaubt in hohle oder chaotisch ausgefüllte Räume zu sehen. Dann wieder stürzt er aus der Höhe der erträumten Selbsterkenntnis in eine ironische Skepsis. Er entkleidet seine Kämpfe ihrer Wichtigkeit und fühlt sich bereit zu jeder wirklichen, wenn auch niedrigen Nützlichkeit. Er sucht jetzt seinen Trost in einem hastigen unablässigen Tun, um sich unter ihm vor sich selbst zu verstecken. Und so treibt ihn seine Ratlosigkeit und der Mangel eines Führers zur Bildung aus einer Daseinsform in die andre: Zweifel, Aufschwung, Lebensnot, Hoffnung, Verzagen, alles wirft ihn hin und her, zum Zeichen, daß alle Sterne über ihm erloschen sind, nach denen er sein Schiff lenken könnte.

Das ist das Bild jener gerühmten Selbständigkeit, jener akademischen Freiheit, widergespiegelt in den besten und wahrhaft bildungsbedürftigen Seelen: denen gegenüber jene roheren und unbekümmerten Naturen nicht in Betracht kommen, welche sich ihrer Freiheit im barbarischen Sinne freuen. Denn diese zeigen in ihrem niedrig gearteten Behagen und in ihrer fachgemäßen zeitigen Beschränktheit, daß für sie gerade dieses Element das Rechte ist: wogegen gar nichts zu sagen ist. Ihr Behagen aber wiegt wahrhaftig nicht das Leiden eines einzigen zur Kultur hingetriebenen und der Führung bedürftigen Jünglings auf, der unmutig endlich die Zügel fallen läßt und sich selbst zu verachten beginnt. Dies ist der schuldlos Unschuldige: denn wer hat ihm die unerträgliche Last aufgebürdet, allein zu stehen? Wer hat ihn in einem Alter zur Selbständigkeit angereizt, in dem Hingebung an große Führer und begeistertes Nachwandeln auf der Bahn des Meisters gleichsam die natürlichen und nächsten Bedürfnisse zu sein pflegen?

Es hat etwas Unheimliches, den Wirkungen nachzudenken, zu denen die gewaltsame Unterdrückung so edler Bedürfnisse führen muß. Wer die gefährlichsten Förderer und Freunde jener von mir so gehaßten Pseudokultur der Gegenwart in der Nähe und mit durchdringendem Auge mustert, findet nur zu häufig gerade unter ihnen solche entartete und entgleiste Bildungsmenschen, durch eine innere Desperation in ein feindseliges Wüten gegen die Kultur getrieben, zu der ihnen niemand den Zugang zeigen wollte. Es sind nicht die schlechtesten und die geringsten, die wir dann als Journalisten und Zeitungsschreiber, in der Metamorphose der Verzweiflung wiederfinden; ja, der Geist gewisser, jetzt sehr gepflegter Literaturgattungen wäre geradezu zu charakterisieren als desperates Studententum. Wie anders wäre zum Beispiel jenes ehemals wohlbekannte ‚junge Deutschland‘ mit seinem bis zum Augenblick fortwuchernden Epigonentum zu verstehen! Hier entdecken wir ein gleichsam wildgewordenes Bildungsbedürfnis, welches sich endlich selbst bis zu dem Schrei erhitzt: ich bin die Bildung! Dort, vor den Toren der Gymnasien und der Universitäten, treibt sich die aus ihm entlaufene und sich nun souverän gebärdende Kultur dieser Anstalten herum; freilich ohne ihre Gelehrsamkeit: so daß zum Beispiel der Romanschreiber Gutzkow am besten als Ebenbild des modernen, bereits literarischen Gymnasiasten zu fassen wäre.

Es ist eine ernste Sache um einen entarteten Bildungsmenschen: und furchtbar berührt es uns, zu beobachten, daß unsre gesamte gelehrte und journalistische Öffentlichkeit das Zeichen dieser Entartung an sich trägt. Wie will man sonst unseren Gelehrten gerecht werden, wenn sie unverdrossen bei dem Werke der journalistischen Volksverführung zuschauen oder gar mithelfen, wie anders, wenn nicht durch die Annahme, daß ihre Gelehrsamkeit etwas Ähnliches für sie sein möge, was für jene die Romanschreiberei, nämlich eine Flucht vor sich selbst, eine asketische Ertötung ihres Bildungstriebs, eine desperate Vernichtung des Individuums. Aus unserer entarteten literarischen Kunst ebensowohl als aus der ins Unsinnige anschwellenden Buchmacherei unserer Gelehrten quillt der gleiche Seufzer hervor: ach, daß wir uns selbst vergessen könnten! Es gelingt nicht: die Erinnerung, durch ganze Berge darübergeschütteten gedruckten Papiers nicht erstickt, sagt doch von Zeit zu Zeit wieder: ‚ein entarteter Bildungsmensch! Zur Bildung geboren und zur Unbildung erzogen. Hilfloser Barbar, Sklave des Tages, an die Kette des Augenblicks gelegt und hungernd – ewig hungernd!‘

O der elenden Verschuldet-Unschuldigen! Denn ihnen fehlte etwas, was jedem von ihnen entgegenkommen mußte, eine wahre Bildungsinstitution, die ihnen Ziele, Meister, Methoden, Vorbilder, Genossen geben konnte und aus deren Innerem der kräftigende und erhebende Anhauch des wahren deutschen Geistes auf sie zuströmte. So verkümmern sie in der Wildnis, so entarten sie zu Feinden jenes im Grunde ihnen innig verwandten Geistes; so häufen sie Schuld auf Schuld, schwerere als je eine andre Generation gehäuft hat, das Reine beschmutzend, das Heilige entweihend, das Falsche und Unechte präkonisierend. An ihnen mögt ihr über die Bildungskraft unserer Universitäten zum Bewußtsein kommen und euch die Frage allen Ernstes vorlegen: Was fördert ihr in ihnen? Die deutsche Gelehrsamkeit, die deutsche Erfindsamkeit, den ehrlichen deutschen Trieb zur Erkenntnis, den deutschen der Aufopferung fähigen Fleiß – schöne und herrliche Dinge, um die euch andre Nationen beneiden werden, ja die schönsten und herrlichsten Dinge der Welt, wenn über ihnen allen jener wahre deutsche Geist als dunkle, blitzende, befruchtende, segnende Wolke ausgebreitet läge. Vor diesem Geiste aber fürchtet ihr euch, und daher hat sich eine andre Dunstschicht, schwül und schwer, über euren Universitäten zusammengezogen, unter der eure edleren Jünglinge mühsam und belastet atmen, unter der die besten zugrunde gehen.

Es gab in diesem Jahrhundert einen tragisch ernsten und einzig belehrenden Versuch, jene Dunstschicht zu zerstreuen und den Ausblick nach dem hohen Wolkengange des deutschen Geistes weithin zu erschließen. Die Geschichte der Universitäten enthält keinen ähnlichen Versuch mehr, und wer das, was hier not tut, eindringlich demonstrieren will, wird nie ein deutlicheres Beispiel finden können. Dies ist das Phänomen der alten ursprünglichen ‚Burschenschaft'.

Im Kriege hatte der Jüngling den unvermuteten würdigsten Kampfpreis heimgetragen, die Freiheit des Vaterlandes: mit diesem Kranze geziert sann er auf Edleres. Zur Universität zurückkehrend empfand er, schweratmend, jenen schwülen und verderbten Hauch, der über der Stätte der Universitätsbildung lag. Plötzlich sah er mit erschrecktem, weitgeöffnetem Auge die hier unter

Gelehrsamkeiten aller Art künstlich versteckte undeutsche Barbarei, plötzlich entdeckte er seine eignen Kameraden, wie sie führerlos einem widerlichen Jugendtaumel überlassen wurden. Und er ergrimmte. Mit der gleichen Miene der stolzesten Empörung erhob er sich, mit der sein Friedrich Schiller einst die ‚Räuber' vor den Genossen rezitiert haben mochte: und wenn dieser seinem Schauspiel das Bild eines Löwen und die Aufschrift ‚in tyrannos' gegeben hatte, so war sein Jünger selbst jener zum Sprunge sich anschickende Löwe: und wirklich erzitterten alle ‚Tyrannen'. Ja, diese empörten Jünglinge sahen für den scheuen und oberflächlichen Blick nicht viel anders aus als Schillers Räuber: ihre Reden klangen dem ängstlichen Horcher wohl so, als ob Sparta und Rom gegen sie Nonnenklöster gewesen wären. Der Schrecken über diese empörten Jünglinge war so allgemein, wie ihn nicht einmal jene ‚Räuber' in der Sphäre der Höfe erregt hatten: von denen doch ein deutscher Fürst, nach Goethes Erklärung, einmal geäußert haben soll: ‚wäre er Gott und hätte er die Entstehung der Räuber vorausgesehen, so würde er die Welt nicht geschaffen haben'.

Woher die unbegreifliche Stärke dieses Schreckens? Denn jene empörten Jünglinge waren die tapfersten, begabtesten und reinsten unter ihren Genossen: eine großherzige Unbekümmertheit, eine edle Einfalt der Sitte zeichnete sie in Gebärde und Tracht aus: die herrlichsten Gebote verknüpften sie untereinander zu strenger und frommer Tüchtigkeit; was konnte man an ihnen fürchten? Es ist nie zur Klarheit zu bringen, wie weit man bei dieser Furcht sich betrog oder sich verstellte oder wirklich das Rechte erkannte: aber ein fester Instinkt sprach aus dieser Furcht und aus der schmachvollen und unsinnigen Verfolgung. Dieser Instinkt haßte mit zähem Hasse zweierlei an der Burschenschaft: einmal ihre Organisation, als den ersten Versuch einer wahren Bildungsinstitution, und sodann den Geist dieser Bildungsinstitution, jenen männlich ernsten, schwergemuten, harten und kühnen deutschen Geist, jenen aus der Reformation her gesund bewahrten Geist des Bergmannssohnes Luther.

An das Schicksal der Burschenschaft denkt nun, wenn ich frage: hat die deutsche Universität damals jenen Geist verstanden, als sogar die deutschen Fürsten ihn in ihrem Hasse verstanden zu haben scheinen? Hat sie kühn und entschieden ihren Arm um ihre edelsten Söhne geschlungen, mit dem Worte ‚mich müßt ihr töten, ehe ihr diese tötet?' – Ich höre eure Antwort: an ihr sollt ihr ermessen, ob die deutsche Universität eine deutsche Bildungsanstalt ist.

Damals hat der Student geahnt, in welchen Tiefen eine wahre Bildungsinstitution wurzeln muß: nämlich in einer innerlichen Erneuerung und Erregung der reinsten sittlichen Kräfte. Und dies soll dem Studenten immerdar zu seinem Ruhme nacherzählt werden. Auf den Schlachtfeldern mag er gelernt haben, was er am wenigsten in der Sphäre der ‚akademischen Freiheit' lernen konnte: daß man große Führer braucht und daß alle Bildung mit dem Gehorsam beginnt. Und mitten in dem siegreichen Jubel, im Gedanken an sein befreites Vaterland hatte er sich das Gelöbnis gegeben, deutsch zu bleiben. Deutsch! Jetzt lernte er den Tacitus verstehn, jetzt begriff er den kategorischen Imperativ Kants, jetzt entzückte ihn die Leier- und Schwertweise Karl Maria von Webers. Die Tore der Philosophie, der Kunst, ja des Altertums sprangen vor ihm auf – und in einer der denkwürdigsten Bluttaten, in der Ermordung Kotzebues rächte er, mit tiefem Instinkte und schwärmerischer Kurzsichtigkeit, seinen einzigen zu zeitig am Widerstande der stumpfen Welt verzehrten Schiller, der ihm hätte Führer, Meister, Organisator sein können und den er jetzt mit so herzlichem Ingrimme vermißte.

Denn das war das Verhängnis jener ahnungsvollen Studenten: sie fanden die Führer nicht, die sie brauchten. Allmählich wurden sie untereinander selbst unsicher, uneins, unzufrieden; unglückliche Ungeschicktheiten verrieten nur zu bald, daß es an dem alles überschattenden Genius in ihrer Mitte mangele: und jene mysteriöse Bluttat verriet neben einer erschreckenden Kraft auch eine erschreckende Gefährlichkeit jenes Mangels. Sie waren führerlos – und darum gingen sie zugrunde.

Denn ich wiederhole es, meine Freunde! – alle Bildung fängt mit dem Gegenteile alles dessen an, was man jetzt als akademische Freiheit preist, mit dem Gehorsam, mit der Unterordnung, mit der Zucht, mit der Dienstbarkeit. Und wie die großen Führer der Geführten bedürfen, so bedürfen die zu Führenden der Führer: hier herrscht in der Ordnung der Geister eine gegenseitige Prädisposition, ja eine Art von prästabilierter Harmonie. Dieser ewigen Ordnung, zu der mit naturgemäßem Schwergewichte die Dinge immer wieder hinstreben, will gerade jene Kultur störend und vernichtend entgegenarbeiten, jene Kultur, die jetzt auf dem Throne der Gegenwart sitzt. Sie will die Führer zu *ihrem* Frondienste erniedrigen oder sie zum Verschmachten bringen: sie lauert den zu Führenden auf, wenn sie nach ihrem prädestinierten Führer suchen, und übertäubt durch berauschende Mittel ihren suchenden Instinkt. Wenn aber trotzdem die füreinander Bestimmten sich kämpfend und verwundet zusammengefunden haben, dann gibt es ein tief erregtes, wonniges Gefühl, wie bei dem Erklingen eines ewigen Saitenspiels, ein Gefühl, das ich euch nur mit einem Gleichnisse erraten lassen möchte.

Habt ihr euch einmal, in einer Musikprobe, mit einiger Teilnahme die sonderbare verschrumpft-gutmütige Spezies des Menschengeschlechts angesehn, aus der das deutsche Orchester sich zu bilden pflegt? Welche Wechselspiele der launenhaften Göttin ‚Form'! Welche Nasen und Ohren, welche ungelenken oder klapperdürr-raschelnden Bewegungen! Denkt einmal, daß ihr taub wäret und von der Existenz des Tons und der Musik nicht einmal etwas geträumt hättet und daß ihr das Schauspiel einer Orchesterevolution rein als plastische Artisten genießen solltet: ihr würdet euch, ungestört durch die idealisierende Wirkung des Tons, gar nicht satt sehen können an der mittelalterlich derben Holzschnittsmanier dieser Komik, an dieser harmlosen Parodie auf den homo sapiens.

Nun denkt euch wiederum euren Sinn für Musik wiederkehrend, eure Ohren erschlossen und an der Spitze des Orchesters einen ehrsamen Taktschläger in angemessener Tätigkeit: die Komik jener Figurationen ist jetzt für euch nicht mehr da, ihr hört – aber der Geist der Langeweile scheint euch aus dem ehrsamen Taktschläger auf seine Gesellen überzugehen. Ihr seht nur noch das Schlaffe, Weichliche, ihr hört nur noch das Rhythmisch-Ungenaue, das Melodisch-Gemeine und Trivial-Empfundene. Das Orchester wird für euch eine gleichgültig-verdrießliche oder eine geradezu widerwärtige Masse.

Endlich aber setzt mit beflügelter Phantasie einmal ein Genie, ein wirkliches Genie mitten in diese Masse hinein – sofort merkt ihr etwas Unglaubliches. Es ist, als ob dieses Genie in blitzartiger Seelenwanderung in alle diese halben Tierleiber gefahren sei und als ob jetzt aus ihnen aller wiederum nur das e i n e dämonische Auge herausschaue. Nun aber hört und seht – ihr werdet nie genug hören können! Wenn ihr jetzt wieder das erhaben stürmende oder innig klagende Orchester betrachtet, wenn ihr behende Spannung in jeder Muskel und rhythmische Notwendigkeit in jeder Gebärde ahnt, dann werdet ihr mitfühlen, was eine prästabilierte Harmonie zwischen Führer und Geführten ist, und wie in der Ordnung der Geister alles auf eine derartig aufzubauende Organisation hindrängt. An meinem Gleichnisse aber deutet euch, was ich wohl unter einer wahren Bildungsanstalt verstanden haben möchte, und weshalb ich auch in der Universität eine solche nicht im entferntesten wiedererkenne.“

III

AUS DEN VORARBEITEN

1

(1871)

GRUNDBETRACHTUNGEN. – Warum die Scheidung des Volks- und des Gelehrtenunterrichts? Wann findet sie statt? – Zur unrechten Zeit, wo man die Naturen nicht kennt.

Der Anspruch auf Bildung des Gymnasiums wegen ist eine Lüge. Die Masse der Gezwungenen hat es völlig heruntergebracht. Ursprünglich sind es doch nur Gelehrtenschulen; aber keine Bildungsschulen.

Gelehrsamkeit und Bildung hängen nicht miteinander zusammen.

Die Wissenschaft kann nie popularisiert werden: denn es gibt keine popularisierten Beweise. Also nur Berichte über wissenschaftliche Ergebnisse und deren Konsequenzen für das allgemeine Beste. –

Die „allgemeine" Bildung degradiert die an sich exzeptionelle „Bildung". Der Journalist ist eine notwendige Reaktion: eine Geburt der sogenannten allgemeinen Bildung –: „der gemeine Mensch mit allgemeiner Bildung".

*

Gegen das Streben nach „allgemeiner Bildung": vielmehr zu suchen nach wahrer tiefer und seltener Bildung, also nach Verengerung und Konzentration der Bildung: als Gegengewicht gegen den Journalisten.

Auf Verengerung der Bildung führt jetzt die Arbeitsteilung der Wissenschaft und die Fachschule hin. Bis jetzt ist allerdings die Bildung nur schlechter geworden. Der fertig gewordene Mensch ganz abnorm. Die Fabrik herrscht. Der Mensch wird Schraube. – Das Hauptmotiv für Verallgemeinerung der Bildung ist die Furcht vor dem religiösen Drucke.

*

Über die Zukunft unserer Bildungsanstalten. – Gleichheit des Unterrichts für alle bis zum 15. Jahre.

Denn die Prädestination zum Gymnasium durch Eltern usw. ist ein Unrecht.

Volks- und Gymnasiallehrer ist eine unsinnige Scheidung.

Sodann Fachschulen.

Endlich Bildungsschulen (vom 20. bis 30. Jahr) zur Bildung von Lehrern.

*

Die regulären Irrtümer der jetzigen Methode:

1. falscher Begriff der klassischen Bildung;
2. die Unfähigkeit der Gymnasiallehrer;
3. die Unmöglichkeit einer so allgemeinen Bildungsanstalt, wie es die jetzigen Gymnasien zu sein scheinen;
4. der Militärdienst darf keine Scheidung machen. Vor allem ist das gierige Bedürfnis der Industriellen zu brechen;
5. der schreckliche Begriff des Volkslehrers und Elementarlehrers.

*

Der eigentliche Lehrerberuf, der Lehrerstand ist zu brechen. Unterrichtgeben ist eine Pflicht der älteren Männer.

Das Resultat: eine ungeheure Masse von Bildung wird entdeckt. Das Bedürfnis der Fächer wird allgemeiner und zufriedenstellender erledigt, so daß die Einzelnen nicht im Übermaß der Lasten verkümmern.

Eine wahre geistige Aristokratie wird herangezogen.

Der Anfang zu machen mit Lehrerbildungsanstalten.

*

Die Universitäten sind als gelehrte Anstalten in Fachinstitute umzuwandeln.

Der klassische Unterricht ist überhaupt nur für eine kleinere Zahl fruchtbar.

Die „Realschule“ hat einen ganz tüchtigen Kern. Zur Bildung soll man niemand zwingen. Zu ihr sich zu entscheiden, muß man älter sein.

Man muß sich zur Bildung entscheiden von der Fachschule aus.

Die Lehrer der Fachschulen sind die wissenschaftlichen Meister, die (nachdem sie die Bildungszeit durchgemacht haben) zum Fach zurückgekehrt sind.

2

Resultate (Herbst 1871)

Unsere Schulen weisen hin auf eine noch viel größere Arbeitsteilung. Die volle Bildung wird demnach immer seltener erstrebt: es gibt keine Schule, die deren Aufgabe sich stellte. Ja, man weiß sich nicht Rat, wenn man nach Lehrstoff für diese volle Bildung sucht.

Demnach dürfte die Macht des verbindenden allgemeinen Menschen, des Journalisten eine Zeitlang noch immer größer werden: sie vereinigen die verschiedensten Sphären: worin ihr Wesen und ihre Aufgabe liegt.

Um so stärker wird sich einmal der *volle Mensch* wieder erheben müssen, nicht als Mittler für alle Kreise, sondern als *Führer* der Bewegung. Für diese Führer gibt es jetzt keine Organisation. Es wäre denkbar eine Schule der edelsten Männer, rein unnütz, ohne Ansprüche, ein Areopag für die Justiz des Geistes, – aber diese Bildungsmenschen dürften nicht jung sein. Sie müßten als Vorbilder leben: als die eigentlichen Erziehungsbehörden.

Diese höchste Bildung erkenne ich bis jetzt nur als *Wiedererweckung* des *Hellenentums*. Kampf gegen die Zivilisation.

Von diesem Forum muß entschieden werden, welche Grenze überhaupt die Förderung der Wissenschaft hat.

Das *dem Wissen eigentümliche Leiden* wird allerdings durch die Arbeitsteilung sehr abgeschwächt.

Nach den beiden Enden zu sind wesentlich neue Organisationen nötig: für die Kindererziehung Beseitigung des abstrakten Lehrertums, für die höchste Erziehung die Möglichkeit eines Zusammenlebens. In der Mitte wird die Entwicklung ihren Weg gehen. Ein Volkslehrerstand ist gänzlich vom Übel. Das *Lehren der Kinder* ist *Eltern-* und *Gemeindepflicht*: Erhaltung der Tradition ist Hauptaufgabe. In der Höhe großartiger Freiblick. Beides verträgt sich wohl.

Diese geistige Aristokratie muß sich auch Freiheit von dem *Staate* verschaffen: der jetzt die Wissenschaft im Zaume hält.

3

[Zum ersten Vortrag, Seite 399]

Die allgemeine Bildung ist nur ein Vorstadium des Kommunismus: die Bildung wird auf diesem Wege so abgeschwächt, daß sie gar kein Privilegium mehr verleihen kann. Am wenigsten ist sie ein Mittel gegen den Kommunismus. Die allgemeinste Bildung d. h. die Barbarei ist eben die Voraussetzung des Kommunismus. Die „zeitgemäße" Bildung geht hier in das Extrem der „augenblickgemäßen" Bildung über: d. h. das rohe Erfassen des momentanen Nutzens. Man sehe nur erst in der Bildung etwas, was Nutzen bringt: so wird man bald das, was Nutzen bringt, mit der Bildung verwechseln. Die allgemeine Bildung geht in Haß gegen die wahre Bildung über. Nicht die Kultur mehr ist die Aufgabe der Völker: aber der Luxus, die Mode. Keine Bedürfnisse haben ist für das Volk das größte Unglück, erklärte einmal Lassalle. Daher die Arbeiterbildungsvereine: als deren Tendenz mir mehrfach bezeichnet worden ist, Bedürfnisse zu erzeugen. Für den Nationalökonomen stellt sich Christi Parabel vom reichen Prasser und vom armen Lazarus gerade umgekehrt: der Prasser verdient Abrahams Schoß. — Also der Trieb nach möglichster Verallgemeinerung der Bildung hat seine Quelle in einer völligen Verweltlichung, in einer Unterordnung der Bildung als eines Mittels unter den Erwerb, unter das roh verstandene Erdenglück.

6

Skizze des sechsten Vortrags

Mein Freund entgegen gegangen.

*

Früher nur auf Ruinen.

Jetzt Einflüsse aus der metaphysischen Wirkung des Kriegs zu erhoffen.

*

Rede auf Beethoven.

Aufgabe: die zu ihm gehörige Kultur zu finden.

*

Vorletzte Szene: Wie der Einzelne sich bilden müsse.
Wie allein möglich?
Einsiedlertum. Kampf.
Eine Erzählung.
Zwei Meister.

*

Die letzte Szene als Antizipation der Zukunftsanstalt.
„Die Flamme reinigt sich vom Rauch"
Pereat diabolus atque irrisores.

*

Die Zukunftsrede. Aufruf an die wahren „Lehrer".
Die momentane Erfüllung der Zukunft.
Der Schwur um Mitternacht. Femgericht.

IV

VORREDE, SKIZZEN UND GEDANKEN ZU EINER UMARBEITUNG DER VORTRÄGE

VORREDE,

zu lesen vor den Vorträgen, obwohl sie sich eigentlich nicht auf sie bezieht

DER Leser, von dem ich etwas erwarte, muß drei Eigenschaften haben. Er muß ruhig sein und ohne Hast lesen. Er muß nicht immer sich selbst und seine „Bildung" dazwischen bringen. Er darf endlich nicht, am Schlusse, etwa als Resultat, neue Tabellen erwarten. Tabellen und neue Stundenpläne für Gymnasien und andre Schulen verspreche ich nicht, bewundere vielmehr die überkräftige Natur jener, welche imstande sind, den ganzen Weg, von der Tiefe der Empirie aus bis hinauf zur Höhe der eigentlichen Kulturprobleme und wieder von da hinab in die Niederungen der dürrsten Reglements und des zierlichsten Tabellenwerks zu durchmessen; sondern zufrieden, wenn ich, unter Keuchen, einen ziemlichen Berg erklommen habe und mich oben des freieren Blicks erfreuen darf, werde ich eben in diesem Buche die Tabellenfreunde nie zufriedenstellen können. Wohl sehe ich eine Zeit kommen, in der ernste Menschen, im Dienste einer völlig erneuten und gereinigten Bildung und in gemeinsamer Arbeit, auch wieder zu Gesetzgebern der alltäglichen Erziehung – der Erziehung zu eben jener Bildung – werden; wahrscheinlich müssen sie dann wiederum Tabellen machen; aber wie fern ist die Zeit! Und was wird nicht alles inzwischen geschehen sein! Vielleicht liegt zwischen ihr und der Gegenwart die Vernichtung des Gymnasiums, vielleicht selbst die Vernichtung der Universität, oder wenigstens eine so totale Umgestaltung der eben genannten Bildungsanstalten, daß deren alte Tabellen sich späteren Augen wie Überreste aus der Pfahlbautenzeit darbieten möchten.

Für die ruhigen Leser ist das Buch bestimmt, für Menschen, welche noch nicht in die schwindelnde Hast unseres rollenden Zeitalters hineingerissen sind und noch nicht ein götzendienerisches Vergnügen daran empfinden, wenn sie sich unter seine Räder werfen, für Menschen also, die noch nicht den Wert jedes Dinges nach der Zeitersparnis oder Zeitversäumnis abzuschätzen sich gewohnt haben. Das heißt – für sehr wenige Menschen. Diese aber „haben noch Zeit", diese dürfen, ohne vor sich selbst zu erröten, die fruchtbarsten und kräftigsten Momente ihres Tages zusammensuchen, um über die Zukunft unserer Bildung nachzudenken, diese dürfen selbst glauben, auf eine recht nutzbringende und würdige Art bis zum Abend zu kommen, nämlich in der meditatio generis futuri. Ein solcher Mensch hat noch nicht verlernt zu denken, während er liest, er versteht noch das Geheimnis, zwischen den Zeilen zu lesen, ja er ist so verschwenderisch geartet, daß er gar noch über das Gelesene nachdenkt – vielleicht lange nachdem er das Buch aus den Händen gelegt hat. Und zwar nicht, um eine Rezension oder wieder ein Buch zu schreiben, sondern nur so, um nachzudenken! Leichtsinniger Verschwender! Du bist mein Leser, denn du wirst ruhig genug sein, um mit dem Autor einen langen Weg anzutreten, dessen Ziele er nicht sehen kann, an dessen Ziele er ehrlich glauben muß, damit eine spätere, vielleicht ferne Generation mit Augen sehe, wonach wir, blind und nur vom Instinkt geführt, tasten. Wenn der Leser dagegen meinen sollte, es bedürfe nur eines geschwinden Sprungs, einer frohmütigen Tat, wenn er etwa mit einer neuen von Staats wegen eingeführten „Organisation" alles Wesentliche für erreicht hielte, so müssen wir fürchten, daß er weder den Autor noch das eigentliche Problem verstanden hat.

Endlich ergeht die dritte und wichtigste Forderung an ihn, daß er auf keinen Fall, nach Art des modernen Menschen, sich selbst und seine „Bildung" unausgesetzt, etwa als Maßstab, dazwischen bringe, als ob er damit ein Kriterium aller Dinge besäße. Wir wünschen, er möge gebildet genug sein, um von seiner Bildung recht gering, ja verächtlich zu denken. Dann dürfte er wohl am zutraulichsten sich der Führung des Verfassers hingeben, der es gerade nur von dem Nichtwissen und von dem Wissen des Nichtwissens aus wagen durfte, zu ihm zu reden. Nichts anderes will er vor den übrigen für sich in Anspruch nehmen, als ein stark erregtes Gefühl für das Spezifische unserer gegenwärtigen Barbarei für das, was uns als die Barbaren des neunzehnten Jahrhunderts vor anderen Barbaren auszeichnet.

Nun sucht er, mit diesem Buche in der Hand, nach solchen, die von einem ähnlichen Gefühle hin- und hergetrieben werden. Laßt euch finden, ihr Vereinzelten, an deren Dasein ich glaube! Ihr Selbstlosen, die ihr die Leiden der Verderbnis des deutschen Geistes an euch selbst erleidet! Ihr Beschaulichen, deren Auge unvermögend ist, mit hastigem Spähen von einer Oberfläche zur andern zu gleiten! Ihr Hochsinnigen, denen Aristoteles nachrühmt, daß ihr zögernd und tatenlos durchs Leben geht, außer wo eine große Ehre und ein großes Werk nach euch verlangen! Euch rufe ich auf. Verkriecht euch nur diesmal nicht in die Höhle eurer Abgeschiedenheit und eures Mißtrauens. Denkt euch, dies Buch sei bestimmt, euer Herold zu sein. Wenn ihr erst selbst, in eurer eignen Rüstung, auf dem Kampfplatze erscheint, wen möchte es dann noch gelüsten, nach dem Herolde, der euch rief, zurückzuschauen? –

6

I. Unterhaltend, am Schlusse spannend.
II. Deutscher Unterricht als Fundament des klassischen Unterrichts.
III. Zuviel Lehrer und Schüler. Daher Abschwächung der Altertumswirkung. Daher Bündnis des Staates mit der abgeschwächten Kultur.
IV. Realschule. Angriff auf das Bisherige.
V. Die Universität.
VI. Der entartete Bildungsmensch und seine Hoffnungen.
VII. Die zukünftige Schule.

7

Zum sechsten und siebenten Vortrag

VI. und VII. Vortrag. Kontrast des Künstlers (Literat) und des Philosophen. Der Künstler ist entartet. Kampf. Die Studenten bleiben auf der Seite des Literaten.

*

Der Philosoph hatte zuletzt stehend, am Pentagramm gesprochen, niederblickend. Jetzt heller Glanz unten am Walde. Wir führen ihn entgegen. Begrüßung. Inzwischen errichten die Studenten einen Holzstoß.

Zuerst nur privates Zwiegespräch abseits. „Warum so spät?" Der eben gehabte Triumph – Erzählung.

Der Philosoph traurig: er glaubt nicht an diesen Triumph und setzt einen Zwang voraus bei dem andern, dem er nachgeben mußte. „Für uns gibt es doch wohl hier keine Täuschung?“ Er erinnert an ihre jugendliche Übereinstimmung. Der andre verrät sich als bekehrt, als Realist. Immer größere Enttäuschung des Philosophen.

Die Studenten holen den andern an den flammenden Holzstoß um zu reden. Er spricht über den jetzigen deutschen Geist (Popularisierung, Presse, Selbständigkeit, in Reih und Glied, historisch, Arbeit für die Nachwelt (nicht reif werden), der deutsche Gelehrte als Blüte. Naturwissenschaft).

– „Du lügst!“ Heftige Entgegnung des Philosophen. Unterschied von Deutsch und Afterdeutsch: Hast, Unreife, der Journalist, gebildete Vorträge, keine Gesellschaft, Hoffnung auf Naturwissenschaft. Die Bedeutung der Geschichte. Höhnisches Siegesbewußtsein – wir die Sieger, uns dient alle Erziehung, jede nationale Erregung dient uns (Universität Straßburg). Hohn auf Schiller-Goethe-Zeit.

Protest gegen diese Ausnutzung großer nationaler Erregungen: keine neuen Universitäten. Je mehr aber jener Geist überhandnimmt und die einbrechende Barbarei, um so sicherer werden die kräftigsten Naturen beiseite gedrängt, zur Vereinigung gezwungen. Gefahr der Vereinzelung grenzenlos. Schilderung der Zukunft dieser Vereinigung. Schwerer Seufzer; woher Ausgangspunkt? Gebet um einen Keim der Rettung. Hindeutung auf die neue Kunst.

Der Holzstoß bricht zusammen. Er ruft: „Heil diesen Wünschen!“ Mitternachtsglocke.

Gegenantwort: „Fluch diesen Wünschen!“

Höhnisches Abziehen der Studenten, *pereat diabolus atque irrisores.*

Schmerzlicher Verzicht auf den alten Freund.

Wir sind erschüttert und beschämt.

8

Die Notwendigkeit der Gesellschaft und daher zunächst ein Zusammensein von Lehrern: Plato und die Sophisten. Umgekehrte Stellung zur Kultur.

*

Der Künstler betont das Alltägliche und das Fortwährende der Bildung. Das Ziel kann nicht hoch genug, die Mittel nicht einfach genug sein: Sprechen, Gehen, Sehen. Anschluß an eine neue Kunst. Bedürfnis und Befriedigung. Was und wie wenig zu lesen.

Restitution des Volks.

Die Geschichte soll Exemplifikationen der philosophischen Wahrheiten geben, aber nicht Allegorien, sondern Mythen.

9

Stellung der kommenden Kultur zu den sozialen Problemen. Andre Betrachtung der Welt. Beschreibung des schopenhauerischen Geistes. Neue Stellung der Kunst. Die neue Stellung der Wissenschaft. Der Lehrer und seine Aufgabe. Der antike Sophist und Plato.

Fortsetzung der Aufgabe Schillers und Goethes. Nichts für uns – Wegwerfen der Krone –. (Schiller bezeichnet als Moral des Fiesco: wenn jeder von uns zum Besten des Vaterlandes diejenige Krone wegwerfen lernte, die er fähig ist zu erringen: des Vaterlandes, nicht nur des vaterländischen Staates!!) – Zukunft von Kriegen, Wirkung zugunsten des Genius, die schlechte Kultur wird zerbrechen. – Die guten Menschen brauchen einen ernsteren Halt.

10

Was ist Bildung? Zweck der Bildung?

Verständnis und Förderung seiner edelsten Zeitgenossen.

Vorbereitung der Werdenden und Kommenden.

Die Bildung kann sich nur auf das beziehn, was zu bilden ist, nicht auf den intellegibeln Charakter.

Aufgabe der Bildung: zu leben und zu wirken in den edelsten Bestrebungen seines Volkes.

Nicht also nur rezipieren und lernen, sondern leben.

Seine Zeit und sein Volk befreien von den verzogenen Linien, sein Idealbild vor Augen zu haben.

Zweck der Geschichte: dies Bild festzuhalten.

Philosophie und Kunst: ein Mittel ist die Geschichte.

Die höchsten Geister zu perpetuieren: Bildung ist Unsterblichkeit der edelsten Geister.

Ungeheures Ringen mit der Not – die Bildung als verklärende Macht.

Durchaus produktiv zu verstehn.

Beurteilung des Menschen hängt durchaus auch von der Bildung ab.

Die Aufgabe des Gebildeten: wahrhaftig zu sein und sich wirklich in ein Verhältnis zu allem Großen zu setzen.

Bildung ist das Leben im Sinne großer Geister mit dem Zwecke großer Ziele.

Auszugehn: die Betrachtung Goethes vom Standpunkt des Gebildeten und von dem des ungebildeten Gelehrten. Oder Schopenhauer.

Verständnis für das Große und Fruchtbringende. An jedem Menschen das Gute und Große anzuerkennen, und der Haß gegen alles Halbe und Schwache.

Zu leben unter den Sternbildern: der umgekehrte Ruhm: der liegt darin, fortzuleben unter den edelsten Empfindungen der Nachwelt: die Bildung darin, fortzuleben unter den edelsten Empfindungen der Vorwelt. Die Unvergänglichkeit des Großen und Guten.

Die Vergänglichkeit des Menschen und die Bildung: Die wichtigsten Forderungen des Menschen an sich sind abzuleiten aus seiner Beziehung zum ganzen Strome späterer Generationen.

Das Große nachleben, um es vorzuleben.

Alles kommt darauf an, daß das Große richtig gelehrt wird.

Darin beruht das Bilden.

Das ist der Maßstab, an dem unsere Zeit zu messen ist.

*

Seine eigne edle Empfindung in Raum und Zeit auseinandergezogen, die großen Erleuchtungen allen mitzuteilen: dies der Eudämonismus der Besten.

Ist Veredlung möglich?

Der intellegible Charakter unwandelbar: das ist aber praktisch ganz gleichgültig. Denn jene Ureigenschaften des Individuums können wir nie erfassen: erst eine Menge dazwischengeschobener Vorstellungen färben diese Eigenschaften als gut und böse. Die Vorstellungswelt ist aber sehr zu bestimmen. Gewöhnung am allerwichtigsten.

Veredlung durch wachsende Erhöhung des Ziels.

*

Gröbliche Verirrung, das ewige Individuum als etwas ganz Abgesondertes zu nehmen. Seine Nachwirkungen gehen ins Ewige, wie es das Resultat zahlloser Geschlechter ist.

Bildung ist es, daß jene edelsten Momente aller Geschlechter gleichsam ein Kontinuum bilden, in dem man weiterleben kann.

Für jedes Individuum ist Bildung, daß es ein Kontinuum von Erkenntnissen und edelsten Gedanken hat und in ihm weiterlebt.

Ein Grad von Bildung (Taten der Liebe und der Aufopferung allen gemeinsam).

Eine solche Empfindung der Liebe entzündet sich bei den höchsten Erkenntnissen, auch beim Künstler.

Der Ruhm.

11

I. Charakter der gegenwärtigen Bildung.

1. Hast und Nicht-Reifwerden.
2. Das Historische, das Nichtlebenwollen, das Verschlucken der kaum geborenen Gegenwart. Das Kopieren.
3. Die papierne Welt. Unsinniges Schreiben und Lesen.
4. In Reih und Glied. Abneigung gegen den Genius. Der „soziale Mensch".
5. Der kurante Mensch.
6. Der Fachgelehrte.
7. Der Mangel an ernster Philosophie.
8. Die Verkümmerung der Kunst. „Reichstagsbildung."
9. Der neue Begriff des „Deutschen".

II. Die Schulen unter der Wirkung dieser Bildung.

III. Es fehlt die nächste, durch alltägliche Gewöhnung zu pflanzende Bildung.

Exotischer Charakter aller Bildung (z. B. das Turnen).

Es fehlt Leitung und Tribunal der Bildung.

Es fehlt die künstlerische Überwältigung.

Die ernste Weltbetrachtung als einzige Rettung vor dem Sozialismus.

Neue Erziehung nötig, nicht neue Universitäten (Straßburg).

Herstellung des wahren deutschen Geistes.

VI. Vorschlag zur Berufung einer mehrjährigen pädagogischen Brüderschaft, sei es aus eignen Mitteln, sei es, daß ein Staat einsichtig genug sein sollte. Diese sollen nicht etwa berichten, sondern zuerst selbst untereinander lernen und sich gegenseitig befestigen.

Mit besseren Besoldungen ist zunächst nichts zu machen: überhaupt bleibt alles palliativisch.

12

Bildungsanstalten und ihre Früchte. – Es fehlt an einer imperativischen Behörde der Kultur: Selbst Goethe stand ewig allein. So konnte sich ein Kreis von der Universität emanzipieren, ein anderer vom Gymnasium. Verehrung des Wirklichen, als Gegensatz zu der Zucht des Klassischen: doch ist das Wirkliche allmählich transmutiert in die Spießbürgerei und die Plattdeutschelei (die größte Gemeinheit ist natürlich ein gemeiner Dialekt).

Gutzkow als entarteter Gymnasiast.

Das junge Deutschland als entlaufene Studenten.

Julian Schmidt, Freytag, Auerbach, Opposition gegen die imperativische Welt des Schönen und Erhabenen: Protest der Photographie gegen das Gemälde. Der „Roman". Dabei in ihnen Nachwirkung der romantischen Verehrung des Deutschen: aber falsch und unidealistisch.

Mommsen (Cicero). Anknüpfung des Gelehrtentums an die politische Tagesschablone.

Jahn und die Grenzboten –

Diesterweg und der abstrakte Lehrer.

GEDANKEN UND ENTWÜRFE
ZU DER UNZEITGEMÄSSEN BETRACHTUNG
WIR PHILOLOGEN

[Ziffer 1 ff. dieser Ausgabe entspricht den Ziffern 100 ff. im zehnten Band der Großoktav-Ausgabe des gleichen Verlags]

I. ERSTE GEDANKEN

[Herbst 1874]

> Diese Muschel ist inwendig krumm, außen rauh; wenn sie beim Blasen brummt, dann erst bekommt man die rechte Achtung vor ihr.
> (Ind. Sprüche ed. Böthlingk I. 335)
>
> Ein häßlich anzusehendes Blasinstrument: es muß erst geblasen werden.

1

WIE wenig Vernunft, wie sehr der Zufall unter den Menschen herrscht, zeigt das fast regelmäßige Mißverhältnis zwischen dem sogenannten Lebensberufe und dem ersichtlichen Nichtberufensein: die glücklichen Fälle sind Ausnahmen wie die glücklichen Ehen, und auch diese werden nicht durch Vernunft herbeigeführt. Der Mensch wählt den Beruf, wo er noch nicht fähig zum Wählen ist; er kennt die verschiedenen Berufe nicht, er kennt sich selbst nicht; er verbringt seine tätigsten Jahre dann in diesem Berufe, verwendet all sein Nachdenken darauf, wird erfahrener; erreicht er die Höhe seiner Einsicht, dann ist es gewöhnlich zu spät, um etwas Neues zu beginnen, und die Weisheit hat auf Erden fast immer etwas Altersschwaches und Mangel an Muskelkraft an sich gehabt.

Die Aufgabe ist meistens die, wieder gutzumachen, ungefähr zurechtzulegen, was in der Anlage verfehlt war; viele werden erkennen, daß der spätere Teil des Lebens eine Absichtlichkeit zeigt, die aus ursprünglicher Disharmonie entstanden ist; es lebt sich schwer. Am Ende des Lebens ist man's aber doch gewohnt – dann kann man sich über sein Leben irren und seine Dummheit loben: bene navigavi cum naufragium feci, und gar ein Preislied auf die „Vorsehung" anstimmen.

2

Ich frage nun nach der Entstehung des Philologen und behaupte:

1. der junge Mensch kann gar nicht wissen, wer Griechen und Römer sind,
2. er weiß nicht, ob er zu ihrer Erforschung sich eignet,
3. und erst recht nicht, inwiefern er sich mit diesem Wissen zum Lehrer eignet. Das, was ihn also bestimmt, ist nicht Einsicht in sich und seine Wissenschaft, sondern
   a) Nachahmung,
   b) Bequemlichkeit, dadurch daß er forttreibt, was er auf der Schule trieb,
   c) allmählich auch die Absicht auf Broterwerb.

Ich meine, 99 von 100 Philologen sollten keine sein.

3

Strengere Religionen fordern, daß der Mensch seine Tätigkeit nur als ein Mittel eines metaphysischen Planes verstehe: eine mißlungene Wahl des Berufes läßt sich dann als Prüfung des Individuums zurechtlegen. Religionen nehmen nur das Heil des Individuums ins Auge: ob der nun Sklave oder Freier, Kaufmann oder Gelehrter ist, sein Lebensziel liegt nicht in seinem Berufe, und deshalb ist eine falsche Wahl kein großes Unglück. Dies diene dazu, die Philologen zu trösten; aber nackte Einsicht für die echten Philologen: was wird aus einer Wissenschaft, die von solchen 99 betrieben wird? Diese eigentlich ungeeignete Majorität legt sich die Wissenschaft zurecht und stellt an sich die Forderung nach den

Fähigkeiten und Neigungen der Majorität: sie tyrannisiert damit den eigentlichen Befähigten, jenen Hundertsten. Hat sie die Erziehung in den Händen, so erzieht sie bewußt oder unbewußt nach dem eignen Vorbild: was wird da aus der Klassizität der Griechen und Römer?

Zu beweisen:

A. Das Mißverhältnis zwischen Philologen und den Alten.

B. Die Unfähigkeit der Philologen, mit Hilfe der Alten zu erziehen.

C. Die Fälschung der Wissenschaft durch die (Unfähigkeit der) Majoritäten, die falschen Anforderungen, Verleugnung der eigentlichen Ziele dieser Wissenschaft.

4

Dies betrifft alles die Genesis des jetzigen Philologen: skeptisch melancholische Stellung. Aber wie sind sonst Philologen entstanden?

Nachahmung des Altertums: ob nicht ein endlich widerlegtes Prinzip?

Flucht aus der Wirklichkeit zu den Alten: ob dadurch nicht die Auffassung des Altertums gefälscht ist?

5

Eine Art der Betrachtung ist noch zurück: zu begreifen, wie die größten Erzeugnisse des Geistes einen schrecklichen und bösen Hintergrund haben; die skeptische Betrachtung: als schönstes Beispiel des Lebens wird das Griechentum geprüft.

*

So wie der Mensch zu seinem Lebensberufe steht, skeptisch-melancholisch, so sollen wir uns zu dem höchsten Lebensberufe eines Volkes stellen: um zu begreifen, was Leben ist.

6

Mein Trost gilt besonders auch den tyrannisierten Einzelnen: diese mögen einfach alle jene Majoritäten wie ihre Hilfsarbeiter behandeln, und ebenso mögen sie sich das Vorurteil, das noch zugunsten des klassischen Unterrichts verbreitet ist, zunutze machen; sie brauchen viele Arbeiter. Sie haben aber unbedingte Einsicht in ihre Ziele nötig.

7

Die Philologie als Wissenschaft um das Altertum hat natürlich keine ewige Dauer, ihr Stoff ist zu erschöpfen. Nicht zu erschöpfen ist die immer neue Akkomodation jeder Zeit an das Altertum, das Sich-daran-Messen. Stellt man dem Philologen die Aufgabe, seine Zeit vermittels des Altertums besser zu verstehen, so ist seine Aufgabe eine ewige. – Dies ist die Antinomie der Philologie: man hat das Altertum tatsächlich immer nur aus der Gegenwart verstanden – und soll nun die Gegenwart aus dem Altertum verstehen? Richtiger: aus dem Erlebten hat man sich das Altertum erklärt, und aus dem so gewonnenen Altertum hat man sich das Erlebte taxiert, abgeschätzt. So ist freilich das Erlebnis die unbedingte Voraussetzung für einen Philologen – das heißt doch: erst Mensch sein, dann wird man erst als Philolog fruchtbar sein. Daraus folgt, daß ältere Männer sich zu Philologen eignen, wenn sie in der erlebnisreichsten Zeit ihres Lebens nicht Philologen waren.

Überhaupt aber: nur durch Erkenntnis des Gegenwärtigen kann man den Trieb zum klassischen Altertum bekommen. Ohne diese Erkenntnis – wo sollte da der Trieb herkommen? Wenn man zusieht, wie wenige Philologen es außer denen, die davon leben, gibt, kann man schließen, wie es im Grunde mit diesem Triebe zum

Altertum steht, er existiert fast nicht, denn es gibt keine uneigennützigen Philologen.

So ist die Aufgabe zu stellen: der Philologie ihre allgemein erziehende Wirkung zu erobern! Mittel: Beschränkung des Philologenstandes, zweifelhaft, ob die Jugend damit bekannt zu machen. Kritik des Philologen. Die Würde des Altertums: sie sinkt mit euch: wie tief müßt ihr gesunken sein, da es diese Würde jetzt so wenig hat!

8

Ein großer Vorteil für einen Philologen ist, daß seine Wissenschaft soviel vorgearbeitet hat, um sich in den Besitz der Erbschaft setzen zu können, wenn er es vermag – nämlich die Abschätzung der ganzen hellenischen Denkart vorzunehmen. Solange man im einzelnen herumarbeitete, leitete eine Verkennung der Griechen, die Stufen dieser Verkennung sind zu bezeichnen: Sophisten des zweiten Jahrhunderts, die Philologen-Poeten der Renaissance, der Philologe als Schullehrer der höheren Stände (Goethe-Schiller).

Urteilen ist am schwierigsten.

Wie ist wohl einer am geeignetsten zu dieser Schätzung? – Jedenfalls nicht dann, wenn er zum Philologen abgerichtet wird wie jetzt. Zu sagen, inwiefern die Mittel hier den letzten Zweck unmöglich machen. – Also der Philolog selbst ist nicht das Ziel der Philologie. –

9

Die meisten Menschen halten sich offenbar für gar keine Individuen; das zeigt ihr Leben. Die christliche Forderung, daß jeder seine Seligkeit und diese allein im Auge habe, hat als Gegensatz das allgemeine menschliche Leben, wo jeder nur als ein Punkt zwischen

Punkten lebt, nicht nur ganz und gar Resultat früherer Geschlechter, sondern auch nur im Hinblick auf kommende lebend. Nur bei drei Existenzformen bleibt der Mensch Individuum: als Philosoph, als Heiliger und Künstler. Man sehe nur, womit ein wissenschaftlicher Mensch sein Leben totschlägt: was hat die griechische Partikellehre mit dem Sinn des Lebens zu tun? – So sehen wir auch hier, wie zahllose Menschen eigentlich nur als Vorbereitung eines wirklichen Menschen leben: zum Beispiel die Philologen als Vorbereitung des Philosophen, der ihre Ameisenarbeit zu nutzen versteht, um über den Wert des Lebens eine Aussage zu machen. Freilich ist, wenn es keine Leitung gibt, der größte Teil jener Ameisenarbeit einfach Unsinn und überflüssig.

10

Außer der großen Zahl unbefähigter Philologen gibt es nun umgekehrt eine Zahl von geborenen Philologen, welche durch irgend welche Umstände verhindert sind, welche zu werden. Das wichtigste Hindernis aber, welches diese geborenen Philologen abhält, ist schlechte Repräsentation der Philologie durch die unberufenen Philologen.

*

Leopardi ist das moderne Ideal eines Philologen, die deutschen Philologen können nichts machen. (Voß ist zu studieren dazu!)

11

Man denke sich, wie anders eine Wissenschaft sich fortpflanzt, wie anders eine spezielle Begabung in einer Familie. Eine leibliche Fortpflanzung der einzelnen Wissenschaft ist etwas ganz Seltenes. Ob die Söhne von Philologen wohl leicht Philologen werden? Dubito. So entsteht keine Akkumulation philologischer Fähigkeiten, wie etwa in Beethovens Familie von musikalischen Fähigkeiten. Die meisten fangen von vorn an: und zwar durch Bücher vermittelt, nicht durch Reisen usw. Wohl aber Erziehung.

12

Die meisten Menschen sind offenbar zufällig auf der Welt: es zeigt sich keine Notwendigkeit höherer Art in ihnen. Sie treiben dies und das, ihre Begabung ist mittelmäßig. Wie sonderbar! Die Art, wie sie nun leben, zeigt, daß sie selbst nichts von sich halten, sie geben sich preis, indem sie sich an Lumpereien wegwerfen (seien das nun kleinliche Passionen oder Quisquilien des Berufs). In den sogenannten „Lebensberufen", welche jedermann wählen soll, liegt eine rührende Bescheidenheit der Menschen: sie sagen damit, wir sind berufen, unseresgleichen zu nützen und zu dienen; und der Nachbar ebenfalls und dessen Nachbar auch; und so dient jeder dem andern, keiner hat seinen Beruf, seiner selbst wegen dazusein, sondern immer wieder anderer wegen; so haben wir eine Schildkröte, die auf einer andern ruht und diese wieder auf einer und so fort. Wenn jeder seinen Zweck in einem andern hat, so haben alle keinen Zweck in sich, zu existieren; und dies „füreinander existieren" ist die komischste Komödie.

13

Die Eitelkeit ist die unwillkürliche Neigung, sich als Individuum zu geben, während man keines ist; das heißt: als unabhängig, während man abhängt. Die Weisheit ist das Umgekehrte: sie gibt sich als abhängig, während sie unabhängig ist.

14

Die Hadesschatten des Homer – welcher Art von Existenz sind sie eigentlich nachgemalt? Ich glaube, es ist die Beschreibung des Philologen; es ist besser Tagelöhner sein, als so eine blutlose Erinnerung an Vergangnes – Großes und Kleines.

15

Die Stellung des Philologen zum Altertum ist entschuldigend oder auch von der Absicht eingegeben, das, was unsre Zeit hochschätzt, im Altertum nachzuweisen. Der richtige Ausgangspunkt ist der umgekehrte: nämlich von der Einsicht in die moderne Verkehrtheit auszugehn und zurückzusehn – vieles sehr Anstößige im Altertum erscheint dann als tiefsinnige Notwendigkeit.

Man muß sich klar machen, daß wir uns ganz absurd ausnehmen, wenn wir das Altertum verteidigen und beschönigen: was sind wir!

16

Es ist eine falsche Auffassung zu sagen: immer gab es eine Kaste, welche die Bildung eines Volkes verwaltete: folglich sind die Gelehrten nötig. Denn die Gelehrten haben eben nur das Wissen um die Bildung (selbst dies nur bestenfalls). Es wird wohl auch unter uns gebildetere Menschen geben, schwerlich eine Kaste; aber diese können sehr wenige sein.

17

Ein großer Wert des Altertums liegt darin, daß seine Schriften die einzigen sind, welche moderne Menschen noch genau lesen.

Überspannung des Gedächtnisses – sehr gewöhnlich bei Philologen, geringere Entwicklung des Urteils.

18

Die Beschäftigung mit vergangnen Kultur-Epochen Dankbarkeit? Um sich die gegenwärtigen Kulturzustände zu erklären, sehe man rückwärts: zu panegyrisch gegen unsere Zustände wird man gewiß nicht, vielleicht muß man es aber tun, um nicht zu hart gegen uns selbst zu sein.

19

Wer keinen Sinn für das Symbolische hat, hat keinen für das Altertum: diesen Satz wende man auf die nüchternen Philologen an.

20

Mein Ziel ist: volle Feindschaft zwischen unserer jetzigen „Kultur" und dem Altertume zu erzeugen. Wer der ersten dienen will, muß das letztere hassen.

21

Ein sehr genaues Zurückdenken führt zu der Einsicht, daß wir eine Multiplikation vieler Vergangenheiten sind: wie könnten wir nun auch letzter Zweck sein? Aber warum nicht? Meistens aber wollen wir's gar nicht sein, stellen uns gleich wieder in die Reihe, arbeiten an einem Eckchen und hoffen, es werde für die Kommenden nicht ganz verloren sein. Aber das ist wirklich das Faß der Danaiden: es hilft nichts, wir müssen alles wieder für uns und nur für uns tun und zum Beispiel die Wissenschaft an uns messen, mit der Frage: was ist uns die Wissenschaft? Nicht aber: was sind wir der Wissenschaft? Man macht sich wirklich das Leben zu leicht, wenn man sich so einfach historisch nimmt und in den Dienst stellt. „Das Heil deiner selbst geht über alles" soll man sich sagen: und es gibt keine Institution, welche du höher zu achten hättest als deine eigene Seele. — Nun aber lernt sich der Mensch kennen: findet sich erbärmlich, verachtet sich, freut sich, außer sich etwas Achtungswürdiges zu finden. Und so wirft er sich fort, indem er sich irgendwo einordnet, streng seine Pflicht tut und seine Existenz abbüßt. Er weiß, daß er nicht seiner selbst wegen arbeitet; er wird denen helfen wollen, welche es wagen, ihrer selbst wegen da zu sein; wie Sokrates. Wie ein Haufen Gummiblasen hängen die meisten Menschen in der Luft, jeder Windhauch rührt sie. – Konsequenz: der Gelehrte muß es aus Selbsterkenntnis, also aus Selbstverachtung sein, d. h. er muß sich als Diener eines Höheren wissen, der nach ihm kommt. Sonst ist er ein Schaf.

22

Die unwahre Begeisterung für das Altertum, in der viele Philologen leben. Eigentlich überfällt uns das Altertum, wenn wir jung sind, mit einer Fülle von Trivialitäten, besonders glauben wir über die Ethik hinaus zu sein. Und Homer und Walter Scott – wer erlangt wohl den Preis? Wenn man ehrlich ist! Wäre die Begeisterung groß, so würde man schwerlich seinen Lebensberuf darin suchen. Ich meine: erst spät beginnt es zu dämmern, was wir an den Griechen haben können: erst wenn wir viel erlebt, viel durchdacht haben.

23

Es ist die Sache des freien Mannes, seiner selbst wegen und nicht in Hinsicht auf andre zu leben. Deshalb hielten die Griechen das Handwerk für unanständig.

Das griechische Altertum ist als Ganzes noch nicht taxiert: ich bin überzeugt, hätte es nicht diese traditionelle Verklärung um sich, die gegenwärtigen Menschen würden es mit Abscheu von sich stoßen: die Verklärung also ist unecht, von Goldpapier.

24

Man glaubt, es sei zu Ende mit der Philologie – und ich glaube, sie hat noch nicht angefangen.

Die größten Ereignisse, welche die Philologie getroffen haben, sind das Erscheinen Goethes, Schopenhauers und Wagners: man kann damit einen Blick tun, der weiter reicht. Das fünfte und sechste Jahrhundert sind jetzt zu entdecken.

25

Wo zeigt sich die Wirkung des Altertums? Nicht einmal in der Sprache, nicht in der Nachahmung von irgend etwas, nicht einmal in einer Verkehrtheit, wie die Franzosen sie gezeigt haben. Unsere Museen füllen sich; ich empfinde immer Ekel, wenn ich reine nackte Figuren griechischen Stils sehe: vor dieser gedankenlosen Philisterei, die alles auffressen will.

II. PLAN UND GEDANKEN ZUR BUCHMÄSSIGEN AUSFÜHRUNG

[1875]

1. Plan

26

Kap. 1

PHILOLOGIE von allen Wissenschaften bis jetzt die begünstigste; größte Zahl, seit Jahrhunderten, bei allen Völkern gefördert, die Obhut der edlern Jugend und somit den schönsten Anlaß sich fortzupflanzen und Achtung vor sich zu erwecken. Wodurch hat sie diese Macht erlangt?

Aufzählung der verschiedenen Vorurteile zu ihren Gunsten.

Wie nun, wenn diese als Vorurteile erkannt würden? Bliebe wohl Philologie noch übrig, wenn man das Interesse eines Standes, eines Broterwerbes abrechnete? Wenn man über das Altertum und seine Befähigung, für die Gegenwart zu erziehen, die Wahrheit sagte?

Kap. 2

Um auf die obigen Fragen zu antworten, sehe man die Erziehung zum Philologen, seine Genesis an: er entsteht gar nicht mehr, wenn jenes Interesse wegfällt.

Kap. 3

Wenn unsere öffentliche Welt dahinterkäme, was das Altertum eigentlich für ein unzeitgemäßes Ding ist, so würden die Philologen nicht mehr zu Erziehern bestellt.

Wirkung auf Nicht-Philologen gleich Null. Würden sie imperativisch und verneinend, o wie würden sie angefeindet! Aber sie ducken sich.

Kap. 4

Nur das Bündnis zwischen den Philologen, die das Altertum nicht verstehen wollen oder nicht können, und der öffentlichen Meinung, die von Vorurteilen über dasselbe geleitet ist, gibt der Philologie jetzt noch ihre Kraft.

Die Griechen wirklich und ihre Abschwächung durch die Philologen.

Kap. 5

Der zukünftige Philologe als Skeptiker über unsre ganze Kultur und damit auch als Vernichter des Philologen-Standes.

---

2. Die Bevorzugung des Altertums

27

Daß es Gelehrte gibt, welche sich ausschließlich mit der Erforschung des griechischen und des römischen Altertums beschäftigen, wird jeder billig, ja lobenswürdig und vor allem begreiflich finden, falls er überhaupt die Erforschung des Vergangenen billigt: daß dieselben Gelehrten aber zugleich die Erzieher der edlern Jugend der reichen Stände sind, ist nicht ebenso leicht verständlich: hier liegt ein Problem. Warum sie gerade? Das versteht sich doch nicht so von selbst, wie das, wenn der Gelehrte der Heilkunst auch heilt und Arzt ist. Denn stünde es gleich, so müßte Beschäftigung mit dem griechischen und römischen Altertum gleich sein mit „Wissenschaft der

Erziehung". Kurz: das Verhältnis von der Theorie und Praxis im Philologen ist nicht so schnell einzusehen. Wie kommt er zu dem Anspruch, der Lehrer im höheren Sinne zu sein und nicht nur alle wissenschaftlichen Menschen, sondern überhaupt alle Gebildeten zu erziehn? – Diese erziehende Kraft müßte also der Philologe doch dem Altertume entnehmen; da fragt man denn erstaunt: wie kommen wir dazu, einer fernen Vergangenheit den Wert beizulegen, daß wir nur mit Hilfe ihrer Erkenntnis gebildet werden können? – Eigentlich fragt man nicht so oder selten so: vielmehr besteht die Herrschaft der Philologie über das Erziehungswesen fast unbezweifelt, und das Altertum hat jene Geltung. Insofern ist die Lage des Philologen günstiger als die jedes andern Jüngers der Wissenschaft: er hat zwar noch nicht die größte Masse von Menschen, die seiner bedürfen; der Arzt zum Beispiel hat noch viel mehrere. Aber er hat ausgesuchte Menschen und zwar Jünglinge, in der Zeit, wo alles knospet; solche, die Zeit und Geld auf eine höhere Entwicklung verwenden können. Soweit sich jetzt die europäische Bildung erstreckt, hat man die Gymnasien auf lateinisch-griechischer Grundlage angenommen, als erstes und oberstes Mittel. Damit hat die Philologie die rechte und beste Gelegenheit gefunden, sich fortzupflanzen und Achtung vor sich zu erwecken: hierin steht keine andre Wissenschaft so günstig. Im ganzen halten auch alle die, welche durch solche Anstalten hindurchgegangen sind, an der Vortrefflichkeit der Einrichtung fest; sie sind unbewußte Verschworene zugunsten der Philologie; erschallt einmal ein Wort dagegen, von solchen, die nicht auf diesem Wege gegangen sind, so erfolgt die Ablehnung so einmütig und so still, als ob klassische Bildung eine Art von Zauberei sei, beglückend und durch diese Beglückung sich jedem einzelnen beweisend; man polemisiert gar nicht, „man hat's ja erlebt".

Nun gibt es viele Dinge, an welche der Mensch sich so gewöhnt hat, daß er sie für zweckmäßig hält; denn die Gewohnheit mischt allen Dingen Süßigkeit bei, und nach der Lust schätzen die Menschen meistens das Recht einer Sache. Die Lust am klassischen Altertum, wie sie jetzt empfunden wird, soll nun einmal daraufhin geprüft und zerlegt werden, wieviel daran jene Lust der Gewohnheit, wieviel Lust der Ungewohnheit ist: ich meine jene innere, tätige, neue und junge Lust, wie sie eine fruchtbare Überzeugung von Tage zu Tage erweckt, die Lust mit einem höheren Ziele, die auch die Mittel dazu will: wobei man Schritt für Schritt weiter kommt, aus einem Ungewohnten ins andere Ungewohnte: wie ein Alpensteiger.

Auf welchem Grunde beruht die große Schätzung des Altertums in der Gegenwart, daß man darauf die ganze moderne Bildung aufbaut? Wo ist der Ursprung dieser Lust? Dieser Bevorzugung des Altertums?

Bei dieser Untersuchung glaube ich erkannt zu haben, daß auf demselben Grund, auf dem das Ansehen des Altertums als wichtigen Erziehungsmittels ruht, auch die ganze Philologie, ich meine ihre ganze jetzige Existenz und Kraft ruht. Das Philologentum als Lehrertum ist der genaue Ausdruck einer herrschenden Ansicht über den Wert des Altertums und über die beste Methode der Erziehung. Zwei Sätze sind in diesem Gedanken eingeschlossen; erstens: alle höhere Erziehung muß eine historische sein, zweitens: mit der griechischen und römischen Historie steht es anders als mit allen andern, nämlich klassisch. So wird der Kenner dieser Historie zum Lehrer. Hier untersuchen wir den ersten Satz nicht, ob eine höhere Erziehung historisch sein müsse, sondern den zweiten: inwiefern klassisch?

Darüber sind einige Vorurteile sehr verbreitet.

Erstens das Vorurteil, welches im synonymen Begriff „Humanitätsstudien“ liegt: das Altertum ist klassisch, weil es die Schule des Humanen ist.

Zweitens: „Das Altertum ist klassisch, weil es aufgeklärt ist“ –

28

Es ist das Werk aller Erziehung, bewußte Tätigkeiten in mehr oder weniger unbewußte umzubilden: und die Geschichte der Menschheit ist in diesem Sinne ihre Erziehung. Der Philologe nun übt eine Menge Tätigkeiten so unbewußt: das will ich einmal untersuchen, wie seine Kraft, das heißt sein instinktives Handeln, das Resultat von ehemals bewußten Tätigkeiten ist, die er allmählich als solche kaum mehr fühlt: aber jenes Bewußtsein bestand in Vorurteilen. Seine jetzige Kraft beruht auf jenen Vorurteilen, z. B. die Schätzung der ratio wie bei Bentley, Hermann. Die Vorurteile sind, wie Lichtenberg sagt, die Kunsttriebe des Menschen.

29

Es ist schwer, die Bevorzugung zu rechtfertigen, in der das Altertum steht: denn sie ist aus Vorurteilen entstanden.

1. Aus Unwissenheit des sonstigen Altertums.
2. Aus einer falschen Idealisierung zur Humanitäts-Menschheit überhaupt, während Inder und Chinesen jedenfalls humaner sind.
3. Aus Schulmeister-Dünkel.
4. Aus der traditionellen Bewunderung, die vom Altertum selbst ausgegangen ist.
5. Aus Widerspruch gegen die christliche Kirche oder zur Stütze.
6. Aus dem Eindruck, den die Jahrhunderte lange Ar-

beit der Philologen gemacht hat, und die Art ihrer Arbeit: es muß sich doch um Goldbergwerke handeln, meint der Zuschauer.

7. Fertigkeiten und Wissen von dorther gelernt. Vorschule der Wissenschaft.

In Summa: teils aus *Ignoranz, falschen Urteilen* und *trügerischen Schlüssen*, auch durch das *Interesse eines Standes*, der Philologen.

Bevorzugung des Altertums sodann durch die Künstler, die das erkannte Maß und die Sophrosyne unwillkürlich zu einer Eigenschaft des gesamten Altertums machen. Die reine Form. Ebenso durch die Schriftsteller.

Bevorzugung des Altertums als einer Abbreviatur der Geschichte der Menschheit, als ob hier ein autochthones Gebilde sei, an dem alles Werdende zu studieren sei.

Tatsächlich ist nun allmählich *Grund für Grund dieser Bevorzugung beseitigt*, und wenn es die Philologen nicht merken sollten, so merkt man es sonst außer ihren Kreisen so stark wie möglich. Die Historie hat gewirkt; sodann hat die Sprachwissenschaft die größte Diversion, ja Fahnenflucht unter den Philologen selbst hervorgebracht. Nur die *Schule* haben sie noch: doch auf wie lange! In der *bisherigen* Form ist die Philologie am Aussterben: ihr Boden ist ihr entzogen. Ob überhaupt ein *Stand* von Philologen sich erhalten wird, ist sehr zweifelhaft: jedenfalls wäre es eine aussterbende Rasse.

30

Eigentümlich bedeutende Stellung der Philologen: ein ganzer Stand, dem die Jugend anvertraut ist, und der ein spezielles Altertum zu erforschen hat. Offenbar legt man den höchsten Wert auf dies Altertum. Wenn man das Altertum aber falsch abgeschätzt hätte, so fehlte plötzlich das Fundament für die erhabene Stellung der Philologen. Jedenfalls hat man das Altertum sehr *verschieden* abgeschätzt: und danach hat sich jedesmal die Würdigung der Philologen gerichtet. Dieser Stand hat seine Kraft aus starken Vorurteilen zugunsten des Altertums geschöpft. – Dies ist zu schildern. – Jetzt fühlt er, daß, wenn endlich diesen Vorurteilen gründlich widersprochen würde und das Altertum rein geschildert würde, sofort jenes günstige Vorurteil für die Philologen schwände. *Es ist also ein Standesinteresse, reinere Einsichten über das Altertum nicht aufkommen zu lassen: zumal die Einsicht, daß das Altertum im tiefsten Sinne unzeitgemäß macht.*

Es ist zweitens ein Standesinteresse der Philologen, keine höhere Anschauung über den Lehrerberuf aufkommen zu lassen, als die, welcher sie entsprechen können.

31

Hoffentlich gibt es einige, die es als Problem empfinden, warum gerade die Philologen die Erzieher der edleren Jugend sein sollen. Es wird vielleicht nicht immer so sein. – An sich wäre es ja viel natürlicher, daß man der Jugend geographische, naturwissenschaftliche, nationalökonomische, gesellige Grundsätze beibrächte, daß man sie allmählich zur Betrachtung des Lebens führte und endlich, spät, die merkwürdigsten Vergangenheiten vorführte. So, daß *Kenntnis des Altertums* zum letzten gehörte, was einer erwürbe; *ist diese Stellung des Altertums* in der Erziehung die für das Altertum *ehrenvollere* oder die gewöhnliche? – Jetzt wird es als Propädeutik benutzt, für Denken, Sprechen, Schreiben; *es gab eine Zeit, wo es* der Inbegriff der weltlichen Kenntnisse war, und man eben das durch seine Erlernung erreichen wollte, was man jetzt durch eben jenen beschriebenen Studienplan erreichen würde (der sich eben den vorgerückten Kenntnissen der Zeit entsprechend verwandelt hat). Also hat sich die innere Absicht im philologischen Lehrertum ganz umgeändert, einst war dies die materielle Belehrung, jetzt nur noch die formale.

32

Wäre die Aufgabe des Philologen, formal zu erziehen, so müßte er gehen, tanzen, sprechen, singen, sich gebaren, sich unterreden lehren: und das lernte man auch ungefähr bei den formalen Erziehern des zweiten und dritten Jahrhunderts. Aber so denkt man immer nur an die Erziehung des wissenschaftlichen Menschen, und da heißt „formal": denken und schreiben, kaum reden.

33

Wenn das Gymnasium zur Wissenschaft erziehn soll, so sagt man jetzt: es kann die Vorbereitung zu keiner Wissenschaft mehr geben, so umfassend sind die Wissenschaften geworden. Folglich muß man allgemein, das heißt für alle Wissenschaften, das heißt für die Wissenschaftlichkeit vorbereiten – und dazu dienen die klassischen Studien! – Wunderlicher Sprung! Eine sehr verzweifelte Rechtfertigung! Das Bestehende soll recht behalten, auch nachdem klar eingesehen ist, daß das bisherige Recht, auf dem es ruhte, zum Unrecht geworden ist.

34

Fertigkeiten erwartet man von der Beschäftigung mit den Alten: früher z. B. Schreiben und Sprechen können. Aber welche erwartet man jetzt! – Denken und Schließen: aber das lernt man nicht von den Alten, sondern höchstens an den Alten, vermittels der Wissenschaft. Zudem ist aber alles historische Schließen sehr bedingt und unsicher; man sollte das naturwissenschaftliche vorziehen.

35

In betreff der Einfachheit des Altertums steht es wie bei der Einfachheit des Stils; es ist das Höchste, was man erkennt und nachzuahmen hat, aber auch das Letzte. Man denke, daß die klassische Prosa der Griechen auch ein spätes Resultat ist.

36

Was liegt für ein Hohn auf die „Humanitäts"-Studien darin, daß man sie auch belles lettres (bellas litteras) nannte!

37

Wolfs Gründe, weshalb man Ägypter, Hebräer, Perser und andere Nationen des Orients nicht auf einer Linie mit Griechen und Römern aufstellen darf: „Jene erhoben sich gar nicht oder nur wenige Stufen über die Art von Bildung, welche man bürgerliche Polizierung oder Zivilisation, im Gegensatz höherer eigentlicher Geisteskultur, nennen sollte". Er erklärt sie gleich darauf als die geistige und die literarische: „bei einem glücklich organisierten Volke kann diese schon früher anfangen als Ordnung und Ruhe des äußeren Lebens (‚Zivilisation')". Er stellt dann den fernsten Osten von Asien („ähnlich solchen Individuen, die es nicht an Reinlichkeit, Schicklichkeit und Bequemlichkeit von Wohnungen, Kleidungen und allen Umgebungen fehlen lassen, aber niemals das Bedürfnis höherer Aufklärung empfinden") den Griechen gegenüber („bei den Griechen, auch bei den gebildetsten Attikern, trat oft das Gegenteil bis zur Verwunderung ein, und man vernachlässigte das als unbedeutend, was wir vermöge unserer Ordnungsliebe insgemein als Grundlage der geistigen Veredlung selbst anzusehen pflegen").

38

Schon unsere Terminologie zeigt, wie sehr wir geneigt sind, die Alten falsch zu messen; der übertriebene Sinn der Literatur zum Beispiel, oder wie Wolf von der „innern Geschichte der antiken Erudition" redet, er nennt es auch „die Geschichte der gelehrten Aufklärung".

39

Die Alten sind nach Goethe „die Verzweiflung der Nacheifernden". Voltaire hat gesagt: „wenn die Bewunderer Homers aufrichtig wären, so würden sie die Langeweile eingestehen, die ihnen ihr Liebling so oft verursacht".

40

Unsre Stellung zum klassischen Altertum ist im Grunde die tiefe Ursache der Unproduktivität der modernen Kultur: denn diesen ganzen modernen Kulturbegriff haben wir von den hellenisierten Römern. Wir müssen im Altertum selbst scheiden: indem wir seine einzig produktive Zeit kennen lernen, verurteilen wir auch die ganze alexandrinisch-romanische Kultur. Aber zugleich verurteilen wir unsre ganze Stellung zum Altertum und unsre Philologie zugleich.

41

Es gibt einen alten Kampf der Deutschen gegen das Altertum, das heißt, gegen die alte Kultur: es ist gewiß, daß gerade das Beste und Tiefste am Deutschen sich mit sträubt. Aber der Hauptpunkt ist doch der: jenes Sträuben ist nur im Recht, wenn man die romanisierte Kultur meint; diese ist aber bereits der Abfall einer viel tieferen und edleren. Gegen diese sträubt sich der Deutsche mit Unrecht.

42

Das Humanistische ist von Karl dem Großen mächtig angepflanzt worden, während er gegen das Heidnische mit den härtesten Zwangsmitteln vorging. Die antike Mythologie wurde verbreitet, die deutsche wie ein Verbrechen behandelt. Ich glaube, hier lag das Gefühl zugrunde, daß das Christentum eben schon fertig geworden sei mit der antiken Religion: man fürchtete sie nicht, aber benutzte die auf ihr ruhende Kultur des Altertums. Die deutsche Götterwelt fürchtete man. – Eine große *Äußerlichkeit* in der Auffassung des Altertums, fast nur die Schätzung seiner formalen Fertigkeiten und seiner Kenntnisse, *muß* hier gepflanzt worden sein. Es sind die Mächte zu nennen, die einer Vertiefung der Einsicht ins Altertum im Wege gestanden haben. Zunächst wird die altertümliche Kultur als *Reizmittel zur Annahme des Christentums* benutzt: es ist gleichsam das Draufgeld für die Bekehrung. Die Versüßung beim Einschlürfen jenes Giftes. Dann war man der Hilfsmittel der antiken Kultur benötigt, als *Waffen* zum geistigen Schutz des Christentums. Selbst die Reformation konnte die klassischen Studien in diesem Sinne nicht entbehren. Dagegen beginnt nun die Renaissance mit *reinerem* Sinn die klassischen Studien, aber durchaus auch im christenfeindlichen; sie zeigt ein Erwachen der Ehrlichkeit im Süden, wie die Reformation im Norden. Vertragen konnten sie sich freilich nicht, denn ernstliche Neigung zum Altertum macht unchristlich. Es ist der Kirche im ganzen gelungen, den klassischen Studien eine unschädliche Wendung zu geben: der Philologe wurde erfunden, als Gelehrter, der im übrigen Priester oder sonst so etwas ist. Und auch im Bereiche der Reformation gelang es, den Gelehrten ebenfalls zu kastrieren. Deshalb ist Friedrich August Wolf merkwürdig, weil er den Stand von der Zucht der Theologie befreite: aber seine Tat wurde nicht völlig verstanden, denn ein angreifendes, aktives Element, wie es den Poeten-Philologen der Renaissance anhaftet, wurde nicht entwickelt. Die Befreiung kam der Wissenschaft, nicht den Menschen zugute.

43

Es ist wahr, der Humanismus und die Aufklärung haben das Altertum als Bundesgenossen ins Feld geführt: und so ist es natürlich, daß die Gegner des Humanismus das Altertum anfeinden. Nur war das Altertum des Humanismus ein schlecht erkanntes und ganz gefälschtes; reiner gesehn ist es ein Beweis gegen den Humanismus, gegen die grundgütige Menschennatur usw. Die Bekämpfer des Humanismus sind im Irrtum, wenn sie das Altertum mit bekämpfen: sie haben da einen starken Bundesgenossen.

44

Es ist so schwer, nur etwas aus dem Altertume nachzuempfinden, man muß warten können, bis wir etwas zu hören bekommen. Das Menschliche, das uns das Altertum zeigt, ist nicht zu verwechseln mit dem Humanen. Dieser Gegensatz ist sehr stark hervorzuheben: die Philologie krankt daran, daß sie das Humane unterschieben möchte; nur deshalb führt man junge Leute hinzu, damit sie human werden. Ich glaube, um das zu erreichen, genügt viel Historie: das Brutal-Selbstbewußte wird dadurch abgebrochen, wenn man Dinge und Schätzungen so wechseln sieht. – Das Menschliche der Hellenen liegt in einer gewissen Naivetät, in der bei ihnen der Mensch sich zeigt, Staat, Kunst, Sozietät, Kriegs- und Völkerrecht, Geschlechtsverkehr, Erziehung, Partei; es ist genau das Menschliche, das sich überall bei allen Völkern zeigt, aber bei ihnen in einer Unmaskiertheit und Inhumanität, daß es zur Belehrung nicht zu entbehren ist. Dazu haben sie die größte Menge von Individuen geschaffen – darin sind sie über den Menschen so belehrend; ein griechischer Koch ist mehr Koch als ein andrer.

45

Im ganzen hat die heutige Philologie den leitenden Faden verloren: die, welche sie früher leiteten, werden verneint; aber im ganzen beruht die ganze Wirkung und Schätzung noch auf dem Ruhm jener früheren Leitung, zum Beispiel dem der Humanität.

46

Ich beklage eine Erziehung, bei der es nicht erreicht ist, Wagner zu verstehen, bei der Schopenhauer rauh und mißtönend klingt; diese Erziehung ist verfehlt.

---

3. Die Philologen

47

Daß man nur durch das Altertum Bildung gewinnen könne, ist nicht wahr. Aber man kann von dort aus welche gewinnen, doch die Bildung, welche man jetzt so nennt, nicht. Nur auf einem ganz kastrierten und verlogenen Studium des Altertums erbaut sich unsere Bildung. Um nun zu sehn, wie wirkungslos dies Studium ist, sehe man nur die Philologen an: die müßten ja am besten durch das Altertum erzogen sein.

48

Entstehung des Philologen. Dem großen Kunstwerk wird sich beim Erscheinen desselben immer ein Betrachter gegenüberstellen, der seine Wirkung nicht nur empfindet, sondern sie auch verewigen möchte. So auch dem großen Staate, kurz allem, was den Menschen erhebt. So wollen die Philologen die Wirkung des Altertums verewigen: das können sie nur als nachschaffende Künstler. Nicht als nachlebende Menschen?

49

Der Untergang der Philologen-Poeten liegt zu gutem Teile in ihrer persönlichen Verderbnis; ihre Art wächst später weiter, wie zum Beispiel Goethe und Leopardi solche Erscheinungen sind. Hinter ihnen pflügen die reinen Philologen-Gelehrten nach. Die ganze Art hebt an mit der Sophistik des zweiten Jahrhunderts.

50

Ach es ist eine Jammergeschichte, die Geschichte der Philologie! Die ekelhafteste Gelehrsamkeit, faules, untätiges Beiseitesitzen, ängstliches Unterwerfen. – Wer hat denn etwas Freies gehabt?

51

Beim Durchmustern der Geschichte der Philologie fällt auf, wie wenig wirklich begabte Menschen dabei beteiligt gewesen sind. Unter den berühmtesten sind einige, die sich ihren Verstand durch Vielwisserei zerstört haben, und unter den Verständigsten darunter solche, die mit ihrem Verstande nichts anzufangen wußten als Mücken zu seihen. Es ist eine traurige Geschichte, ich glaube, keine Wissenschaft ist so arm an Talenten. Es sind die Lahmen im Geiste, die in der Wortklauberei ihr Steckenpferd gefunden haben.

Ich ziehe vor, etwas zu schreiben, was so gelesen zu werden verdient, wie die Philologen ihre Schriftsteller lesen, als über einem Autor zu hocken. Und überhaupt — auch das geringste Schaffen steht höher als das Reden über Geschaffenes.

52

Der Lese- und Schreiblehrer und der Korrektor sind die ersten Typen des Philologen.

53

Friedrich August Wolf erinnert einmal daran, wie furchtsam und schwächlich die ersten Schritte waren, die unsere Ahnherrn zur Gestaltung der Wissenschaft taten, wie sogar lateinische Klassiker gleich verdächtiger Ware unter Vorwänden auf dem Markt der Universitäten eingeschwärzt werden mußten; im Göttinger Lektions-Katalog von 1737 kündigt J. M. Gesner Horatii Odas an „ut imprimis, quid prodesse in severioribus studiis possint, ostendat".

54

Ich freue mich, von Bentley zu lesen „non tam grande pretium emendatiunculis meis statuere soleo, ut singularem aliquam gratiam inde sperem aut exigam".

Newton wunderte sich, daß Männer wie Bentley und Hare sich über ein Komödiantenbuch herumschlügen (weil sie beide theologische Würdenträger waren).

55

Horaz ist durch Bentley vor einen Richterstuhl gestellt, den er abweisen müßte. Die Bewunderung, die ein scharfsinniger Mann als Philologe erntet, steht im Verhältnis zur Rarität des Scharfsinns bei Philologen. – Das Verfahren bei Horaz hat etwas Schulmeisterliches, nur daß nicht Horaz selbst zensiert werden soll, sondern seine Überlieferer; in Wahrheit und im Ganzen trifft es aber Horaz. Mir steht nun einmal fest, daß eine einzige Zeile geschrieben zu haben, welche es verdient, von Gelehrten späterer Zeit kommentiert zu werden, das Verdienst des größten Kritikers aufwiegt. Es liegt eine tiefe Bescheidenheit im Philologen. Texte verbessern ist eine unterhaltende Arbeit für Gelehrte, es ist ein Rebusraten; aber man sollte es für keine zu wichtige Sache ansehn. Schlimm, wenn das Altertum weniger deutlich zu uns redete, weil eine Million Worte im Wege stünden!

56

Ein Schullehrer sagte zu Bentley: „Master, ich werde Euren Enkel zu einem ebenso großen Gelehrten machen als Ihr seid.“ „Wieso?“ sagte Bentley. „Wenn ich nun mehr vergessen hätte, als du je wußtest?“

57

Die ausgezeichnete Tochter Joanna bedauerte Bentley, daß er soviel Zeit und Talent auf die Kritik fremder Werke verwandt habe, anstatt auf selbständige Kompositionen. Bentley schwieg eine Zeitlang wie in sich gekehrt; endlich sagte er, ihre Bemerkung sei ganz richtig; er fühle selbst, daß er seine Naturgaben vielleicht noch anders hätte anwenden sollen: indessen habe er früher etwas zur Ehre Gottes und zum Besten seiner Mitmenschen getan (er meint seine Confutation of Atheism); nachher aber habe ihn der Genius der alten Heiden an sich gelockt, und in der Verzweiflung, sich auf einem andern Wege zu ihrer Höhe zu erheben, sei er ihnen auf die Schultern gestiegen, um so über ihre Köpfe hinwegzusehn.

58

Bentley, sagt Wolf, ist als Literator wie als Mensch den größten Teil seines Lebens hindurch verkannt und verfolgt, oder doch mit Malignität gelobt worden.

„Gegen Ende des Lebens befiel Markland, wie so viele seinesgleichen früher, ein Widerwillen gegen allen gelehrten Ruhm, dermaßen, daß er mehrere lange gepflegte Arbeiten teils zerstreute, teils verbrannte."

Wolf sagt „überall ist es ja meist Weniges, was aus wohlverdauter Gelehrsamkeit gewonnen wird für geistigen Nahrungssaft".

In der Jugendzeit Winckelmanns gab es eigentlich kein philologisches Studium als in dem gemeinen Dienste von broterwerbenden Disziplinen – man las und erklärte damals die Alten, um sich besser zur Auslegung der Bibel und des Corpus Juris vorzubereiten.

59

Wolf nennt es die Blume aller geschichtlichen Forschung, sich zu den großen und allgemeinen Ansichten des Ganzen zu erheben und zu der tiefsinnig aufgefaßten Unterscheidung der Fortgänge in der Kunst und der verschiedenen Stile. Aber Wolf gibt zu, Winckelmann fehlte jenes gemeinere Talent, die philologische Kritik, oder es kam nicht recht zur Tätigkeit: „eine seltne Mischung von Geisteskälte und kleinlicher unruhiger Sorge um hundert an sich geringfügige Dinge mit einem alles beseelenden, das Einzelne verschlingenden Feuer und einer Gabe der Divination, die dem Uneingeweihten ein Ärgernis ist".

60

Wolf macht darauf aufmerksam, daß das Altertum nur Theorien der Rede und Dichtkunst kannte, welche die Produktion erleichtern, τέχναι und artes, die wirkliche Redner und Dichter bildeten: „da wir heutzutage bald Theorien haben werden, wonach sich ebensowenig eine Rede oder ein Gedicht machen läßt, als ein Gewitter nach einer Brontologie".

61

Merkwürdig ist Wolfs Urteil über die Liebhaber philologischer Kenntnisse: „Fanden sie sich von der Natur mit Anlagen ausgestattet, die dem Geiste der Alten verwandt oder einer leichten Versetzung in fremde Denkarten und Lagen des Lebens empfänglich waren, so erlangten sie allerdings durch solche halbe Bekanntschaften mit den besten Schriftstellern mehr von dem Reichtum jener kraftvollen Naturen und großen Muster im Denken und Handeln, als die meisten von denen, die ihnen sich lebenslang zu Dolmetschern anboten."

62

„Am Ende dürften nur die wenigen zu echter vollendeter Kennerschaft gelangen, die mit künstlerischem Talent geboren und mit Gelehrsamkeit ausgerüstet, die besten Gelegenheiten benutzen, die nötigen technischen Kenntnisse sich praktisch und theoretisch zu erwerben." Wolf. Wahr!

63

Ich empfehle an Stelle des Lateinischen den griechischen Stil auszubilden, besonders an Demosthenes: Einfachheit! Auf Leopardi zu verweisen, der vielleicht der größte Stilist des Jahrhunderts ist.

64

„Klassische Bildung!" Was sieht man denn! Ein Ding, das nichts wirkt außer Befreiung vom Militärdienst und Doktortitel!

65

Wenn ich sehe, wie alle Staaten jetzt die klassische Bildung fördern, so sage ich: „wie unschädlich muß sie sein!" und dann: „wie nützlich muß sie sein!" Sie erwirbt diesen Staaten den Ruhm, die „freie Bildung" zu fördern. Nun sehe man die Philologen an, um diese „Freiheit" richtig zu taxieren.

66

Klassische Bildung! Ja wenn es nur wenigstens so viel Heidentum wäre, wieviel Goethe an Winckelmann fand und verherrlichte – es war nicht gar zu viel. Aber nun das ganze unwahre Christentum unserer Zeiten mit dazu oder mitten darunter – das ist mir zu viel, und ich muß mir helfen, indem ich meinen Ekel einmal darüber auslasse. – Man glaubt förmlich an Zauberei in betreff dieser „klassischen Bildung". Aber natürlich müßten doch die, welche das Altertum noch am meisten haben, auch diese Bildung am meisten haben, die Philologen; aber was ist an ihnen klassisch?

67

Klassische Philologie ist der Herd der flachsten Aufklärung; immer unehrlich verwendet, allmählich ganz wirkungslos geworden. Ihre Wirkung ist eine Illusion mehr am modernen Menschen. Eigentlich handelt es sich nur um einen Erzieher-Stand, der nicht aus Pfaffen besteht: hier hat der Staat sein Interesse daran.

Ihr Nutzen ist vollständig aufgebraucht während z. B. Geschichte des Christentums noch ihre Kraft zeigt.

68

Philologen, die von ihrer Wissenschaft reden, rühren nie an die Wurzeln, sie stellen nie die Philologie als Problem hin. Schlechtes Gewissen? oder Gedankenlosigkeit?

69

Aus den Reden über Philologie, wenn sie von Philologen kommen, erfährt man nichts, es ist die reinste Schwätzerei; zum Beispiel Jahns „Bedeutung und Stellung der Altertumsstudien in Deutschland". Gar kein Gefühl, was zu verteidigen, was zu schützen ist: so reden Leute, die noch gar nicht darüber nachgedacht haben, daß man sie angreifen könnte.

70

Philologen sind Menschen, welche das dumpfe Gefühl des modernen Menschen über eignes Ungenügen benutzen, um daraufhin Geld und Brot zu verdienen.

Ich kenne sie, ich bin selbst einer.

71

Unsre Philologen verhalten sich zu wirklichen Erziehern wie die Medizinmänner der Wilden zu wirklichen Ärzten. Welche Verwunderung wird eine ferne Zeit haben!

72

Es fehlt ihnen die eigentliche Lust an den starken und kräftigen Zügen des Altertums. Sie werden Lobredner und werden dadurch lächerlich.

73

Sie haben verlernt zu andern Menschen zu reden, und weil sie nicht zu älteren Leuten reden können, können sie es auch nicht zu jungen.

74

Wir behandeln unsre Jünglinge, als seien sie unterrichtete gereifte Männer, wenn wir ihnen die Griechen vorführen. Was eignet sich denn vom griechischen Wesen überhaupt für die Jugend? Zuletzt bleibt's gar beim Formalen, Einzelnes vorzuführen. Sind das Betrachtungen für junge Leute?

Die beste und höchste Gesamtvorstellung von den Alten bringen wir doch den jungen Leuten entgegen. Oder nicht? Das Lesen der Alten wird so betont.

Ich glaube, die Beschäftigung mit dem Altertum ist in eine falsche Stufe des Lebens verlegt. Ende der Zwanziger fängt es an zu dämmern.

75

Wie man die jungen Leute mit den Alten bekannt macht, hat etwas Respektwidriges: noch schlimmer, es ist unpädagogisch; denn was soll die Bekanntschaft mit Dingen, die der Jüngling unmöglich mit Bewußtsein verehren kann! Vielleicht soll er lernen zu glauben, und deshalb wünsche ich es nicht.

76

Es gibt Dinge, über die das Altertum belehrt, über welche ich nicht leicht mich öffentlich aussprechen möchte.

77

Alle Schwierigkeiten des historischen Studiums einmal durch das größte Beispiel zu verdeutlichen.

Inwiefern unsere Jünglinge nicht zu den Griechen passen.

Folgen der Philologie: hochmütige Antizipation,
Bildungsphilisterei,
Ungründlichkeit,
Überschätzung von Lesen und Schreiben,
Entfremdung von Volk und Volks-Not.

Die Philologen selbst, Historiker, Philosophen und Juristen, alles durchräuchert vom Dunste.

Es sind wirkliche Wissenschaften der Jugend beizubringen.

Ebenso wirkliche Kunst.

So wird auch, in höherem Leben, Verlangen nach wirklicher Historie dasein.

78

Die Inhumanität: selbst aus der Antigone, selbst aus der Goethischen Iphigenie.

Der Mangel an Aufklärung.

Das Politische ist nicht für Jünglinge verständlich.

Das Dichterische: eine schlimme Antizipation.

79

Kennen die Philologen die Gegenwart? Ihre Urteile über dieselbe als perikleische, ihre Verirrungen des Urteils, wenn sie von einem Homer kongenialen Geiste Freytags reden usw.; ihr Nachlaufen, wenn die Literaten voranlaufen. Ihr Verzichtleisten auf den heidnischen Sinn, den gerade Goethe als den altertümlichen an Winckelmann entdeckt hatte.

80

Wie es mit den Philologen steht, zeigt ihre Gleichgültigkeit beim Erscheinen Wagners. Sie hätten noch mehr lernen können als durch Goethe, und sie haben noch keinen Blick hingeworfen. Das zeigt: es führt sie kein starkes Bedürfnis: sonst hätten sie ein Gefühl, wo ihre Nahrung zu finden ist.

81

Wagner ehrt seine Kunst viel zu hoch, um sich in einen Winkel zu stecken wie Schumann. Entweder unterwirft er sich dem Publikum (Rienzi), oder er unterwirft es sich. Er züchtet es heran. Auch die Kleinen wollen ein Publikum, aber sie suchen es durch unkünstlerische Mittel, etwa Presse, Hanslick usw.

82

Wagner bildet die innere Phantasie des Menschen aus; spätere Generationen werden Zeugen von Bildwerken sein. Die Poesie muß der bildenden Kunst vorangehn.

83

An den Philologen bemerke ich:

1. Mangel an Respekt vor dem Altertum.
2. Weichlichkeit und Schönrednerei, vielleicht gar Apologie.
3. Einfaches Historisieren.
4. Einbildung über sich selbst.
5. Unterschätzung der begabten Philologen.

84

Ich sehe in den Philologen eine verschworene Gesellschaft, welche die Jugend an der antiken Kultur erziehn will; ich würde es verstehen, wenn man diese Gesellschaft und ihre Absichten von allen Seiten kritisierte. Da käme nun viel darauf an, zu wissen, was diese Philologen unter antiker Kultur verstehen. — Sehe ich zum Beispiel, daß sie gegen die deutsche Philosophie und Musik erzögen, so würde ich sie bekämpfen oder auch die antike Kultur bekämpfen, ersteres vielleicht, indem ich zeigte, daß die Philologen die antike Kultur nicht verstanden haben. Nun sehe ich:

1. großen Wechsel in der Schätzung der antiken Kultur bei den Philologen,
2. etwas tief Unantikes in ihnen selbst, Unfreies,
3. Unklarheit darüber, welche antike Kultur sie meinen,
4. in den Mitteln vieles Verkehrte, zum Beispiel Gelehrsamkeit,
5. Verquickung mit Christentum.

85

Nun wird es nicht mehr verwundern, daß die Bildung der Zeit, bei solchen Lehrern, nichts taugt. Ich entziehe mich nie, eine Schilderung von dieser Unbildung zu machen. Und zwar gerade in Beziehung auf die Dinge, wo man vom Altertum lernen müßte, wenn man es überhaupt könnte, z. B. Schreiben, Sprechen usw.

86

Übertragung der Bewegung ist Vererbung: das sage man sich bei der Wirkung der Griechen auf Philologen.

87

Aufklärung und alexandrinische Bildung ist es bestenfalls, was Philologen wollen. Nicht Hellenentum.

88

Mit Arbeitsamkeit läßt sich nicht viel erzwingen, wenn der Kopf stumpf ist. Über Homer herfallende Philologen glauben, man könne es erzwingen. Das Altertum redet mit uns, wann es Lust hat, nicht wann wir.

89

Die ererbte Abrichtung der jetzigen Philologen: eine gewisse Unfruchtbarkeit der Grundeinsichten hat sich ergeben; denn sie bringen die Wissenschaft, aber nicht die Philologen vorwärts.

90

Es gibt eine Art sich philologisch zu beschäftigen, und sie ist häufig: man wirft sich besinnungslos auf irgend ein Gebiet oder wird geworfen: von da aus sieht man rechts und links, findet manches Gute und Neue – aber in einer unbewachten Stunde sagt man sich doch: „was Teufel geht mich gerade das alles an?“ Inzwischen ist man alt geworden, hat sich gewöhnt und läuft so weiter, so wie in der Ehe.

91

Bei der Erziehung des jetzigen Philologen ist der Einfluß der Sprachwissenschaft zu erwähnen und zu beurteilen; für einen Philologen ziemlich abzulehnen: die Fragen nach den Uranfängen der Griechen und Römer sollen ihn nichts angehen: wie kann man sich auch sein Thema so verderben.

92

Bei der oft so tief sich aufdrängenden Unsicherheit der Divination macht sich von Zeit zu Zeit eine krankhafte Sucht geltend, um jeden Preis zu glauben und sicher sein zu wollen: z. B. Aristoteles gegenüber, oder im Auffinden von Zahlennotwendigkeiten – bei Lachmann fast eine Krankheit.

93

Die Konsequenz, die man am Gelehrten schätzt, ist den Griechen gegenüber Pedanterie.

94

Griechen und Philologen

Die Griechen:	Die Philologen sind:
huldigen der Schönheit,	Schwätzer und Tändler,
entwickeln den Leib,	häßliche Geschöpfe,
sprechen gut,	Stammler,
sind religiöse Verklärer des Alltäglichen,	schmutzige Pedanten,
sind Hörer und Schauer,	Wortklauber und Nachteulen,
sind für das Symbolische,	unfähig zur Symbolik,
besitzen freie Männlichkeit,	Staatssklaven mit Inbrunst,
besitzen reinen Blick in die Welt,	verzwickte Christen,
sind Pessimisten des Gedankens.	Philister.

95

Bergks Literaturgeschichte: nicht ein Fünkchen griechischen Feuers und griechischen *Sinnes*.

96

Man vergleicht wirklich unsre Zeit mit der perikleischen in Schulprogrammen, man gratuliert sich zum Wiedererwachen des Nationalgefühls, und ich erinnere mich einer Parodie auf die Leichenrede des Perikles, von G. Freytag, wo dieser mit steifen Hosen geborene Dichter das Glück schildert, das jetzt die 60jährigen Männer empfinden. – Alles reine *Karikatur*! So die Wirkung! Tiefe Trauer und Hohn und Zurückgezogenheit bleibt dem übrig, der mehr davon gesehn hat.

4. Andeutungen über die Griechen

97

Mit einer Veränderung eines Wortes von Baco von Verulam kann man sagen: infimarum Graecorum virtutum apud philologos laus est, mediarum admiratio, supremarum sensus nullus.

98

Wie man nur ein ganzes Volk verherrlichen und preisen kann! Die Einzelnen sind es, auch bei den Griechen.

99

Es ist sehr viel Karikatur, auch bei den Griechen, zum Beispiel die Sorge ums eigne Glück bei den Zynikern.

100

Mich interessiert allein das Verhältnis des Volkes zur Erziehung des Einzelnen: und da ist allerdings bei den Griechen einiges sehr günstig für die Entwicklung des Einzelnen, doch nicht aus Güte des Volkes, sondern aus dem Kampf der bösen Triebe.

Man kann durch glückliche Erfindungen das große Individuum noch ganz anders und höher erziehen, als es bis jetzt durch die Zufälle erzogen wurde. Da liegen noch Hoffnungen: Züchtung der bedeutenden Menschen.

101

Die Griechen sind interessant und ganz toll wichtig, weil sie eine solche Menge von großen Einzelnen haben. Wie war das möglich? Das muß man studieren.

102

Die griechische Geschichte ist immer bisher optimistisch geschrieben worden.

103

Ausgewählte Punkte aus dem Altertum: zum Beispiel die Macht, das Feuer und der Schwung der antiken Musikempfindung (durch die erste pythische Ode), die Reinheit in der historischen Empfindung, die Dankbarkeit für die Segnungen der Kultur, Feuer-Feste, Getreide-Feste. Die Veredelung der Eifersucht, die Griechen das eifersüchtigste Volk. Der Selbstmord, Haß gegen das Alter, gegen die Armut. Empedokles über die Geschlechtsliebe.

104

Gesunder gewandter Körper, reiner und tiefer Sinn in der Betrachtung des Allernächsten, freie Männlichkeit, Glauben an gute Rasse und gute Erziehung, kriegerische Tüchtigkeit, Eifersucht im ἀριστεύειν, Lust an den Künsten, Ehre der freien Muße, Sinn für freie Individuen, für das Symbolische.

105

Die geistige Kultur Griechenlands eine Aberration des ungeheuren politischen Triebes nach ἀριστεύειν. Die πόλις höchst ablehnend gegen neue Bildung. Trotzdem existierte die Kultur.

106

Wenn ich sage, die Griechen waren in Summa doch s i t t l i c h e r als die modernen Menschen: was heißt das? Die ganze Sichtbarkeit der Seele im Handeln zeigt schon, daß sie ohne Scham waren, sie hatten kein schlechtes Gewissen. Sie waren offener, leidenschaftlicher, wie Künstler sind, eine Art von Kinder-Naivetät begleitet sie; so haben sie bei allem Schlimmen einen Zug von Reinheit an sich, etwas dem Heiligen Nahes. Merkwürdig viel Individuum: sollte darin nicht eine höhere Sittlichkeit liegen? Denkt man sich den Charakter langsam entstanden, was ist es doch, was zuletzt so viel Individualität erzeugt? Vielleicht Eitelkeit untereinander, Wetteifer? Möglich. Wenig Lust am Konventionellen.

107

Die Griechen das Genie unter den Völkern.

Kindes-Natur, leichtgläubig.

Leidenschaftlich. Unbewußt leben sie der Erzeugung des Genius. Feinde der Befangenheit und Dumpfheit. Schmerz. Unverständiges Handeln. Ihre Art von intuitiver Einsicht in das Elend, bei goldenem genialfrohem Temperament. Tiefsinn im Erfassen und Verherrlichen des Nächsten (Feuer, Ackerbau). Lügnerisch, unhistorisch. Die Kulturbedeutung der Polis instinktiv erkannt; Zentrum und Peripherie für die großen Menschen günstig (die Übersichtlichkeit einer Stadtgemeinde, auch die Möglichkeit, sie als Ganzes anzureden). Das Individuum zur höchsten Kraft durch die Polis gesteigert. Neid, Eifersucht wie bei genialen Leuten.

108

Es fehlt den Griechen die Nüchternheit. Übergroße Sensibilität, abnorm erhöhtes Nerven- und Zerebralleben, Heftigkeit und Leidenschaftlichkeit des Willens.

109

„Im Einzelnen stets das Allgemeine zu sehen ist gerade der Grundzug des Genies“ Schopenhauer. Man denke an Pindar usw. Die „Besonnenheit“, nach Schopenhauer, hat zunächst ihre Wurzel in der Deutlichkeit, mit welcher die Griechen der Welt und ihrer selbst inne werden und dadurch zur Besinnung darüber kommen.

Das „weite Auseinandertreten des Willens und des Intellekts“ bezeichnet die Genies und auch die Griechen.

„Die dem Genie beigegebene Melancholie beruht darauf, daß der Wille zum Leben, von je hellerem Intellekte er sich beleuchtet findet, desto deutlicher das Elend seines Zustandes wahrnimmt.“ Schopenhauer. Cf. die Griechen!

110

Die Mäßigkeit der Griechen in ihrem sinnlichen Aufwand, Essen und Trinken und ihre Lust daran: die olympischen Spiele und ihre Vergötterung – das zeigt, was sie waren.

Beim Genie wird „der Intellekt die Fehler zeigen, die bei jedem Werkzeuge, welches zu dem, wozu es nicht gemacht ist, gebraucht wird, nicht auszubleiben pflegen“. „Es läßt den Willen oft sehr zur Unzeit im Stich: so wird das Genie für das Leben mehr oder weniger unbrauchbar, ja erinnert in seinem Betragen mitunter an den Wahnsinn.“

111

Wie stechen die Römer durch ihren trockenen Ernst gegen die genialen Griechen ab! Schopenhauer: „der feste praktische Lebensernst, welchen die Römer als gravitas bezeichneten, setzt voraus, daß der Intellekt nicht den Dienst des Willens verlasse, um hinauszuschweifen zu dem, was diesen nicht angeht.“

112

Es wäre viel glücklicher noch gewesen, daß die Perser, als daß gerade die Römer über die Griechen Herr wurden.

113

Die Eigenschaften des Genialen ohne Genialität treffen wir bei dem Durchschnittshellenen, im Grunde alle die gefährlichsten Eigenschaften des Gemüts und des Charakters.

114

Das Genie macht alle Halbbegabten tributpflichtig: so schickten Perser selbst ihre Gesandtschaften an die griechischen Orakel.

115

Das glücklichste Los, welches dem Genie werden kann, ist Entbindung vom Tun und Lassen und freie Muße: und so wußten die Griechen zu schätzen. Segen der Arbeit! Nugari nannten die Römer alles Tichten und Trachten der Hellenen.

Es hat keinen glücklichen Lebenslauf, es steht im Widerspruch und Kampf mit seiner Zeit. So die Griechen: sie bemühten sich ungeheuer, instinktiv, sich ein sicheres Gehäuse (in der Polis) zu schaffen. Endlich ging alles in der Politik zugrunde. Sie waren gezwungen, nach außen hin standzuhalten: das wurde immer schwieriger, endlich unmöglich.

116

Die griechische Kultur ruht auf dem Herrschafts-Verhältnis einer wenig zahlreichen Klasse gegen vier bis neunmal so viel Unfreie. Der *Masse* nach war Griechenland ein von Barbaren bewohntes Land. Wie kann man die Alten nur *human* finden! Gegensatz des Genies gegen den Broterwerber, das halbe Zug- und Lasttier. Die Griechen glaubten an eine Verschiedenheit der Rasse. Schopenhauer wundert sich, daß es der Natur nicht beliebt habe, zwei getrennte Spezies zu erfinden.

Zum Griechen verhält sich der Barbar wie „zum freibeweglichen, ja geflügelten Tiere die an ihren Felsen gekittete Muschel, welche abwarten muß, was der Zufall ihr zuführt". Schopenhauersches Bild.

117

Die Griechen als das einzig geniale Volk der Weltgeschichte; auch als Lernende sind sie dies, sie verstehn dies am besten und wissen nicht bloß zu schmücken und zu putzen mit dem Entlehnten: wie es die Römer tun.

Die Konstitution der Polis ist eine phönizische Erfindung: selbst dies haben die Hellenen nachgemacht. Sie haben lange Zeit wie freudige Dilettanten an allem herumgelernt; wie auch die Aphrodite phönizisch ist. Sie leugnen auch gar nicht das Eingewanderte und Nicht-Ursprüngliche ab.

118

Die glücklichste und behaglichste Gestaltung der politisch-sozialen Lage ist am wenigsten bei den Griechen zu finden; jenes Ziel schwebt unsern Zukunftsträumern vor. Schrecklich! Denn man muß es nach dem Maßstabe beurteilen: je mehr Geist, desto mehr Leid (wie die Griechen beweisen). Also auch: je mehr Dummheit, desto mehr Behagen. Der Bildungsphilister ist das behaglichste Geschöpf, welches je die Sonne gesehn hat, er wird eine gehörige Dummheit haben.

119

Aus der gegenseitigen Todfeindschaft erwächst die griechische Polis und das αἰὲν ἀριστεύειν. Hellenisch und philanthropisch waren Gegensätze, obschon die Alten genug sich geschmeichelt haben.

Homer in der Welt der hellenischen Zwietracht der panhellenische Grieche. Der Wettkampf der Griechen zeigt sich auch im Symposion, in der Form des geistreichen Gesprächs.

120

„Die frevelhafte gegenseitige Zernichtung unvermeidlich, solange noch eine einzige πόλις leben wollte, ihr Neid gegen alles Höhere, ihre Habsucht, die Zerrüttung ihrer Sitte, die Sklavenstellung für die Frau, die Gewissenlosigkeit im Eidschwur, in Mord und Totschlag.“

Ungeheure Kraft der Selbstüberwindung, zum Beispiel im Bürger, in Sokrates, der zu allem Bösen fähig war.

121

Der herrliche Sinn für Ordnung und Gliederung hat den Staat der Athener unsterblich gemacht. – Die zehn Strategen in Athen! Toll! Gar zu sehr ein Opfer auf dem Altar der Eifersucht.

122

Die Erholungen der Spartaner bestanden in Festen, Jagden und Krieg: ihr alltägliches Leben war zu hart. Im ganzen ist ihr Staat doch eine Karikatur der Polis und ein Verderben von Hellas. Die Erzeugung des vollkommnen Spartaners – aber was ist er Großes, daß seine Erzeugung einen so brutalen Staat brauchte!

123

Das politische Unterliegen Griechenlands ist der größte Mißerfolg der Kultur: denn es hat die gräßliche Theorie aufgebracht, daß man die Kultur nur pflegen könne, wenn man zugleich bis an die Zähne bewaffnet und mit Fausthandschuhen angetan sei. Das Aufkommen des Christentums war der zweite große Mißerfolg: die rohe Macht dort, der dumpfe Intellekt hier kamen zum Siege über das aristokratische Genie unter den Völkern. Philhellene sein heißt: Feind der rohen Macht und der dumpfen Intellekte sein. Insofern war Sparta das Verderben von Hellas, insofern es Athen zwang, bundesstaatlich zu wirken und sich ganz auf Politik zu werfen.

124

Es gibt Gebiete, wo die ratio nur Unfug anrichten wird, und der Philolog, der nichts weiter hat, damit verloren ist und nie die Wahrheit sehen kann; zum Beispiel bei Betrachtung der griechischen Mythologie. Natürlich hat ein Phantast auch noch keinen Anspruch: man muß griechische Phantasie und etwas von griechischer Frömmigkeit haben. Selbst der Dichter braucht in sich nicht konsequent zu sein, und überhaupt ist Konsequenz das letzte, wozu sich die Griechen verstehen würden.

125

Fast alle griechischen Gottheiten sind angesammelte; eine Schicht wieder über der andern, bald verwachsen, bald notdürftig verkittet. Dies wissenschaftlich auseinanderzuklauben scheint mir kaum möglich: denn dafür kann es keine gute Methode geben: der elende Schluß der Analogie ist hier schon ein sehr guter Schluß.

126

Wie fern muß man den Griechen sein, um ihnen eine solche bornierte Autochthonie zuzutrauen wie Otfried Müller! Wie christlich, um mit Welcker die Griechen für ursprüngliche Monotheisten zu halten! Wie quälen sich die Philologen mit der Frage, ob Homer geschrieben habe, ohne den viel höheren Satz zu begreifen, daß die griechische Kunst eine lange innere Feindseligkeit gegen Schriftwesen hatte und nicht gelesen werden wollte.

127

Im religiösen Kultus ist ein früherer Kulturgrad festgehalten, es sind „Überlebsel“. Die Zeiten, welche ihn feiern, sind nicht die, welche ihn erfinden. Der Gegensatz ist oft sehr bunt. Der griechische Kultus führt uns in eine vorhomerische Gesinnung und Gesittung zurück, ist fast das Älteste, was wir von den Griechen wissen, älter als die Mythologie, welche die Dichter wesentlich umgebildet haben, so wie wir sie kennen. – Kann man diesen Kult griechisch nennen? Ich zweifle: sie sind Vollender, nicht Erfinder. Sie konservieren durch diese schöne Vollendung.

128

Es bleibt ein großer Zweifel übrig, ob man aus den Sprachen auf Nationalität und auf Verwandtschaft mit andern Nationen schließen darf; eine siegreiche Sprache ist nichts als ein häufiges (nicht einmal regelmäßiges) Zeichen einer gelungenen Überwältigung. Wo hätte es je autochthone Völker gegeben! Es ist ein ganz unklarer Begriff, von Griechen zu reden, die noch nicht in Griechenland lebten. Das Eigentümlich-Griechische ist viel weniger das Resultat der Anlage als der adaptierten Institutionen, und auch der angenommenen Sprache.

129

Auf Bergen zu wohnen, viel reisen, schnell von der Stelle zu kommen – darin kann man sich jetzt schon den griechischen Göttern gleichsetzen. Wir wissen auch das Vergangene und beinah das Zukünftige. Was ein Grieche sagen würde, wenn er uns sähe!

130

Die Götter machen den Menschen noch böser; so ist Menschennatur. Wen wir nicht mögen, von dem wünschen wir, daß er schlechter werde, und freuen uns dann. Es gehört dies in die düstere Philosophie des Hasses, die noch nicht geschrieben ist, weil sie überall das pudendum ist, das jeder fühlt.

131

Der Panhellene Homer hat seine Lust an der Leichtfertigkeit der Götter; aber erstaunlich ist, wie er ihnen wieder Würde geben kann. Dieses ungeheure Sich-Aufschwingen ist aber griechisch.

132

Woher stammt nun der Neid der Götter? man glaubt nicht an ein ruhend stilles Glück, sondern nur an ein übermütiges. Es muß den Griechen schlecht zumute gewesen sein, allzu leicht verwundet war ihre Seele; es verbittert sie, den Glücklichen zu sehen. Das ist griechisch. Wo es ein ausgezeichnetes Talent gab, da mag die Schar der Eifersüchtigen ungeheuer groß gewesen sein. Traf jenen ein Unglück, so sagte man „aha! der war auch zu übermütig". Und jeder hätte ebenso sich benommen, wenn er das Talent gehabt hätte, übermütig; und jeder hätte gern eben den Gott gespielt, der das Unglück schickt.

133

Die griechischen Götter verlangten keine Sinnesänderung und waren überhaupt nicht so lästig und zudringlich: da war es auch möglich, sie ernst zu nehmen und zu glauben. Zu Homers Zeiten war das griechische Wesen übrigens fertig: Leichtfertigkeit der Bilder und der Phantasie ist nötig, um das übermäßig leidenschaftliche Gemüt etwas zu beschwichtigen und zu befreien.

134

Jede Religion hat für ihre höchsten Bilder ein Analogon in einem Seelenzustande. Der Gott Mahomets: die Einsamkeit der Wüste, fernes Gebrüll des Löwen, Vision eines schrecklichen Kämpfers. Der Gott der Christen: alles was sich Männer und Weiber bei dem Worte „Liebe" denken. Der Gott der Griechen: eine schöne Traumgestalt.

135

Zu einem griechischen Polytheismus gehört viel Geist; es ist freilich sparsamer mit dem Geist umgegangen, wenn man nur einen Gott hat.

136

Die griechische Moral beruht nicht auf der Religion, sondern auf der Polis.

Es gab nur Priester einzelner Götter, nicht Vertreter der ganzen Religion: also keinen Stand. Ebenfalls keine heilige Urkunde.

137

Die „leichtlebenden" Götter: das ist die höchste Verschönerung, die der Welt zuteil geworden ist; im Gefühl, wie schwer es sich lebt.

138

Spricht bei ihnen der Verstand, wie herbe und grausam erscheint ihnen das Leben! Sie täuschen sich nicht. Aber sie umspielen das Leben mit Lügen: Simonides rät, das Leben wie ein Spiel zu nehmen: der Ernst war ihnen als Schmerz zu bekannt. Das Elend der Menschen ist den Göttern ein Genuß, wenn ihnen davon gesungen wird. Das wußten die Griechen, daß einzig durch die Kunst selbst das Elend zum Genusse werden kann, vide tragoediam.

139

Es ist gar nicht wahr, daß die Griechen nur auf dieses Leben ihre Blicke gerichtet hatten. Sie litten auch an der Todes- und Höllenangst. Aber keine Reue und Zerknirschung.

140

Das leibhafte Erscheinen von Göttern, wie bei Sapphos Anrufung der Aphrodite, ist nicht als poetische Lizenz zu verstehen, es sind häufige Halluzinationen. Vieles, wie auch den Wunsch zu sterben, fassen wir zu flach auf, als rhetorisch.

141

Der „Dulder" ist hellenisch: Prometheus, Herakles.
Der Heroenmythus ist panhellenisch geworden; dazu gehörte freilich ein Dichter.

142

Wie wirklich die Griechen selbst in reinen Erfindungen waren, wie sie an der Wirklichkeit fortdichteten, nicht sich aus ihr hinaussehnten.

*

Das Steigern des Gegenwärtigen ins Ungeheure und Ewige z. B. bei Pindar.

143

Welchen Zustand nehmen nur die Griechen als Vorbild für ihr Leben im Hades? Blutlos, traumhaft, schwach: es ist die nochmalige Steigerung des Greisenalters, wo das Gedächtnis noch mehr schwindet und der Leib auch noch mehr. Das Greisenalter des Greisenalters — so leben wir in den Augen der Hellenen.

144

Der *kindliche Charakter* der Griechen von den Ägyptern empfunden.

145

Das eigentlich *wissenschaftliche* Volk, das Volk der Literatur, sind die Ägypter und nicht die Griechen. Was wie Wissenschaft bei den Griechen aussieht, stammt daher, und später kehrt es nach Ägypten zurück, um sich mit dem alten Strome wieder zu vereinigen. Alexandrinische Kultur ist eine Verquickung von Hellenisch und Ägyptisch: und wenn die neue Welt an die Kultur der Alexandriner anknüpft, dann hat sie ...

146

Die Ägypter sind *viel mehr* ein *literarisches* Volk als die Griechen. Dies gegen Wolf. Das erste Korn in Eleusis, die erste Rebe in Theben, der erste Ölbaum, Feigenbaum. Ägypten hatte seinen Mythus wesentlich verloren.

147

Die unmathematische Schwingung der Säule in Pästum ist ein Analogon zur Modifikation des Tempos: Belebtheit an Stelle eines maschinenhaften Bewegtseins.

148

Der Wunsch, irgend etwas Sicheres in der Ästhetik zu haben, verführte zur Anbetung des Aristoteles; ich glaube, es läßt sich allmählich beweisen, daß er nichts von der Kunst versteht und daß nur die klugen Gespräche der Athener es sind, deren Widerhall wir so bei ihm bewundern.

149

In Sokrates haben wir einen Vorgang des Bewußtseins gleichsam vor uns offen liegen, aus dem später die Instinkte des theoretischen Menschen entstanden sind: daß jemand lieber sterben will, als alt und schwach im Geiste werden.

150

Am Ausgange des Altertums stehen noch ganz unchristliche Gestalten, die schöner, reiner und harmonischer sind, als alle christlichen; zum Beispiel Proklos. Die Mystik, sein Synkretismus sind Dinge, die ihm gerade das Christentum nicht vorwerfen darf. Jedenfalls wäre es mein Wunsch, mit denen zusammenzuleben. Denen gegenüber erscheint das Christentum nur wie die roheste Vergröberung, für den Haufen und die Ruchlosen hergerichtet.

*

Proklos, der den aufgehenden Mond in feierlicher Weise anbetet.

151

Mit dem Christentum erlangte eine Religion das Übergewicht, welche einem vorgriechischen Zustand des Menschen entsprach: Glaube an Zaubervorgänge in allem und jedem, blutige Opfer, abergläubische Angst vor dämonischen Strafgerichten, Verzagen an sich selbst, ekstatisches Brüten und Halluzinieren, der Mensch sich selber zum Tummelplatz guter und böser Geister und ihrer Kämpfe geworden.

5. Der Philologe der Zukunft

152

Alle Richtungen der Historie haben am Altertum sich versucht: die **kritische** Betrachtung ist allein noch übrig. Nur muß man darunter nicht Konjektural- und literarhistorische Kritik verstehen.

153

Alle Arten, die Geschichte zu behandeln, sind schon am Altertum versucht. Vor allem aber hat man genug erfahren, um nun die Geschichte des Altertums sich zunutze zu machen – ohne am Altertum zugrunde zu gehen.

154

Wir sehen auf eine ziemliche Zeit Menschheit zurück; wie wird eine Menschheit einmal aussehen, welche auf uns ebenso fernher hinsieht? Welche uns noch ganz ertränkt findet in den Überbleibseln der alten Kultur! Welche nur im „Hilfreich- und Gutsein" ihren Trost findet und alle andern Tröstungen abweist! – Wächst auch die Schönheit aus der alten Kultur heraus? Ich glaube, unsre **Häßlichkeit** hängt von unsern metaphysischen Überbleibseln ab; unsere Verworrenheit der Sitte, unsre Schlechtigkeit der Ehen usw. ist die Ursache. Der schöne Mensch, der gesunde und mäßige und unternehmende Mensch formt um sich dann auch zum Schönen, zu seinem Abbild.

155

Alle Geschichte ist bis jetzt vom Standpunkt des Erfolgs und zwar mit der Annahme einer Vernunft im Erfolge geschrieben. Auch die griechische Geschichte: wir besitzen noch keine. Aber so steht es überhaupt: wo sind

Historiker, die nicht von allgemeinen Flausen beherrscht die Dinge ansehn? Ich sehe nur einen, Burckhardt. Überall der breite Optimismus in der Wissenschaft. Die Frage: „was wäre geschehn, wenn das und das nicht eingetreten wäre“ wird fast einstimmig abgelehnt, und doch ist sie gerade die kardinale Frage, wodurch alles zu einem ironischen Dinge wird. Man sehe nur sein Leben an. Wenn man nach Plan in der Geschichte sucht, so sehe man ihn in den Absichten eines gewaltigen Menschen, vielleicht in denen eines Geschlechts, einer Partei. Alles übrige ist ein Wirrsal. – Auch in der Naturwissenschaft ist diese Vergötterung des Notwendigen. –

Deutschland ist die Brutstätte des historischen Optimismus geworden: daran mag Hegel mit schuld sein. Aber durch nichts hat die deutsche Kultur verhängnisvoller gewirkt. Alles durch den Erfolg Unterdrückte bäumt sich allmählich auf; die Geschichte als der Hohn der Sieger; servile Gesinnung und Devotion vor dem Faktum – „Sinn für den Staat“ nennt man's jetzt! Als ob der noch hätte gepflanzt werden müssen! Wer nicht begreift, wie brutal und sinnlos die Geschichte ist, der wird auch den Antrieb gar nicht verstehn, die Geschichte sinnvoll zu machen. Nun sehe man, wie selten eine solche sinnvolle Erkenntnis des eigenen Lebens ist wie die Goethes: was soll nun aus allen diesen verschleierten und blinden Existenzen Vernünftiges geschehn, wenn sie mit- und gegeneinander chaotisch wirken.

Besonders naiv ist es nun, wenn Hellwald, der Verfasser einer Kulturgeschichte, von allen „Idealen“ abwinkt, weil die Geschichte immer eins nach dem andern abgetan habe.

156

Die Unvernunft in den menschlichen Dingen ans Licht zu bringen, ohne jede Verschämtheit, das ist das *Ziel unserer Brüder und Genossen*. Dann wird man zu unterscheiden haben, was davon fundamental und unverbesserlich ist, was noch verbessert werden kann. Aber jede „Vorsehung" ist fernzuhalten: denn das ist ein Begriff, wodurch man es sich zu leicht macht. Den Atem *dieser* Absicht wünsche ich der Wissenschaft einzuflößen. Die *Kenntnis des Menschen* vorwärts zu bringen! Das Gute und Vernünftige im Menschen ist zufällig oder scheinbar oder die Gegenseite von etwas sehr Unvernünftigem. Es wird irgendwann einmal gar keinen Gedanken geben als *Erziehung*.

157

Ergebung in die *Notwendigkeit* lehre ich nicht — denn man müßte sie erst als notwendig *kennen*. Vielleicht gibt es vielfache Notwendigkeiten; aber so im allgemeinen ist es doch auch ein Faulbett.

158

Geschichte kennen heißt jetzt: zu *erkennen*, wie es alle Menschen sich zu leicht gemacht haben, welche an eine Vorsehung glauben. Es gibt keine. Wenn die menschlichen Dinge wild und unordentlich gehen, so glaube nicht, daß ein Gott damit etwas bezweckt oder daß er sie zuläßt. Wir können ungefähr übersehen, daß die Geschichte des Christentums auf Erden einer der schrecklichsten Teile der Geschichte ist und daß es damit einmal vorbei sein *muß*. Freilich ragte im Christentum gerade auch das Altertum in unsre Zeit hinein; und wenn es schwindet, schwindet das Verständnis des Altertums noch mehr. Jetzt ist die beste Zeit, es zu erkennen; uns leitet kein Vorurteil zugunsten des Christentums mehr, aber wir verstehn es noch und in ihm auch noch das Altertum, soweit es auf einer Linie steht.

159

Es müssen philosophische Köpfe darüber kommen und einmal die Gesamtabrechnung des Altertums vorlegen. Sobald diese vorliegt, so wird es überwunden sein. Man ist viel zu stark mit allem Fehlerhaften, das uns quält, vom Altertum abhängig, als daß man es noch lange milde behandeln wird. Die ungeheuerste Freveltat der Menschheit, daß das Christentum möglich werden konnte, so wie es möglich wurde, ist die Schuld des Altertums. Mit dem Christentum wird auch das Altertum abgeräumt werden. – Jetzt ist es sehr nahe hinter uns, und gerecht zu sein gewiß nicht möglich. Es ist in der scheußlichsten Weise zur Unterdrückung benutzt worden und hat die religiöse Unterdrückung unterstützt, dadurch, daß es sie mit „Bildung" maskierte. Der Hauptwitz war: „das Altertum ist durch das Christentum überwunden worden!" Dies war eine historische Tatsache, und so wurde die Beschäftigung mit ihm unschädlich. Ja es ist so plausibel, die christliche Ethik „tiefer" zu finden als Sokrates! Mit Plato konnte man es schon aufnehmen! Es ist eine nochmalige Widerkäuung desselben Kampfes, der sich in den ersten Jahrhunderten schon abspielte. Nur daß jetzt ein ganz blasses Gespenst an Stelle des damals recht sichtbaren Altertums getreten ist und freilich auch das Christentum recht gespenstisch geworden ist. Es ist ein Kampf nach der Entscheidungsschlacht, ein Nachzittern. Zuletzt sind alle die Mächte, aus denen das Altertum besteht, im Christentum in der rohesten Gestalt zutage getreten, es ist nichts Neues, nur quantitativ extraordinär.

160

Auf immer trennt uns von der alten Kultur, daß ihre Grundlage durch und durch für uns hinfällig geworden ist. Eine Kritik der Griechen ist insofern zugleich eine Kritik des Christentums, denn die Grundlage im Geisterglauben, im religiösen Kultus, in der Naturverzauberung ist dieselbe. – Es gibt jetzt noch zahlreiche rückständige Stufen, aber sie sind schon im Begriff zu verfallen.

Dies wäre eine Aufgabe, das Griechentum als unwiederbringlich zu kennzeichnen und damit auch das Christentum und die bisherigen Fundamente unsrer Sozietät und Politik.

161

Das Christentum hat das Altertum überwunden – ja das ist leicht gesagt. Erstens ist es selbst ein Stück Altertum, zweitens hat es das Altertum konserviert, drittens ist es mit den reinen Zeiten des Altertums gar nicht im Kampf gewesen. Vielmehr: damit das Christentum erhalten blieb, mußte es sich vom Geiste des Altertums überwinden lassen, zum Beispiel von der Imperium-Vorstellung, der Gemeinde usw. Wir leiden an der ungemeinen Unreinlichkeit und Unklarheit des Menschlichen, an der witzigen Verlogenheit, die das Christentum über die Menschen gebracht hat.

162

Es ist fast lächerlich zu sehen, wie fest alle Wissenschaften und Künste in der neueren Zeit wieder aus dem Samen aufwachsen, der aus dem Altertum zugeweht wird, und wie das Christentum hier nur als ein böser Frost einer langen Nacht erscheint, bei dem man glauben sollte, es sei für alle Zeit mit der Vernunft und der Ehrlichkeit der Menschen vorbei. Der Kampf gegen den natürlichen Menschen hat den unnatürlichen Menschen gemacht.

163

Mit dem Verschwinden des Christentums ist auch ein guter Teil des Altertums unverständlicher geworden, zumal die ganze religiöse Basis des Lebens. Schon deshalb ist eine Nachahmung des Altertums eine falsche Tendenz; Betrüger oder Betrogene sind die Philologen, welche noch daran denken. Wir leben in der Periode, wo verschiedene Lebensauffassungen nebeneinanderstehen: deshalb ist die Zeit so lehrreich, wie selten eine, deshalb so krank, weil sie an den Übeln aller Richtungen zugleich leidet. Zukunftsmensch: der europäische Mensch.

164

Die deutsche Reformation entfernte uns vom Altertum: mußte sie das? Sie entdeckte den alten Widerspruch „Heidentum – Christentum“ von neuem; sie war zugleich ein Protest gegen die dekorative Kultur der Renaissance; es war ein Sieg über dieselbe Kultur, die beim Beginn des Christentums besiegt wurde.

*

Das Christentum hat in betreff der „weltlichen Dinge“ gerade die gröberen Ansichten der Alten konserviert. Alles Edlere in Ehe, Sklaverei, Staat ist unchristlich. Es brauchte die entstellenden Züge der Weltlichkeit, um sich zu beweisen.

165

Die Verbindung von Humanismus und religiösem Rationalismus ist als sächsisch gut von Köchly hervorgehoben: der Typus dieser Philologen ist Gottfried Hermann.

166

Religionen verstehe ich als Narkosen: aber werden sie solchen Völkern gegeben wie den Germanen, so sind es reine Gifte.

167

Alle Religionen beruhen zuletzt doch auf gewissen physikalischen Annahmen, die vorher da sind und sich die Religionen anpassen; zum Beispiel im Christentum Gegensatz von Leib und Seele, unbedingte Wichtigkeit der Erde als der „Welt“, wunderhaftes Geschehen in der Natur. Sind erst die entgegengesetzten Anschauungen zur Herrschaft gekommen, zum Beispiel strenges Naturgesetz, Hilflosigkeit und Überflüssigkeit aller Götter, engste Auffassung des Seelischen als eines leiblichen Prozesses — so ist es vorbei. Nun ruht das ganze Griechentum auf solchen Anschauungen.

168

Wenn man von der Gesinnung und Gesittung des katholischen Mittelalters aus nach den Griechen hinschaut, da strahlen sie freilich im Glanze der höheren Humanität: denn alles, was man ihnen vorwerfen wird, muß man in viel höherem Maße dem Mittelalter selber vorwerfen. So ist die Verehrung der Alten in der Renaissance-Zeit ganz ehrlich und recht. Nun haben wir in einigem es noch weiter gebracht, gerade auf Grund jenes erwachenden Lichtstrahles. Wir haben in der Aufhellung der Welt die Griechen überholt, durch Natur- und Menschengeschichte, und unsere Kenntnisse sind viel größer, unsere Urteile mäßiger und gerechter. Auch eine mildere Menschlichkeit ist verbreitet, dank der Aufklärungszeit, welche den Menschen geschwächt hat — aber diese Schwäche nimmt sich, ins Moralische umgewandelt, sehr gut aus und ehrt uns. Der Mensch hat jetzt sehr viel Freiheit, es ist seine Sache, daß er sie so wenig gebraucht; der Fanatismus des Meinens ist sehr gemildert. Daß wir zuletzt doch lieber in dieser als in einer andern Zeit leben wollen, ist wesentlich das Verdienst der Wissenschaft, und gewiß gab es für kein Geschlecht eine solche Summe von edlen Freuden, wie für unseres – wenn auch unser Geschlecht gerade nicht den Magen und Gaumen hat, viel Freude empfinden zu können. – Nun lebt es sich bei aller dieser „Freiheit" nur gut, wenn man eben nur begreifen, nicht mitmachen will – das ist der moderne Haken. Die Mitmachenden erscheinen weniger reizvoll als je; wie dumm müssen sie sein!

So entsteht die Gefahr, daß das Wissen sich an uns räche, wie sich das Nichtwissen während des Mittelalters an uns gerächt hat. Mit den Religionen, welche an Götter, an Vorsehungen, an vernünftige Weltordnungen, an Wunder und Sakramente glauben, ist es vorbei, auch bestimmte Arten von heiligem Leben, von Askese sind vorbei, weil wir leicht auf ein verletztes Gehirn und auf Krankheit schließen. Es ist kein Zweifel, der Gegensatz von einer reinen unkörperlichen Seele und einem Leibe ist fast beseitigt. Wer glaubt noch an eine Unsterblichkeit der Seele! Alles Segensvolle und Verhängnisvolle, was somit auf gewissen irrtümlichen physiologischen Annahmen beruhte, ist hinfällig geworden, sobald diese Annahmen als Irrtümer erkannt sind. Das, was nun jetzt die wissenschaftlichen Annahmen sind, läßt ebensowohl eine Deutung und Benutzung ins Verdummend-Philisterhafte, ja ins Bestialische zu, als eine Deutung ins Segensreiche und Beseelende. Unser Fundament ist neu gegen alle früheren Zeiten, deshalb kann man vom Menschengeschlecht noch etwas erleben.

In betreff der Kultur heißt dies: wir kannten bisher nur eine vollkommene Form, das ist die Stadtkultur der Griechen, auf ihren mythischen und sozialen Fundamenten ruhend, und eine unvollkommne, die römische, als Dekoration des Lebens, entlehnend von der griechischen! Jetzt haben sich nun alle Fundamente, die mythischen und die politisch-sozialen, verändert; unsre angebliche Kultur hat keinen Bestand, weil sie sich auf unhaltbare, fast schon verschwundene Zustände und Meinungen aufbaut. – Die griechische Kultur vollständig begreifend sehen wir also ein, daß es vorbei ist. So ist der Philologie der große Skeptiker in unsern Zuständen der Bildung und Erziehung: das ist seine Mission. – Glücklich, wenn er wie Wagner und Schopenhauer die verheißungsvollen Kräfte ahnt, in denen eine neue Kultur sich regt.

169

Denen, welche sagen: „aber immer bleibt doch noch das Altertum übrig als Objekt reiner Wissenschaft, wenn auch alle seine erziehenden Absichten geleugnet werden", ist zu antworten: was ist hier reine Wissenschaft! Es sollen Handlungen und Eigenschaften beurteilt werden, und der Urteilende muß darüber stehen: also hättet ihr erst dafür zu sorgen, das Altertum zu überwinden. Bevor ihr das nicht tut, ist eure Wissenschaft nicht rein, sondern unrein und beschränkt: wie es zu spüren ist.

170

Das Griechentum durch die Tat zu überwinden wäre die Aufgabe. Aber dazu müßte man es erst kennen! – Es gibt eine Gründlichkeit, welche nur der Vorwand der Tatenlosigkeit ist. Man denke, was Goethe vom Altertum verstand; gewiß nicht so viel als ein Philologe und doch genug, um fruchtbar mit ihm zu ringen. Man sollte sogar nicht mehr von einer Sache wissen, als man auch schaffen könnte. Überdies ist es selbst das einzige Mittel, etwas wahrhaft zu erkennen, wenn man versucht es zu machen. Man versuche, altertümlich zu leben – man kommt sofort hundert Meilen den Alten näher als mit aller Gelehrsamkeit. – Unsre Philologen zeigen nicht, daß sie irgendwie dem Altertum nacheifern – deshalb ist ihr Altertum ohne Wirkung auf die Schule.

Studium des Wetteifers (Renaissance, Goethe) und Studium der Verzweiflung.

*

Das unvolkstümliche der neuen Renaissance-Kultur: eine furchtbare Tatsache.

171

Die Verehrung des klassischen Altertums, wie sie die Italiener zeigten, das heißt also: die einzig ernsthafte, uneigennützige, hingebende Verehrung, welche das Altertum bis jetzt gefunden hat, ist ein großartiges Beispiel der Donquichotterie: und so etwas ist also Philologie bestenfalls. So schon bei den alexandrinischen Gelehrten, so bei allen den Sophisten des ersten und zweiten Jahrhunderts, bei den Attizisten usw. Man ahmt etwas rein Chimärisches nach und läuft einer Wunderwelt hinterdrein, die nie existiert hat. Es geht ein solcher Zug schon durch das Altertum: die Art, wie man die homerischen Helden kopierte, der ganze Verkehr mit dem Mythus hat etwas davon. Allmählich ist das ganze Griechentum selber zu einem Objekte des Don Quichotte geworden. Man kann unsre moderne Welt nicht verstehn, wenn man nicht den ungeheuren Einfluß des rein Phantastischen einsieht. Dem steht nun entgegen: es kann keine Nachahmung geben. Aber Nachahmen ist nur ein künstlerisches Phänomen, also auf den Schein gerichtet; etwas Lebendiges kann Manieren, Gedanken usw. annehmen durch Nachahmung, aber sie kann nichts erzeugen. Eine Kultur, welcher der griechischen nachläuft, kann nichts erzeugen. Wohl kann der Schaffende überallher entlehnen und sich nähren. Und so werden wir auch nur als Schaffende etwas von den Griechen haben können. Worin aber wären die Philologen Schaffende! Es muß einige unreinliche Gewerbe geben, Abdecker; auch Korrektoren: sollten die Philologen etwa so ein unreinliches Gewerbe vorstellen?

172

Was ist nun jetzt noch das Altertum, gegenüber moderner Kunst, Wissenschaft und Philosophie? Nicht mehr die Schatzkammer aller Kenntnisse, in Natur- und Geschichtskenntnis ist es überwunden. Die Unterdrückung durch die Kirche ist gebrochen. Es ist jetzt eine reinere Kenntnis des Altertums möglich, aber auch wohl eine wirkungslosere, schwächere? – Das ist richtig: wenn man die Wirkung nur als Massenwirkung kennt; aber für die Erzeugung der größten Geister ist das Altertum mehr wie je kräftig. Goethe als deutscher Poet-Philolog, Wagner als noch höhere Stufe: Hellblick für die einzig würdige Stellung der Kunst; nie hat ein antikes Werk so mächtig gewirkt wie die Oresteia auf Wagner. Der objektiv-kastrierte Philolog, der im übrigen Bildungsphilister und Kulturkämpfer ist und daneben reine Wissenschaft treibt, ist freilich eine traurige Erscheinung.

173

Zwischen unsrer höchsten Kunst und Philosophie und zwischen dem wahrhaft erkannten ältern Altertum ist kein Widerspruch: sie stützen und tragen sich. Hier liegen meine Hoffnungen.

174

Hauptgesichtspunkte in Hinsicht auf spätere Geltung des Altertums.

1. Es ist nichts für junge Leute: denn es zeigt den Menschen mit einer Freiheit von Scham.

2. Es ist nichts zur direkten Nachahmung, belehrt aber, auf welchem Wege bisher die höchste Ausbildung der Kunst erreicht wurde.
3. Es ist nur für wenige zugänglich, und es sollte eine Polizei der Sitte da sein, wie sie gegen schlechte Pianisten da sein sollte, die Beethoven spielen.
4. Diese wenigen messen daran unsre Gegenwart, als Kritiker derselben, und sie messen das Altertum an ihren Idealen und sind so Kritiker des Altertums.
5. Der Kontrast zwischen Hellenisch und Römisch und wieder zwischen Althellenisch und Späthellenisch zu studieren – Aufklärung über die verschiedenen Arten von Kultur.

175

Die Förderung einer Wissenschaft auf Unkosten der Menschen ist die schädlichste Sache von der Welt. Der verkümmerte Mensch ist ein Rückschritt der Menschheit, er wirft in alle Zeit hinaus seinen Schatten. Es entartet die Gesinnung, die natürliche Absicht der einzelnen Wissenschaft: sie selber geht daran endlich zugrunde: sie steht gefördert da, wirkt aber nicht oder unmoralisch auf das Leben.

176

Menschen nicht als Sache benutzen!
Von der sehr unvollkommenen Philologie und Kenntnis des Altertums ging ein Strom von Freiheit aus, unsere hochentwickelte knechtet und dient dem Staatsgötzen.

177

Die Wissenschaften werden vielleicht einmal von den Frauen betrieben: die Männer sollen geistig schaffen, Staaten, Gesetze, Kunstwerke usw.

Man soll das vorbildliche Altertum nur studieren, wie man einen *vorbildlichen Menschen* studiert: also so viel man begreift, nachahmend, und wenn das Vorbild sehr fern ist, über die Wege und Vorbereitungen sinnend und Mittelstadien *erfindend*.

178

Das Maß des Studiums liegt darin: nur was zur Nachahmung reizt, was mit Liebe ergriffen wird und fortzuzeugen verlangt, soll studiert werden. Da wäre das richtigste: ein *fortschreitender* Kanon des *Vorbildlichen*, angepaßt für jüngere, junge und ältere Menschen.

179

In *der* Art hat Goethe das Altertum ergriffen: immer mit wetteifernder Seele. Aber wer sonst? Man sieht nichts von einer durchdachten Pädagogik dieser Art: wer weiß, daß es Erkenntnisse des Altertums gibt, die Jünglingen unmitteilbar sind!

Der *knabenhafte* Charakter der Philologie: für Schüler von Lehrern erdacht.

180

Immer *allgemeinere* Gestalt des *Vorbildlichen*: erst Menschen, dann Institutionen, endlich Richtungen, Absichten oder deren Mangel. Höchste Gestalt: Überwindung des Vorbildes mit dem Rückgange von Tendenzen zu Institutionen, von Institutionen zu Menschen.

181

Ich will einmal sagen, was ich alles nicht mehr glaube – auch was ich glaube.

In dem großen Strudel von Kräften steht der Mensch und bildet sich ein, jener Strudel sei vernünftig und habe einen vernünftigen Zweck: Irrtum! Das einzig Vernünftige, was wir kennen, ist das bißchen Vernunft des Menschen: er muß es sehr anstrengen, und es läuft immer zu seinem Verderben aus, wenn er sich etwa „der Vorsehung“ überlassen wollte.

Das einzige Glück liegt in der Vernunft, die ganze übrige Welt ist triste. Die höchste Vernunft sehe ich aber in dem Werk des Künstlers, und er kann sie als solche empfinden; es mag etwas geben, das, wenn es mit Bewußtsein hervorgebracht werden könnte, ein noch größeres Gefühl von Vernunft und Glück ergäbe: zum Beispiel der Lauf des Sonnensystems, die Erzeugung und Bildung eines Menschen.

Glück liegt in der Geschwindigkeit des Fühlens und Denkens: alle übrige Welt ist langsam, allmählich und dumm. Wer den Lauf des Lichtstrahls fühlen könnte, würde sehr beglückt sein, denn er ist sehr geschwind.

An sich denken gibt wenig Glück. Wenn man aber viel Glück dabei hat, liegt es daran, daß man im Grunde nicht an sich, sondern an sein Ideal denkt. Dies ist ferne, und nur der Geschwinde erreicht es und freut sich.

Eine Verbindung eines großen Zentrums von Menschen zur Erzeugung von besseren Menschen ist die Aufgabe der Zukunft. Der einzelne muß an solche Ansprüche gewöhnt werden, daß, indem er sich selbst bejaht, er den Willen jenes Zentrums bejaht, zum Beispiel in bezug auf die Wahl, die er unter den Weibern trifft, über die Art, wie er sein Kind erzieht. Bis jetzt war kein Individuum oder nur die seltensten frei, sie wurden durch solche Vorstellungen auch bestimmt, aber auch durch schlechte und widerspruchsvolle Organisation der individuellen Absichten.

182

Erziehung ist erst Lehre vom Notwendigen, dann vom Wechselnden und Veränderlichen. Man führt den Jüngling in die Natur, zeigt ihm überall das Walten von Gesetzen; dann die Gesetze der bürgerlichen Gesellschaft. Hier wird schon die Frage rege: mußte das so sein? Allmählich braucht er Geschichte, um zu hören, wie das so geworden ist. Aber damit lernt er, daß es auch anders werden kann. Wieviel Macht über die Dinge hat der Mensch? Das ist die Frage bei aller Erziehung. Um nun zu zeigen, wie ganz anders es sein kann, zeige man zum Beispiel die Griechen. Die Römer braucht man, um zu zeigen, wie es so wurde.

183

Wenn nun die Römer die griechische Kultur verschmäht hätten: sie wäre vielleicht radikal zugrunde gegangen. Wann hätte sie wieder erwachen sollen? Christentum und Römer und Barbaren – das wäre ein Ansturm gewesen: völlig verwischt. Wir sehen die Gefahr, unter der das Genie lebt. Cicero ist so schon einer der größten Wohltäter der Menschheit. – Es gibt für das Genie keine Vorsehung: nur für die gewöhnlichen massenhaften Menschen und ihre Nöte gibt es so etwas: sie finden ihre Befriedigung, später ihre Rechtfertigung.

184

Aufgabe: der Tod der alten Kultur unvermeidlich: die griechische ist als Urbild zu kennzeichnen und zu zeigen, wie alle Kultur auf Vorstellungen ruht, die hinfällig sind.

*

Gefährliche Bedeutung der Kunst: als Bewahrerin und Galvanisierung abgestorbener und absterbender Vorstellungen; der Historie, insofern sie uns in überwundene Gefühle zurückversetzen will. „Historisch“ empfinden, „gerecht sein“ gegen Vergangenes ist nur möglich, wenn wir zugleich darüber hinaus sind. Aber die Gefahr bei der hier geforderten Anempfindung ist groß: lassen wir doch die Toten ihre Toten begraben: so nehmen wir nicht selber Leichengeruch an.

*

Der Tod der alten Kultur

1. Bisherige Bedeutung der Altertumsstudien, unklar, lügnerisch.
2. Sobald sie ihr Ziel erkennen, verurteilen sie sich zum Tode: denn ihr Ziel ist die alte Kultur selbst als eine zu vernichtende zu beschreiben.
3. Sammlung aller der Vorstellungen, aus denen die hellenische Kultur herausgewachsen ist. Kritik der Religion, Kunst, der Gesellschaft, des Staates, der Sitte.
4. Die christliche ist mit verneint.
5. Kunst und Historie – gefährlich.
6. Ersetzung der Altertumsstudien, die für die Jugenderziehung hinfällig geworden sind.

So ist die Aufgabe der Wissenschaft der Geschichte gelöst, und sie selber ist überflüssig geworden: wenn der ganze innerlich zusammenhängende Kreis vergangner Bestrebungen verurteilt worden ist. An ihre Stelle muß die Wissenschaft um die Zukunft treten.

185

Zeichen und Wunder werden nicht geglaubt; nur eine „Vorsehung“ braucht so etwas. Es gibt keine Hilfe, weder im Gebet, noch in der Askese, noch in der Vision. Wenn dies alles Religion ist, so gibt es keine Religion mehr für mich.

Meine Religion, wenn ich irgend etwas noch so nennen darf, liegt in der Arbeit für die Erzeugung des Genius; Erziehung ist alles zu Hoffende, alles Tröstende heißt Kunst. Erziehung ist Liebe zum Erzeugten, ein Überschuß von Liebe über die Selbstliebe hinaus. Religion ist „Liebe über uns hinaus“. Das Kunstwerk ist das Abbild einer solchen Liebe über sich hinaus, und ein vollkommnes.

186

Die Dummheit des Willens ist der größte Gedanke Schopenhauers, wenn man Gedanken nach der Macht beurteilt. Man kann an Hartmann sehen, wie er sofort diesen Gedanken wieder eskamotiert. Etwas Dummes wird niemand Gott nennen.

187

Also das ist das Neue alles zukünftigen Welttreibens: man darf die Menschen nicht wieder mit religiösen Vorstellungen beherrschen. Ob sie sich schlechter zeigen werden? Ich finde nicht, daß sie sich unter dem Joche der Religionen gut und sittlich ausnehmen; ich stehe nicht auf Seite von Demopheles. Die Furcht vor dem Jenseits und dann überhaupt die religiöse Furcht vor göttlichen Strafen werden die Menschen schwerlich besser gemacht haben.

188

Wo etwas Großes erscheint, mit etwas längerer Dauer, da können wir vorher eine sorgfältige Züchtung wahrnehmen, zum Beispiel bei den Griechen. Wie erlangten so viele Menschen bei ihnen Freiheit?

Erzieher erziehn! Aber die ersten müssen sich selbst erziehn! Und für diese schreibe ich.

189

Die Verneinung des Lebens ist nicht mehr so leicht zu erreichen: man mag Einsiedler oder Mönch sein – was ist da verneint! Dieser Begriff wird jetzt tiefer:

es ist vor allem erkennende Verneinung, gerecht sein wollende Verneinung, nicht mehr in Bausch und Bogen.

190

Der Seher muß liebevoll sein, sonst hat er kein Vertrauen bei den Menschen: Kassandra.

191

Wer heute gut und heilig sein wollte, hätte es schwerer: er dürfte, um gut zu sein, nicht so ungerecht gegen das Wissen sein, wie es die frühern Heiligen waren. Es müßte ein Wissender-Heiliger sein: Liebe und Weisheit verbindend; und mit einem Glauben an Götter oder Halbgötter oder Vorsehungen dürfte er nichts mehr zu schaffen haben; wie damit auch die indischen Heiligen nichts zu tun hatten. Auch müßte er gesund sein und sich gesund erhalten; sonst würde er gegen sich mißtrauisch werden müssen. Und vielleicht würde er gar nicht einem asketischen Heiligen ähnlich sehen, vielleicht gar einem Lebemanne.

*

192

Je besser der Staat eingerichtet ist, desto matter die Menschheit.

Das Individuum unbehaglich zu machen ist meine Aufgabe!

Reiz der Befreiung des einzelnen im Kampfe!

Die geistige Höhe hat ihre Zeit in der Geschichte, vererbte Energie gehört dazu. Im idealen Staat ist es damit vorbei.

193

Höchstes Urteil über das Leben nur aus der höchsten Energie des Lebens. Der Geist muß am weitesten von der Mattheit entfernt sein.

In der mittleren Weltgeschichte wird das Urteil am richtigsten sein, weil da die größten Genien existieren.

Erzeugung des Genius als des Einzigen, der das Leben wahrhaft schätzen und verneinen kann.

Rettet euren Genius! soll den Leuten zugerufen werden, befreit ihn! Tut alles, um ihn zu entfesseln.

Die Matten, geistig Armen dürfen über das Leben nicht urteilen.

194

Ich träume eine Genossenschaft von Menschen, welche unbedingt sind, keine Schonung kennen und „Vernichter" heißen wollen: sie halten an alles den Maßstab ihrer Kritik und opfern sich der Wahrheit. Das Schlimme und Falsche soll ans Licht! Wir wollen nicht vorzeitig bauen, wir wissen nicht, ob wir je bauen können, und ob es nicht das beste ist, nicht zu bauen. Es gibt faule Pessimisten, Resignisten – zu denen wollen wir nicht gehören!

195

Letzte Niederschrift des Anfangs

Il faut dire la vérité et s'immoler.
(Voltaire)

Nehmen wir einmal an, es gäbe freiere und überlegenere Geister, welche mit der Bildung, die jetzt im Schwange geht, unzufrieden wären und sie vor ihren Gerichtshof führten: wie würde die Angeklagte zu ihnen reden? Vor allem so: „ob ihr ein Recht habt anzuklagen oder nicht, jedenfalls haltet euch nicht an mich, sondern an meine Bildner; diese haben die Pflicht mich zu verteidigen, und ich habe ein Recht zu schweigen: bin ich doch nichts als ihr Gebilde." Nun würde man die Bildner vorführen: und unter ihnen wäre auch ein ganzer Stand zu erblicken, der der Philologen. Dieser Stand besteht einmal aus solchen Menschen, welche ihre Kenntnis des griechischen und römischen Altertums benutzen, um mit ihr Jünglinge von 13–20 Jahren zu erziehen, und sodann aus solchen, welche die Aufgabe haben, derartige Lehrer immer von neuem heranzubilden, also Erzieher der Erzieher zu sein; die Philologen der ersten Gattung sind Lehrer an Gymnasien, die der zweiten Professoren an den Universitäten. Den ersteren übergibt man ausgewählte Jünglinge, solche, an denen Begabung und ein edlerer Sinn beizeiten sichtbar werden, und auf deren Erziehung die Eltern reichlich Zeit und Geld verwenden können; übergibt man ihnen noch andre, welche diesen drei Bedingungen nicht entsprechen, so steht es in der Hand der Lehrer, sie abzuweisen. Die zweite Gattung, aus den Philologen der Universität bestehend, empfängt die jungen Männer, welche sich zum höchsten und anspruchvollsten Berufe, dem der Lehrer und Bildner des Menschengeschlechts, geweiht fühlen; wiederum steht es in ihrer Hand, die falschen Eindringlinge zu beseitigen. Wird nun die Bildung einer Zeit verurteilt, so sind jedenfalls die Philologen schwer angegriffen: entweder nämlich wollen sie, in der Verkehrtheit ihres Sinnes, gerade jene schlechte Bildung, weil sie dieselbe für etwas Gutes halten, oder sie wollen sie nicht, sind aber zu schwach, das Bessere, das sie erkennen, durchzusetzen. Entweder liegt also ihre Schuld in der Mangelhaftigkeit ihrer Einsicht oder in der Ohnmacht ihres Willens. Im ersten Falle würden sie sagen, sie wüßten es nicht besser, im zweiten, sie könnten es nicht besser. Da aber die Philologen vornehmlich mit Hilfe des griechischen und römischen Altertums erziehen, so könnte die im ersten Falle angenommene Mangelhaftigkeit ihrer Einsicht einmal darin sich zeigen, daß sie das Altertum nicht verstehen; zweitens aber darin, daß das Altertum von ihnen mit Unrecht in die Gegenwart hineingestellt wird, angeblich als das wichtigste Hilfsmittel der Erziehung, weil es überhaupt nicht oder jetzt nicht mehr erzieht. Macht man ihnen dagegen die Ohnmacht ihres Willens zum Vorwurf, so hätten sie zwar darin volles Recht, wenn sie dem Altertum jene erzieherische Bedeutung und Kraft zuschreiben, aber sie wären nicht die geeigneten Werkzeuge, vermittels deren das Altertum diese Kraft äußern könnte, das heißt: sie wären mit Unrecht Lehrer und lebten in einer falschen Stellung: aber wie kamen sie dann in diese hinein? Durch eine Täuschung über sich und ihre Bestimmung. Um also den Philologen ihren Anteil an der gegenwärtigen schlechten Bildung zuzuerkennen, könnte man die verschiedenen Möglichkeiten ihrer Schuld und Unschuld in diesen Satz zusammenfassen: Drei Dinge muß der Philologe, wenn er seine Unschuld beweisen will, verstehen, das Altertum, die Gegenwart, sich selbst: seine Schuld liegt darin, daß er entweder das Altertum nicht oder die Gegenwart nicht oder sich selbst nicht versteht.

ÜBER WAHRHEIT UND LÜGE IM AUSSERMORALISCHEN SINNE

[1873]

1

IN IRGEND einem abgelegenen Winkel des in zahllosen Sonnensystemen flimmernd ausgegossenen Weltalls gab es einmal ein Gestirn, auf dem kluge Tiere das Erkennen erfanden. Es war die hochmütigste und verlogenste Minute der „Weltgeschichte“: aber doch nur eine Minute. Nach wenigen Atemzügen der Natur erstarrte das Gestirn, und die klugen Tiere mußten sterben. – So könnte jemand eine Fabel erfinden und würde doch nicht genügend illustriert haben, wie kläglich, wie schattenhaft und flüchtig, wie zwecklos und beliebig sich der menschliche Intellekt innerhalb der Natur ausnimmt. Es gab Ewigkeiten, in denen er nicht war; wenn es wieder mit ihm vorbei ist, wird sich nichts begeben haben. Denn es gibt für jenen Intellekt keine weitere Mission, die über das Menschenleben hinausführte. Sondern menschlich ist er, und nur sein Besitzer und Erzeuger nimmt ihn so pathetisch, als ob die Angeln der Welt sich in ihm drehten. Könnten wir uns aber mit der Mücke verständigen, so würden wir vernehmen, daß auch sie mit diesem Pathos durch die Luft schwimmt und in sich das fliegende Zentrum dieser Welt fühlt. Es ist nichts so verwerflich und gering in der Natur, was nicht, durch einen kleinen Anhauch jener Kraft des Erkennens, sofort wie ein Schlauch aufgeschwellt würde; und wie jeder Lastträger seinen Bewunderer haben will, so meint gar der stolzeste Mensch, der Philosoph, von allen Seiten die Augen des Weltalls teleskopisch auf sein Handeln und Denken gerichtet zu sehen.

Es ist merkwürdig, daß dies der Intellekt zustande bringt, er, der doch gerade nur als Hilfsmittel den unglücklichsten, delikatesten, vergänglichsten Wesen beigegeben ist, um sie eine Minute im Dasein festzuhalten, aus dem sie sonst, ohne jene Beigabe, so schnell wie Lessings Sohn zu flüchten allen Grund hätten. Jener mit dem Erkennen und Empfinden verbundene Hochmut, verblendende Nebel über die Augen und Sinne der Menschen legend, täuscht sie also über den Wert des Daseins, dadurch daß er über das Erkennen selbst die schmeichelhafteste Wertschätzung in sich trägt. Seine allgemeinste Wirkung ist Täuschung – aber auch die einzelnsten Wirkungen tragen etwas von gleichem Charakter an sich.

Der Intellekt, als ein Mittel zur Erhaltung des Individuums, entfaltet seine Hauptkräfte in der Verstellung; denn diese ist das Mittel, durch das die schwächeren, weniger robusten Individuen sich erhalten, als welchen einen Kampf um die Existenz mit Hörnern oder scharfem Raubtier-Gebiß zu führen versagt ist. Im Menschen kommt diese Verstellungskunst auf ihren Gipfel: hier ist die Täuschung, das Schmeicheln, Lügen und Trügen, das Hinter-dem-Rücken-Reden, das Repräsentieren, das im erborgten Glanze Leben, das Maskiertsein, die verhüllende Konvention, das Bühnenspiel vor anderen und vor sich selbst, kurz das fortwährende Herumflattern um die *eine* Flamme Eitelkeit so sehr die Regel und das Gesetz, daß fast nichts unbegreiflicher ist, als wie unter den Menschen ein ehrlicher und reiner Trieb zur Wahrheit aufkommen konnte. Sie sind tief eingetaucht in Illusionen und Traumbilder, ihr Auge gleitet nur auf der Oberfläche der Dinge herum und sieht „Formen“, ihre Empfindung führt nirgends in die Wahrheit, sondern begnügt sich, Reize zu empfangen und gleichsam ein tastendes Spiel auf dem Rücken der Dinge zu spielen. Dazu läßt sich der Mensch nachts, ein Leben hindurch, im Traume belügen, ohne daß sein moralisches Gefühl dies je zu verhindern suchte: während es Menschen geben soll, die durch starken Willen das Schnarchen beseitigt haben. Was weiß der Mensch eigentlich von sich selbst! Ja, vermöchte er auch nur sich einmal vollständig, hingelegt wie in einen erleuchteten Glaskasten, zu perzipieren? Verschweigt die Natur ihm nicht das Allermeiste, selbst über seinen Körper, um ihn, abseits von den Windungen der Gedärme, dem raschen Fluß der Blutströme, den verwickelten Fasererzitterungen, in ein stolzes, gauklerisches Bewußtsein zu bannen und einzuschließen! Sie warf den Schlüssel weg: und wehe der verhängnisvollen Neubegier, die durch eine Spalte einmal aus dem Bewußtseinszimmer heraus und hinabzusehen vermöchte, und die jetzt ahnte, daß auf dem Erbarmungslosen, dem Gierigen, dem Unersättlichen, dem Mörderischen der Mensch ruht, in der Gleichgültigkeit seines Nichtwissens, und gleichsam auf dem Rücken eines Tigers in Träumen hängend. Woher, in aller Welt, bei dieser Konstellation der Trieb zur Wahrheit!

Soweit das Individuum sich, gegenüber andern Individuen, erhalten will, benutzt es in einem natürlichen Zustand der Dinge den Intellekt zumeist nur zur Verstellung: weil aber der Mensch zugleich aus Not und Langeweile gesellschaftlich und herdenweise existieren will, braucht er einen Friedensschluß und trachtet danach, daß wenigstens das allergrößte bellum omnium contra omnes aus seiner Welt verschwinde. Dieser Friedensschluß bringt etwas mit sich, was wie der erste Schritt zur Erlangung jenes rätselhaften Wahrheitstriebes aussieht. Jetzt wird nämlich das fixiert, was von nun an „Wahrheit“ sein soll, das heißt, es wird eine gleichmäßig gültige und verbindliche Bezeichnung der Dinge erfunden, und die Gesetzgebung der Sprache gibt auch die ersten Gesetze der Wahrheit: denn es entsteht hier zum ersten Male der Kontrast von Wahrheit und Lüge. Der Lügner gebraucht die gültigen Bezeichnungen, die Worte, um das Unwirkliche als wirklich erscheinen zu machen; er sagt zum Beispiel: „ich bin reich", während für seinen Zustand gerade „arm" die richtige Bezeichnung wäre. Er mißbraucht die festen Konventionen durch beliebige Vertauschungen oder gar Umkehrungen der Namen. Wenn er dies in eigennütziger und übrigens Schaden bringender Weise tut, so wird ihm die Gesellschaft nicht mehr trauen und ihn dadurch von sich ausschließen. Die Menschen fliehen dabei das Betrogenwerden nicht so sehr als das Beschädigtwerden durch Betrug: sie hassen, auch auf dieser Stufe, im Grunde nicht die Täuschung, sondern die schlimmen, feindseligen Folgen gewisser Gattungen von Täuschungen. In einem ähnlichen beschränkten Sinne will der Mensch auch nur die Wahrheit: er begehrt die angenehmen, Leben erhaltenden Folgen der Wahrheit, gegen die reine folgenlose Erkenntnis ist er gleichgültig, gegen die vielleicht schädlichen und zerstörenden Wahrheiten sogar feindlich gestimmt. Und überdies: wie steht es mit jenen Konventionen der Sprache? Sind sie vielleicht Erzeugnisse der Erkenntnis, des Wahrheitssinnes, decken sich die Bezeichnungen und die Dinge? Ist die Sprache der adäquate Ausdruck aller Realitäten?

Nur durch Vergeßlichkeit kann der Mensch je dazu kommen zu wähnen, er besitze eine „Wahrheit" in dem eben bezeichneten Grade. Wenn er sich nicht mit der Wahrheit in der Form der Tautologie, das heißt mit leeren Hülsen begnügen will, so wird er ewig Illusionen für Wahrheiten einhandeln. Was ist ein Wort? Die Abbildung eines Nervenreizes in Lauten. Von dem Nervenreiz aber weiterzuschließen auf eine Ursache außer uns, ist bereits das Resultat einer falschen und unberechtigten Anwendung des Satzes vom Grunde. Wie dürften wir, wenn die Wahrheit bei der Genesis der Sprache, der Gesichtspunkt der Gewißheit bei den Bezeichnungen allein entscheidend gewesen wäre, wie dürften wir doch sagen: der Stein ist hart: als ob uns „hart" noch sonst bekannt wäre, und nicht nur als eine ganz subjektive Reizung! Wir teilen die Dinge nach Geschlechtern ein, wir bezeichnen den Baum als männlich, die Pflanze als weiblich: welche willkürlichen Übertragungen! Wie weit hinausgeflogen über den Kanon der Gewißheit! Wir reden von einer „Schlange": die Bezeichnung trifft nichts als das Sichwinden, könnte also auch dem Wurme zukommen. Welche willkürlichen Abgrenzungen, welche einseitigen Bevorzugungen bald der bald jener Eigenschaft eines Dinges! Die verschiedenen Sprachen, nebeneinander gestellt, zeigen, daß es bei den Worten nie auf die Wahrheit, nie auf einen adäquaten Ausdruck ankommt: denn sonst gäbe es nicht so viele Sprachen. Das „Ding an sich" (das würde eben die reine folgenlose Wahrheit sein) ist auch dem Sprachbildner ganz unfaßlich und ganz und gar nicht erstrebenswert. Er bezeichnet nur die Relationen der Dinge zu den Menschen und nimmt zu deren Ausdrucke die kühnsten Metaphern zu Hilfe. Ein Nervenreiz, zuerst übertragen in ein Bild! Erste Metapher. Das Bild wieder nachgeformt in einem Laut! Zweite Metapher. Und jedesmal vollständiges Überspringen der Sphäre, mitten hinein in eine ganz andre und neue. Man kann sich einen Menschen denken, der ganz taub ist und nie eine Empfindung des Tones und der Musik gehabt hat: wie dieser etwa die chladnischen Klangfiguren im Sande anstaunt, ihre Ursachen im Erzittern der Saite findet und nun darauf schwören wird, jetzt müsse er wissen, was die Menschen den „Ton" nennen, so geht es uns allen mit der Sprache. Wir glauben etwas von den Dingen selbst zu wissen, wenn wir von Bäumen, Farben, Schnee und Blumen reden, und besitzen doch nichts als Metaphern der Dinge, die den ursprünglichen Wesenheiten ganz und gar nicht entsprechen. Wie der Ton als Sandfigur, so nimmt sich das rätselhafte X des Dings an sich einmal als Nervenreiz, dann als Bild, endlich als Laut aus. Logisch geht es also jedenfalls nicht bei der Entstehung der Sprache zu, und das ganze Material, worin und womit später der Mensch der Wahrheit, der Forscher, der Philosoph arbeitet und baut, stammt, wenn nicht aus Wolkenkuckucksheim, so doch jedenfalls nicht aus dem Wesen der Dinge.

Denken wir besonders noch an die Bildung der Begriffe. Jedes Wort wird sofort dadurch Begriff, daß es eben nicht für das einmalige ganz und gar individualisierte Urerlebnis, dem es sein Entstehen verdankt, etwa als Erinnerung dienen soll, sondern zugleich für zahllose, mehr oder weniger ähnliche, daß heißt streng genommen niemals gleiche, also auf lauter ungleiche Fälle passen muß. Jeder Begriff entsteht durch Gleichsetzen des Nichtgleichen. So gewiß nie ein Blatt einem andern ganz gleich ist, so gewiß ist der Begriff Blatt durch beliebiges Fallenlassen dieser individuellen Verschiedenheiten, durch ein Vergessen des Unterscheidenden gebildet und erweckt nun die Vorstellung, als ob es in der Natur außer den Blättern etwas gäbe, das „Blatt" wäre, etwa eine Urform, nach der alle Blätter gewebt, gezeichnet, abgezirkelt, gefärbt, gekräuselt, bemalt wären, aber von ungeschickten Händen, so daß kein Exemplar korrekt und zuverlässig als treues Abbild der Urform ausgefallen wäre. Wir nennen einen Menschen „ehrlich"; warum hat er heute so ehrlich gehandelt? fragen wir. Unsere Antwort pflegt zu lauten: seiner Ehrlichkeit wegen. Die Ehrlichkeit! Das heißt wieder: das Blatt ist die Ursache der Blätter. Wir wissen ja gar nichts von einer wesenhaften Qualität, die „die Ehrlichkeit" hieße, wohl aber von zahlreichen individualisierten, somit ungleichen Handlungen, die wir durch Weglassen des Ungleichen gleichsetzen und jetzt als ehrliche Handlungen bezeichnen; zuletzt formulieren wir aus ihnen eine qualitas occulta mit dem Namen: „die Ehrlichkeit". Das Übersehen des Individuellen und Wirklichen gibt uns den Begriff, wie es uns auch die Form gibt, wohingegen die Natur keine Formen und Begriffe, also auch keine Gattungen kennt, sondern nur ein für uns unzugängliches und undefinierbares X. Denn auch unser Gegensatz von Individuum und Gattung ist anthropomorphisch und entstammt nicht dem Wesen der Dinge, wenn wir auch nicht zu sagen wagen, daß er ihm nicht entspricht: das wäre nämlich eine dogmatische Behauptung und als solche ebenso unerweislich wie ihr Gegenteil.

Was ist also Wahrheit? Ein bewegliches Heer von Metaphern, Metonymien, Anthropomorphismen, kurz eine Summe von menschlichen Relationen, die, poetisch und rhetorisch gesteigert, übertragen, geschmückt wurden, und die nach langem Gebrauch einem Volke fest, kanonisch und verbindlich dünken: die Wahrheiten sind Illusionen, von denen man vergessen hat, daß sie welche sind, Metaphern, die abgenutzt und sinnlich kraftlos geworden sind, Münzen, die ihr Bild verloren haben und nun als Metall, nicht mehr als Münzen, in Betracht kommen.

Wir wissen immer noch nicht, woher der Trieb zur Wahrheit stammt: denn bis jetzt haben wir nur von der Verpflichtung gehört, die die Gesellschaft, um zu existieren, stellt: wahrhaft zu sein, das heißt die usuellen Metaphern zu brauchen, also moralisch ausgedrückt: von der Verpflichtung, nach einer festen Konvention zu lügen, herdenweise in einem für alle verbindlichen Stile zu lügen. Nun vergißt freilich der Mensch, daß es so mit ihm steht; er lügt also in der bezeichneten Weise unbewußt und nach hundertjährigen Gewöhnungen – und kommt eben durch diese Unbewußtheit, eben durch dies Vergessen zum Gefühl der Wahrheit. An dem Gefühl verpflichtet zu sein, ein Ding als „rot“, ein anderes als „kalt“, ein drittes als „stumm“ zu bezeichnen, erwacht eine moralische auf Wahrheit sich beziehende Regung: aus dem Gegensatz des Lügners, dem niemand traut, den alle ausschließen, demonstriert sich der Mensch das Ehrwürdige, Zutrauliche und Nützliche der Wahrheit. Er stellt jetzt sein Handeln als „vernünftiges“ Wesen unter die Herrschaft der Abstraktionen; er leidet es nicht mehr, durch die plötzlichen Eindrücke, durch die Anschauungen fortgerissen zu werden, er verallgemeinert alle diese Eindrücke erst zu entfärbteren, kühleren Begriffen, um an sie das Fahrzeug seines Lebens und Handelns anzuknüpfen. Alles, was den Menschen gegen das Tier abhebt, hängt von dieser Fähigkeit ab, die anschaulichen Metaphern zu einem Schema zu verflüchtigen, also ein Bild in einen Begriff aufzulösen. Im Bereich jener Schemata nämlich ist etwas möglich, was niemals unter den anschaulichen ersten Eindrücken gelingen möchte: eine pyramidale Ordnung nach Kasten und Graden aufzubauen, eine neue Welt von Gesetzen, Privilegien, Unterordnungen, Grenzbestimmungen zu schaffen, die nun der andern anschaulichen Welt der ersten Eindrücke gegenübertritt, als das Festere, Allgemeinere, Bekanntere, Menschlichere und daher als das Regulierende und Imperativische. Während jede Anschauungsmetapher individuell und ohne ihresgleichen ist und deshalb allem Rubrizieren immer zu entfliehen weiß, zeigt der große Bau der Begriffe die starre Regelmäßigkeit eines römischen Kolumbariums und atmet in der Logik jene Strenge und Kühle aus, die der Mathematik zu eigen ist. Wer von dieser Kühle angehaucht wird,

wird es kaum glauben, daß auch der Begriff, knöchern und achteckig wie ein Würfel und versetzbar wie jener, doch nur als das Residuum einer Metapher übrig bleibt, und daß die Illusion der künstlerischen Übertragung eines Nervenreizes in Bilder, wenn nicht die Mutter, so doch die Großmutter eines jeden Begriffs ist. Innerhalb dieses Würfelspiels der Begriffe heißt aber „Wahrheit", jeden Würfel so zu gebrauchen, wie er bezeichnet ist, genau seine Augen zu zählen, richtige Rubriken zu bilden und nie gegen die Kastenordnung und gegen die Reihenfolge der Rangklassen zu verstoßen. Wie die Römer und Etrusker sich den Himmel durch starre mathematische Linien zerschnitten und in einen solchermaßen abgegrenzten Raum, als in ein templum, einen Gott bannten, so hat jedes Volk über sich einen solchen mathematisch zerteilten Begriffshimmel und versteht nun unter der Forderung der Wahrheit, daß jeder Begriffsgott nur in seiner Sphäre gesucht werde. Man darf hier den Menschen wohl bewundern als ein gewaltiges Baugenie, dem auf beweglichen Fundamenten und gleichsam auf fließendem Wasser das Auftürmen eines unendlich komplizierten Begriffsdomes gelingt: – freilich, um auf solchen Fundamenten Halt zu finden, muß es ein Bau wie aus Spinnefäden sein, so zart, um von der Welle mit fortgetragen, so fest, um nicht von jedem Winde auseinandergeblasen zu werden. Als Baugenie erhebt sich solchermaßen der Mensch weit über die Biene: diese baut aus Wachs, das sie aus der Natur zusammenholt, er aus dem weit zarteren Stoffe der Begriffe, die er erst aus sich fabrizieren muß. Er ist hier sehr zu bewundern – aber nur nicht wegen seines Triebes zur Wahrheit, zum reinen Erkennen der Dinge. Wenn jemand ein Ding hinter einem Busche versteckt, es ebendort wieder sucht und auch findet, so ist an diesem Suchen und Finden nicht viel zu rühmen: so aber steht es mit dem Suchen und Finden der „Wahrheit“ innerhalb des Vernunft-Bezirkes. Wenn ich die Definition des Säugetiers mache und dann erkläre, nach Besichtigung eines Kamels: „siehe, ein Säugetier“, so wird damit eine Wahrheit zwar ans Licht gebracht, aber sie ist von begrenztem Werte, ich meine, sie ist durch und durch anthropomorphisch und enthält keinen einzigen Punkt, der „wahr an sich“, wirklich und allgemeingültig, abgesehn von dem Menschen, wäre. Der Forscher nach solchen Wahrheiten sucht im Grunde nur die Metamorphose der Welt in den Menschen, er ringt nach einem Verstehen der Welt als eines menschenartigen Dinges und erkämpft sich bestenfalls das Gefühl einer Assimilation. Ähnlich wie der Astrolog die Sterne im Dienste der Menschen und im Zusammenhange mit ihrem Glück und Leide betrachtete, so betrachtet ein solcher Forscher die ganze Welt als geknüpft an den Menschen, als den unendlich gebrochenen Widerklang eines Urklanges, des Menschen, als das vervielfältigte Abbild des einen Urbildes, des Menschen. Sein Verfahren ist, den Menschen als Maß an alle Dinge zu halten: wobei er aber von dem Irrtum ausgeht, zu glauben, er habe diese Dinge unmittelbar, als reine Objekte vor sich. Er vergißt also die originalen Anschauungsmetaphern als Metaphern und nimmt sie als die Dinge selbst.

Nur durch das Vergessen jener primitiven Metapherwelt, nur durch das Hart- und Starrwerden einer ursprünglichen in hitziger Flüssigkeit aus dem Urvermögen menschlicher Phantasie hervorströmenden Bildermasse, nur durch den unbesiegbaren Glauben, *diese* Sonne, *dieses* Fenster, *dieser* Tisch sei eine Wahrheit an sich, kurz nur dadurch, daß der Mensch sich als Subjekt, und zwar als *künstlerisch schaffendes* Subjekt, vergißt, lebt er mit einiger Ruhe, Sicherheit und Konsequenz: wenn er einen Augenblick nur aus den Gefängniswänden dieses Glaubens heraus könnte, so wäre es sofort mit seinem „Selbstbewußtsein“ vorbei. Schon dies kostet ihm Mühe, sich einzugestehn, wie das Insekt oder der Vogel eine ganz andere Welt perzipieren als der Mensch, und daß die Frage, welche von beiden Weltperzeptionen richtiger ist, eine ganz sinnlose ist, da hierzu bereits mit dem Maßstabe der richtigen Perzeption, das heißt mit einem nicht vorhandenen Maßstabe gemessen werden müßte. Überhaupt aber scheint mir „die richtige Perzeption“ – das würde heißen: der adäquate Ausdruck eines Objekts im Subjekt – ein widerspruchsvolles Unding: denn zwischen zwei absolut verschiednen Sphären, wie zwischen Subjekt und Objekt, gibt es keine Kausalität, keine Richtigkeit, keinen Ausdruck, sondern höchstens ein ästhetisches Verhalten, ich meine eine andeutende Übertragung, eine nachstammelnde Übersetzung in eine ganz fremde Sprache: wozu es aber jedenfalls einer frei dichtenden und frei erfindenden Mittelsphäre und Mittelkraft bedarf. Das Wort „Erscheinung“ enthält viele Verführungen, weshalb ich es möglichst vermeide: denn es ist nicht wahr, daß das Wesen der Dinge in der empirischen Welt erscheint. Ein Maler, dem die Hände fehlen und der durch Gesang das ihm vorschwebende Bild ausdrücken wollte, wird immer noch mehr bei dieser Vertauschung der Sphären verraten, als die empirische Welt vom Wesen der Dinge verrät. Selbst das Verhältnis eines Nervenreizes zu dem hervorgebrachten Bilde ist an sich kein notwendiges: wenn aber dasselbe Bild millionenmal hervorgebracht und durch viele Menschengeschlechter hindurch vererbt ist, ja zuletzt bei der gesamten Menschheit jedesmal infolge desselben Anlasses erscheint, so bekommt es endlich für den Menschen dieselbe Bedeutung, als ob es das einzig notwendige Bild sei und als ob jenes Verhältnis des ursprünglichen Nervenreizes zu dem hergebrachten Bilde ein strenges Kausalitätsverhältnis sei; wie ein Traum, ewig wiederholt, durchaus als Wirklichkeit empfunden und beurteilt werden würde. Aber das Hart- und Starr-Werden einer Metapher verbürgt durchaus nichts für die Notwendigkeit und ausschließliche Berechtigung dieser Metapher.

Es hat gewiß jeder Mensch, der in solchen Betrachtungen heimisch ist, gegen jeden derartigen Idealismus ein tiefes Mißtrauen empfunden, so oft er sich einmal recht deutlich von der ewigen Konsequenz, Allgegenwärtigkeit und Unfehlbarkeit der Naturgesetze überzeugte; er hat den Schluß gemacht: hier ist alles, soweit wir dringen, nach der Höhe der teleskopischen und nach der Tiefe der mikroskopischen Welt, so sicher, ausgebaut, endlos, gesetzmäßig und ohne Lücken; die Wissenschaft wird ewig in diesen Schachten mit Erfolg zu graben haben, und alles Gefundene wird zusammenstimmen und sich nicht widersprechen. Wie wenig gleicht dies einem Phantasieerzeugnis: denn wenn es dies wäre, müßte es doch irgendwo den Schein und die Unrealität erraten lassen. Dagegen ist einmal zu sagen: hätten wir noch, jeder für sich, eine verschiedenartige Sinnesempfindung, könnten wir selbst nur bald als Vogel, bald als Wurm, bald als Pflanze perzipieren, oder sähe der eine von uns denselben Reiz als rot, der andere als blau, hörte ein dritter ihn sogar als Ton, so würde niemand von einer solchen Gesetzmäßigkeit der Natur reden, sondern sie nur als ein höchst subjektives Gebilde begreifen. Sodann: was ist für uns überhaupt ein Naturgesetz? Es ist uns nicht an sich bekannt, sondern nur in seinen Wirkungen, das heißt in seinen Relationen zu andern Naturgesetzen, die uns wieder nur als Summen von Relationen bekannt sind. Also verweisen alle diese Relationen immer nur wieder aufeinander und sind uns ihrem Wesen nach unverständlich durch und durch; nur das, was wir hinzubringen, die Zeit, der Raum, also Sukzessionsverhältnisse und Zahlen, sind uns wirklich daran bekannt. Alles

Wunderbare aber, das wir gerade an den Naturgesetzen anstaunen, das unsere Erklärung fordert und uns zum Mißtrauen gegen den Idealismus verführen könnte, liegt gerade und ganz allein nur in der mathematischen Strenge und Unverbrüchlichkeit der Zeit- und Raum-Vorstellungen. Diese aber produzieren wir in uns und aus uns mit jener Notwendigkeit, mit der die Spinne spinnt; wenn wir gezwungen sind, alle Dinge nur unter diesen Formen zu begreifen, so ist es dann nicht mehr wunderbar, daß wir an allen Dingen eigentlich nur eben diese Formen begreifen: denn sie alle müssen die Gesetze der Zahl an sich tragen, und die Zahl gerade ist das Erstaunlichste in den Dingen. Alle Gesetzmäßigkeit, die uns im Sternenlauf und im chemischen Prozeß so imponiert, fällt im Grunde mit jenen Eigenschaften zusammen, die wir selbst an die Dinge heranbringen, so daß wir damit uns selber imponieren. Dabei ergibt sich allerdings, daß jene künstlerische Metapherbildung, mit der in uns jede Empfindung beginnt, bereits jene Formen voraussetzt, also in ihnen vollzogen wird; nur aus dem festen Verharren dieser Urformen erklärt sich die Möglichkeit, wie nachher wieder aus den Metaphern selbst ein Bau der Begriffe konstituiert werden konnte. Dieser ist nämlich eine Nachahmung der Zeit-, Raum- und Zahlenverhältnisse auf dem Boden der Metaphern.

2

An dem Bau der Begriffe arbeitet ursprünglich, wie wir sahen, die Sprache, in späteren Zeiten die Wissenschaft. Wie die Biene zugleich an den Zellen baut und die Zellen mit Honig füllt, so arbeitet die Wissenschaft unaufhaltsam an jenem großen Kolumbarium der Begriffe, der Begräbnisstätte der Anschauungen, baut immer neue und höhere Stockwerke, stützt, reinigt, erneut die alten Zellen und ist vor allem bemüht, jenes ins Ungeheure aufgetürmte Fachwerk zu füllen und die ganze empirische Welt, das heißt die anthropomorphische Welt, hineinzuordnen. Wenn schon der handelnde Mensch sein Leben an die Vernunft und ihre Begriffe bindet, um nicht fortgeschwemmt zu werden und sich nicht selbst zu verlieren, so baut der Forscher seine Hütte dicht an den Turmbau der Wissenschaft, um an ihm mithelfen zu können und selbst Schutz unter dem vorhandenen Bollwerk zu finden. Und Schutz braucht er: denn es gibt furchtbare Mächte, die fortwährend auf ihn eindringen und die der wissenschaftlichen „Wahrheit" ganz anders geartete „Wahrheiten" mit den verschiedenartigsten Schildzeichen entgegenhalten.

Jener Trieb zur Metapherbildung, jener Fundamentaltrieb des Menschen, den man keinen Augenblick wegrechnen kann, weil man damit den Menschen selbst wegrechnen würde, ist dadurch, daß aus seinen verflüchtigten Erzeugnissen, den Begriffen, eine reguläre und starre neue Welt als eine Zwingburg für ihn gebaut wird, in Wahrheit nicht bezwungen und kaum gebändigt. Er sucht sich ein neues Bereich seines Wirkens und ein anderes Flußbette und findet es im Mythus und überhaupt in der Kunst. Fortwährend verwirrt er die Rubriken und Zellen der Begriffe, dadurch daß er neue Übertragungen, Metaphern, Metonymien hinstellt, fortwährend zeigt er die Begierde, die vorhandene Welt des wachen Menschen so bunt unregelmäßig, folgenlos unzusammenhängend, reizvoll und ewig neu zu gestalten, wie es die Welt des Traumes ist. An sich ist ja der wache Mensch nur durch das starre und regelmäßige Begriffsgespinst darüber im klaren, daß er wache, und kommt eben deshalb mitunter in den Glauben, er träume, wenn jenes Begriffsgespinst einmal durch die Kunst zerrissen wird. Pascal hat recht, wenn er behauptet, daß wir, wenn uns jede Nacht derselbe Traum käme, davon ebenso beschäftigt würden als von den Dingen, die wir jeden Tag sehen: „wenn ein Handwerker gewiß wäre, jede Nacht zu träumen, volle zwölf Stunden hindurch, daß er König sei, so glaube ich, sagt Pascal, daß er ebenso glücklich wäre als ein König, welcher alle Nächte während zwölf Stunden träumte, er sei Handwerker". Der wache Tag eines mythisch erregten Volkes, etwa der älteren Griechen, ist durch das fortwährend wirkende Wunder, wie es der Mythus annimmt, in der Tat dem Traume ähnlicher als dem Tag des wissenschaftlich ernüchterten Denkers. Wenn jeder Baum einmal als Nymphe reden oder unter der Hülle eines Stieres ein Gott Jungfrauen wegschleppen kann, wenn die Göttin Athene selbst plötzlich gesehn wird, wie sie mit einem schönen Gespann, in der Begleitung des Pisistratus, durch die Märkte Athens fährt – und das glaubte der ehrliche Athener –, so ist in jedem Augenblicke, wie im Traume, alles möglich, und die ganze Natur umschwärmt den Menschen, als ob sie nur die Maskerade der Götter wäre, die sich nur einen Scherz daraus machten, in allen Gestalten den Menschen zu täuschen.

Der Mensch selbst aber hat einen unbesiegbaren Hang, sich täuschen zu lassen, und ist wie bezaubert vor Glück, wenn der Rhapsode ihm epische Märchen wie wahr erzählt oder der Schauspieler im Schauspiel den König noch königlicher agiert, als ihn die Wirklichkeit zeigt. Der Intellekt, jener Meister der Verstellung, ist so lange frei und seinem sonstigen Sklavendienste enthoben, als er täuschen kann, ohne zu *schaden*, und feiert dann seine Saturnalien. Nie ist er üppiger, reicher, stolzer, gewandter und verwegener: mit schöpferischem Behagen wirft er die Metaphern durcheinander und verrückt die Grenzsteine der Abstraktionen, so daß er zum Beispiel den Strom als den beweglichen Weg bezeichnet, der den Menschen trägt, dorthin, wohin er sonst geht. Jetzt hat er das Zeichen der Dienstbarkeit von sich geworfen: sonst mit trübsinniger Geschäftigkeit bemüht, einem armen Individuum, dem es nach Dasein gelüstet, den Weg und die Werkzeuge zu zeigen, und wie ein Diener für seinen Herrn auf Raub und Beute ausziehend, ist er jetzt zum Herrn geworden und darf den Ausdruck der Bedürftigkeit aus seinen Mienen wegwischen. Was er jetzt auch tut, alles trägt im Vergleich mit seinem früheren Tun die Verstellung, wie das frühere die Verzerrung an sich. Er kopiert das Menschenleben, nimmt es aber für eine gute Sache und scheint mit ihm sich recht zufrieden zu geben. Jenes ungeheure Gebälk und Bretterwerk der Begriffe, an das sich klammernd der bedürftige Mensch sich durch das Leben rettet, ist dem freigewordnen Intellekt nur ein Gerüst und ein Spielzeug für seine verwegensten Kunststücke: und wenn er es zerschlägt, durcheinanderwirft, ironisch wieder zusammensetzt, das Fremdeste paarend und das Nächste trennend, so offenbart er, daß er jene Notbehelfe der Bedürftigkeit nicht braucht und daß er jetzt nicht von Begriffen, sondern von Intuitionen geleitet wird. Von diesen Intuitionen aus führt kein regelmäßiger Weg in das Land der gespenstischen Schemata, der Abstraktionen: für sie ist das Wort nicht gemacht, der Mensch verstummt, wenn er sie sieht, oder redet in lauter verbotenen Metaphern und unerhörten Begriffsfügungen, um wenigstens durch das Zertrümmern und Verhöhnen der alten Begriffsschranken dem Eindrucke der mächtigen gegenwärtigen Intuition schöpferisch zu entsprechen.

Es gibt Zeitalter, in denen der vernünftige Mensch und der intuitive Mensch nebeneinander stehn, der eine in Angst vor der Intuition, der andere mit Hohn über die Abstraktion; der letztere ebenso unvernünftig, als der erstere unkünstlerisch ist. Beide begehren über das Leben zu herrschen: dieser, indem er durch Vorsorge,

Klugheit, Regelmäßigkeit den hauptsächlichsten Nöten zu begegnen weiß, jener, indem er als ein „überfroher Held“ jene Nöte nicht sieht und nur das zum Schein und zur Schönheit verstellte Leben als real nimmt. Wo einmal der intuitive Mensch, etwa wie im älteren Griechenland, seine Waffen gewaltiger und siegreicher führt als sein Widerspiel, kann sich günstigenfalls eine Kultur gestalten und die Herrschaft der Kunst über das Leben sich gründen: jene Verstellung, jenes Verleugnen der Bedürftigkeit, jener Glanz der metaphorischen Anschauungen und überhaupt jene Unmittelbarkeit der Täuschung begleitet alle Äußerungen eines solchen Lebens. Weder das Haus, noch der Schritt, noch die Kleidung, noch der tönerne Krug verraten, daß die Notdurft sie erfand: es scheint so, als ob in ihnen allen ein erhabenes Glück und eine olympische Wolkenlosigkeit und gleichsam ein Spielen mit dem Ernste ausgesprochen werden sollte. Während der von Begriffen und Abstraktionen geleitete Mensch durch diese das Unglück nur abwehrt, ohne selbst aus den Abstraktionen sich Glück zu erzwingen, während er nach möglichster Freiheit von Schmerzen trachtet, erntet der intuitive Mensch, inmitten einer Kultur stehend, bereits von seinen Intuitionen, außer der Abwehr des Übels, eine fortwährend einströmende Erhellung, Aufheiterung, Erlösung. Freilich leidet er heftiger, *wenn* er leidet: ja er leidet auch öfter, weil er aus der Erfahrung nicht zu lernen versteht und immer wieder in dieselbe Grube fällt, in die er einmal gefallen. Im Leide ist er dann ebenso unvernünftig wie im Glück, er schreit laut und hat keinen Trost. Wie anders steht unter dem gleichen Mißgeschick der stoische, an der Erfahrung belehrte, durch Begriffe sich beherrschende Mensch da! Er, der sonst nur Aufrichtigkeit, Wahrheit, Freiheit von Täuschungen und Schutz vor berückenden Überfällen sucht, legt jetzt, im Unglück, das Meisterstück der

Verstellung ab, wie jener im Glück; er trägt kein zuckendes und bewegliches Menschengesicht, sondern gleichsam eine Maske mit würdigem Gleichmaße der Züge, er schreit nicht und verändert nicht einmal seine Stimme: wenn eine rechte Wetterwolke sich über ihn ausgießt, so hüllt er sich in seinen Mantel und geht langsamen Schrittes unter ihr davon.

NACHWORT

David Strauß der Bekenner und der Schriftsteller
1873

Der Anstoß zur ersten Unzeitgemäßen Betrachtung kam ebenso wie der Anlaß zur Formung der „Geburt der Tragögie“ aus der Sphäre des Freundes Wagner. Zu Ostern 1873 traf Nietzsche mit Rohde im Hause Wahnfried in Bayreuth zusammen. Die Stimmung war sehr gedrückt, da der Erfolg des Bayreuther Unternehmens damals (vor dem Eingreifen König Ludwigs) in Frage gestellt war. Das Erlebnis dieser Angst für den Genius und sein Werk brachte Nietzsche die ganze „Behäbigkeit“ des damaligen Deutschland zum Bewußtsein. Er suchte sich einen Gegner, und er fand ihn in D. F. Strauß.

Ursprünglich hatte Nietzsche dreizehn solcher Waffengänge vor, ja er spricht einmal von vierundzwanzig. Als Themen notiert er sich im Herbst 1873: Der Bildungsphilister, Geschichte, Philosoph, Gelehrte und Lehrer, Religion, Staat Krieg Nation, Presse, Naturwissenschaft, Volk Gesellschaft, Verkehr, Sprache. Alles das soll geschrieben werden mit Rücksicht auf die unmittelbare Wirkung. Nicht ohne inneren Verzicht denkt Nietzsche an diese Streitschriften; aber er fühlt sich zu ihnen verpflichtet und sucht auch seine Freunde zur Polemik aufzumuntern. „Vorwärts mit strengem Fechten“, wie er in Briefen aus dieser Zeit schreibt, ist die Losung. Die Taktik aber ist, Gesichtspunkte aufzustellen, auf welche hin sich die Menschen der kommenden Kultur verbünden können. Als die kulturfeindlichen Mächte, gegen die es geht, nennt Nietzsche einmal: die sozialistische

Bewegung, die des Großstaates, die der Geldmächte und die der modernen Wissenschaft. Man versteht die Zusammenstellung nur, wenn man in diesen verschiedenartigen Bewegungen die Tendenz zur Schwächung des Einzelmenschen ins Auge faßt. Nietzsche versucht von seinen „Erlebnissen und Gelöbnissen" so zu reden, daß dabei unterstrichen wird, was er mit manchem Sohne seiner Zeit gemeinsam hat. Seine Eigenart erscheint darin, daß er sich – im Unterschied zu Wagner – vor allem an die jungen Seelen wendet. Daher sind diese frühen Schriften voll von ausgesprochenen Hoffnungen, Ermahnungen und eindringlichen Rufen. Wo sind die Freunde einer deutschen Kultur, die sich vor den größten Erscheinungen der deutschen Vergangenheit nicht zu schämen hätte?

Seiner pädagogischen Anlage entsprechend wählte Nietzsche ein Beispiel. Er zeigte an einer einzelnen Erscheinung der Gegenwart, was richtig und falsch, was tief und flach sei. Die Aufgabe war, nachzuweisen daß die „sokratische", von der Gelehrsamkeit her bestimmte Bildung der Zeit aller wahren Größe entgegen war, und daß der soeben entstandene deutsche Staat keine wahre Erziehungs- und Kulturmacht sei. Es war dem deutschen Bürgertum vor Augen zu halten, daß noch alles vor ihm lag, während es doch glaubte, schon alles hinter sich zu haben.

Die öffentliche Meinung in Deutschland, so beginnt der junge Polemiker, scheint es zu vermeiden, sich die gefährlichen Folgen des siegreich beendeten Krieges einzugestehen. – Wäre Nietzsche noch mit der Philosophie Hegels unmittelbar in Berührung gekommen, dann hätte er von dem falschen Bewußtsein gesprochen, das als eine Folge des überraschenden Sieges sich in Deutschland ausgebreitet hatte. Als Leser Schopenhauers jedoch spricht er nicht von einem falschen Bewußtsein, sondern von einem verderblichen Wahn – ein kleiner, aber folgenreicher Unterschied. „Bewußtsein" war um 1870 nur noch ein Begriff der Erkenntnistheorie. Eine neue, zum Irrationalen drängende Stimmung, der Nietzsche wie verzaubert folgte, war dem Bewußtseinsbegriff im Sinne Hegels nicht günstig. Es dauerte nicht mehr lange, bis Nietzsche in dem romantischen Pessimismus Schopenhauers und Wagners den Todfeind dessen erkannte, was ihm als das Höchste erschien. Noch aber geht er den lockenden Tönen nach, noch hält er das Kunstwerk von Bayreuth für das Versprechen einer künftigen deutschen Kultur. Der erfolgreich gewordene David Friedrich Strauß erscheint ihm als ein Verehrer jener einschläfernden „Klassik", die den Bürgern des neuen Reiches zu dem trügerischen Bewußtsein verhilft, daß eigentlich nicht die Waffen, sondern die deutsche Kultur über Frankreich gesiegt habe.

Das erste Wort, das Nietzsche in seine Zeit hinein spricht, lautet: das politische und das geistige Reich fallen nicht zusammen. Wäre es nicht denkbar, daß unser Sieg, von innen her gesehen, sich in eine Niederlage verwandelte, ja zu einer Exstirpation des deutschen Geistes zugunsten des „deutschen Reiches" führen könnte. – Zum erstenmal wird das deutsche Reich in Anführungszeichen gesetzt. Diese Zeichen sollten sich als prophetisch erweisen: Nietzsches eigenes Schicksal wurde dadurch bestimmt, daß das Bewußtsein der Deutschen des „Reiches" mit der politischen und der geistigen Situation nach dem Siege nicht fertig wurde. Die Deutschen gelangten in der neuen Weltsituation nicht zum Verständnis ihrer selbst, weil sich in den Jahren der Restauration ihr Bewußtsein zu weit von dem Bewußtsein des Westens entfernt hatte. Wie eng war Goethe noch mit der englischen und mit der französischen Bildung in Verbindung! Der junge Nietzsche erkennt schon, daß Goethe zuletzt allein war. Nicht die fragwürdige Klassik von Weimar, sondern der einsame Goethe der Gespräche mit Eckermann bildet den Richtpunkt der kritischen Überlegungen, die den ‚Unzeitgemäßen Betrachtungen' zugrunde liegen.

Das Problem wird von Nietzsche auf der höchsten Ebene der Abstraktion erfaßt: es ist ein ganz bestimmtes Bewußtsein, gegen das er den Angriff eröffnet. D. F.

Strauß wird von ihm in den Rang eines Typus erhoben. Der deutsche Philister schwimmt nach dem Kriege in einem Taumel des Glücks. „Ich empfinde diesen Taumel und dieses Glück in dem unvergleichlich zuversichtlichen Benehmen der deutschen Zeitungsschreiber und Roman-, Tragödien-, Lied- und Historiefabrikanten: denn dies ist doch ersichtlich eine zusammengehörige Gesellschaft, die sich verschworen zu haben scheint, sich der Muße- und Verdauungsstunden des modernen Menschen, das heißt seiner „Kulturmomente" zu bemächtigen und ihn in diesen durch bedrucktes Papier zu betäuben" (S. 5). Ein „Philister" negiert die Produktivität der Gegenwart, indem er die Werte und Formen von gestern mit Lob übergießt. Übereinstimmung im Genuß überlieferter Formen ist nicht Kultur, wie er annimmt. Es kann auch eine zur Herrschaft gebrachte Philisterei sein. – Nietzsche übernimmt das Wort Philister von Goethe. Noch im Ecce homo vergißt er nicht darauf hinzuweisen, daß er das Wort Bildungsphilister in die Sprache eingeführt habe.

Die Kritik der ersten Unzeitgemäßen Betrachtung geht noch in eine andere Tiefe. Sie ist gegen ein Bewußtsein gerichtet, das nichts dagegen hat, wenn ein Philister als Religionsgründer auftritt. Wie war es möglich, daß ein Deutscher aus der Schule Schleiermachers und Hegels nicht mehr begreifen konnte, daß gerade in der Kritik einer Überlieferung der Gehalt seinen Weg durch die Zeiten fortsetzt und vollendet? Es war durchaus nicht zufällig, daß Nietzsche, der letzte Antichrist in Europa, als junger Mann das Leben Jesu, das Werk des „unvergleichlichen Strauß" mit der „klugen Langsamkeit eines raffinierten Philologen" ausgekostet hatte. (Ecce homo 28) Hätte Strauß im Jahre 1870 nicht eigentlich wissen müssen, daß Kritik nicht schon Zersetzung, Säkularisierung nicht notwendig Zerstörung, Reformation nicht Revolution bedeutet? Er wußte es nicht – er konnte es nicht wissen, weil der „Zeitgeist" es ihm nicht erlaubte, weil er sich zu weit von dem Geist entfernt hatte, der ihn als Bibelkritiker einmal hervorbrachte. Wie recht hatte Nietzsche, als er die Politik seiner Tage vom Geist distanzierte. Seine Kritik traf nicht allein den deutschen Philister: man hätte aufhorchen müssen, als er den Ernst und das Gewicht des Autors einer antichristlichen Schrift am Stil der Argumentation prüfte. In der Verbindung von ästhetischer Kritik und ethischer Wertung eröffnete sich ein Weg, sich mit der Überlieferung auseinanderzusetzen, ohne sie aufzuheben oder gar zu zerstören. Der junge Deutsche zeigte, wie man den Schwarm abwehren konnte und doch zugleich der großen Vergangenheit verbunden blieb, indem man den Ausdruck der Aneignung und der Verehrung des Überlieferten auf seine Wahrhaftigkeit untersuchte. Aber da war nirgends in Europa ein Auge, das sah, und ein Ohr, das hörte.

In der zweiten Hälfte des 19. Jahrhunderts vollzieht sich in Europa ein Wandel des allgemeinen Bewußtseins. Ein ökonomisierter Nationalismus breitet sich aus, die Politisierung der Vorstellungswelt der Menschen schreitet unaufhaltsam fort. Diese zunehmende Politisierung hätte von jedem einzelnen Geist, der auf sich hielt, eine zunehmende Distanzierung von den Tendenzen der Zeit erfordert. In Frankreich war es H. Taine, in Deutschland Nietzsche, die etwas von der anwachsenden Bedrohung spürten. Beunruhigt und somit begünstigt durch die Problematik eines großen militärischen Erfolges erkennt Nietzsche die Lage deutlicher als alle anderen. Was er im Grunde gegen den Erfolgsschriftsteller Strauß geltend zu machen hat, läßt sich auf den Vorwurf der Distanzlosigkeit reduzieren. Der „Hegelianer" D. F. Strauß ist von einem Vertrauen zu seiner Umgebung, zur Gegenwart, zu den Unsicherheiten der Zeit, das eines Philosophen unwürdig ist. „Philister" bedeutet für Nietzsche distanzloser Mensch. Früh schon faßt er den Entschluß, seiner Zeit vor Augen zu stellen, was es heißt, Abstand von seinem Jahrhundert zu nehmen. Die Ähnlichkeit mit der Situation Schillers („Lebe mit deinem Jahrhundert, aber sei nicht sein Geschöpf . . .") ist überraschend.

Heute verstehen wir die Proteste Nietzsches, angefangen bei dem ersten, besser als er sie selber verstand. Vor allem begreifen wir die aus der Not geborene Formlosigkeit dieser ersten Bekenntnisse. Wohl reicht die sprachliche Formung schon hier bis in jedes Beiwort. Aber einer objektiven Form entbehren diese Ergüsse gänzlich. Man dürfte über die opera schreiben, was einmal Beethoven vor ein Werk setzte: Von Herzen, möge es zu Herzen gehen! Dem Autor ist der Mangel dunkel bewußt. Was er nicht wissen kann, ist, daß dieser Mangel aus der Unkenntnis des Philosophierenden mit der Dialektik Hegels stammt. Der junge Nietzsche strebt aus der Unmittelbarkeit des deutschen Lebens heraus und findet nur die Unmittelbarkeit des eigenen Herzens und seiner Begeisterung, um dem heftigen Wunsch nach Entfremdung von einer fragwürdig gewordenen Wirklichkeit Ausdruck zu geben. „Dialektik" bedeutet für ihn nur Sophistik. Woher soll er in der Zeit so ahnungsloser Historiker der Philosophie wie Haym und Dilthey wissen, was Hegel aus der Dialektik gemacht hatte: eine strenge Methode, die den Philosophen in den Stand setzte, die Unmittelbarkeit in jeder Gestalt, auch in der der naiven Sittlichkeit und der Begeisterung zu überwinden. Wo im Sinne Hegels dialektisch gedacht wird, versteht Distanz sich von selbst.

Es war wohl die schwerste Aufgabe, die in Deutschland um 1870 gestellt werden konnte: ohne Hilfe der Hegelschen Philosophie, ganz auf eigene Faust zu einer Distanzierung von Herkunft und Vergangenheit überzugehen. Der hochempfindliche junge Nietzsche wurde von dieser Aufgabe ergriffen. Die Unzeitgemäßen Betrachtungen bezeichnen die Stationen, die er auf dem Wege zu seiner Unabhängigkeit zurückzulegen hatte. Die beiden Schriften, die er Schopenhauer und Wagner widmete, sind unmittelbare Ausbrüche der Verehrung eines dankbaren Schülers gegenüber den Erziehern seiner Jugend. Aber sie sind gleichzeitig noch etwas anderes: Distanzierungen eines in Bewegung befindlichen Bewußtseins von den Idealen der Jugend. In der Nietzscheschen Bewunderung der Größten seiner Zeit liegt etwas von Provokation. Der

Verfasser ist schon unterwegs, von der Sorge um das „deutsche Wesen" zu der größeren Sorge, um das Wesen des Menschen, fortzugehen. Mit einer positiven, dankerfüllten Distanzierung von seiner Umwelt beginnt sein Weg zur Höhe des Zarathustra.

Vom Nutzen und Nachteil der Historie für das Leben *1874*

Die einfache These der Abhandlung ist: nicht das Leben steht im Dienst der Historie, sondern die Historie im Dienste des Lebens. Aber mit welch seltsamem Ton wird das Wort „Leben" hier ausgesprochen! Es hat einen zauberhaften Klang, etwas Ahnungsvolles, Versprechendes und Lockendes liegt darin, eine unbekannte Tiefe kündigt sich an. Unter dem „Leben" versteht Nietzsche nicht irgendeinen Erregungszustand. Man mißversteht die Schrift völlig, wenn man sie gegen die Geschichte gerichtet glaubt. Das „Leben", wie Nietzsche es auffaßt, schließt vielmehr die Rücksicht auf die Geschichte notwendig ein, denn es ist das große Leben, das Leben im Angesicht der höchsten Vorbilder, von dem Nietzsche hier redet. „Sättigt Eure Seelen an Plutarch und wagt es, an Euch selbst zu glauben, indem ihr an seine Helden glaubt. Mit einem Hundert solcher unmodern erzogener, das heißt reif gewordener und an das Heroische gewöhnter Menschen ist jetzt die ganze lärmende Afterbildung dieser Zeit zum ewigen Schweigen zu bringen" (S. 153). Am Schlusse der Abhandlung spricht er die Jugend an, die noch den Instinkt der Natur hat, sie möge sich auf ihre echten Bedürfnisse zurückbesinnen, die dekorative Kultur der Gegenwart zerstören und dem griechischen Begriff der Kultur zum Siege verhelfen.

Durch diese Schrift hat jene „Philosophie des Lebens" die stärksten Anstöße erhalten, mit deren Hilfe die deutsche Jugendbewegung vor und nach dem ersten Weltkrieg sich selber zu verstehen suchte.

Schopenhauer als Erzieher
1874

In späteren Jahren pflegte Nietzsche Menschen, die ihm nahe standen, auf diese Schrift aufmerksam zu machen als auf sein persönliches Werk. Er habe sein Ideal darin gezeichnet, schreibt er kurz vor dem ‚Zarathustra' an Rohde, und er setzt hinzu: er habe das in dieser Schrift gegebene Wort gehalten. In der Tat erfährt man nichts über die Schopenhauersche Philosophie aus diesem Werk. Es ist ganz allein inspiriert durch die lebendige Persönlichkeit des großen Pessimisten. Über die Lehre blickt Nietzsche hinweg: „Es ist gleichgültig, wie die Sätze lauten, die Natur des Mannes steht uns für hundert Systeme ein. Als Lehrender mag er hundertmal Unrecht haben: aber sein Wesen selber ist im Recht, daran wollen wir uns halten. Es ist an einem Philosophen etwas, was nie an einer Philosophie sein kann: nämlich die Ursache zu vielen Philosophen, der große Mensch." Unter demselben Gesichtspunkt hatte Nietzsche die Vorsokratiker dargestellt. Der Affekt, aus dem diese Darstellungen bei ihm hervorkommen, ist der der Verehrung. Er verehrt aber nur da, wo er einen dem seinigen verwandten Willen spürt. Schopenhauer, der Einsame, der Verächter „jener in ihrem Staat vergnügten Philosophieprofessoren" (S. 231) war ein Mann nach seinem Herzen. Er bewundert an Schopenhauer die unerschrockene Redlichkeit des Blicks und des Ausdrucks. Er sieht in ihm den Dürerschen Ritter, der trotz Tod und Teufel seinen Weg sucht. Im Pessimismus erblickt er den realistischen Gegenstoß zur idealistisch-optimistischen „Hegelei". In dieser pessimistischen Philosophie wird nicht der Mensch vermittels einer schwindelhaften „Dialektik" weggezaubert und in einen Entwicklungsprozeß aufgelöst, sondern er steht da, leibhaft, mutig, ein Einzelner, „der das Leiden der Wahrhaftigkeit auf sich nimmt" (S. 237). Nietzsche hatte nicht Unrecht, wenn er später in dieser Schrift schon das Bild Zarathustras vorgezeichnet fand. Hier ist das Urbild des Menschen hingestellt, der „selbst das erste Opfer ist, das er bringt" (S. 241). Mit unerhörtem Nachdruck wird der große Einzelne in den Mittelpunkt gerückt. Wir sollen Schopenhauer nicht lesen zu unserer Erbauung und Bildung, sondern wir sollen ihn ernst nehmen als einen lebendigen, wirklichen Menschen, wir sollen nicht nur seine „Leser" sein, sondern seine „Söhne und Zöglinge" (S. 213). „Ich mache mir aus einem Philosophen gerade soviel, als er imstande ist, ein Beispiel zu geben" (S. 214). – Auf die gleiche Art will Nietzsche selber gelesen werden. Auch seine Lehre ist nicht nur „Philosophie". Sein Dasein gehört nicht dazu, es ist das Dasein eines wahren Philosophen. Erstaunlich zahlreich sind die Berührungspunkte dieser Schrift mit der pseudonymen Produktion Kierkegaards. ‚Schopenhauer als Erzieher' handelt von „jenem Einzelnen" – wie Nietzsche ihn verstand:

„Was er lehrte, ist abgetan,
was er lebte, wird bleiben stahn:
seht ihn nur an –
Niemandem war er untertan!"

Richard Wagner in Bayreuth
1876

Nietzsches Verehrung der Griechen, so aufrichtig sie ist, steht doch wie alles bei ihm im Dienste seines Willens. Schopenhauer ist nur ein Pseudonym für Nietzsche. (‚Nietzsche als Erzieher' müßte die Schrift eigentlich heißen, steht im ‚Ecce homo'). Die Schrift über Wagner dagegen handelt wirklich von Wagner – freilich mehr noch von Bayreuth. Sie schildert Wagner auf das Ziel Bayreuth hin, schildert ihn als den großen Wollenden, als den Kämpfenden und Siegenden. „Er wollte siegen und erobern, wie noch kein Künstler..." (S. 348). Dabei handelt es sich nicht um die Kunst als ein Genuß- und Betäubungsmittel; „für uns bedeutet Bayreuth die Morgen-Weihe am Tage des Kampfes“ (S.325). Die Bildungs-Romantik der Wagnerschen Musik war für Nietzsche niemals eine wirkliche Gefahr. Aus der Zeit der vollen Freundschaft (Januar 1874) besitzen wir Aufzeichnungen von ihm über Wagners Begabung und Kunst, die schon das Wesentliche dessen enthalten, was später im ‚Fall Wagner‘ steht. („Wagner ist ein geborener Schauspieler“ ... „Das Berauschende, das Sinnliche, Ekstatische, das Plötzliche, das Bewegtsein um jeden Preis – schreckliche Tendenzen!“ ... „Unmäßigkeit und Schrankenlosigkeit galt ihm wohl als Natur.“ u. s. f.) (S. Unschuld des Werdens I. K. T. A. Bd. 82. S. 97 ff). Wagner war für ihn eine antike Natur, und er hing seiner Sache an, solange er sich von ihr eine Erneuerung der deutschen Kutur versprach. Er meinte in Wagners Kunst den „Weg zu einem deutschen Heidentum entdeckt zu haben, mindestens eine Brücke zu einer spezifisch unchristlichen Welt- und Menschenbetrachtung“. (Ebenso S. 142 f). So schreibt er kurz nach dem Bruch für sich selbst. Es ist eine objektive Enttäuschung, die ihn von Wagner wegführt. Bayreuth ist nicht der Grundstein der neuen deutschen Kultur – diese Gewißheit, und sie allein, führt Nietzsche in die Einsamkeit. Er hatte in Wagner einen Gegen-Alexander gesehen, der die Kraft hat, zusammenzuziehen und zu binden (S. 321). Nun muß er erkennen, daß die Musik, von der er fasziniert worden war, ein auflösendes Element in sich trägt. Mit dieser Erkenntnis wird Nietzsche zum Kritiker der musikalischen Romantik.

Das Wichtigste, was über die Natur Wagners gesagt worden ist, steht in der Schilderung des Dramatikers, die Nietzsche im zweiten Kapitel der Schrift entwirft. Die Gegensätzlichkeit der beiden „Sphären“ des Wagnerschen Wesens ist mit Meisterhand charakterisiert. Höchst aufschlußreich für Nietzsches Verhältnis zu dem Freund ist es, daß er den Willen als Grundmacht in Wagner sieht.

‚Richard Wagner in Bayreuth‘ ist eine Gelegenheitsschrift im wahrsten Sinne des Wortes. Sie wurde im

Sommer 1875 begonnen und dann zurückgelegt. Erst kurz vor den ersten Bayreuther Festspielen, im Frühjahr 1876, wurde sie vollendet, und wurde der Entschluß zur Veröffentlichung gefaßt. Diese Schrift ist das letzte Opfer der Freundschaft, das Nietzsche Wagner gebracht hat. Die Antwort Wagners lautete: „Freund! Ihr Buch ist ungeheuerlich! – wo haben Sie nur die Erfahrung von mir her? – Kommen Sie nun bald und gewöhnen Sie sich durch die Proben an die Eindrücke." – Es ist das letzte Briefwort Wagners an Nietzsche.

Über die Zukunft unserer Bildungsanstalten

Vorträge, gehalten für die „Akademische Gesellschaft" in Basel vom 16. Januar bis 23. März 1872. Aus dem Nachlaß

In diesen Vorträgen, die Nietzsche nicht vollendet hat (der sechste Vortrag fehlt), und die er der Veröffentlichung nicht für würdig fand, strömt der pädagogische Grundtrieb seiner Natur am ungehemmtesten. Gerade was sie Nietzsche zu unterdrücken veranlaßte, macht sie uns wert. Die Gedanken selbst lernen wir aus den ‚Unzeitgemäßen Betrachtungen' reiner kennen – aber hier entfaltet sich in voller Frische der jugendliche Nietzsche. Man erlebt ihn in diesen Vorträgen als praktischen Erzieher. Sie bilden eine Ergänzung der zweiten Unzeitgemäßen Betrachtung in ihrer Parteinahme für die Jugend und das Leben.

Wir Philologen

1874–75. Aus dem Nachlaß

Von den geplanten Unzeitgemäßen Betrachtungen besitzen wir glücklicherweise eine dem Sinne nach fast vollständig. Das ist die über die „Zukunft der Philologie", wie sie ursprünglich hieß, jetzt unter dem späteren Titel ‚Wir Philologen' aus den Nachlaßfragmenten von E. Holzer als zusammenhängendes Ganzes herausgegeben. Ihrem Gewicht nach ist die Abhandlung als eine volle Unzeitgemäße Betrachtung anzusprechen. Sie ist so recht aus dem Mittelpunkt aller Bedrängnisse des jungen Nietzsche heraus geschrieben. Seine Abneigungen und seine Befürchtungen, seine Wissenschaft und seine Tätigkeit, seine Hoffnungen und seine Forderungen geben sich hier in dem Worte „Philologie" ein Stelldichein. Die Schrift ist zugleich die beste Einleitung in Nietzsches Anschauung vom Altertum. Sie gibt die wichtigsten Winke über sein Verhältnis zu den Griechen, gehört ihrer Tonart nach jedoch nicht zu den Fragmenten des großen Griechenbuches, denn sie ist durchaus aus der problematischen Situation des modernen christlichen Philologen heraus geschrieben.

Den Grundfehler der modernen Auffassung des Altertums erblickt Nietzsche in der alles beherrschenden humanistischen (d. h. christlichen) Tendenz. Vorstellungen, die auf anderem Boden erwachsen sind, werden in das Altertum eingetragen. Man übersieht völlig die Gewalt, die die Natur in den Griechen hat, man übermalt die schreckliche, aber großartige Wirklichkeit mit den Farben humanistischer Moralbegriffe. Dem Grundirrtum in bezug auf die geschichtliche Wirklichkeit entspricht die auf das idealisierte „Altertum" gegründete Gymnasial- und Universitätsbildung. Diese Bildung führt nicht zu den Griechen – aber sie ist auch nicht christlich. Sie ist die feige Mitte zwischen Christlich und Antik. In dieser Mitte lebt der moderne Mensch: „zwischen verschüchterter oder lügnerischer Christlichkeit der Sitte und ebenfalls mutlosem und befangenem Antikisieren" (S. 208).

Was Nietzsche vor Augen schwebt, ist ein reiner Humanismus, der nicht mehr durch eine mißglückte Synthese von griechischer Philosophie und christlicher Religion belastet ist. Diesem Humanismus hat er später im „Zarathustra" Ausdruck verliehen. In ‚Wir Philologen' wird eine Kultur gefordert, die auf die Physis gegründet ist; Zarathustra ruft seinen Jüngern zu, der Erde und dem Leibe treu zu bleiben.

Über Wahrheit und Lüge im außermoralischen Sinne 1873. Aus dem Nachlaß

In dieser Niederschrift, die im Zusammenhang mit dem geplanten „Philosophenbuch" entstanden ist, deutet sich bereits das erkenntnistheoretische Grundproblem an, das im Mittelpunkt der Philosophie des Willens zur Macht steht. Die Überlegungen setzen scheinbar schopenhauerisch ein, erheben sich aber rasch zu einer originalen Fragestellung. Im Gegensatz zu allen seinen Vorgängern nähert Nietzsche sich dem Problem der Wahrheit über den Begriff der Täuschung und der Lüge.

Der Mensch ist Wille zum Leben; das Erbarmungslose, Gierige, Unersättliche, Mörderische ist aus seinem Wesen nicht wegzudeuten. Zu diesem Wesen gehören aber auch Vorstellung und Bewußtsein. Was ist also der Mensch? Ein Wesen, „auf dem Rücken eines Tigers in Träumen hängend" (S. 607). – Woher stammt nun bei dieser Konstellation der Trieb zur Wahrheit? Schließen Leben und Wahrheit sich nicht aus? Gehören nicht Leben und Verstellung, Leben und Lüge vielmehr notwendig zusammen? Viel tiefer, als wir gemeinhin glauben, reicht die Täuschung in unser Verhältnis zu den Dingen. Wir lügen unbewußt unsere Eindrücke in objektive Qualitäten um, wir reden von Dingen, aber wir kennen nur Verhältnisse der Dinge zu den Menschen. Gehen wir von der Annahme aus, daß es Wahrheiten und Dinge an sich gebe, dann müssen wir sagen, daß wir immer lügen, ohne es zu wissen.

Das Wort „Wahrheit" wird von nun an von Nietzsche mit Anführungszeichen versehen. Man verkennt jedoch seine Philosophie, wenn man diese sichtbar gemachte Relativierung des ehrwürdigsten Begriffs der Überlieferung für eine bloße Wiederaufnahme skeptischer Zweifel hält.

Nicht auf den Intellekt, der dem Willen dient, sondern auf die Sprache beziehen sich die Überlegungen, mit denen Nietzsche seine künftige Philosophie begründet. Wir reden in Bildern, unsere Sprache ist eine Sammlung von Metaphern. Die „Wahrheit" reden heißt, die usuellen Metaphern gebrauchen. Nur durch das Vergessen der Tatsache, daß wir nach einer festen Konvention lügen, gelangen wir zum Gefühl der Wahrheit. – Das ist nicht die alte Skepsis; es ist ein neuer zukunftsvoller Ansatz. Die Sprache gehört zu unserer Menschlichkeit – also lügen wir aus unserem tiefsten Wesen heraus! Es ist offenbar, daß das Wort Lüge hier in einem neuen Sinn gebraucht wird.

Der alte Wahrheitsbegriff geht von der Substanz aus. Durch die Metaphern der Sprache werden aber nicht Substanzen abgebildet, sondern Relationen angedeutet. Unser Erkennen besteht darin, Beziehungen der Dinge zu den Menschen und der Menschen zu den Dingen zu kennzeichnen. Wenn wir uns des relativen Charakters unserer Eindrücke bewußt bleiben, dann verliert der alte Begriff der Wahrheit jede Möglichkeit der Anwendung. Zugleich aber taucht eine neue Möglichkeit vor uns auf. Weshalb sollen wir die Wahrheit der Relationen zwischen Mensch und Welt, die anthropomorphe Wahrheit also, gering schätzen? Daß sie unsere Wahreit ist, macht sie nicht schlecht. Eine höhere Wahrheit als die menschliche gibt es nicht. Ist denn der Mensch eine Laus, die über die Erde kriecht?

Die Überlegungen der ersten erkenntnistheoretischen Abhandlung Nietzsches münden aus in die Frage nach dem Menschen. Man darf den Trieb zur Metaphernbildung, durch den die Sprache hervorgebracht wird, nicht „wegrechnen", weil man damit den Menschen selber wegrechnen würde (S. 618). Unser ganzes Erkennen beruht auf Metaphern, die Burg, die der Mensch sich aus Vorstellungen und Begriffen erbaut hat, ist ein „neues Bereich seines Wirkens". Mythus und Kunst gehören diesem Bereich an. Lassen wir das Reden von Wahrheiten und Dingen „an sich". Die empirische Welt ist anthropomorphisch, sie ist eine Welt für uns, und unser Forschen nach Wahrheit ist im Grunde nur „die Metamorphose der Welt in den Menschen“ (S. 614).

Was von Nietzsche negiert wird, ist die Beziehungslosigkeit des alten Wahrheitsbegriffs, nicht etwa der Mensch. An die Stelle der Dinge an sich setzt der Philosoph die Relationen der Dinge zu den Menschen – aber der Mensch ist etwas, von dem zu reden sich lohnt: die ganze Welt ist geknüpft an den Menschen, als den unendlich gebrochenen Widerklang eines Urklanges, des Menschen, als das vervielfältigte Abbild des einen Urbildes, des Menschen. – Nicht immer hat sich Nietzsche so platonisch ausgedrückt wie in dieser ersten Skizze seiner Anthropologie. Den Gedanken jedoch, daß der Mensch in der Mitte der Welt steht, hat er niemals preisgegeben. Es ist der Grundgedanke des Willens zur Macht. Niemals ist Nietzsche in seinem Antiplatonismus so weit gegangen, den Menschen zu bagatellisieren. Wir dürfen uns nicht wundern, daß er im Jahr 1883 einmal an Overbeck schreibt, er sei starr vor Verwunderung darüber, beim Lesen eines Buches über Platon zu merken, wie sehr Zarathustra „platonisiere“.

Die Wirkung der ersten Unzeitgemäßen Betrachtung war stark, ähnlich der der ‚Geburt der Tragödie‘. Im ‚Ecce homo‘ spricht Nietzsche von dem „prachtvollen Lärm“, den sie hervorrief. Die „Grenzboten“ schrieben, man könne darüber schwanken, was Herrn Nietzsche bei seinem Pamphlet eigentlich die Hauptsache sei, der Angriff gegen Strauß oder die Verunglimpfung Deutschlands. Dagegen brachte die „Augsburger Allgemeine Zeitung“ einen Aufsatz aus der Feder Karl Hillebrands „Nietzsche gegen Strauß“ mit dem Untertitel „Einiges über den Verfall der deutschen Sprache und der deutschen Gesinnung“, worin Nietzsche hohes Lob zuteil wird, wenn auch Hillebrand nicht m e h r in der Schrift sehen kann als das erste Anzeichen einer Rückkehr zum Idealismus der Großeltern. Hillebrand hat auch die zweite und die dritte Unzeitgemäße Betrachtung als Anlaß zu Äußerungen kulturkritischer Art benützt. – D. F. Strauß starb krank und verbittert im Jahre 1874. Nietzsche hat sich kummervolle Gedanken darüber gemacht, ob er ihm nicht die letzte Lebenszeit erschwert habe. Das ist jedoch nicht der Fall gewesen: Strauß vermochte den Ernst des Angriffs nicht zu erkennen.

Die zweite Betrachtung erregte wenig Aufsehen. Es blieb alles stumm; sie wurde von der gelehrten Welt, an die sie gerichtet war, gar nicht beachtet. Einen Sturm der Begeisterung erregte die dritte Betrachtung bei Nietzsches Freunden und Bekannten. Ein sehr schöner Brief Cosimas über diese Abhandlung ist vorhanden. Auf die Öffentlichkeit übte sie keine Wirkung aus. – Die vierte Unzeitgemäße konnte sich nicht auswirken, weil inzwischen der Bruch zwischen Wagner und Nietzsche erfolgt war. Sie ist noch heute das tiefste Buch über Wagner.

DAS LEBEN FRIEDRICH NIETZSCHES

Friedrich Wilhelm Nietzsche wurde am 15. Oktober 1844 als Sohn des Pfarrers Karl Ludwig Nietzsche in dem Dorfe Röcken bei Leipzig geboren. Die Mutter, Franziska Nietzsche geb. Oehler, stammte aus dem Pfarrhaus von Pobles bei Weißenfels. Friedrich war das erste Kind; im Jahre 1846 wurde seine Schwester Elisabeth (später Frau Förster-Nietzsche) geboren. Der von der ganzen Familie verehrte und geliebte Vater starb im Juli 1849 an einer Gehirnaffektion, die er sich durch einen unglücklichen Sturz zugezogen haben soll. Im April des folgenden Jahres siedelte Frau Nietzsche mit ihren beiden Kindern nach Naumburg über. Hier trat Nietzsche 1854 in das Gymnasium ein; im Oktober 1858 kam er in die Landesschule Pforta. Er verließ die Anstalt, in der er lebenslängliche Freundschaft mit Carl von Gersdorff und Paul Deussen geschlossen hatte, im September 1864 und bezog die Universität Bonn. Zwei Semester lang hörte er bei dem Kunsthistoriker A. Springer, dem Philologen und Archäologen O. Jahn und dem Philologen F. Ritschl. Während dieses Jahres war er bei der Burschenschaft Frankonia aktiv; da ihm der Widerspruch zwischen der Idee der Burschenschaft und ihrer Erscheinungsform nicht behagte, erklärte er seinen Austritt. Im Oktober 1865 folgte er seinem Lehrer Ritschl nach Leipzig. Durch einen Zufall wurde er hier mit Schopenhauers Hauptwerken bekannt und schloß sich diesem Philosophen aus innerstem Herzen an. Die Philologie, Schopenhauer, Schumannsche Musik, Freundschaft und einsame Spaziergänge füllten die Leipziger Jahre aus. Im letzten Studienjahr 1866/67 trat ihm Erwin Rohde besonders nahe. – Von 1867 bis 1868 diente

Nietzsche als Einjähriger bei der Feldartillerie in Naumburg. Wegen einer Wunde, die er sich beim Sprung aufs Pferd zugezogen hatte, mußte er eine langwierige Kur auf sich nehmen. Im Herbst 1868 kehrte er nach Leipzig zurück; dort machte er am 8. November die persönliche Bekanntschaft mit Richard Wagner. Im Februar 1869, noch vor der Doktorpromotion, erhielt er einen Ruf als außerordentlicher Professor der klassischen Philologie an die Universität Basel. (Schon 1870 wurde er ordentlicher Professor.) Er hat diese frühe Ehrung, die seiner Jugend schwere Lasten auferlegte, für ein Schicksal gehalten, das getragen werden mußte.

In Basel hatte Nietzsche neben den Vorlesungen und Übungen noch acht Stunden wöchentlich Unterricht am Pädagogium (Gymnasium) zu erteilen. Am Deutsch-Französischen Kriege nahm er, da er durch sein Amt Schweizer geworden war, nur als freiwilliger Krankenpfleger teil. Mit geschwächter Gesundheit kehrte er im Herbst 1870 nach Basel zurück. Trotz der Verpflichtungen seines Amtes und eigener Arbeiten fand er zunächst Zeit, an dem geselligen Leben Basels teilzunehmen. Zu den Häusern, in denen er verkehrte, gehörte auch das J. J. Bachofens. Mit dem beträchtlich älteren J. Burckhardt verband ihn freundschaftliche Verehrung; in F. Overbeck fand er einen hilfreichen Freund. Am 17. Mai 1869 kam Nietzsche zum ersten Male zu Richard Wagner nach Tribschen (bei Luzern). Der Umgang mit Wagner und dessen Frau Cosima war sein größtes menschliches Erlebnis. Die Erinnerung an die Tribschener Besuche (1869–1872) war ihm heilig. (Geburt der Tragödie. 1872.) Von den Fachgenossen ward Nietzsche nach seinem ersten Buche geächtet. – Mit dem Jahre 1873 beginnt Nietzsches Leidenszeit. Die letzte Ursache des Leidens ist noch nicht festgestellt. Nietzsche war von Jugend auf kurzsichtig, im übrigen aber von starker Gesundheit. Er hatte gute Nerven und einen kräftigen Körperbau. Die Anfälle, die in wechselnder Stärke Kopf und Magen heimsuchten, haben ihre Ursache wohl weder in einem organischen Leiden noch in einem „schwachen“ Nervensystem, sondern sind vielleicht psychogen. Nietzsche brauchte die Krankheit, um sich von ihr aus Lebensverhältnissen, die sein Wahrhaftigkeitssinn nicht ertrug, „herauslösen“ zu lassen. (Unzeitgemäße Betrachtungen. 1873–76.)

Mit überschwänglichen Hoffnungen nahm er an den ersten Festspielen in Bayreuth, August 1876, teil. Seine Enttäuschung war ungeheuer; er flüchtete in den Böhmerwald (nach Klingenbrunn), kehrte aber zur Aufführung des Nibelungenringes zurück. Im Oktober 1876 nahm er für ein Jahr von der Universität Urlaub und verbrachte den Winter in der Gesellschaft Fräulein von Meysenbugs und Dr. Rées in Sorrent, wo er mit Wagner zum letzten Male zusammen war. Trotz seiner innerlichen Entfernung von Wagners Kunst hatte Nietzsche einen weiteren freundschaftlichen Verkehr für möglich gehalten. Erst ein Artikel Wagners in den „Bayreuther Blättern“ 1878 („Publikum und Popularität“), worin Nietzsche ohne Namensnennung lächerlich gemacht wurde, führte den Bruch herbei. Gegen Weihnachten 1877 wiederholten sich die Kopf- und Augenschmerzen. Nach dem einsamen Winter in Basel 1878/79 reichte Nietzsche im Frühjahr sein Abschiedsgesuch ein. Der Abschied wurde ihm mit einer Pension von 3000 Franken gewährt. (Menschliches, Allzumenschliches. 1878. Vermischte Meinungen und Sprüche. 1879.)

Im Sommer 1879 sah Nietzsche zum ersten Male die ihm verwandte Landschaft des Engadins. Der Winter darauf, den er in Naumburg verbrachte, war der „sonnenärmste“ seines Lebens; er bedeutet den Tiefpunkt seiner Vitalität. (Der Wanderer und sein Schatten. 1880.) Am 12. März 1880 kam er zum ersten Male nach Venedig. Den Sommer und Herbst verbrachte er in Marienbad und Naumburg, den Winter 1880/81 in Genua. (Morgenröte. 1881.) Sein Leiden hatte sich bis dahin stetig gebessert. In Recoaro (bei Vicenza), wo er im Frühjahr 1881 mit seinem Schüler und treuen Helfer Peter Gast (eigentlich Heinrich Köselitz) zusammen war, erlitt er einen Rückfall. Den Sommer darauf verbrachte er zum ersten Male im Engadin, in seinem Sils Maria, dem „heroischen Idyll". Während dieses Sommers durchlebte er die höchsten Augenblicke seines einsamen Lebens: der Gedanke der Ewigen Wiederkunft und die Gestalt des Zarathustra traten vor seine Seele. Aus dem Engadin ging er nach Genua, wo ihn im Januar 1882 ein leidenschaftlich empfundenes Gefühl von Genesung und Gesundheit überkam. („Sanctus Januarius". Die fröhliche Wissenschaft. 1882.) Das Frühjahr verbrachte er in Messina; von da ging er nach Rom, um Lou Salomé kennenzulernen, in der er sich eine Schülerin zu erziehen hoffte. Den Sommer und Herbst verlebte er in Tautenburg (Thüringen) und Leipzig. Es war eine Zeit „demütigender Erlebnisse". Ihr folgte ein kalter und regnerischer Winter in Rapallo. Allen Hindernissen zum Trotz entstand hier der erste Teil des Zarathustra. Am Tage der Vollendung (13. Februar 1883) starb Richard Wagner in Venedig, ein Zusammentreffen, das von Nietzsche als dämonisch empfunden wurde. (Zarathustra I. 1883.) Das Frühjahr verbrachte er in Rom, dem „für den Dichter des Zarathustra unanständigsten Ort der Erde". Im Sommer in Sils Maria entstand der zweite Teil des ‚Zarathustra'. (Zarathustra II. 1883.) Höchst unglücklich verlief der Herbstaufenthalt in Deutschland. Nietzsche, der unter seiner Vereinsamung litt, wollte Jünger um sich haben und dachte deshalb daran, an der Universität Leipzig freie Vorlesungen zu halten. Es wurde ihm höflich bedeutet, daß das unmöglich sei. Familienzwistigkeiten kamen hinzu, so daß er mit Bitterkeit überladen nach Genua zurückkehrte. Aus den Antworten der Freunde auf den ersten Zarathustra erkannte er den Grad seiner Einsamkeit.

Für den Winter wählte er Nizza. Hier entstand im Februar 1884 der dritte Teil des Zarathustra. (Zarathustra III. 1884.) Im April ging er nach Venedig. Dann folgten Basel, Zürich und schließlich wieder Sils Maria. Dort besuchte ihn der junge Heinrich von Stein. (Aus Steins Tagebuch: „26. August 1884. Nach Sils, abends bei Nietzsche. Bejammernswerter Anblick. – 27. Großartiger Eindruck seines freien Geistes, seiner Bildersprache. Schnee- und Winterwind. Er bekommt Kopfschmerzen – abends Anblick seines Leidens. – 28. Er hat nicht geschlafen, ist aber frisch wie ein Jüngling. Welch sonniger, herrlicher Tag!") Während des Winters 1884/85 in Mentone und Nizza entstand der vierte Teil des Zarathustra. (Zarathustra IV. 1885. Privatdruck.) Danach Entschluß: „Ich will reden und nicht mehr Zarathustra." Das Frühjahr 1885 verbrachte Nietzsche in Venedig, den Sommer wie immer in Sils Maria. Im Herbst sah er in Naumburg die Schwester noch einmal vor ihrer Abreise nach Paraguay. Über München und Florenz kehrte er nach Nizza zurück. Um diese Zeit begann er die Arbeit an seinem philosophischen Hauptwerk, dem ‚Willen zur Macht'. Das Frühjahr 1886 verlebte er in Venedig und Leipzig. In Leipzig fand das letzte Zusammensein mit dem längst entfremdeten Freunde Erwin Rohde statt. Das Jahr ist bezeichnet durch einen Rückblick auf sein bisheriges Schaffen. (Vorreden zu den früheren Schriften. 1886.) Die beiden nächsten Sommer verlebte er wieder in Sils Maria, den Herbst 1886 in Ruta, den Winter 1886/87 in Nizza, das Frühjahr in Cannobbio und Chur. (Jenseits von Gut und Böse. 1886.) Im Herbst 1887 war er in Venedig, im Winter in Nizza. (Genealogie der Moral. 1887.) Im April seines letzten Schaffensjahres (1888) kam er zum ersten Male nach Turin. Zur selben Zeit wurden die ersten öffentlichen Vorlesungen über ihn in Kopenhagen gehalten (G. Brandes).

Auf einen regnerischen und dunklen Sommer in Sils folgte in Turin ein Herbst – der schönste, den er je erlebt hatte. (Der Fall Wagner. 1888. Götzendämmerung. 1888.) An einem der ersten Januartage 1889 stürzte Nietzsche in Turin auf der Straße zusammen. Er schrieb Wahnzettel an seine Freunde, auf denen er sich als „Dionysos" oder als „Der Gekreuzigte" unterzeichnete. Die Katastrophe traf die Freunde gänzlich unerwartet. Overbeck holte den Freund ab und führte ihn nach Basel. Von dort brachte ihn die Mutter nach Jena, wo er in der psychiatrischen Klinik der Universität untergebracht wurde. (Der ausführliche Krankheitsbericht, der lange verschollen war, ist wieder aufgefunden.) Nachdem sich der Kranke beruhigt hatte, wurde er der Mutter zur Pflege übergeben, die mit ihm im Mai 1890 nach Naumburg zurückkehrte. Nach dem Tode der Mutter (1897) übersiedelte die Schwester mit dem Kranken nach Weimar. In dem Hause am Sonnenblick, in dem sich jetzt das Nietzsche-Archiv befindet, verbrachte Nietzsche unter der sorgfältigen Pflege der Schwester die letzten Jahre. Er starb am 25. August 1900. In der Familiengruft zu Röcken ist er begraben.

Die Ärzte bezeichnen Nietzsches letzte Krankheit, die mit seinem früheren Leiden vielleicht gar nicht im Zusammenhang steht, als Paralyse. Der lange milde Verlauf ist jedoch bei dieser Krankheit ungewöhnlich („atypisch"). In den Werken, die Nietzsche selbst veröffentlicht hat, ist nichts Krankhaftes zu finden. Die hinterlassenen Arbeiten (Der Antichrist und Ecce homo) reihen sich ihnen mit einer gewissen Steigerung an. Ihre Druckmanuskripte sind vom Verfasser selbst noch mit der größten Sorgfalt hergestellt worden.